Schadensersatz im europäischen Datenschutzrecht

Europäische Hochschulschriften
Publications Universitaires Européennes
European University Studies

Reihe II
Rechtswissenschaft

Série II Series II
Droit
Law

Bd./Vol. 4442

PETER LANG
Frankfurt am Main · Berlin · Bern · Bruxelles · New York · Oxford · Wien

Ilona Kautz

Schadensersatz im europäischen Datenschutzrecht

Die Umsetzung von Art. 23 der EG-Datenschutzrichtlinie in Großbritannien und Deutschland

PETER LANG
Europäischer Verlag der Wissenschaften

Bibliografische Information Der Deutschen Bibliothek
Die Deutsche Bibliothek verzeichnet diese Publikation in der Deutschen Nationalbibliografie; detaillierte bibliografische Daten sind im Internet über <http://dnb.ddb.de> abrufbar.

Zugl.: München, Univ., Diss., 2006

D 19
ISSN 0531-7312
ISBN 3-631-55464-8

www.peterlang.de

Für Albrecht

Vorwort

Diese Arbeit wurde im Sommersemester 2005 von der Juristischen Fakultät der Ludwig-Maximilians-Universität zu München als Dissertation angenommen. Rechtsprechung und Literatur wurden bis zu diesem Zeitpunkt berücksichtigt.

Aufrichtiger Dank gebührt meinem Doktorvater, Herrn Prof. Dr. Josef Drexl, der die Entstehung dieser Arbeit, die mitunter von Irrungen und Wirrungen gekennzeichnet war, betreut und begleitet hat. Danken möchte ich auch Herrn Prof. Dr. Martin Franzen für die zügige Erstellung des Zweitgutachtens.

Die Anfertigung einer wissenschaftlichen Arbeit bedarf Gesprächspartner, um Problemstellungen zu hinterfragen, Lösungsansätze zu prüfen, oder um einfach den Ausweg aus einem gedanklichen Labyrinth zu finden. Für solcherlei Gespräche möchte ich mich bei Dr. Kathrin Angermeir, Bernhard Klein, Monia Manaa und Ute Plötz ganz herzlich bedanken.

Mein Dank gilt aber besonders auch denen, die meine Arbeit Korrektur gelesen und mich dadurch tatkräftig unterstützt haben – Eva-Maria Gose-Fehlisch, Katrin Gröger, Bernhard Klein, Dr. Katja Kassing, Michaela Oberrecht-Heusler, Dr. Tanja Schmidt und Andrea Schröder.

Den thematischen Anstoß zu dieser Arbeit gab Prof. Dr. Spiros Simitis. Für sein Interesse an meiner Arbeit und seine Gesprächsbereitschaft bin ich ihm sehr dankbar. Darüber hinaus hat er mir das Zusammentreffen und den Informationsaustausch mit anderen Datenschützern im In- und Ausland ermöglicht. Auch hierfür möchte ich mich herzlich bedanken.

Meinen größten Dank möchte ich meinem Lebensgefährten, Albrecht Wieczorek, aussprechen. Ohne ihn, seine Geduld und Kraft, aber auch seine finanzielle Unterstützung wäre diese Arbeit nicht vollendet worden.

München, im Juni 2006 Ilona Kautz

INHALTSVERZEICHNIS

Kapitel 1: Einführung

Der Schutz personenbezogener Daten ist in aller Munde und dies nicht erst seit dem Aufstieg des Internets zum universellen Medium für den Austausch von Informationen, Waren und Dienstleistungen. Dennoch hat gerade die Nutzung des Internets eine Entwicklung beschleunigt, die zur Entstehung jenes Regelwerkes führte, das den zentralen Gegenstand der vorliegenden Untersuchung bildet: den zunehmenden Austausch von Daten über staatliche Grenzen hinweg. Für den europäischen Raum gilt dies ganz besonders, wirkt sich doch die wirtschaftliche und soziale Integration, die mit der Errichtung des Binnenmarktes verwirklicht werden soll, auch auf den diesen Prozess notwendigerweise begleitenden Datenfluss zwischen europäischen Unternehmen aus. Gleiche wirtschaftliche Rahmenbedingungen in den am Binnenmarkt beteiligten Staaten können jedoch nur dann ihre volle Wirksamkeit entfalten, wenn sie von einem ebensolchen rechtlichen Rahmen begleitet werden. Eine vergleichbare Rechtslage bedeutet aber für personenbezogene Daten, dass sie in allen Staaten gleichwertigen Schutz genießen. Dies erkennend wurde 1995 die europäische Richtlinie 95/46/EG zum Schutz natürlicher Personen bei der Verarbeitung personenbezogener Daten und zum freien Datenverkehr erlassen,[1] deren Inhalt und Umsetzung in Großbritannien und Deutschland den Gegenstand dieser Untersuchung bilden.

Die mit der Richtlinie verfolgte Schaffung eines gleichwertigen Schutzniveaus für personenbezogene Daten sollte jedoch nicht nur der Entfaltung der wirtschaftlichen Kräfte im europäischen Binnenmarkt dienen, sondern auch dem Schutz der Grundrechte des Einzelnen, insbesondere der Privatsphäre, die vorwiegend durch den Umgang mit personenbezogenen Daten betroffen ist.[2] Diesem Ziel diente bereits ein früheres Regelwerk zum internationalen Datenschutz: die Datenschutzkonvention des Europarates.[3] Anders als jene Konvention allerdings handelt es sich bei der Richtlinie um das erste internationale bzw. europäische Regelwerk zum Datenschutz, zu deren Umsetzung die Mitgliedstaaten gem. Art. 249 Abs. 3 EG verpflichtet waren. Dies verleiht der Richtlinie für den europäischen Datenschutz eine unvergleichlich höhere Bedeutung, so dass die in dieser Untersuchung zu beantwortende Frage nahe liegt, mit welchen Konzepten und Prinzipien die Richtlinie den Schutz personenbezogener Daten gewährleisten will.

Die Perspektive, unter welcher der durch die Richtlinie gewährleistete Datenschutz betrachtet werden soll, ist dabei eine andere als gewohnt: Es soll nicht darum gehen, wie der Einzelne ex ante vor einem Umgang mit seinen Daten geschützt wird, der ihn in seiner Selbstbestimmung beeinträchtigt. Es geht vielmehr darum, wie sein Schutz ex post ausgestaltet ist, wenn mit seinen Daten in einer seine Selbstbestimmung beeinträchtigenden Art und Weise verfahren wurde. Die Richtlinie sieht hierfür zwei Mechanismen vor: zum einen kann auf die Beeinträchtigung mit staatlichen Sanktionen gem. Art. 24 reagiert werden, zum anderen räumt sie dem Betroffenen gem. Art. 23 einen zivilrechtrechtlichen Anspruch auf Ersatz der verursachten Schäden ein.

---

[1] ABl. Nr. L-281/31ff. vom 23.11.1995.
[2] Erwägungsgrund 2 der Datenschutzrichtlinie.
[3] Übereinkommen Nr.108 zum Schutz des Menschen bei der automatischen Verarbeitung personenbezogener Daten, abgedruckt bei Simitis/Damann/Körner, Datenschutz in der Europäischen Union, 2003, Band I.

Dieser Schadensersatzregelung in Art. 23 widmet sich die vorliegende Arbeit, stellt sich doch der Ersatzanspruch aus Sicht des Geschädigten als die einzige Möglichkeit dar, seine Rechte, die mit dem Schutz seiner Daten gewährleistet werden, zu verteidigen. Ein Ziel der Untersuchung ist es daher, herauszuarbeiten, welche Voraussetzungen die Richtlinie für diese Ersatzpflicht aufstellt und in welchem Umfang der Betroffene einen Ersatz seiner Schäden verlangen kann. Dies erfordert zweierlei: zum einen die Darlegung, wie die Richtlinie den Einzelnen vor einem beeinträchtigenden Datenumgang schützt, denn nur aus einem Versagen dieser Mechanismen heraus entsteht die Ersatzpflicht,[4] zum anderen die umfassende Auslegung des Art. 23, wo es diesem an einer ausdrücklichen Regelung einzelner Erfordernisse fehlt.

Die Wirkungsweise dieser Schadensersatzregelung entfaltet sich jedoch erst in ihrer Umsetzung in den Mitgliedstaaten, so dass notwendigerweise zweiter Gegenstand dieser Untersuchung die Frage ist, ob Art. 23 konform umgesetzt wurde. Dabei beschränkt sich die Prüfung auf die Umsetzungsvorhaben in Großbritannien und Deutschland, in denen die Umsetzung unter vollkommen entgegengesetzten Vorzeichen erfolgte: So stand die Umsetzungsdiskussion in Großbritannien unter dem Eindruck, nur das durch die Richtlinie als absolut notwendig Erachtete umzusetzen, um die kommerziellen Datenverarbeiter nicht über Gebühr zu belasten bzw. einzuschränken.[5] In Deutschland hingegen wurde vorwiegend die Auffassung vertreten, angesichts des bestehenden hohen Schutzniveaus seien nur wenige Änderungen an den nationalen Regelungen notwendig.[6] Beide Mitgliedstaaten hatten also die Absicht, mit geringen Änderungen ihres bis dato geltenden nationalen Datenschutzrechts ihrer Umsetzungspflicht gerecht zu werden. Dies wirft neben der notwendigen Erfüllung dieser Umsetzungspflicht die Frage auf, wie denn die Haftung des Datenverarbeiters im Vorrichtlinienrecht Großbritanniens und Deutschlands ausgestaltet war und ob die beiden Länder diese tatsächlich nur geringfügig änderten.

Folglich sollen im Rahmen einer Einführung in den Stand des nationalen und internationalen Datenschutzrechts zum Zeitpunkt des Richtlinienerlasses insbesondere die damaligen Ersatzpflichten der Datenverarbeiter in Deutschland und Großbritannien erörtert werden. Eine solche Einführung dient jedoch noch einem weiteren Zweck: Sie verdeutlicht den Regelungsrahmen, innerhalb dessen die Richtlinie erlassen wurde. Dieser spielt eine nicht unbedeutende Rolle für das Verständnis der in ihr geregelten Schutzmechanismen, die vorwiegend eine Auswahl der damals geltenden nationalen und internationalen Bestimmungen zum Schutz personenbezogener Daten darstellen.

Die letzte Anmerkung soll dem Gang der Untersuchung gelten: So soll zunächst anhand der Gefahren und möglichen Schäden, die der Einzelne durch den Umgang mit seinen Daten ausgesetzt ist, dargelegt werden, dass ein Bedürfnis für die Regelung einer Pflicht zum Ersatz dieser Schäden besteht. Daran anschließend erfolgt der Überblick über den Regelungsrahmen der Richtlinie einschließlich der eingehenderen Erörterung der damals geltenden Haftungsregelung in Großbritannien und Deutschland. Der Hauptteil der Arbeit gliedert sich in die Darstellung der Richtlinie und der Unter-

[4] Soweit erforderlich, ist der ex ante Schutz des Einzelnen also doch Gegenstand der Prüfung.

[5] Jay/Hamilton, Data Protection, 1999, S. 11; Skipper, EuZW 1993, 145 (149).

[6] BfD, 15. TB, 1993-1994, S. 444; Wuermeling, DB 1996, 663 (671); Bachmeier, RDV 1995, 49 (50); Kopp, RDV 1993, 1 (9), Gola/Klug, NJW 1996, 3312; Wronka, RDV 1995, 197 (200f.); A.A. Geis, CR 1995, 171 (178); Brühann, RDV 1996, 12 (14f.).

suchung der Inhalte des Schadensersatzanspruches gem. Art. 23 sowie der Umsetzung dieser Vorgaben in das britische und deutsche Recht. Abschließend sollen die wesentlichen Ergebnisse der Untersuchung zusammengefasst, deren mögliche Ursachen erörtert und Lösungsvorschläge für die zukünftige Entwicklung der Haftung im europäischen Datenschutzrecht aufgezeigt werden.

Kapitel 2: Die Gefahren und möglichen Schäden beim Umgang mit personenbezogenen Daten

Der gegenwärtige Umgang mit personenbezogenen Daten zeichnet sich dadurch aus, dass sowohl in qualitativer als auch in quantitativer Hinsicht die Gewinnung personenbezogener Daten zunimmt: die Möglichkeiten ihrer Verwendung bzw. Verarbeitung werden vielfältiger und der Kreis derer, die personenbezogene Daten verarbeiten, wird kontinuierlich größer.

Dies beruht maßgeblich auf der technischen Entwicklung, insbesondere der Computerisierung. Dennoch stellte diese lediglich den Auslöser für die wachsende Bedeutung der Verarbeitung personenbezogener Daten dar, beeinflussen sich Verarbeitungsbedarf und technische Entwicklung doch mittlerweile gegenseitig: Die Erkenntnis, individuelle, auf den Kunden zugeschnittene Produkte wecken den Bedarf oder lassen ihn wachsen, führte z.B. zur Entwicklung von Datenbanktechniken, wie dem „Database Marketing“, mit deren Hilfe sich mit anderswo gewonnenen Daten Persönlichkeitsprofile erstellen lassen, die solche gewissermaßen maßgeschneiderten Produkte ermöglichen.[7] Überdies markiert die Einführung des Computers, damals noch der Großrechner, die Anfänge des Datenschutzes auf internationaler und nationaler Ebene.[8]

Wenn damit der Eindruck erweckt wird, personenbezogene Daten benötigten nur dann Schutz, wenn sie mittels Computertechnologie, d.h. automatisiert, verarbeitet werden, ist dem bereits an dieser Stelle entgegenzutreten: Die Gefahren für den Einzelnen können sich auch bei einem Umgang seiner personenbezogenen Daten in Akten oder sonstigen Dokumenten ergeben. Der Einzug der Informationstechnologie potenziert lediglich die Gefahrentatbestände.[9]

A) Kennzeichen des gegenwärtigen Umgangs mit personenbezogenen Daten

Der derzeitige Umgang mit personenbezogenen Daten lässt sich grob durch drei Entwicklungen charakterisieren: Die Situationen, in denen personenbezogene Daten anfallen, häufen sich, die technischen Möglichkeiten ihrer Verarbeitung entwickeln eine immer größere Bandbreite und werden von einer stetig steigenden Zahl von Personen genutzt.

---

[7] Zum Einsatz kommen dabei im Rahmen des sog. CRM (Customer Relation Management) Techniken wie das Database Marketing, das Data Warehouse sowie das Data Mining.

[8] So ist die Datenschutzkonvention des Europarates von 1981 als erstes internationales Regelwerk gem. Art. 3 nur auf die automatische Datenverarbeitung anwendbar, deren Gefährdungspotenzial in der Präambel ausdrücklich hervorgehoben wird. Allerdings ist es den Vertragsstaaten gem. Art 3 Abs. 2 (c) freigestellt, auch die manuelle Datenverarbeitung zu regeln, abgedruckt in: Simitis/Dammann/Körner (Hrsg.), Datenschutz in der Europäischen Union, Losebl. März 2002, Band I. Auch in der Begründung zum ersten nationalen Datenschutzgesetz, dem 1. Hessischen Datenschutzgesetz (HDSG) von 1970 hieß es, „angesichts der neuen Möglichkeiten der Erfassung, Speicherung, Verarbeitung und Weitergabe von Informationen wie auch des schnelleren Zugriffs auf gespeicherte Informationen, erscheint es ratsam, die vorhandenen Regelungen (...) zu ergänzen (...).“ LT-Drucks. 6/3065, S. 7.

[9] Für einen Datenschutz, dessen Geltung sich nicht an der Form oder dem Mittel der Verarbeitung orientiert, Simitis, RDV 1990, 3 (19).

I) Vielfalt an Datenquellen

Personenbezogene Daten sind ein wichtiges Gut, nicht nur für den, über den die Daten eine Auskunft geben, sondern auch für Dritte. Der Begriff „personenbezogene Daten“ meint dabei jede Angabe über einen die jeweilige Person betreffenden Sachverhalt.[10] Wurden lange Zeit nur bestimmte Datenkategorien, wie Name, Adresse, Geburtsdatum, Beruf und eventuell Ausbildung erhoben und verarbeitet, sind die relevanten Informationen mittlerweile von geradezu unerschöpflicher Bandbreite. Ursache hierfür ist nicht zuletzt die Entwicklung des Internets zum Massenmedium, in dem jeder Nutzer unweigerlich eine Vielzahl von Datenspuren hinterlässt.[11]

Neben den Angaben, wer, wann, von welcher Dauer und zu welchen Kosten gesurft hat, erteilen sie auch Auskunft darüber, ob man sich für eine bestimmte Sportart interessiert, welche Bücher man liest oder lesen möchte, wohin man eine Reise unternehmen möchte, in welchem Hotel man unterkommen will, ob und welche Musik man gerne hört, aber auch, dass man sich unter Umständen für bestimmte Krankheiten interessiert, sich nach psychischer Hilfestellung erkundigt und bestimmte sexuelle Neigungen hat.[12]

Das Internet ist also die Datenquelle schlechthin und das nicht nur, weil sich so viele Informationen aus ihr gewinnen lassen, sondern auch, weil sich dies vom Nutzer praktisch unbemerkt vollziehen lässt.[13] Zunehmend werden Daten aber auch offen erhoben – so z.B. im Rahmen von Authentifizierungssystemen, mit denen nur vorher registrier-

---

[10] Vgl. § 2 Abs. 1 BDSG 2001.

[11] Zu der Aufteilung dieser sog. Sekundärdaten, die bei der Nutzung des Internets anfallen, in Verbindungs- Bestand- und Abrechnungsdaten vgl. Wanckel, Persönlichkeitsschutz, 1999, S. 152f. Mit dem Internet wurden letztlich bereits bestehende Netze weltweit verknüpft, wie z.B. Email, World Wide Web (WWW) oder File Transfer Protocol (FTP). Es zeichnet sich dadurch aus, dass es keinen alleinverantwortlichen Betreiber gibt und der Zugang zu ihm jedem offen steht, der die technischen Voraussetzungen erfüllt. Diese Offenheit wird einerseits viel gerühmt als demokratisch und Mittel zur freien Meinungsäußerung sowie ungehinderter Information, andererseits birgt es aber gerade für den Schutz personenbezogener Daten Gefahren, wenn Verantwortlichkeiten nur schwer festgestellt werden können, vgl. zum Aufbau des Internet Gridl, Datenschutz, 1998, S. 62ff.

[12] So ist es im Internet z.B. möglich, durch Suchbegriffe Äußerungen einer bestimmten Person zu sensiblen Themen systematisch aufzuspüren, Born, Schadensersatz, 2001, S. 19, Fn. 118.

[13] Zum Einsatz von sog. Cookies als Mittel zur unbemerkten Datengewinnung, vgl. Schaar, DuD 2000, 275; Ihde, CR 2000, 413f. sowie die ausführliche Darstellung über den Anfall von Daten im Internet bei Köhntopp/Köhntopp, CR 2000, 248ff.. Auch die Präsenz von sog. Web Bugs auf privaten Webseiten nimmt zu, die vom Provider der Webseite dort platziert werden, ohne dass der private Dritte, der die Seite gestaltet, davon Kenntnis hat, vgl. Schwartz, „Web Bugs are tracking“,The New York Times on the Web, 14.08.2001. Mittlerweile kann die Systemeinstellung eines PC für die Internetnutzung so eingestellt werden, dass das Ablegen von Cookie-Dateien auf der Festplatte abgelehnt wird, Schaar, DuD 2000, 275 (277). Dies hat allerdings zur Folge, dass eine nicht unbedeutende Anzahl von Websites nicht aufgerufen werden kann – die uneingeschränkte Nutzung des Internet ist also mit der Preisgabe persönlicher Daten untrennbar verbunden, Ihde, CR 2000, 413 (414).

ten Nutzern der Besuch bestimmter Websites und Portale ermöglicht werden soll.[14] Der Nutzer wird so zum „gläsernen Mensch".[15]

Die Zunahme der Informationsgewinnung ist aber auch der generellen Ausweitung der Digitalisierung, d.h. dem Einsatz von Computern, zu verdanken: Sie ermöglichte z.B. die Umwandlung von Text- Musik-, Bild-, Ton- und Filmdaten in binäre Codes, die auf einem gemeinsamen Datenträger zusammengefasst und bearbeitet werden können.[16] Die Konvergenz der Technik und der Inhalte macht so den einheitlichen Zugriff und die Verwendung auf die von ihrer Herkunft her verschiedensten Informationen möglich.[17] Die Einführung der digitalisierten Informationsübertragung in der Telekommunikation durch ISDN, DSL und den Mobilfunk schuf weitere Informationsquellen, da bei jedem Übermittlungsvorgang die Rufnummer des Anrufers und des Angerufenen, Zeit und Dauer des Gesprächs sowie beim Mobilfunk technikbedingt der Standort des Anrufers gespeichert werden.[18]

Bei diesen Informationsquellen ist indes hervorzuheben, dass sie zuvorderst der Kommunikation, d.h. der Mitteilung von Inhalten jeder Art, dienen und dass ein Teil der Daten erhoben und gespeichert werden muss, um diesen Kommunikationsprozess zu ermöglichen.[19] So ist ohne eine Speicherung der Rufnummern von Anrufer und Angerufenem die Herstellung der Sprachverbindung im ISDN-Netz nicht möglich; aus ihr ergeben sich überdies weitere sog. Dienstemerkmale, mit denen ebenfalls Daten Dritten bekannt werden. Beispielhaft zu nennen sind die Rufnummernanzeige des Anrufers beim Angerufenen bzw. Dritten, wenn der Anruf auf einen andere Rufnummer umgeleitet wird oder der automatische Rückruf wenn der angewählte Teilnehmer sein zunächst geführtes Gespräch beendet hat.[20] Auch der Zugang zum Internet und das Aufrufen von Webseiten setzen die Speicherung der Rufnummer des Nutzers und die IP-Adresse seines Rechners sowie die der aufgerufenen Webseite durch den Provider voraus.[21] Überdies können und werden auf Internet-Servern sogenannte Logprotokolle geführt, mit denen über die bereits genannten Angaben hinaus auch gespeichert wird, welches Betriebssystem und welchen Browser der Surfer nutzt, welche Sprache gewählt wurde und gegebenenfalls die Inhalte eines sog. Cookies, der von der jeweils besuchten Website auf der Festplatte des Rechners abgelegt wurde.[22]

---

[14] In einer US-Studie des National Research Council (NRC) wird daher gewarnt, der Mensch gebe desto mehr von seinen Gewohnheiten und seinem Verhalten preis, je mehr Authentifizierungssysteme es gebe, Bertram (ULD), Meldung des Virtuellen Datenschutzbüros vom 27.03.2003, http://www.datenschutz.de/news/alle/detail/?nid=813.

[15] Simitis in: Sokol (Hrsg.) Neue Instrumente, 1999, S. 9; Wanckel, Persönlichkeitsschutz, 1999, S. 155; Jacob, RDV 1996, 1f.; Roßnagel/Bizer, DuD 1996, 209 (210).

[16] Schardt, GRUR 1996, 827ff.

[17] Wanckel, Persönlichkeitsschutz, 1999, S. 44 „Konvergenz der Medien".

[18] Hierbei handelt es sich um sog. Sekundärdaten, Kohl, in: Simon/Weiss (Hrsg.), Festschrift für Simitis, 2000, S. 151 (154). Einen auch für Laien verständlichen Überblick über die technische Entwicklung in der Telekommunikation, insbesondere durch ISDN und Mobilfunk bietet, Gridl, Datenschutz, 1998, S. 29-72. Speziell für die mobile Kommunikation, Hülsmann/Mörs/Schaar, DuD 2001, 196ff.

[19] Gridl, Datenschutz, 1998, S. 37f.; Schaar, Datenschutz im Internet, 2002, S. 13f.

[20] Gridl, Datenschutz, 1998, S. 45ff.

[21] Schaar, CR 1996, 170 (172).

[22] Schaar, Datenschutz im Internet, 2002, S. 13f.; Kohl, in: Simon/Weiss (Hrsg.), Festschrift für Simitis, 2000, S. 151 (154).

Eine weitere Datenquelle, deren Existenz der technischen Entwicklung zu verdanken ist, sind die sog. Chipkarten. Angefangen von der Versichertenkarte der Krankenkassen, über die Kredit- und Eurochequekarten bis hin zu den Kundenkarten, die von einzelnen Handelsketten, wie z.B. Karstadt oder einem Zusammenschluss von Händlern und Unternehmen angeboten werden, wie z.B. die „Payback"-Karte, werden diese Karten insbesondere als Speicher- und Authentifizierungsmedium eingesetzt und dienen über das mit Hilfe eines Kartenlesegeräts auch der Datenübertragung.[23]

Mithin werden jedem, der die Möglichkeit besitzt, die Karte zu lesen, die auf ihr gespeicherten Daten bekannt und können bei entsprechender Funktionalität des Lesegerätes auch Dritten mitgeteilt werden.[24]

Dies ist insbesondere bei den Kredit- und Eurochequekarten der Fall. Beim Einlesen der Karte findet zugleich die Übertragung der auf ihr gespeicherten Daten an das kartenausgebende Institut statt, an das zugleich auch der Betrag und die Zahlstelle, bei der mit Kreditkarte gezahlt wird, übermittelt wird.[25] Auf der Kundenkarte können zudem die Daten des Einkaufes, z.B. Art und Wert der gekauften Waren, gespeichert werden.[26] Die solchermaßen mögliche Erfassung der Einkaufsgewohnheiten wird dabei mit dem Angebot von Rabatten und sonstigen Vergünstigungen versüßt.[27] Die suggerierten Gratisleistungen sind also keineswegs umsonst: Rabatte gegen die Erhebung und Speicherung der Einkaufsgewohnheiten heißt der Tausch.[28]

Die Hingabe der Versichertenkarte ist bei jedem Arztbesuch im Übrigen obligatorisch, damit abgerechnet werden kann. Anonymität gerade im so sensiblen Persönlichkeitsbereich wie der Gesundheit ist also nicht möglich, es sei denn, die in Anspruch genommenen Leistungen werden selbst bezahlt.

---

[23] Hierbei handelt es sich um sog. Prozessorchipkarten, Kleinstcomputer, deren Mikroprozessoren mit Hilfe der Lesegeräte aktiviert wird, LfD Saarland, Anforderungen zur informationstechnischen Sicherheit, 1996, I. Einleitung.

[24] Die Übermittlungsfunktion ist bei den Lesegeräten für die Versichertenkarte nicht vorhanden. Die Funktionsbegrenzung wurde hier bereits zum Schutz der Daten eingeführt, vgl. BfD, 16. TB, 1995/1996, Kap. 9.1.3. Hier werden die Daten also nur demjenigen bzw. derjenigen Arztpraxis bekannt, welche die Karte einliest. Die Einführung einer Patientenkarte, auf der die Gesundheitsdaten des Karteninhabers, wie z.B. Vorerkrankungen und Allergien, gespeichert sind und die die Behandlung insbesondere in Notfällen erleichtern soll, ist in der Theorie schon weit gediehen. Insbesondere hat man sich bereits vor einiger Zeit auf der Ebene der G7-Staaten auf einen bestimmten Satz an Daten geeinigt, der auf jeder Karte gespeichert werden soll, BfD, 16. TB 1995/1996, Kap. 9.2 und 9.2.2 „Europäischer Notfalldatensatz". Nach den Vorstellungen des Bundesgesundheitsministerium soll die „elektronische Gesundheitskarte" schrittweise bis zum 1.1.2006 eingeführt werden, auf der neben den Notfalldaten auch Behandlungen und Rezepten gespeichert werden sollen, BMG, Patienten im Mittelpunkt, 2003, S. 23.

[25] Vgl. den umfassenden Überblick über die Risiken der Zahlung mit diesen sog. Magnetstreifenkarten, Pausch, CR 1997, 174ff..

[26] Vgl, die Meldung des Magazins „prima" des Berliner Beauftragten für den Datenschutz am 10./11.03.2001, http://www.datenschutz-berlin.de/prima/01/03/10.htm.

[27] Simitis, NJW 1998, 2473 (2476f.). Die Kundenkarten dienen auch explizit der Kundenbindung, so ausdrücklich die Firma Loyalty Partner über das von ihr betriebene Payback-Programm, natürlich unter dem Hinweis auf den Mehrwert dieses Programms für den teilnehmenden Kunden, www.loyaltypartner.com.

[28] Darüber hinaus gibt der Konsument noch mehr Daten preis, als ihm unter Umständen bewusst ist, da die Auswertung der Daten weitere Schlüsse, z.B. auf die Profitabilität oder bestimmte Präferenzen, zulassen, vgl. Baeriswyl, RDV 2000, 6 (7).

Ohne im Einzelnen darzulegen, wo und wann im Rahmen welcher technischen Prozesse überhaupt welche Daten anfallen und gespeichert werden,[29] wird bereits mit diesem Überblick deutlich, dass in der gegenwärtigen Informationsgesellschaft wesentliche und kaum hinwegzudenkende Tätigkeiten nicht mehr wahrgenommen werden können, ohne Spuren zu hinterlassen, die Rückschlüsse auf die betreffende Person, ihr Verhalten und ihre Gewohnheiten zulassen. Man denke nur an den Arztbesuch, die bargeldlose Zahlung, das Telefonieren mit dem Mobiltelefon oder einem digitalen Festnetzanschluss sowie die Nutzung des Internets.

Trotz dieser engen Verknüpfung der Gewinnung personenbezogener Daten mit der technischen Entwicklung – insbesondere derjenigen in der Kommunikation – wäre es verfehlt, das Augenmerk ausschließlich darauf zu beschränken. So ist der Mensch in seiner physischen Substanz infolge des wissenschaftlichen Fortschritts mittlerweile selber zur Datenquelle geworden: durch die Erforschung seiner Gene, die Entschlüsselung der DNA werden Erkenntnisse gewonnen, die den Menschen ganz besonders in seiner Integrität und Identität betreffen.[30] Mit ihrer Hilfe lässt sich ermitteln, ob der Einzelne die Veranlagung zur Entwicklung genetisch bedingter Erkrankungen in sich trägt und ob er diese und weitere Fehlfunktionen seinen Nachkommen vererbt.[31]

Ein besonders aufsehenerregendes Beispiel für die Erhebung genetischer Daten ist das Unternehmen „Decode Genetics“, das die genetischen Daten aller Isländer registriert, um diese mit Hilfe des seit 1915 geführten Krankheitsregisters Islands sowie freiwilliger Blutproben auszuwerten.[32] Beabsichtigt ist zunächst die Erforschung von zwölf Krankheiten, wie z.B. Herz-Kreislauf-Erkrankungen und Stoffwechselstörungen, sowie in Kooperation mit dem Pharmakonzern Hoffmann-LaRoche die Entwicklung von Diagnostika und Medikamenten, die Island im Gegenzug kostenfrei erhalten würden.[33]

Auch hier wird der Mensch zunehmend transparent, was umso fataler ist, als es ihm nicht möglich ist, die ermittelten genetischen Veranlagungen zu verändern und den für ihn daraus resultierenden Nachteilen, z.B. bei der Bewerbung um einen Arbeitsplatz

---

[29] Eine ausführliche Darstellung zu den Rahmenbedingungen der Informationsgesellschaft bietet Wanckel, Persönlichkeitsschutz, 1999, S. 43ff.

[30] Mittlerweile ist die DNA mit den gegenwärtigen technischen Mitteln zu 99,9% entschlüsselt und im Internet verfügbar. Mit der Entschlüsselung steht allerdings noch nicht fest, welche Abschnitte der DNA welche Funktion haben, Resenhoeft, Menschliches Erbgut, sueddeutsche.de vom 14.04.2003.

[31] Gegenwärtig sind ca. 1500 „Krankheitsgene“ bekannt. Die Forscher des internationalen Human-Genom-Projektes beabsichtigen, dem Einzelnen zu ermöglichen, seine individuelle Gen-Sequenzierung für ca. 930 Euro erstellen zu lassen, Resenhoeft, Menschliches Erbgut, sueddeutsche.de vom 14.04.2003. Allerdings ist die Wissenschaft mittlerweile davon überzeugt, dass es weniger die Gene als die Proteine sind, die zu wenig, zu viel oder am falschen Ort produziert werden und Krankheiten auslösen. Hier steht man in der Entschlüsselung noch vergleichsweise am Anfang, dennoch werden bereits große Summen durch die Pharmaindustrie in die sog. Proteomik investiert, Balser, Renaissance einer Hoffnung, SZ vom 25.04.2003.

[32] Simitis, in: Sokol (Hrsg.), Neue Instrumente, 1999, S. 5 (12f.); Sokol, DuD 2001, 5ff.

[33] Sokol, DuD 2001 5 (6). Basis für dieses Projekt ist neben der bereits erwähnten langjährigen Erfassung von Patientendaten die zu erwartenden genetische Homogenität der isländischen Bevölkerung, die seit über 1000 Jahren in relativer Abgeschiedenheit lebt.

oder dem Abschluss einer Lebensversicherung, zu entgehen – ganz zu schweigen von der sozialen Stigmatisierung.[34]

Abgesehen von der Ermittlung von Krankheitsursachen oder -Veranlagungen sind auch die eindeutige Feststellung der Elternschaft oder die Verneinung derselben mittels einer DNA-Analyse möglich. Eine wichtige Rolle spielt die Genetik überdies bei der Verbrechensaufklärung: Unschuld oder Schuld an einem Verbrechen lassen sich mit Hilfe der DNA-Analyse von Haaren, Sperma oder Speichel ermitteln.[35]

Neben den genetischen Informationen dient der menschliche Körper aber auch als Datenquelle für die Biometrie.[36] Physiologische Merkmale wie Gesichts- und Handprofile werden gespeichert oder durch eine Videokamera aufgenommen, um später eine zweifelsfreie Identifizierung der betreffenden Person vornehmen zu können.[37] Als biometrische Daten eignen sich nur solche physischen Merkmale, die in der Bevölkerung unterschiedlich genug auftreten, um eine weitgehend zweifelsfreie Identifikation zu ermöglichen, z.B. Gesichts- oder Ohrmuschelform oder Iris- und Retinamuster.[38] Diese vermitteln darüber hinaus jedoch noch weitere personenbezogene Daten, wie z.B. Geschlecht oder Herkunft anhand des Gesichtes oder medizinische Informationen aufgrund des Augenhintergrundes, die für das Identifikationsverfahren indes ohne Bedeutung sind.[39] Biometrische Verfahren können aber nicht nur zur Identifikation dienen, sondern auch zur Überwachung, wie die niederländische Asylpraxis zeigt: Ohne die biometrische Chipkarte, auf welcher der Fingerabdruck des Asylbewerbers gespeichert wird, kann dieser weder sein Wohnheim betreten, noch Sozialleistungen in Anspruch nehmen.[40]

II) Unbegrenzte Verarbeitungsmöglichkeiten

Der Übergang von der Datengewinnung zur Datenverarbeitung ist fließend, soweit es um Verarbeitungstechniken geht, die im Ergebnis zur Ermittlung weiterer personenbezogener Daten führen.

Dies betrifft z.B. die Erstellung von sogenannten Persönlichkeitsprofilen auf der Grundlage anderweitig, insbesondere im Internet erhobener personenbezogener Da-

---

[34] Siehe den Überblick in RabelsZ 2002, 116 (118ff.) – „Genomanalyse und Privatversicherung“, Max-Planck-Institut für ausländisches und internationales Privatrecht. Die Einholung von Genanalysen im Rahmen der Anstellung ist insbesondere in den USA üblich, Weichert, DuD 2002, 133f.

[35] Die unionsgeführten Bundesländer unter der Federführung Bayerns beabsichtigen daher eine Bundesratinitiative zur Ausweitung von erkennungsdienstlichen Gentests bei Straftätern, www.sueddeutsche.de vom 22.01.2003

[36] Biometrische Identifikationsverfahren (häufig kurz mit "Biometrie" bezeichnet) sind Verfahren, die eine Person anhand physiologischer Charakteristika (Fingerabdruck, Gesicht, Muster der Iris) oder Verhaltensweisen (Stimme, Bewegung, (Unter-)Schrift) automatisiert erkennen, Weichert, CR 1997, 369 (370).

[37] Simitis/*Bizer*, BDSG, 2003, § 6b Rn. 85. Mit Hilfe der so gewonnenen Rohdaten wird ein Datensatz (Template) erstellt, mit dem die bei einer späteren Präsentation der Daten errechneten Templates, z.B. bei einer erneuten Erfassung des Handprofils, verglichen werden und so die Identifikation der Person gesichert wird, Bäumler/Gundermann/Probst, Stand der Diskussion, 2001, S. 8.

[38] Bäumler/Gundermann/Probst, Stand der Diskussion, 2001, S. 10.

[39] Bäumler/Gundermann/Probst, Stand der Diskussion, 2001, S. 10.

[40] Weichert, CR 1997, 369 (373).

ten.[41] Durch den Einsatz von Datenbanken lassen sich große Mengen an Daten nicht nur speichern, sondern auch in anderen Kontexten gruppieren, die eine neue Aussage über die betreffende Person zulassen. Durch die bereits erwähnte Konvergenz der Techniken und Medienformen lassen sich dabei nicht nur in Textform gespeicherte Daten neu sortieren, sondern auch durch Bild- oder Tondateien ergänzen. Grundlage für diese Verarbeitungsformen ist die aufgrund der Digitalisierung mögliche Datenkompression, mit denen die Leistungsfähigkeit der Verarbeitungsgeräte, wie z.B. des PC, gesteigert wurden.[42] Überdies konnte in den letzten 10 Jahren die Rechnerleistung der Computer, seien es Tischgeräte oder tragbare Laptops, kontinuierlich verbessert werden und damit Rechenprozesse beschleunigt bzw. aufwändige Verfahren überhaupt erst ermöglicht werden. So können die Daten von Kunden, Lieferanten, Arbeitnehmern oder Antragstellern ungleich leichter erfasst, überprüft, übermittelt und unter neuen Aspekten miteinander kombiniert werden.

Datenbankmanagement wurde zusehends wichtiger und auch reicher an Kombinationsmöglichkeiten. So werden z.B. mit der Technik des Data Mining bereits in den Datenbanken vorhandene Daten aufgespürt und so miteinander kombiniert, dass völlig neue Informationen gewonnen werden können.[43] Insbesondere zu Marketingzwecken erscheinen die so möglichen Persönlichkeitsprofile als nützlich und geradezu gewinnbringend, wenn mit ihrer Hilfe z.B. das Konsum- und Freizeitverhalten der Zielgruppe eines Produktes erhellt werden kann.[44] Aufgabe der Technik des sog. Database-Marketing ist es daher, dem richtigen Kunden zum richtigen Zeitpunkt mit dem richtigen Produkt ein maßgeschneidertes Angebot" zu machen.[45]

Mit Hilfe sogenannter Data Warehouses werden die in den operativen Datenbanken eines Unternehmens vorhandenen Daten zusammengeführt, um einen Datenzugriff nach Art eines gut sortierten und einheitlich organisierten Warenlagers (*warehouse*) zu ermöglichen.[46] Die so zusammengefassten Daten können mit Data Mining-Techniken neue Erkenntniszusammenhänge, wie z.B. Trends oder Prognosen bei Produktion und Vertrieb, herstellen.[47] Auch wenn es dabei um die Darstellung vom Einzelnen losgelöster Entwicklungen geht, bedingt die Absicht, die Daten möglichst vielfältig auszuwerten, die Speicherung individualisierbarer Datensätze.[48]

Der Einsatz von Datenbanken spielt auch in der Strafverfolgung eine große Rolle. So werden Fingerabdrücke oder sonstige erkennungsdienstliche Merkmale digital in Datenbanken gespeichert, auf die bei Bedarf von allen Polizeidienststellen, soweit die technischen Voraussetzungen erfüllt sind, zugegriffen werden kann.[49] Dasselbe gilt für

---

[41] Zur Erstellung von Profilen mit Hilfe der durch den Einsatz von Cookies gewonnenen Daten, Ihde, CR 2000, 413 (421).

[42] Vgl. hierzu die ausführliche Darstellung bei Wanckel, Persönlichkeitsschutz, 1999, S. 45f.

[43] Büllesbach, CR 2000, 11 (12); Baeriswyl, RDV 2000, 6f.

[44] Wanckel, Persönlichkeitsschutz, 1999, S. 155.

[45] Wittig, RDV 2000, 59; Breinlinger, RDV 1997, 247 (250f.).

[46] Büllesbach, CR 2000, 11 (12); Baeriswyl, RDV 2000, 6f.

[47] Vgl. Büllesbach, a.a.O., der allerdings auch auf die noch vorhandenen Schwierigkeiten beim Einsatz dieser Technik verweist.

[48] Simitis/*Dammann*, BDSG, 2003, § 3 Rn. 24f.

[49] So können die bundesdeutschen Polizeibehörden durch die installierten Automatischen-Fingerabdruck-Identifizierungs-Systeme (AFIS) auf eine zentrale Datenbank von ermittelten Fingerabdrücken zugreifen, vgl. den 19. TB. des BfD Rn. 13.9.

die Speicherung biometrischer Merkmale z.B. durch Unternehmen, die dadurch den ausschließlichen Zugang Berechtigter sicherstellen wollen.[50] Computer bilden also auch die maßgebliche Grundlage bei der Verarbeitung der gewonnenen Daten.

III) Zunehmender Kreis von Datenverarbeitern

Neben den bereits erwähnten Entwicklungen bei der Datengewinnung und Verarbeitung führte die Digitalisierung der Telekommunikation unter den Stichworten „Vernetzung" und „Dezentralisierung" zu einem anwachsenden Kreis von Datenverarbeitern, d.h. Personen, die Zugriff auf gespeicherte personenbezogene Daten haben, diese verändern und Dritten mitteilen können.[51] Die Dezentralisierung kennzeichnet die Entwicklung vom Großrechner über das Tischgerät und das Laptop zum Palm, anders gesagt: von fixierten Rechnern zu mobilen Rechnern.[52]

Begleitet wurde diese Entwicklung auch von einem Preisverfall für diese technischen Geräte, der ihren Einsatz nicht nur Behörden oder Großunternehmen ermöglichte, sondern auch mittleren und kleinen Unternehmen oder Privatleuten, kurz: jedermann[53]. Diese Öffnung der Computer-Technologie gegenüber der „breiten Masse" wird auch in der Diskussion um den Datenschutz sichtbar:

Galten die Bedenken ursprünglich vorwiegend der Datenverarbeitung durch die öffentlichen Stellen bzw. Behörden,[54] rückten immer mehr die privaten Datenverarbeiter in das Zentrum der Besorgnis,[55] die ebenso an der Sammlung von Daten über das Konsum- und Sozialverhalten der Einzelnen interessiert sind, wie auch an der Feststellung deren Kreditwürdigkeit oder an der Erstellung von Persönlichkeitsprofilen.[56] Aber nicht nur die immer häufiger werdende Datenverarbeitung unmittelbar durch private

---

[50] Unlängst hat der Zoo Hannover die größte Gesichtserkennungsanlage Europas eingerichtet, um den Missbrauch von Dauerkarten zu verhindern, vgl. Meldung vom 14.04.2003 auf www.heise.de/newsticker.

[51] Die hier als Datenverarbeiter bezeichneten Personen sind nicht zu verwechseln mit der „verantwortlichen Stelle" des § 3 Abs. 7 BDSG, die als Adressaten der Regelungen des BDSG die Behörden oder Unternehmen meint, die über Zweck und Umfang der Datenverarbeitung bestimmen und nicht – wie hier – den einzelnen Mitarbeiter oder Beamten, der mit den Daten in Berührung kommt, vgl. Tinnefeld, NJW 2001, 3078 (3083).

[52] Simitis/*Dammann*, BDSG, 2003, § 3a Rn. 11; Tinnefeld, NJW 2001, 3078.

[53] Simitis, in: Sokol (Hrsg.), Neue Instrumente, 1999, 5 (7); Hoffmann-Riem, DuD 1998, 684 (685).

[54] So nehmen z.B. die Träger der gesetzlichen Rentenversicherung ihre Aufgaben bereits seit den 60er Jahren mittels der automatischen Datenverarbeitung wahr. So wird jedem Versicherungsnehmer eine Versicherungsnummer zugeteilt, unter der er zum einen identifiziert werden kann, zum anderen werden unter dieser Nummer alle versicherungsrelevanten Daten gespeichert, vgl. Stähler, Aspekte, 2000, S. 51f.

[55] So betraf die das erste Tätigwerden des Europarates zum Schutz personenbezogener Daten den Einsatz von Datenbanken im privaten Bereich, Resolution (73) 22 on the protection of the privacy of individuals vis-à-vis electronic data banks in the private sector, vom 26.09.1973, www.coe.int./T/E/Legal_affairs/Legal_cooperation/Data_protection/Documents/International_Legal_instruments/Resolution (englische Fassung).

[56] Schaar, Datenschutz im Internet, 2002, S. 47; Schmitt-Glaeser, in: Isensee/Kirchhof (Hsrg.), Handbuch des Staatsrechts, Band VI, 2001, § 129 Rn. 90; Kloepfer/Kutzschbach, MMR 1998, 650 (651); Hassemer, in: Simon/Weiss (Hrsg.), Festschrift für Simitis, 2000, S. 121 (126); schon früher Simitis, NJW 1984, 398 (400f); eine vergleichbare Gefährdungslage in beiden Bereichen bejahte bereits der Deutsche Juristentag (Hrsg.), Grundsätze für eine gesetzliche Regelung, 1974, S. 13.

Unternehmen birgt Gefahren, sondern auch die zunehmende Privatisierung öffentlicher Aufgaben.[57]

Mit der zunehmenden Vernetzung durch den Einzug des Internets bzw. der Netzwerktechnologie war der universale und ubiquitäre Umgang mit personenbezogenen Daten perfekt: Jeder Mitarbeiter kann mit seinem Rechner von jedem Standort aus auf die auf einem Server gespeicherten Daten zugreifen.

Das Phänomen der Vernetzung gilt ebenso für den öffentlichen Bereich: Auch hier können Behörden auf Datenbanken zugreifen, die von anderen öffentlichen Stellen eingerichtet wurden, z. B. zur Entdeckung bzw. Verhinderung von Straftaten[58] oder zur Aufdeckung des Missbrauchs staatlicher Leistungen.[59] Führte die Dezentralisierung schon zu einer Ausweitung der datenverarbeitenden Kreise, brachte die Vernetzung eine Multiplikation der dezentralen Datenbestände.[60]

B) Die Gefährdungen für den Einzelnen

Die Gefährdungen für den Einzelnen aus dieser Entwicklung zu einer Informationsgesellschaft lassen sich zunächst in einem Begriff zusammenfassen: dem drohenden Kontrollverlust über die eigenen Daten. Angesichts der Vielzahl an Datenquellen, Verarbeitungsmöglichkeiten und den dafür Verantwortlichen ist der Einzelnen nicht mehr ohne weiteres in der Lage, zu erfahren, welche seiner Daten, wo und zu welchem Zweck erhoben und verarbeitet werden.

Personenbezogene Daten verkörpern jedoch immer ein Abbild oder zumindest einen Ausschnitt dessen, was die Person des Betroffenen ausmacht, angefangen von ihrem Namen, über ihr Alter und ihren Wohnort, über ihre Gewohnheiten, ihr Sozialverhalten oder politischen Auffassungen bis zu ihren Erbanlagen. Je mehr Dritte von diesen höchstpersönlichen Details Kenntnis haben, umso größer ist ihre – bewusste oder unbewusste – Einflussnahme auf den Betroffenen, umso weniger handelt er frei und selbstbestimmt.[61] Das freie und selbstbestimmte Handeln ist jedoch Voraussetzung für die Persönlichkeitsentwicklung des Einzelnen zu einem Individuum mit einer einzigartigen Identität. Insbesondere bei der Nutzung des Internets ist Anonymität so gut wie ausgeschlossen, „der gläserne Surfer" die Regel.[62]

Aber auch die Chipkarten können universell eingesetzt werden und machen es möglich, dass die auf ihr gespeicherten Daten zu missbräuchlichen Zwecken eingesetzt

---

[57] Zu den Auswirkungen der Privatisierung auf den Datenschutz, Simitis, DuD 1995, 648ff.

[58] So ist es gem. § 22 des Gesetzes über das Ausländerzentralregister in seiner neuen Fassung den Nachrichtendiensten möglich, online auf die dort gespeicherten Daten zuzugreifen, vgl. den 19. TB des BfD, 2001-2002, S. 27. Aber auch Anfragen bei den Rentenversicherungsträgern sind gem. § 35 Abs. 3 SGB I i.V.m. § 72 SGB X durch die Sicherheitsbehörden zulässig, die z.T. ohne Angabe der Rechtsgrundlage und unter Verwendung standardisierter Texte erfolgen, Stähler, Aspekte, 2000, S. 106.

[59] So gleichen die Landesämter für BaföG ihre Daten mit denen der Finanzämter ab, um bei einem entsprechendem zu versteuerndem Einkommen Überzahlungen zurückzufordern, Himmelrath, Spiegel-Online vom 14.05.2003, http://www.spiegel.de/unispiegel/geld/0,1518,248518,00.html.

[60] Simitis/*Bizer*, BDSG, 2003, § 3a Rn. 12.

[61] BVerfGE 65, 1 (42) – „Volkszählungsurteil".

[62] Schaar, Datenschutz im Internet, 2002, S. 13.

werden.[63] Bei der Verwendung von Kreditkarten besteht das Risiko, das die relevanten Zahlungsdaten, insbesondere die PIN, ausgespäht und missbräuchlich verwendet werden.[64] Aufgrund der zeitlich unbegrenzten Speicherung der Daten im Rechner kann der Einzelne mit Sachlagen konfrontiert werden, die nicht mehr dem gegenwärtigen Stand entsprechen. Ebenso nachteilig ist eine Speicherung falscher Daten, die dem Einzelnen gleichermaßen zum Nachteil gereichen können.[65] Gleiches gilt für die Speicherung personenbezogener Daten, die aus ihrem eigentlichen Kontext gerissen werden und aus diesem Grund eine andere Wertung beinhalten.[66] Die mögliche Speicherung von Daten über ihren eigentlichen Zweck hinaus verleitet dazu, diese zu anderen Zwecken zu verwenden, die nicht im Sinne des Betroffenen sind und von denen dieser keine Kenntnis hat. Ist in diesem Fall die Löschung der Daten im Interesse des Betroffenen, kann dieser aber auch ein Interesse daran haben, dass diese z. B. bis zur Vertragserfüllung bestehen bleiben. Eine Zerstörung der Daten wäre dann für den Betroffenen nachteilig.

Die möglichen Gefahren oder Beeinträchtigungen für den Betroffenen einer Datenverarbeitung beschränken sich indes nicht auf die Phasen der Speicherung und Verarbeitung der Daten. Auch bei der Datenerhebung sind Beeinträchtigungen denkbar, so wenn die Daten ohne Wissen des Betroffenen erhoben werden, z.B. im Internet durch den Einsatz von Cookies oder durch die Befragung Dritter. Die heimliche Erhebung der Daten macht es überdies möglich, die Daten zu beliebig vielen Zwecken einzusetzen. Die Gefahren und damit die Beeinträchtigungen für den Einzelnen durch den Umgang mit persönlichen Daten sind also vielfältig und in jeder Phase ihres Umgangs möglich. Überdies kann menschliches Fehlverhalten gerade in Verbindung mit einer Technologie, die von sich aus keine Anonymität kennt, gravierende Folgen für den Betroffenen haben, dessen persönliche Daten jedermann zugänglich werden.[67]

Dies gilt insbesondere für die höchstpersönlichen und einzigartigen Merkmale des Individuums, die bei der Biometrie gewonnen und verarbeitet werden. Geraten solche Daten an nicht dazu befugte Personen oder werden verschiedene Merkmale unzulässi-

---

[63] Z.B. zur Anfertigung von Nutzerprofilen oder zum Verkauf der Daten an Dritte, für die diese Daten ebenfalls von kommerziellem Nutzen sind.

[64] Vgl. die Beispielsfälle bei Pausch, CR 1997, 174 (178).

[65] Ein besonders schwerwiegender Fall der Verarbeitung falscher personenbezogener Daten durch die Behörden ereignete sich in Spanien. Dort teilten die Behörden einer Spanierin insgesamt sieben verschiedene Ausweisnummern zu, in deren Folge sie von den Behörden entweder für jemand anders gehalten wurde oder ihre Identität bezweifelt wurde. Infolgedessen wurde ihr die Inanspruchnahme so wichtiger Sozialleistungen wie Arbeitslosengeld verweigert oder ihr gehörende Häuser beschlagnahmt, um angebliche Schulden einzutreiben, die fälschlicherweise ihr zugeschrieben wurden. Infolge dieser ganzen Belastungen zerbrach auch die Ehe der Betroffenen, die nun Klage auf Schadensersatz in Höhe von 9 Millionen Euro gegen das spanische Innenministerium erhoben hat, vgl. Vogelsänger, www.stern.de/politik/panorama vom 25.02.2003.

[66] So z.B. wenn ein Kreditkartenunternehmen der SCHUFA meldet, einen Kreditkartenvertrag wegen Zahlungsunfähigkeit gekündigt zu haben, ohne die Zahlungsunfähigkeit bzw. Zahlungsunwilligkeit des Betroffenen vorher gerichtlich festgestellt haben zu lassen, LG Bonn, CR 1995, 276-277.

[67] So waren bei einem Internet-Provider über mehrere Wochen hinweg die Email-Konten seiner Nutzer frei im Internet zugänglich, so dass die über die jeweiligen Email-Adressen erfolgende Kommunikation gelesen werden und auch gelöscht werden konnte, Eidgenössischer Datenschutzbeauftragter, 8. TB 2001/2002, Kap. 3.1.

gerweise miteinander verknüpft, entsteht ein unangemessen großes Überwachungs- und Kontrollpotenzial durch diese Daten.[68]

Aber selbst, wenn von dem Betroffenen festgestellt werden kann, von wem seine Daten erhoben wurden, können diese ohne weiteres auch Dritten mitgeteilt werden – über Internet und Intranet an Partner- oder Tochterunternehmen, an die übergeordnete Behörde oder jede andere öffentliche Institution, die genau an diesen Daten Interesse zeigt. Von den jeweiligen einzelnen Mitarbeitern oder Beamten, die auf die Daten dann tatsächlich zugreifen, ganz zu schweigen. Diese Tatsache sorgt nicht unter allen Privatpersonen für Unbehagen. Oft wird eingewendet, dass man von diesem Kenntnisreichtum auf Seiten der Datenverarbeiter ja auch profitiere, in dem man z.B. nicht mehr mit Werbung überhäuft werde, die an den eigentlichen Interessen und Bedürfnissen vorbeigehe oder man sich die lästige und zeitaufwendige Angabe bzw. Eingabe der zum Vertragsschluss wesentlichen Daten sparen könne.

Daten, die jedoch Einblick in einen besonders persönlichen Bereich des Betroffenen bieten, wie z.B. seine Krankengeschichte oder seine sexuelle Orientierung, möchte niemand gerne offenbaren, geschweige denn hinnehmen, dass sie Dritten übermittelt werden, es sei denn, diese Vorgänge finden im Rahmen einer ärztlichen Behandlung statt oder dienen der Anbahnung einer entsprechend seiner Orientierung angelegten sexuellen Beziehung.[69] Überdies ist nicht auszuschließen, dass die Daten gerade an solche Unternehmen, Behörden oder Personen weitergeleitet werden, deren Kenntniserlangung der Betroffene nicht wünscht, ob dies nun willentlich oder durch ein Versehen geschieht. Willentlich, weil die Daten selber zu einem Wirtschaftsgut geworden sind, deren Lieferung mithin entgeltlich erfolgt, versehentlich, weil die Sicherungssoftware versagt oder fehlerhaft ist.[70] Datenmissbrauch ist zudem denkbar, wenn privaten Dritten Kenntnis der Daten z.B. durch einen Mitarbeiter oder Beamten verschafft wird.[71]

Ein besonderes Problem bei der Übermittlung personenbezogener Daten ist der grenzüberschreitende Datenverkehr, der durch die Verknüpfung von Computertechnologie und Telekommunikation faktisch zu einer Aufhebung der Grenzen geführt hat: hier besteht die Gefahr, dass der Schutz der personenbezogenen Daten im Empfängerland

---

[68] Brönneke/Bobrowksi, in: Bäumler (Hrsg.), E-Pricavy, 2000, S. 141 (149f.). Allerdings ist bei der Diskussion um Sinn und Zweck der Biometrie nicht zu verkennen, dass mit ihr gesicherte Identifikations- bzw. Authentifizierungsverfahren möglich sind, die die Datenschutzrisiken beim Einsatz von PIN, Chipkarten oder Passwörtern reduzieren, Köhntopp/Fox, DuD 1999, 126.

[69] Die europäische Datenschutzrichtlinie sieht daher auch ein generelles Erhebungsverbot für Daten vor, die aufgrund empirischer Untersuchungen für den Betroffenen von besonderer Wichtigkeit sind und für die daher ein hohes Interesse an ihrer Vertraulichkeit besteht – sog. sensitive Daten, Art. 8 EG-DSRL. Dabei darf jedoch nicht nicht übersehen werden, dass letztlich der Verwendungszusammenhang über den Aussagewert und damit die Bedeutung dieser Angabe für den Einzelnen entscheidet, Simitis/*Simitis*, BDSG, 2003, § 1 Rn. 58; Gounalakis/Rhode, Persönlichkeitsschutz, 2002, S. 146.

[70] So hat das amerikanische Unternehmen ChoicePoint angeblich heimlich die vollständige Wählerliste Mexikos mit Daten von 60 Mill. Bürgern aufgekauft und an das amerikanische Justizministerium, das FBI sowie an US-Großkonzerne verkauft, was einen Sturm der Entrüstung in Mexiko auslöste, Streitz, Spiegel-Online vom 07.05.2003 http:// www.spiegel.de.

[71] OLG Karlsruhe, MDR 81, 757 (758). Dort hatte ein Polizeibeamter einem Privatmann von den Vorstrafen und weiteren, mittlerweile eingestellten Ermittlungen gegen einen Arbeitnehmer des Privatmannes berichtet. Die Klage scheiterte indes, weil nach Auffassung des Gerichts keine im deutschen Recht erforderliche schwerwiegende Persönlichkeitsverletzung vorlag.

nicht dem des Ursprungslandes entspricht, sei es, weil es keinerlei Regelungen zum Datenschutz gibt oder diese einen geringfügigeren Schutz bieten.[72] Eine solche „Datenoase“ stellt zum einen eine große Verlockung für Datenverarbeiter dar, durch einen Transfer der Daten dorthin den strengeren Bestimmungen des Staates, in dem die Daten erhoben wurden, zu entgehen, zum anderen ist dieser Transfer bei einem multinational operierenden Unternehmen oft genug eine betriebswirtschaftliche Notwendigkeit.[73] Auslöser für diese Gefährdungslage sind mithin nicht nur die IT-Technologie, sondern auch die unterschiedlichen Aktivitäten der nationalen Gesetzgeber, was letztlich die Notwendigkeit einer internationalen oder, wie im Falle der europäischen Datenschutzrichtlinie, einer supranationalen Regelung deutlich macht und auch tatsächlich Auslöser sämtlicher internationaler Bestrebungen auf dem Gebiet des Datenschutzes war.[74]

Wenn an vorangegangener Stelle erklärt wurde, dass mit der fortschreitenden technischen Entwicklung gerade die Erhebung und Verarbeitung personenbezogener Daten durch den privaten Sektor zunahm und sich die Bedenken hinsichtlich der Gefährdungen dementsprechend lange Zeit auf diesen Bereich konzentrierten, so hat sich mit den Terroranschlägen vom 11.September 2001 der Schwerpunkt der Besorgnis erneut auf den öffentlichen Bereich verlagert.

Dem legitimen Bedürfnis nach Sicherheit wird in zunehmenden Maße mit präventiven Maßnahmen begegnet, die sich überwiegend auf die Sammlung und Auswertung von für die Ermittlungen so wichtigen Erkenntnissen über finanzielle Transaktionen, Kommunikationsverhalten via Telefon und Internet oder Aufenthaltsstatus bei Ausländern konzentrieren.[75] Dabei werden auch die Datensammlungen der privaten Stellen zunutze gemacht und diese so für öffentliche Belange verwertet.[76] Die Grenzen zwischen privater Datenerhebung mit ihren eigenen Zielsetzungen und der von staatlicher Datenverarbeitung werden mithin verwischt und die Unübersichtlichkeit für den Einzelnen über die Verwendung seiner Daten wird umso größer. Überdies ist nicht auszuschließen, dass angesichts der übergroßen Befürchtungen vor Terroranschlägen die eingeräumte Ermittlungsbefugnis den Interessen des Einzelnen an einem Schutz seiner Daten nicht hinreichend Rechnung trägt.

Die Vielzahl an Verarbeitungs- bzw. Verwendungsmöglichkeiten kann überdies dazu führen, dass die einmal erhobenen Daten zu einem Zweck verarbeitet werden, den der Betroffene nicht gebilligt hätte, wenn er davon Kenntnis gehabt hätte. Beispielsweise

---

[72] Prominentes Beispiel ist die USA, in der es kein kohärentes, bundesweites Datenschutzgesetz gibt, sondern lediglich einzelne Datenschutzregelungen der Bundesstaaten mit unterschiedlichem Regelungsniveau, Gounalakis/Mand, CR 1997, 497 (502). Zu den einzelstaatlichen Regelungen im Einzelnen vgl. Wilske, CR 1993, 297 (299ff.).

[73] Z.B. wenn der Kontakt zum Kunden von einem zentralen Call Center aus gepflegt wird, Bülles-bach/Höss-Löw, DuD 2001, 135. Die datenschutzrechtlichen Aspekte eines Datenexportvertrages beleuchtet Ehmann, CR 1991, 234ff.

[74] Siehe Seite 49ff.

[75] Zur Mitwirkung und Kritik an den deutschen Gesetzgebungsvorhaben nach dem 11.September (Sicherheitspakete I und II) durch den Bundesdatenschutzbeauftragten vgl. den 19. TB des BfD, 2001-2002, S. 24ff..

[76] So ist das Bundesamt für den Verfassungsschutz gem. § 8 Abs.5 bis 8 BVerfSchG befugt, Auskünfte bei Banken, Post- und Telekommunikationsunternehmen sowie Luftfahrtunternehmen über dort erhobene Daten von Kunden einzuholen, 19. TB des BfD, 2001-2002, S. 110.

weil er nicht gewollte hätte, dass seine Daten mit Hilfe des Data Mining so verarbeitet werden, dass aus ihnen neue Erkenntnisse gewonnen werden, die ihm selber nicht mitgeteilt werden. Dies führt zu der grundsätzlichen Gefährdung der personenbezogenen Daten des Betroffenen durch ihre heimliche Erhebung und Verarbeitung, die insbesondere im Internet möglich ist und praktiziert wird.

Zunehmend geraten auch Gesundheitsdaten in das Blickfeld von (pharmazeutischen) Unternehmen, die mit Hilfe dieser Daten gezielt Ärzte und Patienten ansprechen können.[77] Ganz besonders gilt dies für genetische Erkenntnisse, die zunehmend Einblicke in den Menschen und seine jeweiligen physischen und psychischen Anlagen gewähren und somit für den Betroffenen von besonders hohem Stellenwert sind. Dies sind sie aber auch für Unternehmen, Krankenkassen und Lebensversicherern, die sich mit Hilfe dieser Daten eine bessere Absicherung ihrer Risiken erhoffen oder hoffen, Medikamente gegen genetisch verursachte Krankheiten entwickeln zu können.[78]

C) Die möglichen Schäden beim Umgang mit personenbezogenen Daten

I) Grundsatz: Unkörperliche Beeinträchtigungen

Da es sich bei Daten um unkörperliche Sachen handelt, an denen kein Eigentum besteht,[79] handelt es sich bei den möglichen Beeinträchtigungen in erster Linie um nicht gegenständliche Beeinträchtigungen, denen es in der Regel an Visualität fehlt, im Gegensatz zu Körper- oder Sachschäden.[80]

II) Immaterielle Nachteile

Diese unkörperlichen Beeinträchtigungen sind vorwiegend dadurch gekennzeichnet, dass sie sich nicht genauestens in Geld beziffern lassen. Dies betrifft den Verlust der Entscheidungs- und Kommunikationsfreiheit, die Entstellung des eigenen Lebensbildes, der Verlust des Ansehens und emotionale Beeinträchtigungen.

1) Verlust der Entscheidungs- und Kommunikationsfreiheit

Die heimliche Datenerhebung oder die Weitergabe seiner personenbezogenen Daten an einen Dritten gegen bzw. ohne den Willen des Betroffenen bedeutet für diesen einen Kontrollverlust, der ihn in seiner Entscheidungsfreiheit beeinträchtigen kann, da er sich beobachtet fühlt. Er kann gehemmt sein, sich so zu verhalten, wie er es ohne das Bewusstsein von der heimlichen Erhebung der Daten bzw. ihrer Weitergabe getan hätte, und von bestimmten Verhaltensweisen Abstand nehmen oder sie nicht in dem Maße nutzen, wie er es ohne die Kenntnis der heimlichen Datenerhebung getan hätte.

---

[77] Simitis, in: Sokol (Hrsg.), Neue Instrumente, 1999, 5 (16).

[78] Sokol, DuD 2001, 5 (11) für das Beispiel der isländische Firma „deCode".

[79] Allenfalls am Datenträger, wie z.B. der Festplatte, auf dem die Daten gespeichert sind, besteht Eigentum, das jedoch in der Regel dem Datenverarbeiter selber zustehen wird, vgl. zum Eigentum am Datenträger BGH, NJW 1990, 320 (321); OLG Karlsruhe, NJW 1996, 200 (201).

[80] Sollte der Betroffene durch den Datenschutzverstoß als pathologisch zu bezeichnende psychische Beeinträchtigungen erleiden, die durch einen Sachverständigen festgestellt werden können, liegt jedoch ein Körperschaden vor.

Ähnlich sind die Beeinträchtigungen infolge einer Datenverarbeitung zu einem Zweck, der dem Betroffenen nicht bekannt war, wie z.B. die Verwendung seiner Daten, die bei Arztbesuchen anfallen, nicht nur zu Abrechnungszwecken, sondern auch zur Prüfung seines gegenwärtigen Gesundheitszustandes.[81] Dies gilt auch für die Speicherung seiner Religionszugehörigkeit nicht nur aus steuerlichen oder statistischen Gründen, sondern auch aus sicherheitspolitischen Gründen. Das Bewusstsein dieser heimlichen Verarbeitung zu anderen Zwecken kann Verunsicherung hervorrufen und ebenfalls dazu führen, dass zukünftig alles vermieden wird, was eine solche heimliche Verarbeitung in dem jeweils betroffenen Bereich ermöglicht. In allen diesen Fällen wird dem Betroffenen infolge des schädigenden Ereignisses eine bestimmte Lebens- oder Verhaltensweise aufgedrängt, die mit dem Verlust des freien und selbstbestimmten Handelns einhergeht.

2) Entstellung des Lebensbildes und Verlust des Ansehens

Bei der Verarbeitung falscher bzw. nicht mehr aktueller Daten oder der heimlichen Verarbeitung der Daten, die dem Datenverarbeiter auf der Basis von Prognosen oder Trends zu neuen Erkenntnissen verhilft,[82] kommt zum Verlust des selbstbestimmten Handelns eine weitere Beeinträchtigung hinzu.

Falsche oder nicht mehr aktuelle Daten führen zu einer unrichtigen Beurteilung des Betroffenen, die nicht den tatsächlichen Verhältnissen entspricht und in den Umgang des Datenverarbeiters oder Dritten mit dem Betroffenen einfließt. Insbesondere, wenn die unrichtigen bzw. veralteten Daten den Betroffenen in ihrer Aussage nachteilig dastehen lassen,[83] führt dies zu einer Entstellung seines Lebensbildes, die der Betroffene nicht hinnehmen muss. Auch bei der Gewinnung neuer Daten auf Basis von mathematisch errechneten Prognosen oder Trends, die nur begrenzt eine zutreffende Aussage z.B. über die Kreditwürdigkeit des Betroffenen enthalten, stellt die zwangsweise Übernahme des mit dieser Aussage verbundenen Risikos durch den Betroffenen, der keine Kenntnis von der Durchführung dieses Verfahrens hatte, einen Nachteil dar.

3) Emotionale Beeinträchtigungen

Die heimliche Datenerhebung, die Verarbeitung zu einem dem Betroffenen unbekannten Zweck oder die nicht vom Betroffenen autorisierte Übermittlung der Daten an einen Dritten ruft überdies negative emotionale Reaktionen hervor, wie z.B. Empörung, Scham, Demütigung oder Entsetzen, dass für den Betroffenen besonders sensible Daten erhoben und/oder anderen mitgeteilt wurden, die gerade diese Umstände nicht er-

---

[81] Dies wäre z.B. möglich mit der geplanten Patientenkarte, auf der auch wesentliche Krankheits- bzw. Gesundheitsdaten gespeichert sein sollen.

[82] Ein Beispiel hierfür ist das sog. Scoring-Verfahren, mit dem anhand von empirisch ermittelten Punktwerten eine Aussage über die durchschnittliche Kreditwürdigkeit des Kunden etc. getroffen werden soll, Simitis/*Bizer*, BDSG, 2003, § 6a Rn. 31.
Zu den Einzelheiten des Scoring-Verfahrens unter datenschutzrechtlichen Gesichtspunkten, vgl. Duhr/Naujok/Peter/Seiffert, DuD 2001, 5 (25); Kloepfer/Kutzschbach, MMR 1998, 650 (657); Petri, DuD 2001, 290f.

[83] Allerdings ist nicht auszuschließen, dass auch die lediglich den Umständen nach verfälschende Darstellung seiner Person jemanden zur Geltendmachung eines Schadensersatzanspruches veranlasst.

fahren sollten, z.B. seine Arbeitslosigkeit oder sein Interesse an Selbsthilfegruppen, die (falsche) Schlüsse auf eine vom ihm bislang geheim gehaltene Erkrankung zulassen. Aber auch Gefühle wie Ärger und Wut sind denkbar, z.B. wenn entdeckt wird, dass nicht mehr dem Status quo entsprechende Informationen gespeichert wurden, die somit eine unrichtige Aussage über den Betroffenen treffen.

Auf den ersten Blick weniger schwerwiegend, dennoch unter Umständen nicht weniger belastend bzw. belästigend kann die fortwährende Zusendung von Werbematerial sein, das man nicht angefordert hat und oft von Unternehmen stammt, mit denen man bislang keinerlei Kontakt hatte. Nicht umsonst hat dieses Phänomen für den Email-Sektor eine eigene Bezeichnung („Spamming")[84] erhalten und ist auf europäischer Ebene im Rahmen der Datenschutzrichtlinie für die elektronische Kommunikation ohne vorherige Einwilligung des Adressaten untersagt.[85]

Überdies kann das Gefühl, beobachtet bzw. überwacht worden zu sein, zu einem Vertrauensverlust im Umgang mit öffentlichen Institutionen, Unternehmen oder Mitmenschen führen, der das tägliche Leben oder bestimmte Bereiche davon beeinträchtigt.

Bei diesen genannten Nachteilen soll nicht verschwiegen werden, dass die Intensität der Beeinträchtigung vom Kontext des Datenmissbrauches abhängt. Die Verwendung der postalischen Anschrift zur Direktwerbung ohne vorherige Information des Betroffenen wird in aller Regel die Entscheidungsfreiheit des Betroffenen hinsichtlich seiner Aktivitäten weniger beeinflussen als z.B. die Veröffentlichung seiner Bankdaten im Internet, die ungerechtfertigte Einstufung seiner Person als nicht kreditwürdig oder die pauschale Erfassung seines Aufenthaltsortes durch den Einsatz des IMSI-Catchers.[86] Die Bewertung dieser Abstufungen ist jedoch nicht eine Frage des Schadenseintritts, sondern seines Ausmaßes.

III) Materielle Nachteile

Die unkörperlichen Beeinträchtigungen können aber auch materieller Natur sein, wenn sie sich exakt in Geld messen lassen. Dies ist der Fall, wenn dem Betroffenen infolge der Verletzung datenschutzrechtlicher Pflichten Vermögenspositionen entzogen werden oder die ihm ausschließlich zustehende Verwertungsbefugnis über seine Daten missbraucht wird.

---

[84] Das Problem des Spamming findet in den USA schon seit längerem Beachtung als in Europa. Obwohl es sogar Anti-Spam-Gesetze wie den *Can Spam Act 2003* gibt, ist das Aufkommen von Spam in den USA weltweit das höchste. Vgl. Spiegel-Online vom 01.07.2004 http://www.spiegel.de/netzwelt/technologie/0,1518,306602,00.html. Mittlerweile erstreckt sich dieses Phänomen zusehends auch auf den Mobilfunksektor durch die Zusendung von unaufgeforderten SMS. Diese Praxis ist bereits Gegenstand von gerichtlichen Streitigkeiten in Deutschland, LG Berlin vom 14.01.2003 unter www.teltarif.de/arch/2003/kw04/s9744.

[85] Art. 13 der Richtlinie 2002/58/EG vom 12.07.2002 über die Verarbeitung personenbezogener Daten und den Schutz der Privatsphäre in der elektronischen Kommunikation, ABl Nr. L201/37 vom 31.07.2002.

[86] Der IMSI-Catcher kann unter anderem den Standort eines eingeschalteten Mobiltelefons ziemlich genau ermitteln und damit geführte Gespräche abhören, vgl. im Einzelnen Fox, DuD 2002, 212 (214).

1) Verlust bereits bestehender Vermögenspositionen

Dem Betroffenen werden durch einen Datenschutzverstoß bereits vorhandene Vermögenspositionen entzogen, wenn z.B. durch eine Entschlüsselung der auf seiner Kreditkarte gespeicherten Daten auf seine Rechnung Zahlungen vorgenommen wurden oder mit Hilfe der bei einem Online-Vertragsschluss angegebenen Bankdetails Dritte sein Konto belasten. Denkbar ist auch, dass die mündliche Zusage auf Einstellung aufgrund der Ergebnisse aus einem heimlichen DNA-Test durch den zukünftigen Arbeitgeber zurückgezogen wird. Ebenso kann eine abgeschlossene Lebensversicherung gekündigt werden, weil sie durch die Fusion mit einer anderen Versicherung unbefugt Mitteilung über die Resultate eines durch diese durchgeführten DNA-Tests erhalten hat[87].

Möglich ist überdies die Kündigung des Mietvertrages durch den Vermieter, nachdem eine Anfrage bei der SCHUFA ergeben hat, dass der Mieter eine Mobiltelefonrechnung nicht rechtzeitig bezahlt hat, unabhängig davon, ob die Zahlungsverzögerung berechtigt war oder nicht.[88] Auch der unzulässige Einsatz des SCORING-Verfahrens kann zu unmittelbaren finanziellen Nachteilen führen, wenn die Kreditvergabe ausschließlich aufgrund des ermittelten SCORING-Wertes versagt wird.[89] Gleiches ist vorstellbar im Falle einer Veröffentlichung von Verbraucherinsolvenzdaten über den gesetzlich zulässigen Zeitraum hinaus.[90]

2) Missbrauch der Verwertungsmöglichkeit der Daten

Der Betroffene erleidet jedoch materielle Nachteile ebenso dadurch, dass seine Daten aufgrund ihrer Einsatz- bzw. Verwendungsmöglichkeiten Dritten von solcher Wichtigkeit sind, dass sie für ihren Erhalt und ihre Verarbeitung eine Vergütung entrichten, die jedoch nicht an der Betroffene selber erhält, da dieser aufgrund der heimlichen Erhebung oder Weitergabe der Daten von dieser Transaktion keine Kenntnis hat.

Diese Ökonomisierung der Daten bzw. Informationen entwickelte sich parallel zum technischen Fortschritt. Mit zunehmender Erkenntnisfülle über den Einzelnen entstanden Einsatzmöglichkeiten unterschiedlichster Wertschätzung. Kundenadressen haben

[87] Grundsätzlich bedarf es bei Unternehmensfusionen der Einwilligung des Kunden hinsichtlich des Überganges seiner gespeicherten Daten in das aus der Fusion entstehende Unternehmen. Vgl. Wengert/Widmann/Wengert, NJW 2000, 1289 (1294) bezüglich der datenschutzrechtlichen Anforderungen bei der Fusion von Kreditinstituten.

[88] Dieses neue Verfahren der SCHUFA, dass der gewerblichen Wohnungswirtschaft einen Zugriff auf Angaben aus anderen geschäftlichen Beziehungen des Mietinteressenten ermöglicht, wird denn auch vom BfD in seinem aktuellen Tätigkeitsbericht als „datenschutzrechtlich" bedenklich kritisiert, BfD, 19. TB 2001-2002, S. 68f. Vgl. auch die Entscheidung des LG Bonn, CR 1995, 276 (277), das die Meldung an die SCHUFA über die Kündigung eines Kreditkartenvertrages aufgrund nicht gerichtlich festgestellter Zahlungsunfähigkeit als Verstoß gegen das BDSG einstufte und das übermittelnde Unternehmen ersatzpflichtig für den Schaden erklärte, der dem Betroffenen durch die Weiterleitung seiner Angaben an Dritte entstand.

[89] In einem solchen Fall handelt es sich dann um eine unzulässige automatisierte Einzelentscheidung nach § 6a BDSG, vgl. BfD, 19. TB, 2001-2002, S. 69.

[90] Nach § 9 InsO i.V.m. VO über öffentliche Bekanntmachungen zu privaten Insolvenzverfahren im Internet (BGBl. I-2002 S. 677) sind die Daten spätestens einen Monat nach Aufhebung oder rechtskräftiger Einstellung des Insolvenzverfahrens wieder aus dem Internet zu entfernen, vgl. BfD, 19. TB, 2001-2002, S. 72.

generell in vielen Branchen einen hohen wirtschaftlichen Wert, insbesondere, wenn es eine Stammkundschaft gibt. Dies spielt vornehmlich ein Rolle bei der Veräußerung von Arztpraxen. Hier steigert eine große Patientendatei den Wert der Praxis insgesamt.[91] Größter kommerzieller Einsatz von personenbezogenen Daten ist jedoch das Direktmarketing, die sog. zielgruppenorientierte Werbung, die nur dann Erfolg verspricht, wenn der anzusprechende potentielle Käufer möglichst genau in seinem Sozial- und Konsumverhalten umrissen werden kann. Dies ist datensammelnden Unternehmen sehr genau bewusst, was an den immer wieder auftauchenden Nachrichten über den geplanten Verkauf von Konsumentendaten deutlich wird.[92]

Es besteht also großes Interesse sowohl an der Kenntnis des Konsumverhaltens des Einzelnen als auch an der seines Sozialverhaltens. Hier können z.B. Internet Access und Service Provider Auskunft über die aufgesuchten Webseiten ihrer Kunden erteilen, die für die Unternehmen aber auch für Werbeagenturen im Direktmarketing-Sektor von einigem Wert sind.[93] Gleiches können die Anbieter der Kunden- bzw. Rabattkarten bieten.[94] Die auf Grundlage der erhobenen Daten erstellten Konsumentenprofile haben zudem ebenfalls ihren Wert.[95]

Pharmaunternehmen und Lebens- oder private Krankenversicherungen wiederum sind sehr an den gesundheitlichen Daten des Einzelnen interessiert, seinen Vorerkrankungen oder erblichen Vorbelastungen, wenn auch aus unterschiedlichen Beweggründen: Pharmaunternehmen erhoffen sich von den Daten Erkenntnisse, die der Entwicklung von Medikamenten förderlich sind,[96] Lebens- oder private Krankenversicherungen möchten ihr Risiko beim Abschluss eines Versicherungsvertrages reduzieren.[97] Aber auch die klinische Forschung kann mit Hilfe von medizinischen Daten finanzielle Vorteile erlangen.[98] Ebenso lassen es sich potentielle Arbeitgeber bei der Suche nach dem geeigneten Mitarbeiter einiges kosten, Auskünfte über sensible Leistungsdaten zu erhalten, die nicht unmittelbar mit der zu besetzenden Position bzw. der auszuübenden Tätigkeit in Verbindung stehen.[99]

---

[91] Weichert, in: Bäumler (Hrsg.), E-Privacy, 2000, S. 158 (163).

[92] So plante die U.S. Bank, Kundendaten an ein Telekommunikationsunternehmen zu veräußern, Geocities und American Express beabsichtigten gemeinsame Marketingmaßnahmen, Weichert, in: Bäumler (Hrsg.), E-Privacy, 2000, S. 158 (163).

[93] Weichert, in: Bäumler (Hrsg.), E-Privacy, 2000, S. 158 (163).

[94] Vgl. BfD, 19. TB, 2001-2002, S. 71.

[95] Kloepfer, Michael, Gutachten D zum 62. DJT, 1998, S. 32. Der Preis einer einzigen Adresse mit signifikanten, d.h. verwertbaren Konsumentenmerkmalen beträgt umgerechnet Euro 7,50, Weichert, in: Bäumler (Hrsg.), E-Privacy, 2000, S. 158 (163).

[96] Eine Reihe von Pharmaunternehmen sind Partner des bereits erwähnten isländischen Unternehmens Decode Genetics, siehe unter www.decode.com

[97] Vgl. BfD, 19. TB, 2001-2002, S. 21 zum generellen Einsatz von Gentests als gesellschaftliche Realität.

[98] 1976 verwendeten Ärzte in Kalifornien das Blut, Rückenmark und die entfernte Galle eines Leukämiepatienten ohne dessen Wissen zu wissenschaftlichen Forschungszwecken, in deren Folge einige lukrative Patente angemeldet wurden, Simitis, in: Sokol (Hrsg.), Neue Instrumente, 1999, S. 5 (16f.).

[99] Weichert, in: Bäumler (Hrsg.), E-Privacy, 2000, S. 158 (162). So werben sog. Headhunter-Unternehmen mit ihren Datenbanken, in denen Datensätze über eine Vielzahl an potentiellen Mitarbeitern gespeichert sind vgl. die Webseite des auch in Deutschland führenden amerikanischen Headhunter–Unternehmens Heidrick & Struggles, www.heidrick.com.

Nach dem bisher Gesagten scheint es, als ob nur die privaten Datensammler- und Verarbeiter Datenhandel betreiben. Diesem Eindruck widerspricht jedoch die Tatsache, dass in den USA manche Bundesstaaten digitalisierte Akten über Immobilientransfers, Scheidungen, Konkurse oder Kraftfahrzeugdaten veräußern.[100] Auch wenn in Deutschland derartige Praktiken noch nicht bekannt geworden sind, lassen zumindest Bestrebungen auf EU-Ebene den Schluss zu, dass auch hierzulande eine solche kommerzielle Verwertung behördlicher Daten nicht auszuschließen ist.[101] Denkbar ist aber nicht nur, dass sich die Behörden als Anbieter von personenbezogenen Daten betätigen, sondern auch als Abnehmer von Daten. Dies erscheint insbesondere angesichts der wachsenden Bedrohung durch Terroranschläge plausibel. Auch hier ist die USA wieder Vorreiter: So berichtete unlängst der Online-Nachrichtendienst MSNBC, dass Datensätze von mehreren Millionen Südamerikanern vom FBI und der US-Einwanderungsbehörde aufgekauft wurden, um mit ihnen illegale Einwanderer und potentielle Terroristen aufzuspüren.[102]

Gehen diese Datentransaktionen vor sich, ohne dass der Betroffene, dessen Daten transferiert oder sonst wie gewinnbringend verarbeitet werden, davon Kenntnis hatte und darin eingewilligt hat, so entgehen ihm die finanziellen Vorteile, in deren Genuss er gekommen wäre, wenn er die Daten selbst veräußert hätte.[103] Das die unbefugte Veräußerung einer Kundenanschrift regelmäßig nicht so hoch vergütet wird wie die medizinischen Daten eines Leukämiekranken zu Forschungszwecken, liegt zwar auf der Hand, dies ist aber ebenso wie bei den immateriellen Beeinträchtigungen eine Frage des Schadensausmaßes und nicht des Schadenseintrittes.

IV) Zusammenfassung

Maßgebliches Kennzeichen aller immateriellen Nachteile, die der Betroffene beim Umgang mit seinen personenbezogenen Daten erleiden kann, ist ihre höchstpersönliche Natur. Sie werden zuallererst durch den Betroffenen bemerkt, durch das Erleben des Kontrollverlusts, das Bewusstsein des Beobachtet-Werdens. Ihre äußerliche Manifestation erfolgt dann in dem Verzicht auf diese Verhaltenweise bzw. Tätigkeit und die erstmalige Aufnahme jener Verhaltensweise bzw. Tätigkeit, aber auch durch emotionale Reaktionen, soweit diese durch Verhalten offenbar werden. Problematisch für die Feststellung der erlittenen emotionalen Nachteile ist, dass Emotionen nur von geringer Dauer sein können und ihre Intensität unter Umständen nur vorgespiegelt sein kann. Die Veränderung der Lebens- bzw. Verhaltensweise hingegen lässt sich objektiv feststellen, wenn erwiesen ist, das bislang übliche Verhaltensweisen oder Tätigkeiten

[100] Der Bundesstaat South Carolina veräußerte 3,5 Mio. Führerscheinfotos für 5000 Dollar an die Firma Image Data. Die Fotos dienten zum Test eines Systems, mit denen Handelsunternehmen die Identität von Kunden feststellen können, die mit einer Kreditkarte zahlen, DANA 2/1999, S. 39.

[101] So wurde 1999 ein Grünbuch über die Verwertung von in öffentlichen Daten gespeicherte Daten von der EU-Kommission vorgelegt, KOM (1998) 585, in welchem dem Schutz der Daten ein verhältnismäßig kleiner Abschnitt gewidmet wird, S. 20f.

[102] Meldung vom 22.04.2003,www.msnbc.com/news/89905.asp?cp1=1#BODY.

[103] Hiervon zu unterscheiden ist die Situation, in der die Daten aufgrund einer gesetzlichen Grundlage erhoben wurden und auch ihre Mitteilung, d.h. die Veräußerung an Dritte, von dieser gesetzlichen Grundlage gedeckt ist. Zu den Vorteilen und Ausgestaltungsmöglichkeiten eines Datenüberlassungsvertrages gegenüber der Einwilligung Weichert, a.a.O., S. 177ff.

durch andere ersetzt oder auf sie generell verzichtet wird. Die bloße Unsicherheit oder das Zögern bei Entscheidungen über das Ob und das Wie hingegen sind vergleichbaren Schwierigkeiten bei ihrer Feststellung ausgesetzt wie die emotionalen Beeinträchtigungen.

Diese höchstpersönliche Natur erschwert die Notwendigkeit, im Rahmen einer Haftung den erlittenen Schaden zu bemessen, soweit nicht auch konkrete vermögenswerte Positionen entzogen wurden oder eine missbräuchliche Kommerzialisierung der Daten des Betroffenen vorliegt. Dennoch dürfen diese Schwierigkeiten nicht darüber hinwegtäuschen, dass diese Nachteile auftreten und es einer entsprechenden Reaktion auf ihr Vorkommen bedarf, mit anderen Worten: einer uneingeschränkten Pflicht zum Ausgleich des Schadens, sei dieser nun materiell oder immateriell.

Kapitel 3: Die Entwicklung des Datenschutzes – international und national

Angesichts der bereits geschilderten gegenwärtigen Situation im Umgang mit personenbezogenen Daten erscheint die immer wieder gestellte Frage nach dem Sinn und Zweck des Datenschutzes geradezu rhetorisch, auch wenn hiermit noch nichts über die effektivsten Methoden, Mechanismen und Konzepte zum Schutz personenbezogener Daten gesagt ist. Die Diskussion hierüber ist – zumindest in Deutschland – so alt wie der Datenschutz selbst.[104] Dabei ist sie gekennzeichnet von der permanenten Inaktualität der datenschutzrechtlichen Normen, die häufig schon im Zeitpunkt ihres Erlasses von der technischen Entwicklung überholt werden.[105]

Dennoch soll an dieser Stelle ein kurzer Überblick über die Mechanismen gegeben werden, mit denen personenbezogene Daten derzeit tatsächlich geschützt werden. Diese markieren gleichzeitig auch die Grenze, deren Überschreitung für das Eingreifen eines Ersatzanspruches erforderlich ist. Denn ein zulässiger Umgang mit personenbezogenen Daten soll den Betroffenen, d.h. denjenigen, dessen Daten von Dritten genutzt werden, gerade vor Schaden schützen. Die Haftung fungiert daher als Korrektiv für einen außergesetzlichen Umgang mit personenbezogenen Daten.[106] Wann ein solcher vorliegt, ergibt sich indes aus der Betrachtung dessen, was als gesetzmäßiges Vorgehen eingestuft wird.

A) Ausgangspunkt: der Schutz der Privatsphäre

Die Basis bislang aller Überlegungen, Strategien und gesetzlicher Maßnahmen für den Schutz personenbezogener Daten sowohl auf internationaler als auch auf nationaler Ebene ist der Schutz der Privatsphäre bzw. der *privacy* oder des *vie privée.*[107]

---

[104] Zur Diskussion um den Datenschutz in Deutschland: Nitsch, ZRP 1995, 361ff. Hoffmann-Riem, DuD 1998, 684ff.; Ders., in: Bäumler (Hrsg.), Der neue Datenschutz, 1998, S. 11ff.; Simitis, DuD 2000, 714 (719ff.); Hassemer, in: Simon/Weiss (Hrsg.), Festschrift für Simitis, 2000, S. 121 (125ff.) und Kloepfer, Gutachten D zum 62. Deutschen Juristentag 1998, S. 1ff.

[105] Hoffmann-Riem, DuD 1998. 684 (685). Dies gilt auch für die europäische Datenschutzrichtlinie, Simitis/*Simitis*, BDSG, 2003, Einleitung, Rn. 205, der allerdings auch vor einer einseitigen Konzentration des Datenschutzes auf die Telekommunikation warnt, Simitis, in: Bäumler (Hrsg.), E-Privacy, 2000, 305 (309). Siehe auch die Lösungsvorschläge von Hassemer, in Simon/Weiss (Hrsg.), Autonomie des Individuums, 2000, 121 (128).

[106] Simitis/*Simitis*, BDSG, 2003, § 7 Rn. 7.

[107] So bezieht die Datenschutzkonvention des Europarates von 1981 ihre Berechtigung aus dem in Art. 8 EMRK gewährleisteten Schutz der Privatsphäre (vgl. Präambel, abgedr. in Simitis/Dammann/Körner, Datenschutz in der Europäischen Union, 2003, Band 1), auf die sich eine Reihe damaliger nationaler Datenschutzgesetze wie das Niederländische, das Belgische oder das Irische beriefen. Diese sollten somit ebenfalls dem Schutz der Privatsphäre darstellte, auch wenn sie dies nicht ausdrücklich erwähnten.

Einzige Ausnahme hierzu ist Großbritannien, das bis heute ein *right to privacy* nicht anerkennt und daher auch konsequent in seinem *Data Protection Act* von 1984 und 1998 jeglichen Hinweis auf die Verknüpfung des Datenschutzes mit der Privatsphäre vermeidet.[108] Diese Idee von der schützenswerten Privatsphäre oder dem *right to be let alone*[109] wurde zunächst in räumlich-gegenständlicher Weise interpretiert, in dem es für den Einzelnen einen von der Öffentlichkeit abgeschirmten Bereich geben solle, in dem die freie und ungestörte Entfaltung seiner Persönlichkeit möglich sei.[110] Die Schutzwürdigkeit eines solchen Bereiches bzw. einer solchen Sphäre wurde überdies in Abhängigkeit zu dem Maß an Höchstpersönlichkeit beurteilt, den der jeweils berührte Bereich für den Betroffenen aufwies. Bereiche, die unmittelbar die Persönlichkeitsentwicklung, die eigene Identität und deren Herausbildung betreffen, galten daher als besonders schutzwürdig. Je mehr die betroffenen Bereiche jedoch mit einem notwendigen Bezug zu Dritten verbunden waren, desto geringer wurde das sie betreffende Schutzbedürfnis beurteilt.[111] Welcher Aspekt nun demzufolge besonders hohen oder aber gar keinen Schutz genießen sollte, hing maßgeblich auch von nationalen Eigenheiten ab, seien diese kultureller, sozialer oder politischer Natur.[112]

Zunehmend erkannte man jedoch, dass es nicht nur um die räumliche Gewährung von Diskretion und die Möglichkeit gehen durfte, die Öffentlichkeit ausschließen zu können. Entscheidend ist vielmehr die Gewährleistung bestimmter Interessen des Einzelnen, die seine Individualität und sein „Eigen-Sein" als Kern der Persönlichkeit bewahren sollen. Unabdingbare Voraussetzung hierfür ist die Selbstbestimmung, deren Schutz es auch erfordern kann, den Einzelnen in seinem Sozialbezug, d.h. in seinem Kontakt zu Dritten, zu schützen.[113] In Deutschland führte diese Erkenntnis zu einem Sonderweg hinsichtlich des Schutzes persönlicher Daten: Weil gerade das Wissen anderer von Informationen über den Einzelnen diesen in dessen Selbstbestimmung in

---

[108] Jay/Hamilton, Data Protection, 1999, S. 8. Dennoch ist nicht zu verkennen, dass der DPA 1984 zumindest indirekt den Schutz der Privatsphäre bezweckte, da mit ihm die Datenschutzgrundsätze der Datenschutzkonvention des Europarates, die ausdrücklich dem Schutz der Privatsphäre diente, in das britische Recht eingefügt wurden, Aldhouse, Tolley's Communications Law, Vol. 4 No. 1, 1999, 8 (11); *R v Brown* [1996] 1 All ER 545 (554) durch Lord Griffiths sowie (556) durch Lord Hoffman. Zu dem eigentlichen Ziel des DPA 1984, der Vermeidung der Isolation der britischen Datenverarbeiter in den Mitgliedstaaten des Europarates, vgl. Charlesworth, Government Information Quarterly, Vol. 16, Number 3, 203 (206).

[109] So umschrieben die amerikanischen Autoren Brandeis und Warren in der ersten Abhandlung über den Schutz der Privatsphäre das Institut, deren Anerkennung durch das Recht sie forderten, Harvard Law Review, 5 (1890-1891), 193 (205f.).

[110] Malaurie/Aynès, Droit Civil, Band II, 1994/1995, S. 121 für das französische Rechtsinstitut des *vie privée*, das in Art. 8 des Code Civil in Anlehnung an den Art.8 der EMRK Aufnahme gefunden hat.

[111] Die von der deutschen Rechtsprechung entwickelte „Sphärentheorie" teilt den zu schützenden Persönlichkeitsbereich in die Individual-, die Privat- und die Intimsphäre ein, von denen die Intimsphäre den höchsten Schutz genießt und die Individualsphäre den geringsten, BGH, NJW 1999, 2893 (2894); BVerfGE 80, 367 (373f.) – „Tagebuchaufzeichnungen"; Palandt/Sprau, 64. Aufl., 2005, § 823 Rn. 87.

[112] So berührt in Frankreich die Veröffentlichung der Vermögensverhältnisse einer Person nicht den Schutzbereich des *vie privée*, Malaurie-Aynès, Droit Civil, Band II, 1994/1995, S. 127.Dies beruht auf der Unterscheidung zwischen dem geschützten *vie privée*, das vom dem nicht geschützten *vie publique*. Abzugrenzen ist hierfür zwischen dem privaten und familiären Bereich einerseits und dem beruflichen, sozialen und politischen Bereich andererseits, zu dem die finanziellen Verhältnisse gerechnet wurden, Ferid/Sonnenberger, Französisches Zivilrecht, Band 1/1, 1994, S. 355.

[113] Baston-Vogt, Sachlicher Schutzbereich, 1997, S. 181 und 187.

erheblichem Maße einschränken können, entwickelte das Bundesverfassungsgericht aus dem Grundrecht auf freie Entfaltung der Persönlichkeit gem. Art. 2 I GG i.V.m. Art. 1 I GG das Recht auf informationelle Selbstbestimmung. Dieses Recht schützt jedes personenbezogene Datum und ermächtigt ausschließlich den Einzelnen, über Preisgabe und Verwendung seiner Daten zu bestimmen.[114] Entscheidend für die Gefährdung der Selbstbestimmung ist also ausschließlich der Kontext, in dem das personenbezogene Datum erhoben und verarbeitet wird und nicht der Inhalt der Information an sich.[115] In anderen Ländern und auch auf internationaler Ebene hingegen blieb es bei der Verknüpfung zwischen dem Schutzniveau personenbezogener Daten und einer abgestuften Bestimmungsbefugnis des Einzelnen über seine Daten in enger Anlehnung an den jeweils betroffenen Lebensbereich.[116]

B) Der Regelungsrahmen der Datenschutzrichtlinie

Wie bereits angedeutet, wurde die Europäische Kommission keineswegs in einem vom Datenschutzregelungen bislang unberührten Rechtsraum aktiv. Vielmehr gab es bereits im Zeitpunkt des ersten Tätigwerdens der Kommission – der Vorstellung des ersten Richtlinienentwurfes – eine Reihe von Regelungen auf nationaler und internationaler Ebene.[117] Wirkliche Pionierarbeit konnte also nicht mehr geleistet werden, es blieb vielmehr bei einer möglichst „konsistenten Kombination" der wichtigsten nationalen Regelungsmodelle.[118] Dabei waren die Beratungen zur Richtlinie von den Bemühungen der Mitgliedstaaten geprägt, die eigene Regelung in größtmöglichem Umfange in der Richtlinie wiederzufinden.[119]

Auch wenn das Konzept der Richtlinie nicht in einer vollständigen Übernahme eines der nationalen oder internationalen Regelungswerke bestand, stellen diese doch den Regelungsrahmen dar, innerhalb derer die Richtlinie verabschiedet wurde und der im Folgenden erörtert werden soll. Dies ist nicht zuletzt deshalb von Bedeutung, weil die Kenntnis des Regelungsrahmens das Verständnis für die in der Richtlinie vereinbarten Inhalte – insbesondere der Haftung – fördert.

Mit dem Schutz personenbezogener Daten beschäftigten sich bereits Ende der 60er Jahre die Vereinten Nationen und der Europarat. Dort war man sich schon früh der Gefährdungspotentiale neuer Technologien für die Menschenrechte bewusst. Diese zeitige Auseinandersetzung mit dem Datenschutz auf internationaler Ebene beruhte

---

[114] BVerfGE 65, 1 (43 und 45). Kritisch gegenüber dem Recht auf informationelle Selbstbestimmung Ehmann, RDV 1998, 235 (241).

[115] MD-Di Fabio, GG, 2003, Art. 2 Abs. 1, Rn. 174. Auch wenn dies auf den ersten Blick wie eine Abkehr von der Sphärentheorie anmutet, die auch im Rahmen des verfassungsrechtlichen Schutzes der Persönlichkeit Anwendung findet, ist dies allenfalls für den speziellen Bereich der informationellen Selbstbestimmung zu bejahen, da die Rechtsprechung auch nach dieser Entscheidung auf die Sphärentheorie Bezug nahm, vgl. nur BGH NJW 1987, 2667 (2667f.) und BVerfG NJW 2000, 1021 (1022). Kritisch gegenüber der Sphärentheorie Baston-Vogt, Sachlicher Schutzbereich, 1997, S. 191ff; Helle, Besondere Persönlichkeitsrechte, 1991, S. 9.

[116] Die hieraus resultierende Auffassung, dass bestimmte Daten aufgrund ihrer bloßen Beschaffenheit einen besonderen Schutz genießen sollten, findet sich auch in der Richtlinie wieder, vgl. Art. 8.

[117] Zum Zeitpunkt des Erlasses der Richtlinie existierten in acht von damals 13 Mitgliedstaaten Datenschutzgesetze, Wuermeling, Handelshemmnis Datenschutz, 2000, S. 14.

[118] Simitis, NJW 1997, 281 (283); Heil in: Kilian (Hrsg.), Data Protection Directive, 1997, S. 38 (40).

[119] Bachmeier, RDV 1995, 49; Rüpke, EuZW 1993, 149 (149).

aber auch auf der Erkenntnis, dass es sich hierbei um ein internationales Problem handelt, das demgemäss einer internationalen Lösung bedurfte. Denn die technische Entwicklung erleichterte den grenzüberschreitenden Datenverkehr nicht nur, er förderte auch seine Verbreitung.[120]

I) Datenschutzmaßnahmen der Vereinten Nationen (UN)

Im Dezember 1968 beauftragte die Vollversammlung der Vereinten Nationen den Generalsekretär, ein Gutachten über die Auswirkungen neuer Technologien auf die Menschenrechte in Auftrag zu geben.[121] Den aus diesem Gutachten resultierenden Bericht erhielt die Generalversammlung 1970.[122] Zwei Jahre später forderte die Generalversammlung die *Commission of Human Rights* auf, Maßnahmen zum Schutz der Menschenrechte angesichts neuer Technologien auszuarbeiten.[123] Spät jedoch erwuchsen aus dieser Aufforderung konkrete Ergebnisse: Der Entwurf der *Guidelines for the Regulation of Computerized Personal Data Files* wurde erst 1985 vorgelegt[124] und 1990 durch die Generalversammlung der Vereinten Nationen angenommen.[125]

In ihnen ist unter anderem bestimmt, dass die Daten richtig sein müssen und nur zu einem bestimmten Zweck erhoben bzw. genutzt werden dürfen.[126] Überdies soll dem Betroffenen die Möglichkeit zur Einsichtnahme in die Verarbeitung seiner Daten gegeben werden und der Datenverarbeiter entsprechende Maßnahmen zur Sicherung der Daten treffen.[127] Diese wurden nur als Mindeststandards verstanden, die Mitgliedstaaten sind also nicht gehindert, weitergehendere Regelungen zu treffen.[128] Allerdings sind auch Ausnahmen z.B. vom Grundsatz der Zweckbestimmung oder der Möglichkeit zur Einsichtnahme zulässig, wenn diese erforderlich sind, um die nationale Sicherheit, die öffentliche Ordnung, die öffentliche Gesundheit oder Moral oder die

---

[120] Wuermeling, Handelshemmnis Datenschutz, 2000, S. 7.

[121] United Nations, Resolution 2450 (XXIII) adopted by the General Assembly: Human Rights and Scientific and Technological Developments, 1748th Plenary Meeting, 19 December 1968, in: General Assembly, Twenty-Third Session, S. 54.

[122] United Nations, Economic and Social Council, Commission of Human Rights, Twenty Sixth Session, Item 18 of the Provisional Agenda: Human Rights and Scientific and Technological Developments. Report of the Secretary General, 26.02.1970, UN-Doc. E/CN. 4/1028. Aus diesem Bericht folgte weiterer Untersuchungsbedarf, der 1976 zu einem erneuten Bericht des Generalsekretärs führte, vgl. Wuermeling, Handelshemmnis Datenschutz, 2000, S. 12.

[123] United Nations, Resolution 3026 (XXVII) adopted by the General Assembly: Human Rights and Scientific and Technological Developments, 2114th Plenary Meeting, 18.12.1972, in: General Assembly, Twenty-Seventh Session, S. 71-72.

[124] United Nations, Economic and Social Council, Commission of Human Rights, Sub-Commission on Prevention of Discrimination and Protection of Minorities. Thirty Eighth Session, Item 10 of the Provisional Agenda: Human Rights and Scientific and Technological Developments, Draft Guidelines for the Regulation of Computerized Personal Data Files. Report Submitted by Mr Louis Joinett, 23.06.1985, UN-Doc. E/CN.4/Sub.2/1985/21.

[125] United Nations, Guidelines on the Use of Computerized Personal Data Flow. Resolution 45/95 vom 14.12.1990, UN Doc. E/CN.4/1990/72.

[126] Art. 2 und 3 der Richtlinien.

[127] Art. 4 und 5 der Richtlinien.

[128] Vgl. Überschrift des Abschnittes A der Richtlinie.

Rechte und Freiheiten anderer, insbesondere verfolgter Personen zu schützen.[129] Diese Möglichkeit zu Ausnahmeregelungen steht im Widerspruch zu der gewünschten einheitlichen internationalen Lösung und einem angemessenen Schutz für personenbezogene Daten. Sie ist aber wohl ein erforderliches Zugeständnis an die Souveränität der Mitgliedstaaten, das sich – wie im Folgenden noch zu sehen sein wird – im überwiegenden Teil der internationalen Regelungswerke wiederfindet.

Die Wirkung einer internationalen Regelung bemisst sich vor allem aber auch an ihrer Rechtsnatur. Die Richtlinien der Vereinten Nationen haben gem. Art. 13 Abs. 1 b) der UN-Charta lediglich empfehlenden Charakter.[130] Eine Pflicht zu ihrer Befolgung durch die Mitgliedstaaten besteht also nicht. Es ist daher nicht verwunderlich, dass die UN-Richtlinien unter den Maßnahmen des internationalen Datenschutzes eine eher unbedeutende Rolle spielen.

II) Die Aktivitäten der OECD auf dem Gebiet des Datenschutzes

Die Organisation für wirtschaftliche Zusammenarbeit und Entwicklung (OECD) begann in den 70er Jahren, sich mit dem Datenschutz zu befassen. Zentrale Maßnahme war 1978 die Einsetzung einer *Expert Group on Transborder Data Barriers*, die Vereinbarungen zum internationalen Datentransfer vorbereiten sollte.[131] Die Zielsetzung dieser Gruppe macht bereits den Blickwinkel deutlich, unter dem sich die OECD dem Datenschutz näherte: ganz im Sinne ihrer Ausrichtung auf die Entfaltung der Märkte und Wirtschaftssektoren ihrer Mitgliedstaaten wollte sie den für die wirtschaftliche Entwicklung als notwendig erachteten grenzüberschreitenden Datentransfer von Hemmnissen befreien, zu denen insbesondere die differierenden nationalen Datenschutzregelungen gezählt wurden.[132]

Man entschied sich allerdings auch hier nur zur Schaffung nicht bindender Richtlinien, die am 23.09.1980 verabschiedet und von allen Mitgliedstaaten gebilligt wurden.[133]

Die Richtlinien sind geprägt von dem Bemühen, einerseits einen angemessenen Schutz personenbezogener Daten zu gewährleisten, andererseits den grenzüberschreitenden Datenverkehr nicht zu behindern.[134] Den Beobachtungen der OECD zufolge war der Schutz personenbezogener Daten beinahe allen Mitgliedstaaten ein Anliegen, dem man sich mit gesetzlichen Regelungen, der Selbstregulierung der Datenverarbeiter oder mit der Durchführung von Studien zum Gefahrenpotenzial widmete. Ziel der OECD war es daher, in ihren Richtlinien die Grundsätze herauszustellen, die den da-

[129] Art. 6 der Richtlinie. Allerdings müssen diese Ausnahmen ausdrücklich durch ein Gesetz oder entsprechende Regelungen getroffen werden und weiterhin einen angemessenen Schutz gewähren.

[130] BGBl. 1973 II, S. 431; 1974 II, S.769; 1980 II, S. 1252.

[131] Wuermeling, Handelshemmnis Datenschutz, 2000, S. 7.

[132] Preface to the Guidelines governing the Protection of Privacy and Transborder Data Flow of Personal Data, http://www.oecd.org/oecd/pages/home/displaygeneral/0,3380,EN-document-43-1-no-no-10255-0,00.html; Meister, RIW 1982, 481 (485).

[133] OECD, Guidelines governing the Protection of Privacy and Transborder Data Flow of Personal Data, OECD-Dokument C (80) 58 (final); deutsche Fassung bei Simitis/Dammann/Körner, Datenschutz in der Europäischen Union, 2003, Band I.

[134] Explanatory Report to the Guidelines, Abschnitt 25, http://www.oecd.org/oecd/pages/home/display general/0,3380,EN-document-43-1-no-no-10255-0,00.html.

maligen nationalen Bestrebungen gemeinsam war, um auf dieser Grundlage einen internationalen Konsens zu schaffen.[135]

Der Anwendungsbereich der Richtlinien erfasst personenbezogene Daten, ob im öffentlichen oder im privaten Bereich, die aufgrund der Art ihrer Verarbeitung, ihrer Beschaffenheit oder des Kontextes, in dem sie verarbeitet werden, eine Gefährdung für die Privatsphäre und sonstiger Freiheitsrechte des Einzelnen darstellen.[136] Im zweiten Abschnitt der Richtlinie sind Grundsätze für den Umgang mit personenbezogenen Daten in den Mitgliedstaaten niedergelegt: Die Erhebung der Daten soll nicht unbegrenzt sein sowie rechtmäßig, mit fairen Mitteln, und – soweit angemessen – mit der Kenntnis oder der Zustimmung des Betroffenen erfolgen.[137] Das Verbot unbeschränkter Datenerhebung wird flankiert durch das Gebot der Zweckbindung: die erhobenen Daten müssen für den vorgesehenen Zweck relevant sein und im Rahmen dieses Zweckes korrekt, vollständig und auf dem neuesten Stand sein.[138] Überdies sind diese Zwecke spätestens im Zeitpunkt der Datenerhebung festzuhalten. Die spätere Nutzung der Daten hat der Erfüllung dieser Zwecke zu dienen oder ihnen zumindest nicht zu widersprechen. Zweckänderungen sind stets aufs neue zu vermerken.[139] Die Übermittlung der Daten an Dritte hat nur zu vermerkten Zwecken zu erfolgen, es sei denn, der Betroffene hat zugestimmt oder die Übermittlung ist gesetzlich geregelt.[140]

Neben der Pflicht zur Sicherung der erhobenen Daten gegen Verlust, Zerstörung oder unbefugtem Zugang etc., sollte dem Betroffenen die Möglichkeit eingeräumt werden, über die Sammlung und maßgebliche Verwendung seiner Daten sowie die Identität und den Sitz des Datenverarbeiters Kenntnis zu erlangen.[141] Wird dem Betroffenen sein Recht auf Auskunft der über ihn gespeicherten Daten verweigert, soll es ihm möglich sein, gegen diese Weigerung vorzugehen. Ebenso soll es ihm möglich sein, die Korrektur oder Löschung der Daten zu verlangen, falls diese unrichtig sind.[142] Für die Einhaltung dieser Prinzipien ist gem. Art. 14 der Datenverarbeiter verantwortlich, d.h. derjenige, der nach dem jeweiligen nationalen Recht für den Inhalt und jeglichen Umgang mit personenbezogenen Daten, sei es nun die Erhebung, die Speicherung, die Verarbeitung oder die Übermittlung an Dritte, verantwortlich ist.[143] Abgesehen von diesen Grundsätzen im Umgang mit den personenbezogenen Daten enthält die Richtlinie weiter Regelungen zum zweiten Schwerpunkt der Richtlinien, dem grenzüberschreitenden Datenverkehr. Diesem soll von Seiten der Mitgliedstaaten insbesondere zum Schutz der Privatsphäre keine Hindernisse in den Weg gelegt werden, es sei denn, der empfangende Mitgliedsstaat bietet keinen den Regelungen in dieser Richtlinie enthaltenen vergleichbaren Schutz.[144]

[135] Explanatory Report to the Guidelines, Abschnitt 4.
[136] Art. 2 der Richtlinien.
[137] Art. 7 der Richtlinien.
[138] Art. 8 der Richtlinien.
[139] Art. 9 der Richtlinien.
[140] Art.10 der Richtlinien.
[141] Art. 12 und 13 lit a, b der Richtlinien.
[142] Art. 13 lit c und d der Richtlinien.
[143] Art. 1 lit a der Richtlinien.
[144] Abschnitt 3 der Richtlinien.

Hinsichtlich der hier interessierenden Haftung im Datenschutz findet sich in den Richtlinien keine Regelung. Artikel 13 c) und d) sehen lediglich vor, dass es dem Betroffenen möglich sein soll, gegen die Ablehnung seines Auskunftsersuchens vorzugehen, und die Korrektur oder Löschung seiner Daten zu verlangen. Die Ausgestaltung dieser Durchsetzungsmöglichkeit bleibt jedoch den Mitgliedstaaten überlassen, sowohl hinsichtlich des Verfahrens als auch des zur Verfügung stehenden Rechtsbehelfes.[145]

Auf den ersten Blick enthalten diese Richtlinien durchaus weitgehende Beschränkungen für den Umgang mit personenbezogenen Daten: Sie gelten unabhängig von der Verarbeitungsmethode, ob automatisiert oder manuell,[146] sie erfassen sowohl die Verarbeitung durch den öffentlichen als auch durch den privaten Bereich und sie wollen jedes Datum, unabhängig von seiner Natur, ob besonders sensibel oder nicht, schützen.[147] Überdies werden sie als Mindeststandards verstanden, weitergehender Schutz personenbezogener Daten durch die Mitgliedstaaten ist daher zulässig.[148] Aber auch sie räumen in Art. 4 die Möglichkeit ein, Ausnahmeregelungen zu treffen. Dies wäre zwar angesichts ihrer mangelnden Umsetzungspflicht durch die Mitgliedstaaten nicht erforderlich gewesen, man wollte indes den verschiedenen Ansätzen zum Schutz personenbezogener Daten in den Mitgliedstaaten Rechnung tragen,[149] wohl um eine möglichst breite Akzeptanz der Richtlinien zu erreichen. Damit verhinderte man aber zugleich, dass mit den Richtlinien ein Mittel zur Herstellung eines zumindest OECD-weit einheitlichen und auch angemessenen Schutzniveaus zur Verfügung steht. Überdies bleibt es den Mitgliedstaaten gem. Art. 19 überlassen, in welcher Form sie die empfohlenen Grundsätze in ihre Rechtssysteme einfügen – ob durch ein Gesetz, Selbstregulierung oder durch die bloße Unterstützung von fachkundigen Beratern. Ebenso bestand bei der Wahl der Kontrollsysteme zur Einhaltung der Grundsätze Wahlfreiheit.[150]

Die Richtlinien beinhalten also jene Regelungen bzw. Maßnahmen, die alle bisherigen nationalen Datenschutzmaßnahmen bereits aufwiesen, die bestehenden Differenzen hingegen lassen sie unberührt. Letztlich ging es der OECD wohl vorwiegend darum, Anregungen für nationale Datenschutzregelungen zu bieten[151] und nicht deren Inhalte zu diktieren. Hierin liegt auch ihr maßgeblicher Verdienst sowie in der Tatsache, auf die späteren bzw. zeitgleichen Arbeiten des Europarates und der Europäischen Kommission zum Datenschutz Einfluss ausgeübt zu haben. Beide Institutionen nahmen regen Anteil an dem Entstehungsprozess der OECD-Richtlinien[152] und orientierten sich an ihren Inhalten.

145 Vgl. Abschnitt 61 des Explanatory Report.
146 Vgl. Abschnitte 34-38 des Explanatory Report.
147 Vgl. Abschnitt 50 und 51 des Explanatory Report.
148 Vgl. Abschnitt 49 des Explanatory Report.
149 Vgl. Abschnitt 45 des Explanatory Report.
150 Vgl. Abschnitt 70 des Explanatory Report.
151 Vgl. Abschnitt 27 des Explanatory Report.
152 Vgl. Abschnitt 18 und 20 des Explanatory Report sowie Simitis/*Simitis*, BDSG, 2003, Einleitung, Rn. 122.

III) Datenschutzmaßnahmen des Europarates

Für den Europarat ist der Datenschutz - genauso wie für die Vereinten Nationen[153] - Mittel zur Wahrung und zum Schutz der Menschenrechte, wie sie in der Europäischen Menschenrechtskonvention (EMRK) garantiert werden. Der Schutz personenbezogener Daten dient dabei dem Schutz des von Art. 8 EMRK gewährleisteten Rechts auf Privatsphäre.[154]

Der Europarat beschäftigte sich wie die Vereinten Nationen erstmals 1968 ausdrücklich mit dem Datenschutz. In der beratenden Versammlung ging es um die Frage, ob die Europäische Menschenrechtskonvention und die nationalen Regelungen der Mitgliedstaaten ausreichten, um den Bürger vor den Gefahren neuer Technologien zu schützen.[155] Eine vom Komitee für Menschenrechte des Europarates 1968-1970 durchgeführte Studie führte zu dem Ergebnis, dass die bestehenden nationalen Regelungen keine ausreichenden Antworten auf die generellen Gefahren für die Privatsphäre durch die Informationstechnologie bzw. technische Mittel enthielten, sondern vielmehr spezifische Gefahrensituationen, wie z.B. das Abhören der Telekommunikation, regelten.[156]

Hinsichtlich des Regelungsgehaltes von Art. 8 EMRK bestand überdies Unsicherheit, ob dieser überhaupt Schutz gegen den Eingriff durch technische Mittel bietet und selbst wenn, dann wohl auch nur, wenn sich der Staat dieser Mittel bedient und nicht auch bei einem Eingriff durch Private.[157] Folgerichtig beschloss der Europarat, spezifische Regelungen zum Datenschutz zu entwickeln und verabschiedete zunächst Empfehlungen zum Schutz personenbezogener Daten 1973 im privaten[158] und 1974 im öffentlichen Bereich.[159] Man erachtete zu diesem Zeitpunkt die für die Vertragsstaaten unverbindliche Empfehlung als angemessenes Regelungsinstrument.

Dies beruhte auf der fortschreitenden technischen Entwicklung, auf die man flexibel reagieren wollte und der Notwendigkeit, eine zügige internationale Regelung zu finden, solange es nur wenige differierende nationale Regelwerke gab.[160] Dennoch gibt es schon in der Empfehlung von 1973 erste Anzeichen von Überlegungen zu einer völkerrechtlich bindenden Konvention.[161]

---

[153] Meister in RIW 1982, 481 (484) hingegen betont, dass sich die UN mit dem Datenschutz vornehmlich unter weltwirtschaftlichen und entwicklungspolitischen Aspekten auseinandersetzten.

[154] So ausdrücklich der Europäische Gerichtshof für Menschenrechte (EGMR) in *Leander./.Schweden*, A/116 Rn. 54; *Klaas./.Bundesrepublik Deutschland*, A/28; *Malone./.Großbritannien*, A 82; *Gaskin./.Großbritannien*, A/160.

[155] Council of Europe, Parliamentary Assembly Recommendations 509 (1968).

[156] Explanatory Report to the Resolution (73) 22, Abschnitt 2, http://www.coe.int/T/E/Legal_affairs/Legal_co-operation/Data_protection/Documents/International_legal_instruments/Resolution.

[157] Explanatory Report to the Resolution (73) 22 a.a.O.

[158] Resolution (73) 22.

[159] Resolution (74) 2922, http://www.coe.int/T/E/Legal_affairs/Legal_co-operation/Data_protection/Documents/International_legal_instruments/Resolution.

[160] Explanatory Report to the Resolution (73) 22, Abschnitt 10. In Europa gab es zu diesem Zeitpunkt nur das Hessische Datenschutzgesetz von 1970, das Schwedische Datengesetz von 1973 und einen belgischen Gesetzesentwurf, an die sich der Europarat bei der Ausarbeitung seiner Resolution überdies orientierte.

[161] Explanatory Report to the Resolution (73) 22, Abschnitt 10.

Hintergrund dieses Anliegens war die berechtigte Erwartung, dass zunehmend nationale Regelungen verabschiedet würden,[162] die derart voneinander differierten, dass zum einen der internationale Datenaustausch beeinträchtigt und zum anderen der Betroffene an der Wahrnehmung seiner Rechte bei der grenzüberschreitenden automatischen Verarbeitung seiner Daten gehindert würde.[163] Sokam es dann auch 1976 zur Beauftragung eines Expertengremiums, einen Vorschlag zu einer Konvention zum Schutze personenbezogener Daten auszuarbeiten, deren endgültige Version am 28.01.1981 zur Unterzeichnung geöffnet wurde.[164]

1) Die Datenschutzkonvention des Europarates

Die Konvention ist als völkerrechtlicher Vertrag für die Mitgliedstaaten zwar verbindlich, eine direkte Wirkung im nationalen Recht entfaltet sie jedoch nicht, da es sich um einen *non-self-executing treaty* handelt, dessen Regelungen einer Umsetzung ins nationale Recht bedürfen, um innerstaatliche Wirkung zu entfalten.[165]

Ausweislich ihrer Präambel ist es nicht nur Ziel der Konvention, das Recht auf Achtung der Privatsphäre gem. Art. 8 EMRK angesichts der zunehmenden Gefahren durch die automatische Datenverarbeitung zu gewährleisten, sondern auch dieses Recht mit dem ebenfalls durch die EMRK in Art. 10 geschützten Recht auf Informationsfreiheit in Einklang zu bringen. Den sachlichen Anwendungsbereich der Konvention beschränkte man auf die automatische Datenverarbeitung im öffentlichen und privaten Bereich, weil von diesen Verarbeitungsmöglichkeiten besondere Gefährdungen für die Privatsphäre der Betroffenen zu erwarten seien.[166]

Kernstück der Konvention ist ihr Kapitel 2, in dem ähnlich wie in den OECD-Richtlinien Grundsätze für den Datenschutz in den Vertragsstaaten geregelt sind. Hier sind insbesondere das Gebot der Erhebung und Verarbeitung der Daten nach Treu und Glauben sowie auf rechtmäßige Weise (*fairfully and lawfully*),[167] die Speicherung und Verwendung der Daten nur für festgelegte und rechtmäßige Zwecke,[168] die Verhält-

---

[162] So hatten innerhalb von fünf Jahren nach Verabschiedung der Resolution (74) 29 fünf weitere Mitgliedstaaten Datenschutzgesetze verabschiedet: Österreich, Frankreich, die Bundesrepublik Deutschland, Luxemburg und Norwegen – Spanien und Portugal nahmen zu dem das Recht auf den Schutz personenbezogener Daten in ihre Verfassung auf, Explanatory Report to the Convention, Abschnitt 5.

[163] Explanatory Report to the Convention, Abschnitt 9 und 10, http://conventions.coe.int/treaty/en/Reports/html/108.htm. Die Bedenken sind also mit denen der OECD vergleichbar, die sich aber aus den genannten Gründen gegen eine völkerrechtliche Konvention entschloss, wohl auch schon mit Blick auf die zeitweise parallel verlaufenden Arbeiten des Europarats, vgl. Abschnitt 14 Explanatory Report to the Guidelines.

[164] Council of Europe, Convention No. 108 for the Protection of Individuals with Regard to Automatic Processing of Personal Data, Originalfassung unter http://conventions.coe.int. Die deutsche Fassung ist bei Simitis/Dammann/Körner, Datenschutz in der Europäischen Union, 2003. Band I, abgedruckt.

[165] Auermann, DuD 1985, 7 (7f.); Ellger, CR 1994, 558 (560); Simitis/*Simitis*, BDSG, 2003, Einleitung Rn. 138; Wuermeling , Handelshemmnis Datenschutz, 2000, S. 10; Schweizer, DuD 1989, 542 (543) hingegen ist der Auffassung, dass zumindest einzelne Elemente der Konvention als *self-executing* ausgelegt werden können.

[166] Eplanatory Report to the Convention, Abschnitt 1.

[167] Art. 5 lit. a.

[168] Art. 5 lit. b.

nismäßigkeit der erhobenen Daten für diese Zwecke[169] sowie das Gebot ihrer stetigen sachlichen Richtigkeit und Aktualität zu nennen. Überdies sollen die Daten nur so lange eine Identifizierung des Betroffenen zulassen, wie es der Verwendungszweck erfordert.[170] Diese Regelungen erinnern auch inhaltlich an die Richtlinien der OECD und das nicht von ungefähr: Die mit der Ausarbeitung der Richtlinien bzw. der Konvention beauftragten Gremien arbeiteten eng zusammen, um unnötige Differenzen zwischen den beiden Texten zu vermeiden.[171] Über diese Anforderungen hinaus sieht Art. 6 für bestimmte Kategorien von Daten vor, dass diese nur dann automatisch verarbeitet werden dürfen, wenn deren Schutz insbesondere gewährleistet ist.[172] Hintergrund dieser Sonderregelung war die Einschätzung des Europarates, dass es Daten gibt, deren Verarbeitung bereits aufgrund ihres bloßen Inhaltes und nicht aufgrund des Kontextes, in dem sie verwendet werden, die Privatsphäre des Betroffenen gefährden kann.[173] Diese Auffassung widerspricht der in Deutschland vorherrschenden Rechtsauffassung, dass jedes Datum gleichermaßen schutzwürdig ist und die Gefahren für den Einzelnen sich aus dem Kontext seiner Verwendung ergeben.[174] Auch die Expertengruppe der OECD konnte keine universell als sensibel geltenden Kategorien von Daten finden, räumte den Mitgliedstaaten aber ein, bestimmten Daten den nationalen Wertvorstellungen gemäß höheren Schutz als anderen zu gewähren.[175]

Neben der Pflicht der Datenverarbeiter zur Sicherung der Daten vor zufälliger oder unbefugter Zerstörung, zufälligem Verlust und unbefugter Veränderung oder Bekanntgabe, regelt Art. 8 die Rechte des Einzelnen im Rahmen einer automatischen Verarbeitung seiner personenbezogenen Daten. Hierzu zählt insbesondere das Recht, von der Datensammlung, ihren Verwendungszwecken sowie dem Sitz bzw. Aufenthaltsort des Verantwortlichen für die Datenverarbeitung zu erfahren sowie, ob und welche personenbezogenen Daten gespeichert sind.[176] Auch soll ihm das Recht auf Berichtigung oder Löschung seiner unzulässig verarbeiteten Daten eingeräumt werden sowie die entsprechenden Rechtsmittel, um diese Rechte auf Mitteilung, Berichtigung und Löschung erwirken zu können.[177]

---

[169] Art. 5 lit. c.

[170] Art. 5 lit. d.

[171] Wo die OECD indes Fragen lassen konnte aufgrund ihres nicht bindenden Charakters, mussten diese von den Verfassern der Konvention entschieden werden, so z.B. die Frage nach einer Speicherungshöchstdauer der Daten, vgl. Abschnitte 20 und 51 des Explanatory Report to the Guidelines.

[172] Z.B. Angaben über die rassische Herkunft, politische oder religiöse Anschauungen bzw. Überzeugungen oder Daten, die über die Gesundheit oder das Sexualleben des Betroffenen Auskunft erteilen. Hinsichtlich der Probleme, die ein eher „starrer" Katalog an sensiblen Daten mit sich bringt, vgl. Simitis, Revisiting Sensitive Data, http://www.coe.int/T/E/Legal_affairs/Legal_cooperation/Data_protection/Documents/Reports/6Report20Simitis.asp#TopOfPage.

[173] Explanatory Report to the Convention, Abschnitt 43.

[174] BVerfGE 65, 1 (44f.); Simitis, Revisiting, Sensitive Data, 1999, II.1.c.

[175] Abschnitt 19 des Explanatory Reports to the Guidelines.

[176] Art. 8 lit. a und b.

[177] Art. 8 lit. c und d.

Von diesen Regelungen sind gem. Art. 9 Ausnahmen unter den dort genannten Bedingungen zulässig, die in Anlehnung an die Absätze 2 der Art. 5, 6 und 8 der EMRK entworfen wurden.[178] Art. 10 postuliert die Pflicht der Mitgliedstaaten, geeignete Sanktionen und Rechtsmittel für den Fall eines Verstoßes gegen die Vorschriften des nationalen Rechts, die die Datenschutzgrundsätze der Konvention umsetzen. Die Modalität dieser Sanktionen, ob zivilrechtlicher, strafrechtlicher oder verwaltungsrechtlicher Art, ist den Vertragsstaaten überlassen.[179] Die Konvention enthält somit ebenfalls keinerlei Vorgaben für die Haftung bei einem Verstoß gegen Datenschutzregelungen.

Neben diesen Kernbestimmungen finden sich solche zum grenzüberschreitenden Datenverkehr (Art. 12) und Regelungen zur zwischenstaatlichen Zusammenarbeit bei der Durchführung der Konvention und zur Hilfe eines im Ausland lebenden Betroffenen, dessen personenbezogene Daten im Inland verarbeitet werden (Kapitel IV). Da die Konvention nur allgemeine Grundsätze zur Datenverarbeitung enthält, die nicht auf alle denkbaren Verarbeitungsumstände ohne weiteres angewendet werden können,[180] wurde sie in der Folgezeit durch unverbindliche bereichsspezifische Regelungen ergänzt.[181]

Mit der Unterzeichnung von fünf Mitgliedstaaten trat die Konvention am 01.10.1985 in Kraft, zum Zeitpunkt des Erlasses der EG-Datenschutzrichtlinie 1995 hatten sie bereits alle damaligen Mitgliedstaaten der Europäischen Gemeinschaft unterzeichnet.[182] Obwohl die Konvention ausdrücklich auch Nicht-Mitgliedstaaten des Europarates offen steht, um ihr den größtmöglichen Anwendungsbereich zu verschaffen, ist dies bislang noch nicht wahrgenommen worden.[183] Mit der Erweiterung des Europarates auf osteuropäische Staaten kam es dennoch zu einer Ausdehnung ihres räumlichen Wirkungsbereiches.[184]

Der Wirkungsgrad der Konvention für den internationalen Datenschutz ist umstritten.[185] Zu begrüßen ist, dass die Datenschutzgrundsätze der Konvention ebenso wie die OECD-Richtlinien an die bereits vorhandenen nationalen Regelungen anknüpft, gleichsam die in ihnen vorhandenen Gemeinsamkeiten aufgreift. Sie konnten so in der

---

178 Explanatory Report to the Convention, Abschnitt 55. Gemeint ist die Einschränkung aufgrund der Sicherheit des Staates, der öffentlichen Sicherheit, der Währungsinteressen des Staates und zur Bekämpfung von Straftaten. Einschränkungen sind überdies auch zulässig, wenn die Verarbeitung offensichtlich keinerlei Gefährdungen für den Betroffenen darstellt, z.B. bei einer Verarbeitung für statistische Zwecke.

179 Explanatory Report to the Convention, Abschnitt 60.

180 Dies ist das grundsätzliche Dilemma aller allgemeinen Datenschutzregelungen, die daher zur Erreichung eines effektiven Datenschutzes nicht ohne eine Ergänzung durch bereichsspezifische Regelungen auskommen.

181 Zuletzt durch Recommendation No. R (2002) 9 on the protection of personal data collected and processed for insurance purposes vom 18.09.2002, http://cm.coe.int/stat/e/public/2002/adopted_texts /recommendations/2002r9.htm ergänzt.

182 Lediglich Griechenland und Italien mussten die Konvention noch ratifizieren, Wuermeling, Handelshemmnis Datenschutz. 2000, S. 10.

183 Vgl. den Stand der Ratifikationen und Unterzeichnungen vom 21.05.03 unter http://conventions. coe.int/treaty/EN.

184 Wuermeling, Handelshemmnis Datenschutz, 2000 S. 10.

185 Positive Bewertung durch Burkert, CR 88, 751 (753) und Auernhammer, DuD 1985, 7. Verhalten positiv ist Wurst, JuS 1991, 448 (450). Kritisch Meister, RIW 1982, 481 (486); Wuermeling, Handelshemmnis Datenschutz, 2000, S. 11.

Tat aufgrund ihres bindenden Charakters prinzipiell den Grundstein für ein gleichwertiges Schutzniveau für personenbezogene Daten legen.[186]

Auf der anderen Seite jedoch wird auch hier den Vertragsstaaten in Art. 9 die Möglichkeit gegeben, von diesen Grundsätzen abzuweichen. Überdies überlässt sie den Mitgliedstaaten die Ausgestaltung wesentlicher Regelungskomplexe, spricht deren Regelungsbedarf also nur an.[187] Sie konnte also nicht mehr sein als ein – wenn auch bindender – Anreiz für die nationalen Gesetzgeber, im Datenschutz tätig zu werden.[188] Verstärkt wurde dieser Anreiz durch die Pflicht der ratifizierenden Staaten, die Datenschutzgrundsätze des Kapitels 2 gem. Art. 4 Abs. 2 bis zum Zeitpunkt der Ratifikation in nationales Recht umzusetzen.[189] Berücksichtigt man also, dass die Konvention gegenwärtig von 30 Mitgliedstaaten ratifiziert ist, die damit entsprechende nationale Datenschutzregelungen eingeführt haben, ist es also ein sichtbarer Verdienst der Konvention, dass in ihrer Folge oder während ihrer Entstehung mehr und mehr Staaten Regelungen zum Schutz personenbezogener Daten getroffen haben.

Dem Ziel eines gleichwertigen internationalen Schutzniveaus für personenbezogene Daten ist die Konvention jedoch nicht näher gekommen.[190] Schon früh wurden die differierenden nationalen Umsetzungen der Konventionspflichten beklagt, die zwar den Bedarf an einer weiteren konsistenten grenzüberschreitenden Regelung mit möglichst wenig nationalen „Schlupflöchern" nur allzu deutlich machten, aber auch im späteren

---

[186] „Wegbereiterfunktion für das innerstaatliche Datenschutzrecht", Ellger, CR 1994, 558 (562). Vgl. auch Simitis, der darauf hinweist, dass mit der Verankerung der Datenschutzgrundsätze in einem internationalen Dokument diese als „Teil internationaler Verhaltensregeln" betrachtet werden müssen, Simitis/*Simitis*, BDSG, 2003, Einleitung, Rn. 122.

[187] So bei der Ausgestaltung des angemessenen Schutzes, der bei der Verarbeitung sensibler Daten gewährleistet sein muss, Art. 6 oder bei der Regelungen der Sanktionen und Rechtsmittel bei einem Verstoß gegen diese Grundsätze, Art.10. Siehe auch Simitis, RDV 1990, 3 (10). Im Explanatory Report wird zudem ausdrücklich drauf hingewiesen, dass die Konvention lediglich das Ziel der Datenschutzprinzipien, z.B. Transparenz und Kontrolle der Datenverarbeitung durch den Betroffenen, ausdrücklich bestimmt, die Erreichung dieses Zieles jedoch den Vertragsstaaten überlassen will, Abschnitt 20.

[188] Verbunden mit „hinreichend formulierten Ansatzpunkten zur Umsetzung der Vorgaben", vgl. Simitis, RDV 1990, 3 (10).

[189] Auch wenn der Europarat Spanien die Konvention ratifizieren ließ, ohne dass es nationale Datenschutzregelungen gab, jedoch unter dem Hinweis auf die in der spanischen Verfassung in Art. 18 Abs. 4 ausgedrückte Notwendigkeit einer Regelung der Verarbeitung personenbezogener Daten, hielt er doch stets daran fest, dass die Ratifikation nicht eine eigene nationale Regelung voraussetzt, Consultative Committee of the Convention for the Protection of individuals with regard to Automatic Processing of Personal Data, Compte-rendu of the third meeting, Strasbourg, 17.-19. Mai 1989, CC-PD (89) 13, S. 8f.

[190] Dem Ziel eines ungehinderten grenzüberschreitenden Datenverkehrs ebenso wenig, vgl. Simitis, RDV 1990, 3 (11). Seit dem 08.11.2001 ist ein Zusatzprotokoll zur Konvention zur Unterzeichnung geöffnet, das im Bemühen um ein höheres Schutzniveau zum einen die Einrichtung unabhängiger Kontrollinstitution mit Untersuchungs-, Eingriffs- und Klagebefugnissen vorsieht, zum anderen wurde die Zulässigkeit des Daten-Transfers in Nicht-Mitgliedstaaten in Anlehnung an die europäische Datenschutzrichtlinie neu geregelt. Da das Protokoll noch nicht von den erforderlichen fünf Mitgliedstaaten ratifiziert wurde (Stand: 21.05.03), steht das Inkrafttreten noch aus. Additional Protocol (Nr. 181) to the Convention for the Protection of Individuals with regard to Automatic Processing of Personal Data regarding supervisory authorities and transborder data flows http://conventions.coe.int/treaty/en/treaties/html/181.htm.

Ringen um die Inhalte der europäischen Datenschutzrichtlinie umso deutlicher hervortraten.

Für die europäische Datenschutzrichtlinie stellt die Datenschutzkonvention dennoch eine wichtige Rechtsquelle dar, deren Grundsätze durch die Richtlinie konkretisiert und erweitert werden sollten.[191] Die Europäische Kommission wollte überdies nach den Aussagen des *Explanatory Reports* zur Konvention die Ergebnisse der Arbeiten zum Datenschutz durch den Europarat abwarten, bevor eine Entscheidung über das eigene Tätigwerden in Sachen Datenschutz getroffen werden sollte.[192]

2) Der Schutz personenbezogener Daten gem. Art. 8 EMRK

Der Wirksamkeit der Konvention als internationales Datenschutzinstrument ebenfalls nicht förderlich ist die Tatsache, dass sie in der Rechtsprechung des Europäischen Gerichtshofes für Menschenrechte (EGMR) bislang wenig Berücksichtigung findet. Dies ist umso bemerkenswerter, als in der Zwischenzeit Sachverhalte zu entscheiden waren, die durchaus in ihren Anwendungsbereich fielen.[193] Der EGMR hat sich stattdessen in Fällen, die eine datenschutzrechtliche Relevanz aufwiesen, ausschließlich auf Art. 8 EMRK berufen und urteilte, dass in dessen Schutzbereich durch die Speicherung und Übermittlung personenbezogener Daten eingegriffen wird.[194]

Eine Verletzung von Art. 8 EMRK liegt jedoch nur dann vor, wenn der Eingriff nicht gem. Art. 8 Abs. 2 EMRK gerechtfertigt ist, so insbesondere wenn es an einer hinreichend bestimmten gesetzlichen Grundlage für den Eingriff fehlt, die diesen für den Betroffenen vorhersehbar macht.[195]

Auch der anfänglich erwähnten Zweifel, ob Art. 8 EMRK Eingriffe durch technische Mittel überhaupt erfasse, wurde widersprochen: so entschied der EGMR, dass die Telefonüberwachung einen Eingriff in Art. 8 EMRK darstellt, der insbesondere hinsicht-

---

[191] Erwägungsgrund 11 der Richtlinie.

[192] Explanatory Report to the Convention, Abschnitt 16.

[193] IntKommEMRK-Wildhaber/Breitenmoser, 2004, Art. 8 Rn. 330 hinsichtlich der Entscheidungen *Leander./.Schweden*, vom 26.03.1987 A/116 Rn. 48, welche die zulässige Speicherung und Weitergabe von Daten in einer Polizeidatensammlung betraf, und *Gaskin./.Großbritannien*, vom 07.07.1989, A/160 Rn. 37, in der es um das Auskunfts- und Einsichtsrecht in eigene Vormundschaftsakten ging. Ebenso bereits Schweizer, DuD 1989, 542 (545). In der Entscheidung vom 16.02.2000, *Amann./.Switzerland*, S. 20, http://hudoc.echr.coe.int/Hudoc1doc2/HEJUD/200204/amann.batj.doc bezieht sich der EGMR ausdrücklich auf die Konvention. Ebenso EGMR vom 04.05.2000, *Rotaru./.Romania*, Reports of Judgments and Decisions 2000 – V Abschnitt 43.

[194] Vgl. die erste explizite Entscheidung des EGMR zum Datenschutz vom 26.03.1987, *Leander./.Schweden*, A/116 § 48, die die Zulässigkeit der heimlichen Speicherung und Übermittlung von Daten durch das nationale Sicherheitsregister von Schweden betraf. Mittlerweile erkennt der EGMR ausdrücklich die überragende Bedeutung des Datenschutzes für die Gewährleistung des Rechts auf Privatleben an, EGMR vom 25.02.1997, *Z./.Finnland*, Report of Judgments and Decisions 1997 I, S. 323ff., § 71; Gridl, Datenschutz in globalen Telekommunikationssystemen, 1998, S. 129.

[195] EKMR, Bericht vom 09.05.1989, *Hewitt und Harmann./.Vereinigtes Königreich*, Décisions et Rapports, Bd. 67, S. 88 (100). Das Erfordernis einer hinreichend bestimmten gesetzlichen Grundlage forderte der EGMR bereits in der Entscheidung vom 06.09.1978, *Klaas./.Bundesrepublik Deutschland*, A/28 Rn. 49. Auch erklärte der EGMR das Vorgehen von Behörden für konventionswidrig, wenn das Gesetz nicht den Kriterien der Vorhersehbarkeit genügte, EGMR vom 24.04.1990, *Kruslin bzw. Huvig./.Frankreich*, A/176 Rn. 35f. und 176 B Rn. 34f.

lich der Registrierung der Verbindungsdaten unter dem Einsatz von Computern erfolgt.[196] Nach Auffassung des EGMR ist der Schutzbereich des Art. 8 EMRK – entgegen dem Anwendungsbereich der Datenschutzkonvention – sowohl bei einer automatisierten auch bei einer manuellen Datenverarbeitung betroffen.[197]

Gewährleistet Art. 8 EMRK insofern einen umfassenderen Schutz als die Konvention, ist dieser jedoch dadurch eingeschränkt, als nur unmittelbar und direkt Schutz vor staatlichen Eingriffen und nicht auch vor denen von Privatpersonen gewährleistet wird.[198] Allerdings sind die Mitgliedstaaten verpflichtet, geeignete Maßnahmen zum Schutz des Privatlebens auch gegenüber Privatleuten zu treffen. Die Unterlassung solcher Maßnahmen stellt eine Verletzung des Art. 8 EMRK dar.[199]

Einschränkungen nach der Art der Daten macht der EGMR überdies beim Recht auf Zugang zu den gespeicherten Daten: ein generelles Zugangsrecht zu den gespeicherten personenbezogenen Daten gem. Art. 8 EMRK lehnt er ab, so dass nur von einem Recht auf Zugang zu höchstpersönlichen Daten gesprochen werden kann.[200] Bis vor kurzem konnte überdies generell gesagt werden, dass der EGMR für die Anwendung von Art. 8 EMRK stets eine gewisse Nähe der Daten zum Privatleben des Betroffenen voraussetzt, sei es aufgrund ihrer Beschaffenheit oder aufgrund ihres Verwendungszusammenhanges.[201] Ein generelles Recht auf den Schutz personenbezogener Daten gab es demnach nicht.

Dem kann so nicht mehr gefolgt werden, seit der EGMR in *Amann./.Switzerland* ausdrücklich und unter Hinweis auf die Datenschutzkonvention einer großzügigen Auslegung des Begriffes „Privatleben“ folgt und demnach jedes Datum, ob nun aus privater

---

196 EGMR vom 06.09.1978, *Klaas./.Bundesrepublik Deutschland*, A/28, in der es um Telefonabhörmaßnahmen durch den Staat ging oder EGMR vom 02.08.1984, *Malone./.Großbritannien*, A/82, in dem die Weitergabe von Abrechnungsdaten über die geführten Telefongespräche durch die Post an die Polizei behandelt wurde. Ebenfalls Abhörmaßnahmen betraf die Entscheidung des EGMR in *Halford./.Vereinigtes Königreich*, Recueil des Arrêts et Décisions 1997-III S. 1004ff. In neuerer Zeit EGMR vom 16.02.2000, *Amann./.Switzerland*, S. 14, http://hudoc.echr.coe.int/Hudoc1doc2/HEJUD/200204/amann.batj.doc.

197 Gridl, Datenschutz in globalen Telekommunikationssystemen, 1998, S. 116, der überdies darauf hinweist, dass der EGMR im Rahmen der Telekommunikation besonderen Wert auf die Zweckbindung der Daten legt, S. 114.

198 Harris/O´Boyle/Warbrick, Human Rights, 1995, S. 310 hingegen sind der Auffassung, dass die Pflicht des Staates die Privatsphäre zu schützen, sich auch auf den Schutz vor Ausspähung durch Privatpersonen erstreckt, unter dem Hinweis, das der unmittelbare Beleg durch die Rechtsprechung hierfür fehlt. Zur mittelbaren Drittwirkung der EMRK unter Privaten, siehe Villiger, EMRK-Handbuch, 1999, S. 115.

199 EGMR vom 26.03.1985, *X und Y./.Niederlande*, A/91 Rn. 23; EGMR vom 25.03.1992, *B./.Frankreich*, A/232 Rn. 44.

200 Entscheidendes Kriterium hierfür ist der Grad der Wichtigkeit der betreffenden Daten für das Privatleben des Beschwerdeführers, Gridl, Datenschutz in globalen Telekommunikationsystemen, 1998, S.137. Vgl. auch EGMR vom 07.07.1989, *Gaskin./.Vereinigtes Königreich*, A/160 Rn. 37,in dem der Beschwerdeführer – ein Halbwaise – Zugang zu seiner Akte begehrte, die sämtliche Berichte, Stellungnahmen etc. enthielt, die während seines Aufwachsens über ihn angefertigt worden waren.

201 IntKommEMRK-Wildhaber/Breitenmoser, 2004 Art. 8 Rn. 336; Gridl, Datenschutz in globalen Telekommunikationssystemen, 1998, S. 151.

oder beruflicher Tätigkeit folgend, von Art. 8 EMRK erfasst sieht.[202] Ob der Gerichtshof damit auch die Einschränkung des Zugangsrechtes auf besonders sensible Daten aufheben wollte, ist unklar. Für diese Annahme spricht, dass er in einem folgenden Urteil auch das von der Art der Daten unabhängige Recht, deren Erhebung und Speicherung anzufechten, von Art. 8 EMRK umfasst sieht.[203] Dies setzt zwingend den Zugang zu den gespeicherten Daten voraus. Es bleibt dennoch festzuhalten, dass der Schutz personenbezogener Daten im Rahmen des Art. 8 EMRK bislang nur unzureichend vorhanden ist, wenn auch jüngere Urteile zu der berechtigten Hoffnung Anlass geben, dass der Nachholbedarf erkannt wurde und bewältigt werden soll.[204]

Einen unmittelbaren Anspruch des Betroffenen auf Schadensersatz im Falle einer Verletzung des Art. 8 durch den Umgang mit personenbezogenen Daten gewährt die EMRK nicht. Lediglich Art. 41 EMRK sieht vor, dass der Gerichtshof im Falle einer Menschenrechtsverletzung, soweit erforderlich, eine angemessene Genugtuung gewähren kann, wenn das nationale Recht des betreffenden Mitgliedsstaates nur eine Teil-Reparation gewährt. Der Betroffene muss also einige Hürden überwinden, bevor er in den Genuss einer solchen Entschädigung kommt. Bei immateriellen Schäden geht der EGMR überdies häufig davon aus, dass bereits die Feststellung der Verletzung eine ausreichende Kompensation darstelle.[205]

---

202 EGMR vom 16.02.2000, *Amann./.Switzerland*, Nr. 27798/95 S. 20 und 21 http://hudoc.echr.coe.int/Hudoc1doc2/HEJUD/200204/amann.batj.doc. Bestätigt durch EGMR vom 04.05.2000, *Rotaru./.Romania*, Reports of Judgments and Decisions 2000-V Rn. 43.

203 EGMR vom 04.05.2000, *Rotaru./.Romania*, Reports of Judgments and Decisions 2000-V Rn. 46.

204 Bei alledem ist jedoch zu bedenken, dass die EMRK als Instrument zum Schutz der Menschenrechte schon von ihrer Struktur her nicht die Detailgenauigkeit leisten kann wie eine nationale Regelung, sondern stets nur als ultima ratio für den Einzelnen in Anspruch genommen werden kann, Gridl, Datenschutz in globalen Telekommunikationssystemen, 1998, S. 152f.

205 Vgl. EGMR vom 16.02.2000, *Amann./.Switzerland*, a.a.O. S. 26 . Siehe aber auch EGMR vom 04.05.2000, *Rotaru./.Romania*, Reports of Judgments and Decisions 2000–V, Abschnitt 83, in dem der Gerichtshof dem Beschwerdeführer 50.000 französische Franc zuerkannte, aufgrund der besonderen Umstände der Verletzung von Art. 8 und 13 EMRK.

C) Die Entwicklung des nationalen Datenschutzrechts

Auch auf nationaler Ebene war man nicht untätig geblieben: 1990, als die Kommission ihren ersten Richtlinienvorschlag präsentierte, gab es in sieben von (damalig) dreizehn Mitgliedstaaten der Europäischen Gemeinschaften allgemeine Datenschutzgesetze.[206] Den Beginn machte das Bundesland Hessen, das 1970 mit dem Hessischen Datenschutzgesetz das erste Gesetz dieser Art verabschiedete, das den Umgang mit personenbezogenen Daten durch die Verwaltung regelte.[207]

Es folgten bis weit in die 80er Jahre hinein eine Reihe weiterer landesweiter Datenschutzregelungen.[208] In anderen Ländern hingegen, wie z.B. Belgien und den Niederlande, debattierte man zwar schon früh über ein Datenschutzgesetz, konnte sich aber erst nach über zehnjährigen Beratungen zu einer Regelung durchringen.[209]

Hierin wird deutlich, wie dies auch schon bei der OECD erkannt worden war, dass der Schutz personenbezogener Daten ein weithin anerkanntes Anliegen war, dessen Motive in der Gewährleistung der Grund- und Freiheitsrechte des Einzelnen und in der Sicherung der demokratischen Grundordnung angesichts der Informations- und Kom-

---

[206] So in Großbritannien, Frankreich, Dänemark, Deutschland, Irland, Luxemburg in den Niederlanden, Wuermeling, Handelshemmnis Datenschutz, 2000, S. 14.

[207] Hess. GVBl. 1970 I, 625. Nach der zwischen Bund und Ländern aufgeteilten Gesetzgebungskompetenz gibt es weder eine vorrangige Kompetenz des Bundes noch der Länder. Entscheidend sind vielmehr der Regelungsanlass und der Regelungskontext der jeweiligen Verarbeitungssituation, Simitis–Simitis, BDSG, 2003, § 1 Rn. 1. Für die Datenverarbeitung im privaten Bereicht ergibt sich die Kompetenz des Bundes als Annex zur eigentlichen Sachkompetenz des Bundes gem. Art. 73–75 GG, Simitis/*Simitis*, BDSG, 2003, § 1 Rn. 7. Für den öffentlichen Bereich resultiert die Gesetzgebungsbefugnis aus der Annexkompetenz des Verwaltungsverfahrens zu den jeweiligen Sachkompetenzen, Art. 70 ff. GG i.V.m. Art. 84–86 GG, Auernhammer, BDSG, 1993, Einführung, Rn. 31 und Dressel, Gemeinschaftsrechtliche Harmonisierung, 1994, S. 41f. Hiernach sind die Länder für den Datenschutz in den Landesverwaltungen zuständig, soweit sie Landesgesetze ausführen. Geht es um die Ausführung von Bundesgesetzen, kommen die datenschutzrechtlichen Regelungen des Bundes zur Anwendung.

[208] So wurde das deutsche Bundesdatenschutzgesetz (BDSG) in seiner ersten Fassung 1977 verabschiedet, BGBl. 1977 I, 201, im Zeitpunkt des ersten Richtlinienvorschlages war das BDSG in seiner Fassung von 1990 in Kraft BGBl. I, 2955; das französische *Loi no. 78-17 relative à l'informatique, aux fichiers et aux libertés* (LIFL), J.O. 1978, 227ff. trat 1978 in Kraft und wurde 1988 durch Gesetz Nr. 88-227 vom 11.03.1988 geändert; auch die dänischen Gesetze über die behördlichen und privaten Register (Gesetz Nr. 621 über die Register der Behörden vom 08.06.1978 und Gesetz Nr. 293 über private Register vom 08.06.1978, Lovtidende A 1978, 833 und 839 jeweils geändert durch Gesetz Nr. 383 vom 10.06.1987, Lovtidende A 1987, 1300) sowie das norwegische Gesetz über die Personendaten-Register (Gesetz vom 09.06.1978 Norsk Lovtidend 1978, Avd. 1 Nr. 48, 402 geändert durch Gesetz vom 12.06.1987, Norsk Lovtidend 1987, Ad. 1, Nr. 55, 480) wurden 1978 verabschiedet; der britische *Data Protection Act* (DPA 1984) erhielt am 12.07.1984 seinen *royal assent* (Parliamentary Debates, House of Commons, Official Report (Hansard), 12 July 1984, vol. 63, col. 1341) und das niederländische Datenschutzgesetz 1988, Staatsblad 1988, No.665. Die jeweils aktuellen Fassungen sind bei Simitis/Dammann/Körner (Hrsg), Datenschutz in der Europäischen Union, 2003, Band I und II abgedruckt.

[209] In Belgien beriet man seit 1971 über ein Datenschutzgesetz, das letzten Endes erst 1993, mitten in den Beratungen zur europäischen Datenschutzrichtlinie, in Kraft trat, Moniteur Belge vom 18.03.1993. Vgl. auch Simitis, RDV 1990, 3 (4) Fn. 13. In den Niederlanden beriet man erstmals 1976 über ein Datenschutzgesetz, das 1988 verabschiedet wurde. Man war unsicher, welcher Datenschutz-Instrumente man sich bedienen wolle angesichts der von den Nachbarländern bis dahin entwickelten Maßnahmen, die von den Niederlanden eher kritisch beäugt wurden, Simitis/*Simitis*, BDSG, 2003, Einleitung, Rn. 130.

munikationstechnologie bestanden.[210] Dieser Grundkonsens führte jedoch nicht dazu, dass auch hinsichtlich der Mechanismen, die man zum Schutz der Daten einsetzte, Einigkeit bestand.

I) Überblick über die nationalen Datenschutzgesetze

Setzte man in Deutschland auf abschließende gesetzliche Verarbeitungsregelungen, welche die Verarbeitung personenbezogener Daten nur in Ausnahmefällen für zulässig erklärten,[211] betonten die später erlassenen britischen und niederländischen Regelungen die kontrollierte Selbstregulierung durch die Datenverarbeiter. Das frühe schwedische Datenschutzgesetz hingegen beschränkte sich auf die Einrichtung einer Kontrollinstanz, deren Genehmigung vor jeder automatisierten Verarbeitung personenbezogener Daten einzuholen war.[212] Auch Norwegen entschied sich für ein Lizenzierungssystem, das allerdings – im Gegensatz zur schwedischen Regelung – sämtliche Register, ob automatisiert oder nicht, der Genehmigungspflicht nur dann unterwarf, wenn es sensible Daten enthielt.[213] Die Vorteile eines solchen Systems lagen unter anderem darin, dass es zu einer Offenlegung der Verarbeitungsziele bzw. -modalitäten durch die Datenverarbeiter zwang und dem Schutz des Einzelnen in der jeweiligen Verarbeitungssituation gerecht werden konnte.[214]

Alle diese Verarbeitungsregelungen waren jedoch dem selben Dilemma ausgesetzt: Es fehlte ihnen der Erfahrungshintergrund, und die Möglichkeiten des technischen Fortschritts bei der Datenverarbeitung ließen sich nur erahnen. Diesen „Informationsvorsprung" versuchte man nicht nur durch die individuelle Genehmigungspflicht, sondern auch mit Hilfe von Generalklauseln auszugleichen, wenn man – wie in Deutschland oder Österreich – den Anspruch hatte, mit dem Gesetz jedwede Form der Datenverarbeitung zu erfassen.[215] Beide Lösungsansätze hatten jedoch ihre Defizite,[216] so dass nachfolgende nationale Regelungen mitunter die beiden Ansätze kombinierten: So richtete der französische Gesetzgeber eine Kontrollkommission (*Commission Nationale de l'Informatique et des Libertés – CNIL*) ein, welche die Verarbeitung personenbezogener Daten genehmigen musste.[217] Diese war jedoch nicht für Verarbeitungen im privaten Bereich zuständig. Hier war die Anmeldung der Verarbeitung ausreichend, für die es allerdings eine Reihe materiellrechtlicher Verarbeitungsvorschriften gab.[218] Auch das luxemburgische Datenschutzgesetz führte eine Genehmigungspflicht ein, die

---

210 Panagiotides, Data Protection Act, 1998, S. 18.

211 Das sog. Verbot mit Erlaubnisvorbehalt, Dressel, Gemeinschaftsrechtliche Harmonisierung, 1995, S. 43. Der Betroffene musste in die Verarbeitung der Daten eingewilligt haben, es sei denn, die Verarbeitung war nach dem Bundesdatenschutzgesetz (BDSG) oder einer anderen Rechtsvorschrift zulässig, § 4 Absatz 1 BDSG 1990 (a.F.). Es ist darauf hinzuweisen, dass der im BDSG 1990 verwendete Begriff der Verarbeitung nicht die Erhebung der Daten umfasste, vgl. § 3 Abs. 5 Satz 1 BDSG 1990.

212 Das schwedische Datenschutzgesetz von 1973 war das erste nationale Regelwerk zum Datenschutz überhaupt, Auernhammer, BDSG, 1993, Rn. 17.

213 Ellger, Grenzüberschreitender Datenverkehr, 1990, S. 342.

214 Simitis/*Simitis*, BDSG, 2003, Einleitung, Rn. 115.

215 Simitis/*Simitis*, BDSG, 2003, Einleitung, Rn. 114; Tinnefeld/Ehmann, Datenschutzrecht, 1998, S. 155 für das deutsche BDSG 1990.

216 Panagiotides, Data Protection Act, 1998, S. 25; Simitis/*Simitis*, BDSG, 2003, Einleitung, Rn. 125.

217 Art. 14 LIFL.

218 Art. 16 LIFL und Art. 25 ff LIFL.

allerdings ausschließlich für den nicht-öffentlichen Bereich galt.[219] Die zulässige Datenverarbeitung durch die Behörden hingegen setzte eigens die Einhaltung von aus diesem Anlass verabschiedeten, in einem Gesetz oder einer Verordnung geregelten Vorschriften voraus.[220]

Mit Beginn der 80er Jahre wurde zunehmend deutlicher, dass auch die Kombination von Genehmigungspflicht und Generalklauseln nicht mehr ausreichte, um dem Schutzauftrag gerecht zu werden. Der Genehmigungspflicht konnte man angesichts der zunehmenden Anzahl von Datenverarbeitungen nicht mehr in der Weise nachkommen, dass die Anforderungen der konkreten Verarbeitungssituation angepasst wurden. Man scheiterte am Übermaß der Bürokratisierung.[221] Vereinfachte Genehmigungsverfahren, wie die Anmeldung im französischen LIFL, aber auch die bloß formale Registrierung im britischen DPA 1984[222] boten daher vielleicht Abhilfe beim Verfahrensstau, dienten aber nicht dem angemessenen Schutz personenbezogener Daten.[223] Die Generalklauseln hingegen erwiesen sich als Einfallstor für eine Vielzahl möglicher Interpretationen, von denen sich der Datenverarbeiter die für ihn vorteilhafteste aussuchen und zur Grundlage seiner Datenverarbeitung machen konnte. Die bewusst offen gehaltenen Regelungen, die bis dato noch unbekannte Verarbeitungsprozesse erfassen sollten, wurden so zum erweiternden Korrektiv der Verarbeitungsrestriktionen.[224] Die in dieser Zeit verabschiedeten Datenschutzgesetze enthielten daher andere Lösungsansätze: Das britische, deutlicher aber noch das niederländische Datenschutzgesetz legten ihren Schwerpunkt in die kontrollierte Selbstregulierung der Datenverarbeiter.[225] Diese sollten die Verarbeitungsbedingungen unter Beachtung der gesetzlichen Bestimmungen selbst festlegen, die dann anschließend von einer Kontrollinstanz genehmigt wurden.[226] Auch hiermit erhoffte man sich, das permanente In-

---

[219] Art. 4 des luxemburgischen Datenschutzgesetzes.

[220] Art. 8 des luxemburgischen Datenschutzgesetzes.

[221] Simitis/*Simitis*, BDSG, 2003, Einleitung, Rn. 125. Lloyd, Guide, 1998, Rn. 1.16 für den britischen DPA 1984.

[222] Sec. 4ff. des DPA 1984.

[223] Dressel, Gemeinschaftsrechtliche Harmonisierung, 1994, S. 75. So war es unter dem britischen DPA 1984 möglich, sich für eine Vielzahl von möglichen Datenverarbeitungsprozessen registrieren zu lassen. Dies nutzten manche Datenverarbeiter dazu, die Registrierung ihren Zwecken anzupassen und nicht – wie es eigentlich gedacht war – ihre Verarbeitungszwecke an den Bedürfnissen des Datenschutzes, Skipper, EuZW 1993, 145 (146). Auch das schwedische Datenschutzgesetz wurde mehrfach zugunsten einer vereinfachten Registrierung geändert, Auernhammer, BDSG, 1993, Einführung, Rn. 17.

[224] Simitis, NJW 1998, 2473 (2479).

[225] Allerdings geht die niederländische Regelung in ihrer Ausgestaltung des Selbstregulierungsprinzips weiter als der DPA 1984, Panagiotides, Data Protection Act, 1998, S. 27. So wurde die Möglichkeit der Aufstellung von sog. *Codes of Practice* durch die Unternehmen erst in der letzten Lesung im britischen Unterhaus in sehr limitierter Form in den DPA 1984 eingeführt. Die konservative Regierung hatte bis dahin konsequent jeden Antrag der Opposition auf die Einführung dieser *Codes of Practice* kategorisch abgelehnt. Dass diese dann doch in den DPA 1984 eingeführt wurden, war lediglich ein Entgegenkommen an die Opposition, um diese zur Zustimmung zu bewegen, Panagiotides, Data Protection Act, 1998, S. 210, 214, 228 und 235.

[226] Simitis/*Simitis*, BDSG, 2003, Einleitung, Rn. 130. Dabei entfalteten diese Verhaltensregelungen keine bindende Wirkung, eine solche war zumindest von der konservativen britischen Regierung als dem britischen Recht fremd zurückgewiesen worden: kein anderes Organ als das Parlament oder ein Ministerium hätten im englischen Recht Normsetzungsbefugnis, Panagiotides, Data Protection Act, 1998, S. 228.

formationsdefizit des Gesetzgebers angesichts der rasant fortschreitenden Entwicklung abzumildern, ohne dass dies mit einem Kontrollverlust verbunden sein würde. Überdies ging man dazu über – in Abkehr von den Generalklauseln – den Datenschutz zunehmend bereichsspezifisch zu regeln, um auf diese Weise die interpretatorischen „Schlupflöcher" der Datenverarbeiter zu schließen.[227]

Diese unterschiedlichen Lösungsmodelle wurden von Beginn an länderübergreifend angewandt, wie z.B. im Fall von Schweden und Norwegen oder Frankreich und Luxemburg. Dennoch kann dies nicht über grundlegende nationale Unterschiede hinwegtäuschen, die auf den variierenden juristischen Hintergründen beruhten: so gab es nicht in allen Ländern besonderen Schutz für sensible Daten[228] und der Anwendungsbereich der Gesetze variierte. Manche nationalen Regelungen schützten nur die automatisiert bzw. elektronisch verarbeiteten Daten,[229] während andere nicht nur die Daten natürlicher Personen erfassten, sondern auch die juristischer Personen.[230] Auch die Informationspflichten der Datenverarbeiter und das hiermit korrespondierende Recht des Betroffenen auf Auskunft waren unterschiedlich ausgestaltet.[231] Ebenso wiesen die Kontrollmechanismen der Datenverarbeitung eine gewisse Bandbreite auf: vom unabhängigen, lediglich dem Parlament gegenüber zur Rechenschaft verpflichteten Datenschutzbeauftragten in Deutschland, über die aus Abgeordneten, Senatoren, Richtern, hohen Verwaltungsbeamten und Persönlichkeiten des öffentlichen Lebens zusammengesetzte französische *Commission Nationale de l' informatique et des libertés* bis hin zum britischen *Data Protection Registrar*, bei dem sich die Datenverarbeiter registrieren lassen mussten.[232]

Insgesamt lässt sich festhalten, dass der Schutz personenbezogener Daten schon früh ein in vielen Staaten anerkanntes Anliegen war, dem man jedoch auf unterschiedliche Weise gerecht zu werden versuchte. Gemeinsam ist allen Maßnahmen, dass an die Rechtmäßigkeit der Daten bestimmte Voraussetzungen geknüpft wurden, welche die Transparenz der Datenverarbeitung für den Betroffenen in dem Sinne ermöglichen sollte, dass dieser Kenntnis von den Verarbeitungen seiner Daten erlangt oder erlangen

---

[227] In Deutschland gilt dies insbesondere für den Datenschutz in der Telekommunikation, der sich je nach verwendetem Kommunikationsmedium, der zu übertragenden Inhalte und der verantwortlichen Datenverarbeiter in einer Vielzahl von Gesetzen und Verordnungen wieder findet, z.B. TKG, TDSV, TKV, TDDSG, MDStV und TKÜV, und damit zum Eindruck der Zersplitterung und Unübersichtlichkeit im Datenschutz beiträgt, Simitis, DuD 2000, 714 (715f).

[228] Wohl aber in Frankreich, Art. 31 LIFL und Belgien, Art. 6 und 7 – jeweils abgedr. bei Simitis/Dammann/Körner (Hrsg.), Datenschutz in der Europäischen Union, 2003, Band I und II.

[229] Vgl. Art. 5 LIFL.

[230] So in Dänemark, vgl. § 1 Abs. 3 des Datenschutzgesetzes und in Luxemburg, vgl. Art. 2 des Datenschutzgesetzes, beide abgedruckt bei Simitis/Dammann/Körner (Hrsg.), Datenschutz in der Europäischen Union, 2003, Band I und II. In Frankreich dehnte die CNIL die Anwendung des LIFL per Verordnung auf die juristischen Personen aus, nachdem der wiederholte Ruf nach einer gesetzlichen Erweiterung unerhört blieb, Dressel, Gemeinschaftsrechtliche Harmonisierung, 1994, S. 68.

[231] Beispielsweise findet sich das Recht des Betroffenen auf Auskunft über seine gespeicherten Daten zwar in allen Gesetzen, seine Ausgestaltung variiert jedoch: So wurde das Erteilen der Auskunft im britischen DPA 1984 von einem schriftlichen Antrag des Betroffenen beim Datenverarbeiter abhängig gemacht, der überdies auch gewissen formellen Anforderungen genügen musste, Ellger, Grenzüberschreitender Datenverkehr, 1990, S. 389.

[232] Sec. 3 (1) (a) DPA 1984. Zu den unterschiedlichen Kontrollmodellen siehe Simitis, U.Penn. L.R. 135 (1987) 707 (742ff.).

konnte. Dabei waren die Datenverarbeiter zur Sorgfalt und zur Einhaltung von Sicherheitsmaßnahmen zum Schutz der Daten verpflichtet.[233]

II) Die nationalen Haftungsnormen in Großbritannien und Deutschland

Ein ausführlicherer Blick soll nun den britischen und deutschen Haftungsregelungen gewidmet werden, die vor dem Erlass der Richtlinie vorhanden waren.

1) Großbritannien – Sec. 22 und 23 DPA 1984[234]

In Großbritannien sahen die Sec. 22 und 23 des DPA 1984 eine Haftung des Datenverarbeiters (*data user*) für Schäden vor, die entweder gem. Sec. 22 DPA 1984 auf der Ungenauigkeit der Daten (*inaccuracy*) oder gem. Sec. 23 DPA 1984 auf dem Verlust oder der unbefugten Mitteilung der Daten beruhten.[235] Anspruchssteller konnten dabei nur natürliche Personen sein, deren personenbezogene Daten Gegenstand einer Datenverarbeitung waren (*data subject*).[236] Personen, denen irrtümlich die personenbezogenen Daten eines anderen zugeordnet wurden und die aus diesem Grund einen Schaden erlitten, waren demnach nicht anspruchsberechtigt.[237] Diesen blieb lediglich die Möglichkeit, Schadensersatz aufgrund von Fahrlässigkeit (*tort of negligence*) nach dem allgemeinen Common Law zu verlangen.

Anspruchsgegner gem. Sec. 22 DPA 1984 war der Datenverarbeiter, den Sec. 1 (5) DPA 1984 als diejenige Person definiert, die Daten im Besitz hatte. Eine Person besaß nach dem DPA 1984 Daten, wenn diese Teil einer Datensammlung waren, die durch oder im Namen dieser Person einer automatischen Verarbeitung unterzogen wurden oder unterzogen werden sollten und wenn diese Person allein oder mit anderen Inhalt und Benutzung der Daten in dieser Sammlung kontrollierte und die Daten in einer Form vorlagen, in der sie automatisch verarbeitet worden waren bzw. werden sollten.[238] Die Definition des Datenverarbeiters macht es deutlich: Der DPA 1984 beschränkte sich in seinem Anwendungsbereich ausschließlich auf die automatische Da-

---

233 Wuermeling, Handelshemmnis Datenschutz, 2000, S. 16.

234 Das Gesetz ist abgedruckt bei Sterling, Data Protection, 1985 S. 259ff.

235 Sec. 22 (1) DPA 1984 lautete: *An individual who is the subject of personal data held by a data user and who suffers damage by reason of the inaccuracy of the data shall be entitled to compensation from the data user for that damage and for any distress which the individual has suffered by reason of the inaccuracy.*
Sec. 23 (1) DPA 1984 lautete: *An individual who is the subject of personal data held by a data user or in respect of which services are provided by a person carrying on a computer bureau and who suffers damage by reason of (a) the loss of the data; (b) the destruction of the data without the authority of the data user or, as the case may be, of the person carrying on the bureau; or (c) (...) the disclosure of the data, or access having been obtained to the data, without such authority as aforesaid, shall be entitled to compensation from th data user (...) and for any distress which the individual has suffered by reason of the loss, destruction, disclosure or access."*

236 Vgl. Sec. 1 (4) DPA 1984. Im weiteren wird der Anspruchsberechtigte auch als Betroffener bezeichnet.

237 Encyclopedia of Data Protection, 2001, Band 1 Teil 1 Rn. 1-247.

238 Sec. 1 (5) lit. a-c DPA 1984. Das Fehlen eines Ersatzanspruches gegen Dritte, die ungenaue oder irreführende Daten dem Datenverarbeiter zur Verfügung stellen, kritisieren Sizer/Newman, Data Protection Act, 1984, S. 116, die darin eine große Missbrauchsgefahr insbesondere für den journalistischen Bereich sehen, im dem es üblich ist, personenbezogene Daten von Dritten zu erhalten.

tenverarbeitung, da man in dieser die größten Gefahren für den Schutz personenbezogener Daten sah.[239]

Sec. 23 DPA 1984 erweiterte den Kreis der Anspruchsgegner um die sog. datenverarbeitenden Agenturen – die *computer bureaus*[240].

Dies ist darauf zurückzuführen, dass Sec. 23 DPA 1984 der Gewährleistung des 8. Datenschutzprinzips[241] diente, das die Einhaltung angemessener Sicherheitsvorkehrungen gegen den unbefugten Zugang, die unbefugte Änderung, Mitteilung und Zerstörung, aber auch den Schutz vor einem den Verlust der Daten verlangte und damit für Datenverarbeiter *computer bureaus* gleichermaßen galt.[242]

a) *Statutory Tort* oder *Breach of Statutory Duty*

Sec. 22 und 23 DPA 1984 sahen also die Haftung für Verstöße gegen bestimmte Normen des DPA 1984 vor. Die Ersatzpflicht für eine solche Verletzung gesetzlich angeordneter Pflichten wird im englischen Recht uneinheitlich gehandhabt. So wird im Rahmen des Torts *Breach of Statutory Duty*[243] dem Geschädigten ein Ausgleich für erlittene Schäden gewährt, vorausgesetzt, die Verletzung der Norm sollte nach dem Willen des Gesetzgebers eine Ersatzpflicht begründen. Dies erfordert weiterhin, dass der Geschädigte zum Kreis der Anspruchsberechtigten und der Schädiger zum Kreis der zum Ersatz Verpflichteten gehört.[244] Anspruchsgrundlage ist also die verletzte Norm selbst, da sie dem Geschädigten das Recht verleiht, die Einhaltung der in ihr statuierten Pflicht zu verlangen. Die Einzelheiten des Ersatzanspruches im Falle ihrer

---

[239] Hoey, Computer Law & Practice, Vol. 11 No. 5, 1995, 126 (127).

[240] Das *computer bureau* stellt anderen Dienste hinsichtlich der Verarbeitung personenbezogener Daten zur Verfügung, Sec. 1 (6) DPA 1984, so z. B. in dem es im Auftrag von Personen, die sich im Besitz von personenbezogenen Daten befinden, diese einer automatischen Verarbeitung zuführt oder diesen die automatische Verarbeitung der Daten ermöglicht. Dies muss nicht zwingend kommerziell erfolgen, Elbra, Implications of the Data Protection Act, 1985, S. 18.

[241] Kernstück des DPA 1984 waren die Datenschutzprinzipien (*data protection principles*), in denen in enger Anlehnung an die Datenschutzkonvention die Grundlagen einer zulässigen Datenverarbeitungen normiert wurden, Niblett, Data Protection, 1984, S. 8. Zu ihnen gehörten neben dem Grundsatz der Genauigkeit der Daten, das Gebot der fairen und rechtmäßigen Erhebung und Verarbeitung der Daten, der Grundsatz der rechtmäßigen und ausreichend spezifizierten Zwecke der Datenverarbeitung, die Bindung der Daten an die für sie vorgesehenen Zwecke sowie das Recht des Einzelnen auf Zugang zu den über ihn gespeicherten Daten

[242] Encyclopedia of Data Protection, 2001, Band 1 Teil 1 Rn. 1 – 036; Niblett, Data Protection Act, 1984, S. 60.

[243] Ein Tort ist einer der vielen Deliktstatbestände nach denen im Common Law eine Schadensersatzpflicht begründet wird. Jeder einzelne Tort hat spezifische Tatbestandsvoraussetzungen, die das schadensverursachende Verhalten erfüllen muss, um eine Ersatzpflicht auszulösen. Auch wenn es immer wieder Bemühungen in der englischen Literatur gibt, die nicht von einem *Law of Torts,* sondern von einem *Law of Tort* sprechen wollen, ist es nach wie vor - vor allen Dingen in der maßgebenden Rechtsprechung – die überwiegende Auffassung, von einer Mehrzahl einzelner Deliktstatbestände auszugehen. Zur Entstehung eines Tort siehe Howarth, On Tort, 1995, S. 2f. Für ein Law of Tort vgl. Oliphant in: Grubb, Law of Tort, 2002, S. 7, der allerdings im selben Satz davon spricht, dass dieses *Law of Tort* zum gegenwärtigen Zeitpunkt aus einer Reihe von benannten Torts besteht, deren gemeinsame Basis noch der genauen Analyse bedarf.

[244] Harpwood in: Grubb (Hrsg.), Law of Tort, 2002, S. 664.

Verletzung regelt jedoch das Common Law.[245] Dies hat zur Folge, dass die allgemeinen Grundsätze des *Tort Law*, z. B. zur Kausalität, Anwendung finden.[246]

Überwiegend findet sich der gesetzgeberische Wille, einen Ersatzanspruch für Verstöße gegen die Norm zu gewähren, nicht ausdrücklich im Gesetz, so dass er mittels Auslegung der Norm zu ermitteln ist.[247] Sec. 22 und 23 DPA 1984 bestimmten jedoch ausdrücklich, dass der Betroffene im Falle eines Verstoßes gegen bestimmte Normen des DPA 1984 vom Datenverarbeiter Ersatz verlangen konnte, so dass eine Auslegung diesbezüglich nicht erforderlich war. Mit dieser expliziten Regelung rückten die beiden Normen in die Nähe solcher gesetzlichen Regelungen, deren ausschließlicher Zweck es ist, eine Ersatzpflicht zu begründen und hierbei die bisherigen Ansprüche des Common Law zu modifizieren, so dass sich ein Rückgriff auf die allgemeinen Grundsätze des Tort Law verbietet – die sog. *statutory torts.*[248]

Eine spezifische Haftung für Datenschutzverstöße gab es bis zum Erlass des DPA 1984 jedoch nicht. Schadensersatz konnte vielmehr im Rahmen des Torts *negligence* verlangt werden, wenn in dem Verstoß die Verletzung einer dem Betroffenen gegenüber bestehenden Sorgfaltspflicht (*duty of care*) des Schädigers lag.[249] Dieser war auch weiterhin neben dem Anspruch aus Sec. 22 und 23 DPA 1984 anwendbar,[250] so dass es sich bei diesen wohl nicht um *Statutory Torts* handelte, die einen Rückgriff auf das Tort Law ausschlossen.[251]

b) Die Haftung für ungenaue Daten gem. Sec. 22 DPA 1984

Nach Sec. 22 (4) DPA 1984 waren die Daten ungenau, wenn sie entweder falsch oder irreführend (*misleading*) im Hinblick auf eine Tatsache waren, nicht jedoch im Hin-

---

245 London Passenger Transport Board v Upson [1949] A.C. 155 (168) durch Lord Wright.

246 Harpwood in: Grubb (Hrsg.), Law of Tort, 2002, S. 679; McBride/Bagshaw, Tort Law, 2001, S. 9.

247 Dies bildet zumeist den schwierigsten Teil der Prüfung, da der Gesetzgeber häufig genug die Frage einer Haftung nicht erörtert hat, Street, On Torts, 1999, S. 419. Dies hat auch zu der Kritik am Institut des *breach of statutory duty* geführt, hier werde künstlich ein nicht bestehender Wille des Gesetzgebers ausgelegt, vgl. die Ausführungen von Buckley, (1984) 100 LQR 204 (207).

248 Beispielhaft zu nennen sind die *Occupier's Liability Acts* 1957 und 1984, die auf der Basis von Empfehlungen der Law Commission erlassen wurden, um Probleme der bisherigen Rechtslage im Common Law zu beheben, Street, On Torts, 1999, S. 305. McBride/Bagshaw, Tort Law, 2001, S. 10 wiederum sehen in einem Verstoß gegen den *Occupier's Liability Act* 1957 einen *breach of statutory duty*.

249 Niblett, Data Protection, 1984, S. 3. Die Vorrausetzungen für eine Haftung aus *negligence* sind erfüllt, wenn der Schädiger eine gegenüber dem Geschädigten bestehende Pflicht zur Sorgfalt verletzt hat (*breach of duty of care*) und diese Verletzung für den Eintritt des Schadens beim Geschädigten kausal war (*damage, causation*), Street, On Torts, 1999, S. 171.

250 In dem Verfahren Swinney and Another v. Chief Constable of Northumbria, QBD, The Times vom 25.05.1999 forderten die Kläger sowohl Schadensersatz gem. Sec. 23 DPA 1984 als auch aus *negligence*. Keinesfalls jedoch ist der *breach of statutory duty* eine besondere Form von *negligence*, auch wenn sich im Einzelfall eine Haftung aus beiden Instituten ergibt, vgl. die Anmerkungen von Markesinis/Deakin, Tort Law, 2003, S. 360f.

251 Eine klare und allgemeingültige Trennung zwischen diesen beiden Haftungsinstituten lässt sich nicht erkennen. So wird z. B. auch die Haftung aus dem *Nuclear Installations Act* einerseits als Beispiel für den *breach of statutory duty* genannt, vgl. Clerk & Lindsell, On Torts, 2000, S. 603, andererseits als *statutory tort* qualifiziert, so Harpwood in: Grubb (Hrsg.), Law of Tort, 2002, S. 663.

blick auf eine bloße Meinungsäußerung.[252] Mit dem Kriterium der Irreführung wollte man auch solche Angaben erfassen, die für sich genommen den tatsächlichen Sachverhalt zwar richtig darstellten, aufgrund des Kontextes ihrer Wiedergabe jedoch missverstanden werden konnten und dadurch Schaden verursachten.[253]

(1) Der Haftungsausschluss für bestimmte Datenkategorien

Überdies musste es sich um Daten handeln, die nicht unter eine der Ausnahmebestimmungen des Kapitels IV des DPA 1984 fielen.[254] Von der Haftung ausgenommen waren z.B. Daten, die gem. Sec. 32 DPA 1984 der Gehaltsabrechnung oder der Buchführung dienten oder gem. Sec. 34 (1) DPA 1984 Informationen enthielten, die per Gesetz der Öffentlichkeit zugänglich gemacht wurden, sowie Daten, die gem. Sec. 33 DPA 1984 ausschließlich der Regelung persönlicher, familiärer oder häuslicher Angelegenheiten sowie dem bloßen Zeitvertreib dienten. Bei allen anderen Daten hingegen kam grundsätzlich eine Haftung in Betracht, selbst dann, wenn ihre Verarbeitung nicht wie vorgeschrieben beim *Data Protection Registrar* angemeldet war.[255]

(2) Keine Ersatzpflicht im Falle des *received status*

Eine weitere Ausnahme von der Haftung aufgrund der Ungenauigkeit von Daten sah Sec. 22 DPA 1984 in Absatz 2 vor: den sog. *received status.*[256] Nach diesem kam eine Haftung nicht in Betracht, obwohl die Daten ungenau im Sinne des DPA 1984 waren, wenn die gespeicherten Daten die Informationen so wiedergaben, wie sie von dem Betroffenen oder einem Dritten empfangen worden waren. Dies war allerdings nur dann der Fall, wenn die Daten zu erkennen gaben, dass die in ihnen enthaltene Information vom Betroffenen oder einem Dritten erhalten worden war. Die Daten mussten also als „so empfangen" gekennzeichnet werden. Welche Anforderungen diese Kennzeichnung erfüllen musste, um den Datenverarbeiter in den Genuss des *received status* kommen zu lassen, regelte das Gesetz jedoch nicht. Dies war also dem Datenverarbeiter über-

---

[252] Evans/Korn, How to comply with, 1986, S. 43.

[253] Vgl. das Beispiel in der Encyclopedia of Data Protection, 2001, Band 1, Teil 1, Rn. 1-248, in der ein Betroffener, der noch nie zahlungsunfähig war, in einer Liste erwähnt wird, die mit "Personen, die sich *gegenwärtig* nicht in einem Insolvenzverfahren befinden" überschrieben ist (Hervorhebungen durch Verf.).

[254] Diese Ausnahmeregelungen, die für bestimmte Daten die Geltung so bedeutender Datenschutzprinzipien wie das Recht auf Zugang bzw. Kenntnis der gespeicherten Daten ausschlossen, beruhten auf den von der Datenschutzkonvention des Europarates eingeräumten Möglichkeiten zu Ausnahmeregelungen, Niblett, Data Protection Act, 1984, S. 12f.

[255] Data Protection Registrar's Guidelines, Guidline 5 – The Individual Rights, Third Series 1994, Rn. 3.7. Grundsätzlich mussten nach dem DPA 1984 alle automatisierten Datenverarbeitungen gem. Sec. 4 DPA 1984 beim *Data Protection Registrar* registriert werden. Diese stellte das primäre Instrument des DPA 1984 dar, mit dem die Einhaltung der Verarbeitungsanforderungen (*data protection principles*) kontrolliert werden sollte, Niblett, Data Protection, 1984, S. 11.

[256] Evans/Korn, How to comply with, 1986, S. 44; Encyclopedia of Data Protection, 2001, Band 1, Teil 1 Rn. 1-249. Zum Teil wird in der Literatur diese Regelung als ein sog. *statutory defence* eingeordnet, den der Beklagte im Prozess zu seiner Verteidigung vorbringen muss, vgl. Evans/Korn, How to comply with, 1986, S. 44. Gegen diese Einordnung spricht allerdings, dass das Gesetz ein entsprechendes Vorbringen des Beklagten ausdrücklich nicht verlangt. Dies ist jedoch Kennzeichen eines *defence*, Winfield & Jolowicz, On Tort, 1998, S. 844.

lassen, der daher das Risiko trug, dass die von ihm gewählte Kennzeichnung dem Gericht für einen Haftungsausschluss nach Sec. 22 (2) DPA 1984 nicht ausreichen würde.

Der *Data Protection Registrar*, der gem. Sec. 36 DPA 1984 für die Kontrolle und Förderung der Einhaltung der Datenschutzregelungen durch die Datenverarbeiter zuständig war,[257] publizierte regelmäßig Richtlinien über die Interpretation und praktische Anwendung des Datenschutzgesetzes, in denen er anmerkte, dass alle Daten und Informationen, die auf einem Bildschirm erscheinen oder ausgedruckt würden, mit einem entsprechenden Hinweis versehen sein müssten.[258] Wie ausführlich dieser Hinweis zu sein hatte, darüber findet sich keine Erläuterung. Die bloße Kennzeichnung durch ein „R“ für *received* (erhalten) wurde allerdings für nicht ausreichend erachtet, es sei denn, die Bedeutung dieser Kennzeichnung würde an anderer, sichtbarer Stelle für die auskunftssuchenden Personen erläutert.[259]

Sollte der Betroffene dem Datenverarbeiter mitgeteilt haben, dass er die in den Daten enthaltene Information für falsch oder irreführend hielt,[260] war die Haftung nur ausgeschlossen, wenn die Daten gem. Sec. 22 (2) lit. b DPA 1984 weiterhin einen entsprechenden Hinweis auf diese Mitteilung des Betroffenen enthielten. Die Information durfte den Daten also nur in einer Form entnommen oder übermittelt werden, die eine entsprechende Kennzeichnung mit dieser Mitteilung des Betroffenen einschloss. Diese Regelung setzte implizit voraus, dass der Betroffene Kenntnis von dem Datenverarbeiter und den von diesem gespeicherten Daten hatte. Hiervon ist aber nur auszugehen, wenn der Datenverarbeiter die Daten direkt beim Betroffenen erhebt und dies im Übrigen auch nicht heimlich tut.

In allen anderen Fällen hat der Betroffene regelmäßig von einer Speicherung seiner Daten lediglich Kenntnis, wenn der Datenverarbeiter ihn über die Speicherung informiert. Eine Vorschrift über eine dahingehende Pflicht des Datenverarbeiters sucht man im DPA 1984 allerdings vergebens. Die praktische Bedeutung des Sec. 22 (2) lit. b DPA 1984 war daher zweifelhaft.[261]

---

[257] Zu seinen weiteren Pflichten gehörte die Verfolgung von Beschwerden, die Förderung der Selbstregulierung privater Datenverarbeiter sowie die Vorlage eines jährlichen Datenschutzberichtes im Unter- und Oberhaus (*Annual Report*) vgl. Sec. 36 DPA 1984.

[258] Data Protection Registrar's Guidelines, Guideline 5 –The Indidvidual Rights, 1994, Rn. 3.6.

[259] Encyclopedia of Data Protection, 2001, Band 1, Teil 1, Rn. 1-250.

[260] Der DPA 1984 differenzierte zwischen den Begriffen der Information und der Daten. Gemäß Sec. 1 (2) waren Daten lediglich solche Informationen, die in einer Form aufgezeichnet waren, die eine automatische Verarbeitung ermöglichte. Mit dieser Definition sollten also solche Angaben von der Anwendung des DPA 1984 ausgeschlossen werden, die manuell, z.B. in Akten, verarbeitet wurden.

[261] Sizer/Newman, Data Protection Act, 1984, S. 116, die kritisierten, dass es sich bei dem Sec. 22 (3) DPA 1984 um eine „Nachereignis“-Regelung (*after the event*) handelt. Sie forderten daher eine Informationspflicht des Datenverarbeiters, die vor der eigentlichen Speicherung der ungenauen Daten einsetzt, ebenda.

c) Verschulden des Datenverarbeiters

Auch wenn die Haftung für einen Gesetzesverstoß im Regelfall verschuldensunabhängig ausgestaltet ist,[262] gilt dies nicht für jene aus Sec. 22 DPA 1984. Gemäß Sec. 22 (3) DPA 1984 kam eine Haftung nicht in Betracht, wenn der Datenverarbeiter nachweisen konnte, dass er mit der unter allen Umständen nach angemessenen Sorgfalt (*reasonable care*[263]) gehandelt hatte, um die Genauigkeit der Daten zu gewährleisten bzw. den Verlust, die Zerstörung oder den unbefugten Zugang zu den Daten zu verhindern. Welchen Umfang und Inhalt diese angemessene Sorgfalt hatte, unterlag vollumfänglich der richterlichen Würdigung und Beurteilung, die in ex post-Perspektive vorgenommen wurde.[264] Angesichts fehlender Rechtsprechung zu der Frage des einzuhaltenden Sorgfaltsmaßstabes kann hier nur auf vergleichbare Regelungen in anderen Bereichen zurückgegriffen werden.

(1) Der Sorgfaltsmaßstab vergleichbarer Normen

So gibt es im Bereich der Arbeitssicherheit eine Reihe von Vorschriften, deren Einhaltung erforderlich ist, soweit dies entweder vernünftigerweise praktikabel (*reasonably practicable*).[265] Die Beurteilung dessen, was vernünftigerweise praktikabel ist, richtet sich dabei nach dem Verhältnis zwischen erforderlichem Aufwand zur Schadensvermeidung und dem Risiko eines Schadens.[266] Der Grad der hier geforderten Sorgfalt wird allgemein zwischen demjenigen eines gewöhnlichen *negligence*-Anspruches und einer verschuldensunabhängigen Haftung angesiedelt.[267] Berücksichtigt man, dass in Sec. 22 (3) DPA 1984 die „unter allen Umständen angemessene“ Sorgfalt eingehalten sein musste, verlangte dieser ein noch höheres Maß an Sorgfalt, da die Praktikabilität der notwendigen Maßnahme nicht berücksichtigt wurde.

Allerdings ist nicht anzunehmen, dass die Rechtsprechung vom Datenverarbeiter verlangt hätte, Vorkehrungen gegen jeden schadensträchtigen Umstand zu treffen. Vielmehr wären nur solche Schritte erforderlich gewesen, deren Einhaltung dem Datenverarbeiter angesichts der ihm zur Verfügung stehenden Ressourcen tatsächlich möglich gewesen wären.[268]

Entscheidend für den Umfang der Sorgfaltspflicht gem. Sec. 22 (3) DPA 1984 war überdies die Bestimmung des Zeitpunktes, zu dem die angemessene Sorgfalt angewandt worden sein musste. Das Gesetz definierte diesen Zeitpunkt nicht. In Betracht

---

262 Markesinis/Deakin, Tort Law, 2003, S. 360; differenziert Clerk & Lindsell, On Torts, 2000, S. 627f.

263 Ellger, Grenzüberschreitender Datenverkehr, 1990, S. 389.

264 Evans/Korn, How to comply with, 1986, S. 44.

265 Sec. 16 *Offices, Shops and Railway Premises Act* 1963 oder Sec. 31 (1) *Factories Act* 1961.

266 Harpwood in: Grubb (Hrsg.), Law of Tort, 2002, S. 676.

267 Harpwood in Grubb (Hrsg.), Law of Tort, 2002, S. 675.

268 Vgl. die Erläuterungen zum Sorgfaltsmaßstab von Harpwood in: Grubb (Hrsg.), Law of Tort, 2002, S. 678 unter Berufung auf die Entscheidung des House of Lords zum Verteidigungseinwand der Straßenbehörde nach Sec. 58 *Highways Act* 1980 in Goodes v East Sussex County Council [2000] 1 W.L.R. 1356 (1365). Nach Sec. 58 *Highways Act* 1980 ist die Straßenbehörde von ihrer Haftung befreit, wenn sie nachweist, dass sie die Sorgfalt angewandt hat, die unter allen Umständen vernünftigerweise gerechtfertigt ist (*in all circumstances reasonably justified*).

kam zum einen der Zeitpunkt der Erhebung bzw. Speicherung der Daten, zum anderen der Zeitpunkt des Schadenseintritts. Da sich die Haftung wegen der Ungenauigkeit der Daten an dem Datenschutzgrundsatz der Genauigkeit der Daten orientierte,[269] demzufolge die Daten, soweit erforderlich, stets auf dem neuesten Stand zu sein hatten, bestand die Pflicht des Datenverarbeiters zur Gewährleistung der Genauigkeit der Daten während der gesamten Speicherungsdauer. Es ist daher davon auszugehen, dass es sich bei dem maßgeblichen Zeitpunkt zur Bestimmung der Sorgfaltspflicht um den Zeitpunkt des Schadenseintrittes handelte und nicht um den einmaligen Vorgang der Erhebung bzw. Speicherung der Daten, zumal nur dies der gebotenen kontinuierlichen Prüfungspflicht des Datenverarbeiters entsprach.[270] Wollte man also als Datenverarbeiter in den Genuss dieses *statutory defence*[271] kommen, war man gehalten, die gespeicherten Daten regelmäßig auf ihre Genauigkeit im Sinne des Sec. 22 DPA 1984 zu überprüfen.[272]

Im Gegensatz zum *received status* war die Berufung auf die Einhaltung der erforderlichen Sorgfalt gem. Sec. 22 (3) DPA 1984 mit einem höheren Aufwand für den Datenverarbeiter verbunden. Diesem konnte man entgehen, wenn man als Datenverarbeiter konsequent das Kennzeichnungsgebot umsetzte.

(2) Das Verhältnis von Sec. 22 (3) DPA 1984 zum *received status*

Betrachtet man die Regelung des *received status* unter dem Gesichtspunkt der vom Datenverarbeiter einzuhaltenden Sorgfaltspflicht, so wird deutlich, dass es sich bei ihm letztlich um eine Modifikation des Sorgfaltsmaßstabes handelte. So konnte die dem Datenverarbeiter auferlegte Sorgfaltspflicht zur Einhaltung der Genauigkeit der Daten nicht weiter gehen als die Sorgfalt, die der Betroffene selber im Umgang mit seinen Daten anwendete. Für die Ungenauigkeit der Daten, für die der Betroffene selber verantwortlich war, sollte der Datenverarbeiter ja nicht haften. Somit war der Datenverarbeiter auch nicht verpflichtet, die erhaltenen Informationen auf Genauigkeit hin zu überprüfen und gegebenenfalls zu korrigieren, wenn er besagtes Kennzeichnungsgebot einhielt. Auch im Falle der Mitteilung durch den Betroffenen, dass er die Daten für falsch oder irreführend halte, modifizierte das Kennzeichnungsgebot die Sorgfaltspflicht des Datenverarbeiters: Machte er die vom Betroffenen reklamierten Daten

[269] Grundsatz 5, siehe Sec. 2 DPA 1984 i.V.m. Teil 1 der Anlage 1 zum DPA 1984.

[270] Encyclopedia of Data Protection, 2001, Band 1, Teil 1, Rn. 1-252; ohne nähere Begründung auch Evans/Korn, How to comply with, 1986, S. 44. Mangels bestehender bzw. bekannt gewordener Entscheidungen zu einem Schadensersatzanspruch nach dem DPA 1984, die sich mit der Frage des Zeitpunktes in Sec. 22 (3) DPA beschäftigten, muss es bei dieser letztlich nicht gesicherten Aussage bleiben.

[271] Anders als im Falle des *received status* musste sich der Datenverarbeiter auf sein fehlendes Verschulden im Prozess berufen, da ihm gem. Sec. 22 (3) DPA 1984 der Nachweis oblag.

[272] In der Literatur wurde die Vermutung geäußert, dass sich die Datenverarbeiter eher auf dieses Verteidigungsvorbringen stützen würden, da es gegenüber der Möglichkeit der Kennzeichnung der Daten gem. Sec. 22 (2) lit. a DPA 1984 als weniger aufwändige Alternative erachtet wurde, Evans/Korn, How to comply with, 1986, S. 44. Zu bedenken ist aber, dass diese Pflicht ein kontinuierliches Tätigwerden des Datenverarbeiters erforderte, während es sich bei der Kennzeichnung der Daten als *received* um einen einmaligen Vorgang handelte, der zudem einen wirkungsvolleren Schutz versprach, da ihre Voraussetzungen nicht der richterlichen Würdigung unterfielen, Encyclopedia of Data Protection, 2001, Band 1, Teil 1, Rn. 1-252.

kenntlich, kam eine Haftung wegen Verletzung der Pflicht zur Genauigkeit nicht mehr in Betracht.[273]

Es ist also festzuhalten, dass das Haftungsrisiko für die Datenverarbeiter gem. Sec. 22 DPA 1984 infolge dieser beiden Ausschlussmöglichkeiten – dem *received status* und dem *statutory defence* – eher gering war, folglich auch die Möglichkeit des Betroffenen, Kompensation für infolge ungenauer Daten erlittener Schäden zu erhalten. Dies lag insbesondere daran, dass der überwiegende Teil der Daten üblicherweise entweder beim Betroffenen selber oder bei einem Dritten erhoben wird, bei Einhaltung des Kennzeichnungsgebotes reduzierte sich das Risiko einer Haftung also erheblich.[274]

Für eine Haftung aus dem Common Law Ersatzanspruch *negligence* besagte dies jedoch gar nichts. Hier kam eine Haftung durchaus noch in Betracht, selbst wenn der *received status* eine gesetzliche Haftung ausschloss.[275] Mit der Statuierung der Pflicht zur angemessenen Sorgfalt gem. Sec. 22 (3) DPA 1984 liegen zwar die Parallelen zu einem Ersatzanspruch aus *negligence* nahe, da für dessen Vorliegen ebenso die Verletzung der Pflicht zur angemessenen Sorgfalt (*breach of duty of reasonable care*) erforderlich ist.[276] Dennoch konnten Inhalt und Umfang der *duty of reasonable care* unter *negligence* ein anderer sein als im Rahmen des Sec. 22 (3) DPA 1984.[277]

Überdies liegt die Beweislast für die Verletzung der angemessenen Sorgfalt durch den Datenverarbeiter beim Geschädigten, was angesichts des meist fehlenden Einblickes in die Verarbeitungsmethoden ein schwieriges Unterfangen darstellt.[278] Im Rahmen des Sec. 22 DPA 1984 hingegen oblag es dem Datenverarbeiters nachzuweisen, dass er die angemessene Sorgfalt angewandt hatte.[279]

d) Die Voraussetzungen einer Haftung gem. Sec. 23 DPA 1984

Wie bereits erwähnt, gab es noch einen weiteren Haftungstatbestand im DPA 1984 – Sec. 23. Hiernach konnte der von einer Datenverarbeitung Betroffene Ersatz des Schadens verlangen, der durch den Verlust, die unbefugte Zerstörung der Daten oder die unbefugte Mitteilung bzw. den unbefugten Zugang zu den Daten verursacht worden war. Anspruchsgegner im Rahmen des Sec. 23 DPA 1984 war jedoch nicht nur der

[273] Allerdings kam der *received status* nicht zur Geltung, wenn die Daten infolge der Speicherung der Daten durch den Datenverarbeiter falsch oder irreführend wurden, z.B. durch einen Tippfehler oder eine falsche Zuordnung, Data Protection Registrar's Guidelines, Guideline 5 – The Individual Rights 1994, Rn. 3.6. Es war daher ratsam für jeden Datenverarbeiter, die eingegebenen Daten mit den erhaltenen Daten sorgfältig abzugleichen.

[274] Encyclopdia of Data Protection, 2001, Band 1, Teil 1, Rn. 1-251.

[275] Encyclopedia of Data Protection, 2001, Band 1, Teil 1, Rn. 1-035.

[276] Encyclopedia of Data Protection, 2001, Band 1, Teil 1 Rn. 1-035.

[277] So könnte die Einhaltung der angemessenen Sorgfalt unter *negligence* die Korrektur der ungenauen Daten erfordern, bevor diese gespeichert werden, Encyclopedia of Data Protection, 2001, Band 1, Teil 1, Rn. 1-035.

[278] Zwar gibt es unter *negligence* die Umkehrung der Beweislast im Falle des *res ipsa loquitur*-Grundsatzes, nach dem ähnlich wie beim prima facie-Grundsatz im deutschen Recht die Verletzung der Sorgfaltspflicht bejaht wird, wenn der gewöhnliche Geschehensablauf diesen Schluss zulässt, Zweigert/Kötz, Rechtsvergleichung, 1996, S. 655. Dieser wird aber angesichts der grundsätzlich fehleranfälligen Software zur Datenverarbeitung wohl kaum zur Anwendung gelangen, Encyclopedia of Data Protection, 2001, Band 1, Teil 1, Rn. 1-035.

[279] Ellger, Grenzüberschreitender Datenverkehr, 1990, S. 389.

Datenverarbeiter, sondern auch das sog. *computer bureau*. Dies setzte allerdings – wie bei Sec. 22 DPA 1984 – voraus, dass die vom Verlust oder der unbefugten Zerstörung betroffenen Daten nicht von der Anwendung des Sec. 23 DPA 1984 ausgenommen waren.

Die Zerstörung, Mitteilung oder der Zugangs zu den Daten war nicht unbefugt, wenn zwar nicht der Betroffene, aber der Datenverarbeiter bzw. das *computer bureau* zugestimmt hatte. Diese aus Sicht des deutschen Rechts auf informationelle Selbstbestimmung unverständliche Regelung beruhte auf der Annahme, dass der Betroffene kein Eigentum an seinen Daten besaß, so dass die Datenverarbeiter in ihrem Umgang mit den personenbezogenen Daten frei waren.[280]

War der Datenverarbeiter registriert, spielten die dabei angegebenen Empfängerkategorien eine maßgebliche Rolle für die Haftung. Konnte nämlich die natürliche oder juristische Person, der die Daten mitgeteilt oder der Zugang zu den Daten gewährt worden war, den dort aufgeführten Empfängerkategorien zugeordnet werden, kam eine Haftung selbst dann nicht in Betracht, wenn der Datenverarbeiter tatsächlich der fraglichen Person keine Befugnis erteilt hatte.[281]

Auf diese Ausschlussregelung konnte sich aber nicht berufen, wer sich als Datenverarbeiter weder registriert noch eine Registrierung angemeldet hatte und auch keine Autorisierung der Mitteilung an Dritte vorgenommen hatte. Umgekehrt beschränkten die Angaben bei der Registrierung den Datenverarbeiter nicht in seiner sonstigen Zustimmungsbefugnis gem. Sec. 23 DPA 1984: Autorisierte der Datenverarbeiter die Mitteilung von Daten an andere als die bei der Registrierung angegebenen Personen, löste dies keine Haftung aus.[282]

Ebenso wie bei der Haftung gem. Sec. 22 DPA 1984 handelte es sich bei Sec. 23 DPA 1984 um eine verschuldensabhängige Haftung. So konnte sich auch hier der Anspruchsgegner exkulpieren, wenn er nachweisen konnte, die angemessene Sorgfalt zur Verhinderung des Verlustes, der Zerstörung oder des unbefugten Zuganges bzw. der unbefugten Mitteilung angewandt zu haben.[283]

---

[280] Dabei mussten sie sich aber in den Grenzen einer zulässigen Verarbeitung gemäß den Datenschutzprinzipien bewegen,, Encyclopedia of Data Protection, Band 1 Teil 1, Rn. 1-257.

[281] Sec. 23 (2) DPA 1984. Dies wird darauf zurückgeführt, dass der Datenverarbeiter ja bereits mit diesen Angaben bei der Registrierung seinen Willen bekundet hat, den entsprechenden Personen die Daten zugänglich zu machen, Niblett, Data Protection Act, 1984, S. 60.

[282] Allerdings konnte der Datenverarbeiter den Tatbestand eines Vergehen gem. Sec. 5 (2) DPA 1984 erfüllen. Gleiches galt für den Fall, dass das *computer bureau* die Mitteilung von Daten an Dritte autorisierte, ohne vorher die nach dem zwischen dem Datenverarbeiter und ihm bestehenden Vertrag notwendige Einwilligung des Datenverarbeiters eingeholt zu haben, Encyclopedia of Data Protection, 2001, Band 1 Teil 1 Rn. 1-036. Unklar war, ob das *computer bureau* in so einem Fall berechtigt war, sich auf die bei der Registrierung des Datenverarbeiters eingetragenen Empfängerkategorien zu berufen. Sollte dies nicht der Fall gewesen sein, hätte dies zu einer gegenüber dem Datenverarbeiter wesentlich umfassenderen Haftung des *computer bureaus* geführt, vgl. Data Protection Registrar's Guidelines, Guideline No.5 – The Individual's Rights, 1994, 4.7. Für die Beurteilung einer Haftung des *computer bureaus* waren letztlich daher die ihm vertraglich vom Datenverarbeiter eingeräumten Befugnisse entscheidend, Data Protection Registrar's Guidelines, Guideline No. 5 – The Individual's Rights, 1994, Rn. 4.3.

[283] Sec. 23 (3) DPA 1984.

e) Der erforderliche Schaden gem. Sec. 22 und 23 DPA 1984

War keine der erläuterten Ausschlussmöglichkeiten einer Haftung einschlägig, musste dem Betroffenen überdies ein Schaden entstanden sein, verursacht durch die Ungenauigkeit der Daten oder durch ihren Verlust bzw. ihre unbefugte Mitteilung. Der Wortlaut der Sec. 22 und 23 DPA 1984 sprach davon, dass der Datenverarbeiter Ersatz für erlittenen *damage* und *distress* leisten sollte. Für *distress* sollte jedoch nur dann Ersatz geleistet werden, wenn dies zusätzlich zu *damage* verursacht worden war.[284] Für das Erleiden von *distress* allein hingegen brauchte kein Ersatz geleistet zu werden.

Ohne die genaue Bedeutung dessen zu kennen, was mit dem Begriff *distress* hier umschrieben wird, wird bereits deutlich, dass nicht für alle Schäden – denn um einen Schaden muss es sich bei *distress* handeln, ansonsten wäre eine derartige Ausnahmeregelung nicht erforderlich – die durch einen Verstoß gem. Sec. 22 oder 23 DPA entstehen konnten, uneingeschränkt Ersatz geleistet werden sollte. Um das genaue Ausmaß dieser Einschränkung erfassen zu können, sind die Begriffe *damage* und *distress* genauer zu bestimmen.
Beide Begriffe waren im Gesetz nicht definiert, so dass zum Teil davon ausgegangen wurde, dass sie entsprechend den Grundsätzen zur Gesetzesauslegung (*statutory interpretation)* ihre gewöhnliche Bedeutung (*ordinary meaning*) trugen.[285]

(1) Die Auslegung der Begriffe *damage* und *distress*

Die Grundsätze der Gesetzesauslegung (*statutory interpretation)*, die zu einem kleinen Teil gesetzlich geregelt sind,[286] überwiegend aber von den Gerichten entwickelt wurden, denen die Aufgabe obliegt, der in dem Gesetz zum Ausdruck kommenden Intention Wirkung zu verleihen,[287] besagen unter anderem, dass dem Wortlaut einer gesetzlichen Bestimmung seine gewöhnliche und natürliche Bedeutung zuzuordnen ist, soweit dies nicht zu Widersprüchen oder Brüchen gegenüber anderen Regelungen des Gesetzes führt.[288] Legt man nun die gewöhnliche Bedeutung (*ordinary meaning*) der beiden Begriffe zu Grunde, meint *damage* jeden Schaden, jede Beeinträchtigung oder jeden Nachteil, unabhängig von der Art des Schadens, wie z. B. gegenständliche Schäden an Sachen, Personen oder am Vermögen.[289] Als *distress* werden verletzte Gefühle, Kummer, Sorgen und Ängste bezeichnet.[290] Nach der gewöhnlichen Bedeutung von *damage* und *distress* war nach den Sec. 22 und 23 DPA 1984 jeder Nachteil bzw. jede Beeinträchtigung zu ersetzen, verletzte Gefühle, erlittene Ängste und Sorgen sowie erlittener Kummer jedoch nur, wenn auch Nachteile anderer Art eingetreten waren.

Keinesfalls sind *damage* und *distress* mit materiellem Schaden und immateriellem Schaden gleichzusetzen. Im englischen Schadensrecht wird nicht nur zwischen *pecuniary loss* (materielle Schäden) und *non-pecuniary loss* (immaterielle Schäden) unter-

---

[284] Niblett, Data Protection, 1984, S. 58.
[285] Encyclopedia of Data Protection, 2001, Band 1 Teil 1, Rn. 1-248.
[286] Z.B. durch den *Interpretation Act* 1978, vgl. Halsbury's Statutes, Band 41, 2000, S. 442.
[287] Halsbury's Statutes, Band 41, 2000, S. 443.
[288] *Nokes v Doncaster Amalgamated Collieries Ltd* [1940] A.C. 1014 (1022) durch Viscount Simon LC; vgl. auch Bennion, Statutory Interpretation, 1997, S. 426f..
[289] Dietl/Lorenz, Wörterbuch für Recht, Wirtschaft und Politik, Teil I, 1990.
[290] Siehe die Übersetzung für *distress* bei Pons-Collins, Großwörterbuch, 1997.

schieden[291], sondern diese werden überdies noch in sog. *heads of damage* – Schadenspositionen – unterteilt. *Distress* stellt dabei lediglich eine Schadensposition unter den immateriellen Schäden dar,[292] für die nach dem gewöhnlichen Wortlaut der Sec. 22 und 23 DPA 1984 also nur eingeschränkt Ersatz zu leisten war. Für alle anderen auch immateriellen Nachteile hingegen wurde uneingeschränkt gehaftet. Insbesondere für Ehrverletzungen, da diese neben emotionalen Beeinträchtigungen bei Datenschutzverstößen ebenfalls nicht selten auftreten.

(2) Der Ersatz von *distress* im Tort Law

Diese sich aus dem Wortlaut ergebende Einschränkung der Ersatzfähigkeit von *distress* entsprach der geltenden Regelung im Common Law. Allerdings gab es zur Übernahme dieser Grundsätze in den DPA 1984 auch ablehnende Stimmen. So sei aus dem Wortlaut der Sec. 22 und 23 DPA 1984, der anstatt der im Common Law üblichen *damages* den Ausdruck *compensation* verwendete, zu schließen, dass das Gesetz den Gerichten freie Hand darüber lassen wolle, ob sie die hergebrachten Prinzipien des Common Law anwenden oder neue Leitlinien entwickeln würden.[293]

Zu bedenken ist aber, dass es sich bei dem Verstoß gegen diese Normen um einen *breach of statutory duty* handelte, dessen Ausgestaltung sich vorwiegend nach dem Tort Law richtet. Für eine vollständige Abkehr von den Prinzipien des Tort Law war also kein Raum.

---

[291] Als materielle Schäden werden, wie im deutschen Recht, solche Beeinträchtigungen bezeichnet, die sich in Geld beziffern lassen, Mullis in: Grubb (Hrsg.), Law of Tort, 2002, S. 187. Diese Trennung beruht jedoch nicht auf einer Unterscheidung nach der Ersatzfähigkeit dieser beiden Schadensarten, sondern auf einem Urteil des Court of Appeal aus dem Jahre 1970, in dem die gesonderte Ausweisung von *pecuniary* und *non-pecuniary loss* angeordnet wurde. Da der Court of Appeal in dieser Entscheidung eine unterschiedliche Verzinsung der materiellen und immateriellen Schäden anordnete, wies er sie getrennt aus, um die mit der Verabschiedung des *Administration of Justice Act* 1969 zu Gesetz gewordene Verzinsung der Schadenssumme transparent zu gestalten, *Jefford v. Gee* [1970] 2 QB 130. In *George v. Pinnock* [1973] 1 W.L.R. 118 wurde dem Kläger zudem das Recht zugestanden zu erfahren, wie der Richter zur endgültigen Schadenssumme gelangt ist. Die bis dahin geltende Regel, dass der Kläger nur dann einen Berufungsgrund hatte, wenn die Gesamtsumme fehlerhaft war, war damit hinfällig. Die Richter sahen sich vielmehr genötigt, genauer zu prüfen, welcher Art der geltend gemachte Schaden war, um ihn korrekt zu verzinsen, Markesinis/Deakin, Tort Law, 2003, S. 813f.

[292] McGregor, On Damages, 2003, S. 56. Immaterielle Schäden im Common Law können in fünf einzelne *heads of damage* eingeteilt werden: Ersatz für infolge einer Körperverletzung erlittene Schmerzen und Leid (*pain and suffering*) sowie für die infolge einer dauerhaften körperlichen Schädigung eingebüßte Lebensfreude (*loss of amenities*), körperliche Unannehmlichkeiten unterhalb der Schwelle zur eigentlichen Schädigung z.B. bei ungerechtfertigter Freiheitsentziehung oder Lärm- und Geruchsbelästigungen (*physical inconvenience*), Verletzungen der Ehre und des sozialen Ansehens bei Diffamierung (*social discredit*) und den Ersatz für verletzte Gefühle, Kummer, Sorgen und Ängste (*mental distress*). So die Einteilung bei McGregor, On Damages, 2003, S. 53ff.

[293] Encyclopedia of Data Protection, 2001, Band 1 Teil 1, Rn. 1-230.

Die Rechtsprechung ist im Übrigen auch eher zögerlich, im Falle eines *breach of statutory duty* die Ersatzfähigkeit von generell im Tort Law nicht zu kompensierender Schäden auszuweiten.[294] Dies gilt insbesondere für den Ersatz immaterieller Schäden, die – wie im Falle eines Datenschutzverstoßes – durch die Verletzung der Privatsphäre verursacht wurden, einem bislang in Großbritannien nicht anerkannten Recht.[295] Diesem *Status quo* des Common Law, der nun im Folgenden dargestellt werden soll, hat sich der Gesetzgeber mithin für Sec. 22 und 23 DPA 1984 angeschlossen.[296]

(a) Der Grundsatz: Ersatz von *distress* neben weiteren Schäden

Folgerichtig zeigt sich die Rechtsprechung daher gegenüber Ersatzansprüchen aufgrund von verletzten Gefühlen vergleichsweise großzügig, wenn diese neben materiellen Schäden verursacht worden sind oder ein Deliktstatbestand geltend gemacht wird, für den der Nachweis eines Schadens nicht geführt zu werden braucht (*actionable per se*).[297] So wurde Ersatz für erlittene emotionale Beeinträchtigungen gewährt bei Ehrverletzungen im Rahmen von *defamation*[298] und bei *assault*, wenn die körperliche Integrität verletzt wurde.[299] Aber auch für die infolge einer rechtswidrigen Räumung durch den Vermieter erlittenen Ängste und Sorgen wurde bereits in mehreren Entscheidungen eine Entschädigung zuerkannt.[300] Hier wurde der Anspruch auf *trespass to land* gegründet, einem Delikt, das vorrangig dem Schutz des rechtmäßigen Besitzes gilt.[301] All diesen Torts ist gemeinsam, dass sie *actionable per se* sind und dem Schutz

---

[294] *Peabody Donation Fund (Governors) v Sir Lindsay Parkinson Ltd.* [1984] 3 W.L.R. 953 (961) durch Lord Keith of Kinkel. Hier sollte die betreffende gesetzliche Bestimmung – eine Bauvorschrift – dem Schutz und der Sicherheit der Hausbewohner gelten und den Bauherrn nicht vor dem Eintritt finanzieller Schäden schützen. Ähnlich *Cutler v Wandsworth Stadium Ltd.* [1949] A.C. 398 (409) durch Lord Simonds und (417) durch Lord Reid: Hier wurde es abgelehnt dem betreffenden Gesetz – dem *Betting and Lotteries Act 1934* – neben den ausdrücklich geregelten Strafvorschriften im Wege der Auslegung auch ein Recht des Einzelnen auf Schadensersatz zu entnehmen.

[295] *Pickering v Liverpool Daily Post and Echo Newspaper Ltd.* [1991] 2 W.L.R. 513 (522-524). Hier verlangte der Kläger, der psychisch krank war, die Unterlassung der unter Verstoß gegen die Mental Health Tribunal Rules erfolgte Veröffentlichung von Angaben, die sein von ihm betriebenes Entlassungsverfahren betrafen. Dies wurde vom House of Lords abgelehnt, da eine solche Unterlassungsverfügung nur dann möglich sei, wenn dem Kläger ein Anspruch auf Ersatz seiner infolge des *breach of statutory duty* erlittenen Schäden zustünde. Der Ersatz für die Verletzung der Privatsphäre (*privacy*), zu deren Schutz die Öffentlichkeit vom Verfahren vor dem *Mental Health Tribunal* ausgeschlossen wird, stelle keinen anerkennungsfähigen Schaden im Tort Law dar.

[296] Die Erörterung ist auf die schadensrechtlichen Grundsätze im Deliktsrecht beschränkt. Zu den Unterschieden gegenüber dem vertraglichen Schadensrecht, vgl. McGregor, On Damages, 2003, S. 671ff.

[297] Howarth, On Tort, 1995, S. 591; Oliphant in: Grubb (Hrsg.), Law of Tort, 2002, S. 9.

[298] McCarey v. Associated Newspapers [1965] 2 Q.B. 86 (104), C.A. durch Pearson L.J.; Fielding v. Variety Incorporated [1967] 2 Q.B. 841 (855), C.A. durch Salmon L.J.; John v MGN [1996] 3 W.L.R. 593 (607). Bei dem Tort *defamation* ist zwischen verkörperten Ehrverletzungen bzw. solchen in permanenter Form (*libel*) und unverkörperten Ehrverletzungen (*slander*) zu unterscheiden. Der wesentliche Unterschied zwischen diesen beiden Deliktsformen ist, dass bei *slander* von einigen Ausnahmen abgesehen der Nachweis eines konkreten Schadens (*special damage)* erforderlich ist, *libel* hingegen *actionable per se* ist, Howarth, On Tort, 1995, S. 565f.

[299] Lane v. Holloway [1968] 1 Q.B. 379 (387) C.A. durch Lord Denning M.R.

[300] McGregor on Damages, 2003, S. 1162. In den dort erwähnten Entscheidungen wurde Ersatz für die erlittenen psychischen Beeinträchtigungen in Form von *aggravated damages* gewährt.

[301] Winfield & Jolowicz, On Tort, 1998, S. 473.

immaterieller Interessen dienen.[302] In der Praxis wird *trespass* allerdings selten ohne einen tatsächlichen Schaden geltend gemacht[303]

Ersatz für *distress* wird aber auch geleistet, wenn es sich um Torts handelt, bei denen sog. *general damages* gewährt werden, d.h. Ersatz für Schäden, deren Ausmaß aufgrund ihrer Beschaffenheit nur schwer genau beziffert werden kann.[304] Häufigstes Bespiel hierfür ist der Ersatz für erlittenes Leid (*suffering*), das nach Auffassung der *Law Commission* ebenfalls eine Form von *distress* darstellt.[305]

Beispiele für den Ersatz von *distress* neben ebenfalls erlittenen materiellen Schäden finden sich bei *deceit,* einem Tort, der vor Vermögensschäden infolge betrugsähnlicher Verhaltensweisen schützen will.[306] Bei einer Schadensersatzklage aus dem Jahr 2000, die auf dem Tort *malicious falsehood* beruhte, der vor Vermögensschäden infolge bewusst unwahrer Tatsachenbehauptungen schützt, wurde der Klägerin neben dem nachgewiesenen materiellen Schaden auch Ersatz für den erlittenen Gefühlsschaden gewährt.[307] Allerdings wurde der Ersatz in Form von *aggravated damages* gewährt, was gegen die Annahme spricht, dass der Gefühlsschaden stets neben den materiellen Schäden im Rahmen von *malicious falsehood* zu ersetzen sei. Dennoch ist die Entscheidung bemerkenswert, als die Gerichte bis dahin entweder Ersatz des Gefühlsschaden im Rahmen von *malicious falsehood* verneint hatten,[308] oder lediglich de lege ferenda einen Ersatz von Gefühlsschäden in Erwägung zogen.[309]

Überdies haben die Gerichte – wie bereits angedeutet – in besonders gelagerten Fällen die Möglichkeit, neben dem Ersatz für erlittene Schäden sog. *aggravated damages* zu gewähren, die ganz gezielt einen Ausgleich darstellen sollen für die Besorgnis, Empörung oder Aufregung des Geschädigten, die die Art und Weise der Schadenszufügung durch den Schädiger und dessen besondere Motive für sein schädigendes Verhalten ausgelöst haben.[310]

---

302 Giliker, 20 Legal Studies 2000 19 (27).

303 Winfield & Jolowicz, On Tort, 1998, S. 473. So ging es auch in den dort zitierten Entscheidungen um Klagen auf Ersatz für den Verlust der Gebrauchsmöglichkeit des Mietraumes (*mesne profits*), siehe als leading case *Drane v Evangelou* [1978] W.L.R 455, *Asghar v Ahmed* (1984) 17 H.L.R. 25 sowie *McMillan v Singh* (1984) 17 H.L.R. 120.

304 Mullis in Grubb (Hrsg.) Law of Tort, 2002, S. 189 unter Verweis auf *Prehn v Royal Bank of Liverpool* (1870) LR 5 Ex 92. Dass diese überwiegend bei der Verursachung immaterieller Schäden wie *distress* zum Tragen kommen, liegt aufgrund der Unmöglichkeit, diese genau zu beziffern, auf der Hand.

305 LCCP, No. 140, 1995, S. 12. Mit *general damages* sind auch jene Schäden gemeint, deren Eintritt als quasi naturgemäße Folge des verwirklichten Torts eingeordnet wird und von daher vom Kläger auch nicht gesondert geltend gemacht werden muss, um Ersatz zu erhalten, Mullis in: Grubb (Hrsg.), Law of Tort, 2002, S. 189. *General damages* in dieser zweiten Bedeutung und *torts actionable per se* sind daher in ihrer praktischen Bedeutung zwei sehr nah beieinander liegende Rechtsinstitute. Zur Kritik an der Zweideutigkeit der *general damages* vgl. Mc Grgegor, On Damages, 1997, S. 16.

306 *Doyle v. Olby (Ironmongers)* [1969] 2 QB. 158 (170) C.A. durch Winn L.J. Zu den Einzelheiten des Torts selbst siehe Winfield & Jolowicz, On Tort, 1998, S. 354ff.

307 *Khodaparast v Shad* [2000] 1 W.L.R. 618 (630) C.A.durch Stuart-Smith L.J.

308 *Fielding v Variety Incorporated* [1967] 2 QB 841 (850C) durch Lord Denning M.R.

309 *Joyce v Sengupta* [1993] 1 W.L.R. 337 (348 – 349) durch Sir David Nicholls V.-C.

310 "*Additional compensation for the injured feelings of the plaintiff (...)*", Lord Diplock in: *Broome v. Cassell & Co.* [1972] A.C. 1027 (1124); *Mc Carey v Associated Newspapers (No.2)* [1986] 2 QB 86 (107) durch Diplock L.J.; *Campbell v Mirror Group Newspapers* [2002] EMLR Rn. 143 durch Morland J. Vgl. im Übrigen die Erläuterungen von Witzleb, Geldansprüche, 2002, S. 333f.

(b) Die Ausnahme: Der alleinige Ersatz von *distress*

Bislang fehlt eine genaue juristische Einordnung des Begriffes *distress.*[311] Meist findet sich dieser als negative Abgrenzung zu den im Common Law für sich allein ersatzfähigen psychischen Erkrankungen (*psychiatric illness* bzw. *injury*), die zu den Körper – bzw. Gesundheitsschäden gerechnet werden.[312] Bloßes psychisches Leiden ohne von einer physischen Verletzung begleitet zu sein oder sich in einer anerkannten psychischen Erkrankung manifestiert zu haben, sei – so die immer wiederkehrende Argumentation – für einen Schadensersatzanspruch nicht ausreichend.[313]

Die Begründungen für diesen Ausschluss eines Ersatzes sind vielfältig. So sei der Nachweis solcher psychischen Nachteile kaum zu führen, die Gefahr missbräuchlicher Klagen durch Simulanten steige[314] und das Erleiden solcher emotionalen Nachteile, wie z. B. Trauer, sei nicht ersatzfähig, da es sich hierbei um zwangsläufige Zustände im Laufe des Lebens handele, die jede normale Person irgendwann einmal durch den Verlust eines Menschen erleide.[315]

Letztlich sind dies überwiegend vorgeschobene Gründe. Entscheidend ist vielmehr die Besorgnis, eine zu großzügige Handhabung des Ersatzes rein psychischer Schäden

---

[311] Giliker, 20 Legal Studies (2000), 19 (20, 24) unter Hinweis auf die entsprechenden Arbeiten der *Law Commission.* In diesen setzte man sich zwar mit dem Ersatz von immateriellen Schäden auseinander. Für *distress* wurden jedoch lediglich Beispiele aufgezählt, wie z.B. Angst, Besorgnis oder Scham, und diese auch mit dem Leid – *suffering* – infolge einer erlittenen Körperverletzung gleichgestellt wurde, vgl. LCCP, No. 140, 1995, S. 12. Giliker spricht sich überdies für einen weiten *distress*-Begriff aus, der auch Verletzungen der Ehre, Herabsetzungen des Selbstwert-Gefühls sowie Leiden und Schmerzen umfasst, 20 Legal Studies (2000), 19 (20, 23). Danach wären auch die Ehrverletzungen nur eingeschränkt im DPA 1984 zu ersetzen gewesen. Diese Auffassung soll jedoch, trotz ihrer vorzugswürdigen Praktikabilität – so erscheint eine Ehrverletzung ohne verletzte Gefühle kaum denkbar – angesichts der anderslautenden Rechtsprechung dahingestellt bleiben.

[312] Dieses ebenfalls unter dem Begriff des *law of nervous shock* bekannte Rechtsinstitut gewährt unter dem Tort *negligence* Ersatz für ausschließlich erlittene psychische Nachteile, wenn diese sich in einer anerkannten psychischen Erkrankung manifestiert haben und diese ihre (Mit-)Ursache in einem traumatischen Erlebnis bzw. Schock haben, leading case *Hinz v. Berry,* [1970] QB 40 (42-43) durch Lord Denning MR; *Vernon v. Bosley* [1997] P.I.Q.R. 255 (309) durch L.J. Evans für die notwendige Mitursächlichkeit der Schockerfahrung; LCCP, No. 132, S. 11). Überwiegend handelt es sich um Fälle der sog. *Post Traumatic Stress Disorder* (Posttraumatisches Stress-Syndrom), Mullany/Handford, Psychiatric Damage, 1993, S. 33, die in Großbritannien insbesondere in der Folge des Unglückes im Fußballstadion von Hillsborough von 1990, bei dem die Opfer vielfach unter den Augen ihrer Angehörigen starben oder schwer verletzt wurden, zu einer Reihe aufsehenerregender Prozesse führten, vgl. *Alcock v. Chief Constable of South Yorkshire Police* [1992] 1 A.C. 310 und *White v. Chief Constable of South Yorkshire Police* [1999] 1 All ER 1, beides House of Lords.

[313] *Alcock v. Chief Constable of South Yorkshire Police* [1992] 1 A.C. 310 (401) durch Lord Ackner. Anders allerdings, wenn ein Vertrag zwischen Geschädigtem und Schädiger besteht. Hier wird Schadensersatz für ausschließlich erlittenen *distress* gewährt, wenn der zugrunde liegende Vertrag gerade den Zweck hatte, dem Geschädigten Vergnügen bzw. Annehmlichkeiten zu bereiten, sog. *consumer surplus*, vgl. den Überblick bei Daniels, Law Society's Gazette 98 (2001) S. 44 ff.

[314] So der Inhalt eines der durch die Law Commission zusammengetragenen Argumente, LCCP, No. 137, 1995, S. 51ff. Ein eher gegensätzliches Argument war das der *compensation neurosis*, nämlich die Befürchtung, die Belastungen eines Prozesses würden den Gesundungsprozess behindern bzw. gefährden, *White v Chief Constable of South Yorkshire* [1998] 3 W.L.R. 1509 (1541) durch Lord Steyn.

[315] *McLoughlin v O'Brien* [1983] 1 A.C. 410 (431) durch Lord Bridge.

könnte zu einer Welle von Schadensersatzklagen und damit zu einer uferlosen Haftung des Schädigers führen (*floodgate argument*).[316]

Ähnliche Bedenken waren es wohl auch, die im DPA 1984 dazu führten, den Ersatz für erlittenen *distress* lediglich als ergänzenden Anspruch neben dem Ersatzanspruch für sonstige Nachteile auszugestalten.[317]

(3) Die Ersatzfähigkeit von Vermögensschäden im DPA 1984

Da Vermögensschäden neben immateriellen Nachteilen die häufigsten Beeinträchtigungen im Falle einer unzulässigen Datenverarbeitung darstellen, stellt sich die Frage nach ihrer Ersatzfähigkeit gem. Sec. 22 und 23 DPA 1984.

Nach Auffassung des *Data Protection Registrar's* umfasste *damage* auch finanzielle Verluste.[318] Ebenso wären nach dem umfassenden Wortlaut der Sec. 22 und 23 DPA diese zu ersetzen gewesen. Allerdings sind auch hier die Grundsätze des Tort Law zum Ersatz von Vermögensschäden zu berücksichtigen.

(a) Der Umgang mit Vermögensschäden im Tort Law

Grundsätzlich ist der Ersatz von Vermögensschäden bei einer Haftung aus Tort ebenfalls beschränkt. So gilt zunächst der Grundsatz, dass im Deliktsrecht ein Ausgleich für erlittene Vermögensschäden nur gewährt wird, wenn diese unmittelbar aus einem physischen Verlust, wie der Beschädigung einer Sache oder einer Verletzung des Körpers, resultieren.[319] Ausnahmsweise ist auch in einigen Torts, welche die Integrität der Person schützen, Ersatz für Vermögensschäden zu leisten.[320]

Stellen die finanziellen Schäden hingegen die ausschließliche Beeinträchtigung (*pure economic loss*) dar, ist zu unterscheiden zwischen Vermögensschäden, die auf der Verletzung wirtschaftlicher Interessen beruhen oder sich unter Wettbewerbern ereignen und solchen, die außerhalb davon auftreten.[321] Für die Haftung aus Sec. 22 und 23 DPA 1984 sind indes nur die Letztgenannten relevant, da der Datenschutzverstoß nicht die wirtschaftlichen Interessen des Betroffenen berührt, sondern seine Befugnis beeinträchtigt, selbst über die Verwendung seiner Daten zu bestimmen.

---

[316] LCCP, No. 137, 1995, S. 51; *Alcock v. Chief Constable of South Yorkshire Police* [1992] 1 A.C. 310 (416) durch Lord Oliver; *McLoughlin v O'Brian* [1983] 1 A.C. 410 (421) durch Lord Wilberforce sowie Giliker, 20 Legal Studies (2000) 19 (22). Diese Bedenken sind unter anderem darauf zurückzuführen, dass es sich bei *negligence* um den Deliktstatbestand handelt, der sich am schnellsten und dynamischsten seit dem 19. Jahrhundert entwickelte. Dies bedeutete jedoch nicht– anders als es das *floodgate*-Argument vermuten lässt –, dass es sich bei dieser Entwicklung stets um eine Ausweitung der Haftung handelte, Markesinis/Deakin, Tort Law, 2003, S. 74.

[317] Panagiotides, Data Protection Act, 1998, S. 236. Der Ersatz für *distress* wurde Im Übrigen erst recht spät und völlig überraschend im Gesetzgebungsprozess von der damaligen konservativen Regierung eingefügt, nachdem diese einen entsprechenden Antrag der Opposition im parlamentarischen Ausschuss kategorisch abgelehnt hatte, Panagiotides, Data Protection Act, 1998, S. 228 und 236.

[318] Data Protection Registrar's Guidelines, Guideline 5 – The Individual Rights, 1994, Rn. 3.3.

[319] Markesinis/Deakin, Tort Law, 2003, S. 112.

[320] Z.B. im Fall von *false imprisonment, malicious prosecution* und *defamation*, McGregor, On Damages, 2003, S. 50.

[321] Vgl. zu ersteren McGregor, On Damages, 2003, S. 50.

Ersatz für diese ausschließlichen Vermögensschäden wird im Rahmen von *negligence* geleistet, wenn der Schädiger eine gegenüber dem Geschädigten bestehende Sorgfaltspflicht (*duty of care*) verletzt. Eine solche Pflicht, die sich auch auf den Schutz des Vermögens erstreckt, wird bislang nur in Ausnahmefällen anerkannt: So muss der Geschädigte eine besondere Beziehung (*special relationship*) zwischen ihm und dem Schädiger nachweisen, in deren Rahmen der Schädiger die Pflicht übernommen hat, den Geschädigten vor dem Eintritt des verursachten Schadens zu beschützen.[322] Bisher wurden im Rahmen einer solchen *special relationship* Ersatzansprüche für schadensverursachende Stellungnahmen, Beratungen oder das Erbringen von Dienstleistungen bejaht.[323]

Als Grund für diese eingeschränkte Kompensation galt vorwiegend, dass das Tort Law die Schutzbedürftigkeit finanzieller Interessen geringer einschätzt als die des Eigentums oder der persönlichen Integrität. Jedoch mehren sich die Stimmen, die dieser historischen Argumentation zumindest hinsichtlich des höheren Schutzes des Eigentums angesichts der gewandelten gesellschaftlichen Wertschätzung von Eigentum und Vermögen mit Kritik begegnen und die Bedenken vor einer Klageflut und der damit verbundenen uferlosen Haftung des Schädigers als maßgebliche Ursache für die eingeschränkte Haftung für Vermögensschäden einschätzen.[324]

(b) Die Geltung dieser Grundsätze im DPA 1984

Die eingeschränkte Ersatzfähigkeit von Vermögensschaden lässt sich – anders als im Fall von *distress* – aus zweierlei Gründen nicht auf Sec. 22 und 23 DPA 1984 übertragen. Zunächst treten im Falle eines Datenschutzverstoßes gem. Sec. 22 und 23 DPA 1984 nicht nur bloße Vermögensschäden auf, sondern auch solche, die aus einer Verletzung der Privatsphäre resultieren. Zwar erkennt das englische Recht ein *right to privacy* nicht an, jedoch hat das House of Lords anerkannt, dass der DPA 1984 den Teil der Privatsphäre schützt, der beim Umgang mit personenbezogenen Daten betroffen ist.[325] Führte also der Verstoß, der die Vermögensschäden auslöste, auch zu einer Verletzung der Privatsphäre, war nicht nur ein ausschließlicher Vermögensschaden im Sinne eines *pure economic loss* entstanden.

322 Zum Teil wird auch davon gesprochen, dass der Schädiger die Verantwortung für das wirtschaftliche Wohlergehen des Geschädigten übernommen haben muss, Street, On Torts, 1999, S. 215; Howarth in: Grubb (Hrsg.), Law of Tort, 2002, S. 568. Vgl. auch den leading case *Hedley Byrne & Co Ltd. v Heller & Partners Ltd.* [1964] A.C. 465 (509) durch Lord Hodson; in neuerer Zeit *Williams v Natural Life Health Foods Ltd* [1998] 1 W.L.R. 830 (837) durch Lord Steyn.

323 Street, On Torts, 1999, S. 215; Markesinis/Deakin, Tort Law, 2003, S. 114, die noch weitere Fallgruppen nennen; Howarth in: Grubb (Hrsg.), Law of Tort, 2002, S. 568. Zu der Haftung für Stellungnahmen und Beratungen, vgl. *Caparo Industries plc v Dickman* [1990] 2 A.C. 605. Zu einer Haftung für erbrachte Dienstleistungen – nämlich das Anfertigen eines Testamentes durch einen Anwalt vgl. *White v Jones* [1995] 2 A.C. 207, mit dem erstmalig auch das *privity of contract* Prinzip für den Bereich des Tort Law, auf den es übertragen wurde, um Umgehungen dieses Prinzips zu vermeiden, aufgehoben wurde, vgl. All E R Annual Review 1998, S. 509.

324 Markesinis/Deakin, Tort Law, 2003 S. 112, unter Verweis auf *Canadian National Railway v Norsk Pacific Steamship Co.* (1992) 91 DLR (4th) 289, 383 durch Stevenson J.; Street, On Torts, 1999, S. 177.

325 *R v Brown* [1996] 2 W.L.R. 203 (212) durch Lord Griffiths und (214) durch Lord Hoffmann.

Dem uneingeschränkten Ersatz des Vermögensschadens stand jedoch im Weg, dass die Gerichte die Verletzung der Privatsphäre durch den Datenschutzverstoß im konkreten Fall stets verneinten. Eine solche restriktive Auslegung des DPA 1984 entsprach nicht nur der grundsätzlichen Ablehnung eines *right of privacy* durch die Rechtsprechung, sondern auch dem Willen des Parlaments, das es ablehnte, den Schutz der Privatsphäre als ausdrücklichen Gesetzeszweck festzuhalten, und überdies grundsätzlich darum bemüht war, den Datenverarbeiter nicht allzu sehr in seiner Tätigkeit zu behindern.[326]

So verneinte das House of Lords in *R v Brown* eine Verletzung der Privatsphäre des Klägers trotz seiner grundsätzlichen Anerkennung, dass der DPA 1984 jene schützen sollte: Es entschied, dass das Aufrufen von persönlichen Daten auf dem Bildschirm eines Computers nicht unter den Begriff des Nutzens (*use*) im Sinne des DPA 1984 falle, sondern nur eine Vorbereitungshandlung zur eigentlichen Nutzung der Daten darstelle.[327] Der Auffassung von Lord Griffiths, bereits der Datenaufruf als solche verletze die Privatsphäre und stelle daher eine Nutzung im Sinne des DPA 1984 dar,[328] folgte die Mehrheit der Richter nicht.

Aber selbst im Fall von Vermögensschäden, die nicht auf einer Rechtsverletzung beruhten (*pure economic loss*), war uneingeschränkt im Rahmen des Sec. 22 und 23 DPA 1984 Ersatz zu leisten. Zum einen ist der *breach of statutory duty* gerade nicht ein Unterfall von negligence, sondern ein eigenständiger Deliktstatbestand,[329] so dass bereits aus diesem Grund die Übernahme der für jenen Tort geltenden Prinzipien fern liegt. Zum anderen besteht auch nicht das Bedürfnis nach Eingrenzung der Ersatzpflicht, da es sich bei Sec. 22 und 23 DPA 1984 um klar definierte und eng umgrenzte Tatbestände handelt, die zu Befürchtungen über eine uferlose Haftung keinen Anlass geben.

f) Kausalität

Waren nun die Anforderungen an den eingetretenen Schaden erfüllt, musste dieser durch die Ungenauigkeit der Daten im Falle des Sec. 22 oder durch den Verlust bzw. die unbefugte Mitteilung der Daten gem. Sec. 23 DPA 1984 verursacht worden sein. Auch hier ist für die Beurteilung der Kausalität bei einem *breach of statutory duty* auf die Grundsätze des Tort Law zurückzugreifen.[330]

---

[326] So ausdrücklich Niblett, Data Protection, 1984, S. 15.

[327] *R v Brown* [1996] 2 W.L.R. 203 (206f.) durch Lord Goff of Chieveley. In dem Verfahren ging es um die Verurteilung eines Polizeibeamten wegen unrechtmäßigen Gebrauchs von Daten. Der Beamte hatte, um einem Freund, der ein Inkasso-Büro betrieb, zu helfen, die Daten von KfZ-Haltern aus der polizeilichen Datenbank aufgerufen. Die weitere Verwendung der Daten konnte ihm jedoch nicht nachgewiesen werden.

[328] *R v. Brown* [1996] 2 W.L.R. 203 (213).

[329] Lunney/Oliphant, Tort Law, 2000, S. 501.

[330] Encyclopedia of Data Protection, 2001, Band 1, Teil 1 Rn. 1-230; Clerk&Lindsell, On Torts, 2000, S. 629.

(1) Der *but for* -Test

Bei der Prüfung der Kausalität im Common Law ist zwischen zwei Schritten zu unterscheiden, deren Voraussetzungen jeweils erfüllt sein müssen, um dem eingetretenen Schaden dem Anspruchsgegner – im vorliegenden Fall dem Datenverarbeiter – zuzurechnen. In einem ersten Schritt wird der *but for*-Test von den Gerichten angewandt, d.h. stellt sich heraus, dass der Schaden ohne das in Frage stehende Verhalten des Anspruchsgegners nicht eingetreten sein kann, stellt dieses Verhalten eine Ursache dar.[331] Wird dies bejaht, so ist hiermit lediglich festgestellt, dass das Verhalten des Anspruchsgegners eine Ursache des Schadens ist, nicht jedoch die einzige oder maßgebliche, so dass das gleichzeitige Auftreten mehrerer Ursachen oder die Tatsache, dass der eingetretene Schaden ohnehin zu einem späteren Zeitpunkt durch eine andere Ursache eingetreten wäre, einer weiteren Klärung bedürfen.[332] Letztlich wird die Kausalität zwischen eingetretenem Schaden und dem Verhalten des Anspruchsgegners jedoch bejaht, wenn dieses nicht unerheblich zum eingetretenem Schaden beigetragen hat und dieser Beitrag in seiner Wirkung nicht durch eine nachfolgende Ursache aufgehoben wird[333].

(2) Die wertende Schadenszurechnung – *remoteness of damages*

In einem zweiten Schritt wird geprüft, ob es auch unter wertenden Gesichtspunkten angemessen ist, den so verursachten Schaden dem Anspruchsgegner zuzurechnen. Denn nach dem *but for*-Test kann auch ein zeitlich vom eigentlichen Schaden noch so weit entferntes Verhalten als ursächlich eingestuft werden. Gleiches gilt für ein Verhalten, dass lediglich mittelbar zum eingetretenen Schaden beigetragen hat. Würde man daher ausschließlich dem *but for*-Test folgen, wäre für den Einzelnen das Ausmaß der aus seinem Verhalten resultierenden Konsequenzen unabsehbar, mit der Folge von nicht hinnehmbaren Einschränkungen seiner Handlungsfreiheit.[334]

Konsequenterweise sind daher im Common Law keine Schäden zu ersetzen, für die das Verhalten des Anspruchsgegners nur eine entfernte (*remote*) Ursache bildet.[335] Ob es sich um eine solche entfernte Ursache handelt, wird dabei nicht nur nach den zeitlichen oder örtlichen Umständen ihres Auftretens beurteilt.

---

[331] Hier geht es also um den Nachweis der faktischen Kausalität, Winfield&Jolowicz, On Tort, 1998, S. 199. Das House of Lords hat in einer neueren Entscheidung eine Haftung aus *negligence* bejaht, obwohl der Kläger den *but for*-Test nicht führen, konnte, *Fairchild u.a. v. Glenhaven Funeral Services* u.a. The Law Reports [2003] 1 A.C. 32. Vgl. hierzu Scherpe, EuZW 2004, 164ff.

[332] Siehe hierzu die Erläuterungen von Winfield&Jolowicz, On Tort, 1998, S. 199ff. und Markesinis/Deakin, Tort Law, 2003, S. 191ff.

[333] Zu den Anforderungen an diesen notwendigen Beitrag zur Verursachung vgl. Clerk&Lindsell, On Torts, 2000, S. 53ff.

[334] Winfield&Jolowicz, On Tort, 1998, S. 208.

[335] Man spricht daher auch von der *remoteness of damage* bzw. dem *law of remoteness*, Street, On Torts, 1999, S. 264.

Berücksichtigt werden auch wertende Gesichtspunkte, d.h. ob das Recht den Geschädigten vor dem konkret eingetretenen Schaden schützen will.[336]

Drei Fallgruppen werden üblicherweise unter dem Aspekt *remoteness of damage* diskutiert: 1. die Unterbrechung der Kausalkette zwischen Schaden und Verhalten des Anspruchsgegners durch intervenierende Akte Dritter oder des Geschädigten sowie durch intervenierende Naturereignisse, 2. die fehlende Vorhersehbarkeit des konkret eingetretenen Schadens und 3. die Berücksichtigung der Besonderheiten des Geschädigten (*„egg-shell-skull"-principle*).[337]

Obwohl das Verhalten des Anspruchsgegners ebenfalls kausal für den eingetretenen Schaden war, wird in der ersten Fallgruppe der Eingriff eines Dritten,[338] des Geschädigten[339] oder eines Naturereignisses[340] (*novus actus interveniens*) als einzige rechtlich relevante Ursache behandelt. Der Eingriff eines Dritten stellt einen *novus actus interveniens* dar, wenn das Verhalten des Anspruchsgegners lediglich die Möglichkeit zu einem von diesem unabhängigen Verhalten des Dritten schafft, das die unmittelbare Ursache für den Schaden des Geschädigten darstellt.[341]

Kriterien für die Einschätzung, ob es sich bei dem Verhalten des Dritten um einen solchen unabhängigen Akt handelt, sind zum einen die Vorhersehbarkeit des Verhaltens des Dritten,[342] zum anderen aber auch die Beziehung des Anspruchsgegners zu dem intervenierenden Dritten, so z.B. wenn er gegenüber diesem eine besondere Aufsichts-

---

[336] Lunney/Oliphant, Tort Law, 2000, S. 212. Nach McGregor, On Damages, 2003, S. 98 handelt es sich bei *remoteness* um einen von der Kausalität zu trennenden Aspekt, der erst dann zum Tragen kommt, wenn die Kausalität – in dem bereits erläuterten ersten Schritt – bejaht wurde. Statt *remoteness* wird häufig auch von *legal cause* oder *legal causation* gesprochen, vgl. Winfield&Jolowicz, On Tort, 1998, S. 207. Krit. zu dieser Terminologie Markesinis/Deakin, Tort Law, 2003, S. 185, die darauf hinweisen, dass die unter *legal cause* diskutierten Wertungen wenig mit den durch die Kausalität eigentlich bezeichneten zeitlichen und örtlichen Beziehungen zwischen zwei Ereignissen gemein haben. Überdies werden in der Rechtsprechung häufig Kausalitätsaspekte des *but for*-Tests unter dem Aspekt der *remoteness* behandelt, so dass eine klare Trennung der Begriffe und ihrer dahinterstehenden Prinzipien oft nicht möglich ist, McGregor, On Damages, 2003, S. 101; Street, On Torts, 1999, S. 264.

[337] Zu den üblichen Einteilungen vgl. nur jene bei Winfield&Jolowicz, On Tort, 1998, S. 207ff. und Markesinis/Deakin, Tort Law, 2003, S. 201 ff. Street, On Torts, 1999, S. 269f. behandelt die Fälle der Unterbrechung der Kausalkette hingegen als Fall der faktischen Kausalität.

[338] *Dorset Yacht Co. v Home Office* [1970] A.C. 1004 (1030) durch Lord Reid; *Lamb v Camden London Borough Council* [1985] QB 625 (635) durch Lord Denning.

[339] *McKew v Holland and Hannen and Cubitts (Scotland) Ltd* [1969] 3 All ER 1621; *Pigney v Pointer's Services* [1957] 1 W.L.R. 1121; *Emeh v Kensington, Chelsea and Fulham AHA* [1985] QB 1012. Dies ist nicht zu verwechseln mit der *contributory negligence* des Geschädigten, die lediglich zu einer Reduzierung der Schadensersatzsumme führt, Markesinis/Deakin, Tort Law, 2003, S. 203.

[340] *Carslogie Steamship Co. Ltd. v Royal Norwegian Government* [1952] A.C. 292 (313) durch Lord Normand. Dies setzt voraus, dass das Verhalten des Anspruchsgegners nicht die Schadensanfälligkeit durch das Naturereignis erhöht hat, Winfield&Jolowicz, On Tort, 1998, S. 225.

[341] Winfield & Jolowicz, On Tort, 1998, S. 225. Dies ist nicht der Fall, wenn sich das Verhalten des Dritten gewissermaßen als Konsequenz aus der schädigenden Erstursache darstellt, vgl. die Erläuterungen zum *Oropesa*-Urteil bei Winfield&Jolowicz, On Tort, 1998, S. 226.

[342] Ergibt sich das Verhalten jedoch in vorhersehbarer Weise aus den durch das Verhalten des Anspruchsgegners geschaffenen Umständen, ist ein *novus actus interveniens* zu verneinen, *Dorset Yacht Co. v Home Office* [1970] A.C. 1004 (1030) durch Lord Reid. Dies gilt insbesondere für Dritte, die bei einem Unfall Hilfe leisten, *Rouse v Squires u.a.* [1973] QB 889 (896) C.A. durch Cairns L.J.

pflicht besitzt wie in *Dorset Yacht Co. v Home Office.*[343] Stellt das Verhalten des Geschädigten eine nicht unerhebliche Ursache nach dem *but for*-Test für den Schaden dar, so führt dies dann zu einem haftungssauschließenden *novus actus interveniens*, wenn dieses Verhalten zwar vorhersehbar, aber nicht den gegebenen Umständen angemessen, d.h. vernünftig (*reasonable*) war.[344] Ebenfalls kann auch hier die Beziehung zwischen Geschädigtem und Anspruchsgegners eine Rolle spielen, um Letzteren trotz eines den Schaden (mit)verursachenden unabhängigen Verhaltens des Geschädigten haften zu lassen.[345]

Auch wenn es in der zweiten Fallgruppe lediglich um die Vorhersehbarkeit des eingetretenen Schadens als Zurechnungskriterium geht, ist die Vorhersehbarkeit im Tort Law ein darüber hinausgehendes Prinzip, wie bereits in den Erörterungen zum *novus actus interveniens* deutlich wurde.

Dies ist darauf zurückzuführen, dass insbesondere für den häufig geltend gemachten Tort *negligence* die Vorhersehbarkeit einer möglichen Schädigung stets eine wichtige Rolle für die Begründung einer Sorgfaltspflicht (*duty of care*) des Anspruchsgegners gegenüber dem Geschädigten spielt.[346] Mit der Entscheidung *The Wagon Mound (No.1)* wurde die Vorhersehbarkeit jedoch erstmals auch für die Frage, ob es sich bei dem konkret eingetretenen Schaden um einen solchen handelt, der dem Anspruchsgegner unter dem Aspekt der *remoteness of damage* nicht zugerechnet werden kann, fruchtbar gemacht.[347] Im zugrundeliegenden Fall war vom Schiff des Beklagten fahr-

---

[343] Dort waren Jugendliche aus einer Besserungsanstalt auf einer Insel, in der sie unter der Aufsicht von Beamten des Innenministeriums (*Home Office)* standen, mit Hilfe von Segelbooten, die sie der Klägerin entwendeten, entkommen. Da sich die Schadensersatzklage auf *negligence* gründete, hätte dieser Aspekt besser unter dem Aspekt der *duty of care* behandelt werden sollen, Markesinis/Deakin, Tort Law. 1999, S. 202 Fn. 728.

[344] *McKew v Holland and Hannen and Cubitts (Scotland) Ltd.* [1969] 3 All ER 1621 (1623) durch Lord Reid. Hier hatte der Kläger sich eine durch die Beklagten verschuldete Beinverletzung zugezogen und war mit dieser Verletzung eine steile Treppe ohne Geländer heruntergegangen. Dabei stürzte er und zog sich eine weitere Verletzung zu, wofür er ebenfalls Ersatz von den Beklagten verlangte. Da es eine vernünftige Alternative zu seinem Verhalten gegeben hätte, nämlich mit der Unterstützung anderer die Treppe hinunterzugehen, wurde ihm der Schadensersatz für diese zweite Verletzung verwehrt.

[345] *Reeves v Metropolitan Police Commissioner* [1998] 2 All ER 387 409f.) durch Buxton L.J. Dort hatte sich der Kläger während der Untersuchungshaft selbst getötet. Der Court of Appeal entschied, dass die den Untersuchungsbeamten während der Untersuchungshaft obliegende Pflicht, den Verhafteten vor Schaden auch durch sich selbst zu schützen, nicht durch den eigenständigen Akt des Klägers aufgehoben worden sei.

[346] Sog. *neighbour principle* – erstmals angewandt von Lord Atkin in *Donoghue v Stevenson* [1932] A.C. 562 (580): *„The rule that you are to love your neighbour becomes in law: You must not injure your neighbour and the lawyer's question: Who is my neighbour? receives a restricted reply. (...) The answer seems to be persons who are so closely and directly affected by my act that I ought reasonably to have them in contemplation as being so affected when I am directing my mind to the acts or omissions which are called in question."* Markesinis/Deakin, Tort Law, 2003, S. 80 weisen zu Recht darauf hin, dass auch Wertungsaspekte bei der Bestimmung der Sorgfaltspflicht eine Rolle spielen – dies ergibt sich aus der Tatsache, dass bloße Vermögensschäden an sich nicht ersatzfähig sind, selbst wenn sie im gegebenen Fall auch vorhersehbar waren.

[347] [1961] A.C. 388. Auch wenn es sich hierbei um einen Anspruch aus *negligence* handelte, ist anerkannt, dass der Grundsatz der Vorhersehbarkeit auch in anderen Torts sowie modifiziert auch bei verschuldensunabhängiger Haftung (*strict liability*) Anwendung findet, Winfield&Jolowicz, On Tort, 1998, S. 212.

lässig Heizöl in das Hafenwasser geleitet worden, dass die Werft des Klägers erreichte und dort zu einem vorübergehenden Arbeitsstopp führte. Nachdem ermittelt worden war, das Heizöl im Freien nicht entflammen konnte, wurden die Arbeiten wieder aufgenommen. Zwei Tage später entflammte das Heizöl dennoch und zerstörte die Werft des Klägers. Der Privy Council urteilte, dass nur die Schäden zu ersetzen seien, die vernünftigerweise vorhersehbar gewesen seien. Vorliegend seien dies jedoch nur Schäden infolge der Verschmutzung durch das Heizöl gewesen, nicht hingegen Schäden infolge eines Feuers.[348]

Zugrundegelegt wird der Beurteilung der schadensverursachenden Umstände die Sicht eines objektiven Betrachters (*reasonable man*).[349] Unklar ist jedoch, wie das Konzept der Art und Weise des Schadens (*kind of damage*) im jeweiligen Fall zu definieren ist. In *The Wagon Mound (No. 1)* war es auf die Art seiner Entstehung angekommen. Dennoch scheint eine Tendenz zu bestehen, je nach eingetretener Schadensart die Vorhersehbarkeit mehr oder weniger weit zu interpretieren. So wird dies zumindest für Personenschäden überwiegend großzügig gehandhabt: Hier hat das House of Lords festgestellt, dass für jeden noch so ungewöhnlichen Schaden zu haften sei.[350] Die Art und Weise, wie der (Personen-)Schaden entstanden ist, wird hier praktisch irrelevant.[351]

Die Auflösung des Vorsehbarkeitskriteriums ist bislang jedoch nur für Personenschäden eindeutig festzustellen. Bei Sachschäden hingegen wird meist eine differenziertere Betrachtung angestellt. Zwar wurde in einem zweiten Urteil betreffend die Wagon Mound vom Privy Council die Vorhersehbarkeit eines feuerbedingten Schadens bejaht.[352] Dies könnte daher so verstanden werden, dass hierdurch *The Wagon Mound (No.1)* inhaltlich aufgehoben wurde. Viel spricht aber dafür, dass es in beiden Fällen um die Vorhersehbarkeit eines spezifischen Sachschadens ging: den durch Feuer verursachten an der Werft und jenen an den Schiffen, die sich ebenfalls in der Werft befanden.[353] Denn auch in *The Wagon Mound (No. 1)* reichte die Vorsehbarkeit irgendeines Sachschadens für eine Haftung nicht aus.[354]

[348] [1961] A.C. 388 (413f). durch Viscount Simonds.
[349] Clerk&Lindsell, On Torts, 2000, S. 80.
[350] *C. Czarnikow Ltd. v Koufos [*1969] 1 A.C. 350 (385f) durch Lord Reid. *Hughes v Lord Advocate* [1963] A.C. 837 (845) durch Lord Reid. Vgl. auch Winfield&Jolowicz, On Tort, 1998, S. 214 und Markesinis/Deakin, Tort Law, 2003, S. 207. *Tremain v Pike* [1969] 3 W.L.R. 1303 (1308) wird allgemein als ein Ausnahmeurteil betrachtet: Hier hatten die Richter die Schadensersatzklage zurückgewiesen, weil der geltend gemachte Schaden – eine seltene durch Rattenurin verursachte Krankheit – nicht vorhersehbar gewesen sei, sondern lediglich eine Verletzung infolge von Rattenbissen, Markesinis/Deakin, Tort Law, 2003, S. 208; Lunney/Oliphant, Tort Law, 2000, S. 220.
[351] Lunney/Oliphant, Tort Law, 2000, S. 220.
[352] *The Wagon Mound No.2* [1967] 1 A.C. 617 (643) durch Lord Reid. Kläger waren in diesem Fall die Eigner der ebenfalls in der Werft zum Zeitpunkt des Brandes liegenden und ebenso zerstörten Schiffe, die ihre Klage auf *private nuisance* stützten.
[353] Markesinis/Deakin, Tort Law, 2003, S. 208.
[354] Lunney/Oliphant, Tort Law, 2000, S. 221.

Sie reicht zwar aus, um die Sorgfaltspflicht zu bejahen, nicht jedoch, um den tatsächlich entstandenen Schaden durch den Beklagten für ersatzfähig zu erklären.[355] Unabhängig davon, ob Personen- oder Sachschäden verursacht worden sind, ist es nicht erforderlich, dass der tatsächliche Schadensverlauf im Einzelnen oder das zahlenmäßige Ausmaß des eingetretenen Schadens vorhersehbar waren.[356]

Mit der Vorhersehbarkeit des Schadens eng verbunden ist letztlich auch die dritte Fallgruppe des *law of remoteness* – das sog. *„egg-shell-skull"-principle*. Nach diesem muss der Schädiger auch solche Schäden ersetzen, die allein auf der besonderen Disposition des Geschädigten z. B. gegenüber der Entwicklung bestimmter Krankheiten beruhen, und nicht nur Schäden, die bei einer durchschnittlich gesunden Person eingetreten wären.[357]

(3) Übertragung der Prinzipien auf die Haftung im DPA 1984

Da Sachschäden im Rahmen von Verstößen im Sinne der Sec. 22 und 23 DPA 1984 praktisch undenkbar waren, war jedoch zumindest für Vermögensschäden, soweit für sie nach den hier dargestellten Grundsätzen überhaupt eine Sorgfaltspflichtverletzung angenommen werden kann, die *remoteness of damage* vollumfänglich zu prüfen. Für psychische Schäden ist wohl ein eher großzügiger Umgang mit der Vorhersehbarkeit anzunehmen. Zumindest soweit sie das Ausmaß einer anerkannten psychischen Erkrankung angenommen hatten, da diese ja den körperlichen Personenschäden gleichgestellt wird. In allen anderen Fällen konnten sie im Rahmen des DPA 1984 von vornherein nur ersetzt werden, wenn sie neben sonstigen Schäden eingetreten waren, so dass sie nach den hier dargestellten Grundsätzen dem Schädiger zugerechnet wurden. Bei Verletzungen des Ansehens und der Ehre, für die im Rahmen des Tort *defamation* der Nachweis eines Schadens vom Kläger nicht erbracht zu werden braucht,[358] ist nicht anzunehmen, dass von dieser Regelung im Rahmen des DPA 1984 abgewichen und den Klägern hiermit erschwert worden wäre, unter dem DPA 1984 Ersatz für Ehrverletzungen zu erhalten. Im Übrigen wurden bei Ehrverletzungen *general damages* gewährt, so dass für Schäden, die üblicherweise aus einer solchen Verletzung resultieren, ein besonderer Nachweis nicht geführt zu werden brauchte.[359] Soweit die Ehrverletzung jedoch mit ungewöhnlichen Schäden, wie z.B. besonders gravierenden psychi-

---

[355] Die unterschiedliche Behandlung von Sachschäden einerseits und Personenschäden andererseits könnte dadurch begründet sein, dass der im Common Law herrschende Grundsatz des vollständigen Schadensausgleiches bei Personenschäden angesichts ihrer besonderen Schutzbedürftigkeit nur ungern eingeschränkt wird. Bei Sachschäden hingegen überwiegt das Schutzbedürfnis des Einzelnen angesichts des weit verbreiteten Versicherungsschutzes nicht stets gegenüber dem Interesse des Handelnden an einem überschaubaren Haftungsrisiko, Markesinis/Deakin, Tort Law, 2003, S. 208.

[356] *Hughes v Lord Advocate* [1963] A.C. 837 (845) durch Lord Reid und *Vacwell Engineering Co. v BDH Chemicals Ltd.* [1971] 1 QB 88 (107) durch Rees J. Das tatsächliche Schadensausmaß ist eine Frage der Bemessung des Schadensersatzes und nicht des Schadens an sich, Winfield&Jolowicz, On Tort, 1998, S. 220.

[357] *Smith v Leech Brain & Co. Ltd* [1962] QB 405 (415) durch Lord Parker C.J. Dort war der Kläger infolge einer Brandverletzung und der besonderen Anfälligkeit für Krebs erkrankt und gestorben.

[358] Zumindest soweit es sich um Ehrverletzungen in Schriftform (*libel*) handelt, ist dieser Tort *actionable per se*, Howarth, On Tort, 1995, S. 566.

[359] Mullis, in: Grubb (Hrsg.), Law of Tort, 2002, S. 1174.

schen Beeinträchtigungen oder Vermögensschäden verbunden waren, hätten diese im Einzelnen unter Einschluss der Kausalität nachgewiesen werden müssen.

(4) Schadenseintritt im Schutzbereich der verletzten Norm

Als Besonderheit im Rahmen des *breach of statutory duty* muss es sich bei dem eingetretenen Schaden um jenen handeln, dessen Eintritt mit dem Erlass der Norm gerade verhindert werden sollte.[360] Diese Anspruchsvoraussetzung wird meist sehr eng ausgelegt und dient häufig dazu, abweichende Schadensverläufe, die jedoch den Test der *remoteness* bestehen, unter Verweis auf den strikten Wortlaut der Norm auszuschließen.[361] Sec. 22 und 23 DPA 1984 sanktionierten Verstöße gegen die Datenschutzprinzipien, die die Genauigkeit der Daten gewährleisteten sowie deren Verlust, Zerstörung und den unbefugten Zugang zu ihnen verhindern sollten. Entscheidend dafür, ob der geltend gemachte Schaden von den beiden Haftungsnormen erfasst wurde, war also der mit diesen Prinzipien verfolgte Schutzzweck. So sollten sie dem Schutz der Privatsphäre vor einem unkontrollierten Eindringen infolge der technischen Möglichkeiten zur Datenerhebung und –verarbeitung dienen.[362]

Auch der House of Lords bestätigte trotz seiner ablehnenden Haltung gegenüber einem allgemeinen Recht auf Privatsphäre, dass die Regelungen des DPA 1984 zumindest für die automatisierte Verarbeitung personenbezogener Daten dem Schutz der Privatsphäre dienten.[363] Fehlte es also an einer derartigen Beeinträchtigung der Privatsphäre trotz Verstoßes gegen die Datenschutzprinzipien, kam ein Ersatzanspruch nicht in Betracht. Welche Anforderungen das Verhalten eines Datenverarbeiters jedoch erfüllen musste, um den Betroffenen in seiner Privatsphäre zu verletzen, erwähnte das House of Lords indes nicht. Allerdings urteilte er in der bereits angesprochenen Entscheidung *R v Brown*, dass das Aufrufen von persönlichen Daten auf dem Bildschirm eines Computers nicht unter den Begriff des Nutzens (*use*) im Sinne des DPA 1984 falle, sondern nur eine Vorbereitungshandlung zur eigentlichen Nutzung der Daten darstelle.[364] Der Auffassung von Lord Griffiths, bereits der Datenaufruf als solche verletze die Privatsphäre und stelle daher eine Nutzung im Sinne des DPA 9184 dar,[365] folgte die Mehrheit der Richter nicht.

Es ist daher davon auszugehen, dass auch der Schutzbereich von Sec. 22 und 23 DPA 1984 entsprechend restriktiv ausgelegt und erst ein über das Aufrufen von Daten hinausgehendes Verhalten als Verletzung der Privatsphäre und damit schadensersatzbegründend erachtet worden wäre.

---

[360] Harpwood in: Grubb (Hrsg.), Law of Tort, 2002, S. 679; Street, On Torts, 1999, S. 428; Clerk&Lindsell, On Torts, 2000, S. 624.

[361] Harpwood in: Grubb (Hrsg.), Law of Tort, 2002, S. 679. Vgl. auch die dargelegte Rechtsprechung bei Clerk&Lindsell, On Torts, 2000, S. 624f.

[362] Niblett, Data Protection, 1984, S. 14f.

[363] *R v Brown* [1996] 2 W.L.R. 203 (212) durch Lord Griffiths und (214) durch Lord Hoffmann.

[364] *R v Brown* [1996] 2 W.L.R. 203 (206f.) durch Lord Goff of Chieveley. In dem Verfahren ging es um die Verurteilung eines Polizeibeamten wegen unrechtmäßigen Gebrauchs von Daten. Der Beamte hatte, um einem Freund, der ein Inkasso-Büro betrieb, zu helfen, die Daten von KfZ-Haltern aus der polizeilichen Datenbank aufgerufen. Die weitere Verwendung der Daten konnte ihm jedoch nicht nachgewiesen werden.

[365] *R v Brown* [1996] 2 W.L.R. 203 (213).

g) Mitverschulden des Betroffenen

Neben dem gesetzlichen *defence* der fehlenden Sorgfaltspflichtverletzung des Datenverarbeiters, konnte dieser sich noch auf den generellen im Tort Law bestehenden Einwand des Mitverschuldens des Betroffenen (*contributory negligence*) berufen.[366] Soweit das Verhalten des Betroffenen also nicht bereits einen die Kausalität ausschließenden *novus actus interveniens* begründete, konnte die Schadensersatzsumme reduziert werden, wenn der Schaden erwiesenermaßen zum Teil auch durch einen Sorgfaltsverstoß des Betroffenen verursacht wurde.[367] Dabei konnte nicht nur der zum Schadensereignis selber beitragende Sorgfaltsverstoß den Schadensersatz mindern, sondern auch jene Pflichtverletzung des Betroffenen, die zu Art und Ausmaß des eingetretenen Schadens beigetragen hatte.[368]

h) Beweislast und Verjährung

Der Betroffene musste den Eintritt eines nach den Sec. 22 und 23 DPA 1984 ersatzfähigen Schadens beweisen, der durch die in den beiden Normen bezeichneten Verstöße verursacht worden war. Hierbei galt das in Zivilverfahren gewöhnliche Beweismaß: Es musste hinreichend wahrscheinlich sein (*balance of probabilities*), dass die Normverletzungen den Schaden verursacht bzw. zu seinem Entstehen nicht unerheblich beigetragen hatten.[369] Für den Nachweis der zu ersetzenden Schäden war zwischen *general damages* einerseits und *special damages* andererseits zu unterscheiden. Die Höhe der *general damages* für Schäden, die einer eindeutigen Bemessung nicht zugänglich waren, wurde von den Gerichten geschätzt.[370] Bei Schäden, deren Ausmaß kalkulierbar war, war zu unterscheiden: Soweit es sich um Nachteile handelte, die als angemessene und wahrscheinliche Folge des Verstoßes einzustufen waren, wurden diese ebenfalls vom Gericht beziffert und mussten nicht gesondert bewiesen werden.[371] Schäden, die hingegen nicht als gleichsam natürliche Folge des Verstoßes gelten konnten, mussten vom Betroffenen nach den üblichen Beweisregeln nachgewiesen werden (*special damages*).[372]

---

[366] Dieser ist für grundsätzlich im Rahmen eines *breach of statutory duty* anwendbar, Harpwood, in: Grubb (Hrsg.), Law of Tort, 2002, S. 682.
[367] Sec. 1 (1) *Law Reform (Contributory Negligence) Act* 1945.
[368] Clerk&Lindsell, On Torts, 2000, S. 102.
[369] Street, On Torts, 1999, S. 430; Dennis, Evidence, 2002, S. 395.
[370] McGregor, On Damages, 2003, S. 20.
[371] Auch diese Schäden werden als *general damages* bezeichnet, Mullis, in: Grubb (Hrsg.), Law of Tort, 2002, S. 189.
[372] *Ströms Bruks Aktie Bolag v Hutchison* [1905] A.C. 515 (525f) durch Lord MacNaghten. Im Einzelnen ist die Unterscheidung und Einstufung der geltend gemachten Schäden als *general* oder *special damages* nicht so trennscharf wie es hier den Anschein macht, vgl. die Ausführungen bei McGregor, On Damages, 2003, S. 19ff. Der Kläger trägt mithin das Risiko, dass das Gericht seine Einschätzung, seinen Schaden als *general damages* nicht nachweisen zu müssen, nicht teilt.

Die Ansprüche aus Sec. 22 und 23 DPA 1984 verjährten grundsätzlich gem. Sec. 2 *Limitations Act* 1980 sechs Jahre nach dem Zeitpunkt, in dem sich der Schaden ereignete.[373]

i) Zusammenfassung

Im Ergebnis ist festzuhalten, dass nicht jeder Schaden, der durch einen Verstoß im Sinne der Sec. 22 und 23 DPA 1984 verursacht wurde, auch im Rahmen dieser gesetzlichen Haftung ersetzt wurde. Verletzte Gefühle, Kummer, Sorgen und Ängste wurden nur dann ersetzt, wenn der Betroffene auch einen anderen Schaden, z.B. den Entzug einer Sache oder eine Ehrverletzung, erlitten hatte. Auch der Ersatz von Vermögensschäden war nur unter besonderen Voraussetzungen zu erlangen. Dies war indes keine Verschärfung der bisherigen Rechtslage unter dem Common Law, sondern spiegelte diese vielmehr wider. Überdies wurden bereits nur bestimmte Verstöße gegen die im DPA vorgesehenen Datenschutzregelungen mit einer Ersatzpflicht sanktioniert. Dieser konnte der Datenverarbeiter mit vergleichsweise geringem Aufwand entgehen, wenn er die Daten nach Maßgabe des *received status* kennzeichnete. Tat er dies nicht, bestand für ihn überdies noch die Möglichkeit sich durch den Nachweis zu entlasten, er habe die unter allen Umständen angemessene Sorgfalt angewandt, um den Verstoß zu verhindern.

Vergleicht man diese Rechtslage mit den tatsächlichen Gegebenheiten und Gefährdungslagen im Umgang mit personenbezogenen Daten, so wird deutlich, warum diese Schadensersatzansprüche kaum geltend gemacht wurden. Der Betroffene musste zwar ein Verschulden nicht nachweisen, aber damit rechnen, dass der Datenverarbeiter sich entlastete, sei es durch die Befolgung des Kennzeichnungsgebotes oder durch den Nachweis der angemessenen Sorgfalt. Da Vermögensschäden bei Datenschutzverstößen vergleichsweise selten sind, Körper- und Sachschäden praktisch nie vorkommen, wurde auch der Ersatz von *distress* ausgeschlossen, einer der typischen Beeinträchtigungen bei Datenschutzverstößen. Sonstige immaterielle Schäden konnte der Betroffene zwar ausschließlich geltend machen, dies kam jedoch faktisch nur für Ehrverletzungen in Betracht.

2) Deutschland – § 7 und § 8 BDSG 1990[374]

Im deutschen Bundesdatenschutzgesetz von 1977 fand sich im Gegensatz zum britischen DPA nicht von vornherein ein Schadensersatzanspruch des Betroffenen. Zwar wurden bereits im Vorfeld des Erlasses eines Datenschutzgesetzes Forderungen nach einer Schadensersatzregelung erhoben, man entschied sich jedoch dafür, die praktische Bewährung des zu erlassenden Gesetzes abzuwarten und mögliche Schadensfälle mit Hilfe der allgemeinen zivilrechtlichen Regelungen zu lösen.[375] Mit der Novellierung des Bundesdatenschutzgesetzes im Jahre 1990 wurde jedoch eine Haftungsregelung

[373] Sec. 2 *Limitations Act* 1980 gilt für alle auf einem Tort basierenden Ansprüche, Halsbury´s Statutes, Vol. 24, 1998, Limitation of Actions, S. 701 Notes.
[374] BGBl. I S. 2955 vom 29.12.1990.
[375] *Simitis*/Dammann/Geiger/Mallmann/Walz, BDSG, 2001, § 7 Rn.1; Auernhammer, BDSG 1993, Einführung, Rn. 54 unter Verweis auf BT-Drs. 7/5277 S. 5.

eingeführt. Dies geschah unter dem Eindruck des Volkszählungsurteils des Bundesverfassungsgerichtes, das den Auftrag erteilt hatte, alle notwendigen Maßnahmen zum Schutz des informationellen Selbstbestimmungsrechts zu treffen, zu denen auch eine angemessene Schadensersatzregelung gehört. Entsprechend war für ein weiteres Abwarten kein Spielraum mehr.[376]

Die §§ 7 und 8 BDSG 1990 regelten nun die Haftung im Datenschutzrecht – unterschieden nach Datenverarbeitungen durch öffentliche Stellen (§ 7) und durch private Stellen(§ 8).[377] Die Unterscheidung nach öffentlichen und privaten Stellen fand sich auch in den Regelungen zur Datenverarbeitung an sich wieder und gründete sich auf der Überzeugung, dass Datenverarbeitungen im öffentlichen Bereich aufgrund ihrer höheren bzw. unmittelbaren Relevanz für das Recht auf informationelle Selbstbestimmung einer weitergehenden Regelung bedurften als Datenverarbeitungen im privaten Bereich, wo die miteinander kollidierenden Grundrechte der Datenverarbeiter und der Betroffenen in Einklang gebracht werden mussten.[378] Als öffentliche Stelle galten gem. § 2 Abs. 1 und 2 BDSG 1990 die Behörden und sonstigen öffentlich-rechtlich organisierten Einrichtungen des Bundes und der Länder.[379]

Mit Behörde war jede Stelle gemeint, die Aufgaben der öffentlichen Verwaltung wahrnahm,[380] mit den sonstigen öffentlich-rechtlich organisierten Einrichtungen sollten alle nicht unter den Behördenbegriff fallende Organisationseinheiten des Staates erfasst werden.[381] Zu den nicht-öffentlichen Stellen zählten natürliche Personen, juristische Personen des Privatrechts, Gesellschaften und andere Personenvereinigungen, die keine eigene Rechtspersönlichkeit besaßen sowie Unternehmen und Hilfsunternehmen der Presse, des Rundfunks oder des Films, soweit die verarbeiteten Daten nicht gem. § 41 BDSG 1990 vom Schutz ausgenommen waren.[382]

---

[376] Überdies hatten sich schon zu einem früheren Zeitpunkt sämtliche der damaligen Bundestagsfraktionen für eine Schadensersatzpflicht im Rahmen des BDSG ausgesprochen, *Simitis*/Dammann/Geiger/Mallmann/Walz, BDSG, 2001, § 7 Rn. 2.

[377] Das BDSG 1990 verwendete den Begriff der speichernden Stelle für diejenige natürliche oder juristische Person, Behörde oder sonstige öffentliche Stelle, die Daten für sich selbst speicherte oder durch andere im Auftrag speichern ließ, § 3 Abs. 8 BDSG 1990. Als speichernde Stelle galt aber auch, wer Daten übermittelte, veränderte oder löschte, Schaffland/Wiltfang, BDSG, 2001, § 3 Rn. 84. Die Erhebung der Daten wurde im BDSG 1990 nicht als ein Teil der Datenverarbeitung verstanden, sondern galt als ein dieser vorgelagerter Tatbestand, der lediglich für öffentliche Stellen einer detaillierten Regelung in § 13 BDSG 1990 unterzogen wurde, Schaffland/Wiltfang, BDSG, 2001, § 3 Rn. 21. Inwieweit das BDSG auch die Erhebung durch nicht-öffentliche Stellen regelte, war jedoch strittig, vgl. Schaffland/Wiltfand, BDSG, 2001, § 1 Rn. 13 m. w. N. Dies galt allerdings nur, soweit die Datenverarbeitung in den Anwendungsbereich des BDSG fiel und nicht in den eines der ebenfalls bestehenden Landesdatenschutzgesetze, auf die sich die vorstehende Untersuchung jedoch nicht erstreckt.

[378] MD-Di Fabio, GG, 2003, Art. 2 Abs. 1 Rn. 189; Ehmann/Sutschet, RDV 1997, 3 (5) Laicher, DuD 1996, 409 (410, 411); Rüpke, ZRP 1995, 185 (188) sowie EuZW 1993, 149 (150); Wind/Siegert, RDV 1992, 118 (119); Zöllner, RDV 1985, 1 (2). Vgl. auch den Entwurf der Abgeordneten zum BDSG 1990, BT-Drs. 10/4737 S. 34, Auernhammer, BDSG, 1993, Einführung, Rn. 50.

[379] Absatz 3 regelte den Sonderfall, dass private Vereinigungen der öffentlichen Stellen von Bund oder Land Aufgaben der öffentlichen Verwaltung wahrnehmen.

[380] Sog. funktioneller Behördenbegriff gem. § 1 Abs. 4 VwVfG.

[381] Damit sollten auch fiskalische Tätigkeiten des Bundes oder Landes bzw. Gemeinde unter den Geltungsbereich des BDSG 1990 fallen, Schaffland/Wiltfang, BDSG, 2001, § 2 Rn. 4.

[382] Schaffland/Wiltfang, BDSG, 2001, § 2 Rn. 17.

a) Die Haftung der öffentlichen Stellen gem. § 7 BDSG 1990[383]

§ 7 BDSG 1990 enthielt, im Gegensatz zu § 8 BDSG 1990, eine eigene Anspruchsgrundlage, die ausschließlich natürlichen Personen zustand, die infolge einer unzulässigen oder unrichtigen Verarbeitung ihrer Daten durch eine öffentliche Stelle geschädigt wurden (Betroffener).[384] Ersetzt wurde allerdings nur der Schaden, der durch eine automatisierte Verarbeitung der Daten verursacht worden war.[385] Eine automatisierte Verarbeitung der Daten lag vor, wenn diese unter dem Einsatz von Datenverarbeitungsanlagen jedweder Art erfolgte, die eine Auswertung der Daten nach bestimmten Merkmalen ermöglichte.[386] Das Merkmal der Automatisierung schied jedoch nicht dann schon bereits aus, wenn das Verarbeitungssystem auch nicht-automatisierte Teile enthielt, da diese sehr häufig gezielt miteinander verbunden werden oder sich nur schwer voneinander unterscheiden lassen.[387]

Mit der Verwendung des Begriffs der „Verarbeitung" wurde jedoch die Phase der Datenerhebung und ihrer weiteren Nutzung von der Haftung ausgeschlossen, da das Verarbeiten der personenbezogenen Daten gemäß der Legaldefinition des § 3 Abs. 5 BDSG 1990 lediglich das Speichern, Verändern, Übermitteln, Sperren und Löschen personenbezogener Daten umfasste.[388] Dies ist insbesondere für die weitere Nutzung nur schwer nachvollziehbar, da diese sich meist zwangsläufig an eine Verarbeitung im Sinne des § 3 Abs. 5 BDSG anschließt und häufig den eigentlichen Schadensauslöser darstellt.[389] Allerdings sollte ein Ersatzanspruch nicht daran scheitern, dass die unrich-

[383] Die Anspruchsgrundlagen des § 7 BDSG 1990 lauteten: „(1) Fügt eine öffentliche Stelle dem Betroffenen durch eine nach den Vorschriften dieses Gesetzes oder nach anderen Vorschriften über den Datenschutz unzulässige oder unrichtige Verarbeitung seiner personenbezogenen Daten einen Schaden zu, ist sie dem Betroffenen unabhängig von einem Verschulden zum Ersatz des daraus entstehenden Schadens verpflichtet. (2) Bei einer schweren Verletzung des Persönlichkeitsrechts ist dem Betroffenen der Schaden, der nicht Vermögensschaden ist, angemessen in Geld zu ersetzen."

[384] Schäden, die bei Dritten entstanden waren, konnten daher nicht nach § 7 BDSG 1990 geltend gemacht werden, eine insofern mit der Haftung im britischen DPA 1984 vergleichbare Regelung.

[385] Ersatz für Schäden, die infolge einer manuellen unzulässigen oder unrichtigen Verarbeitung entstanden waren, konnte also nur über Anspruchsgrundlagen außerhalb des BDSG geltend gemacht werden. Das BDSG räumte den Betroffenen lediglich die Möglichkeit ein, die Löschung bzw. Sperrung der unzulässig oder unrichtig verarbeiteten Daten von der öffentlichen Stelle zu verlangen, *Simitis*/Dammann/Geiger/Mallmann/Walz, BDSG, 2001, § 7 Rn. 13.

[386] Klassischer Fall sind Computer (PC oder Laptop), aber auch Bürokommunikationssysteme, Schaffland/Wiltfang, BDSG, 2001, § 3 Rn. 96.

[387] So werden häufig handschriftlich ausgefüllte Fragebögen in Computer eingegeben, um dort weiter verarbeitet zu werden. Diese Vorgehensweise ist in vielen Bereichen Standard, vgl. Schaffland/Wiltfang, BDSG, 2001, § 7 Rn. 4; Auernhammer, BDSG, 1993, § 7 Rn. 4 „Verfahren unter Einsatz von automatisierten Datenverarbeitungsanlagen". Ebenso *Simitis*/Damman/Geiger/Mallmann/Walz, BDSG, 2001, § 7 Rn. 14.

[388] Auch diese einzelnen Phasen der Datenverarbeitung waren in § 3 Abs. 5 BDSG definiert, vgl. dazu die Erläuterungen bei Schaffland/Wiltfang, BDSG, 2001, § 3 Rn. 22ff.

[389] *Simitis*/Dammann/Geiger/Mallmann/Walz, BDSG, 2001, § 7 Rn. 16. Vgl. auch Auernhammer, BDSG, 1993, § 7 Rn. 5. Schaffland/Wiltfang, BDSG, 2001, § 7 Rn. 4 hingegen sahen in der weiteren Nutzung gar ein unverzichtbares Tatbestandsmerkmal der Haftung, da nur diese letztlich zu einer Verletzung des Persönlichkeitsrechts führe. Ebenso Dörr/Schmidt, BDSG, 1997, § 7 Rn. 7 mit einem entsprechenden Beispiel. Stets das Vorliegen einer persönlichkeitsrechtsverletzenden Nutzung zu verlangen, hätte jedoch die Haftung im Ergebnis beschränkt und ist überdies auch Ausdruck eines falschen Verständnisses vom Recht auf informationelle Selbstbestimmung, das bereits mit der Verarbeitung unrichtiger Daten verletzt wird.

tige Verarbeitung zunächst nicht bemerkt wurde und erst durch die spätere Nutzung der Daten ein Schaden entstand.[390] Aber auch der Ausschluss der Datenerhebung stellte unter dem Gesichtspunkt eines umfassenden Schutzes der Betroffenen ein wesentliches Defizit der Regelung dar.[391]

(1) Unzulässige oder unrichtige Datenverarbeitung

Die Datenverarbeitung musste ferner unzulässig oder unrichtig gewesen sein. Auch wenn grundsätzlich jede unrichtige Verarbeitung auch eine unzulässige Verarbeitung darstellt, schien diese Formulierung, die sich auch in § 20 des Datenschutzgesetzes von Nordrhein-Westfalen und in § 20 des Hessischen Datenschutzgesetz von 1986 fand, angemessen, um klarzustellen, dass jede Verarbeitung, die nicht den Vorgaben des BDSG 1990 entsprach, einen Ersatzanspruch auslöste.[392] Eine Verarbeitung war demzufolge unzulässig, d.h. rechtswidrig, wenn sie nicht die an sie durch das BDSG 1990 gestellten Anforderungen erfüllte, durch eine sonstige Rechtsvorschrift nicht gedeckt war oder die Erlaubnis des Betroffenen zur Verarbeitung fehlte, soweit diese nicht bereits durch das Gesetz angeordnet worden war.[393] Als Verstoß gegen die Anforderungen des BDSG 1990 kam z.B. in Betracht die fehlende Zuständigkeit der speichernden öffentlichen Stelle gem. § 14 Abs. 1 BDSG 1990, die Zweckentfremdung der Daten durch den Übermittlungsempfänger gem. § 15 Abs. 3 BDSG 1990 oder die Nutzung der Daten für einen anderen Zweck als den, für die sie gespeichert wurden, ohne dass tatsächliche Anhaltspunkte zur Verfügung standen, die eine Überprüfung der Richtigkeit der Angaben des Betroffenen erforderten, gem. § 14 Abs. 2 Nr.4 BDSG 1990.

Eine Verarbeitung war unrichtig, wenn sie falsche oder unvollständige Daten erfasste oder solche, die durch den Verarbeitungsprozess verfälscht worden waren.[394] Die Unrichtigkeit konnte entweder auf menschlichem Fehlverhalten, z.B. Programmier- oder Eingabefehlern, oder auf technischem Versagen, wie z.B. Fehlern der Hard- oder Software, beruhen.[395] Es war also für die unzulässige Datenverarbeitung im Sinne des § 7 BDSG 1990 unerheblich, ob es sich von vornherein um inhaltlich falsche oder unvollständige Daten handelte oder die Daten erst durch die unrichtige Verarbeitung un-

---

390 Dörr/Schmidt, BDSG, 1997, § 7 Rn. 6; Auernhammer, BDSG, 1993, § 7 Rn. 6.

391 *Simitis*/Dammann/Geiger/Mallmann/Walz, BDSG, 2001, § 7 Rn. 16. Auernhammer, BDSG, 1993, § 7 Rn 5 und Schaffland/Wiltfang, BDSG, 2001, § 7 Rn. 4 hingegen befürworten lediglich die Einbeziehung der Nutzung in die Haftung.

392 *Simitis*/Dammann/Geiger/Mallmann/Walz, BDSG, 2001, § 7 Rn. 17.

393 Auernhammer, BDSG, 1993, § 7 Rn. 5; Gola/Schomerus, BDSG, 1997, § 7 Rn. 3.3.

394 *Simitis*/Dammann/Geiger/Mallmann/Walz, BDSG, 2001, § 7 Rn. 19; Schmidt, Wann haftet der Staat?, 1989, S. 124.

395 Tinnefeld/Ehmann, Datenschutzrecht, 1998, S. 263; Schmidt, Wann haftet der Staat?, 1989, S. 124. A.A. Müller/Wächter, DuD 89, 239 (241 und 242), die der Auffassung sind, dass aufgrund der eingebauten Kontrollmechanismen Hardwarefehler keine Gefahrenquelle darstellen und überdies kritisieren, dass es nicht die automatische Datenverarbeitung sei, die Gefährdungen für das informationelle Selbstbestimmungsrechts darstellten, sondern die Programmierer, die eine Software falsch programmierten. § 7 BDSG 1990 erfasse daher die eigentliche Gefährdungsquelle nicht.

richtig wurden.[396] Es konnte sich auch um richtige Daten handeln, die jedoch im Hinblick auf ihre beabsichtigte Verwendung unvollständig waren und auch durch den Kontextverlust infolge der automatisierten Verarbeitung ein falsches Bild des Betroffenen wiedergaben.[397] Auch Verwechslungen stellten unrichtige Daten gem. § 7 BDSG 1990 dar, soweit der Betroffene einen Schaden dadurch erlitt, dass Daten, die über Dritte eine Aussage trafen, als seine Daten ausgegeben wurden.[398]

(2) Kein Verschulden

Die Haftung der öffentlichen Stelle bestand, ohne dass sie ein Verschulden an der schadensverursachenden Datenverarbeitung traf, so dass es sich bei § 7 BDSG 1990 um einen Tatbestand der Gefährdungshaftung handelte.[399] Bei der Gefährdungshaftung handelt es sich nach deutschem Verständnis um eine verschuldensunabhängige Haftung, die auf einer besonderen, dem Haftenden zuzurechnenden Gefahr beruht.[400] Bei der Datenverarbeitung liegt die besondere Gefahr in den möglichen Verletzungen des Rechts auf informationelle Selbstbestimmung insbesondere durch die dabei eingesetzte Technik, die dem Datenverarbeiter, der ja auch den Nutzen aus dieser Tätigkeit zieht, zuzurechnen ist.[401] Überdies konnte es dem Betroffenen auch angesichts der oft genug selbst für den Verwender nicht nachvollziehbaren Rechenprozesse der datenverarbeitenden Software und der von außen häufig nicht einsehbaren Organisation des Datenverarbeiters nicht zugemutet werden, vollumfänglich für das Verschulden des Datenverarbeiters beweispflichtig zu sein.[402] Fahrlässigkeit oder Vorsatz der öffentlichen Stelle bzw. ihrer Mitarbeiter spielten also keine Rolle. Der Betroffene musste lediglich nachweisen, dass ihm durch die unrichtige oder unzulässige Datenverarbeitung der öffentlichen Stelle ein Schaden entstanden war, ohne darzulegen, was genau die Schadensursache war und wie die Verarbeitung im Einzelnen verlaufen ist.[403] Die Ersatzpflicht konnte im Ergebnis wohl nur entfallen, wenn die öffentliche Stelle nachweisen

[396] Schmidt, Wann haftet der Staat?, 1989, S. 126; nach dem Referentenentwurf konnte sich die öffentliche Stelle noch von ihrer Haftung befreien, wenn sie nachwies, dass die Daten bereits vor ihrer Eingabe unrichtig waren, Lennartz, CR 1988, 686 (686).

[397] Gola/Schomerus, BDSG, 1997, § 7 Rn. 3.4.

[398] *Simitis*/Dammann/Geiger/Mallmann/Walz, BDSG, 2001, § 7 Rn. 19. Anderer Auffassung jedoch LG Aachen, DSB 1991, 22 und im Anschluss daran Dörr/Schmidt, BDSG, 1997, § 7 Rn. 9, da in einem solchen Fall nicht die Daten als solche unrichtig seien, sondern es sich vielmehr um eine Personenverwechslung handele, die nicht vom Schutzbereich des BDSG 1990 umfasst werde. Zum gleichen Ergebnis im englischen Recht, wenn auch mit anderer Begründung, da es sich beim dem Betroffenen nicht um die Person gehandelt hätte, dessen Daten Gegenstand der Datenverarbeitung gewesen wären, siehe Seite 60.

[399] So ausdrücklich § 7 Abs. 1 a.E. BDSG 1990.

[400] Medicus, Jura 1996, 561 (562) mit weiteren Beispielen für eine verschuldensunabhängige Haftung.

[401] So auch die Begründung des Regierungsentwurfes zum § 7 BDSG 1990 BT-Drs. 11/4306 S. 41. Ebenso Schaffland/Wiltfang, BDSG, 2001, § 7 Rn. 5; Dörr/Schmidt,BDSG, 1997, § 7 Rn. 1; Gola/Schomerus, BDSG, 1997, § 7 Rn. 2.2. Brand, CR 1988, 360 (362) verneint das Vorliegen einer für die Gefährdungshaftung typischen Gefahrenlage. Über den Zusammenhang zwischen dem Nutzen der gefahrbringenden Tätigkeit und dem Schaden im Rahmen der Gefährdungshaftung, Medicus, Jura 1996, 561 (563).

[402] *Simitis*/Dammann/Geiger/Mallmann/Walz, BGSG; 2001, § 7 Rn. 21; Auernhammer, BDSG, 1993, § 7 Rn. 2.

[403] *Simitis*/Dammann/Geiger/Mallmann/Walz, BDSG, 2001, § 7 Rn. 21.

konnte, dass der Schaden nicht im Rahmen einer automatischen Datenverarbeitung entstanden war.[404]

(3) Zu ersetzender Schaden

Grundsätzlich wurden nach § 7 BDSG 1990 materielle Schäden ersetzt, unabhängig davon, woraus der Schaden im Einzelnen bestand.[405] Dies bedeutete insbesondere, dass – im Gegensatz zur Regelung im britischen DPA 1984 – im Einzelfall erlittene Vermögensschäden vollständig zu ersetzen waren.[406] Dies war für den Betroffenen vorteilhaft, da es sich neben den immateriellen Schäden vorwiegend um Vermögensschäden handelt, die bei Datenschutzverstößen auftreten. Den Ersatz der immateriellen Schäden regelte § 7 Abs. 2 BDSG 1990. Danach waren immaterielle Schäden nur bei einer „schweren Verletzung des Persönlichkeitsrechts" zu ersetzen. Anders als beim DPA 1984 wurden immaterielle Schäden also auch dann ersetzt, wenn daneben keine weiteren Schäden entstanden waren.[407] Überdies wurde auch nicht weiter unter den immateriellen Schäden differenziert, so dass für alle nichtvermögenswerten Beeinträchtigungen nach § 7 Abs. 2 BDSG 1990 Ersatz zu leisten war. Die Regelung des § 7 Abs. 2 BDSG 1990 entsprach der bis heute geltenden Regelung zum Ersatz von immateriellen Schäden im Zivilrecht: Zum einen besagt § 253 Abs.1 BGB,[408] dass immaterielle bzw. Nichtvermögensschäden nur dann in Geld zu ersetzen sind, wenn dies gesetzlich ausdrücklich vorgesehen ist. Dem wurde durch die Regelung in § 7 Abs. 2 BDSG 1990 Genüge getan. Zum anderen gewährt die Rechtsprechung bei Persönlichkeitsrechtsverletzungen[409] eine Entschädigung für erlittene immaterielle Schäden gem. § 823 Abs. 1 Satz 1 BGB i.V.m. Art. 1 Abs. 1, 2 Abs. 1 GG nur dann, wenn es sich um eine „schwerwiegende Beeinträchtigung des Persönlichkeitsrechts" handelt, die nicht auf andere Weise auszugleichen ist.[410]

In einer Hinsicht stellte § 7 Abs. 2 BDSG 1990 aber ein Novum gegenüber den damals geltenden Grundsätzen des Schadensrechtes dar: üblicherweise wurden im Rahmen einer Gefährdungshaftung wie dem § 7 Abs. 1 BDSG 1990 keine immateriellen Schä-

---

404 *Simitis*/Dammann/Geiger/Mallmann/Walz, BDSG, 2001, § 7 Rn. 22.

405 § 7 Abs. 1 spricht daher pauschal vom „Schaden".

406 *Simitis*/Dammann/Geiger/Mallmann/Walz, BDSG, 2001, § 7 Rn. 22; wohl auch Auernhammer, BDSG, 1993, § 7 Rn. 7 und Schaffland/Wiltfang, BDSG, 2001, § 7 Rn. 8, die beide nur von „materiellen Schäden" sprechen. Ebenso Tinnefeld/Ehmann, Datenschutzrecht, 1998, S. 264.

407 Dörr/Schmidt, BDSG, 1997, § 7 Rn. 10.

408 In Kraft seit dem 01.05.2003. Entspricht § 253 BGB a. F.

409 Ausdrücklich wird das Persönlichkeitsrecht als Schutzgut des § 823 BGB nicht genannt. Seit BGHZ 13, 334 (338) – „Leserbrief" – wird das allgemeine Persönlichkeitsrecht aber als einheitliches umfassendes Recht des Einzelnen auf Achtung seiner Menschenwürde und Entfaltung seiner individuellen Persönlichkeit von der Rechtsprechung anerkannt und als sonstiges Recht i. S. d. § 823 Abs. 1 BGB eingeordnet.

410 Hk-BGB/Staudinger, 2002, § 823 Rn. 112. Ständige Rechtsprechung seit BGHZ 26, 349 (354ff.) „Herrenreiter", die sich anfänglich auf eine analoge Anwendung des § 847 BGB a.F. stützte, der eine billige Entschädigung in Geld, das sog. Schmerzensgeld, für die Verletzung bestimmter dort aufgezählter Rechtsgüter vorsah. Mittlerweile aber wird der Anspruch unmittelbar aus § 823 Abs. 1 Satz 1 BGB i.V.m. Art. 1 Abs.1, 2 Abs. 1 GG hergeleitet, BGHZ 131, 332 (337) – „Caroline I". Auf andere Weise ist ein Ausgleich der Beeinträchtigung des Persönlichkeitsrechts durch Widerruf oder Gegendarstellung möglich.

den ersetzt.[411] Mit dieser Ausnahmeregelung wollte man jedoch dem Umstand Rechnung tragen, dass es sich bei den möglichen Nachteilen, die durch Datenschutzverstöße verursacht werden, vorwiegend um solcher immaterieller Art handelt.[412] Trotz dieser Erkenntnis sah sich der Gesetzgeber nicht daran gehindert, die Entschädigung durch das Erfordernis einer schweren Persönlichkeitsrechtsverletzung einzuschränken, obwohl er – im Gegensatz zur Rechtsprechung, die sich mit ihrer Entschädigung für immaterielle Nachteile bei Persönlichkeitsrechtsverletzungen zumindest in Widerspruch zu § 253 BGB a.F. setzte – an keinerlei einfachgesetzliche Vorgaben im geltenden Recht gebunden war.[413]

Der Rückgriff auf die Grundsätze zur Haftung bei Persönlichkeitsrechtsverletzungen beruhte auf der Tatsache, dass das Recht auf informationelle Selbstbestimmung, dessen Schutz die Regelungen des BDSG 1990 dienten, aus dem Allgemeinen Persönlichkeitsrecht abgeleitet wird.[414] Ob eine schwere Verletzung des Persönlichkeitsrechts vorlag, sollte nach den Umständen des jeweiligen Einzelfalles beurteilt werden. Grundsätzlich galt aber, dass es in Ermangelung eines Verschuldens ausschließlich auf den objektiven Umfang der Beeinträchtigung ankam.[415] Maßgebend war daher zum einen das Ausmaß der Beeinträchtigung des Betroffenen infolge der unrichtigen oder unzulässigen Verarbeitung der Daten in seinem privaten oder beruflichen Bereich, zum anderen, welche Persönlichkeitsbereiche die Daten betrafen.[416] In einem der wenigen Gerichtsurteilen zur Haftung nach § 7 BDSG 1990 wurde die Schwere der Persönlichkeitsverletzung verneint,[417] ein Hinweis darauf, dass es sich bei dem Erfordernis der schweren Persönlichkeitsrechtsverletzung um ein ebenso einschränkendes Merkmal handelte wie die Verknüpfung des *distress* mit einem sonstigen Schaden im DPA 1984.[418]

Unabhängig davon, ob ein materieller oder immaterieller Schaden oder beides eingetreten war, war die Haftung insgesamt, d.h. materielle und immaterielle Schäden zusammengerechnet, auf die Höchstsumme von 250.000 DM (ca. 125.000 €) gem. § 7 Abs. 3 BDSG 1990 begrenzt. Diese Höchstsumme bezog sich auf das schadensstiftende Ereignis, so dass diese Summe unter mehreren Geschädigten, die durch ein und dasselbe Ereignis Schaden erlitten hatten, entsprechend aufzuteilen war.[419] Berück-

411 Teschner, SchlHA 1999, 65 (67); Deutsch, ZRP 2001, 351 (352). Mit der Reform des Schadensrechtes zum 01.05.2003 wurde § 847 BGB a. F. gestrichen und dessen Wortlaut in einen § 253 II BGB überführt. Mit dieser Verschiebung in das allgemeine Schuldrecht und der Klarstellung in einigen Sondergesetzen der Gefährdungshaftung kann auch im Rahmen einer Gefährdungshaftung eine Entschädigung für immaterielle Schäden gewährt werden, wenn eines der in §253 II BGB erwähnten Rechtsgüter verletzt wurde, Wagner, NJW 2002, 2049 (2053).

412 Auernhammer, BDSG, 1993, § 7 Rn. 9.

413 *Simitis*/Dammann/Geiger/Mallmann/Walz, BDSG, 2001, § 7 Rn. 24.

414 BVerfGE 65, 1 (43) – „Volkszählungsurteil". Zur Kritik an dieser engen Verknüpfung von der informationellen Selbstbestimmung mit dem Allgemeinen Persönlichkeitsrecht gem. Art. 1 Abs. 1, Art. 2 Abs. 1 GG, vgl. Simitis/*Simitis*, BDSG, 2003, § 1 Rn. 25 und 34ff.

415 Teschner, SchlHA 1999, 65 (67).

416 Teschner, SchlHA 1999, 65 (67).

417 Vgl. LG Deggendorf, RDV 1993, 188 (189), das sich mit der missbräuchlichen Mitteilung der gespeicherten Vorstrafen des Klägers durch einen Polizeibeamten auseinandersetzte.

418 Siehe Seite 72ff. Wenn hier auch dahingestellt bleiben soll, ob es im britischen Datenschutzrecht tatsächlich infolge dieser Verknüpfung praktisch zu keinen Haftungsfällen gekommen ist.

419 Auernhammer, BDSG, 1993 § 7 Rn. 10.

sichtigt man, dass bei der automatisierten Verarbeitung, bei der häufig eine Vielzahl von Daten über Personen gleichzeitig verarbeitet werden, individuelle Schadensfälle eher selten, vielmehr Serienschäden der Normalfall sind, beschränkte diese Aufteilungspflicht der Haftungshöchstsumme die Möglichkeit der Geschädigten, im Einzelfall den vollen Ausgleich ihrer Schäden zu erlangen.[420]

Die Haftung zahlenmäßig zu begrenzen, entsprach ebenfalls einer typischen Regelungsweise bei der Gefährdungshaftung: Als Ausgleich für die strikte Haftung des Schädigers sollte ein ansonsten unkalkulierbares Haftungsrisiko vermieden werden.[421] Ob allerdings tatsächlich unermesslich hohe Haftungssummen bei der Datenverarbeitung zu befürchten waren, darf bezweifelt werden. Häufig wird der öffentlichen Stelle der Aktionsradius ihrer Datenverarbeitung sehr wohl bekannt sein, und dies auch, wenn finanzielle Belange betroffen sind, so z.B. bei der Datenverarbeitung durch das Finanzamt. Schäden in uferlosem Ausmaß waren also nicht zu befürchten. Überdies waren die Schadensszenarien nicht mit denen zu vergleichen, die z.B. im Falle eines atomaren Unfalls denkbar sind. Obgleich hier eine summenmäßige Begrenzung der Haftung des Betreibers eher sinnvoll erscheint, findet sich überraschenderweise im hierfür geltenden Atomgesetz eine dem § 8 BDSG 1990 vergleichbare Haftungsbeschränkung.[422]

(4) Kausalität

Der Wortlaut des § 7 BDSG 1990 („den daraus entstehenden Schaden") ergibt bereits, dass zwischen unrichtiger Datenverarbeitung und Schaden ein Kausalzusammenhang bestehen musste.[423] Nach der im deutschen Zivilrecht herrschenden Adäquanztheorie darf der Schadenseintritt nach dem regelmäßigen Verlauf des Geschehens nicht so unwahrscheinlich sein, dass er nach der Lebenserfahrung vernünftigerweise außer Betracht bleiben konnte.[424] Die Adäquanztheorie modifiziert so die am Anfang einer jeden Kausalitätsprüfung stehende *conditio sine qua non*-Formel, nach der – ähnlich wie beim englischen *but for*-Test – eine unrichtige Datenverarbeitung gem. § 7 BDSG 1990 kausal war, wenn sie nicht hinweggedacht werden konnte, ohne dass der Schaden entfiele.[425] Ebenso wie beim Zurechnungskriterium der *remoteness* im englischen Recht wird im Rahmen der Adäquanztheorie die objektive Betrachtung aus der *ex ante*-Perspektive angestellt.[426]

Auch wenn es auf den ersten Blick den Anschein hat, dass die Adäquanztheorie allein auf den Grad der Wahrscheinlichkeit des Schadenseintritts abstellt und damit rein naturwissenschaftlichen Erwägungen folgt, legt sie in vielen Fällen doch eine wertende Betrachtung des schadensverursachenden Geschehens ihrer Prüfung zugrunde. So haf-

---

420 *Simitis*/Dammann/Geiger/Mallmann/Walz BDSG, 2001, § 7 Rn. 28.
421 So auch die Begründung des. Regierungsentwurfes zum § 7 BDSG 1990, BT – Drs. 11/4306, S. 42.
422 Vgl. § 31 Abs. 1 Satz 1 AtomG, *Simitis*/Dammann/Geiger/Mallmann/Walz, BDSG, 2001, § 7 Rn. 27.
423 Dörr/Schmidt, BDSG, 1997, § 7 Rn. 8. Gola/Schomerus, BDSG, 1997, § 7 Rn. 2.1. Schmidt, Wann haftet der Staat?, 1989, S. 131.
424 BGHZ 7, 198 (204ff); sowie BGHZ 57, 137 (141).
425 Hk-BGB/*Schulze*, Vor §§ 249-253, Rn. 14. Zur Beurteilung der Kausalität, wenn der Schaden auf mehreren Ursachen beruht, vgl. MüKo-Oetker, 4. Aufl., § 249 Rn. 128ff.
426 Hk-BGB/*Schulze*, Vor §§ 249-253, Rn. 15

tet der Schädiger auch für jeden noch so unwahrscheinlichen Eintritt eines Schadens, wenn ihn die verletzte Norm gerade verhindern will.[427] In Grenzfällen entscheidet letztlich also nicht der Grad der Wahrscheinlichkeit, sondern der Zweck der verletzten Norm – ein rein normatives Kriterium.[428]

In der Rechtsprechung, die zunächst der Adäquanztheorie folgte,[429] wird zunehmend – und damit der deutschen Rechtslehre folgend – der Schutzzweck der Norm als weiteres normatives Zurechnungskriterium herangezogen, um den eingetretenen Schaden dem Schädiger zuzurechnen.[430] Hiernach ist ein Schaden nur dann zu ersetzen, wenn dieser sich als die Verwirklichung der Gefahr darstellt, zu deren Verhinderung der Gesetzgeber die betreffende Norm, gegen die verstoßen wurde, erlassen hat.[431] Dies gilt insbesondere für die verschuldensunabhängige Haftung wie dem § 7 BDSG 1990. Dort besagt die Lehre vom Schutzzweck der Norm, dass sich gerade die besondere Gefahr, um deretwillen die Haftung angeordnet wurde, verwirklicht haben muss. [432] Hier werden Parallelen zum *breach of statutory duty* deutlich, in dessen Rahmen ebenfalls nur der Schaden ersetzt wird, dessen Eintritt die Norm gerade verhindern wollte.[433] Die Unterschiede zwischen Adäquanztheorie und Schutzzweck der Norm sind in ihren praktischen Auswirkungen marginal, da zumeist adäquat verursachte Schäden auch vom Schutzzweck der Norm erfasst werden.[434]

Ebenfalls auf einer wertenden Beurteilung beruhen die Haftungseinschränkungen im Falle eines Schadensereignisses, das erst durch das Hinzutreten anderer Umstände zum Schaden geführt hat (mittelbare Kausalität). Hierunter werden allgemein die Fälle des Eintritts Dritter, des Geschädigten oder eines Naturereignisses in das Schadensgeschehen behandelt. Ähnlich wie im englischen Recht wird auch hier die Kausalkette durchbrochen, wenn diese Zweitursache so bedeutsam ist, dass sie das Verhalten des Schädigers als Erstursache verdrängt. Dies ist nicht der Fall, wenn das Verhalten des Schädigers das Eingreifen des Dritten begünstigt hat.[435] Grundsätzlich haftet der Schädiger jedoch auch im Falle des Hinzutretens von Umständen, die aus der Sphäre des Geschädigten stammen, die Unterbrechung des Kausalverlaufs ist nur in Ausnahmefällen möglich.[436] Dies erfasst insbesondere auch eine besondere Schadensanfälligkeit

---

[427] BGH, NJW 1982, 572 (573). Hier haftete der Notar für einen Beurkundungsfehler, obwohl der Schaden deshalb eingetreten war, weil das Gericht die zwischenzeitliche Heilung des Fehlers verkannt und zu Lasten des Geschädigten entschieden hatte.

[428] MüKo-Oetker, 4.Aufl., § 249 Rn. 112.

[429] Ständige Rechtsprechung seit BGHZ 3, 261 (266ff).

[430] Vgl. nur BGH, NJW 1999, 3203 (3204) sowie MüKo-Oetker, 4.Aufl., § 249 Rn. 119 m.w.N.

[431] BGH, NJW 1999, 3203 (3204).

[432] Medicus, Jura 1996, 561 (565).

[433] Siehe Seite 82f.

[434] Larenz Schuldrecht, Band I § 27 IIIb 2, S. 444. An der Verwirklichung einer vom Schutzzweck der jeweiligen Norm erfassten Gefahr fehlt es, wenn es sich bei ihr um eine solche handelt, die im Rahmen des von der Rechtsordnung anerkannten allgemeinen Lebensrisikos hingenommen werden muss, MüKo-Oetker, 4. Aufl., § 249 Rn. 188.

[435] Hk-BGB/*Schulze*, Vor §§ 249-253, Rn. 19.

[436] Die wichtigsten Fallgruppen, in denen eine solche Ausnahme unter bestimmten Voraussetzungen bejaht wird, sind die Verfolgungsschäden, die Aufwendungen zur Schadensabwendung bzw. – minderung, die Rechtsverfolgungskosten und die sog. Rentenneurose, MüKo-Oetker, 4. Aufl., § 249 Rn. 164ff.

des Geschädigten. Sie befreit den Schädiger nicht von seiner uneingeschränkten Ersatzpflicht.[437]

Die unzulässige oder unrichtige Datenverarbeitung war somit adäquat kausal für den eingetretenen Schaden, wenn dessen Eintritt nach dem gewöhnlichen Lauf der Dinge nicht als so unwahrscheinlich gelten musste, dass er außer Betracht bleiben konnte. Überdies musste der Schaden vom Schutzzweck der jeweils verletzten Datenschutznorm umfasst sein und durfte nicht maßgeblich auf dem Hinzutreten anderer Umstände beruhen, so dass die unzulässige Datenverarbeitung als Erstursache hiervon verdrängt wurde. Der Zweck der jeweiligen Datenschutznorm war der Schutz des Allgemeinen Persönlichkeitsrechts in seiner Ausprägung als das Recht auf informationelle Selbstbestimmungsrecht des Betroffenen vor der Gefahr, die durch die Nichteinhaltung des jeweils postulierten Verhaltens drohte.[438] In dem Schaden musste also gerade speziell diese Gefahr verwirklicht worden sein.

(5) Haftung mehrerer öffentlicher Stellen

Die Absätze 4 und 5 des BDSG 1990 trugen einer Besonderheit der automatisierten Datenverarbeitung durch die öffentliche Verwaltung Rechnung, dem sog. Datenpool. Ein Datenpool kennzeichnet eine zentralisierte Datenverarbeitung, bei der mehrere öffentliche Stellen Zugriff auf die zentral gespeicherten Daten haben. In so einer Situation sollte der Betroffene nicht mit der Aufgabe belastet werden, die konkrete Stelle herauszufinden, die den Schaden verursacht hatte. Er war daher gem. § 7 Abs. 4 BDSG 1990 berechtigt, sich an jede der dem Datenpool angeschlossenen Stellen mit seiner Ausgleichsforderung zu wenden, wenn er „nicht in der Lage war“, die verantwortliche Stelle zu ermitteln.

Die Formulierung „nicht in der Lage“ ließ dabei Raum für unterschiedliche Interpretationen: So wurde dies zum einen in der Weise verstanden, dass § 7 Abs. 4 BDSG 1990 lediglich dann nicht zum Tragen kam, wenn der Betroffene, ohne etwaige Recherchen oder Nachfragen angestellt zu haben, positiv wusste, welche Stelle den Schaden verursacht hatte.[439] Zum anderen wurden durchaus Bemühungen wie z.B. Anfragen bei den zum Datenpool gehörigen Stellen erwartet, deren negatives Ergebnis erst zur Anwendung von § 7 Abs. 4 BDSG 1990 führen sollte.[440] § 7 Abs. 5 BDSG 1990 ordnete überdies die gesamtschuldnerische Haftung der ersatzpflichtigen Stellen an, so dass der Betroffene gem. § 421 Abs. 1 BGB die Ersatzleistung entweder ganz oder anteilig von einer haftenden Stellen verlangen konnte. Bei vollständigem Ausgleich wirkte diese Erfüllung durch eine der Stellen auch für die übrigen Stellen, die untereinander der

[437] Ständige Rechtsprechung seit BGHZ 20, 137 (139).

[438] Vgl. § 1 BDSG 1990. Vgl. auch BGH, NJW 1984, 436. Dort hatte der BGH entschieden, dass jede nach den Vorschriften des BDSG 1990 unzulässige Übermittlung einer Verletzung des Persönlichkeitsrechts darstelle. Anderer Ansicht Born, Schadensersatz, 2001, S. 75, der entgegen der Auffassung des Bundesverfassungsgerichtes die Schutzwürdigkeit personenbezogener Daten nicht nach ihrem Verwendungszweck beurteilt, sondern danach, ob ihr Inhalt sensible Persönlichkeitsbereiche berührt.

[439] *Simitis*/Dammann/Geiger/Mallmann/Walz, BDSG, 2001, § 7 Rn. 31; Gola/Schomerus, BDSG, 1997, § 7 Rn. 4.1.

[440] Dörr/Schmidt, BDSG, 1997, § 7 Rn. 12.

ausgleichenden Stelle ersatzpflichtig waren.[441] Dieses Ausgleichsmodell stellte keineswegs eine besondere Regelung für das Datenschutzrecht dar, § 7 Abs. 5 BDSG 1990 gab vielmehr die im Deliktsrecht geltenden Grundsätze des Ausgleichs mehrerer Schädiger wieder.

(6) Mitverschulden des Betroffenen

Ebenfalls bei Tatbeständen der Gefährdungshaftung üblich ist die Berücksichtigung des Mitverschuldens gem. § 254 BGB, die § 7 Abs. 6 BDSG 1990 anordnete[442]. Dies bedeutete insbesondere, dass ein Schadensersatzanspruch des Betroffenen ganz oder teilweise ausgeschlossen war, wenn die Daten von diesem unrichtig angegeben wurden oder die Aufforderung zur Berichtigung durch den Betroffenen trotz Kenntnis von der Unrichtigkeit unterblieb.[443] Bedenkt man, dass in Sec. 22 DPA 1984 die Haftung erst dann ausgeschlossen war, wenn der Datenverarbeiter die unrichtigen vom Betroffenen erhaltenen Daten auch als so erhalten kennzeichnen musste, war es für die öffentliche Stelle im deutschen BDSG 1990 leichter, in den Genuss dieser Einschränkung der Haftung zu kommen. Sie musste lediglich nachweisen, dass die Daten unrichtig mitgeteilt worden waren. Durch die Verweisung auf § 254 BGB mussten sich die Betroffenen zudem auch das Verhalten ihrer gesetzlichen Vertreter und Erfüllungsgehilfen gem. § 254 Abs. 2 Satz 2 BGB zurechnen lassen.

In einer weiteren Verweisung des § 7 Abs. 6 BDSG 1990 wurde die Verjährung des Schadensersatzanspruches auf die für deliktische Ansprüche gem. § 852 BGB a.F.[444] geltenden drei Jahre beschränkt, gerechnet ab dem Zeitpunkt, ab dem der Betroffene Kenntnis von dem Schaden und von der Person des Verletzten erlangte, spätestens jedoch in 30 Jahren ab dem Zeitpunkt der Begehung der schädigenden Handlung.[445] Die Haftung gem. § 7 BDSG 1990 sollte keineswegs die Haftung der öffentlichen Stellen nach anderen, unter Umständen für den Betroffenen günstigeren Vorschriften ausschließen. § 7 Abs. 7 BDSG 1990 brachte daher zum Ausdruck, dass die Haftung des BDSG 1990 neben den sonstigen Ansprüchen zur Anwendung kam und diese somit lediglich ergänzen sollte. Im Rahmen hoheitlicher Tätigkeiten kam daher ein Anspruch aus Amtshaftung gem. § 839 BGB i.V.m. Art. 34 GG in Betracht, bei fiskalischen Tätigkeiten hafteten die juristischen Personen des öffentlichen Rechts ebenso wie die des Zivilrechts gem. §§ 89, 31 BGB i.V.m. §§ 823ff. BGB für das Handeln ihrer Organe und Vertreter. Bei privatwirtschaftlichen Tätigkeiten war auch ein direkter Anspruch gegen den handelnden Beamten selbst gem. § 839 BGB möglich.

---

[441] § 422 Abs. 1 Satz 1 BGB und § 426 BGB. Grundsätzlich erfolgte der interne Regress der ebenfalls haftenden Stellen zu gleichen Teilen. Möglich war es aber auch, andere Abmachungen unter den öffentlichen Stellen zu treffen, Auernhammer, BDSG, 1993, § 7 Rn. 13; Tinnefeld/Ehmann, Datenschutzrecht, 1998, S. 264.

[442] *Simitis*/Dammann/Geiger/Mallmann/Walz, BDSG, 2001, § 7 Rn. 33.

[443] Dörr/Schmidt, BDSG, 1997, § 7 Rn. 5 und 13.

[444] Die Verjährung der deliktsrechtlichen Ansprüche richtet sich heute nach §§ 195, 199 Abs. 2 und 3 BGB.

[445] Tinnefeld/Ehmann, Datenschutzrecht, 1998, S. 265.

(7) Beweislast

Es galten die üblichen zivilprozessualen Beweislastregeln, nach denen grundsätzlich jeder die seinen Anspruch begünstigenden Tatsachen nachweisen musste.[446] Der Nachweis war erbracht, wenn der Richter zu der vollen Überzeugung gelangte, dass die behauptete Tatsache der wahren Sachlage entspricht.[447] Die überwiegende Wahrscheinlichkeit ihres Vorliegens war hierfür - anders als im englischen Recht - nicht ausreichend. Diese musste vielmehr sehr hoch sein.[448] Angesichts der verschuldensunabhängigen Haftung der öffentlichen Stelle musste der Betroffene also lediglich nachweisen, dass ihm durch eine von dieser durchgeführten unzulässigen oder unrichtigen automatisierten Verarbeitung seiner Daten ein Schaden entstanden war. Wie die Verarbeitung im Einzelnen verlief und wo genau die Schadensursache zu verorten war, musste nicht nachgewiesen werden.[449]

b) Die Haftung der privaten Stellen gem. § 8 BDSG 1990

Trotz des Eindrucks, den die Überschrift auf den ersten Blick erwecken mag, enthielt § 8 BDSG 1990 keine Anspruchsgrundlage für die Haftung der privaten Stellen, sondern lediglich eine Umkehrung der Beweislast zu Gunsten des Betroffenen.[450]

(1) Umkehrung der Beweislast

Machte ein Betroffener einen Anspruch auf Schadensersatz wegen einer unzulässigen oder unrichtigen Verarbeitung geltend, so hatte die private Stelle zu beweisen, dass der Schaden nicht infolge eines von ihr zu vertretenden Umstandes eingetreten war. Ein non liquet hinsichtlich des fehlenden Verschuldens ging also zu Lasten der privaten Stelle als abstrakt Beweispflichtige.[451] Dies galt ebenso für den fehlenden Nachweis,

---

[446] MüKo-Prütting, ZPO, 2. Aufl., § 286 Rn. 109.

[447] MüKo-Prütting, ZPO, 2. Aufl., § 286 Rn. 40.

[448] Dies ist die herrschende Meinung in Rechtsprechung und Literatur. Zur Kritik an der ebenfalls vertretenen Auffassung von der überwiegenden Wahrscheinlichkeit vgl. MüKo-Prütting, ZPO, 2. Aufl., § 286 Rn. 34 und 38f.

[449] Simitis/Dammann/Geiger/Mallmann/Walz, BDSG, 2001, § 7 Rn. 21.

[450] Schaffland/Wiltfang, BDSG, 2001, § 8 Rn. 1; Tinnefeld/Ehmann, BDSG, 1998, S. 260; Gola/Schomerus, BDSG, 1997, § 8 Rn. 1. Anzumerken ist, dass im Rahmen des § 8 BDSG öffentlich-rechtliche Wettbewerbsunternehmen nicht wie eine private Stelle behandelt wurden, obwohl dies an anderer Stelle des BDSG 1990 der Fall war (z.B. §§ 12 Abs. 1, 2 Nr. 1 und 27 Abs. 1 Nr. 2). Dies führte zu der Konsequenz, dass private Kreditinstitute nach den allgemeinen Regeln hafteten, Sparkassen hingegen nach der Gefährdungshaftung des § 7 BDSG 1990, *Simitis*/Dammann/Geiger/Mallmann/Walz, BDSG, 2001, § 8 Rn. 7.

[451] Hiervon zu unterscheiden ist die konkrete Beweisführungslast, die für die jeweilige konkrete Prozesssituation aussagt, wer einen Beweis führen muss, um zu verhindern, dass das Gericht Schlüsse auf das Vorliegen bzw. Nichtvorliegen einer bestimmten Tatsache zieht, Coester-Waltjen, Jura 1996, 608 (608f.); MüKo-Prütting, ZPO, 2.Aufl., § 286 Rn. 101. Bot z.B. die private Stelle für das Nichtvorliegen ihres Verschuldens einen Anscheinsbeweis an, lag die konkrete Beweisführungslast nun beim Betroffenen, der durch den Beweis von Tatsachen, die auf andere Ursachen schließen ließen, den Anscheinsbeweis erschüttern musste, um zu verhindern, dass das Gericht auf der Grundlage des Anscheinsbeweises das fehlende Verschulden bejahte.

dass das Verhalten der privaten Stelle nicht kausal für den eingetretenen Schaden war,[452] eine Erleichterung, die im § 7 BDSG 1990 und im DPA 1984 nicht bestand.[453]

Diese Umkehrung der Beweislast galt bereits vor der Einführung des § 8 in das BDSG 1990 für deliktische Ansprüche. Sie war den Grundsätzen der Rechtsprechung zur Produzentenhaftung entnommen worden, da ebenso wie bei den Produktschäden dem Betroffenen die Organisationsstruktur und Verfahrensweise bei der Datenverarbeitung durch die privaten Stellen meist nicht zugänglich waren und ihm eine entsprechende Nachweispflicht die faktische Durchsetzung seines Ausgleichsanspruches unmöglich gemacht hätte.[454]

Allerdings galt die Beweislastumkehr nur für Schäden, die infolge einer automatisierten Verarbeitung eingetreten waren. Sie erfasste damit nicht, wie der Anwendungsbereich des Gesetzes bei nicht-öffentlichen Stellen gem. § 1 Abs.2 Nr.3 BDSG 1990 grundsätzlich vorsah, die Verarbeitung in oder aus nicht-automatisierten Dateien.[455] Dennoch lag § 8 BDSG 1990 mit seiner Bezugnahme auf die automatisierte Verarbeitung ganz auf der Linie des § 7 BDSG 1990.

Anders als im Rahmen der Produzentenhaftung galt die in § 8 BDSG 1990 angeordnete Beweislastumkehr hingegen für alle Schadensersatzansprüche, also auch für jene aus Vertrag und vorvertraglichen Verhältnissen, während sich die Beweislastumkehr der Produzentenhaftung auf die deliktischen Ansprüche beschränkte.[456]

(2) Die Anwendung der Beweislastumkehr

Dem Betroffenen oblag also nach § 8 BDSG 1990 lediglich der Nachweis, dass eine automatisierte Verarbeitung durch die private Stelle vorlag und dass ein Schaden eingetreten war.[457] Angesichts der fehlenden Durchschaubarkeit von Organisation und Struktur der Datenverarbeitung konnte dem Betroffenen nicht auch noch der Nachweis

---

452 Schaffland/Wiltfang, BDSG, 2001, § 8 Rn. 4.

453 Siehe Seite 83 und Seite 95.

454 *Simitis*/Dammann/Geiger/Mallmann/Walz, BDSG, 2001, § 8 Rn. 2; Auernhammer, BDSG, 1993, § 8 Rn. 7; Geis, CR 1993, 269 (272).

455 Bei nicht-automatisierten Dateien handelte es sich um eine Sammlung personenbezogener Daten, die nach bestimmten Merkmalen geordnet, umgeordnet oder ausgewertet werden konnten, so z. B. Karteikarten, die nach einem festen Schema angelegt waren, so dass ihre Auswertung bzw. Umordnung ohne weiteres möglich war. Vgl. das Beispiel bei Tinnefeld/Ehmann, Datenschutzrecht, 1998, S. 192. Das Kriterium der Datei hatte ausschließlich eine Bedeutung für die manuelle Datenverarbeitung durch die privaten Stellen, indem es die Anwendung des BDSG 1990 gem. § 27 Abs. 2 BDSG 1990 auf Akten beschränkte, die offensichtlich aus einer Datei stammten. Im Gegensatz zur Datenverarbeitung durch die öffentlichen Stellen, in denen das BDSG 1990 ohne Einschränkungen auf die Datenverarbeitung in Akten anwendbar war. Insofern nimmt auch § 7 BDSG 1990 einen nicht unerheblichen Teil der Datenverarbeitung von der Haftung aus.

456 Gola/Schomerus, BDSG, 1997, § 8 Rn. 2.1; *Simitis*/Dammann/Geiger/Mallmann/Walz, BDSG, 2001, § 8 Rn. 14, befürwortete die Anwendung der Beweislastumkehr Im Übrigen auch bei Beseitigungs- und Unterlassungsansprüchen.

457 Für Schäden, die infolge einer manuellen Verarbeitung eingetreten waren, galt diese Beweislastumkehr also nicht. Hier war wohl auf die Beweislastgrundsätze aus der Produzentenhaftung zurückzugreifen, wonach der Geschädigte den Produktfehler, den Schaden und die Ursächlichkeit zu beweisen hatte, der Hersteller (Datenverarbeiter), hingegen nachweisen musste, dass ihn kein Verschulden trifft, Palandt-Sprau, 64. Aufl., 2005, §823, Rn. 183 und 184.

einer unzulässigen oder unrichtigen Verarbeitung zugemutet werden.[458] Die private Stelle musste umgekehrt nachweisen, dass die automatisierte Verarbeitung nicht ursächlich für den Schaden war und dass sie kein Verschulden traf.[459]

Die Anwendung der Beweislastumkehr setzte hier wie bei § 7 BDSG 1990 die unrichtige und unzulässige Verarbeitung der Daten als schädigende Handlung voraus, so diesbezüglich auf die Erläuterungen des § 7 BDSG 1990 verwiesen wird. Gleiches gilt für die im § 7 BDSG 1990 vorkommende ausschließliche Bezugnahme auf die Verarbeitung der Daten und die daraus resultierende Ausgrenzung der Erhebung und Nutzung der Daten.[460] Allerdings konnte die unrichtige und unzulässige Verarbeitung ausdrücklich gem. § 8 BDSG 1990 auch aus dem Verstoß gegen eine Vorschrift resultieren, die nicht im BDSG 1990 enthalten war. Dennoch stand eine Beweislastumkehr hinter der verschuldensunabhängigen Haftung der öffentlichen Stellen gem. § 7 BDSG 1990 zurück, in dem sie den privaten Stellen die Möglichkeit einräumte, sich von der Haftung durch den Entlastungsnachweis vollständig zu befreien.[461]

(3) Der Sorgfaltsmaßstab gem. § 276 BGB a.F.

Welches Maß an Sorgfalt die private Stelle angewandt haben musste, um den Entlastungsnachweis erfolgreich zu führen, richtete sich nach § 276 BGB a.F.[462] Danach handelte fahrlässig, wer die im Verkehr erforderliche Sorgfalt außer Acht ließ. Dies war aus objektiver Sicht zu beurteilen, da sich im Rechtsverkehr jeder darauf verlassen darf, dass der andere die für die Erfüllung seiner Pflichten notwendigen Kenntnisse und Fähigkeiten besitzt.[463] Mit anderen Worten: Die private Stelle konnte sich nicht darauf berufen, dass ihr z.B. für die Einhaltung der erforderlichen Sicherheitsmaßnahmen die notwendige Kenntnis fehlte. Welche Anforderungen im konkreten Fall einzuhalten waren, richtete sich indes nicht zwangsläufig nach dem tatsächlich Üblichen.[464] Vielmehr musste die private Stelle das Maß an Umsicht und Sorgfalt angewandt haben, was aus der Sicht einer besonnenen und gewissenhaften privaten Stelle zu beachten gewesen wäre.[465] Dabei konnte insbesondere auf die Vorschriften des BDSG 1990 zurückgegriffen werden. Überdies musste das eingetretene Schadenser-

---

458 Däubler/Klebe/Wedde, BDSG, 1996, § 8 Rn. 5.

459 Tinnefeld/Ehmann, Datenschutzrecht, 1998, S. 269ff.; Schaffland/Wiltfang, BDSG, 2001, § 8 Rn. 4; Auernhammer, BDSG, 1993, § 8 Rn. 3. A.A. Wind RDV 1991, 16 (23), nach der der Betroffene weiterhin den ursächlichen Zusammenhang zwischen der automatisierten Verarbeitung und dem Schaden nachweisen musste. Dies widerspricht jedoch der mit der Beweislastumkehr verfolgten Erleichterung der Anspruchsverfolgung, da der Betroffene auch für diesen Nachweis einen Einblick in die internen Verfahrensvorgänge der privaten Stelle haben musste, vgl. auch Auernhammer, BDSG 1993, § 8 Rn. 3 und *Simitis*/Dammann/Geiger/Mallmann/Walz, BDSG, 2001, § 8 Rn. 2.

460 Siehe oben C II 2 a (1).

461 Die Gefährdungshaftung auch für die privaten Stellen war zwar Teil des Referentenentwurfes zur Neufassung des BDSG, am Ende der parlamentarischen Beratungen blieb jedoch nur die Beweislastumkehr übrig, Geis, CR 1993, 269 (272). Siehe auch die Kritik von Däubler/Klebe/Wedde, BDSG, 1996, § 7 Rn. 2.

462 Der in der Schuldrechtsreform 2002 geänderte § 276 BGB erfuhr hinsichtlich des hier relevanten Fahrlässigkeitsbegriffes keine Änderung.

463 Vgl. nur BGH, NJW 1988, 909 sowie NJW 2000, 2812 (2813).

464 Palandt/Heinrichs, 64.Aufl., 2005, Rn. 16; BGH, NJW 1986, 1100.

465 Zu berücksichtigen bei der Konkretisierung der Sorgfaltspflicht sind stets die Besonderheiten des Verkehrskreises, in dem der Schädiger tätig wurde, HK-BGB/*Schulze*, § 276 Rn. 13.

eignis durch die private Stelle vorhersehbar und vermeidbar gewesen sein. Den konkreten Schadensablauf im Einzelnen musste für die private Stelle jedoch nicht vorhersehbar gewesen sein.[466]

(4) Die deliktischen Ansprüche auf Ersatz materieller Schäden [467]

In Ermangelung einer eigenen Haftungsnorm für die privaten Stellen innerhalb des BDSG 1990 war auf die allgemeinen zivilrechtlichen Vorschriften zurückzugreifen. Zunächst kam ein Anspruch auf den Ersatz immaterieller Schäden aus § 823 Abs. 1 BGB in Betracht wegen einer Verletzung des Persönlichkeitsrechts, aus dem das Recht auf informationelle Selbstbestimmung, das vorwiegend bei einem Datenschutzverstoß beeinträchtigt wird, abgeleitet wurde. Handelte es sich bei der privaten Stelle um ein Unternehmen, so haftete dieses für das Handeln seiner Organe und verfassungsgemäßen Vertreter aus eigenem Verschulden im Rahmen der sog. Organisationshaftung gem. §§ 823 Abs. 1, 30, 31 BGB.[468]

Für das Verhalten seiner sonstigen Angestellten, derer sich das Unternehmen als Verrichtungsgehilfe bediente, kam eine Haftung des Unternehmens ebenfalls aus eigenem Verschulden gem. § 831 BGB in Betracht.[469] Anders als bei der Organisationshaftung gem. §§ 30, 31 BGB wurde bei § 831 BGB das Verschulden der privaten Stelle und die Kausalität zwischen Sorgfaltspflichtverstoß und eingetretenem Schaden widerleglich vermutet.[470] Die datenverarbeitende Stelle konnte sich jedoch exkulpieren, in dem sie nachwies, dass sie die erforderliche Sorgfalt z.B. bei der Auswahl ihrer Angestellten angewandt hatte. Der datenverarbeitenden Stelle wurde also der Entlastungsbeweis aufgebürdet, ihr Verschulden ansonsten vermutet.[471] Diese gesetzlichen Vermutungen des § 831 BGB oder § 8 BDSG 1990 stellen also besondere Normen der Beweislastverteilung dar, in dem sie von der üblichen Beweislast abweichen.[472]

---

[466] BGH, NJW 93, 2234 m.w.N.

[467] Die vertraglichen bzw. vorvertraglichen Ansprüche des Betroffenen sind nicht Gegenstand dieser Untersuchung.

[468] Der Schaden musste auf Mängel der betrieblichen Organisation, die der Unternehmensführung obliegt, zurückzuführen sein, Wind, RDV 1991, 16 (17f). Dies betraf insbesondere das Versagen technischer Vorrichtungen, wie z.B. Übermittlungsmodalitäten und Sicherungsvorkehrungen.

[469] Das Verschulden betrifft entweder die Auswahl der Verrichtungsgehilfen, die Beschaffung von Arbeitsmitteln oder die Durchführung von Leitungsmaßnahmen, Hk-BGB/*Staudinger*, 2002, § 823 Rn. 1.

[470] Hk-BGB/*Staudinger*, 2002, § 831 Rn. 1.

[471] Bei Großbetrieben wurde diese Exkulpation durch den sog. dezentralisierten Entlastungsbeweis erleichtert, Gola/Schomerus, BDSG, 1997, § 8 Rn. 2.3. Die Entkräftung einer widerleglichen gesetzlichen Vermutung setzt den vollen Beweis ihres Nichtvorliegens voraus, eine gewisse Wahrscheinlichkeit ihres Nichtvorliegens ist nicht ausreichend, MüKo-Prütting, ZPO, 2.Aufl., § 292 Rn. 22.

[472] MüKo-Prütting, ZPO, 2.Aufl., § 292 Rn. 25. Grundsätzlich trägt der Geschädigte als Anspruchsteller die Beweislast für die anspruchsbegründenden Tatsachen, mithin auch für das Verschulden.

Die private Stelle trug also nicht nur im Falle eines Anspruches aus § 823 Abs. 1 BGB das Risiko eines *non liquet*, sondern auch im Falle eines Anspruches aus § 831 BGB.[473] Ein Rückgriff auf § 8 BDSG 1990 war dafür nicht notwendig.

Ebenfalls denkbar war ein Anspruch aus § 823 Abs. 2 BGB i.V.m. der jeweiligen Vorschrift des BDSG 1990, gegen die die private Stelle verstoßen hatte. Aus dem bereits erwähnten § 1 Abs. 1 BDSG 1990 ging hervor, dass es der Zweck des BDSG 1990 war, den Einzelnen vor einer Beeinträchtigung seines Persönlichkeitsrechts durch den Umgang mit seinen personenbezogenen Daten zu schützen, so dass es sich bei sämtlichen Vorschriften des BDSG 1990 um ein Schutzgesetz im Sinne des § 823 Abs. 2 BGB handelte.[474] Der Anspruch aus § 823 Abs. 2 BGB war insbesondere aus dem Grunde für Betroffene vorteilhaft, weil über ihn auch Ersatz primärer Vermögensschäden erlangt werden konnte, die nicht auf eine Verletzung des informationellen Selbstbestimmungsrechts zurückzuführen waren.[475]

Ersatz für Vermögensschäden war auch aus einem Anspruch gem. § 826 BGB möglich. Allerdings setzt § 826 BGB ein vorsätzliches und vor allem sittenwidriges schadensverursachendes Verhalten der privaten Stelle voraus, was auf den ersten Blick wenig vorstellbar erschien. Dennoch konnte gerade die Erteilung falscher Auskünfte – einer der Fallgruppen des § 826 BGB – infolge einer Übermittlung fehlerhafter Daten nicht ausgeschlossen werden, deren Sittenwidrigkeit z.B. dann bejaht werden musste, wenn diese fehlerhafte Übermittlung auf besonderer Leichtfertigkeit beruhte.[476]

Sittenwidriges Verhalten konnte aber auch in der Mitteilung einer Tatsache liegen, die im Interesse des Betroffenen nicht hätte mitgeteilt werden dürfen.[477] Auch hier war die Beweislastumkehr des § 8 BDSG 1990 zu beachten, obgleich unter Berücksichtigung des mit ihr verfolgten Zweckes: Beruhte die Sittenwidrigkeit gerade nicht auf den internen Abläufen der privaten Stelle, sondern vielmehr auf den sonstigen Umständen, in

---

[473] Dies verkennen Wind, RDV 1991, 16 (19f.) und *Simitis*/Dammann/Geiger/Mallmann/Walz, BDSG, 2001, § 8 BDSG, Rn. 25, die beide den Anspruch des § 831 BGB aufgrund seiner Exkulpation als nachteilig gegenüber §§ 30, 31 BGB empfinden; wie hier Auernhammer, BDSG, 1993, § 8 Rn. 6-8. Die Befürchtung also, dass durch einen Rückgriff auf § 831 BGB die durch menschliche Fehler verursachten Schäden eher unkompensiert bleiben als die durch technisches Versagen hervorgerufenen, die nach §§ 30, 31 BGB zu ersetzen gewesen wären, vermag daher nicht zu überzeugen.

[474] Schaffland/Wiltfang, BDSG, 2001, § 8 Rn. 5; *Simitis*/Dammann/Geiger/Mallmann/Walz, BDSG, 2001, § 8 Rn. 26; mit Einschränkungen Geis, CR 1993, 269 (271) und Wind, RDV 1991, 16 (18f.). Wohl auch einschränkend Auernhammer, BDSG, 1993, § 8 Rn. 5; Tinnefeld/Ehmann, Datenschutzrecht, 1998, S. 268; OLG Hamm, NJW 1996, 131 für die §§ 4 und 29 BDSG 1990. Übereinstimmung herrschte wohl dahingehend, dass zumindest die Verarbeitungsvorschriften des BDSG 1990 – sowohl für den öffentlichen Bereich als auch für den privaten Bereich – Schutzgesetze im Sinne des § 823 Abs. 2 BGB waren.

[475] Geis, CR 1993, 269 (271). Im Rahmen des § 823 Abs. 1 BGB sind Vermögensschäden nur dann zu ersetzen, wenn sie eine Folge der Verletzung des informationellen Selbstbestimmungsrechts sind BGB-Hk/*Staudinger*, 2002, § 823 Rn. 141. Allerdings ist ein Verstoß gegen eine Bestimmung des BDSG ohne die gleichzeitige Verletzung des Rechts auf informationelle Selbstbestimmung kaum denkbar.

[476] *Simitis*/Dammann/Geiger/Mallmann/Walz, BDSG, 2001, § 8 Rn. 28; Wind, RDV 1991, 16 (19), die allerdings einwendet, dass in der Mehrzahl der Fälle eine bloß fahrlässige Schädigung vorliegen werde. Zu beachten ist jedoch, dass auch „Angaben ins Blaue hinein" für dolus eventualis ausreichen, vgl. BGH, NJW 1991, 3282 (3283) ebenso für die Haftung nach § 826 BGB aus leichtfertigem Handeln.

[477] Geis, CR 1993, 269 (271).

denen z.B. die Übermittlung der fehlerhaften Daten stattfand, oblag dem Betroffenen für den Nachweis der Sittenwidrigkeit die Beweislast. Gleiches muss wohl auch für den Nachweis gelten, dass die private Stelle die gesamten Schadensfolgen sowie die Art und Richtung des Schadens in ihren Vorsatz mit aufgenommen hatte.[478]

Ebenso in Betracht kam eine Haftung gem. § 824 BGB, nach dem Ersatz für den Schaden zu leisten ist, der aus den Folgen der Verbreitung einer unwahren Tatsache für die Kreditwürdigkeit oder generell die wirtschaftliche Lage resultiert. So verurteilte das OLG Frankfurt ein Kreditinstitut für die bewusst unrichtige Übermittlung sog. Negativmerkmale[479] an die Schufa zum Ersatz des dem Kreditnehmer dadurch entstandenen Schadens gem. § 824 BGB.[480] Auch wenn für das Vorliegen von § 824 BGB fahrlässiges Handeln ausreicht, muss es sich dennoch um eine nachweislich unwahre Tatsache handeln. Anspruchsvoraussetzung war daher im Weiteren, dass die private Stelle die Unwahrheit der Tatsache kannte oder zumindest kennen musste.[481], Die erfolgreiche Erfüllung dieser Voraussetzung wurde sehr unterschiedlich beurteilt.[482] Die Durchsetzung erleichtern konnte jedoch unter Umständen die in § 8 BDSG 1990 angeordnete Beweislastumkehr, nach der die private Stelle nachweisen musste, dass sie kein Verschulden an der Übermittlung der unrichtigen Tatsachen als schädigende Handlung traf, mithin dass sie die Unrichtigkeit nicht kannte oder nicht hätte kennen müssen.

(5) Der deliktische Anspruch auf Ersatz immaterieller Schäden

Auch wenn bislang nur die Rede vom Ersatz der materiellen Schäden durch die privaten Stellen war, bedeutet dies keinesfalls, dass erlittene immaterielle Schäden anders als bei den öffentlichen Stellen durch die privaten Stellen nicht zu ersetzen waren.

Vielmehr galten auch hier wieder die allgemeinen zivilrechtlichen Regelungen, so dass immaterielle Schäden dann zu ersetzen waren, wenn ein Anspruch gem. § 823 Abs. 1 BGB i.V.m. Art.1 Abs. 1, 2 Abs.1 GG wegen einer schwerwiegenden Beeinträchtigung des Persönlichkeitsrechts vorlag, für die kein anderweitiger Ausgleich durch Unterlassung, Beseitigung oder Widerruf zu erlangen war. Für die Haftung privater Stellen kam also unmittelbar jener deliktische Anspruch zur Anwendung, der für die Ersatzpflicht öffentlicher Stellen gem. § 7 Abs. 2 BDSG 1990 als Vorlage diente. Inso-

---

[478] Für den im Rahmen des § 826 BGB erforderlichen Umfang des Vorsatzes vgl. BGH, NJW 1991, 634 (636) m.w.N.

[479] Negativmerkmale sind Angaben über die vertragsgemäße Abwicklung von Geschäftsbeziehungen, z.B. Konkurseröffnung, Mahnverfahren etc. Zu unterscheiden ist zwischen den „harten" Negativmerkmalen, die unter der Beachtung gesetzlicher Verfahrensvorschriften entstanden sind und deshalb einen relativ genau bestimmten Bedeutungsinhalt haben, wie z.B. die Konkurseröffnung, und sog. „weichen" Negativmerkmalen, bei denen immer auch eine subjektive Beurteilung seitens des Kreditgebers eine Rolle spielt, z.B. die Einziehung einer Kreditkarte, Kloepfer/Kutzschbach, MMR 1998, 650 (651).

[480] OLG Frankfurt, RDV 1988, 148 (149).

[481] Geis, CR 1993, 269 (271); *Simitis*/Dammann/Geiger/Mallmann/Walz, BDSG, 2001, § 8 Rn. 27.

[482] Wind, RDV 1991, 16 (19) sieht in § 824 BGB aufgrund des Fahrlässigkeitserfordernisses die gegenüber § 826 BGB vorteilhaftere Anspruchsgrundlage. *Simitis*/Dammann/Mallmann/Geiger/Walz, BDSG, 2001, § 8 Rn. 27 und Geis, CR 1993, 269 (271) hingegen sehen die erfolgreiche Geltendmachung dieses Anspruchs dadurch im Wesentlichen erschwert.

fern soll also für die Anforderungen an eine schwerwiegende Beeinträchtigung des Persönlichkeitsrechts auf die dortigen Ausführungen verwiesen werden.[483]

Jedoch ist zu beachten, dass im Rahmen der Haftung privater Stellen auch subjektive Momente zur Beurteilung der Schwere der Persönlichkeitsrechtsverletzung herangezogen werden konnten, da es sich anders als bei § 7 Abs. 2 BDSG 1990 um eine verschuldensabhängige Haftung handelte. Die Beurteilung eines schwerwiegenden Eingriffs richtete sich nach den konkreten Umständen des Einzelfalls, wobei Anlass und Beweggrund der privaten Stelle und der Grad ihres Verschuldens berücksichtigt wurden.[484]

Die Rechtsprechung bejahte z.B. die schwerwiegende Verletzung des Persönlichkeitsrechts bei der Vornahme von HIV-Tests ohne Einwilligung der Betroffenen.[485] Verneint wurde eine schwerwiegende Persönlichkeitsrechtsverletzung hingegen, als unzutreffende Angaben über eine schlechte Zahlungsmoral und wiederholten Bankrott gemacht wurden, die keine nachteiligen Auswirkungen auf die Kreditwürdigkeit des Betroffenen hatten,[486] ebenso im Falle einer entgegen dem ausdrücklichen Löschungsverlangen des Betroffenen wiederholt erfolgten Verarbeitung der Daten des Betroffenen, selbst nachdem die Löschung gegenüber dem Betroffenen bestätigt worden war.[487]

In den letzten beiden Fällen wird die Subsidiarität des Ersatzes immaterieller Schäden gegenüber anderen Ausgleichsmöglichkeiten wie z.B. der Löschung, Berichtigung oder Sperrung der Daten gem. §§ 20 und 35 BDSG 1990 ebenfalls zur Ablehnung des Schadensersatzanspruches geführt haben: Den Klägern standen auch die Ansprüche auf Unterlassung der Datenweitergabe und Löschung der Daten zu.[488] Der Vorrang anderweitigen Ausgleichs stellte also eine weitere Einschränkung des Schadensersatzanspruches dar.

Auch bei den privaten Stellen war der Ersatz immaterieller Schäden, der überwiegend auftretenden Schadensart bei Datenschutzverletzungen, also mit der Überwindung einer nicht geringen Hürde verknüpft, die mit dem Subsidiaritätserfordernis sogar noch weiterging als bei einer Haftung der öffentlichen Stellen. Und hier galt ebenso: Der Gesetzgeber war nicht an § 253 Abs. 1 BGB gebunden und hat es durch die Einführung einer bloßen Beweislastumkehr versäumt, eine der Gefährdungslage im Datenschutz angemessene Haftung privater Stellen zu schaffen.[489]

---

[483] Siehe Seite 89ff.

[484] Hk-BGB/Staudinger, § 823 Rn. 106.

[485] LG Köln, RDV 1995, 251 (252).

[486] OLG Frankfurt, CR 1989, 19 (20) a.A. *Simitis*/Dammann/Geiger/Mallmann/Walz, BDSG, 2001, § 8 Rn. 32.

[487] AG Kassel, CR 1999, 749 (751), in dem der Beklagten ausdrücklich zu Gute gehalten wurde, dass sie sich um eine Löschung der ohnehin nicht sensiblen Daten „bemüht" hatte.

[488] So ausdrücklich AG Kassel, CR 1999, 749 (750).

[489] *Simitis*/Dammann/Geiger/Mallmann/Walz, BDSG, 2001, § 8 Rn. 33, der aber zu Recht darauf hinweist, dass die Schwere der Beeinträchtigung jedoch bei der Bemessung der Ersatzsumme berücksichtigt werden kann; ebenso Ehmann, CR 1999, 751. A.A. Geis, CR 1993, 269 (270); Auernhammer, BDSG, 1993, § 7 Rn. 9.

(6) Die Haftung mehrerer privater Stellen

Wie bei der Haftung von mehreren öffentlichen Stellen haften mehrere private Stellen als Gesamtschuldner gem. §§ 840, 426 BGB.[490] Nicht nur bei öffentlichen Stellen durch die Datenpools, auch bei privaten Stellen gibt es vernetzte bzw. zentralisierte Informationssysteme. Für letzteres bildet die SCHUFA das beste Beispiel. Eine der Regelung in § 7 Abs. 4 BDSG 1990 vergleichbare Vorschrift fehlte jedoch in § 8 BDSG 1990. Aufgrund der ähnlichen Interessenlage bei der Haftung privater und öffentlicher Stellen und der Tatsache, dass § 7 Abs. 4 BDSG 1990 eine Regelung aufgreift, die sich bereits in § 6 Abs. BDSG 1990 für die Ansprüche auf Berichtigung, Löschung und Sperrung wiederfindet, sprach vieles dafür, § 6 Abs.2 BDSG 1990 analog auch für die Haftung privater Stellen anzuwenden.[491]

(7) Haftungsausschluss durch Verzicht

Ob die Haftung sowohl öffentlicher als auch privater Stellen durch rechtsgeschäftliche Vereinbarung ausgeschlossen oder ob auf die Haftung durch den Betroffenen gar verzichtet werden konnte, wurde uneinheitlich beurteilt. So wurde die für die Sicherung und Implementierung des Datenschutzes wichtige Präventivfunktion der Haftung hervorgehoben, die es verbiete, einen solchen Verzicht oder eine rechtsgeschäftliche bzw. durch AGB vorgenommene Einschränkung zuzulassen.[492]

Andere Autoren bejahten gemäß den allgemeinen Regeln einen vertraglichen Haftungssausschluss für deliktische Schadensersatzansprüche in den Grenzen der §§ 134, 138 und 276 Abs. 2 BGB.[493] Hinsichtlich eines formularmäßigen Haftungsausschlusses stellte man auf das generelle Verbot der unangemessenen Benachteiligung gem. § 9 AGBG[494] ab und hielt lediglich einen vorbehaltlosen Ausschluss aller Schadensersatzansprüche des Betroffenen, die damit grundsätzlich als dispositiv eingestuft wurden, für unzulässig.[495] Soweit lediglich leicht fahrlässig verursachte Schäden ausgeschlossen wurden, war dies nach dieser Auffassung also hinnehmbar.[496]

Dem ist insofern zuzustimmen, als die Präventivfunktion zwar jeglicher Haftung gleich aus welchem Rechtsgrund innewohnt, deren grundsätzliche Abdingbarkeit jedoch nicht zuletzt durch die Regelungen zur Zulässigkeit formularmäßiger Geschäftsbedingungen anerkannt wurde. Das grundsätzliche Verbot der Abdingbarkeit wäre daher nur gerechtfertigt gewesen, wenn die Präventivfunktion der Haftung für den Da-

---

[490] *Simitis*/Dammann/Geiger/Mallmann/Walz, BDSG, 2001, § 8 Rn. 29, der dies auch für die strenggenommen nicht unter § 426 BGB fallende Konstellation fordert, dass ein Kreditinstitut zwar unrichtige Daten übermittelt hat, der Schaden jedoch erst durch die Verarbeitung bei der SCHUFA eingetreten ist. Vgl. dazu OLG Celle, NJW 1980, 347 (349).

[491] *Simitis*/Dammann/Geiger/Mallmann/Walz, BDSG, 2001, § 8 Rn. 37.

[492] *Simitis*/Dammann/Geiger/Mallmann/Walz, BSDG, 2001, § 8 Rn. 41 und 42.

[493] Geis, CR 1993, 269 (272); Müller/Wächter, Der Datenschutzbeauftragte, 1991, S. 294.

[494] Mit der Schuldrechtreform vom 01.01.2002 wurde das AGB-Gesetz in das BGB eingefügt. § 9 AGB findet sich heute in § 307 BGB.

[495] Tinnefeld/Ehmann, Datenschutzrecht, 1998, S. 267.

[496] Geis, CR 1993, 269 (272); Greve, Haftung, S. 263f., Müller/Wächter, Der Datenschutzbeauftragte, 1991, S. 294.

tenschutz im Falle einer auf Vorsatz und grober Fahrlässigkeit beschränkten Haftung ausreichend nicht ausreichend Wirkung entfaltet hätte.

Berücksichtigt man, dass es sich bei den typischerweise eintretenden Schäden um solche immaterieller Art handelt, deren Ausgleich in Geld aufgrund der faktischen Unmöglichkeit ihrer Bemessung größte Schwierigkeiten bereitet und es aus diesem Grund daher von besonderem Interesse ist, dem Eintritt von Schäden vorzubeugen, muss man der Präventivfunktion in der Datenschutzhaftung in der Tat ein besonderes Gewicht einräumen. Überdies ist davon auszugehen, dass es sich in der Mehrzahl der Schadensfälle eben nicht um eine vorsätzliche oder grob fahrlässige Schädigung handelte, sondern um leicht fahrlässiges Verhalten. Ein Ausschluss dieser Verschuldensform hätte daher die Präventivfunktion ins Leere laufen lassen, was jedoch nicht gewünscht sein konnte. Der vollständige Ausschluss der Abdingbarkeit – ob durch Rechtsgeschäft oder durch AGB – war daher zu befürworten.

c) Zusammenfassung

Im Gegensatz zum DPA 1984 war im deutschen BDSG der Haftungstatbestand umfassend: Hier konnte prinzipiell jeder Verstoß gegen eine Norm des BDSG die Haftung auslösen, soweit es sich um eine unzulässige Datenverarbeitung handelte. Allerdings begrenzte auch das BDSG die Anwendung des § 8 BDSG 1990 auf eine automatisierte Datenverarbeitung.

Die Möglichkeiten eines Betroffenen, Schadensersatz für erlittene Schäden zu erhalten, differierten jedoch, je nachdem, ob es sich bei dem Datenverarbeiter um eine öffentliche oder eine nicht-öffentliche Stelle handelte. Im Falle einer unzulässigen Datenverarbeitung durch öffentliche Stellen haftete diese verschuldensunabhängig, der Betroffene musste also ein etwaiges Verschulden nicht nachweisen, was die Chancen auf einen Ausgleich erheblich verbesserten. Im Falle eines Datenschutzverstoßes durch nicht-öffentliche Stellen hingegen musste der Betroffene zwar ebenfalls das Verschulden des Datenverarbeiters nicht nachweisen. Dieser hatte jedoch die Möglichkeit, sich zu exkulpieren, indem er das Fehlen eines Sorgfaltspflichtverstoßes bewies.

Die Richtlinie 95/46/EG des Europäischen Parlamentes und des Rates zum Schutz personenbezogener Daten und zum freien Datenverkehr wurde 1995 verabschiedet.[497] Der Entstehungsprozess der Richtlinie war langwierig und von Kontroversen geprägt:[498] vom ersten Richtlinienvorschlag[499] im Jahr 1990 bis zur endgültigen Annahme der Richtlinie durch den Rat am 25.10.1995 vergingen fünf Jahre. Kennzeichnend für den schwierigen Verlauf der Beratungen ist nicht zuletzt die Tatsache, dass mit dem Beginn der deutschen Ratspräsidentschaft am 01.07.1994 noch für keine einzige der Regelungen im Richtlinienvorschlag eine Einigung gefunden worden war.[500]

Kritik kam sowohl von Staaten, deren Datenschutzregelungen einen eher begrenzten Schutzumfang aufwiesen wie z.B. Großbritannien, aber auch von Staaten wie Deutschland mit einem vergleichsweise hohen Datenschutzniveau. Die Erklärungen waren grundsätzlich diametral. Die Briten befürchteten eine unangemessene Ausweitung der Regelungen und damit eine zu weitgehende Einschränkung der betroffenen Wirtschaftskreise. Die Deutschen wollten eine Abschwächung ihres Schutzniveaus verhindern.[501] So grundverschieden war die Interessenlage jedoch nicht stets: beide Mitgliedstaaten forderten im Laufe des Beratungsprozesses zur Haftung, diese in der Richtlinie als verschuldensabhängig auszugestalten,[502] woran deutlich wird, dass auch die Bundesrepublik nicht nur um die Aufrechterhaltung ihres eigenen, vergleichsweise hohen nationalen Schutzniveaus bemüht war, sondern ebenso um die Gewährleistung der Interessen der Datenverarbeiter.[503]

Ähnlich wie bei den Richtlinien der OECD verfolgte man mit der Richtlinie zwei Ziele: einerseits die Verwirklichung eines gleichwertigen Datenschutzes in allen Mitgliedstaaten, um die Betroffenen angesichts des zunehmenden grenzüberschreitenden Datenverkehrs angemessen schützen zu können, ohne dabei andererseits den Transfer im Sinne eines florierenden Binnenmarktes zu behindern.[504] Dabei wurde die für die Vorbereitung der Richtlinie zuständige Europäische Kommission vergleichsweise spät aktiv, hatte das Europäische Parlament doch bereits in den 70er Jahren den Erlass ent-

---

[497] ABl. Nr. L 281/31 vom 23.11.1995.

[498] Wuermeling, DSB 12/94, 1 (2), DSB 7+8/94, 15 und DSB 11/91, 1f.; Simitis in: Tinnefeld, Informationsgesellschaft, 1995, 51 (59f); Carlin, (1996) 21 E.L.Rev. 65 und Charlesworth, in: Edwards/Waelde (Hrsg.), Law and the Internet, 2000, S. 86.

[499] ABl. Nr. C-277/3 vom 05.11.1990. Die Kommission legte ein sog. „Datenschutzpaket" vor, das neben dem Vorschlag für eine allgemeine Datenschutzrichtlinie unter anderem einen Entschließungsentwurf über die Anwendung der Richtlinie für den öffentlichen Bereich, soweit dieser nicht in den Anwendungsbereich der Richtlinie fiel, eine Erklärung zur Anwendung der Richtliniengrundsätze auf die Organe und Einrichtungen der Europäischen Gemeinschaft sowie den Vorschlag einer Richtlinie zum Datenschutz in digitalen Netzen, siehe dazu Kopp, RDV 1993, 1 (2); Körner-Dammann, RDV 1993, 14.

[500] Heil, in: Kilian (Hrsg.), Data Protection Directive, 1997, S. 39.

[501] Lloyd, Guide, 1998, Rn. 1.10, Weber, DuD 95, 698f.. Siehe auch Pearce/Patten, (1998) 36 Journal of Common Market Studies 529 (533). Großbritannien befürchtete ebenfalls die mit der Umsetzung verbundenen, angeblich sehr hohen Implementationskosten, Ian, Guide, 1998, Rn. 1.19.

[502] Ratsdokument 9345/93 RESTREINT ECO 249 vom 15.Oktober 1993.

[503] Zur Anteilnahme der datenverarbeitenden Wirtschaft am Entstehungsprozess der Richtlinie siehe die Erklärung der Gesellschaft für Datenschutz und Datensicherung e.V. (GDD), DSB 3/92, 17.

[504] Jacob, in Tinnefeld, Informationsgesellschaft, 1995, 93f.; Art. 1 der Richtlinie.

sprechender Regelungen zum Schutz des Einzelnen vor den Gefahren der automatischen Datenverarbeitung gefordert.[505] Auch die Teilnahme an den Arbeiten zur Datenschutzkonvention des Europarates hatte die Kommission zunächst nicht dazu bewegen können, gemeinschaftsrechtliche Datenschutzregelungen zu erlassen. Sie empfahl den Mitgliedstaaten lediglich, die Konvention schnellstmöglich zu zeichnen und zu ratifizieren.[506] In ihrer Empfehlung machte die Kommission zwar bereits deutlich, dass dem Datenschutz Grundrechts-Charakter zuzusprechen sei, und aus diesem Grund ein angeglichenes Datenschutzniveau in den Mitgliedstaaten einen „wichtigen Beitrag zur Verwirklichung von Bürgerrechten auf europäischer Ebene" leiste, der überdies die Barrieren für einen ungehinderten grenzüberschreitenden Datenverkehr abbauen helfe.[507] Zur Erreichung dieses angeglichenen Datenschutzniveaus erachtete sie jedoch die Datenschutzkonvention für ausreichend. Lediglich für den Fall, dass es nicht zu der gewünschten zügigen Zeichnung und Ratifizierung der Konvention komme, kündigte die Kommission den Erlass einer eigenen Regelung an.

Die dann mit dem ersten Vorschlag für eine Datenschutzrichtlinie eintretende Hinwendung der europäischen Kommission zum Datenschutz, nachdem man bislang sein Augenmerk ausschließlich auf die Förderung der Informations- und Kommunikationstechnologie in Europa gerichtet hatte,[508] beruhte wohl auf zwei Gründen: zum einen war die Umsetzung bzw. Ratifizierung der Datenschutzkonvention noch nicht in allen Mitgliedstaaten erfolgt[509], zum anderen wiesen die vorhandenen nationalen Datenschutzgesetze, wie bereits dargestellt, einige Differenzen in ihren Ausgestaltungen auf.[510] Die fehlende Angleichung der nationalen Datenschutzgesetze war indes mittlerweile nicht mehr bloß wünschenswert, sondern geradezu zwingend angesichts der immer näher rückenden Vollendung des europäischen Binnenmarktes. Zudem vollzog sich innerhalb der europäischen Gemeinschaften ein Wandel. Von der wirtschaftlichen Union hin zur politischen Union, die sich dem Schutz und der Gewährleistung der Grundrechte und Grundfreiheiten verpflichtet sah.[511] So war die Beachtung der Grundrechte und Grundfreiheiten als allgemeine Rechtsgrundsätze des ungeschriebenen Gemeinschaftsrechts schon seit längerem Bestandteil der Rechtsprechung des Europäi-

---

[505] Entschließung des Europäischen Parlamentes vom Juni 1979, ABl. Nr. C-140/34.

[506] Empfehlung der Kommission vom 29.Juli 1981 betreffend ein Übereinkommen des Europarates zum Schutz des Menschen bei der automatischen Verarbeitung personenbezogener Daten 81/679/EWG, ABl. Nr. L246/31 vom 29.08.1981. Dass die Konvention keine eigene gemeinschaftsrechtliche Datenschutzregelung ersetzen konnte, erörtert bereits Simitis, RDV 1990, 3 (10f.).

[507] Europäische Kommission, a.a.O.

[508] Siehe nur das Grünbuch der Kommission zur Telekommunikation KOM (87) 290 endg.; vgl. auch Büllesbach, in: Büllesbach (Hrsg.), Datenschutz im Telekommunikationsrecht, 1997, 11 (13f.).

[509] So fehlte es in Belgien, Griechenland, Italien, Spanien und Portugal an Datenschutzgesetzen, Simitis/*Simitis*, BDSG, 2003, Einleitung, Rn.190; Schneider, Handbuch, 2003, S. 240.

[510] Siehe auch Lloyd, Guide, 1998, Rn. 1.9; Pearce/Patten, (1998) 36 Journal of Common Market Studies 529 (532).

[511] Kopp, RDV 1993, 1 (2). Erstmalig ausdrücklich erwähnt wurde der Schutz der Grundrechte und Grundfreiheiten in der Einheitlichen Europäischen Akte vom 17.02.1986 ABl. vom 29.06.1987 Nr. L169/1, später in Art. 2F (heute 6 II) des EU-Vertrages. Nach Wurst, JuS 1991, 448 (452) hätte ein Fortbestehen der ungleichen datenschutzrechtlichen Lage in den Mitgliedstaaten gegen das ebenfalls als allgemeinen Rechtsgrundsatz anerkannte Gebot der Gleichbehandlung verstoßen.

schen Gerichtshofes.[512] Überdies sahen der überwiegende Teil der Mitgliedstaaten in dem Umgang mit personenbezogenen Daten einen Vorgang mit Grundrechtsrelevanz, dem mit entsprechenden Maßnahmen begegnet werden sollte.[513] Nun konnte man sich also nicht mehr dieser Aufgabe entziehen, wenn man sich ihr mit der gebotenen Ernsthaftigkeit widmen wollte: die weitere Untätigkeit hätte die Glaubwürdigkeit der Europäischen Gemeinschaft im Hinblick auf ihren Wandel zu einer umfassenden politischen Gemeinschaft mit gemeinsamen Werten in Frage gestellt.[514]

A) Inhalt der Richtlinie – ein Überblick über die Schutzmechanismen

Im Folgenden soll ein Überblick über die von der Richtlinie gewählten Schutzmechanismen gegeben werden, soweit diese von Relevanz für eine mögliche Schadensersatzhaftung nach der Richtlinie sind.[515] Dabei soll das Augenmerk zunächst auf den Anwendungsbereich der Richtlinie gerichtet werden, da die Beurteilung der Wirksamkeit des von einer Norm gewährten Schutzes nicht zuletzt auch davon beeinflusst wird, wer von diesem Schutz profitiert.

I) Ziel und Zweck der Richtlinie, Art. 1 der Datenschutzrichtlinie[516]

Für das gemeinschaftsrechtliche Regelungsinstrument der Richtlinie ist ihr Ziel von wesentlicher Bedeutung, da gem. Art. 249 Abs. 3 EGV lediglich das Ziel der jeweiligen Richtlinie für die Mitgliedstaaten bindend ist, nicht jedoch Form und Mittel zur Erreichung des Zieles. So benennt Art. 1 ausweisliche seiner Überschrift den Gegenstand der Richtlinie: gem. Art. 1 Abs. 1 ist dies der „Schutz der Grundrechte und Grundfreiheiten und insbesondere der Schutz der Privatsphäre natürlicher Personen bei der Verarbeitung personenbezogener Daten". Wie bereits erläutert, ist dieses Ziel Ausdruck des Wandels der Europäischen Gemeinschaft von einer bloßen Wirtschaftsunion zu einer politischen Union. Die Basis dieser Union bilden die in den Verfassungen der Mitgliedstaaten und in der EMRK geschützten Grundrechte,[517] zu denen auch der Schutz der Privatsphäre gehört.[518]

Dieser ist indes nicht ausschließliches Ziel der Richtlinie, sondern – dies macht bereits der Wortlaut deutlich – der Schutz sämtlicher Grundrechte und Grundfreiheiten. Damit wird der Tatsache Rechnung getragen, dass der Schutz personenbezogener Daten nicht ausschließlich Privatsphärenschutz bedeutet, sondern auch den Schutz anderer Grund-

---

[512] Vgl. EuGH vom 28.10.1975, Rs. 36/75, *Rutili* Slg. 1975, 1219 (1232) und EuGH vom 13.12.1979, Rs. 44/79, *Hauer,* Slg. 1979, 3727 (3745). Siehe auch Beutler, in :Beutler/Bieber/Pipkorn/Streil, Europäische Union, 2001, S. 358ff.

[513] Dammann/*Simitis,* EU-Datenschutzrichtlinie, 1997, Einleitung, Rn. 2.

[514] So bereits Simitis, RDV 1990, 3 (13).

[515] Nicht erörtert werden daher die Kontrolle der Datenverarbeitung durch die nationale Kontrollstelle bzw. den betrieblichen Datenschutzbeauftragten gem. Art. 18ff. sowie die Voraussetzungen für einen Datentransfer in Drittländer gem. Art. 25 und 26.

[516] Die im weiteren genannten Artikel ohne nähere Bezeichnung sind solche der Datenschutzrichtlinie.

[517] Erwägungsgrund 1. Siehe auch Art. F Abs. 2 des EU-Vertrages (Art. 6 EU), in dem erstmalig generell auf die in der EMRK geschützten Grundrechte verwiesen wird.

[518] EuGH, Rs. C-404/92, vom 05.10.1994, *X./Kommission der Europäischen Gemeinschaften,* Slg. I-04737, Rn. 17, in dem erstmalig ausdrücklich das Recht auf Privatsphäre als Gemeinschaftsgrundrecht umfassend anerkannt wurde.

rechte sicherstellt, wie z.B. den des Brief- und Fernmeldegeheimnisses oder der Versammlungsfreiheit.[519] Auch der Schutz der Grundfreiheiten des EG-Vertrages soll durch die Richtlinie gewährleistet werden. Der Schutz wird jedoch nur natürlichen Personen gewährt. Den Mitgliedstaaten steht es allerdings frei, ihre nationalen Datenschutzregelungen auch auf juristische Personen anzuwenden.[520]

Dennoch konnte die – weiterhin Gültigkeit entfaltende – wirtschaftliche Zielsetzung der Europäischen Gemeinschaften nicht außer Acht gelassen werden. Dies schon allein deshalb nicht, weil es an einer ausdrücklichen Kompetenz der Gemeinschaft zum Erlass von Regelungen auf dem Gebiete des Datenschutzes fehlte,[521] aber auch, weil man eben dieses Ziel tatsächlich verfolgte angesichts der Einführung des Gemeinsamen Binnenmarktes 1993, für dessen Verwirklichung auf dem Gebiete des freien Datenverkehrs die Harmonisierung der nationalen Datenschutzgesetze von großer Bedeutung war.[522] Man entschied sich daher nicht nur für ex-Art. 100a EG-Vertrag (Artikel 95 EG) als Kompetenznorm, mit dem Harmonisierungsmaßnahmen zum Zwecke der Verwirklichung des Binnenmarktes eingeführt werden können. Es wurde sogar in Art. 1 Abs.2 eingefügt, dass die Mitgliedstaaten aus Gründen des in Abs. 1 gewährleisteten Schutzes den freien Datenverkehr zwischen den Mitgliedstaaten nicht beschränken dürfen.

Der Grundgedanke dieser Regelung ist ebenso einleuchtend wie zwingend: Werden personenbezogene Daten nach der Umsetzung der Richtlinie und den in ihr enthaltenen Schutzvorkehrungen in allen Mitgliedstaaten gleichermaßen geschützt, gibt es keinen Anlass mehr, den Datenverkehr zwischen den Mitgliedstaaten zu beschränken. Mit anderen Worten: kein Datenschutz ohne freien zwischenstaatlichen Datenverkehr und umgekehrt. Es besteht mithin eine Interdependenz zwischen dem Schutz personenbezogener Daten und dem freien Datenverkehr als den beiden Zielen der Richtlinie, die im Wege der Angleichung der nationalen Rechtsvorschriften verwirklicht werden sollen.[523]

In einer der bisher zwei ergangenen Entscheidungen zur Datenschutzrichtlinie bezeichnet der EuGH den freien Datenverkehr einerseits zwar als „Hauptziel" der Richtlinie, er weist jedoch im gleichen Satz darauf hin, dass die Mitgliedstaaten durch die Richtlinie ebenfalls verpflichtet sind, den Schutz der Grundrechte und Grundfreihei-

[519] *Dammann*/Simitis, EU-Datenschutzrichtlinie, 1997, Art. 1 Rn. 3; zum Verständnis des Datenschutzes als Regelungsmaterie, die die Kommunikationsfähigkeit des Einzelnen gewährleistet, Simitis/*Simitis*, BDSG, 2003, § 1 Rn. 46f.; Kloepfer in: Verhandlungen des 62. DJT D 51f.; Roßnagel/Pfitzmann/Garstka, Modernisierung, S. 40f.; Hoffmann-Riem, in: Bäumler (Hrsg.), Datenschutz, 1998, S. 11ff.

[520] Erwägungsgrund 24. Die unterschiedlichen Ansätze der Mitgliedstaaten hinsichtlich einer Einbeziehung der Daten juristischer Personen wird mittlerweile als zukünftiges Problem in der Durchführung der Richtlinie gesehen, vgl. den Evaluierungsbericht der Kommission zur Durchführung der Richtlinie vom 15.05.2003 KOM (2003) 265 endg. S. 11 Fn. 16.

[521] Zum Streit um die Kompetenz der Europäischen Gemeinschaft zum Erlass der Datenschutzrichtlinie, vgl. Dammann/*Simitis*, EU-Datenschutzrichtlinie, 1997, Einl. Rn. 4.

[522] Erwägungsgrund 7 und 8.

[523] Die Gleichschaltung aller nationalen Datenschutzvorschriften ist mit der Angleichung jedoch nicht beabsichtigt, die Richtlinie nimmt vielmehr gewisse Abweichungen zu Gunsten des Datenschutzes in Kauf (Erwägungsgrund 9). Dies wird mittlerweile als Hindernis auf dem Weg zu europaweit harmonisierten Datenschutzregelungen empfunden, Kuner, DuD 2002, 553 (554).

ten, insbesondere den der Privatsphäre zu gewährleisten.[524] Datenverkehrsfreiheit und Grundrechtsschutz sollen sich also gegenseitig bedingen und begrenzen.

Diese enge Verknüpfung mit dem Schutz der Grundrechte unterstreicht der EuGH auch mit seiner Auffassung, dass der Schutzbereich der Datenschutzrichtlinie eng mit dem Schutzbereich des Art.8 EMRK verbunden sei. So müssten die nationalen Regelungen, die die in der Richtlinie enthaltenen Einschränkungen des Schutzes personenbezogener Daten umsetzen,[525] nach Maßgabe des Art. 8 Abs. 2 EMRK gerechtfertigt, d.h. insbesondere verhältnismäßig sein.[526] Von dem Primärziel des freien Binnenmarktes gegenüber dem Schutz personenbezogener Daten kann also nicht ohne weiteres gesprochen werden. Zuzugeben ist aber, dass die Richtlinie unter bestimmten Voraussetzungen einen Datentransfer in Drittstaaten gem. Art. 26 Abs. 2 zulässt, obwohl diese kein angemessenes Schutzniveau aufweisen.[527]

II) Der Anwendungsbereich der Richtlinie, Art. 3

Der sachliche Anwendungsbereich der Richtlinie erstreckt sich gem. Art.3 auf alle ganz oder teilweise automatischen Datenverarbeitungen sowie auf die manuelle Verarbeitung von personenbezogenen Daten, die in einer Datei gespeichert sind oder werden sollen. Im ersten Richtlinienvorschlag bestand das Dateierfordernis auch für die automatische Datenverarbeitung, dies wurde jedoch auf den Vorschlag des Europäischen Parlamentes aufgehoben.[528] Damit hat die Richtlinie einen weitaus größeren Anwendungsbereich als z.B. die Datenschutzkonvention oder der britische DPA 1984, die sich ausschließlich auf die automatische Datenverarbeitung beschränken. Die Briten widersetzten sich in den Ratsberatungen daher lange der Einbeziehung von manuellen Daten in der Schutzbereich der Richtlinie und erklärten sich erst einverstanden, als ihnen eine 12-jährige Übergangszeit für die Erstreckung der Datenschutzvorschriften auf die manuelle Datenverarbeitung eingeräumt wurde.[529]

Auch wenn auf den ersten Blick mit dem Erfordernis der Speicherung in einer Datei die Anwendung der Richtlinie für manuelle Daten eingeschränkt ist, wird dies in der Praxis angesichts der von der Richtlinie vorgesehenen Definition für eine Datei kaum von Bedeutung sein. So ist es für das Vorliegen einer Datei nach Art. 2 lit. c ausreichend, wenn es sich um eine strukturierte Sammlung personenbezogener Daten han-

---

524 EuGH vom 20.05.2003, verb. Rs. C-465/00, C-138/01 und C-139/01, *Neukomm u.a.*, Slg. 2003, I-04989, Rn. 70.

525 Wie z.B. Art. 6 Abs. 1 lit. c oder Art. 13.

526 EuGH vom 20.05.2003, verb. Rs. C-465/00, C-138/01 und C-139/01, *Neukomm u.a.*, Slg. 2003, I-04989, Rn. 72ff. Soweit der EuGH allerdings den Eindruck erweckt, im Falle der Vereinbarkeit der angegriffenen Norm mit Art. 8 EMRK läge auch kein Verstoß gegen die Datenschutzrichtlinie vor (Rn.91f.), sind Zweifel angebracht. Hinsichtlich der Frage nach der Verhältnismäßigkeit der nationalen Eingriffsnorm mag eine Übertragung auf die Richtlinie in Betracht kommen, davon abgesehen weisen die detaillierten Regelungen der Richtlinie jedoch einen gegenüber Art.8 EMRK weiteren Schutzbereich für personenbezogene Daten auf.

527 Vgl. Kilian, in: Tinnefeld (Hrsg.), Informationsgesellschaft, 1995, S. 98 (104).

528 Brühann, in: GH-III, 2003, A30, Art. 2 Rn. 3.

529 Carlin, (1996) 21 E.L.Rev. 65; zur britischen Haltung vor dem Erlass der Richtlinie siehe auch Skipper, EuZW 1993, 145 (146). Zur näheren Erläuterung der Übergangsregelung im Hinblick auf die Anwendung des DPA 1998 auf manuelle Daten vgl. Jay/Hamilton, Data Protection, 1999, S. 352ff.

delt, die nach bestimmten personenbezogenen Kriterien zugänglich sind.[530] Wie die Strukturierung beschaffen ist, ist unerheblich.[531] Überdies ist es ausreichend, wenn die verarbeiteten Daten über ein einziges gemeinsames Merkmal auffindbar sind.[532] Damit sind grundsätzlich auch Akten vom Anwendungsbereich der Richtlinie erfasst, es sei denn, sie lassen sich nicht nach bestimmten Kriterien strukturieren.[533] Der Dateibegriff der Richtlinie führt daher in der Regel nicht zu einer unterschiedlichen Behandlung von Dateien und Akten.

Diese großzügige Erstreckung des Anwendungsbereiches auf manuelle Daten erscheint sinnvoll, da zum einen die Grenze zwischen der ausschließlich automatischen und ausschließlich manuellen Verarbeitung oft unscharf ist.[534] Zum anderen lassen sich hierdurch Umgehungen durch die Datenverarbeiter verhindern. Zu begrüßen ist auch die Anwendung auf manuell verarbeitete Daten, deren Speicherung in einer Datei bei ihrer Erhebung lediglich beabsichtigt ist. Denn die Erhebung und anschließende Speicherung der Daten stellen letztlich doch einen einheitlichen Verarbeitungsvorgang dar, auf den die Richtlinie gleichermaßen Anwendung finden sollte.[535]

Hervorzuheben ist ferner, dass die Richtlinie nicht zwischen Verarbeitungen im öffentlichen Bereich und solchen im privaten Bereich unterscheidet. Für beide gelten die gleichen Zulässigkeitsvoraussetzungen einer Datenverarbeitung.[536] Die Gleichbehandlung von öffentlichem und privatem Bereich folgte auf einen Änderungsvorschlag des Europäischen Parlamentes und ist angesichts der vergleichbaren Gefährdungslagen für personenbezogene Daten in beiden Bereichen sachgerecht.[537]

---

[530] Brühann, in: GH-III, 2003, A 30 Art. 2 Rn. 15.

[531] Dammann/*Simitis*, EU-Datenschutzrichtlinie, 1997, Einleitung, Rn. 21. Am ehesten denkbar ist eine alphabetische Zuordnung nach Personennamen. Die nähere Bestimmung der anzuwendenden Kriterien bleibt den Mitgliedstaaten überlassen, Erwägungsgrund 27.

[532] Dies steht im Gegensatz zum Dateibegriff des BDSG 1990, der die automatisierte Auswertbarkeit der Datensammlung durch mindestens zwei verschiedene Merkmale verlangte, Tinnefeld/Ehmann, Datenschutzrecht, 1998, S. 191. Zur Diskussion in Deutschland um die Anforderung an den Dateibegriff, siehe Simitis/*Dammann*, BDSG, 2003 § 3 Rn. 81.

[533] Erwägungsgrund 27. Brühann/Zerdick, CR 1996, 429 (430); Brühann, RDV 1996, 12 (15); Mütsch, RDV 1994, 67 (68); Skipper, EuZW 1993, 145 (146); Wind/Siegert, RDV 1992, 118; Simitis, NJW 1997, 281 (288). A.A. Jacob, RDV 1993, 11 (12) und Körner-Dammann, RDV 1993, 14 (16); Bachmeier, RDV 1995, 49 (50); wohl auch Kopp, RDV 1993, 1 (4); Schild, EuZW 1996, 549 (551). Allerdings gewährte das deutsche BDSG 1990 einen weitergehenden Schutz im Falle einer Datenverarbeitung durch eine öffentliche Stelle, da das BDSG 1990 vorbehaltlos auf Akten anwendbar war, Gounalakis/Mand, CR 1997, 431 (435) und Simitis, NJW 1997, 281 (288).

[534] Dies ist z.B. der Fall, wenn Patientendaten sowohl in einer Akte vermerkt als auch auf der Festplatte eines PC gespeichert werden – eine durchaus nicht unübliche Vorgehensweise.

[535] Lütkemeier, DuD 1995, 597 (598). Allerdings könnte es Schwierigkeiten geben bei der Abgrenzung zwischen Daten außerhalb einer Datei, die zu einer Speicherung in einer Datei bestimmt sind, und jenen, die nicht dazu bestimmt sind, Wind/Siegert, CR 1993, 46 (48).

[536] Auch diese Regelung wurde im deutschen Schrifttum kritisiert, Mütsch, RDV 1994, 67 (68); Ehmann/Sutschet, RDV 1997, 3 (5); Wind/Siegert, RDV 1992, 118 (119); wohl auch Rüpke, EuZW 1993, 149 (151).

[537] Vgl. den Geänderten Richtlinienvorschlag, KOM (92) 422 endg. – SYN 287 vom 15.10.1992, S. 2; Körner-Dammann, RDV 1993, 14 (16); Brühann, RDV 1996, 13 (15).

Gemäß Art. 3 Abs. 2 schließt der sachliche Anwendungsbereich der Richtlinie Verarbeitungen aus, die nicht in den Anwendungsbereich des Gemeinschaftsrechts[538] fallen und ausschließlich privater oder persönlicher Natur sind.[539] Das Erfordernis einer Verarbeitung auf dem Gebiet des Gemeinschaftsrechts erscheint geradezu zwingend, wenn man sich nicht dem Vorwurf mangelnder Kompetenz zum Erlass der Regelung aussetzen will.[540] Andererseits hat dies jedoch zur Folge, dass der Datenschutz in so wichtigen, immer mehr an Bedeutung gewinnenden staatlichen Tätigkeitsbereichen, wie der Sicherheits- und der Justizpolitik, zumindest auf europäischer Ebene eher ein Schattendasein führt. Diese datenschutzrechtliche Diskrepanz sah auch die Kommission voraus und schlug deshalb zusammen mit dem ersten Richtlinienvorschlag eine Entschließung vor, in der sich die Mitgliedstaaten dazu verpflichten sollten, gesetzliche Regelungen zu verabschieden, mit denen die Einhaltung der Grundsätze der Datenschutzrichtlinie auch in außergemeinschaftsrechtlichen Bereichen gewährt werden sollte.[541] Der Rat lehnte den Entschließungsantrag ab – bis dato allerdings mit weniger negativen Folgen als befürchtet, da kein Mitgliedsstaat bei der Umsetzung zwischen gemeinschaftsrechtlichen und außergemeinschaftsrechtlichen Bereichen unterschieden hat.[542]

Der EuGH hat zum Anwendungsbereich ebenfalls eine großzügige Haltung eingenommen: so sei es im Hinblick auf die Notwendigkeit einer eindeutigen Abgrenzung des Anwendungsbereichs der Richtlinie unangebracht, in jedem Einzelfall zu prüfen, ob die jeweilige konkrete Tätigkeit den freien zwischenstaatlichen Datenverkehr tatsächlich beeinträchtige.[543] Ausschlaggebend für die Nichtanwendung der Richtlinie gem. Art. 3 Abs. 2 ist vielmehr die Frage, ob es sich bei der betroffenen Tätigkeit um eine spezifisch staatliche handelt.[544]

Der Ausschluss der Anwendung der Richtlinie bei rein persönlichen oder eindeutig familiären Tätigkeiten stellt eine de minimis-Regel dar, der die Annahme zugrunde liegt, dass bei diesen Verarbeitungen in der Regel keine Gefahren für den Betroffenen entstehen.[545] Gleichzeitig ist sie aber auch Ausdruck eines sinnvollen Schutzes der Privatsphäre, für die der Schutz personenbezogener Daten nur einen Teil bildet. Die Anwendung der Datenschutzvorschriften auf nur jede denkbare Verarbeitung würde

---

538 Der Artikel nennt beispielhaft die im Titel IV und V geregelten Tätigkeiten der gemeinsamen Außen- und Sicherheitspolitik, der justiziellen und polizeilichen Zusammenarbeit sowie Tätigkeiten der Mitgliedstaaten auf dem Gebiet der öffentlichen Sicherheit, der Landesverteidigung, der Staatssicherheit und im strafrechtlichen Bereich.

539 Die Veröffentlichung von personenbezogenen Daten im Internet, die dadurch einer Vielzahl von Personen zugänglich gemacht werden, fällt auch dann nicht unter diese Ausnahmeregelung, wenn dies durch eine Privatperson im Rahmen ihrer ehrenamtlichen Tätigkeit geschieht, EuGH vom 6.11.2003, Rs. C-101/01, *Lindqvist*, Slg. 2003, I-12971 2. Ls. und Rn. 45.

540 Eine ausdrückliche Kompetenz der europäischen Gemeinschaft für eine Datenschutzregelung gab es nicht.

541 EG-Kommission, Mitteilung vom 13.09.1990, KOM (90) 314 endg. S. 78.

542 Brühann, in: GH-III, 2003, A30, Art. 3 Rn. 15.

543 EuGH vom 20.05.2003, verb. Rs. C-465/00, C-138/01 und C-139/01, *Neukomm u.a.*, Slg. 2003, I-04989, Rn. 42f..

544 EuGH vom 6.11.2003, Rs. C-101/0,1 *Bodil Lindquvist*, EuZW 2004, 245 (248).

545 Brühann, in: GH-III, 2003, A30 Art. 3 Rn. 14.

nämlich die Entscheidungs- und Partizipationsfähigkeit des Einzelnen, sein Recht, „allein gelassen zu werden", erheblich behindern.[546]

Hinsichtlich des örtlichen Anwendungsbereiches innerhalb der EU ist gem. Art. 4 grundsätzlich maßgebend, in welchem Mitgliedsstaat der Verantwortliche der Datenverarbeitung ansässig ist,[547] im Falle von Niederlassungen in mehreren Mitgliedstaaten gilt das Recht am Ort der Niederlassung.[548]

III) Begrifflichkeiten, Art. 2 der Richtlinie

Die Richtlinie nimmt eine Reihe von spezifischen Begriffsbestimmungen vor, deren Erläuterung es an dieser Stelle bedarf, da auf diese in den einzelnen Regelung zur Zulässigkeit des Umganges mit personenbezogenen Daten Bezug genommen wird.[549]

1) Personenbezogene Daten, Art. 2 lit. a

Allen voran ist der Begriff der „personenbezogenen Daten" gemäß Art. 2 lit. a zu erläutern. Diesem ist – vor allem aufgrund der Intervention des Europäischen Parlamentes[550] – ein weiter Anwendungsbereich zu Grunde gelegt. Erfasst werden alle denkbaren Informationen über eine bestimmte oder bestimmbare natürliche Person. Damit sind insbesondere auch Profile, integrierte Systeme von Geräuschen, Bildern, Zahlenangaben und Texten als auch personenbezogene Bild- und Tondateien erfasst.[551] Eine Person ist bestimmt oder bestimmbar, wenn sie durch die „Zuordnung zu einer Kennziffer oder zu einem oder mehreren spezifischen Elementen, die Ausdruck ihrer physischen, physiologischen, psychischen, wirtschaftlichen, kulturellen oder sozialen Identität sind, direkt oder indirekt identifiziert werden kann" (Art. 2 lit. a). Nicht erforderlich ist, dass die zu einer Identifikation führende Verknüpfung von Daten vom Datenverarbeiter auch beabsichtigt ist. Diese sehr umfassende Definition der Richtlinie weitet indirekt ihren Anwendungsbereich aus, was zu der Kritik führte, die Richtlinie habe eine geradezu feindliche Haltung gegenüber dem Aufbau einer globalen Informationsinfrastruktur.[552]

Eine Person ist nicht mehr bestimmbar und die vorliegenden Daten sind aus diesem Grund anonymisiert, wenn die „vernünftigerweise" zur Bestimmung eingesetzten Mit-

---

[546] Dammann/*Simitis*, EU-Datenschutzrichtlinie, 1997, Einleitung, Rn. 22.
[547] Gounalakis/ Mand, CR 1997, 431 (434).
[548] Art. 4 Abs. 1 lit. a. Zu den unterschiedlichen Umsetzung dieser Bestimmung in den Mitgliedstaaten und die Folgen für Online-Auftritte von Unternehmen, vgl. die Erläuterungen bei Kuner, European Data Privacy Law, 2003, S. 90ff.
[549] Hinsichtlich des Begriffes der „Datei" siehe oben A II.
[550] Vgl. die Änderungen des Europäischen Parlamentes am Wortlaut des Art. 2 lit. a in der 1. Lesung der Richtlinie, ABl. Nr. C 94/173 (175) vom 11.03.1992. Der endgültige und weitaus kürzer gefasste Wortlaut des Art. 2 lit. a erfasst alle vom Parlament einzeln aufgelisteten Informationen, vgl. die Begründung der Kommission zum 2. Richtlinienvorschlag KOM (92) 422 endg. – SYN 287 vom 15.10.1992, S. 9.
[551] Hinsichtlich der Einbeziehung der Bild- und Tondateien siehe den Erwägungsgrund 14 der Richtlinie. Grundsätzlich sollen die Regelungen der Richtlinie technologieneutral gestaltet sein, vgl. den ersten Durchführungsbericht der Kommission zur Richtlinie, KOM (2003) 265 endg. S. 22.
[552] Bervens, Computer Law & Practice, Vol. 11 No. 2, 1995, 38 (39).

tel eine Zuordnung der Daten zu einer Person nicht zulassen.[553] Dieser Maßstab schließt nicht nur den wirtschaftlichen Aufwand ein, sondern verlangt vielmehr eine wertende Gegenüberstellung des wirtschaftlichen und technischen Aufwandes auf der einen und den sich aus der Bestimmung der Person für den Datenverarbeiter ergebenden Vorteilen auf der anderen Seite.[554] Hieraus wird zweierlei deutlich: erstens will die Richtlinie nur natürliche Personen beim Umgang mit ihren Daten schützen,[555] zweitens erstreckt sich der Schutz nicht auf anonymisierte Daten, d.h. jene, die eine Bestimmbarkeit vernünftigerweise nicht mehr zulassen.[556]

2) Verarbeitung, Art. 2 lit. b

Ein weiterer zentraler Begriff, an dem sich jedweder Umgang mit personenbezogenen Daten orientieren muss, ist die Verarbeitung personenbezogener Daten gem. Art. 2 lit. b. Diese meint „jeden mit oder ohne Hilfe automatisierter Verfahren ausgeführten Vorgang oder jede Vorgangsreihe in Zusammenhang mit personenbezogenen Daten". Die Richtlinie nennt in Art. 2 lit. b eine Reihe von spezifischen Verarbeitungsvorgängen, wie das Erheben und Speichern der Daten, ihre Organisation, Aufbewahrung, Veränderung, Weitergabe und Verbreitung, ohne diese Aufzählung als abschließend zu erachten. Der Verarbeitungsbegriff der Richtlinie erfasste also auch die Erhebung der Daten als solche.[557]

Mit dieser ebenfalls sehr umfassenden Begriffsbestimmung wollte man die Regelungen der Richtlinie in erster Linie technikneutral gestalten. Ihre Anwendung sollte unabhängig von den jeweils eingesetzten Verfahren zur Anwendung kommen und dadurch der stets drohenden Inaktualität angesichts neuer Bearbeitungsmethoden entgegenwirken.[558] Überdies werden durch die Richtlinie zusammengehörende Verarbeitungsvorgänge als eine einheitliche Verarbeitung aufgefasst, soweit sie ein und demselben Zweck dienen. Dies hat insbesondere Konsequenzen für die Information des Betroffenen durch den Datenverarbeiter: Dienen die Verarbeitungsvorgänge ein und demselben Zweck, ist der Betroffene auf einmal über sämtliche Vorgänge zu informieren.[559]

---

[553] Erwägungsgrund 26 der Richtlinie.

[554] Brühann, in: GH-III, 2003, A30 Art. 2 Rn. 8.

[555] Soweit in einigen Mitgliedstaaten auch die Daten juristischer Personen geschützt werden, bleiben diese Regelungen von den Bestimmungen der Richtlinie unberührt, vgl. Erwägungsgrund 24.

[556] Die Abgrenzung zwischen anonymisierten und nicht anonymisierten, d.h. zwischen bestimmbaren und nicht bestimmbaren Daten gestaltet sich in der Praxis eher schwierig, vgl. die Erläuterungen in Simitis/*Dammann*, BDSG, 2003, § 3 Rn. 25ff.

[557] Gounalakis/Mand, CR 1997, 431 (436); Weber, CR 1995, 297 (300); Geis, CR 1995, 171 (175f.), Rüpke, ZRP 1995, 185 (189). Die Erfassung der Erhebung der Daten durch den Verarbeitungsbegriff geschah auf einen Änderungsvorschlag des Parlamentes hin, vgl. Begründung des zweiten Richtlinienvorschlages, KOM (92) 422 endg. – SYN 287 vom 15.10.1992, S. 3.

[558] Kopp, RDV 1993, 1 (4); Körner-Dammann, RDV 1993, 14 (16); Schild, EuZW 1996, 549 (550).

[559] Brühann, in: GH-III, 2003, A30, Art. 2 Rn. 12 unter Berufung auf die Meldepflicht des Art.18, nach dem eine Meldung erfolgen muss, bevor eine Verarbeitung **oder** eine Mehrzahl von Verarbeitungen zur Realisierung eines Zweckes durchgeführt wird.

3) Verantwortlicher der Datenverarbeitung, Art. 2 lit. d

In Anlehnung an die Datenschutzkonvention des Europarates bezeichnet die Datenschutzrichtlinie den Adressaten der überwiegenden Bestimmungen der Richtlinie und damit auch den Schadensersatzpflichtigen als den „Verantwortlichen der Datenverarbeitung".[560] Nach Art. 2 lit. d ist Verantwortlicher der Datenverarbeitung „diejenige natürliche oder juristische Person, Behörde, Einrichtung oder jede andere Stelle, die allein oder gemeinsam mit anderen über die Zwecke und Mittel der Verarbeitung von personenbezogenen Daten entscheidet"[561]. Maßgebliches Kriterium ist also die Entscheidungsbefugnis hinsichtlich der mit der Datenverarbeitung verfolgten Zwecke und der dafür eingesetzten Mittel. Nicht verantwortlich und damit keine Normenadressaten sind mithin die Mitarbeiter eines Unternehmens, die lediglich die Anweisungen der Unternehmensleitung ausführen.[562]

Auch im Rahmen dieser Begriffsbestimmung wollte man möglichst technikneutral sein und sich nicht von bestimmten technischen Verarbeitungssituationen beeinflussen lassen. Dies war im ersten Richtlinienvorschlag noch anders: Dort wurden explizit die Vorgänge benannt, über die der Verantwortliche der Datenverarbeitung bestimmen musste, um als solcher zu gelten. Überdies sollte diesem vom jeweiligen nationalen Recht ausdrücklich die entsprechende Entscheidungsbefugnis zugeordnet worden sein.[563]

Wohl um zu vermeiden, dass an dieser Stelle je nach nationalem Recht unterschiedliche Entscheidungsträger benannt wurden, was sowohl dem Harmonisierungsziel der Richtlinie als auch dem Bedürfnis nach Rechtssicherheit zuwider gelaufen wäre, entschied sich der europäische Gesetzgeber, von einer nationalen Legitimation der Entscheidungsbefugnis abzusehen und die Zahl der relevanten Merkmale zur Bejahung einer Entscheidungsbefugnis zu reduzieren.[564] Maßgeblich für die Einstufung als Verantwortlicher der Datenverarbeitung ist demnach die jeweilige Organisationsstruktur der betroffenen Verarbeitung. So wird es nicht immer die Unternehmensführung oder der Behördenleiter sein, der für die jeweilige in Frage stehende Datenverarbeitung verantwortlich ist, sondern es kann sich hierbei auch um die tatsächlich handelnde Einzelperson handeln, der die letzte Entscheidung über den Zweck und die eingesetzten Mittel obliegt.[565]

---

[560] Begründung zu Art. 2 im zweiten Richtlinienvorschlag der Europäischen Kommission, KOM (92) 422 endg. – SYN 287 vom 15.10.1992, S. 10. Überdies entscheidet der Sitz des Verantwortlichen der Datenverarbeitung über das anzuwendende Recht, vgl. Art. 4.

[561] Im folgenden auch Datenverarbeiter genannt.

[562] Schild, EuZW 1996, 549 (555).

[563] Vorschlag der Kommission für eine Richtlinie des Rates zum Schutz von Personen bei der Verarbeitung personenbezogener Daten vom 30.09.1990, KOM (90) 314, S. 3.

[564] Brühann, in: GH-III, 2003, A30, Art. 2 Rn. 19. Die einzige Ausnahme hierzu ist in Abs. 2 geregelt: Handelt es sich um eine Datenverarbeitung, die durch eine Rechtsvorschrift angeordnet wird, ist in der betreffenden Norm der Verantwortliche der Verarbeitung zu bestimmen.

[565] Brühann, in: GH-III, 2003, A30, Art. 2 Rn. 20.

4) Empfänger, Art. 2 lit. g

Ebenfalls von Bedeutung im Rahmen dieser Untersuchung ist der Begriff des Empfängers, da über dessen Person der Datenverarbeiter den Betroffenen z. B. im Rahmen von dessen Auskunftsrecht gem. Art. 12 aufklären oder im Rahmen seiner Informationspflicht gem. Art. 10, 11 informieren muss.[566] Bei dem Empfänger handelt es sich also um „diejenige natürliche oder juristische Person, Behörde, Einrichtung oder jede andere Stelle mit Ausnahme der betroffenen Person, die Daten erhält (...)". Hierbei kann es sich auch um einen sog. Dritten handeln, den die Richtlinie gem. Art. 2 lit. f negativ als denjenigen definiert, der weder Betroffener, noch Verantwortlicher der Datenverarbeitung oder Auftragsverarbeiter[567] ist und nicht von den zwei letzteren zur Datenverarbeitung ermächtigt wurde. Der Kreis der Empfänger also, über die Auskunft erteilt werden muss, erstreckt sich damit nicht nur auf die Personen, die für die Datenverarbeitung verantwortlich sind, dazu beauftragt oder ermächtigt wurden, sondern geht noch darüber hinaus.[568] Empfänger sind daher auch andere Abteilungen innerhalb eines Unternehmens sowie jede andere Behörde, die Daten erhält, auch wenn sie der derselben juristischen Person des öffentlichen Rechts zugeordnet ist.[569]

5) Einwilligung, Art. 2 lit. h

Die Einwilligung ist – in Anlehnung an das deutsche Recht auf informationelle Selbstbestimmung – zentraler Bestandteil einer zulässigen Datenverarbeitung gem. Art. 7 lit a.[570] Anders als im ersten Richtlinienvorschlag vorgesehen, ist die Einwilligung jedoch nicht mehr das wichtigste Kriterium für eine zulässige Datenverarbeitung, sondern gleichrangig neben den anderen in Art. 7 genannten Zulässigkeitskriterien.[571]

Gemäß Art. 2 lit. h ist die Einwilligung „jede Willensbekundung, die ohne Zwang, für den konkreten Fall und in Kenntnis der Sachlage erfolgt und mit der die betroffene Person akzeptiert, dass personenbezogene Daten, die sie betreffen, verarbeitet werden". Die Einwilligung setzt also voraus, dass der Betroffene über die Umstände der Datenverarbeitung im Zeitpunkt seiner Einwilligung informiert ist, diese wird daher

[566] Allerdings besteht die Pflicht zur Information nur, wenn dies „unter Berücksichtigung der spezifischen Umstände, unter denen die Daten erhoben werden, notwendig" ist, Art. 11 Abs. 1. Diese Einschränkung bedeutet allerdings nicht, dass soweit eine Pflicht zur Information nicht bereits im nationalen Recht vorhanden ist Art. 11 nicht zwingend umzusetzen wäre, so aber Weber, CR 1995, 297 (300).

[567] Auftragsverarbeiter ist gem. Art. 2 lit. e diejenige Person, die Daten im Auftrag des für die Datenverarbeitung Verantwortlichen verarbeitet.

[568] Im Gegensatz zum deutschen BDSG 1990, in dem der Begriff des Empfängers synonym für den Begriff des Dritten verwendet wurde, Gounalakis/Mand, CR 1997, 497 (498); Auernhammer, BDSG, 1993, § 3 Rn. 18.

[569] Schild, EuZW 1995, 549 (551); Weber, CR 1995, 297 (300).

[570] Der damalige britische *Data Protection Registrar* vertrat eine etwas andere Auffassung gegenüber dem Konzept der Einwilligung: diese sollte prinzipiell nur in Ausnahmefällen oder dann einschlägig sein, wenn es keine andere (gesetzliche) Grundlage für die Datenverarbeitung gab, 11th Report of the Data Protection Registrar, 1997, Appendix 7, Draft European Union General Directive on Data Protection – Common Position of the Council of Ministers, Rn. 4.5. Siehe dagegen Carlin, (1996) 21 E.L.Rev. 65 (67).

[571] Vgl. die Begründung des Geänderten Richtlinienvorschlages zu Art. 7 EG KOM (92) 422 endg. SYN 287 vom 15.10.1992, S. 17.

gelegentlich auch als „informierte Einwilligung" bezeichnet wird.[572] Erforderlich ist aber an erster Stelle eine positive Äußerung des Betroffenen („Willensbekundung"). Ob diese konkludent oder ausdrücklich erfolgen muss, darüber sagt die Definition nichts aus. Allerdings bestimmt Art. 7 lit. a, dass die Einwilligung „ohne jeden Zweifel" vorliegen muss, um die Verarbeitung personenbezogener Daten für zulässig zu halten. An die Voraussetzungen einer konkludenten Willensäußerung sind also hohe Anforderungen zu stellen, um zu verhindern, dass nicht irgendein beliebiges Verhalten des Betroffenen als Zustimmung gewertet oder sein Schweigen als solche behandelt wird.[573] Des Weiteren sieht Art. 2 lit. h vor, dass die Einwilligung ohne Zwang erklärt werden muss. So selbstverständlich diese Feststellung zunächst erscheint, desto nötiger erscheint sie angesichts der Tatsache, dass in vielen Fällen die Zustimmung nur deshalb erteilt wird, weil dem Betroffenen aufgrund seiner schwächeren sozialen oder wirtschaftlichen Position keine andere Wahl bleibt, als einzuwilligen.[574]

Eine Einwilligung verliert im Übrigen ihren Zweck, wenn sie pauschal für eine Vielzahl von Verarbeitungssituationen erteilt werden kann, so dass der Betroffene letztlich nicht mehr in der Lage ist, die tatsächlich durchgeführten Datenverarbeitungen zu überblicken. Die Richtlinie begrenzt daher die Einwilligung auf die jeweils konkret beabsichtigte Datenverarbeitung. Die erforderliche Kenntnis der Sachlage durch den Betroffenen umfasst alle Umstände, die für den Betroffenen nötig sind, um die aus der Verarbeitung resultierenden Gefahren und Vorteile zu erkennen. Diese Umstände entsprechen im Wesentlichen den Angaben, über die der Verantwortliche der Datenverarbeitung im Rahmen seiner Informationspflichten gem. Art. 10 und 11 informieren muss: die Identität des Verantwortlichen der Datenverarbeitung, den Zweck der Verarbeitung und – soweit erforderlich – die Folgen einer unterlassenen Einwilligung, die dem Betroffenen zustehenden Rechte und den Empfänger bzw. die Kategorien der Empfänger.[575] Über die Form der Einwilligung macht die Richtlinie keine Angaben, so dass sie sowohl mündlich, schriftlich als auch elektronisch erfolgen kann. Im Hinblick auf die Beweislast für das Vorliegen einer Einwilligung, die beim Verantwortlichen der Datenverarbeitung liegt, ist jedoch in deren eigenem Interesse eine irgendwie verkörperte Form der Erklärung sinnvoll.

---

[572] Schild, EuZW 1995, 549 (551).

[573] Wohlgemuth, BB 1996, 690 (693); Brühann, in: GH-III, 2003, A30, Art. 7 Rn. 3, siehe aber auch dessen Erläuterungen in Art. 2 Rn. 7. Für eine ausdrückliche Einwilligung, Tinnefeld/Ehmann, Datenschutzrecht, 1998, S. 215; ebenso Ehmann/Helfrich, Datenschutzrichtlinie, 1999, Art. 2 Rn. 68 „sowohl schriftlich als auch mündlich".

[574] Brühann, in: GH-III, 2003, A30, Art. 2 Rn. 8. Echte Freiwilligkeit fehlt insbesondere im Arbeitsverhältnis, wenn der Arbeitgeber besonders nachdrücklich auf die Erteilung der Zustimmung besteht. Vgl. hierzu Wohlgemuth, BB 1996, 690 (693), der zu Recht anmerkt, dass die Einwilligung als Legimitationsinstrument zumindest für den Bereich der Bewerbung auf einen Arbeitsplatz wenig Wirkung entfalten wird. Wohl kaum ein Bewerber wird seine Zustimmung zu einer Datenverarbeitung verweigern, aus Angst, seine Chancen auf die Stelle zu verringern.

[575] Ehmann/Helfrich, Datenschutzrichtlinie, 1999, Art. 2 Rn. 70. Insofern fällt die Informationspflicht gem. Art. 10 bei einer Erhebung der Daten direkt beim Betroffenen mit der Erfüllung des Merkmals der Kenntnis der Sachlage gem. Art. 2 lit. h zusammen.

IV) Grundsätze einer rechtmäßigen Datenverarbeitung

Kernstück der Richtlinie ist das Kapitel 2, das – in mehrere Abschnitte unterteilt – die Bedingungen für die Rechtmäßigkeit der Datenverarbeitung festlegt, die gem. Art. 5 von den Mitgliedstaaten gemäß diesen Vorgaben genauer ausgestaltet werden sollen. Adressat dieser Verarbeitungsanforderungen aus Kapitel 2 der Richtlinie ist der Verantwortliche der Datenverarbeitung.

1) Mindest- oder Maximalharmonisierung, Art. 5

Die Formulierung des Art. 5 hat insbesondere im deutschen Schrifttum zu einer breiten Diskussion darüber geführt, ob die Richtlinie es den Mitgliedstaaten erlaube, ein höheres Schutzniveau als von der Richtlinie vorgesehen einzuführen bzw. beizubehalten. Anders gesagt: für die einen sieht die Richtlinie einen Mindeststandard vor, den die Mitgliedstaaten in ihren nationalen Regelungen überschreiten dürfen, für die anderen legt sie bereits den Maximalstandard fest, vom dem durch die Mitgliedstaaten nicht abgewichen werden darf.[576]

Hierbei handelt es sich wohl insbesondere um eine deutsche Diskussion, die aus der Befürchtung entsprang, im Rahmen des durch die Richtlinie ausgelösten Harmonisierungsprozesses von dem im europäischen Vergleich hohen Schutzniveau abkehren zu müssen.[577] Dennoch enthielt sie einen von nationalen Befindlichkeiten losgelösten Kern: Im Sinne eines auch von der Richtlinie angestrebten „hohen Schutzniveaus“[578] ist es entscheidend für die nationalen Gesetzgeber, auf die weiteren insbesondere technischen Entwicklungen angemessen reagieren zu können, ohne vorher ein Tätigwerden der Gemeinschaft abwarten zu müssen.[579]

Dieses Bestreben muss jedoch mit dem Ziel der Harmonisierung in Einklang gebracht werden, welches durch vielfältige gesetzgeberische Alleingänge der Mitgliedstaaten gefährdet werden würde.[580] So kann der Erwägungsgrund 9, der immer wieder als Ar-

---

[576] Siehe die Erörterungen für einen Mindeststandard der Richtlinie bei Bachmeier, RDV 1995, 49 (50f.); Simitis, NJW 1997, 281 (282); ders., in: Tinnefeld (Hrsg.), Informationsgesellschaft, 1995, S. 51 (66f.); Jacob, in: Tinnefeld (Hrsg.), Informationsgesellschaft, 1995, S. 93 (95); Gounalakis/Mand, CR 1997, 431 (432f); Weber, CR 1995, 297 (298); dies., DuD 1995, 698; Körner-Dammann, RDV 1993, 14 (19); Wohlgemuth, BB 1996, 690 (691) für den Bereich des Arbeitnehmer-Datenschutzes; Dammann/*Simitis*, EU-Datenschutzrichtlinie, 1997, Einleitung, Rn. 10; Simitis/*Simitis*, BDSG, 2003, Einleitung Rn. 200. Vgl. aber auch die Befürworter eines Maximalstandards – Geis, CR 1995, 171 (177); Ehmann/Helfrich, Datenschutzrichtlinie, 1999, Einleitung Rn. 13; Lütkemeier, DuD 1995, 597 (598); Wuermeling, DB 1996, 663 (670); ders., DSB 1995/9, 6f; Kopp, RDV 1993, 1 (3 und 10); Brühann, in: G/H-III, 2003, A30, Vorbem. Rn. 45.

[577] Bachmeier, RDV 1995, 49 (50); Weber, DuD 1995, 698; 14.TB des BfD, 1993, S. 160. Hintergrund dieser Diskussion ist die Tatsache, dass die Ermächtigungsgrundlage der Richtlinie, Art. 100 EGV (Art. 95 EG), nicht zwingend die vollständige Harmonisierung der nationalen Rechtsvorschriften voraussetzt, EuGH vom 29.02.1984, Rs. 37/83, *REWE*, Slg. 1984, 1229 (1249), sondern auch lediglich Mindestvorschriften enthalten kann, die es den Mitgliedstaaten ermöglicht, für ausschließlich nationale Sachverhalte strengere Regelungen vorzusehen, Langeheine, in: GH-I, Alt, 2002, Art. 100 EGV Rn. 58.

[578] Erwägungsgrund 10.

[579] Dammann/*Simitis*, EU-Datenschutzrichtlinie, 1997, Einleitung Rn. 10; 14. TB des BfD, 1993, S. 160.

[580] Lütkemeier, DuD 1995, 597 (598).

gument für einen Mindeststandard der Richtlinie herangezogen wird, nur beschränkt als solches dienen: Die dort ausdrücklich hingenommene Diskrepanz nationaler Datenschutzregelungen wird nur für den speziellen Bereich der „Durchführung der Richtlinie von den Betriebs- und Sozialpartnern" gewährt.[581] Auch beschränkt sich das in Art. 5 angesprochene Recht[582] der Mitgliedstaaten zur näheren Ausgestaltung der Verarbeitungsregelungen ausdrücklich auf dieses Kapitel der Richtlinie und lässt keinen Raum für eine Anwendung in anderen Regelungsbereichen der Richtlinie. Art. 5 räumt daher den Mitgliedstaaten lediglich den erforderlichen Spielraum für die Anpassung der Verarbeitungsbestimmungen z. B. im Hinblick auf die bereichsspezifischen Datenschutzregelungen ein.[583]

Dennoch gibt es über Art. 5. Abs. 2 hinaus an etlichen weiteren Stellen Gestaltungsspielräume der Mitgliedstaaten.[584] Diese ausdrückliche Einräumung von Umsetzungsspielräumen war schon allein deshalb erforderlich, weil die Richtlinie sehr detaillierte Regelungen aufweist, die den Mitgliedstaaten praktisch keinen Spielraum belassen.[585] Dennoch können diese Umsetzungsspielräume ebenfalls nicht Beleg für den Mindeststandard der Richtlinie dienen. Soweit sie zugunsten der Betroffenen eröffnet werden,[586] stellt die Richtlinie insofern den Mindeststandard dar, als dass ihre Anforderungen an die Verarbeitung in jedem Fall von allen Mitgliedstaaten gewährleistet werden sollen.[587] Soweit den Mitgliedstaaten hingegen die Möglichkeit gegeben wird, von den Regelungen insofern abzuweichen, wenn z.B. die Verarbeitungsanforderungen erleichtert oder das Auskunftsrecht eingeschränkt werden, können diese Spielräume hingegen nicht als Beleg für einen Mindeststandard dienen, da diese einen geringeren Schutz gewähren als die Richtlinie grundsätzlich vorsieht.

Andererseits hat sich die Richtlinie ausdrücklich einem „hohen Schutzniveau" verschrieben.[588] Dies hat auch der EuGH jüngst bestätigt: Die Richtlinie 95/46/EG beabsichtige eine umfassende Harmonisierung unter Berücksichtigung eines hohen Schutzniveaus, das jedoch gleichzeitig den freien Datenverkehr gewährleiste.[589] Diese Harmonisierung dürfe jedoch nicht nur der Sicherstellung des Schutzes personenbezogener Daten dienen, sie müsse auch dem anderen Ziel der Richtlinie – dem freien Datenverkehr – gerecht werden. Folglich haben die Mitgliedstaaten diese Spielräume unter Wahrung dieses Gleichgewichts zwischen dem Schutz der Privatsphäre und dem freien Verkehr von personenbezogenen Daten auszugestalten.[590] Mithin muss auch die Haf-

---

[581] Wuermeling, DB 1996, 663 (671). Die Erwägungsgründe sind zwar Teil einer Richtlinie, gehören aber nicht zum eigentlichen Rechtstext und können daher zwar Hinweise zum möglichen Inhalt der Norm geben, auf die sie sich beziehen. Eigene Rechte oder Pflichten begründen sie jedoch nicht, Anweiler, Auslegungsmethoden, 1997, S. 255. Ihre besondere Bedeutung für die Auslegung einer Richtlinienbestimmung hebt Lutter, JZ 1992, 593 (600) hervor.

[582] Genau genommen handelt es sich hierbei um eine positive Pflicht der Mitgliedstaaten zur näheren Ausgestaltung, Brühann, in: GH-III, 2003, A30, Art. 5 Rn. 4.

[583] Wuermeling, DSB 1995, 6; Kopp, RDV 1993, 1 (10).

[584] Z.B. Art. 8 Abs. 4, 5 und 7, Art. 13 oder Art. 21 Abs. 3 Satz 2.

[585] Vgl. nur Art. 25 und 26 sowie Art. 28 der Richtlinie.

[586] Z.B. in Art. 10 und 11: „zumindest".

[587] Eine Richtlinie kann sowohl Mindestnormen enthalten, als auch Regelungen, die eine vollständige Harmonisierung vorsehen, Langeheine, in: GH-I, Alt, 2002, Art. 100 EGV, Rn. 58.

[588] Brühann, in: GH-III, 2003, A30 Vorbem. Rn. 45; Erwägungsgrund 10 der Richtlinie.

[589] EuGH vom 6.11.2003, Rs. C-101/01, *Lindqvist*, Slg. 2003, I-12971, Rn. 96.

[590] EuGH vom 6.11.2003, Rs. C-101/01, *Lindqvist*, Slg. 2003, I-12971, Rn. 97.

tung des Datenverarbeiters, so sich in ihrem Rahmen Spielräume für die Mitgliedstaaten eröffnen, der Balance zwischen diesen beiden Zielen gerecht werden.

2) Anforderungen an die Qualität der Daten, Art. 6

In Anpassung an die Begriffsbestimmungen und den erweiterten Anwendungsbereich greift Art. 6 der Richtlinie greift im Wesentlichen die Datenschutzprinzipien des Art. 5 der Datenschutzkonvention des Europarates auf.[591] Die Übernahme dieser Datenschutzprinzipien beruhte auf der Überlegung, mit diesen eine gemeinsame Basis für alle weiteren Harmonisierungsmaßnahmen zur Verfügung zu stellen, da alle Mitgliedstaaten der Gemeinschaft auch Vertragsstaaten der Datenschutzkonvention waren. Überdies werden die eher allgemein gehaltenen Prinzipien des Art. 6 durch die weiteren Verarbeitungsanforderungen der Art. 7 und 8 ergänzt.[592]

Auch wenn sich auf den ersten Blick diese Aufteilung in Datenschutzprinzipien und Anforderungen an die Rechtmäßigkeit der Datenverarbeitung nicht sinnvoll erklären lässt: Sie ist ein Paradebeispiel für die der Richtlinie zugrundegelegte Gesetzgebungsmethode, die bereits bestehenden Datenschutzregelungen, soweit sie sich als sinnvoll erwiesen haben oder von einem Mitgliedsstaat besonders nachhaltig verfochten wurden, miteinander zu verknüpfen.[593]

Gemäß Art. 6 Abs.1 lit. a sind die Daten nach Treu und Glauben sowie rechtmäßig zu verarbeiten. Das Treu und Glauben-Prinzip stellt eine Auffangklausel dar, mit deren Hilfe auch beim Fehlen einer einschlägigen gesetzlichen Regelung eine Datenverarbeitung als unzulässig qualifiziert werden kann.[594] Beispielhaft wird – ähnlich wie bei der Datenschutzkonvention – als Ausdruck des Treu und Glauben-Prinzips angeführt, dass die Daten nicht heimlich verarbeitet – insbesondere erhoben – werden dürfen.[595] Dieser Grundsatz wird insbesondere durch das in Art. 10 und 11 geregelte Informationsrecht der betroffenen Person präzisiert und gewährleistet.[596] Das Gebot der rechtmäßigen Verarbeitung verweist auf die Verarbeitungsanforderungen in Art. 7 und 8.

Wesentlich bedeutsamer ist der Zweckbindungsgrundsatz gem. Art. 6 Abs. 1 lit. b und c. Die Daten dürfen nur zu ausdrücklich vor der Erhebung und weiteren Verarbeitung eindeutig festgelegten Zwecken verarbeitet werden, an die sie während sämtlicher Verarbeitungsphasen gebunden sind.[597] Die Zwecke müssen für den Betroffenen erkennbar und nachvollziehbar sein, was sich insbesondere in der in Art. 11 bestimmten Pflicht zur Information über die Zweckbestimmung manifestiert und Voraussetzung für eine wirksame Einwilligung ist.[598] Aus diesem strengen Zweckbindungsgrundsatz

---

[591] Begründung des Geänderten Richtlinienvorschlages zu Art. 6, EG KOM (92) 422 endg. – SYN 287 vom 15.10.1992, S. 15.

[592] Brühann/Zerdick, CR 1996, 429 (432) sprechen von einer „Doppelprüfung".

[593] Die Übernahme einzelner nationaler Regelungsmechanismen, ohne nach deren Effizienz zu fragen, wurde bereits früh von Simitis kritisiert, *Simitis*/Dammann/Geiger/Mallmann/Walz, BDSG, 2001, § 1 Rn. 157.

[594] *Damann*/Simitis, EU-Datenschutzrichtlinie, 1997, Art. 6 Rn. 3.

[595] Begründung des Geänderten Richtlinienvorschlages zu Art. 6, EG KOM (92) 422 endg. – SYN 287 vom 15.10.1992, S. 15.

[596] Erwägungsgrund 38.

[597] Brühann, in: GH-III, 2003, A30, Art. 6 Rn. 10.

[598] Schild, EuZW 1996, 549 (551).

folgt zudem, dass im Falle einer Zweckänderung die Daten nicht in einer mit der ursprünglichen Zweckbestimmung nicht zu vereinbarenden Weise verarbeitet werden dürfen.[599] Dies gilt auch dann, wenn die mit dem geänderten Verwendungszweck verfolgte Verarbeitung an sich rechtmäßig wäre.[600]

Berücksichtigt man, dass das Kriterium der Vereinbarkeit nur dann erfüllt ist, wenn der geänderte Verwendungszweck mit dem ursprünglichen eine gewisse Verbundenheit aufweist, ist mithin eine völlige Loslösung vom Ursprungszweck nicht statthaft.[601]

Diese im Gegensatz zum damaligen BDSG 1990 weitaus strengere Zweckbindung wurde von Interessenverbänden der deutschen Wirtschaft bereits im Rechtssetzungsverfahren heftigst kritisiert: Sie führe zu einer „Knebelung der Wirtschaft", da die planerische Weiterentwicklung eine ungebundene Zweckänderung geradezu voraussetze.[602]

Art. 6 Abs. 1 lit. c bestimmt zudem, dass die Daten für die festgelegten Zwecke erheblich sind und nicht über diese hinausgehen dürfen. Dies entspricht dem Erforderlichkeitsgrundsatz im deutschen Datenschutzrecht und schließt Datenerhebungen und -sammlungen auf Vorrat ebenso aus[603] wie den erneuten Rückgriff auf zu anderen Zwecken erhobene Daten.[604] Konsequenz dieser Erforderlichkeit der erhobenen Daten für den Verwendungszweck ist die Löschung der Daten nach dem Wegfall ihres Verwendungszweckes.[605]

Die Daten müssen überdies gem. Art. 6 Abs. 1 lit. d stets sachlich richtig und aktuell sein. Daraus resultiert eine kontinuierliche Pflicht des Datenverarbeiters, die Daten auf ihre Vollständigkeit und Aktualität hin regelmäßig zu überprüfen.[606] Im Falle der Unrichtigkeit bzw. Unvollständigkeit der Daten sind geeignete Maßnahmen der Berichtigung oder Löschung der Daten zu treffen. In einer weiteren besonderen Ausprägung des Zweckbindungsgrundsatzes bestimmt Art. 6 Abs. 1 lit. e eine maximale Aufbewahrungsdauer der personenbezogenen Daten bis zum Zeitpunkt der Verwirklichung der festgelegten Zwecke. Eine weitere Aufbewahrung der Daten nach diesem Zeitpunkt ist nur in anonymisierter Form zulässig.

Die ausnahmslose Löschung oder Anonymisierung der Daten nach dem Wegfall des Verwendungszweckes hätte jedoch nachteilige Folgen für historische wissenschaftliche oder statistische Arbeiten gehabt, die auf personenbezogene Daten für ihre Zwecke häufig angewiesen sind und diese nicht stets selbst erheben können. Gemäß Art. 6 Abs. 1 lit. e gilt daher eine Weiterverarbeitung zu diesen Zwecken nicht als unvereinbar mit dem Ursprungszweck, vorausgesetzt, das nationale Recht sieht geeignete Ga-

---

599 Lütkemeier, DuD 1995, 597 (599).
600 Gounalakis/Mand, CR 1997, 431 (436).
601 Lütkemeier, DuD 1995, 597 (599); Wind/Siegert, CR 1993, 46 (49). A.A. Wuermeling, DB 1996, 663 (665), der die Regelung des lit. b als unscharf und keinen klaren Auftrag für den nationalen Gesetzgeber beinhaltend kritisiert.
602 Vgl. die Erklärung der Gesellschaft für Datenschutz und Datensicherung e.V. (GDD) gegenüber den deutschen Abgeordneten des Europäischen Parlamentes zum ersten Richtlinienentwurf, abgedruckt im DSB 1992, 17 (19).
603 Schild, EuZW 1996, 549 (551f.).
604 Simitis, NJW 1997, 281 (285).
605 Schild, EuZW 1996, 549 (552).
606 Brühann, in: GH-III, 2003, A30 Art. 6 Rn. 14.

rantien zum Schutz des Betroffenen vor. Erwägungsgrund 29 nennt hier beispielhaft den Ausschluss der Verwendung der Daten für Entscheidungen oder Maßnahmen gegen den Betroffenen.[607] Aus dem grundsätzlichen Gebot der Rechtmäßigkeit der Daten folgt überdies, dass auch die wissenschaftlichen und statistischen Verwendungszwecke rechtmäßig sein müssen.

3) Verarbeitungsgrundsätze, Art. 7

Art. 7 geht wie das deutsche Datenschutzrecht von einem Verbot mit Erlaubnisvorbehalt aus: Grundsätzlich ist die Datenverarbeitung unzulässig, es sei denn, sie erfüllt eines der in Art. 7 aufgeführten Kriterien.[608] Die genannten Kriterien sind dabei gleichrangig und bereits die Verwirklichung eines dieser Kriterien führt zur Rechtmäßigkeit der betreffenden Datenverarbeitung. Neben dem Vorliegen der Voraussetzungen des Art. 7 sind jedoch auch die Anforderungen des Art. 6 und gegebenenfalls des Art. 8 zu prüfen.

Eine Datenverarbeitung ist zunächst zulässig, wenn der Betroffene ohne Zweifel in sie eingewilligt hat, Art. 7 lit. a.[609] Das Tatbestandsmerkmal „ohne Zweifel" erschwert die Zulässigkeit konkludenter Einwilligungen. Sie werden jedoch als ausreichend anzusehen sein, wenn das entsprechende Verhalten angesichts der begleitenden Umstände, z.B. einer vorherigen Aufklärung über die Datenverarbeitung, den Schluss auf das Erteilen einer informierten Einwilligung zulässt.[610] In der Praxis wird es aus Gründen des späteren Nachweises wohl angemessener sein, stets eine ausdrückliche Einwilligung einzuholen.[611] Dabei kann sie nur solche Verarbeitungsvorgänge legitimieren, auf die sie sich auch erstreckt. Dies ist abhängig davon, über welche Vorgänge der Einwilligende im Zeitpunkt der Erteilung informiert war.[612]

Die Verarbeitung ist des weiteren zulässig, wenn sie zur Erfüllung einer vertraglichen oder gesetzlichen Pflicht, zur Wahrung lebenswichtiger Interessen des Betroffenen, zur Wahrnehmung einer Aufgabe im öffentlichen Interesse oder zur Verwirklichung eines berechtigten Interesses des Verantwortlichen für die Datenverarbeitung erforderlich ist (lit. b-f). Die Verarbeitung zur Erfüllung einer vertraglichen Pflicht wird wohl neben der Einwilligung einen der häufigsten Zulässigkeitstatbestände für nicht-öffentliche Datenverarbeiter darstellen. Trifft der Betroffene die Entscheidung, einen Vertrag zu schließen, muss er auch die damit verbundene Datenverarbeitung hinneh-

[607] Siehe auch Simitis, in: Tinnefeld (Hrsg.) Informationsgesellschaft, 1995, S. 51 (62), der in dem Begriff der „angemessenen Garantien" aufgrund seiner fehlenden Ausgestaltung das Risiko eines Einfallstores für weitere Verarbeitungen sieht, die anderenfalls nicht möglich wären.

[608] Gounalakis/Mand, CR 1997, 431 (436); Brühann, in: GH-III, 2003, A30 Art. 7 Rn. 6; Schneider, CR 1993, 35 zum Geänderten Richtlinienvorschlag; *Damann*/Simitis, EU-Datenschutzrichtlinie, 1997, Art. 7 Rn. 2; Ellger, CR 1994, 558 (563); Ehmann/Helfrich, Datenschutzrichtlinie, 1999, Art. 7 Rn. 6.

[609] Zu den Voraussetzungen einer wirksamen Einwilligung im Einzelnen siehe oben A III 5.

[610] *Dammann*/Simitis, EU-Datenschutzrichtlinie, 1997, Art. 7 Rn. 4. So wohl im Ergebnis auch Brühann, RDV 1996, 12 (14); ähnlich Wuermeling, DB 1996, 663 (665) und Skipper, EuZW 1993, 145 (147). Nicht gefolgt werden kann Kopp, RDV 1993, 1 (6), der in bestimmten Fällen auch das Nichtausüben einer Widerspruchsmöglichkeit als Einwilligung im Sinne der Richtlinie gelten lassen will. Ehmann/Helfrich, Datenschutzrichtlinie, 1999, Art. 7 Rn. 14 halten die konkludente Einwilligung für nicht ausreichend.

[611] Lütkemeier, DuD 1995, 597 (599).

[612] Brühann, in: GH-III, 2003, A30, Art. 7 Rn. 13.

men. Die Verarbeitung muss allerdings ausschließlich für die Erfüllung des Vertrages „erforderlich“ sein, maßgebliche Bedeutung kommt hier also der Auslegung bzw. Festlegung des konkreten Vertragszweckes zu.[613]

Hinsichtlich der Verarbeitung personenbezogener Daten im vorvertraglichen Bereich hält die Richtlinie sie für zulässig, wenn sie auf den Antrag der betroffenen Person hin erfolgt. Hiermit soll der Missbrauch von personenbezogenen Daten zu Marktforschungs- und Marketingzwecken vermieden werden, in dem die Verarbeitung der Daten mit der Initiative der betroffenen Person, z.B. in Form einer Anforderung von Informationen verknüpft wird.[614]

Die Datenverarbeitung zur Erfüllung einer rechtlichen Verpflichtung betrifft den öffentlichen und den nicht-öffentlichen Bereich gleichermaßen. Voraussetzung ist also eine objektivrechtliche Grundlage, z.B. im Steuer-, Sozial- oder Arbeitsrecht, die Erhebungs- oder Übermittlungspflichten des Datenverarbeiters statuieren.

Die Zulässigkeit der Datenverarbeitung zur Wahrnehmung lebenswichtiger Interessen ist Ausdruck der überragenden Bedeutung des Lebensschutzes. Der Wortlaut des Art. 7 lit. d berücksichtigt jedoch in keine Weise die jeweilige Lage des Betroffenen, d.h. ob er in der Lage ist, einzuwilligen oder nicht. Art. 7 lit. d sollte daher als mutmaßliche Einwilligung verstanden werden. Die Verarbeitung gem. Art. 7 lit. d ist daher zulässig, wenn der Betroffene z.B. aus gesundheitlichen Gründen die Einwilligung nicht erteilen kann, diese aber erteilt hätte, wenn er dazu in der Lage gewesen wäre, und ausschließlich seine Interessen betroffen sind.[615] Nur in diesen Fällen ist es gerechtfertigt, das Selbstbestimmungsrecht des Betroffenen außer Acht zu lassen.[616] Dies bedeutet im Umkehrschluss, dass die Weigerung des Betroffenen, seine Einwilligung zu erteilen, von dem Datenverarbeiter beachtet werden muss.[617]

Die Zulässigkeit zur Erfüllung öffentlicher Aufgaben setzt voraus, dass diese entweder im öffentlichen Interesse liegen oder mit Mitteln der öffentlichen Gewalt verfolgt werden (lit. e). Dabei kann es sich auch um einen privaten Datenverarbeiter handeln, dem die Wahrnehmung dieser Aufgabe durch einen förmlichen Rechtsakt übertragen wurde („Beleihung“).[618]

Die Verwirklichung eines berechtigten Interesses des Datenverarbeiters gem. lit. f steht unter dem Vorbehalt einer Abwägung dieses Interesses mit den dagegen stehenden Interessen bzw. Grundrechten des Betroffenen.[619] Diese Interessenabwägung, die

---

613 Gounalakis/Mand, CR 1997, 431 (437).

614 *Damann*/Simitis, EU-Datenschutzrichtlinie, 1997, Art. 7 Rn. 6.

615 Ehmann/Helfrich, Datenschutzrichtlinie, 1999, Art. 7 Rn. 24. A.A. Brühann, in: GH-III, 2003, A30, Art. 7 Rn. 17, nach dessen Auffassung die Richtlinie davon ausgeht, dass in der Abwägung stets der Lebensschutz den Schutz der Privatsphäre überwiege. Zu bedenken ist aber, dass die entgegenstehenden Interessen ein und derselben Person in Frage stehen.

616 *Dammann*/Simitis, EU-Datenschutzrichtlinie, 1997, Art. 7 Rn. 9.

617 *Damann*/Simitis, EU-Datenschutzrichtlinie, 1997, Art. 7 Rn. 9; Brühann, in: GH-III, 2003, A30, Art. 7 Rn. 17 mit der Einschränkung, dass dies nicht gelte, wenn der Datenverarbeiter rechtlich zu einer Verarbeitung verpflichtet ist.

618 Ehmann/Helfrich, Datenschutzrichtlinie, 1999, Art. 7 Rn. 25.

619 Das Interesse eines Dritten darf bei der Abwägung insoweit berücksichtigt werden, als diesem die Daten übermittelt werden, Art. 7 lit. f.

auch dem deutschen BDSG 1990 anders als dem britischen DPA 1984[620] nicht unbekannt war, berücksichtigt ausweislich des Wortlautes von Art. 7 lit. f jedes entgegenstehende Interesse des Betroffenen, ungeachtet dessen, ob es schutzwürdig ist.[621] Überdies ist die nur überschlägige Abwägung nicht zulässig, nach der schon das Vorliegen offenkundiger Gründe zu einer Ablehnung der überwiegenden Interessen des Betroffenen führt.[622] Dies gilt insbesondere für die Verarbeitung von Daten aus allgemein zugänglichen Quellen, wie z.B. dem Telefonbuch. Die Tatsache, dass die Erleichterung einer Verarbeitung von Daten aus diesen Quellen aus dem ersten Richtlinienvorschlag gestrichen wurde, verbietet es darüber hinaus, eine solche Privilegierung im Wege der näheren Ausgestaltung der durchzuführenden Interessenabwägung durch den nationalen Gesetzgeber einzuführen.[623]

4) Die Rechtmäßigkeit der Verarbeitung sensitiver Daten, Art. 8

Für bestimmte Kategorien personenbezogener Daten enthält Art. 8 besondere Bestimmungen hinsichtlich ihrer rechtmäßigen Verarbeitung. So enthält Abs. 1 ein grundsätzliches Verarbeitungsverbot von Daten über die rassische oder ethnische Herkunft einer Person, über ihre politischen Ansichten, religiösen oder philosophischen Anschauungen, die Zugehörigkeit zu einer Gewerkschaft und über den Gesundheitszustand oder das Sexualleben des Betroffenen (sog. sensitive Daten[624]).

Auch diese Regelung beruht auf der Datenschutzkonvention des Europarates (Art. 6) und berücksichtigt die empirisch hergeleitete besondere Schutzbedürftigkeit bestimmter Daten bzw. Persönlichkeitsaspekte, die im Gegensatz zur Datenschutzkonvention auch präzise festgelegt werden.[625] Gemeinsam ist allen diesen Datenkategorien, dass für sie in besonderer Weise die Gefahr einer diskriminierenden Verwendung, d.h. zum Nachteil des Betroffenen, besteht. Dieses Diskriminierungsrisiko wird dabei jedoch ohne Berücksichtigung des jeweiligen konkreten Informationsgehaltes pauschal bejaht, so dass im Ergebnis auch für solche Daten ein strengeres Verarbeitungsregime Anwendung findet, die diesem aufgrund des Verwendungskontextes nicht bedürfen.[626]

Grundsätzlich ist es nicht erforderlich, dass die Daten unmittelbar aus sich selbst heraus die sensiblen Informationen mitteilen. Ausreichend ist vielmehr, dass diese die entsprechenden Informationen nach Maßgabe des Verständnishorizontes eines durch-

---

[620] Skipper, EuZW 1993, 145 (147), der anmerkt, dass bereits die Idee des „Interesses" im britischen Recht nicht klar definiert ist.

[621] Allerdings bemerkt Wuermeling, DB 1996, 663 (666) wohl zu Recht, dass der Grad der Schutzwürdigkeit bei der Gewichtung der entgegenstehenden Interessen letztlich doch berücksichtigt wird.

[622] Wuermeling, DB 1996, 663 (666).

[623] Gounalakis/Mand, CR 1997, 431 (437). A.A. Kopp, RDV 1993, 1 (6) und wohl auch *Dammmann*/Simitis, EU-Datenschutzrichtlinie, 1997, Art. 7 Rn. 14.

[624] Ehmann/Helfrich, Datenschutzrichtlinie, 1999, Art. 8 Rn. 9.

[625] Gounalakis/Mand, CR1997, 431 (437).
Eine Beurteilung der bisherigen Entwicklung des Schutzes sensibler Daten auf nationaler Ebene nach dem Erlass der Richtlinie gibt Simitis, Revisiting Sensitive Data, 1999, http://www.coe.int/T/E/Legal_affairs/Legal_cooperation/Data_protection/Documents/Reports/TopOfPage.

[626] *Dammann*/Simitis, EU-Datenschutzrichtlinie, 1997, Art. 8 Rn. 6, der als Beispiel die Angabe eines normalen oder sehr guten Gesundheitszustandes nennen. Vgl. auch die Kritik von Geis, CR 1995, 171 (174) am Katalog der sensitiven Daten.

schnittlichen Empfängers vermitteln.[627] Allerdings sind hier Abgrenzungsschwierigkeiten zu Daten denkbar, denen nur aufgrund der statistischen Wahrscheinlichkeit sensible Informationen im Sinne des Art. 8 entnommen werden können.[628] Werden diese Daten aber gerade zu dem Zweck gespeichert, um entsprechende Angaben zu erhalten, sind die Daten dennoch als sensibel im Sinne des Art. 8 einzustufen.[629]

Zu diesem grundsätzlichen Verarbeitungsverbot für sensitive Daten enthalten die Absätze 2 bis 4 Ausnahmeregelungen, welche die strikte Regelung des Abs. 1 nicht zuletzt aus Praktikabilitätsgründen aufweichen. An erster Stelle wird in Abs. 2 lit. a als Ausnahme zu dem grundsätzlichen Verarbeitungsverbot die ausdrückliche Einwilligung des Betroffenen genannt. Anders als in Art. 7 lit. a wird die Ausdrücklichkeit der Einwilligung hier explizit verlangt, so dass unter keinen Umständen eine konkludente Einwilligung in die Verarbeitung sensitiver Daten ausreichend ist. Es ist den Mitgliedstaaten aber auch möglich, zu bestimmen, dass das Verarbeitungsverbot nicht durch eine Einwilligung aufgehoben werden kann. Dies ist wohl als Eingeständnis an jene, nicht seltenen Situationen zu verstehen, in denen der Betroffene keine andere Wahl hat als die Einwilligung zu erteilen, die damit jedoch zur Fiktion wird.[630]

Im weiteren ist eine Verarbeitung sensitiver Daten zulässig, soweit dies zur Erfüllung der Rechte und Pflichten des Datenverarbeiters aus einem zwischen ihm und dem Betroffenen bestehenden Arbeitsverhältnis erforderlich ist. Dies ist eine Ausnahmeregelung aus Praktikabilitätsgründen, da Arbeitgeber regelmäßig sensitive Daten ihrer Arbeitnehmer verarbeiten müssen, insbesondere im Zusammenhang mit der Lohnfortzahlung im Krankheitsfall oder der Abführung bzw. Einbehaltung von Steuern und Sozialversicherungsbeiträgen.

Ähnlich wie in Art. 7 ist die Verarbeitung sensitiver Daten gem. Art. 8 Abs. 2 lit. c zulässig, wenn dies „zum Schutz lebenswichtiger Interessen der betroffenen Person oder eines Dritten erforderlich ist“. Art. 8 Abs. 2 lit. c erweitert also die Zulässigkeit im Gegensatz zu Art. 7 auf die Verarbeitung für lebenswichtige Interessen Dritter. Dies erstaunt ein wenig, wenn man bedenkt, dass die Richtlinie den sensitiven Daten ja einen besonders hohen Schutz angedeihen lassen will. Sinnvoller wäre es daher gewesen, für die sonstigen Daten eine Verarbeitung für lebenswichtige Interessen Dritter zuzulassen und die Verarbeitung sensitiver Daten ausschließlich auf die des Betroffenen zu beschränken.

---

[627] *Dammann*/Simitis, EU-Datenschutzrichtlinie, 1997, Art. 8 Rn. 7. Die Begründung des zweiten Richtlinienvorschlages zu Art. 8 ist nicht so deutlich. Dort heißt es lediglich, dass die Daten „aufgrund ihres Inhaltes“ ein Risiko für die Privatsphäre darstellen, EG KOM (92) 422 endg. – SYN 287 vom 15.10.1992, S. 18.

[628] Jacob, RDV 1993, 11 (12) zum Geänderten Richtlinienvorschlag, in dem noch „moralische Überzeugungen“ als sensibel behandelt wurden. A.A. Brühann, in: GH-III, 2003, A30, Art. 8 Rn. 9, der auch Nachnamen als sensibel einstuft, wenn aus ihnen die ethnische oder rassische Herkunft hervorgehen könne. Ob sich diese Schlussfolgerung ex post als unrichtig herausstelle, sei für den Schutz nach Art. 8 unerheblich.

[629] *Dammann*/Simitis, EU-Datenschutzrichtlinie, 1997, Art. 8 Rn. 7.

[630] Geis, CR 1995, 171 (174). Allerdings ist hier die Grenze zu einer nach der Richtlinie grundsätzlich unwirksamen Einwilligung fließend, weil sie nicht ohne Zwang erfolgt. Diese ist nämlich auch schon dann zu bejahen, wenn auf den Betroffenen aufgrund eines Abhängigkeitsverhältnisses Druck ausgeübt werden kann, vgl. Begründung zum Geänderten Richtlinienvorschlag EG KOM (92(422) endg. – SYN 287 vom 15.10.1992, S. 11.

Die Zulässigkeit unterliegt jedoch der Einschränkung, dass der Betroffene aus physischen oder rechtlichen Gründen nicht in der Lage ist, seine Einwilligung zu erteilen. Dies erinnert an die auch in Art. 7 lit. e erforderlichen Voraussetzungen einer mutmaßlichen Einwilligung. Jedoch fehlt auch hier die Berücksichtigung des mutmaßlichen oder ausdrücklich entgegenstehenden Willens des Betroffenen, die jedoch in Art.8 Abs. 2 lit. c entsprechend hineingelesen werden sollte.

Ebenfalls zulässig ist gem. Art.8 Abs. 2 lit. d die Verarbeitung sensitiver Daten durch gemeinnützige Organisationen, die zum einen die in lit. d aufgeführten Ausrichtungen, wie z.B. politisch, religiös oder gewerkschaftlich, haben und zum anderen keinen Erwerbszweck verfolgen.[631] Die in Art. 8 Abs. 2 lit. d vorgenommene Auflistung ist abschließend, so dass Non-profit Organisationen, die keine dieser Ausrichtungen aufweisen, wie z.B. Sportvereine, nicht von dieser erleichterten Zulässigkeit der Verarbeitung sensitiver Daten profitieren.[632] Die sensitiven Daten dürfen jedoch nur „im Rahmen ihrer berechtigten Tätigkeiten" durch die gemeinnützigen Organisationen verarbeitet werden, d.h. es dürfen nur solche sensitiven Daten verarbeitet werden, die dem Zweck der Organisation entsprechen, was regelmäßig mit ihrer spezifischen Ausrichtung zusammenfallen wird.[633] Darüber hinaus dürfen nur sensitive Daten der Mitglieder und solcher Personen verarbeitet werden, die im Zusammenhang mit dem Zweck der Organisation im regelmäßigen Kontakt mit ihr stehen, wie z.B. regelmäßige Spender. Nicht zulässig ist die Weitergabe der Daten an Dritte. Dies erfordert die Einwilligung der Betroffenen, so dass im Ergebnis eine ausschließliche Verwendung der Daten nur zu internen Organisationszwecken nach Art. 8 Abs. 2 lit. d zulässig ist.[634]

Art. 8 Abs. 2 lit. e 1. Alternative erklärt die Verarbeitung solcher sensitiven Daten für zulässig, die der Betroffene „offenkundig öffentlich gemacht hat". Vergleichbar mit der Einwilligung hängt auch hier die Zulässigkeit der Verarbeitung von einer Entscheidung des Betroffenen ab. Diese liegt nicht vor, wenn die Daten ohne die Absicht ihrer Veröffentlichung bekannt gemacht wurden, z.B. durch die Teilnahme von Personen mit sichtbaren rassischen oder ethnischen Merkmalen an einer öffentlichen Veranstaltung.[635] Mit dem Merkmal „offenkundig" sollten Fälle ausgeschlossen werden, in denen Zweifel daran bestehen könnten, dass die Daten bewusst von dem Betroffenen veröffentlicht wurden.[636]

Auch im Rahmen der gerichtlichen Geltendmachung von Ansprüchen können sensitive Daten verarbeitet werden, soweit dies für diesen Zweck jeweils erforderlich ist. Der Grund für diese Ausnahme vom Verarbeitungsverbot liegt in der Tatsache, dass es dem Verantwortlichen der Datenverarbeitung angesichts bestehender Schutzvorkeh-

---

[631] Singleton, Computer Law & Practice, Vol. 11, No. 5 1995, 140 (143).

[632] *Damann*/Simitis, EU-Datenschutzrichtlinie, 1997, Art. 8 Rn. 14.

[633] *Damann*/Simitis, EU-Datenschutzrichtlinie, 1997, Art. 8 Rn. 15; Brühann, in: GH-III, 2003, A30, Art. 8 Rn. 14.

[634] Zudem setzt die zulässige Verarbeitung durch gemeinnützige Organisationen voraus, dass der Staat angemessene Garantien für den Schutz der Betroffenen vorsieht.

[635] Brühann, in: GH-III, 2003, A30 Art.8 Rn. 15; im Ergebnis wohl auch Data Protection: The Government's Proposals, July 1997, Cm. 3725, Kap. 4 Rn. 4.4, abgedruckt in der Encyclopedia of Data Protection, 2001, Bd. 3, Teil 4A,Rn. 4A – 438ff.

[636] So, wenn die Daten in der Presse veröffentlicht werden, *Dammann*/Simitis, EU-Datenschutzrichtlinie, 1997, Art. 8 Rn. 16.

rungen in den nationalen Verfahrensordnungen nicht verwehrt werden soll, Ansprüche vor Gericht unter Offenlegung sensitiver Daten Dritter durchzusetzen.[637]

Eine spezielle Ausnahme zum Verarbeitungsverbot von Gesundheitsdaten sieht Art. 8 Abs. 3 vor.[638] Diese können verarbeitet werden, wenn sie allgemein zur Erbringung von Gesundheitsdienstleistungen benötigt werden. Die Richtlinie zählt dabei umfassend präventive, diagnostische, kurative und nachsorgende Maßnahmen auf, sowie solche, die im Rahmen der Verwaltung dieser Maßnahmen auf dem Gebiet der Gesundheit erforderlich sind. Die Verarbeitung der Gesundheitsdaten im Rahmen der erwähnten Zwecke darf aber nur durch Personen erfolgen, die nach dem jeweiligen nationalen Recht einem Berufsgeheimnis oder einer sonstigen entsprechenden Geheimhaltungspflicht unterliegen.

Zusätzlich zu diesen eher konkreten Ausnahmeregelungen sieht Art. 8 Abs. 4 die Zulässigkeit weiterer Verarbeitungsmöglichkeiten sensitiver Daten „vorbehaltlich angemessener Garantien aus Gründen wichtigen öffentlichen Interesses“ vor, die entweder durch eine nationale Rechtsvorschrift oder durch eine Entscheidung der nationalen Kontrollstelle erlaubt werden können.[639] Angesichts des absoluten Verarbeitungsverbotes in Abs. 1 war eine solcher Generalvorbehalt wohl notwendig, um auch die unterschiedlichsten nationalen Befindlichkeiten zu erfassen, denen nicht jeder Mitgliedsstaat eine gleichermaßen hohe Bedeutung beimisst.[640]

Ebenfalls aus wichtigem öffentlichen Interesse kann es zulässig sein – in Erweiterung der Ausnahmeregelung des Art. 8 Abs. 3 zum Gesundheitssektor – Daten im Bereich des Gesundheitswesen und der sozialen Sicherheit zu verarbeiten, wenn dies zur Gewährleistung von Wirtschaftlichkeit und Qualität der Abrechnungsverfahren in diesen Bereichen notwendig ist.[641] Diese Einschränkung beruhte im Wesentlichen auf den Forderungen der deutschen Bundesregierung, die sich damit auf europäischer Ebene die Zulässigkeit der damals in Deutschland umstrittenen Patientenkarte sichern wollte.[642] Dies macht deutlich, dass die Generalklausel des öffentlichen Interesses Einfallstor für eine Vielzahl von Datenverarbeitungen sein kann, die das Ziel der Richtlinie, den Schutz der sensitiven Daten, nachhaltig beeinträchtigen.[643]

---

[637] Brühann, in: GH-III, 2003, A30, Art. 8 Rn. 16.

[638] Diese Beschränkung auf die Gesundheitsdaten ist wohl auch der Grund dafür, dass für diese Ausnahmeregelung ein neuer Abs. gebildet wurde, systematisch hätte sie auch im Abs. 2 verankert werden können.

[639] Die Einrichtung einer Kontrollstelle ist in Art. 28 geregelt.

[640] *Dammann*/Simitis, EU-Datenschutzrichtlinie, 1997, Art. 8 Rn. 20. Vgl. auch das anschauliche Beispiel im Erwägungsgrund 36 der Richtlinie.

[641] Erwägungsgrund 34. Ebenfalls zulässig kann die Verarbeitung sensitiver Daten in der Wissenschaft und der öffentlichen Statistik sein.

[642] Simitis, in: Tinnefeld (Hrsg.), Informationsgesellschaft, 1995, S. 51 (64f.).

[643] Simitis, in: Tinnefeld (Hrsg.), Informationsgesellschaft, 1995, S. 51 (64f.). So nennt die britische Regierung in ihren Vorschlägen zur Umsetzung der Richtlinie unter anderem die Überwachung der ethnischen Herkunft, von Behinderungen und – in Nordirland – die Kontrolle der Religionen, Data Protection: The Government's Proposals, Cm. 3725, July 1997 abgedr. in Encyclopedia of Data Protection, Band 3, Teil 4A Rn. 4A – 438ff.

Art. 8 Abs. 5 beinhaltet eine Regelung zur Behandlung von Strafdaten[644], die prinzipiell auch von gewisser Sensibilität für den Betroffenen sind, von der Aufzählung in Abs. 1 jedoch nicht erfasst werden und aus diesem Grund eine Sondervorschrift verlangten. Der Schutzumfang des Abs. 5 ist nicht unstrittig. So werden einerseits nur solche Informationen als Strafdaten im Sinne des Abs. 5 definiert, die über den Ausspruch von Strafen Auskunft erteilen.[645] Andererseits werden auch solche Angaben miteinbezogen, die den Betroffenen lediglich als tatverdächtig bezeichnen oder die Begehung einer Straftat meinen, für die der Betroffene mangels Schuldfähigkeit nicht verurteilt werden konnte.[646] Da es sich bei Letzteren um Informationen von vergleichbarer Sensitivität für den Betroffenen handelt, als wenn es um die Verurteilung für eine Straftat ginge, ist die zuletzt genannte Auffassung vorzugswürdig.

Die Richtlinie erlaubt eine Verarbeitung dieser Daten prinzipiell unter der Einhaltung zweier alternativer Prämissen: sie muss entweder unter behördlicher Aufsicht erfolgen oder das nationale Recht muss angemessene Garantien vorsehen.[647] Nicht ausreichend für die Erfüllung der behördlichen Aufsicht ist die allgemeine Gewerbeaufsicht über die Wirtschaftstätigkeit von Unternehmen oder die Datenschutzaufsicht durch eine Kontrollstelle gem. Art. 28.[648] Wäre dies der Fall, könnten Kreditauskunfteien und Sicherheitsunternehmen ohne weitere behördliche Kontrollmaßnahmen Strafdaten verarbeiten. Die Verarbeitung erfolgt vielmehr dann unter behördlicher Aufsicht, wenn ein Träger öffentliche Gewalt ganz oder teilweise für die Verarbeitung im Sinne der Richtlinie verantwortlich ist.[649]

Sehen die Mitgliedstaaten in ihren Rechtsvorschriften angemessene Garantien vor, ist eine Verarbeitung von Daten über Straftaten auch von Wirtschaftsunternehmen etc. zulässig, ohne dass eine entsprechende behördliche Aufsicht gegeben ist. Die Garantien sind angemessen, wenn sie das mit der Verarbeitung der jeweiligen Strafdaten verbundene Risiko ausreichend vermindern.[650] Zu berücksichtigen sind hierbei die Art und Schwere der Straftat, das Interesse der Allgemeinheit, bestimmter Unternehmen oder Personen an der Verarbeitung sowie der Zweck ihrer Verarbeitung.[651]

Sämtliche Ausnahmeregelungen, die die Mitgliedstaaten auf Grundlage der Absätze 4 und 5 treffen, sind der Europäischen Kommission gem. Art.8 Abs. 6 mitzuteilen. Dies dient der Überwachung der mit den Ausnahmemöglichkeiten den Mitgliedstaaten eingeräumten Handlungsspielräume, die der Angleichung der nationalen Rechtsvorschriften zuwiderlaufen und auf welche die Kommission in Zusammenarbeit mit der Ar-

[644] Die Richtlinie spricht von „Daten, die Straftaten, strafrechtliche Verurteilungen oder Sicherungsmaßnahmen betreffen".
[645] Brühann, in: GH-II, 2003, A30 Art. 8 Rn. 20.
[646] Ehmann/Helfrich, Datenschutzrichtlinie, 1999, Art. 8 Rn. 54.
[647] Noch im zweiten Richtlinienvorschlag sollten lediglich die Justizbehörden und die durch die jeweilige Entscheidung befugten Personen zur Verarbeitung der Daten berechtigt sein, Kopp, RDV 1993, 1 (7).
[648] Brühann, in: GH-III, 2003, A30 Art. 8 Rn. 20.
[649] *Dammann*/Simitis, EU-Datenschutzrichtlinie, 1997, Art. 8. Rn. 24; Brühann, in: GH-III, 2003, A30, Art. 8 Rn. 21.
[650] Brühann, in: GH-III, 2003, A30, Art. 8 Rn. 22; *Dammann*/Simitis, EU-Datenschutzrichtlinie, 1997, Art. 8 Rn. 26.
[651] *Dammann*/Simitis, EU-Datenschutzrichtlinie, 1997, Art. 8 Rn. 26.

beitsgruppe gem. Art. 29 nur angemessenen reagieren kann, wenn sie davon Kenntnis hat.[652]

5) Informationspflichten des Datenverarbeiters, Art. 10 und 11

Wie bereits erwähnt, setzt die Einwilligung des Betroffenen gemäß ihrer Definition in Art.2 lit. h voraus, dass sie in „Kenntnis der Sachlage" erfolgt. Um diese Kenntnis der Sachlage zu gewährleisten, ist der Verantwortliche der Datenverarbeitung nach Maßgabe der Art. 10 und 11 über die wesentlichen Details der Datenverarbeitung zu informieren. Diese Informationspflichten dienen also der Transparenz der Datenverarbeitung – ein wichtiges Charakteristikum der Datenverarbeitung nach Treu und Glauben gem. Art. 6 Abs. 1 lit. a. Sie degradiert den Betroffenen nicht bloß zum Objekt ihrer Verarbeitung, sondern ermöglicht es ihm, die Verarbeitung seiner Daten genauestens nachzuvollziehen.[653] Überdies ist die Kenntnis von der Datenverarbeitung unabdingbare Voraussetzung für die Wahrnehmung weiterer Rechte des Betroffenen, wie z.B. des Widerspruchsrechts gem. Art. 14 oder des Auskunftsrechts gem. Art. 12.[654]

Art. 10 betrifft dabei die Konstellation, dass die Erhebung der Daten unmittelbar bei dem Betroffenen erfolgt, Art. 11 hingegen den Fall, dass die Daten nicht bei dem Betroffenen erhoben werden.[655] Diese beiden Informationspflichten unterscheiden sich zum einen in dem Zeitpunkt, in dem die Information durch den Datenverarbeiter zu erfolgen hat, zum anderen differiert auch der Inhalt der Information, die zu erteilen ist. So hat im Art. 10 die Information bei der Erhebung zu erfolgen,[656] im Fall des Art. 11 entweder im Zeitpunkt der ersten Speicherung der Daten oder, falls von vornherein die Weitergabe der Daten beabsichtigt war, im Falle der ersten Übermittlung.[657]

Zwingend hat der Datenverarbeiter in beiden Fällen Auskunft zu erteilen über die Identität des für die Verarbeitung Verantwortlichen und gegebenenfalls auch über die

[652] Ehmann/Helfrich, Datenschutzrichtlinie, 1999, Art. 8 Rn. 61. Die nach Art. 29 einzusetzende Datenschutzgruppe hat gem. Art. 30 Abs. 1 unter anderem die Aufgabe, die nationalen Umsetzungsmaßnahmen unter dem Gesichtspunkt der einheitlichen Anwendung der Richtlinie zu prüfen, Stellungnahmen zum Schutzniveau in Europa und in Drittländern abzugeben und die Kommission bei jeglichen neuen beabsichtigten Datenschutzmaßnahmen zu beraten. Siehe die Webseite der Gruppe, http://europa.eu.int/comm/internal_market/privacy/workingroup_de.htm.

[653] Erwägungsgrund 38. Gounalakis/Mand, CR 1997, 497; Damann/*Simitis*, EU-Datenschutzrichlinie, 1997, Einleitung Rn. 32, der grundsätzlich zum Wirken des Transparenzgrundsatzes in der Richtlinie Stellung nimmt.

[654] Simitis, NJW 1997, 281 (285).

[655] Die Richtlinie enthält nicht den Grundsatz der Ersterhebung beim Betroffenen, auch wenn dies die beste Möglichkeit für den Betroffenen wäre, eine genaue Kenntnis über die Verarbeitung seiner Daten zu erlangen Lütkemeier, DuD 1995, 597 (599).

[656] Dies bedeutet nicht zwingend, dass die Information vor der Erhebung zu erfolgen hat, sondern lediglich in einem vergleichsweise engen zeitlichen Zusammenhang, Brühann, in: GH-III, 2003, A30, Art. 10 Rn. 9.

[657] Im Falle der geplanten Weitergabe der Daten kann der Datenverarbeiter also so lange mit der Information warten, bis er tatsächlich die Übermittlung durchführt, Dammann/Simitis, EU-Datenschutzrichtlinie, 1997, Art. 11 Rn. 2.

des Vertreters sowie über die Zwecke, zu denen die Daten verarbeitet werden sollen.[658] Diese Information ist allerdings entbehrlich, wenn der Betroffene bereits Kenntnis von diesen Angaben hat. Da jedoch diese Kenntnis für den Datenverarbeiter, vor allem in den Fällen von Massenerhebungen, wohl eher selten erkennbar ist, ist regelmäßig von einer Information des Datenverarbeiters über besagte Angaben auszugehen, um eine unzulässige Datenverarbeitung auszuschließen.[659] Weitere Informationen, z.B. über den Empfänger oder die Kategorien von Empfängern der Daten sowie über das Bestehen von Auskunfts- oder Berichtigungsrechten stehen in beiden Fällen gem. Art. 10 lit. c und Art. 11 Abs. 1 lit. c unter dem Vorbehalt, dass diese nur dann zu erfolgen haben, wenn die Umstände der Erhebung dies erfordern, um eine Verarbeitung der Daten nach Treu und Glauben zu gewährleisten. Die Richtlinie nennt dabei lediglich beispielhaft weitere Informationsgegenstände. Soweit darüber hinausgehend Informationen notwendig sind, um eine für den Betroffenen nachvollziehbare Datenverarbeitung nach Treu und Glauben zu gewährleisten, sind diese ebenfalls zu erteilen.[660]

In diesen zusätzlichen, von der Richtlinie genannten Informationsinhalten unterscheiden sich Art. 10 und 11 dadurch, dass der Betroffene, bei dem die Daten direkt erhoben werden, über die Freiwilligkeit seiner Angaben und die Folgen ihrer Nichtbeantwortung aufzuklären ist. Der Betroffene hingegen, dessen Daten bei Dritten erhoben wurden, ist zusätzlich über die Kategorien der über ihn erhobenen Daten aufzuklären. Warum die Information über die Datenkategorien als solche unter dem Vorbehalt von Treu und Glauben stehen, ist nicht ohne weiteres nachvollziehbar. Der Betroffene, der bislang noch keinerlei Kenntnis von der Verarbeitung seiner Daten überhaupt hatte, wird nicht weniger an der Art der über ihn verarbeiteten Daten interessiert sein als an der Identität des Datenverarbeiters.

So umfassend eine solche Generalklausel wie die zu Treu und Glauben auch sein kann, um eine transparente Datenverarbeitung zu gewährleisten, die Formulierung „notwendig" deutet an, dass es durchaus Konstellationen gibt, in denen eine solche weitergehende Information nicht erforderlich ist. Welche das sind, bleibt der Interpretation der Mitgliedstaaten überlassen und der offene Wortlaut der Richtlinie könnte daher durchaus dazu verwandt werden, die Datenverarbeiter von der grundsätzlich als Beschwer empfundenen Informationspflicht zu entlasten.[661]

---

[658] Zweckänderungen lösen eine erneute Informationspflicht gem. Art. 10 und 11 aus, denn nur so kann gem. Art. 10 und 11 sichergestellt werden, dass der Betroffene Kenntnis über die Verwendungszwecke seiner Daten hat, Brühann, in: GH-III, 2003, Art. 10 Rn. 13. A.A Wuermeling, DB 1996, 663 (667) unter Berufung auf den Wortlaut des Art. 11, der (u.a.) auf die Speicherung abstellt.

[659] Aus dem Wort „vorliegen" ist zu schließen, dass der Betroffene positive Kenntnis von der Verarbeitung seiner Daten haben muss. Hinweise auf eine angebliche anderweitige Kenntnis schließen also die Pflicht zur Information nicht aus, Wohlgemuth, BB 1996, 690 (695).

[660] Um ganz sicher zu gehen, sollte in jedem Fall umfassend informiert werden. Ob die Mitgliedstaaten bei ihrer Umsetzung ebenfalls die generalklauselartige Formulierung der Richtlinie übernehmen oder aber genaue Fallgruppen bilden, ist ihnen überlassen.

[661] Simitis, NZW 1997, 281 (285). Zur Informationspflicht aus Sicht der datenverarbeitenden Wirtschaft Mütsch, RDV 1994, 67 (69); Rüpke, EuZW 1993, 150 (153) jeweils zum Geänderten Richtlinienvorschlag; Carlin, (1996) 21 E.L.Rev. 65 (67); Singleton, Computer Law and Practice, Vol. 11, No. 5 1995, 140 (143).

Die Pflicht zur Information in Art. 11 kommt überdies gem. Abs. 2 gar nicht zur Anwendung, „wenn die Information der betroffenen Person unmöglich ist, unverhältnismäßigen Aufwand erfordert oder die Speicherung oder Weitergabe durch Gesetz ausdrücklich vorgesehen ist". Mit dem Kriterium des unverhältnismäßigen Aufwandes kommt die Richtlinie also den Befürchtungen der Datenverarbeiter vor einer zeit- und kostenintensiven Belastung entgegen.

Dennoch gilt auch hier das Gleiche wie bei der Notwendigkeit der weitergehenden Information nach Art. 11 Abs. 1: der unverhältnismäßige Aufwand muss in Relation zum Sinn und Zweck des Informationsrechtes gesetzt werden, das nicht ausgehöhlt werden soll.[662] Die Information des Betroffenen ist unter anderem unmöglich, wenn dem Datenverarbeiter die dafür erforderlichen Identifikationsdaten fehlen. Eine Pflicht des Datenverarbeiters, Daten zum Zwecke der Information gesondert zu erheben, beinhaltet die Richtlinie nämlich nicht.[663] Entfällt nach Abs. 2 eine Information des Betroffenen, hat der Mitgliedsstaat „angemessene Garantien" einzuführen.[664]

6) Rechte des Betroffenen, Art. 12, 14 und 15

Die bislang erwähnten Regelungen sind überwiegend an den Verantwortlichen der Datenverarbeitung gerichtet. Die Richtlinie verleiht jedoch auch dem Betroffenen Rechte, mit deren Hilfe die Verarbeitung transparent wird und durch diesen kontrolliert werden kann.

a) Auskunftsrecht gem. Art. 12 lit. a

Der Betroffene ist gem. Art. 12 lit. a berechtigt, Auskunft über die ihn betreffenden Daten nach Maßgabe der dort geregelten Modalitäten zu erhalten. So sollen die Mitgliedstaaten nach Art. 12 lit. a den Betroffenen garantieren, dass sie „frei und ungehindert in angemessenen Abständen ohne unzumutbare Verzögerung oder übermäßige Kosten" vom Datenverarbeiter eine Auskunft über eine mögliche Verarbeitung ihrer Daten erhalten.

---

[662] *Dammann*/Simitis, EU-Datenschutzrichtlinie, 1997, Art. 11 Rn. 5; Simitis, NJW 1997, 281 (285). Bei der Beurteilung des unverhältnismäßigen Aufwandes nennt die Richtlinie beispielhaft Verarbeitungen zu historischen, statistischen oder wissenschaftlichen Zwecken unter Berücksichtigung der Anzahl der Betroffenen, des Alters der Daten und etwaiger Ausgleichsmaßnahmen, Erwägungsgrund 40.

[663] *Dammann*/Simitis, EU-Datenschutzrichtlinie 1997, Art. 11 Rn. 6. Abweichend Ehmann/Helfrich, Datenschutzrichtlinie, 1999, Art. 11 Rn. 20, die dem Datenverarbeiter einen „gewissen Aufwand" zur Erfüllung seiner Informationspflicht zumuten wollen.

[664] Zu denken sind hier an eine Anonymisierung der Daten oder an ein Treuhänderkonzept, Kilian, in: Tinnefeld (Hrsg.), Informationsgesellschaft, 1995, 98 (105).

Die Formulierung „frei und ungehindert“ soll einen Missbrauch des Auskunftsrechts ausschließen, z.B. wenn die Auskunft letztlich auf Betreiben eines Dritten verlangt wird, der an der Kenntnis der Daten eigentlich interessiert ist.[665] Aber auch die übrigen Anforderungen an die Erteilung der Auskunft dienen dem Ausschluss eines Missbrauchs: niemand soll durch eine übermäßig lange Wartezeit oder durch hohe Kosten von einer Geltendmachung seines Rechts abgehalten werden.[666]

Den Inhalt dieses Auskunftsrechtes teilt die Richtlinie in drei Aspekte auf: Zunächst wird dem Betroffenen das Recht zugesprochen, eine Bestätigung darüber zu erhalten, ob Daten des Betroffenen verarbeitet werden oder nicht.[667] Überdies soll auch über die Verwendungszwecke der Daten, die Kategorien der verarbeiteten Daten und die Empfänger bzw. die Kategorien der Datenempfänger Auskunft erteilt werden. Wurde der Betroffene also nicht bereits im Rahmen der Art. 10 und 11 über Datenkategorien und -empfänger informiert, so ist dies hiermit sichergestellt. Zugleich wird aber auch die enge Verknüpfung von Informationspflicht und Auskunftsrecht deutlich: Ohne die durch die Informationspflicht vermittelte Kenntnis von der Identität des Datenverarbeiters wäre eine Ausübung des Auskunftsrechts nicht möglich.

Der Inhalt der eigentlich gespeicherten Daten wird dem Betroffenen hiermit jedoch nicht mitgeteilt, „Datenkategorie“ meint lediglich eine Beschreibung der Sachverhalte gemeint, zu denen die Daten verarbeitet werden.[668]

An zweiter Stelle nennt die Richtlinie den für den Betroffenen bedeutsamsten Teil der Auskunft: die Mitteilung der Daten, die Gegenstand der Verarbeitung sind, in verständlicher Form, sowie die Mitteilung der „verfügbaren Informationen über die Herkunft der Daten“. Die Mitteilung über die Herkunft der Daten, d.h. die Quelle, aus welcher der Datenverarbeiter die Daten erhalten hat, ist insbesondere dann von Bedeutung für den Betroffenen, wenn die Daten nicht direkt bei ihm erhoben wurden oder diese fehlerhaft sind und durch dic Angabe der Quelle weitere Verantwortliche ermittelt werden können.[669]

Ein besonderes, weil für viele Mitgliedstaaten vollkommen neues Auskunftsrecht beinhaltet Art. 12 an dritter Stelle: das Recht auf Auskunft über den logischen Aufbau

---

[665] Dieses Problem beschäftigte insbesondere die Briten, die es daher bedauerten, dass eine entsprechende ausdrückliche Regelung des von Dritten forcierten Auskunftsrechtes in der Endfassung der Richtlinie nicht mehr geregelt wurde, siehe Art. 13 Abs. 2 des Geänderten Richtlinienvorschlages, 11th Report of the Data Protection Registrar, 1997, Appendix 7, Draft European Union General Directive on Data Protection Rn. 5.7. Siehe auch Consultation Paper on the EC Directive 95/46/EC: Response of the Data Protection Registrar, in der für einer weitergehende Auslegung des „ungehindert" durch *without duress* (ohne Zwang) plädiert wird, abgedr. in Encyclopedia of Data Protection, 2001, Band 3, Teil 4A Rn. 4A – 434/10.

[666] Wo eine Kostenpflichtigkeit der Auskunft nicht umgangen werden kann, sollte diese sich auf die tatsächlichen Kosten, die für die Auskunft anfallen, beschränken, vgl. Consultation Paper on the EC Directive 95/46/EC: Response of the Data Protection Registrar, abgedr. in Encyclopedia of Data Protection, 2001, Band 3, Teil 4A Rn. 4A – 434/4. Nicht gefolgt werden kann daher der Einschätzung von Bainbridge, Data Protection Directive, 1996, S. 76, dass die bislang üblichen Gebühren von 10 britischen Pfund noch weiter steigen werden.

[667] Dies war im zweiten Richtlinienvorschlag noch in einem gesonderten Art. 10 enthalten, vgl. EG KOM (92) 422 endg. – SYN 287 vom 15.10.1992, S. 80.

[668] *Dammann*/Simitis, EU-Datenschutzrichtlinie, 1997, Art. 12 Rn. 4.

[669] Brühann, in: GH-III, 2003, A30, Art. 12 Rn. 10.

einer Verarbeitung. Mit diesem Auskunftsrecht soll die Transparenz der automatisierten Vorgänge, Berechnungen und Bewertungen erhöht werden, auf deren Grundlage gegenüber dem Betroffenen eine Vielzahl von Entscheidungen getroffen werden.[670] Dabei sollen keine Auskünfte über technisch-organisatorische Verfahrenabläufe oder über den Aufbau der verwendeten Software erteilt werden, sondern vielmehr die Logik der einzelnen Verarbeitungsschritte mitgeteilt werden.[671] Der Betroffene muss durch die ihm verständliche Auskunft nachvollziehen können, wie es zu den jeweiligen Bewertungen bzw. Einordnungen der ihn betreffenden Daten kam und welche Bedeutung diesen Ergebnissen im Verarbeitungssystem zugesprochen wurde.[672]

Dieser Aspekt der Auskunft war in den Beratungen zur Richtlinie sehr umstritten. Man fürchtete zum einen die grenzenlose Offenlegung aller Verarbeitungsvorgänge, zum anderen war unklar, welche Informationen im Einzelnen diese Auskunft tatsächlich beinhalten sollte.[673] Hinsichtlich der Bedenken einer uferlosen Auskunft bietet Art. 12 jedoch bereits Abhilfe: die Auskunft kann auf die Fälle einer automatisierten Einzelentscheidung gem. Art. 15 begrenzt werden.

b) Recht auf Berichtigung, Löschung oder Sperrung, Art. 12 lit. b und c

Die Konsequenz aus dem Recht auf Auskunft und damit nicht minder bedeutsam für den Schutz der Privatsphäre des Betroffenen ist das Recht, die Berichtigung, Löschung oder Sperrung der Daten gem. Art. 12 lit. b zu verlangen, wenn diese nicht den Bestimmungen der Richtlinie entsprechen. Die Richtlinie gibt auch hier wieder den Mitgliedstaaten Handlungsspielraum: Zum einen bestimmt sie die einzelnen Begriffe der Löschung, Berichtigung oder Sperrung nicht näher, zum anderen ordnet sie diese Rechte nicht grundsätzlich bei einem Verstoß der Verarbeitung gegen die Richtlinie an, sondern nur „je nach Fall". Die Mitgliedstaaten sind also gehalten, die Regelung gem. Art. 5 Abs. 2 näher zu präzisieren. Dies kann – soweit vorhanden – auf der Basis bereits vorhandener nationaler Regelungen zur Berichtigung oder Löschung vorgenommen werden.

Dennoch lässt sich für die Berichtigung aus Art. 6 Abs. 1 lit. d der Schluss ziehen, dass es hier um die Herstellung der sachlichen Richtigkeit der Daten geht, die je nach Fall auch die Wiederherstellung der Aktualität der Daten und ihre Vervollständigung gem. Art. 6 lit. d erfordern kann.[674] Die Löschung beinhaltet, im Gegensatz zur Sperrung der Daten, dass der Datenverarbeiter – auf welchem Wege auch immer – nicht mehr über die Daten verfügen kann. Bei der Sperrung wird hingegen lediglich die momentane Nutzung der Daten ganz oder teilweise eingestellt. Die Löschung ist also die weitreichendste Maßnahme und wird daher in den Mitgliedstaaten als *ultima ratio* ange-

---

[670] Brühann, in: GH-III, 2003, A30 Art. 12 Rn. 11.
[671] Technische oder organisatorische Auskünfte könnten die Wahrung des Betriebsgeheimnisses oder des Urheberrechts beeinträchtigen, Erwägungsgrund 41. Gounalakis/Mand, CR 1997, 497 (498).
[672] Ehmann/Helfrich, Datenschutzrichtlinie, 1999, Art. 12 Rn. 41.
[673] Brühann, in: GH-III, 2003, A30 Art. 12, Rn. 11; Consultation Paper: Response of the Data Protection Registrar, abgedr. in Encyclopedia of Data Protection, 2001, Band 3, Teil A4, Rn. 4A – 434/7.
[674] *Dammann*/Simitis, EU-Datenschutzrichtlinie, 1997, Art. 12 Rn. 15.

wandt, wenn andere Korrekturmaßnahmen nicht mehr ausreichen.[675] Je nach Schutzbedürfnis des Betroffenen sind daher Fallgruppen zu entwickeln, in denen die Betroffenen entweder ein Recht auf Berichtigung, Löschung oder Sperrung der Daten haben.

Die Gewährleistung eines angemessenen Schutzes im Falle einer unrichtigen Datenverarbeitung erfordert aber auch, dass die Berichtigung, Löschung oder Sperrung nicht beim Datenverarbeiter als solchem verbleibt, sondern auch Dritten, denen die Daten zur Weiterverarbeitung übermittelt wurden, mitgeteilt werden. Eine solche Mitteilungspflicht des Datenverarbeiters ist in Art. 12 lit. c geregelt, die teilweise auch als eine aus der vorangegangenen unrechtmäßigen Verarbeitung resultierende „Nachsorgepflicht" bezeichnet wird.[676] Allerdings ist zu bedenken, dass eine solche Mitteilung nicht immer im Interesse des Betroffenen liegen muss, z.B. wenn die korrigierten Daten für den Betroffenen nicht mehr so vorteilhaft sind. Der Wortlaut der Richtlinie nimmt auf diese Sonderfälle keine Rücksicht und ordnet die grundsätzliche Mitteilungspflicht an.

c) Recht zum Widerspruch, Art. 14

Art. 14 regelt zwei Arten eines Widerspruchsrechtes des Betroffenen, die sich insbesondere dadurch auszeichnen, dass sie auch bei einer rechtmäßigen Verarbeitung der Daten durch den Datenverarbeiter ausgeübt werden können. Insoweit geht das Widerspruchsrecht also über die Rechte auf Berichtigung, Löschung oder Sperrung gem. Art. 12 hinaus.

(1) Allgemeines Recht zum Widerspruch, Art. 14 lit. a

Art. 14 lit. a räumt dem Betroffenen das Recht ein, einer rechtmäßigen Verarbeitung seiner Daten zu widersprechen, wenn es hierfür in der entsprechenden Situation überwiegende und schutzwürdige Gründe für den Betroffenen gibt. Allerdings schränkt die Richtlinie dieses Recht, das ohnehin unter einer Interessenabwägung steht, insofern ein, als der Widerspruch nur in den Fällen einer Datenverarbeitung gem. Art. 7 lit. e und lit. f zwingend eingeräumt werden muss. Auch kommt dieses Recht nicht zur Anwendung, wenn ihm nationale Rechtsvorschriften entgegenstehen. Vergleicht man diese Regelung mit dem ursprünglichen Vorschlag eines Widerspruchsrechts in Art. 15 des zweiten Richtlinienvorschlages, so wird deutlich, dass die endgültige Regelung gegenüber der geplanten Regelung stark eingeschränkt wurde.

---

[675] So z.B. bei einer heimlichen Datenerhebung, wenn der Datenverarbeiter zu einer Berichtigung der unrichtigen Daten nicht in der Lage ist oder die Zweckbindung fehlt, *Dammann*/Simitis, EU-Datenschutzrichtlinie, 1997, Art. 12 Rn. 16.

[676] *Dammann*/Simitis, EU-Datenschutzrichtlinie, 1997, Art. 12 Rn. 18.

Art. 15 des zweiten Richtlinienvorschlages sah nämlich ein allgemeines Widerspruchsrecht aus berechtigten Gründen gegen jede rechtmäßige Verarbeitung der Daten des Betroffenen vor und beruhte auf einer Bestimmung im französischen Datenschutzgesetz.[677]

Wohl auch aus dem Grund, dass ein solches Widerspruchsrecht der überwiegenden Zahl der Mitgliedstaaten unbekannt war, konnte man sich im Rat nur auf seine Gewährung in den Fällen einer Datenverarbeitung aus wichtigem öffentlichen Interesse und derjenigen aus einem überwiegenden Interesse des Datenverarbeiters einigen.[678] In beiden Fallkonstellationen beruht die Rechtmäßigkeit der Verarbeitung nämlich auf einer pauschalen Abwägung der entgegenstehenden Interessen von Betroffenem und Verarbeiter bzw. der Öffentlichkeit, die stets von einer gewissen Unschärfe und Relativität gekennzeichnet ist. Aus diesem Grund erscheint eine Berücksichtigung der konkreten Situation des Betroffenen eher zulässig als im Falle einer bestehenden gesetzlichen Grundlage für die jeweilige Datenverarbeitung.[679]

Ist das Widerspruchsrecht ausgeübt, dürfen die relevanten Daten des Betroffen ab diesem Zeitpunkt gem. Art. 14 lit. a nicht mehr weiter verarbeitet werden.

(2) Widerspruchsrecht beim Direktmarketing

Ein besonderes Widerspruchsrecht im Falle der Datenverarbeitung für Zwecke der Direktwerbung sieht Art. 14 lit. b vor, der allerdings von beispielloser redaktioneller Unklarheit gekennzeichnet ist und so auch die unterschiedlichsten Auslegungsvarianten nach sich zieht. Unstrittig ist zunächst, dass Art. 14 lit. b 1. Halbsatz dem Betroffenen ein generelles, d.h. ohne an weitere Voraussetzungen geknüpftes Widerspruchsrecht gegenüber einer Verarbeitung seiner Daten zum Zwecke der Direktwerbung gewährt. Im 2. Halbsatz sieht Art. 14 lit. b dann vor, den Betroffenen „vor der ersten Weitergabe personenbezogener Daten an Dritte oder vor deren erstmaliger Nutzung im Auftrag Dritter zu Zwecken der Direktwerbung“ zu informieren und auf das kostenfreie Widerspruchsrecht hinzuweisen.

---

677 Diese Regelung ist dem französischen Datenschutzgesetz entnommen, vgl. Art.26 LIFL. Gemeint sind Verarbeitungen, die auf der Grundlage des Art. 7 lit. e und f durchgeführt werden, deren Rechtmäßigkeit auf einer allgemeinen Interessenabwägung beruht, Brühann, in: GH-III, 2003, A30, Art. 14 Rn.6. Der Wortlaut des Artikels („zumindest“) macht jedoch deutlich, dass die Mitgliedstaaten darüber hinausgehen können, Simitis, NJW 1997,281 (286).

678 Weber, CR 1995, 297 (302). Den Mitgliedstaaten steht es also offen, ein weitergehendes Widerspruchsrecht zu gewährleisten, dies macht auch der Erwägungsgrund 45 deutlich. Siehe aber auch Brühann, in: GH-III, 2003, A30, Art. 14 Rn. 6, der darlegt, dass ein Widerspruch nur in diesen beiden Fallkonstellationen einer rechtmäßigen Datenverarbeitung nach Art. 7 sinnvoll erscheint.

679 Brühann, in: GH-III, 2003, Art. 14 Rn. 7; *Dammann*/Simitis, EU-Datenschutzrichtlinie, 1997, Art. 14 Rn. 2; abweichend Ehmann/Helfrich, Datenschutzrichtlinie, 1999, Art. 14 Rn. 12f.

Über das Verhältnis dieser beiden Regelungen zueinander herrscht Uneinigkeit. Zweifel bestehen insbesondere an ihrer Auslegung als Alternativen, zwischen deren jeweiligen Umsetzungen ins nationale Recht der Mitgliedsstaat die Wahl hat.[680] Denn beide Konstellationen – die Direktwerbung zu eigenen Zwecken des 1. Halbsatzes und die Direktwerbung zu Zwecken Dritter des 2. Halbsatzes – sind gleichermaßen regelungswürdig, so dass die eine nicht auf Kosten der anderen umgesetzt werden sollte.[681]

Vorzugswürdiger erscheint die Ansicht, dass den Mitgliedstaaten hier Optionen eingeräumt werden:[682] Entscheidet sich der nationale Gesetzgeber für eine Regelung der Datenverarbeitung zum Zwecke der Direktwerbung, ist das allgemeine Widerspruchsrecht gegen diese Verarbeitung einzuführen. Wird überdies auch eine Regelung über die Weitergabe der Daten an Dritte bzw. die Verarbeitung der Daten zum Zwecke der Direktwerbung im Auftrage Dritter eingeführt, ist neben der Schaffung des Widerspruchsrechts die Pflicht des Datenverarbeiters einzuführen, über die Weitergabe der Daten an Dritte bzw. die Nutzung im Auftrage Dritter einschließlich eines Hinweises auf das Widerspruchsrecht zu informieren.[683]

Diese weitergehenden Pflichten des Datenverarbeiters im Falle einer Verarbeitung im Interesse Dritter ist unter dem Gebot einer transparenten Datenverarbeitung interessengerecht und entspricht der Informationspflicht des Art. 11, die dadurch ergänzt wird.[684] Zwar müssen die Mitgliedstaaten grundsätzlich sicherstellen, dass die Betroffenen auch von ihrem Widerspruchsrecht im Sinne des 1. Halbsatzes von Art. 14 lit. b Kenntnis erlangen, dies muss jedoch nicht zwingend in Form einer individuellen Mitteilung durch den Datenverarbeiter erfolgen.[685]

Die Datenverarbeitung zum Zwecke der Direktwerbung wird mit der Ausübung des Widerspruchsrechtes unzulässig und ist zu unterlassen.

---

680 Brühann, in: GH-III, 2003, A30 Art. 14 Rn. 13 und 15, der im 2. Halbsatz ein zum eigentlichen Widerspruch im 1. Halbsatz komplementäres Element sieht, nämlich das einer zusätzlichen Informationspflicht; Wronka, RDV 1995, 197 (200), der zwar erkennt, dass es sich um zwei verschiedene Tatbestände – Widerspruchsrecht einerseits und Informationspflicht andererseits – handelt, die alternative Formulierung jedoch nicht als „gesetzgeberisches Versehen" behandeln will. Ebenso wohl auch Carlin, (1996) 21 E.L.Rev. 65 (68).

681 So im Ergebnis auch *Dammann*/Simitis, EU – Datenschutzrichtlinie, 1997, Art. 14 Rn. 5.

682 Für die Optionslösung spricht auch der Wortlaut des Erwägungsgrundes 30 sowie die Geltung des Verbotsprinzips mit Erlaubnisvorbehalt in der Richtlinie, nach dem eine Datenverarbeitung zum Zwecke der Direktwerbung erst mit ihrer ausdrücklichen Regelung im nationalen Recht zulässig ist.

683 Vg. Skipper, EuZW 1993, 145 (148), der in dieser Bestimmung eine mögliche besondere Belastung für die britische Direktmarketing-Industrie sieht und die Unklarheiten hinsichtlich der Umsetzung dieser Informationspflicht durch die Datenverarbeiter kritisiert.

684 Insofern ist Brühann, in: GH-III, 2003, A30 Art. 14 Rn. 14 zuzustimmen.

685 Weber, CR 1995, 297 (302) nennt als Beispiel entsprechende Veröffentlichungen durch die Aufsichtsbehörden für den Datenschutz. Dass die Datenverarbeiter also nicht in jedem Fall zu einer entsprechenden Information und eines Hinweises auf das Widerspruchsrecht verpflichtet sind, wertet Bainbridge, Data Protection Directive, 1996, S. 66 als eine Art „Sieg" für die Direktmarketing-Industrie.

d) Automatisierte Einzelentscheidungen, Art. 15

Im Falle einer Entscheidung, die für den Betroffenen rechtliche Konsequenzen nach sich zieht oder ihn erheblich beeinträchtigt, hat der Betroffene überdies gem. Art. 15 das Recht, nicht einer Entscheidung unterworfen zu sein, die ausschließlich auf der Grundlage einer automatisierten Verarbeitung zur Bewertung einzelner Aspekte der Person, wie z.B. der Kreditwürdigkeit, der Zuverlässigkeit oder des Verhaltens getroffen wird.

Mit dieser Regelung, die ebenfalls aus dem französischen Datenschutzrecht stammt,[686] soll verhindert werden, dass Entscheidungen aufgrund von Persönlichkeitsprofilen getroffen werden, die ausschließlich unter Einsatz automatisierter Verfahren und ohne eine inhaltliche Einflussnahme durch eine Person gewonnen wurden.[687] Mit anderen Worten: Der Mensch soll nicht zum bloßen Objekt informationstechnischer Verarbeitungsvorgänge degradiert werden.[688]

Stellen die automatisierten Verarbeitungsvorgänge also lediglich eine Phase im Rahmen der Entscheidungsfindung dar, an der grundsätzlich jedoch eine Person beteiligt ist, kommt Art. 15 nicht zur Anwendung.[689] Die automatisierte Aufstellung von sog. Mailing-Listen zur Direktwerbung und die sich daran anschließende Versendung von Werbematerial fällt jedoch nicht in den Anwendungsbereich des Art. 15, da es sich hierbei nicht um eine rechtliche Folgen nach sich ziehenden Entscheidung handelt.[690] Dennoch sind auch Situationen denkbar, in denen eine Entscheidung, die rechtlich folgenlos ist, für den Betroffenen eine solche erhebliche Beeinträchtigung darstellt, dass auch sie unter das Ausschlussrecht des Art. 15 fällt.[691]

Die Ausgestaltung dieses Rechts im Einzelnen ist den Mitgliedstaaten überlassen. Denkbar ist zunächst die Umsetzung in Form eines generellen Verbotes ausschließlich auf automatisierten Verfahren beruhender Entscheidungen.[692] Aber auch die Einräumung eines Rechts zum Widerspruch ist möglich, nach dessen Ausübung eine entsprechende Entscheidung unzulässig wird.[693] Für letzteres spricht die systematische Stellung der Bestimmung.

---

[686] Allerdings ist er auch in einigen deutschen bereichsspezifischen Datenschutzgesetzen verankert, Gounalakis/Mand, CR 1997, 497 (499).

[687] Weber, CR 1995, 297 (302); Brühann, in: GH-III, 2003, A30, Art. 15 Rn. 1; *Dammann*/Simitis, EU-Datenschutzrichtlinie, 1997, Art. 15 Rn. 2; Bainbridge, Data Protection Directive, 1996, S. 68.

[688] Gounalakis/Mand, CR 1997, 497 (499).

[689] Begründung des Geänderten Richtlinienvorschlages zum damaligen Art. 16, EG KOM (92) 422 endg. – SYN 287, vom 15.10.1992 S. 27. Nicht ausreichend sind jedoch eher triviale menschliche Beiträge, die nicht die Entscheidung an sich in Frage stellen, Bainbridge, Data Protection Directive, 1996, S. 68.

[690] So die Begründung zum Geänderten Richtlinienvorschlag, EG KOM (92) 422 end. – SYN 287 vom 15.10.1992, S. 26.

[691] Dies betrifft insbesondere die Ablehnung eines Kreditantrages: hier kommen gerade keine rechtlichen Verpflichtungen zustande, die Entscheidung kann den Betroffenen jedoch nachhaltig beeinträchtigen, Brühann, in: GH-III, 2003, A30, Art. 15 Rn. 6.

[692] So Bainbridge, Data Protection Directive, 1996, S. 70.

[693] *Dammann*/Simitis, EU-Datenschutzrichtlinie, 1997, Art. 15 Rn. 7 und 8. Zu bedenken bei der Einräumung eines Widerspruchsrechtes ist, dass dieses nur sinnvoll ausgeübt werden kann, wenn der Betroffene Kenntnis davon hat, dies wird auch in Art. 14 deutlich. Folglich müsste auch hier eine entsprechende Informationspflicht des Datenverarbeiters statuiert werden.

Das Recht aus Art. 15 unterliegt gem. Abs. 2 jedoch auch Ausnahmeregelungen, zu deren Umsetzung die Mitgliedstaaten gar verpflichtet sind. Dies betrifft zunächst Entscheidungen im Zusammenhang mit einem mit dem Betroffenen geschlossenen Vertrag, die im Sinne des Betroffenen gefällt werden. Zum anderen können geeignete Garantien bereitgestellt werden, die die Rechte des Betroffenen wahren, d.h. die Verobjektivierung des Betroffenen gegenüber einer ausschließlichen automatisierten Verarbeitung vermeiden.[694] Da gerade im Rahmen von vertraglichen Beziehungen die Anwendung sog. automatischer Persönlichkeitsprofile üblich ist, wird kritisiert, dass die Ausnahmeregelung das eigentliche Ausschlussrecht zu einer bloßen Beweiserleichterung abschwächt.[695] Davon abgesehen sind ausschließlich automatisierte Entscheidungen ebenfalls zulässig, wenn sie gesetzlich vorgesehen sind und dieses Gesetz ebenfalls geeignete Garantien zur Wahrung der Rechte des Betroffenen enthält.

7) Sicherheit der Verarbeitung, Art.17

Mindestens ebenso wichtig wie generelle Verfahrens- und Qualitätsanforderungen an die Datenverarbeitung für den Schutz personenbezogener Daten ist die Einhaltung von Sicherheitsmaßnahmen. Entsprechend ist gem. Art. 17 der Verantwortliche der Datenverarbeitung verpflichtet, durch geeignete organisatorische und technische Vorkehrungen die Daten vor zufälliger und unrechtmäßiger Zerstörung, zufälligem Verlust, unbefugter Änderung, Weitergabe und dem unbefugten Zugang zu schützen.[696] Die zu ergreifenden Maßnahmen stehen dabei unter dem Vorbehalt des Standes der Technik und den dabei entstehenden Kosten, die in einem angemessenen Verhältnis zu den Risiken der betreffenden Datenverarbeitung und der Art der zu schützenden Daten stehen müssen.[697] Der Anwendungsbereich dieser Pflicht zu Schutzmaßnahmen ist möglichst weit auszulegen und die Aufzählung der drohenden Risiken in Art.17 Abs.1 ist als nicht abschließend zu verstehen, wie sich aus der Formulierung „(...) und gegen jede andere Form der unrechtmäßigen Verarbeitung personenbezogener Daten erforderlich sind", ergibt.

8) Einschränkungsvorbehalt, Art. 13

Unabhängig von den Ausnahmen und Einschränkungen, die bereits in den einzelnen bislang dargelegten Artikeln zu finden sind, enthält Art. 13 einen grundsätzlichen Einschränkungsvorbehalt zu Gunsten der Mitgliedstaaten für die Datenschutzregelungen der Artikel 6 Abs. 1, 10, 11 Abs. 1, 12 und 21.[698] Die Beschränkungen sind jedoch nur

---

[694] Die Richtlinie nennt beispielhaft die Möglichkeit des Betroffenen, seinen Standpunkt im Rahmen des Verfahrens geltend zu machen. Das im Rahmen der Kreditvergabe angewandte Credit Scoring wäre demnach also zulässig – unter Einräumung entsprechender Garantien für den Fall einer Ablehnung des Antrags.

[695] Kilian, in: Tinnefeld (Hrsg.), Informationsgesellschaft, 1995, S. 98 (105).

[696] Hat der Verantwortliche der Datenverarbeitung einen Dritten mit der Verarbeitung beauftragt („Auftragsdatenverarbeiter" gem. Art. 2 lit e), so hat er diesen im Hinblick auf die Einhaltung der Sicherheitsvorschriften auszuwählen und zu überwachen, Art. 17 Abs. 3.

[697] Erwägungsgrund 46.

[698] Art. 21 verpflichtet die Mitgliedstaaten, Maßnahmen zu treffen, mit denen die Öffentlichkeit der Verarbeitung sichergestellt wird, z. B. durch das Führen eines Registers aller gem. Art. 18 gemeldeten Verarbeitungen bei der zuständigen Kontrollstelle (Art. 21 Abs.2).

zulässig, soweit diese alternativ zur Erreichung eines der in Art. 13 genannten Zwecke[699] notwendig sind. Die genannten Zwecke sind sehr umfassend und ermöglichen eine weitgehend von dem Zugriff des Betroffenen unbehelligte Verarbeitung der Daten durch den Staat, um dessen Ziele und Aufgabenerfüllung es sich vorwiegend bei den aufgeführten Zwecken handelt.[700] Auch wenn die Mitgliedstaaten nicht zu entsprechenden Einschränkungen verpflichtet sind, spricht doch die vom Rat eingeführte Erweiterung des Anwendungsbereiches von Art. 13 dafür,[701] dass die Mitgliedstaaten umfassend von den Möglichkeiten zur Einschränkung Gebrauch machen werden.[702]

9) Datenschutz und Meinungsäußerungsfreiheit, Art. 9

Eine weitere Einschränkung der Geltung der Richtlinie sieht Art. 9 für die Verarbeitung personenbezogener Daten vor, die ausschließlich zu journalistischen, künstlerischen oder literarischen Zwecken erfolgt. Diese Einschränkungsregelung trägt dem Konflikt zwischen dem durch den Schutz personenbezogener Daten bezweckten Schutz der Privatsphäre und dem Recht auf freie Meinungsäußerung, wie es auf internationaler bzw. europäischer Ebene in Art. 10 der EMRK verankert ist, Rechnung.[703] So erlaubt die Richtlinie abweichende Regelungen von den Bestimmungen der Richtlinie in den Kapiteln II, IV und VI unter der Voraussetzung, dass sie nur so weit gehen, wie dies zu einem Ausgleich zwischen dem Recht auf Privatsphäre und dem Recht auf freie Meinungsäußerung notwendig ist. Pauschale Ausnahmen bzw. Sonderregelungen sind hiernach also nicht zulässig, vielmehr sind für den jeweiligen Einzelfall konkrete Regelungen zu entwickeln.[704] Für den Bereich der Haftung, geregelt in Kapitel III, sieht Art. 9 keine Möglichkeit zu einer Ausnahmeregelung vor, jedoch wirken sich Sonderregelungen bei der Verarbeitung oder der Anwendung des Auskunftsrechtes auch auf die Verwirklichung des Haftungstatbestandes aus.

[699] Hierbei handelt es sich um die Sicherheit des Staates (lit. a), die Landesverteidigung (lit. b), die öffentliche Sicherheit (lit. c), die Verhütung, Ermittlung, Feststellung und Verfolgung von Straftaten (lit. d), ein wichtiges wirtschaftliches oder finanzielles Interesse eines Mitgliedsstaates oder der Europäischen Union (lit.e), die Kontroll-, Überwachungs- und Ordnungsfunktionen, die mit der Ausübung öffentlicher Gewalt für die in lit. c bis e genannten Zwecke verbunden sind (lit. f) oder um den Schutz des Betroffenen und der Rechte und Freiheiten anderer Personen (lit. g).

[700] Kilian, in: Tinnefeld (Hrsg.), Informationsgesellschaft, 1995, S. 98 (108). Siehe auch die Darstellung der Diskussion im Rat über die Einschränkungsmöglichkeiten gem. Art. 13 bei Simitis, in: Tinnefeld (Hrsg.), Informationsgesellschaft, 1995, S. 51 (63).

[701] Siehe Brühann, in: GH-III, 2003, A30 Art. 13 Rn. 4.

[702] Vgl. zur Umsetzung des Art. 13 den Technischen Anhang zum 1. Evaluierungsbericht der Kommission, S. 23f. http://europa.eu.int/comm/internal_market/privacy/docs/lawreport/consultation/technical-annex_en.pdf.

[703] Begründung des Geänderten Richtlinienvorschlages EG KOM (92) 422 endg. – SYN 287 vom 15.10.1992, S. 19.

[704] Brühann/Zerdick, CR 1996, 429 (432). Ein Beispiel ist der für den Journalismus als notwendig anerkannte Quellenschutz, Brühann, in: GH-III, 2003, A30 Art. 9 Rn. 10.

V) Zusammenfassung

Die Richtlinie sieht umfassende Pflichten für den Datenverarbeiter vor, die darauf zielen, einen aus Sicht des Betroffenen transparenten Umgang mit seinen Daten zu gewährleisten. Dieser soll an jeder Phase der Verarbeitung entweder beteiligt werden oder zumindest darüber informiert werden, dass eine Verarbeitung stattgefunden hat. Flankiert wird diese Beteiligung, die dem Betroffenen die Kontrolle über seine Daten ermöglichen soll, durch eine strikte und vor jeder Verarbeitung stattfindende Zweckbindung, die eine pauschale Datensammlung auf Vorrat ebenso unmöglich macht wie die unbegrenzte Speicherung der Daten für sich erst in der Zukunft auftuende Zwecke. Angesichts der vorwiegend unter dem Einsatz von Technik stattfindenden Datenverarbeitung ist es eine Selbstverständlichkeit, dass der Verarbeiter auch zur Gewährleistung eines sicheren Verarbeitungsprozesses ohne Datenverlust oder -zerstörung verpflichtet ist.

Die Einhaltung dieser Pflichten des Verarbeiters kann der Betroffene selber über seine Rechte auf Auskunft, Berichtigung und Löschung der Daten überwachen und sicherstellen. Dies setzt voraus, dass er über seine Rechte informiert wird, was die Richtlinie allerdings unter der Vorbehalt stellt, dass dies im konkreten Fall tatsächlich notwendig ist, um eine Verarbeitung nach Treu und Glauben sicherzustellen.

Besonderes Augenmerk legt die Richtlinie auf den Schutz sog. sensitiver Daten, jedoch wird dieser durch umfassende Ausnahmeregelungen in nicht unbedeutendem Maße ausgehöhlt. Überhaupt sieht die Richtlinie eine Reihe von Ausnahmeregelungen vor, die nicht nur die kommerziellen Datenverarbeiter vor übermäßig auferlegten Pflichten bewahren sollen. Vielmehr sollen auch als im öffentlichen Interesse notwendig empfundene Maßnahmen nicht durch hohe Anforderungen an den Schutz personenbezogener Daten behindert werden. Aber auch dort, wo der Betroffene als weniger schutzwürdig eingestuft wird, so z.B. im Rahmen einer vertraglichen Beziehung mit dem Datenverarbeiter, wird der Datenverarbeiter von der Einhaltung gewisser Schutzvorkehrungen enthoben.

Dennoch ist festzuhalten: Die Pflichtenstellung des Datenverarbeiters und die mit ihr korrespondierenden Rechte des Betroffenen gewährleisten prinzipiell ein gegenüber der bisherigen europaweiten Situation im Datenschutz ausreichendes Schutzniveau, für das nun im Weiteren zu prüfen ist, wie es durch die Haftungsregelung im Art. 23 im Falle eines Verstoßes gegen die Datenschutzregelungen abgesichert wird.

B) Die Pflicht zum Schadensersatz, Art. 23

Art. 23 verpflichtet die Mitgliedsstaaten zur Einführung eines Schadensersatzanspruches:

„1. Die Mitgliedsstaten sehen vor, dass jede Person, der wegen einer rechtswidrigen Verarbeitung oder jeder anderen mit den einzelstaatlichen Vorschriften zur Umsetzung dieser Richtlinie nicht zu vereinbarenden Handlung ein Schaden entsteht, das Recht hat, von dem für die Verarbeitung Verantwortlichen Schadensersatz zu verlangen.

2. Der für die Verarbeitung Verantwortliche kann teilweise oder vollständig von seiner Haftung befreit werden, wenn er nachweist, dass der Umstand, durch den der Schaden eingetreten ist, ihm nicht zur Last gelegt werden kann."

Abs. 1 regelt demnach die Voraussetzungen einer nationalen Ersatzpflicht des Datenverarbeiters. Abs. 2 bestimmt, wann eine solche Haftung ausgeschlossen werden kann und gestaltet diesen Ausschluss überdies fakultativ für die Mitgliedstaaten aus. Anspruchsgegner soll ausschließlich der Verantwortliche der Datenverarbeitung sein, nicht z.B. der Auftragsdatenverarbeiter. Diese Festlegung auf einen spezifischen Anspruchsgegner, dem zudem die Möglichkeit einer Haftungsbefreiung eingeräumt werden kann, beschränkt zwar das Recht des Geschädigten auf Ausgleich seines Schadens,[705] war aber auch in den nationalen Rechtsordnungen, wie z.B. Deutschland und England, so üblich.

Schadensersatzberechtigt soll hingegen jede Person sein, die aufgrund eines Verstoßes gegen die nationalen Regelungen zur Umsetzung einen Schaden erleidet und nicht nur derjenige, der tatsächlich von einer Verarbeitung seiner personenbezogenen Daten betroffen ist.[706] Dennoch ist der Personenkreis im Hinblick auf den Schutzzweck der Richtlinie gem. Art.1 Abs. 1 auf natürliche Personen, deren Grundrechte und Grundfreiheiten, insbesondere deren Privatsphäre, betroffen sind, zu beschränken.[707] Ein Ersatzanspruch des Datenverarbeiters oder des Auftragsdatenverarbeiters kommt daher nicht in Betracht.

I) Das haftungsauslösende Moment

Jede rechtswidrige Verarbeitung sowie jede sonstige Handlung, die mit den nationalen Vorschriften zur Umsetzung nicht zu vereinbaren ist, löst eine Haftung aus. Eine rechtswidrige Verarbeitung ergibt sich insbesondere aus einem Verstoß gegen die Ver-

---

[705] Dies wurde insbesondere von dem britischen *Data Protection Registrar* angemerkt, der im Rahmen der britischen Umsetzungsdiskussion die Einführung eines Schadensersatzanspruches auch gegen Dritte forderte, Consultation Paper: Response of the Data Protection Registrar, in: Encyclopedia, Vol. 3 Part 4A Rn. 434/16.

[706] Im 1. Richtlinienvorschlag sollte gemäß dem damaligen Art. 21 Abs. 1 nur die Person ersatzberechtigt sein, deren „personenbezogene Daten in einer Datei gespeichert sind", ABl. C-277/3 vom 05.11.1990, die heutige Fassung wurde erst im Art. 23 des Gemeinsamen Standpunktes festgelegt, ABl. C-93/1 vom 13.04.1995.

[707] *Dammann*/Simitis, EU-Datenschutzrichtlinie, 1997, Art. 23 Rn. 2; Grimalt-Servera, Cahiers – Lamy droit de l'informatique et des résaux, 1999, S. 12. Die Richtlinie schützt von vornherein nur die natürlichen Personen, vgl. Art. 2 lit. a sowie die Erwägungsgründe 9 und 11. Den Mitgliedstaaten bleibt es vorbehalten, auch die Daten juristischer Personen zu schützen, Erwägungsgrund 24.

arbeitungsanforderungen in Art. 6-8 sowie aus der Nichteinhaltung der Informationspflichten gem. Art. 10 und 11.[708] Aber auch eine Verarbeitung, die nicht mit den gem. Art. 17 erforderlichen Sicherheitsmaßnahmen vorgenommen wurde, ist rechtswidrig. Ebenfalls kann eine Schadenersatzpflicht auslösen, wenn der Verantwortliche einer nicht meldepflichtigen Datenverarbeitung gem. Art. 18 dem Betroffenen auf dessen Antrag hin nicht gem. Art. 21 Abs. 3 diejenigen Informationen zur Verfügung stellt, die gem. Art. 19 Abs. in der Meldung hätten enthalten sein sollen.[709] Entgegen der Auffassung, die zweite Alternative der *sonstigen Handlung* füge „nichts Wesentliches" hinzu,[710] ist diese sehr wohl von Bedeutung. Sie bezieht Verletzungen der Rechte des Betroffenen auf Auskunft, Korrektur, Löschung und Widerspruch gem. Art. 12 und 14 sowie das Recht aus Art. 15 mit in die Haftung ein.[711]

II) Verschulden

So eindeutig sich Art. 23 zu Anspruchsinhaber und -gegner sowie zum haftungsauslösenden Ereignis äußert, so mehrdeutig gibt er Antworten auf die Frage, ob für die Schadenersatzpflicht ein Verschulden des Datenverarbeiters erforderlich ist.

Vorab soll jedoch kurz erläutert werden, welches Verständnis dem Verschuldensbegriff zu Grunde gelegt wird und welche abweichenden bzw. alternativen Haftungsmaßstäbe hierzu es gibt.

Im Rahmen einer verschuldensabhängigen Haftung haftet der Schädiger dem Geschädigten für den eingetretenen Schaden nur insoweit, als er die angemessene, d.h. die im Verkehr erforderliche Sorgfalt außer Acht gelassen hat. Dies setzt jedoch nicht einen an den persönlichen Fähigkeiten und Eigenschaften des Schädigers anknüpfenden Pflichtverstoß voraus. Vielmehr wird ein Verschulden bereits dann bejaht, wenn vom Standard des *reasonable man* bzw. des an Stelle des Schädiges handelnden vernunftgesteuerten Durchschnittsmenschen abgewichen wird.[712] Der Datenverarbeiter hätte somit den Schadenseintritt verschuldet, wenn er gegen die Kontroll- und Sorgfaltspflichten verstoßen hätte, die ein vernünftiger Durchschnittsdatenverarbeiter an seiner Stelle einzuhalten hätte. Ob er hierzu nach seiner persönlichen bzw. betrieblichen Disposition in der Lage gewesen wäre, wäre für die Annahme des Verschuldens unerheblich.

Da das Verschulden eine notwendige Voraussetzung für die Anspruchsbegründung ist, muss sie der Geschädigte im Prozeß beweisen. Hiervon kann jedoch abgewichen werden, indem die Beweislast für das Verschulden zu Lasten des Schädigers geht. Mit anderen Worten: dieser hat zu beweisen, dass er die objektiv gebotene Sorgfalt angewandt hat. Gelingt ihm dieser Nachweis nicht, wird vermutet, dass er die ihm obliegenden Sorgfaltspflichten verletzt, also schuldhaft gehandelt hat. Diese Haftung für vermutetes Verschuldenen bedeutet in materiell-rechtlicher Hinsicht keine Abkehr

---

[708] Siehe Seite 121ff.

[709] Art. 21 Abs. 3 soll die Öffentlichkeit der Verarbeitung, die durch das Führen eines Registers der meldepflichtigen Verarbeitungen gem. Art. 21 Abs. 1 und 2 gewährleistet wird, auch für nicht gemeldete Verarbeitungen sicherstellen, *Dammann*/Simitis, EU-Datenschutzrichtlinie, 1997, Art. 21 Rn. 4.

[710] Brühann, in: GH-III, 2003, A30, Art. 23 Rn. 5.

[711] *Dammann*/Simitis, EU-Datenschutzrichtlinie 1997, Art. 23, Rn. 3.

[712] von Bar, Gemeineuropäisches Deliktsrecht, Band II, 1999, S. 333.

vom Verschuldensprinzip, sondern lediglich seine Abschwächung, da das Risiko der Unaufklärbarkeit des Sachverhalts insofern beim Schädiger und nicht beim Geschädigten liegt.[713]

Davon abzugrenzen ist die verschuldensunabhängige Haftung bzw. Gefährdungshaftung. Nach dieser haftet der Schädiger für den eingetretenen Schaden, ohne dass es hierzu eines objektiven Sorgfaltspflichtverstoßes bedarf.[714] Dies bedeutet allerdings nicht, dass der Schädiger allein infolge der bloßen Schadensverursachung haftet. Zurechnungsgrund ist die Veranlassung und Beherrschung einer Gefahr durch den Schädiger, der überdies aus dem Betreiben der Gefahrenquelle wirtschaftlichen Nutzen zieht.[715] Der Verzicht auf ein Verschulden und die damit einhergehende besondere Strenge der Haftung ist jedoch nur im Falle einer besonderen Gefahr gerechtfertigt. Sie zeichnet sich insbesondere dadurch aus, dass entweder die Wahrscheinlichkeit eines Schadenseintritts besonders groß ist oder der mögliche Schaden von einem besonders hohen Ausmaß sein könnte.[716]

Unter Zugrundelegung dieser drei grundsätzlich möglichen Haftungskonzepte soll nun der von der Richtlinie in Art. 23 gewählte Maßstab erkundet werden.

Die Entscheidung darüber, welches Haftungskonzept Art. 23 nun den Mitgliedstaaten vorgibt, ist dabei keineswegs von bloß dogmatischer Bedeutung. Zwischen einer Verschuldenshaftung, einer verschuldensunabhängigen Haftung, und einer Haftung für vermutetes Verschulden bestehen durchaus praktische Unterschiede. So kann der Datenverarbeiter bei einer gewöhnlichen Verschuldenshaftung der Haftung in der Regel dadurch entgehen, dass der Geschädigte die Verletzung mangels Einsicht in den Erhebungs- und Verarbeitungsprozess nicht nachweisen kann. Aber auch bei einem vermutetem Verschulden kann der Verarbeiter eine Haftung vermeiden, in dem er die Datenerhebung und –verarbeitung nachweislich so ausgestaltet, wie es die Anwendung der angemessenen Sorgfalt verlangt.[717] Bei einer verschuldensunabhängigen Haftung spielt die Frage, ob die Verarbeitung sorgfaltsgemäß ausgeführt wurde, keine Rolle, mithin kann der Nachweis des sorgfaltsgemäßen Verhaltens auch nicht zu einer Entlastung führen.[718]

Die Auffassungen in der Literatur zur Frage einer Verschuldens- oder Gefährdungshaftung des Art. 23 sind uneinheitlich. Vertreten wird 1. eine Verschuldenshaftung mit der Möglichkeit der Beweislastumkehr entsprechend den vertrauten nationalen Regelungen,[719] 2. eine verschuldensunabhängige Haftung mit der Möglichkeit eines subjek-

---

[713] Larenz/Canaris, BT II/2, 1994, S. 353.

[714] Ebensowenig der Rechtswidrigkeit, Larenz/Canaris, BT II/2, 1994, S. 610.

[715] Larenz/Canaris, BT II/2, 1994, S. 605.

[716] Kötz, AcP 170 (1970), 1 (29).

[717] Z.B. durch Kontrollmechanismen sicherstellen, dass Daten, die zu unterschiedlichen Zwecken erhoben wurden, getrennt gespeichert und verwaltet werden.

[718] Es ist zwar zuzugeben, dass an den Entlastungsbeweis im Falle des vermuteten Verschuldens durchaus so hohe Anforderungen gestellt werden können, dass dies in der Praxis einer verschuldensunabhängigen Haftung gleichkommt, vgl. Kötz/Zweigert, Rechtsvergleichung, 1996, S. 654.

[719] Schneider, Handbuch, 2003, S. 247; Born, Schadensersatz, 2001, S. 82f.; Lütkemeier, DuD 1995, 597 (600); Wuermeling, DB 1996, 663 (670); Ehmann/Sutschet, RDV 1997, 3 (13); Teschner, SchlHA 1999, 65 (67); *Data Protection Registrar*, Consultation Paper on the EC Directive 95/46/EC: Response of the Data Protection Registrar, 1997, abgedr. in: Encyclopedia of Data Protection, 2001, Band 3, Teil 4A, Rn. 4A – 434/17.

tiven Entlastungsbeweises, soweit der Mitgliedsstaat die Option des Abs. 2 wahrnimmt[720] oder 3. die Wahl zwischen einer ausschließlich verschuldensunabhängigen Haftung gem. Art. 23 Abs. 1 und einer solchen für vermutetes Verschulden mit einer Beweislastumkehr zu Lasten des Datenverarbeiters im Falle der Umsetzung von Art. 23 Abs. 2.[721]

Zur mithin notwendigen Klärung der Frage, welches Haftungsregime Art. 23 denn nun enthält, ist die Regelung auszulegen. Ein durchaus übliches Vorgehen in den nationalen Rechtssystemen, das sich jedoch in den Erörterungen zur Richtlinie, von bloßen Interpretationsansätzen abgesehen, nur äußerst selten finden lässt.[722] Art. 23 ist eine Norm des sekundären Gemeinschaftsrechts, die nach den Interpretationsgrundsätzen des Gemeinschaftsrechts autonom auszulegen ist und vom jeweiligen nationalen Verständnis zu lösen ist.[723] Über die Auslegung des Gemeinschaftsrechtes entscheidet letztverbindlich der EuGH, dem Art. 220 EG die „Wahrung des Rechts" aufgibt.[724] Bislang ist der EuGH jedoch noch nicht zur Auslegung des Art. 23 angerufen worden. Es ist daher eine eigenständige Auslegung vorzunehmen.[725]

1) Auslegungsmethoden

Es stellt sich zunächst die Frage nach den anzuwendenden Auslegungsmethoden. Können die klassischen Auslegungsregeln des nationalen Rechts auf das supranationale Gemeinschaftsrecht übertragen werden, dessen autonomer Charakter oft genug hervorgehoben wurde?[726] Das Gemeinschaftsrecht stellt zwar eine Rechtsordnung *sui generis* dar, aufgrund seiner Charakterisierung als Rechtssystem kommen jedoch für seine Auslegung die klassischen Methoden der grammatikalischen, historischen, systematischen und teleologischen Auslegung zur Anwendung.[727] Dennoch: Die Besonderheiten des Gemeinschaftsrechts führen zu einer vom nationalen Gebrauch abweichenden Gewichtung der Auslegungskriterien.[728]

---

720 Kilian, in: Tinnefeld (Hrsg.), Informationsgesellschaft, 1995, S. 98 (106); *Dammann*/Simitis, EU-Datenschutzrichtlinie, 1997, Art. 23, Rn. 9; Brühann, in: GH-III, 2003, A30, Art. 23 Rn. 8 und 9.

721 Bachmeier, RDV 1995, 49 (51); Boulanger/de Terwangne/Leónard/Louveaux/Moreau/Poullet, J.T.D.E. 1997, 121 (179).

722 Zur Frage des Verschuldens finden sich Interpretationen bei Grimalt-Servera, Cahiers – Lamy de droit l'informatique et des réseaux, 1999, S. 12 (13) und Boulanger/de Terwangne/Léonard/Louveaux/Moreau/Poullet, J.T.D.E. 1997, 173 ff.

723 Wolf, Festschrift Lange, 1992, S. 779 (783).

724 Überwiegend im Wege der Vorabentscheidungsverfahren gem. Art. 177 EGV (Art. 234 EG), Steininger, ZÖR 53 (1998), 239 (252).

725 Vorabentscheidungen gab es bislang zu Art. 3, 6, 7, 8, 13 und 25. Vgl. die Entscheidungen vom 6.11.2003, Rs. C-101/01, *Lindqvist*, Slg. 2003, I-12971 sowie vom 20.5.2003, verb. Rs. C-465/00, C-138/01 und C-139/01, *Neukomm u.a*, Slg. 2003, I-04989.

726 Grundlegend EuGH vom 05.02.1963, Rs. 26/62, *van Gend & Loos*, Slg. 1963, 1 (25); zu den Folgen einer unreflektierten Übernahme der mitgliedsstaatlichen Auslegungsprinzipien siehe das Beispiel bei Schmidt, RabelsZ 59 (1995), 569 (571f.).

727 Pernice, in: GH-II, Alt, 1999, Art. 164 EGV Rn. 23; Roth, in: Festschrift 50 Jahre BGH, 2000, S. 847 (872); Anweiler, Auslegungsmethoden, 1997, S. 34; Schulze, in: Ders. (Hrsg.), Auslegung europäischen Privatrechts, 1999, S. 9 (13).

728 Hierbei ist zudem noch zwischen der Auslegung von Primär- und Sekundärrecht zu unterscheiden, Bleckmann, NJW 1982, 1177 (1178). Im Folgenden wird jedoch nur auf die Auslegung des relevanten Sekundärrechts eingegangen.

So wird der grammatikalischen Auslegung angesichts der Mehrsprachigkeit der Gemeinschaft, der Verbindlichkeit aller Amtssprachen und der daraus häufig resultierenden Abweichungen im Wortsinn eher wenig Gewicht beigemessen.[729] Insbesondere darf sich eine Auslegung nicht auf den eindeutigen Wortlaut einer Sprache beschränken, vielmehr muss diese im „Licht aller Amtssprachen" vorgenommen werden.[730] Darüber hinaus ist zu berücksichtigen, dass die Begriffe des Gemeinschaftsrechts trotz sprachlicher Übereinstimmung nicht unbedingt den gleichen Bedeutungsinhalt haben müssen wie die entsprechenden Begriffe des nationalen Rechts, sondern vielmehr Bestandteil einer eigenen, gemeinschaftsrechtlichen Terminologie sind.[731]

Der historischen Auslegung wiederum wird beim Sekundärrecht – anders als beim Primärrecht – mehr Bedeutung beigemessen, nicht zuletzt deshalb, weil die veröffentlichten Entwürfe mit ihren ausführlichen Begründungen Hinweise auf die Motivationen und Zielsetzungen des Gesetzgebers enthalten können.[732] Wichtigste Auslegungsmethode ist jedoch die Ermittlung von Sinn und Zweck der auszulegenden Bestimmung (teleologische Auslegung).[733] Sie trägt dem evolutiven Charakter des Gemeinschaftsrechts – gerichtet auf eine fortschreitende Integration durch die zunehmende Verwirklichung der Vertragsziele[734] – am besten Rechnung.[735] Der Sinn einer Norm ist daher stets aus der gegenwärtigen Situation, d.h. aus dem Stand der europäischen Integration zum Zeitpunkt der Auslegung heraus vorzunehmen.[736] Überdies kann die Orientierung am Zweck einer Vorschrift und die gebotene einheitliche Auslegung des Gemeinschaftsrechts im Sinne der vom EuGH eingeforderten autonomen Terminologie des Gemeinschaftsrechts dazu führen, dass der so erzielte Inhalt der Bestimmung über deren Wortlaut hinausgeht.[737] Eine tragende Rolle bei der teleologischen Auslegung spielen die Erwägungsgründe, da sich häufig aus ihnen ergibt, was der Gemein-

---

[729] Epiney, in: Beutler/Bieber/Pipkorn/Streil, Europäische Union, 2001, S. 291. Vgl. auch die diese Aussage unterstützende ausführliche Analyse der grammatikalischen Auslegung durch den EuGH bei Anweiler, Auslegungsmethoden, 1997, S. 145ff.

[730] EuGH vom 12.11.1969, Rs. 29/69, *Stauder*, Slg. 1969, 419 (425); Steininger, ZÖR 53 (1998), 239 (250).

[731] EuGH vom 06.10.1982, Rs. 283/81, *C.I.L.F.I.T*, Slg. 1982, 3415 (3430).

[732] Bleckmann, NJW 1982, 1177 (1178); EuGH vom 05.02.1976, Rs. 94/75, Slg. 1976, 153 (160) – „Fegezucker". Dies gilt auch für Protokollerklärungen der Mitgliedstaaten, soweit sie gem. Art. 207 Abs. 2 Unterabs. 3 EG zu dokumentieren sind, Schroeder, JuS 2004, 180 (183).

[733] Bleckmann, NJW 1982, 1177 (1178). Pernice, in: GH-II, Alt, 1999, Art. 164 EGV Rn. 23; Schmidt, RabelsZ 59 (1995), 569 (579).

[734] Der EuGH sieht sich also in der Pflicht, dynamisch auf Entwicklungen zu reagieren, die eine gemeinschaftsrechtliche Bestimmung seit dem Zeitpunkt ihres Inkrafttretens genommen hat, vgl. Rs. 283/81 vom 06.10.1982, *C.I.L.F.I.T*, Slg. 1982, 3415 (3430). Ob diese dynamische Auslegung nun als eigenständige Methode neben den bekannten Auslegungsmethoden anzuerkennen ist (so Anweiler, Auslegungsmethoden, 1997, S. 239 unter Berufung auf das *C.I.L.F.I.T.*-Urteil) oder als Unterfall der teleologischen Auslegung einzustufen ist (so Blank, Europäische Fusionskontrolle, 1991, S. 100 und wohl auch Epiney, in: Beutler/Bieber/Pipkorn/Streil, Europäische Union, 2001, S. 294), soll an dieser Stelle dahingestellt bleiben.

[735] Bleckmann, NJW 1982, 1177 (1178), Epiney, in: Beutler/Bieber/Pipkorn/Streil, Europäische Union, 2001, S. 294.

[736] Anweiler, Auslegungsmethoden, 1997, S. 67.

[737] Steininger, ZÖR 53 (1998), 239 (254); Schmidt, RabelsZ 59 (1995), 569 (576); Anweiler spricht daher auch von einer „weiten Auslegung" im Vergleich zum Auslegungsbegriff der deutschen Methodenlehre, die zwischen Auslegung und Rechtsfortbildung trennt, Auslegungsmethoden, 1997, S. 39 und 407.

schaftsgesetzgeber mit einzelnen Richtlinienbestimmungen regeln wollte und welchem Ziel des Gemeinschaftsrechts die Richtlinie dienen soll.[738]

Die teleologische Auslegung fällt dabei mit der systematischen Auslegung zusammen, soweit das Ziel der Richtlinie in ihren Text mit aufgenommen wird. So auch bei der Datenschutzrichtlinie, die in ihren Erwägungsgründen und vor allem in Art. 1 ihr Ziel formuliert. Dementsprechend werden in der folgenden Auslegung diese beiden Auslegungsmethoden zusammen behandelt.

Dem teleologischen Auslegungsprinzip verwandt ist der aus dem Völkerrecht stammende Grundsatz des *effet utile,* demzufolge jede Bestimmung des Gemeinschaftsrechtes so auszulegen ist, dass sie die größtmögliche Wirkung entfalten kann.[739] Die bereits angesprochene Wahrung der Einheit des Gemeinschaftsrechts verlangt zudem, dass das sekundäre Gemeinschaftsrecht, wie hier die Datenschutzrichtlinie, im Lichte der höherrangigen Vertragsziele und der als allgemeine Rechtsgrundsätze im Gemeinschaftsrecht geltenden Grundrechte ausgelegt wird.[740]

2) Grammatikalische Auslegung

Auf den ersten Blick spricht Art. 23 Abs. 1 lediglich davon, dass „jede Person, der wegen einer rechtswidrigen Verarbeitung oder jeder anderen mit den einzelstaatlichen Vorschriften zur Umsetzung dieser Richtlinie nicht zu vereinbarenden Handlung ein Schaden entsteht", Schadensersatz verlangen kann. Hiernach scheint die bloße Schadensverursachung infolge einer der beiden haftungsauslösenden Ereignisse ausreichend zu sein, ungeachtet dessen, ob dem Datenverarbeiter der Vorwurf eines Fehlverhaltens gemacht werden könnte.

Nach dem Wortlaut des Art. 23 Abs. 1 ist ein Verschulden oder eine Sorgfaltspflichtverletzung für eine Ersatzpflicht des Datenverarbeiters nicht durch die Mitgliedsstaaten zu verlangen. Ausreichend ist nach ihm die bloße Verursachung des Schadens infolge des Verstoßes gegen die nationalen Datenschutzvorschriften. Dies ergibt sich auch aus der englischen Fassung des Richtlinientextes, in der es heißt: „(...) *any person who has suffered damage as a result of an unlawful processing or of any act incompatible with the national provisions adopted pursuant to this Directive is entitled to receive compensation*(...)".[741] Auch die französische Fassung enthält in ihrem Wortlaut keinen Hinweis auf ein erforderliches Verschulden des Datenverarbeiters. Dort heißt es: „*Toute personne ayant subi un dommage du fait d`un traitement illicite ou de toute action incompatible avec les dispositions nationales prises en application de la présente directive à le droit d`obtenir du responsable du traitement répara-*

---

738 Schmidt, RabelsZ 59 (1995), 569 (579).

739 Pernice, in: GH-II, Alt, 1999, Art. 164 EGV, Rn. 27. Statt vieler EuGH vom 19.11.1990, verb. Rs. C-6/90 und C 9/90, *Francovich*, Slg. 1991, I-5357 (5414).

740 EuGH vom 18.10.1989, Rs. 374/87, *Orkem*, Slg. 1989, 3283 (3350); EuGH vom 12.11.1969, Rs. 29/69, *Stauder*, Slg. 1969, 419 (425).

741 Englische Fassung abgedr. bei Simitis/Dammann/Körner (Hrsg.), Datenschutz in der Europäischen Union, 2003, Band I.

tion".[742] Nach dem Wortlaut des Art. 23 Abs. 1 also enthielte die Richtlinie eine verschuldensunabhängige Haftung.

Gemäß Art. 23 Abs. 2 können die Mitgliedsstaaten jedoch vorsehen, dass der Datenverarbeiter „teilweise oder vollständig von seiner Haftung befreit werden kann, wenn er nachweist, dass der Umstand, durch den der Schaden eingetreten ist, ihm nicht zur Last gelegt werden kann." Danach kann also dem Anspruchsgegner der Negativbeweis auferlegt werden, dass er für den schadensbegründenden Umstand nicht verantwortlich ist. Allerdings ist diese Haftungsbefreiung nicht zwingend von den Mitgliedsstaaten umzusetzen. Sie haben lediglich die Möglichkeit, diese einzuführen.[743] Der Begriff „Umstand" erfasst „die zu einem Sachverhalt, einer Situation, zu bestimmten Verhältnissen, zu einem Geschehen beitragende oder dafür mehr oder weniger wichtige Einzelheit, einzelne Tatsache".[744] Gemeint ist also die objektive Begebenheit, die zu dem Schaden des Betroffenen geführt hat, von dem Verhalten des Datenverarbeiters ist damit nicht die Rede, dieses ist dem fraglichen Umstand vielmehr vorgelagert.

Es kann sich also zum einen um Ereignisse handeln, für die es objektiv betrachtet unbillig erscheint, sie dem Verarbeiter zuzurechnen. Zu denken ist hier z.B. an völlig atypische Kausalverläufe oder an die Intervention Dritter bzw. des Betroffenen in den Kausalverlauf. Umstände, die im deutschen Recht unter dem Stichwort der Adäquanztheorie bzw. dem Schutzzweck der Norm bekannt sind, im englischen Recht meist unter dem Aspekt der *„remoteness of damage"* behandelt werden.[745]

Andererseits könnten hiervon Umstände erfasst sein, auf die der Verarbeiter objektiv Einfluss hätte nehmen können, dies aber nicht getan hat. In diesem Fall enthielte die Haftung ein subjektives Element durch die Berücksichtigung des Verhaltens des Datenverarbeiters. Für letzteres spricht die Verwendung des Begriffs „zur Last legen". „Zur Last legen" meint „jemanden beschuldigen, für etwas verantwortlich zu sein".[746] Der Begriff der Verantwortlichkeit wird jedoch in der Regel mit einem Verhaltensvorwurf verbunden, d.h. nicht das getan zu haben, was hätte getan werden müssen. Dies ist aber nichts anderes als der Nachweis fehlenden Verschuldens.

Die französische Fassung hingegen ist weniger eindeutig auf den Nachweis eines fehlenden Verhaltensvorwurfes gerichtet. In ihr wurde der Ausdruck *„le fait ne lui est pas imputable"* gewählt, demzufolge der Nachweis darauf gerichtet sein muss, dass dem Verarbeiter der schadensverursachende Umstand nicht zugerechnet werden kann.[747] Dies muss aber nicht zwangsläufig nur auf einem fehlenden vorwerfbaren Verhalten beruhen. Eine solche Eingrenzung beinhaltet der Begriff „zurechnen" (*„imputable"*) gerade nicht. Vielmehr kann es sich auch um den Nachweis von Ereignissen handeln, vor deren Eintritt die nationale Haftungsnorm nach ihrem Sinn und Zweck den Geschädigten gar nicht schützen will oder für die es unbillig erscheint, den Verarbeiter haften zu lassen.

---

[742] Französische Fassung ebenfalls abgedr. bei Simitis/Dammann/Körner, (Hrsg.), Datenschutz in der Europäischen Union, 2003, Band I.

[743] Simitis/*Simitis*, BDSG, 2003, §7 Rn. 4.

[744] Duden, Das große Wörterbuch der deutschen Sprache, 2000.

[745] Siehe Seite 77ff. und Seite 91ff.

[746] Duden, Das große Wörterbuch der deutschen Sprache, 2000.

[747] *„imputable"* meint „jemandem zuzuschreiben", Deutsch-Französisches Wörterbuch, http://dico.leo.org/?lang=de.

Der englische Text des Abs. 2 wiederum entspricht eher der deutschen Fassung mit der Formulierung „*..that he is not responsible for the event giving rise to the damage...*". Auch hier liegt es nahe angesichts der Verwendung des Begriffes „*responsible*" den Nachweis auf das fehlende vorwerfbare Verhalten zu begrenzen.[748]

Der Wortlaut des Art. 23 ist also je nach sprachlicher Fassung widersprüchlich, in dem er je nach sprachlicher Fassung in Abs. 1 eindeutig eine verschuldensunabhängige Haftung enthält, in Abs. 2 hingegen auf eine Verschuldenshaftung hindeutet,[749] oder zumindest auch ein solches Verständnis ermöglicht.

3) Historische Auslegung

Da dem Willen des subjektiv-historischen Gesetzgebers bei der Auslegung des Sekundärrechts Gewicht beigemessen wird, ist an dieser Stelle darauf einzugehen. Die Richtlinie wurde im Mitentscheidungsverfahren gem. Art. 189b EGV (Art. 251 EG) erlassen, so dass neben den beiden Richtlinienvorschlägen der Kommission,[750] die Mitwirkungsakte des Parlaments und die Beschlussfassungen des Rates ebenso von Bedeutung sind wie Vorentwürfe und Protokolle, soweit sie jedermann zugänglich sind.[751] Mit dem in Art. 255 Abs. 1 EG neu eingeführten Recht der EU-Bürger auf Zugang zu den Dokumenten der Kommission, des Rates und des Parlamentes, dessen nähere Ausgestaltung durch die Verordnung (EG) Nr. 104/2001[752] geregelt wird, bilden sämtliche Materialien des Gesetzgebungsprozesses, soweit sie danach zugänglich sind, die Basis für eine historische Auslegung.[753]

Wie bereits erwähnt, legte die Kommission zwei Richtlinienentwürfe vor. Der geänderte Richtlinienvorschlag sollte – soweit dies nach Auffassung der Kommission angezeigt war – die Änderungsvorschläge des Parlaments berücksichtigen.[754] Im ersten Entwurf der Kommission zur Datenschutzrichtlinie[755] befand sich die Haftung in Art. 21. Sie sah vor, dass „jede Person, deren personenbezogene Daten in einer Datei gespeichert sind und die wegen der Verarbeitung oder jeder anderen mit den Bestimmungen dieser Richtlinie unvereinbaren Maßnahme einen Schaden erleidet, das Recht hat, von dem Verantwortlichen der Datei Schadensersatz zu verlangen" (Abs. 1).

Erforderlich für die Gewährung von Schadensersatz sollte daher die Verarbeitung von in einer Datei gespeicherten Daten oder jede andere mit der Richtlinie nicht zu vereinbarende Maßnahme sein, die einen Schaden verursacht. Ein Verschulden war auch hier dem Wortlaut nach nicht erforderlich, vielmehr sollte die Kausalität der Verarbeitung

---

748 „*to be responsible for sth*" meint „für etwas einstehen, verantwortlich sein", Deutsch-Englisches Wörterbuch, http://dico.leo.org.

749 Wenn auch mit einer Beweislastumkehr zu Lasten des Datenverarbeiters.

750 ABl. Nr. C277/3ff. vom 05.11.1990 und ABl. Nr. C311/30ff. vom 27.11.1992.

751 Bleckmann, NJW 1984, 1177 (1179).

752 ABl. Nr. L145/43ff. vom 30.05.2001.

753 Ob dieses neue Zugangsrecht für die Öffentlichkeit im Ergebnis zu einer Aufwertung der historischen Auslegungsmethode des Gemeinschaftsrechts führen wird, sei hier dahingestellt. Festzuhalten ist aber, dass einer der Gründe für ihre bislang nur marginale Bedeutung in der Tatsache der fehlenden öffentlichen Zugänglichkeit nunmehr weggefallen ist, siehe hierzu Schmidt, RabelsZ 59 (1995), 569 (582), Fn. 70.

754 Legislative Entschließung des Parlamentes, ABl. Nr. C94/189 vom 13.04.1992.

755 ABl. C277/3 vom 5.11.1990.

oder Maßnahme für den eingetretenen Schaden ausreichend für die Begründung des Schadensersatzanspruches sein.[756] Abs. 2 regelte die Möglichkeit eines Haftungssausschlusses im Falle der Zerstörung, des Verlusts von Daten oder des unbefugten Zugangs zu den Daten, wenn der Verantwortliche nachwies, dass er angemessene Maßnahmen zur Sicherheit und/oder sorgfältigen Auswahl des Auftragsdatenverarbeiters im Sinne der damaligen Art. 18 und 22 getroffen hatte.[757]

Art. 21 Abs. 2 führte also für bestimmte Situationen, in denen ein Schaden entstehen konnte, fakultativ die Einhaltung eines Sorgfaltsmaßstabes ein, bei deren Erfüllung eine Haftung ausgeschlossen werden konnte. Nur so lässt sich die in Abs. 2 angeordnete Beweislastumkehr verstehen. In allen übrigen Fällen blieb es bei einer verschuldensunabhängigen Haftung, ebenso, wenn die Mitgliedstaaten sich gegen die Wahrnehmung der in Abs. 2 eingeräumten Option entscheiden sollten. Hätte Abs. 1 generell eine Verschuldenshaftung begründen sollen, wäre eine Begrenzung des Haftungsausschlusses durch Einhaltung der angemessenen Sorgfalt in diesen Fallkonstellationen wenig sinnvoll gewesen, es sei denn, nur in diesen typischen Situationen einer Datenverarbeitung sollte dem Betroffenen eine Beweiserleichterung zu Gute kommen.

In den Beratungen der Gruppe „Wirtschaftsfragen (Datenschutz)“, die dem Rat zugeordnet war und unmittelbar nach der Vorstellung des ersten Richtlinienvorschlages mit den Beratungen über die Richtlinie begann, war von Anfang an umstritten, ob es sich bei der Haftung um eine verschuldensunabhängige oder eine verschuldensabhängige handeln und ob eine Beweislastumkehr eingeführt werden sollte.[758]

Ein Teil der Delegationen war der Auffassung, dass eine verschuldensunabhängige Haftung zu belastend für die Datenverarbeiter sei und die verschuldensabhängige Haftung oder die Einführung einer Beweislastumkehr geeigneter wären.[759] Man kam überein, in Abs. 2 eine Bestimmung über die erforderliche Sorgfalt aufzunehmen, die vom Datenverarbeiter einzuhalten war.[760] Ob hiermit zum Ausdruck gebracht werden sollte, generell eine verschuldensabhängige Haftung einführen zu wollen, oder ob lediglich die Anforderungen an die Einhaltung der angemessenen Sorgfalt in den in Abs. 2 bereits erwähnten Fällen näher spezifizieren wurden, geht aus den Unterlagen nicht hervor. Festhalten lässt sich nur, dass über die Tragweite der Haftung – verschuldensabhängig oder nicht – Uneinigkeit bestand.

Das Parlament verabschiedete den Richtlinienvorschlag in seiner ersten Lesung mit einer Reihe wesentlicher Änderungen,[761] von denen auch Art. 21 betroffen war. So schlug das Parlament die Streichung des Abs. 2 in seiner bisherigen Form vor, um ihn

[756] So die Begründung zu Art. 21. Eindeutiger formulierte es die englische Version *„suffers damage as a result of processing.“*.
[757] Art. 18 regelte die Anforderungen an die einzuhaltenden technischen und organisatorischen Sicherheitsmaßnahmen, Art. 22 legte die Voraussetzungen einer zulässigen Datenverarbeitung im Auftrag fest.
[758] Ratsdokument 8268/91 RESTREINT ECO 127 vom 30.09.1991, S. 2.
[759] Ratsdokument 8268/91 RESTREINT ECO 127 vom 30.09.1991, S. 2.
[760] Ratsdokument 8268/91 RESTREINT ECO 127 vom 30.09.1991, S. 3.
[761] ABl. Nr. C94/173ff. vom 11.03.1992. Insbesondere befürwortete das Parlament eine Aufhebung der strikten Bindung der Datenschutzregelungen an das Vorhandensein einer Datei, eine Einbeziehung der Datenerhebung in den Verarbeitungsbegriff und die Aufhebung getrennter Regelungen für den öffentlichen und den privaten Bereich.

mit einer genauen Regelung der Person zu ersetzen, die nach Abs. 1 Anspruch auf Schadensersatz hatte.[762] Die Streichung des bisherigen Abs. 2 beruhte wohl auf der Feststellung des Parlaments bzw. der Auffassung des zuständigen Ausschusses für Recht und Bürgerrechte, dass die Richtlinie zu viele Möglichkeiten zu abweichenden mitgliedsstaatlichen Bestimmungen enthielt, zu denen auch Art. 21 Abs. 2 gezählt wurde, und die daher entweder eingeschränkt oder mit zusätzlichen Schutzauflagen versehen werden sollten.[763]

Im zweiten Richtlinienvorschlag der Kommission wurde die Haftung nun im heutigen Art. 23 formuliert.[764] Wesentliche Änderungsvorschläge des Parlamentes, so hieß es, wurden bei der Neufassung der Haftungsregelung berücksichtigt, so die Aufhebung des Dateibegriffs und die Einbeziehung der Erhebung in die Verarbeitung. Hiernach bestimmte Art. 23 Abs. 1, dass jede Person, deren personenbezogene Daten Gegenstand einer Verarbeitung waren und die wegen einer rechtswidrigen Verarbeitung oder jeder anderen mit den nationalen Vorschriften zur Umsetzung dieser Richtlinie unvereinbaren Handlung einen Schaden erlitt, das Recht hatte, von dem Verantwortlichen der Datenverarbeitung, Schadensersatz zu verlangen. Es blieb also bei der verschuldensunabhängigen Haftung in Abs. 1, lediglich die Verursachung des Schadens durch eine der aufgeführten Umstände lösten eine Haftung aus.

Ausdrücklich jedoch beließ es die Kommission bei Abs. 2 und damit bei der Möglichkeit der Mitgliedstaaten, Haftungsbefreiungen für die Fälle des Datenverlusts, der Zerstörung oder des unbefugten Zuganges zu den Daten vorzusehen, wenn bestimmte Sicherheitsvorkehrungen im Sinne der Art. 17 und 24 des zweiten Richtlinienvorschlages eingehalten worden waren. Anders als jedoch im ersten Richtlinienvorschlag und aufgrund der Stellungnahme des Parlamentes wurde nun ausdrücklich in Abs. 2 bestimmt, dass eine Haftungsbefreiung entweder vollständig oder teilweise erfolgen musste. Dadurch sollten wohl noch größere Abweichungen der nationalen Umsetzungsvorschriften vermieden werden, als dieser Abs. 2 infolge seiner fakultativen Ausgestaltung ohnehin hervorrufen würde, da den Mitgliedstaaten für die Einhaltung der Sicherheitsvorkehrungen eine weitere Differenzierung unter den Befreiungsmöglichkeiten, z.B. nach dem jeweiligen Schadensereignis, untersagt war. Dies änderte jedoch nichts an der bereits im ersten Richtlinienvorschlag bestehenden Tragweite der Haftung: Grundsätzlich war die Haftung verschuldensunabhängig, nur für bestimmte Fälle war es möglich, eine Haftung für vermutetes Verschulden mit einer Beweislastumkehr einzuführen.[765]

In den Beratungen der Gruppe „Wirtschaftsfragen (Datenschutz)“ bestand indes weiterhin Uneinigkeit, welches Konzept dem Art. 23 Abs. 1 zugrunde liegen sollte: eine Verschuldens- oder Gefährdungshaftung.[766] Dies gipfelte in einem Änderungsvorschlag der deutschen, dänischen, britischen und irischen Delegation, in dem gefordert wurde, dass in Art. 23 verdeutlicht werden sollte, dass es sich hierbei um eine ver-

762 ABl. Nr. C94/173 (192) vom 11.03.1992.
763 PE 148.286/endg. bzw. A3-0010/92 vom 15.01.1992, S. 68.
764 KOM (92) 422 endg. – SYN 287 vom 15.10.1992, S. 34.
765 Mütsch, RDV 1994, 67 (69f.); Schneider, CR 1993, 35; Kopp, RDV 1993, 1 (8); BfD, 15. TB, 1993–1994, S. 449; Skipper, EuZW 1993, 145 (148).
766 Siehe Ratsdokument 5594/93 RESTREINT ECO 94 vom 01.04.1993, S. 10.

schuldensabhängige Haftung handle.[767] Diesen Forderungen nach einer Klarstellung[768] wurde jedoch ausweislich des Wortlauts des Gemeinsamen Standpunktes und des Richtlinientextes nicht entsprochen. Vielmehr änderte sich der Wortlaut des Art. 23 Abs. 2 und des ihn betreffenden Erwägungsgrundes derartig, dass sie den Schluss auf eine rein verschuldensunabhängige Haftung auch in Abs. 2 nahe legen:

So wurde Abs. 2 in den folgenden Ratsberatungen dahingehend erweitert, dass der Datenverarbeiter von der Haftung befreit werden könnte, wenn er nachweist, dass „die Ursache des Schadens ihm nicht zurechenbar ist, insbesondere wenn sie auf einem Verschulden der betroffenen Person beruht".[769] Damit wurden erstmalig weitere Ausschlussgründe in den Wortlaut des Art. 23 einbezogen. Das Verschulden des Betroffenen wurde zum bloßen Beispiel für eine fehlende Zurechnung.

Im Zuge der Einführung dieses neuen Formulierungsvorschlags in die Beratungen des Rates wurde von allen Delegationen in der Ratsgruppe „Wirtschaftsfragen" bestätigt, dass grundsätzlich eine Haftung für Schäden infolge einer rechtswidrigen Datenverarbeitung besteht, ungeachtet der Möglichkeit, dass der Datenverarbeiter von der Haftung befreit werden kann, indem er nachweist, dass ihm die unzulässige Verarbeitung nicht angelastet werden kann.[770] Mit anderen Worten: nach Auffassung der Mitgliedstaaten im Rat postuliert Art. 23 eine verschuldensunabhängige Haftung, ungeachtet dessen, ob die Mitgliedstaaten von der Befreiungsmöglichkeit in Abs. 2 Gebrauch machen.

Dies wird auch mit dem im Anschluss an diese Beratungen erneut geänderten Wortlaut des Art. 23 deutlich, der nun im Abs. 2 lediglich neutral davon sprach, dass der Datenverarbeiter von seiner Haftung befreit werden könne, „wenn er nachweist, dass der Umstand, durch den der Schaden eingetreten ist, ihm nicht zur Last gelegt werden kann".[771] Die bis dahin explizit aufgeführten Situationen, deren Nachweis eine Haftungsbefreiung zuließen, wurden in den Erwägungsgrund 24 verschoben, wohl um an der Geltung dieses nun einverständlich bestätigten Grundsatzes einer verschuldensunabhängigen Haftung keine Unklarheiten aufkommen zu lassen.[772] Dem entspricht es, das mit dem Beispiel der höheren Gewalt ein Befreiungsgrund in den Erwägungsgrund 24 aufgenommen wurde, der üblicherweise als Ausschlußgrund für eine verschuldensunabhängige Haftung gilt.[773]

Im Gemeinsamen Standpunkt von Rat und Parlament blieb es beim in den erwähnten Ratsberatungen gefundenen Wortlaut des Art. 23, Erwägungsgrund 24 wurde jedoch

---

[767] Ratsdokument 9345/93 RESTREINT ECO 249 vom 15.10.1993, S. 6.
[768] Mütsch, RDV 1994, 67 (71).
[769] Ratsdokument 7003/94 RESTREINT ECO 116 vom 18.05.1994, S. 2 – hierbei handelte es sich um einen Formulierungsvorschlag des Vorsitzenden der Gruppe „Wirtschaftsfragen", der als Grundlage zu den weiteren Beratungen dienen sollte.
[770] Ratsdokument 7993/94 RESTREINT ECO 157 vom 23.06.1994, S. 3.
[771] Ratsdokument 6286/94 REV 2 RESTREINT ECO 76 vom 20.06.1994.
[772] Ratsdokument 6286/94 REV 2 RESTREINT ECO 76 vom 29.06.1994.
[773] Allgemein wird von höherer Gewalt bei von außen kommenden, durch elementare Naturkräfte oder durch Handlungen Dritter herbeigeführten Ereignissen gesprochen, deren Eintritt auch durch die äußerste –und nicht bloß die objektiv gebotene – Sorgfalt nicht verhindert werden konnte und auch nicht wegen seiner Häufigkeit vom Schädiger in Rechnung zu stellen ist, Zweigert/Kötz, Rechtsvergleichung, 1996, S. 657.

geändert: Die Einhaltung der Sicherheitsmaßnahmen als Ausschlussgrund der Haftung wurde gestrichen, beispielhaft erwähnt wurden lediglich das Verschulden des Betroffenen und höhere Gewalt.[774] Bei dieser Fassung blieb es auch im endgültigen Richtlinientext.[775] Angesichts der doch recht ausführlichen Beratungen zur Haftung und deren Tragweite kann in dem Wegfall der Einhaltung der Sicherheitsmaßnahmen und dem Verbleib ausschließlich solcher Befreiungstatbestände, die im Rahmen einer verschuldensunabhängigen Haftung angewendet werden, kein Zufall liegen. Insbesondere, wenn man berücksichtigt, dass man sich im Rat offensichtlich auf eine grundsätzlich verschuldensunabhängige Haftung geeinigt hatte, bei der es auch im Falle einer Haftungserleichterung bzw. -befreiung bleiben sollte.[776]

Aus der Tatsache, dass in den offiziellen Gesetzgebungsdokumenten wie den Vorschlägen und Parlamentsbeschlüssen eine ausdrückliche Erwähnung zur verschuldensunabhängigen Haftung fehlt, kann demnach nicht geschlossen werden, dass es eine solche nicht geben sollte.[777] Vielmehr sprechen die im Laufe des Erlassverfahrens gestrichenen ausdrücklichen Hinweise auf die Einhaltung eines bestimmten Sorgfaltsmaßstabes beim Umgang mit personenbezogenen Daten gerade für das Gegenteil.

Aus dem Erlassverfahren der Richtlinie ergibt sich also, dass Art. 23 eine verschuldensunabhängige Haftung regelt, von der gem. Art. 23 Abs. 2 zwar Befreiungen vorgenommen werden können, dies jedoch allein aufgrund des Nachweises objektiver Umstände und nicht aufgrund der Einhaltung einer den Umständen angemessenen Sorgfalt.[778]

4) Systematisch-teleologische Auslegung

Auch wenn die systematische Methode mit der teleologischen insofern zusammenfällt, als das Ziel der Richtlinie in ihrem Text festgehalten ist, soll zunächst ausschließlich systematisch vorgegangen werden. Die systematische Auslegung zieht Schlüsse aus dem Zusammenhang der auszulegenden Vorschrift mit ihrer Struktur, derjenigen des jeweiligen Abschnittes, des gesamten Regelwerkes oder des gesamten Rechtsgebiets, dem das Regelwerk angehört.[779]

a) Struktur des Art. 23

Von besonderer Bedeutung im Rahmen der systematischen Auslegung von Art. 23 ist das Verhältnis seiner beiden Absätze zueinander. Abs. 1 regelt die Voraussetzungen einer Haftung des Datenverarbeiters. Abs. 2 bestimmt, wann eine solche Haftung ausgeschlossen werden kann und gestaltet diesen Ausschluss überdies fakultativ für die Mitgliedstaaten aus. Die beiden Regelungen stehen also zum einen im Verhältnis vom

---

774 ABl. Nr. C93/8 vom 13.04.1995.

775 Erwägungsgrund 55 und Art. 23.

776 Auch das Parlament hatte hiergegen keine Einwände, vgl. den Beschluss betreffend den gemeinsamen Standpunkt des Rates, ABl. Nr. C166/105ff. vom 03.07.1995.

777 So aber Boulanger/de Terwangne/Léonard/Louveaux/Moreau/Poullet, J.T.D.E. 1997, 173 (179).

778 Im Ergebnis auch Grimalt-Servera, Cahiers – Lamy droit de l'informatique et des résaux, 1999, S. 12 (15).

779 Epiney, in: Beutler/Bieber/Pipkorn/Streil, Europäische Union, 2001, S. 293; Schmidt, RabelsZ 59 (1995), 569 (577).

Grundsatz der Haftung des Datenverarbeiters und der Ausnahme eines Haftungsausschlusses zueinander. Zum anderen enthält Abs. 1 eine materiell-rechtliche Regelung, Abs. 2 eine Bestimmung zu ihrer prozessualen Durchsetzbarkeit. Dass die Ausnahmeregelung nicht zwingend von den Mitgliedstaaten umgesetzt werden muss, hat insofern Einfluss auf die systematische Auslegung, als jene sowohl für den Fall, dass Abs. 2 umgesetzt wurde, als auch für den Fall einer fehlenden Umsetzung zum selben Ergebnis hinsichtlich der Tragweite der Haftung in Abs. 1 kommen muss. Denn der Umsetzungsspielraum der Mitgliedsstaaten besteht nur hinsichtlich der Möglichkeit, den Verarbeiter von der Haftung zu befreien, nicht bezüglich der positiven Voraussetzungen einer Ersatzpflicht.

Regelt Abs. 2 nun eine Beweislastumkehr hinsichtlich des Verschuldensnachweises zu Lasten des Datenverarbeiters, wäre die Folge, dass Abs. 1 die Verschuldenshaftung des Datenverarbeiters enthielte. Denn nur ausgehend von dieser materiell-rechtlichen Regelung könnte eine solche Beweislastumkehr in Abs. 2 angeordnet werden.[780] Beinhaltet Abs. 1 jedoch eine Verschuldenshaftung des Datenverarbeiters, führt die fehlende Umsetzung des Abs. 2 durch einen Mitgliedstaat im Ergebnis zu einer Haftungserleichterung für den Datenverarbeiter: Der Betroffene müsste dessen Verschulden nach Abs. 1 vollumfänglich nachweisen, was ihm jedoch in der Mehrzahl der Fälle mangels Einsicht in die Organisation und den Betriebsablauf nicht möglich ist. Dies widerspricht jedoch sowohl dem Regel-Ausnahme-Verhältnis zwischen Abs. 1 und Abs. 2 als auch dem Wortlaut des letzteren, da dieser nicht mehr die Voraussetzungen einer Haftungsbefreiung für den Datenverarbeiter enthielte, sondern vielmehr die einer erleichterten Durchsetzung des Haftungsanspruches für den Betroffenen.

Das Regel-Ausnahme-Verhältnis zwischen Abs. 1 und Abs. 2 bliebe hingegen gewahrt, wenn Art. 23 so interpretiert wird, dass zwischen einer verschuldensunabhängigen Haftung in Abs. 1 und einer Verschuldenshaftung mit Beweislastumkehr in Abs. 2 durch den Mitgliedstaat gewählt werden kann,[781] da letztere sich gegenüber der verschuldensunabhängigen Haftung als die für den Datenverarbeiter weniger eingreifende Regelung darstellt. Eine solche Interpretation würde indes dem Abs. 2 keine eigenständige Bedeutung verleihen, denn der Nachweis fehlenden Verschuldens ist nur sinnvoll, wenn sein Vorhandensein auf materiell-rechtlicher Ebene grundsätzlich erforderlich ist. Dies ist jedoch bei der Annahme einer verschuldensunabhängigen Haftung in Abs. 1 gerade nicht der Fall.[782] Eine solche Auslegung wäre nur dann haltbar, wenn nicht nur Abs. 1, sondern auch Abs. 2 eine materiellrechtliche Regelung enthielte, nämlich die einer Verschuldenshaftung. Dem ist aber nicht so: Abs. 2 enthält ausschließlich eine Beweislastregelung, von der nicht auf das geschlossen werden kann, was materiellrechtlich für die Begründung einer Ersatzanspruch erfüllt sein muss.

Dennoch ist es möglich, ausgehend von einer in Abs. 1 geregelten Gefährdungshaftung Abs. 2 einen selbständigen und von der Inanspruchnahme der fakultativen Haftungsbefreiung losgelösten Bedeutungsinhalt zu verleihen.

---

780 So folgerichtig Ehmann/Helfrich, Datenschutzrichtlinie, 1999, Art. 23 Rn. 17.

781 Bachmeier, RDV 1995, 49 (51); Boulanger/de Terwangne/Leónard/Louveaux/Moreau/Poullet, J.T.D.E. 1997, 121 (179).

782 Ehmann/Helfrich, Datenschutzrichtlinie, 1999, Art. 23 Rn. 16.

Grundlage einer verschuldensunabhängigen Haftung des Datenverarbeiters ist der schadensverursachende Eintritt der besonderen Gefahr, die der insbesondere automatischen Verarbeitung personenbezogener Daten anhaftet. Besonders deshalb, weil die Wahrscheinlichkeit eines Schadenseintrittes infolge der Datenmassen, der Vielzahl an Verwendern und der Fehleranfälligkeit der Technik sehr hoch ist. Überdies ist der Einzelne geradezu unausweichlich der Gefahr eines Schadens ausgesetzt, da personenbezogene Daten mittlerweile benötigt werden, um alltägliche Abläufe zu bewältigen oder Leistungen in Anspruch zu nehmen.[783]

Folglich kann der Datenverarbeiter von seiner Haftung nach Abs. 2 befreit werden, wenn er nachweist, dass der Schaden auf einem Ereignis beruht, in dem sich gerade nicht diese typische Gefahr realisiert hat, für deren Veranlassung und Beherrschung er nach der verschuldensunabhängigen Haftung des Abs. 1 haften soll. Gemeint sind Gefahren, die auf dem Einsatz der datenverarbeitenden Technik, der vielfältigen Verwendungsmöglichkeiten der Daten, ihrer praktisch unendlichen Speicherungsdauer oder des großen Kreises an Datenverwendern beruhen.

Ein solches Verständnis wahrt das Regel-Ausnahme-Verhältnis von Abs. 1 und Abs. 2 auch für den Fall, das letzterer nicht umgesetzt wird. Gleichzeitig ist gewährleistet, dass Abs. 2 als die in prozessualer Hinsicht bestehende Möglichkeit für den Datenverarbeiter, von seiner Haftung befreit zu werden, mit der materiell-rechtlichen Regelung des Abs. 1 in Einklang steht.

b) Der Erwägungsgrund 55

Für eine verschuldensunabhängige Haftung sprechen auch die im Erwägungsgrund 55 aufgeführten Tatbestände der höheren Gewalt und des Verschuldens des Betroffenen, die zu einem Wegfall der Haftung gem. Art. 23 Abs. 2 führen sollen. Zwar ist diese Aufzählung keineswegs abschließend.[784] Sie steht jedoch beispielhaft für weitere, vergleichbare Umstände. Dies können zunächst nur Umstände sein, die außerhalb der objektiven Einflussmöglichkeiten des Datenverarbeiters liegen, denn nur solche sind mit dem Verschulden des Betroffenen und der höheren Gewalt dort erwähnt. Danach müsste der Verarbeiter lediglich nachweisen, dass er den Eintritt des schadensverursachenden Umstand nicht hätte erkennen müssen. Denn was er hätte erkennen müssen, wäre auch von ihm in seinem Verlauf beeinflussbar gewesen. Dies ist jedoch zunächst nichts anderes als der Nachweis, die objektiv gebotene Sorgfalt im Umgang mit den Daten eingehalten und damit den Schaden nicht verschuldet zu haben.

Die beiden Tatbestände des Erwägungsgrundes haben jedoch noch eine weitere Gemeinsamkeit: Sie stellen Gefahren dar, vor deren Eintritt Art. 23 den Geschädigten nicht schützen will. Zweck des Art. 23 ist es, vor Schäden zu schützen, die durch die besondere Gefahr beim Umgang mit personenbezogenen Daten eintreten. An dieser fehlt es jedoch sowohl im Fall des Schadenseintritts durch ein Verschulden des Betroffenen als auch bei höherer Gewalt. Nur der Nachweis eines Ereignisses also, das nicht

---

[783] Siehe Seite 21ff. Zur Unausweichlichkeit der Gefahr als Charakteristikum der verschuldensunabhängigen Haftung, Larenz/Canaris, BT II/2, 1994, S. 606.

[784] Der Wortlaut des Erwägungsgrundes spricht „insbesondere“ von höherer Gewalt und dem Verschulden des Betroffenen.

vom Schutzumfang des Art. 23 erfasst wird, führt zu einer Haftungsbefreiung nach Art. 23 Abs. 2. Dass das Ereignis objektiv nicht beherrschbar war, reicht nicht aus für eine Haftungsbefreiung, da sich in ihm dennoch die spezifische Gefahr, vor deren Eintritt Art. 23 schützen will, verwirklicht haben kann. Befreit der Nachweis des fehlenden Verschuldens ausweislich des Erwägungsgrundes 55 jedoch nicht von der Haftung, kann dessen Vorliegen auch nicht positive Voraussetzung der Haftung nach Art. 23 Abs. 1 sein.[785]

Die Tatsache, dass die Richtlinie an einigen Stellen auf die Einhaltung eines gewissen Sorgfaltsmaßstabes abstellt,[786] ändert ebenfalls nichts an der Auslegung einer verschuldensunabhängigen Haftung.[787] Vielmehr bestätigt dies argumentum e contrario die hier vertretene Interpretation, denn die punktuelle Erwähnung eines Sorgfaltsmaßstabes verdeutlicht, dass lediglich in diesen Situationen das Vorgehen des Datenverarbeiters durch die Richtlinie Berücksichtigung findet. Hätte sie dies stets für angezeigt gehalten, wäre die ausdrückliche Hervorhebung einzelner Konstellationen nicht erforderlich gewesen.

Die Struktur des Art. 23 und ihr Zusammenhang mit dem Erwägungsgrund 55 ergibt also ebenfalls, dass dieser den Mitgliedsstaaten die Einführung einer verschuldensunabhängigen Haftung aufgibt, mit der Option, den Datenverarbeiter von der Haftung zu befreien, wenn er nachweist, dass der Schaden nicht auf der Verwirklichung der Gefahr beruht, die insbesondere der automatischen Datenverarbeitung anhaftet.

c) Vergleich mit Art. 1 Produkthaftungsrichtlinie 85/374/EWG[788]

Sowohl die Datenschutzrichtlinie als auch die Produkthaftungsrichtlinie sind Teil des sog. *acquis communautaire* im Privatrecht und dienen der Rechtsangleichung, so dass ein Vergleich ihrer Haftungsregelungen nahe liegt.[789] Art. 1 Produkthaftungsrichtlinie bestimmt, dass der Hersteller eines Produkts für den Schaden haftet, der durch einen Fehler des Produktes verursacht worden ist. Ebenso wie bei Art. 23 Abs. 1 wird also ausschließlich auf die bloße Verursachung des Schadens als haftungsauslösendes Moment abgestellt. Klarstellend ist überdies in den Erwägungsgründen der Produkthaftungsrichtlinie mehrfach von einer verschuldensunabhängigen Haftung des Herstellers die Rede. Der Vergleich mit dem Wortlaut des Art. 1 Produkthaftungsrichtlinie, der ohne Zweifel eine verschuldensunabhängige Haftung beinhaltet, untermauert mithin also die Auslegung des Art. 23 Abs. 1 als einer Gefährdungshaftung aufgrund ihres vergleichbaren Wortlautes. Diese Feststellung wird auch nicht dadurch beeinträchtigt, dass Art. 1 der Produkthaftungsrichtlinie keine mit Art. 23 Abs. 2 vergleichbare Regelung der Beweislastumkehr enthält. Denn eine solche sagt noch nichts darüber, was materiellrechtlich bewiesen werden muss: das Verschulden oder die Schadenverursachung infolge der besonderen Gefahr der Datenverarbeitung.

---

[785] Grimalt-Servera, Cahiers-Lamy droit de l'informatique et des résaux, 1999, 12 (13).
[786] Art. 6 Abs. 1 lit. d und Art. 17 Abs. 1.
[787] So aber Boulanger/de Terwangne/Léonard/Louveaux/Moreau/Poullet, J.T.D.E. 1999, 173 (179).
[788] ABl. Nr. L10/29ff vom 25.07.1985.
[789] Vgl. die Einordnung der Europäischen Kommission in ihrer Mitteilung zum Europäischen Vertragsrecht vom 12.7.2001 – KOM (2001) 398 endg. Anhang I S. 36 und 43.

d) Zweck der Richtlinie

Bleibt also die teleologische Auslegung, die insoweit eine systematische ist, als das Ziel der Richtlinie in ihrem Art. 1 festgehalten und in den Erwägungsgründen näher erläutert wird. Laut Art. 1 Abs. 1 ist Gegenstand der Richtlinie die Gewährleistung des Schutzes der Grundrechte und Grundfreiheiten, insbesondere der Privatsphäre natürlicher Personen bei der Verarbeitung personenbezogener Daten. Hierzu heißt es erläuternd in den Erwägungsgründen, dass die Datenverarbeitungssysteme die Privatsphäre der natürlichen Personen zu achten haben, insbesondere bei der grenzüberschreitenden Datenübermittlung im Binnenmarktraum.[790]

Der Generalanwalt in dem Verfahren *Neukomm u.a.* vertrat in seinen Schlussanträgen allerdings die Ansicht, der Schutz der Privatsphäre sei zwar ein wesentlicher Wert, dem bei Erlass der Richtlinie Rechnung getragen wurde, sie sei jedoch kein selbständiger Regelungsgegenstand.[791] Dem ist der EuGH ausdrücklich nicht gefolgt. Er urteilte, dass Art. 1 den Regelungsgegenstand der Richtlinie umschreibe, folglich auch den Schutz der Privatsphäre erfasse.[792] Gemeinsames Bindeglied dieser beiden naturgemäß widerstreitenden Ziele und damit Hauptzweck der Richtlinie sei jedoch die Angleichung der nationalen Rechts- und Verwaltungsvorschriften, um gemäß der Ermächtigungsnorm des Art. 100a EG Hindernisse für das Funktionieren des Binnenmarktes zu beseitigen.[793] Dies könne nur durch Regelungen erreicht werden, die zum einen ein hohes Schutzniveau hinsichtlich der Rechte der Betroffenen gewähren und zum anderen den freien Datenverkehr sicherstellen.[794]

Der Schutz der Privatsphäre erfordert nicht zuletzt auch aufgrund des *effet utile*-Grundsatzes eine Haftung, die tatsächlich für einen Ausgleich der erlittenen Schäden sorgt und weitere Schäden vermeiden hilft. Diese wäre aber bei einer Verschuldenshaftung mit Beweislastumkehr nicht so effektiv gewährleistet wie bei einer verschuldensunabhängigen Haftung. Sie erleichtert zwar die Durchsetzung des Schadensersatzanspruches, lässt aber dennoch potentiell mehr Schäden unkompensiert als bei einer verschuldensunabhängigen Haftung, da die Datenverarbeiter einer Haftung durch die nachgewiesene Einhaltung der erforderlichen Sorgfalt entgehen könnten.

Es ist zwar zuzugeben, dass es dem Datenverarbeiter im Falle der verschuldensunabhängigen Haftung an einem unmittelbaren Leistungsanreiz zur Vermeidung der Haftung fehlt. Dennoch wird auch hier der Datenverarbeiter darum bemüht sein, seiner Haftung zu entgehen. Denn nur, weil er verschuldensunabhängig haftet, heißt dies nicht, dass er nicht daran interessiert ist, Schadensfälle möglichst zu vermeiden. Dies wäre auch unter Umständen unwirtschaftlich: wenn nämlich die Kosten der schadens-

---

790 Erwägungsgrund 2 und 3.

791 EuGH vom 14.11.2002, verb. Rechtssachen C-465/00, C-138/01 und C-139/01, *Neukomm u.a.*, Slg. 2003, I-04989 Rn. 54.

792 EuGH vom 20.5.2003, verb. Rechtssachen C-465/00, C-138/01 und C-139/01, *Neukomm u.a.*, Slg. 2003, I-04989 Rn. 39 und 40.

793 EuGH a.a.O. Rn. 42.

794 EuGH vom 6.1.2003, Rs. C-101/01, *Lindqvist*, Slg. 2003, I-12971 Rn. 96.

abwehrenden Maßnahmen bedeutend niedriger sind als die zu befürchtenden Schäden.[795]

Im Übrigen wäre die gegenüber der verschuldensunabhängigen Haftung ohnehin geringere Wirksamkeit im Falle einer Verschuldenshaftung mit Beweislastumkehr nur gewährleistet, wenn die Mitgliedstaaten in ihrer Gesamtheit auch tatsächlich von der in Art. 23 Abs. 2 eingeräumten Möglichkeit Gebrauch machen würden. Es hierauf ankommen zu lassen, kann jedoch nicht im Sinne einer wirksamen Geltung und Anwendung der Richtlinie sein.

Dient also nun eine Haftung ohne Verschulden am effektivsten dem Ziel der Richtlinie, den Schutz der Privatsphäre zu gewährleisten, muss diese jedoch auch dem Ziel dienen, einen freien und ungehinderten Datenverkehr zwischen den Mitgliedstaaten zu garantieren.[796]

Einem florierenden Binnenmarkt im Bereich der Datenverarbeitung steht allerdings eine verschuldensunabhängige Haftung für Schäden der Betroffenen auf den ersten Blick entgegen, würde diese doch das Kostenrisiko einer Verarbeitung ungleich erhöhen und könnte die Datenverarbeiter davor zurückschrecken lassen, ihre Tätigkeit auszudehnen. Die Verschuldenshaftung mit Beweislastumkehr wäre daher unter dem Gesichtspunkt des geringeren Haftungsrisikos für die Datenverarbeiter die bessere Alternative. Die Gewährleistung dieser beiden Ziele soll jedoch im Wege der Rechtsangleichung erfolgen, die prinzipiell den Interessen der Datenverarbeiter entgegenkommt, da sie im Falle einer von der Europäischen Gemeinschaft gerade erwünschten Expansion über die Landesgrenzen hinaus gewährleisten soll, nicht mit gegenüber der heimatlichen Rechtsordnung nachteiligen Regelungen konfrontiert zu werden.[797] Dieses Ziel wäre aber bei einer Verschuldenshaftung nicht gewährleistet, da es den Mitgliedstaaten möglich wäre, unterschiedliche Anforderungen an den Verschuldensgrad zu stellen.[798] Demgegenüber wären die Datenverarbeiter im Falle einer verschuldensunabhängigen Haftung in allen europäischen Mitgliedstaaten dem gleichen - wenn auch hohen - Haftungsrisiko ausgesetzt. Ein Hindernis für den grenzüberschreitenden Datenverkehr bestünde somit nicht.

Überdies soll die Angleichung der nationalen Rechtsvorschriften nicht nur das Absinken des bereits gewährten Schutzes verhindern, sondern vielmehr zur Sicherstellung eines hohen Schutzniveaus führen.[799] Dies ist aber nun mit einer Haftung, die auf ein Verschulden verzichtet, besser und zuverlässiger gewährleistet als im Falle einer Verschuldenshaftung mit Beweislastumkehr.[800] Die mit dem Grundsatz des *effet utile* verbundene Forderung nach der größtmöglichen praktischen Wirksamkeit einer Norm des

---

[795] Wie hier auch Blaschczok, Gefährdungshaftung, 1993, S. 47; Deutsch, Haftungsrecht, 1996, S. 408. Ähnlich Larenz/Canaris, BT II/2, 1994, S. 609.
[796] Art. 1 Abs. 2 sowie im Titel der Richtlinie.
[797] Erwägungsgrund 7 und 8.
[798] So könnte für eine Haftung nach Art. 23 Vorsatz erforderlich sein oder aber bloß leichte Fahrlässigkeit ausreichen. Siehe auch Grimalt-Servera, Cahiers – Lamy droit de l´informatique et des réseaux, 1999, 12 (15).
[799] Erwägungsgrund 10. Siehe auch Poullet, in: Kilian (Hrsg.), Data Protection Directive, 1997, S. 24 (25).
[800] Siehe Seite 141ff.

Gemeinschaftsrechts kann also unter Wahrung der Richtlinienzwecke nur eine verschuldensunabhängige Haftung gewährleisten.

5) Vertrags- und Grundrechtskonformität der verschuldensunabhängigen Haftung

Steht fest, dass die Einführung einer verschuldensunabhängigen Haftung sowohl einem effektiven Schutz der Privatsphäre dient, als auch im Falle ihrer Geltung in allen Mitgliedstaaten der Nivellierung der Rechtsunterschiede, könnte dieser Auslegung dennoch entgegengehalten werden, dass sie nicht den im Rahmen der Rechtsangleichung notwendigen Beitrag zur Erreichung der Gemeinschaftsziele gem. Art. 2 EG leiste.[801]

Nach diesem sollen mit der Angleichung der Rechtsvorschriften solide Rechtsstrukturen geschaffen werden, die zum einen die Lebens- und Arbeitsbedingungen der EU-Bürger verbessern, zum anderen aber auch eine harmonische Entwicklung des Wirtschaftslebens in der Gemeinschaft fördern.[802] Mit anderen Worten: Die Rechtsangleichung soll einem „integrationsfördernden Interessenausgleich in der Gemeinschaft" dienen.[803] Hieran könnte es bei der Auslegung des Art. 23 als einer verschuldensunabhängigen Haftung fehlen, wenn dadurch in unzumutbarer Weise die Datenverarbeiter belastet würden. Eine derartige Belastung würde zudem nicht nur den Vertragszielen, sondern auch dem Gebot der Grundrechtskonformität zuwiderlaufen.

Die Datenverarbeiter sind zwar bei einer verschuldensunabhängigen Haftung mit einem weitaus größeren Haftungsrisiko belastet, als wenn sie sich exkulpieren könnten, dennoch sind sie es, die in erster Linie Datenverarbeitung zu ihren Zwecken einsetzen und von ihr in einem Ausmaß profitieren, das die zu erwartenden Haftungssummen in der Regel bei weitem überwiegt.[804] Mit der Entscheidung, z.B. eine computergestützte Datenverarbeitung einzusetzen, nimmt der Datenverarbeiter auch bewusst in Kauf, dass diese Systeme fehleranfällig sind, ohne dass dies im Einzelfall auf menschliches Versagen zurückzuführen wäre.[805] Hierfür im Schadensfall gegenüber einem Betroffenen nicht einstehen zu müssen, erscheint unbillig. Es ist zwar zuzugestehen, dass das Risiko eines Schadenseintritts sehr hoch ist, die regelmäßig zu erwartenden Schäden erreichen jedoch bei weitem nicht das Ausmaß, wie dies in anderen Bereichen, in denen üblicherweise eine verschuldensunabhängige Haftung gilt, der Fall wäre.[806] Dies führt auch dazu, dass diese Haftungsrisiken in der Regel vollständig durch eine entsprechende Versicherung abdeckbar sind, die Datenverarbeiter also nicht mit den eigentlichen Schadenssummen, sondern lediglich mit den Versicherungskosten belastet

---

801 Zur primärrechtskonformen Auslegung des Sekundärrechts durch den EuGH vgl. Anweiler, Auslegungsmethoden, 1997, S. 185ff.

802 Haag, in: Beutler/Bieber/Pipkorn/Streil, Europäische Union, 2001, S. 389; Langeheine, in: GH-I, Alt, 2002, Art. 100 Rn. 4

803 Haag, in: Beutler/Bieber/Pipkorn/Streil, Europäische Union, 2001, S. 389.

804 Dies ist darauf zurückzuführen, dass materielle Schäden eher selten auftreten und immaterielle Schäden nur in Einzelfällen hohe Schadenssummen nach sich ziehen werden.

805 In Softwareverträgen wird daher in der Regel keine Gewährleistung für die völlige Fehlerfreiheit der Software übernommen.

806 So z.B. im deutschen Recht im Falle von Schäden bei der Haltung von radioaktivem Material, §§ 25ff. AtomG, oder im Rahmen der Gentechnik, § 32 GenTG.

werden.[807] Sind also die zu erwartenden Schäden keineswegs von einem Ausmaß, das die Datenverarbeiter in den wirtschaftlichen Ruin treiben würde, das Risiko ihres Eintritts allerdings vergleichsweise hoch, rechtfertigt dies eine verschuldensunabhängige Haftung des Datenverarbeiters und stellt keine einseitige Belastung dieses Wirtschaftssektors dar.

6) Rechtsvergleichende Auslegung

Auch wenn die rechtsvergleichende Auslegung nicht im Kanon der Auslegungsmethoden genannt wurde, soll dennoch nicht auf sie verzichtet werden. Hat sie nämlich für die Auslegung nationalen Rechts wenigstens unterstützenden Charakter aufgrund ihrer fehlenden normativen Verbindlichkeit für den nationalen Gesetzgeber,[808] kann sie für die Auslegung gemeinschaftsrechtlicher Normen, die auf eine Harmonisierung der nationalen Rechtsordnungen abzielen, mindestens einen ebensolchen Beitrag leisten.

So gebietet es die Wahrung der Rechtseinheit des Gemeinschaftsrechts, das es vorwiegend – zumindest jedoch im Falle von Sekundärrecht – aus den nationalen Rechtsordnungen entwickelt und sein Verständnis durch eine rechtsvergleichende Auslegung gefördert wird.[809] Dabei ist allerdings der autonome Charakter des Gemeinschaftsrechts zu beachten, dem es nicht entspräche, im Wege der rechtsvergleichenden Auslegung auf die nationalen Ursprünge der gemeinschaftsrechtlichen Regelungen zurückzugreifen und diese dann deren Interpretation zu Grunde zu legen.[810] Vielmehr muss es darum gehen, Gemeinsamkeiten aufzuspüren, die dabei durchaus nicht den status quo widerspiegeln sollen, sondern vielmehr Tendenzen der Rechtsentwicklung in den Mitgliedsstaaten, die dem Zweck und dem Ziel der betreffenden Norm des Gemeinschaftsrechts entsprechen.[811]

[807] Das Handbuch zur kostensparenden Umsetzung der Richtlinie rät denn auch, die vorhandenen Versicherungssummen lediglich aufzustocken, Handbook on cost effective compliance with Directive 95/46/EC (Masons Study), 1998, S. 78 http://europa.eu.int/comm/internal_market/privacy/docs/studies/handbook_en.pdf.

[808] Sie stellt insofern eine Rechtsgewinnungsquelle dar, vgl. Canaris, in: Canaris/Zaccaria (Hrsg.), Umsetzung zivilrechtlicher Richtlinien, 2002, S. 129 (130). Vgl. zur rechtsvergleichenden Auslegung als Rechtsgewinnungs- und Interpretationsmethode im nationalen Recht allgemein, Bydlinski, Juristische Methodenlehre, 1991, S. 385ff. und 415f.

[809] Pernice, in: GH-II, Alt, Art. 164 Rn. 28; Daig, FS Zweigert, S. 395 (400 und 402), Anweiler, Auslegungsmethoden, 1997, S. 291f. Für eine rechtsvergleichende Auslegung, um Lücken des Gemeinschaftsrechts zu füllen, Leible, RIW 2001, 422 (426).

[810] Ebenso Simitis, NJW 1997, 281 (283).

[811] Schroeder spricht denn auch von „wertender Rechtsvergleichung“, JuS 2004, 180 (184). Zur Progressivität der vom Gemeinschaftsrecht aufzunehmenden Tendenzen, Tonner, ZEuP 2003, 623 (628). Die dynamische Auslegung des Gemeinschaftsrechts im Wege der Anpassung an die sich verändernden sozialen und wirtschaftlichen Verhältnisse in den Mitgliedstaaten erörtert bereits Bleckmann, NJW 1982, 1177 (1180).

Die Rechtsvergleichung ist insofern nur Hilfsmittel bei der Auslegung. So hat sich der EuGH in einigen Entscheidungen zwar auf allgemeine, in den Rechtsordnungen der Mitgliedsstaaten geltende Rechtsgrundsätze berufen, um die von ihm vertretene Auffassung rechtsvergleichend abzusichern.[812] Diese Berufung ist jedoch meist wertender Natur, indem auf die für das eigene Ergebnis zweckmäßigste und gerechteste nationale Norm rekurriert wird. Hintergrund ist die Bindung des EuGH an die Struktur und die Vertragsziele der EU.[813]

Diese ermöglicht es ihm, nur solche nationalen Rechtsgrundsätze heranzuziehen, die dem Ziel der Gemeinschaftsnorm und dessen tatsächlicher Verwirklichung dienen.[814]

Diesem Blickwinkel soll auch die an dieser Stelle vorzunehmende rechtsvergleichende Perspektive unterliegen. Eine ausführliche Betrachtung soll an dieser Stelle vorwiegend den Rechtsordnungen gewidmet werden, die für den größten Teil der EU-Bevölkerung maßgeblich sind: das französische, deutsche und englische Recht.[815]

a) Frankreich

Im französischen Deliktsrecht gibt es ebenfalls ein Haftungsregime, das auf ein Verschulden (*faute*) verzichtet: die *responsabilité sans faute* bzw. die *responsabilité de plein droit.*[816] Auch wenn dessen Entwicklung auf einer notwendigen Anpassung an die durch den technischen Fortschritt hervorgerufenen Schäden beruhte, wurde diese weniger durch den Gesetzgeber als durch die Rechtsprechung vorgenommen.[817] Kern dieser Entwicklung war die Begründung der verschuldensunabhängigen Haftung des *gardien* gem. Art. 1384 Abs. 1 Code Civil für die Schäden, die durch in seiner Obhut befindliche Sachen verursacht werden.[818] Nach der sehr extensiven Auslegung des Art. 1384 Abs. 1 Code Civil,[819] der eine Vielzahl möglicher Fallgestaltungen abdeckt, haf-

---

[812] EuGH vom 05.03.1996, verb. Rs. C-46/93 und C-48/93, *Brasserie du pêcheur,* Slg. 1996, I-1029 Rn. 29ff. ; EuGH vom 13.12.1979, Rs. 44/79, *Hauer*, Slg. 1979, 3727 Rn. 20. So nimmt z.B. der Generalanwalt in seinen Schlussanträgen in der *Leitner*-Entscheidung einen Vergleich der nationalen Rechtsordnungen in seine Erwägungen mit auf, Rs. C-168/00 Slg. 2002, I-2631 Rn.40ff. Siehe auch EuGH vom 07.02.1985, Rs. 135/83, *Abels,* Slg. 1985, 469.

[813] Schroeder, JuS 1004, 180 (184).

[814] So hat der EuGH in seiner Rechtsprechung zur Haftung beiVerstößen gegen das Gemeinschaftsrecht das Erfordernis des Verschuldens verneint, soweit dies über den notwendigen hinreichenden qualifizierten Gemeinschaftsrechtsverstoß hinausgeht, obwohl dies eine Reihe von Mitgliedsstaaten für ihren nationalen Staatshaftungsanspruch verlangen, EuGH vom 05.03.1996, verb. Rs. C-46/93 u. Rs. C-48/93, *Brasserie du Pêcheur /Factortame*, Slg. 1996, I-1029, Rn. 79f.

[815] Die Einschätzung, dass es sich bei diesen drei Ländern um die bevölkerungsreichsten in der EU handelt, bemisst sich nach den Anteilen der Bevölkerung dieser Länder an der Gesamtbevölkerung in der EU laut EUROSTAT http://europa.eu.int/comm/eurostat/newcronos/.

[816] Van Gerven/Lever/Larouche, Tort Law, 2000, S. 551. Nach der deliktischen Generalklausel des Art. 1382 Code Civil ist die Haftung grundsätzlich verschuldensabhängig.

[817] Galand-Carval, in: Koch/Koziol (Hrsg.), Unification of Tort Law: Strict Liability, 2002, S. 130f.

[818] Vgl. zur Entwicklung des Art. 1384 Abs. 1 von einer verschuldensabhängigen Haftung hin zur *gardien*-Haftung, Zweigert/Kötz, Rechtsvergleichung, 1996, S. 664 f. Zu den Voraussetzungen der Haftung nach Art. 1384 Abs. 1 Code Civil im Einzelnen, Ferid/Sonnenberger, Zivilrecht, Band 2, 1986, S. 498ff.

[819] Neben der Haftung für Sachen im Rahmen von Betriebsunfällen wurde die Haftung für Sachen duch die Rechtsprechung kontinuierlich auf weitere Bereiche ausgedehnt, Ferid/Sonnenberger, Zivilrecht, Band 2, 1986, S. 496f.

tet derjenige, der die Herrschaft über eine Sache ausübt, für den Schaden, den diese einem anderen zufügt, es sei denn, der Schaden beruht nachweislich auf Zufall, höherer Gewalt oder auf einer anderen dem *gardien* nicht zurechenbaren Ursache.[820]

Soweit hierdurch Fallkonstellationen nicht abgedeckt werden, die aber aufgrund ihres hohen Risikos eines Schadens ebenfalls von einer *responsabilité sans faute* erfasst sein sollten, wurde der Gesetzgeber tätig: z.B. bei Arbeitsunfällen, bei Verkehrsunfällen, bei Schäden infolge des Einsatzes von Atomenergie oder bei Meeresverschmutzungen sowie bei fehlerhaften Produkten.[821] Die dogmatische Grundlage der Tatbestände der *responsabilité sans faute* gem. Art. 1384 Abs. 1 Code Civil liegt in dem mit ihr ursprünglich verfolgten Schutz vor Beeinträchtigungen der Person.[822] Es gibt jedoch auch Ansätze für die dogmatische Begründung einer solchen verschuldensunabhängigen Haftung, die von einer Verlagerung des Risikos auf denjenigen sprechen, der den Nutzen aus der gefährdenden Tätigkeit zieht (*risque profit*)[823] oder eine solche Gefahrenquelle lediglich betreibt (*risque autorité*).[824]

b) England

Im englischen Recht ist die verschuldensunabhängige Haftung zwar ebenfalls bekannt.[825] Ihr Anwendungsbereich ist jedoch gegenüber dem französischen Recht ungleich eingeschränkter. Neben der immer wieder als klassischem Beispiel für eine strikte Haftung im Common Law genannten Regel in *Rylands v Fletcher*,[826] sind *trespass to land*[827] oder *nuisance* zu nennen. Bei diesen handelt es sich ausschließlich um Delikte, die vor dem „Aufstieg" des Torts *negligence* zu dem bedeutendsten Deliktstatbestand entwickelt wurden.

---

[820] Arrêt Jand'heur / Les galeries belfortaise, Ch, réun. 13.02.1930, DP 1930.I.57, S 1930.I.121.

[821] Vgl. den Überblick bei Galand-Carval, in: Koch/Koziol (Hrsg.), Unification of Tort Law: Strict Liability, 2002, S. 133f.

[822] Galand-Carval, in: Koch/Koziol, Unification of Tort Law, 2002, S. 135. Allerdings gewährt Art. 1384 Abs. 1 Code Civil mittlerweile Ersatz auch für Eigentumsverletzungen und Vermögensschäden, Galand-Carval, in: Koch/Koziol, Unification of Tort Law, 2002, S. 139.

[823] Le Tourneau/Cadiet, Droit de la Responsabilité, 2000, S. 19f.

[824] Malaurie/Aynès, Droit Civil, Band VI, 1997. S. 49f. Die Vertreter eines an dem durch den Einsatz mechanischer Geräte verursachten Risikos anknüpfenden Ansatzes (*Théorie du risque*) sehen die gesetzliche Grundlage eines solchen Ansatzes ebenfalls in Art. 1384 Abs. 1, Malaurie/Aynès, Droit Civil, Band VI, 1997, S. 102.

[825] Vgl. auch den zusammenfassenden Überblick der Tatbestände einer verschuldensunabhängigen Haftung bei Shaw, in: v. Bar (Hrsg.), Deliktsrecht in Europa, 1994. S. 41ff.

[826] (1868) L.R. 3 H.L. 330, in der es um die Haftung für Schäden ging, die durch die nichtnaturgemäße Nutzung eines Grundstückes verursacht wurden.

[827] Dies galt aber nur unter bestimmten Umständen, siehe die weitere Aufzählung bei Van Gerven/Lever/Larouche, Tort Law, 2000, S. 571.

Denn der Einfluss des Torts *negligence* auf das gesamte Tort Law hat dazu geführt, dass es heutzutage in der Rechtsprechung unwahrscheinlich ist, neue Torts zu entwickeln oder bestehende zu erweitern, ohne auf ein Verschuldenselement zu verzichten.[828]

Die geringe Relevanz der verschuldensunabhängigen Haftung (*strict liability*) beeinflusst auch die Erörterungen ihrer dogmatischen Grundlagen.[829] Soweit hierzu überhaupt Erwägungen angestellt werden, wird auch hier die Basis der *strict liability* darin gesehen, dass das Risiko eines Schadens bei bestimmen Verhaltensweisen nicht bei dem liegen soll, der ihn erleidet, sondern bei demjenigen, der dieses Risiko schafft.[830] Überdies sind die Grenzen zwischen einer Verschuldenshaftung und einer strikten Haftung insbesondere im Common Law häufig fließend.[831] Hinsichtlich der Tatbestände einer verschuldensunabhängigen Haftung lassen sich denn auch keine einheitlichen Prinzipien feststellen, nach denen vom Verschuldenserfordernis abgesehen wird.

Von diesen wenigen Deliktstatbeständen des Common Law abgesehen, hat auch die Gesetzgebung verschuldensunabhängige Haftungstatbestände geschaffen, die entweder der Klärung oder Modifizierung bestehender Haftungstatbestände des Common Law dienten[832] oder europäische Richtlinien umsetzten[833]. Ebenfalls kann der Verstoß gegen eine Norm eine strikte Haftung im Wege des Torts *breach of statutory duty* auslösen, wenn diese Norm für die Ersatzpflicht kein Verschulden voraussetzt.[834]

c) Deutschland

Auch wenn der Grundsatz einer verschuldensabhängigen Haftung im Deliktsrecht durch § 823 Abs. 1 BGB bis heute festgeschrieben steht, entwickelte sich in Deutschland in Ergänzung hierzu ebenfalls ein Haftungsregime, das auf das Verschuldenserfordernis verzichtete – die Gefährdungshaftung.[835] Sie beruht ähnlich wie im französischen Recht auf der Erkenntnis, dass im Zuge der fortschreitenden technischen Entwicklung die Gefährdungen des Einzelnen durch den Betrieb dieser Gefahrenquellen nicht mehr ausreichend durch eine verschuldensabhängige Haftung abgefangen werden können.

---

[828] Siehe nur *Read v J. Lyons & Co. Ltd.* [1947] AC 156 (171) durch Lord Macmillan. Dies wird unterstützt durch die Weigerung des House of Lords, den Anwendungsbereich des Torts *nuisance* auszudehnen, der mit Regel von *Rylands v Fletcher* eng verwandt ist, Van Gerven/Lever/Larouche, Tort Law, 2000, S. 573 unter Berufung auf die Entscheidung des House of Lords in *Hunter v Canary Wharf Ltd.* [1997] 2 W.L.R. 684 (695) durch Lord Goff of Chieveley. Siehe auch Winfield&Jolowicz, On Tort, 1998, S. 541.

[829] Van Gerven/Lever/Larouche, Tort Law, 2000, S. 570.

[830] Winfield&Jolowicz, On Tort, 1998, S. 37.

[831] Clerk&Lindsell, On Torts, 2000, S. 31 "*strict liability is often not much more than a modified form of fault*"; siehe auch Winfield & Jolowicz, On Tort, 1998, S. 37.

[832] So der *Animals Act* 1971 oder der *Fires Prevention Metropolis Act* 1774, Clerk&Lindsell, On Torts, 2000, S. 33.

[833] So wurde die Produkthaftungsrichtlinie durch den *Consumer Protection Act* 1987 umgesetzt.

[834] Markesinis/Deakin, Tort Law, 2003, S. 360.

[835] Zur historischen Entwicklung in rechtsvergleichender Perspektive vgl. Zweigert/Kötz, Rechtsvergleichung, 1996, S. 650ff.

Die Gefährdungen, die einen Verzicht auf das Verschulden rechtfertigen, zeichnen sich dabei entweder durch ein besonders hohes Schadensrisiko oder durch das hohe Ausmaß des zu befürchtenden Schadens aus.[836] Kerngedanke der Gefährdungshaftung ist also auch hier eine Verlagerung des Risikos, das aus dem Betreiben der Gefahrenquelle entsteht, von der Person, die dieser Gefahr ausgesetzt ist, auf die Person, die sie geschaffen hat. Die Gründe für diese Verlagerung sind die Unzumutbarkeit der Schadenstragung für den Betroffenen, die Umlegung der Kosten auf den, der aus dem Betreiben der Gefahrenquelle letztlich auch den Nutzen zieht, sowie die bessere betriebswirtschaftliche Steuerung des Risikos durch den Risikoverursacher.[837]

Die Tatbestände der Gefährdungshaftung sind bislang alle durch den Gesetzgeber geregelt – also keine Entwicklung durch Richterrecht – und bis auf wenige Ausnahmen außerhalb des BGB zu finden. Sie lassen sich grob in folgende Lebensbereiche einteilen:[838] der Verkehr mit Fahrzeugen,[839] das Halten oder die Innehabung von sonstigen gefährlichen Sachen,[840] das Bestreben nach der Erhaltung der natürlichen Lebensgrundlagen[841] und die Haftung für fehlerhafte Produkte. Auch im Bereich der Datenverarbeitung gibt es eine Gefährdungshaftung für die Verarbeitung durch öffentliche Stellen.[842] Die Liste der Haftungstatbestände ist lang und gekennzeichnet durch eine kontinuierliche Zunahme der verschuldensunabhängigen Haftung, die den Schluss nahe legt, dass es immer mehr Sachverhalte gibt, die nach den beschriebenen Gründen die Einführung einer Gefährdungshaftung rechtfertigen.

Zusammenfassend lässt sich festhalten, dass alle drei Rechtsordnungen auch Ersatzpflichten anerkennen ohne ein Verschulden des Schädigers zu verlangen. Überdies beruhen diese Tatbestände, ohne hierin in jedem Fall ihre dogmatische Begründung zu sehen, auf der Überlegung, dass der Veranlasser einer besonderen Gefahr für andere diese auch zu tragen hat.[843] Insbesondere, wenn er den Nutzen aus dem Betreiben dieser Gefahrenquelle zieht.[844] Auch der Hintergrund dieser Überlegungen ist derselbe: Mit der fortschreitenden technischen Entwicklung gehen zunehmende Risiken einher, oft verbunden mit der Schwierigkeit des Geschädigten, den entsprechenden Sorgfaltsverstoß, der zum Schadenseintritt geführt hat, nachzuweisen. In Deutschland wurde diese Situation bereits explizit für Gefährdungen der Privatsphäre bzw. die automati-

---

836 Van Gerven/Lever/Larouche, Tort Law, 2000, S. 545. Medicus, Jura 1996, 561 (562); Deutsch, NJW 1992, 73 (74).

837 Deutsch, NJW 1992, 73 (74); Medicus, Jura 1996, 561 (563); Larenz/Canaris, BT II/2, 1994, S. 605f.

838 Unterteilung nach Medicus, Jura 1996, 561 (562). Eine Unterteilung nach Haftungstypen nimmt Deutsch, NJW 1992, 73 (75f.) vor.

839 § 7 StVG, § 1 HaftpflG (Schienen- und Schwebebahnen) und § 33 LuftVG.

840 § 833 S. 1 BGB (Tierhalterhaftung), § 2 HaftpflG (Energieanlagen) und §§ 25ff. AtomG (radioaktives Material).

841 § 32 GenTG; § 22 WHG (Handlungs- und Anlagenhaftung) und § 1 UmweltHG (Haftung für Emissionen).

842 Die Einführung einer Gefährdungshaftung auch für privaten Datenverarbeiter wird immer wieder gefordert, vgl. Simitis, DuD 2000, 714 (722) sowie insbesondere im Gutachten zur 2. Reform des BDSG, Roßnagel/Pfitzmann/Garstka, Modernisierung, 2001, S. 179f.

843 So auch im dänischen Recht, Norgaard/Vagner, in: von Bar (Hrsg.), Deliktsrecht in Europa, 1994, S. 11.

844 Vgl. auch das Beispiel für eine verschuldensunabhängige Haftung im italienischen Recht bei Busnelli, in: von Bar (Hrsg.), Deliktsrecht in Europa, 1994, S. 31.

sierte Verarbeitung von personenbezogenen Daten durch öffentliche Stellen anerkannt. Eine aus diesen Erwägungen befürwortete verschuldensunabhängige Haftung des Datenverarbeiters in Art. 23 würde also für diese Rechtsordnungen keineswegs einen Fremdkörper darstellen, der einen Bruch in der Systematik befürchten ließe.

Ergab die bisherige autonome Auslegung, dass gerade die verschuldensunabhängige Haftung tatsächlich zu einer Verwirklichung des mit der Richtlinie angestrebten Zieles des Schutzes der Privatsphäre führt, lässt sich dieses Ergebnis also auch rechtsvergleichend absichern. Mithin unterstützt auch die rechtsvergleichende Auslegung im Sinne des EuGH die Interpretation des Art. 23 als einer verschuldensunabhängigen Haftung.

7) Ergebnis der Auslegung

Sowohl nach der historischen als auch nach der systematisch-teleologischen Auslegung sieht Art. 23 eine verschuldensunabhängige Haftung vor.Dem steht auch nicht der Wortlaut des Artikels entgegen, dessen Auslegung überdies im Gemeinschaftsrecht eine eher untergeordnete Bedeutung innehat, insbesondere dann, wenn er sich im Widerspruch zum mit dem durch die auszulegende Norm verfolgten Zweck befindet. Dies tut Art. 23 jedoch gerade nicht, er lässt hingegen mehrere Deutungsvarianten zu, die sich mit Hilfe der verbleibenden Auslegungsmethoden auf die verschuldensunabhängige Haftung des Datenverarbeiters eingrenzen lassen. Dieses Ergebnis wird auch durch eine rechtsvergleichende Betrachtung gestützt.

III) Schaden

Dem Anspruchsteller muss überdies gem. Art. 23 ein Schaden entstanden sein. Auf der Suche nach einer Bestimmung des Schadensbegriffes in der Richtlinie ist man indes wenig erfolgreich. Es gibt sie nicht trotz eines umfassenden Kataloges an Begriffsbestimmungen in Art. 2.

Es ist daher nicht verwunderlich, dass die Auffassungen im Schrifttum auch zum Schadensumfang der Richtlinie variieren. Eine wichtige Rolle für die jeweils vertretene Ansicht spielt dabei – ähnlich wie bei der Frage nach dem Verschulden – die Nähe zur eigenen Rechtsordnung und die Bereitschaft, europäisches Recht nicht oder gerade durch die nationale Brille zu sehen.[845] Verstärkt wird diese Tendenz durch die Konzeption der Richtlinie, bewährte nationale Regelungen miteinander zu kombinieren.[846]

Dies muss insbesondere für die aus dem deutschen Rechtsraum stammende Literatur gelten, in dem die Ersatzfähigkeit immaterieller Schäden nur in engen, in der Regel ausdrücklich benannten Ausnahmen anerkannt ist.[847] So wird gefolgert, dass auch die Richtlinie zumindest nicht zwingend den Ersatz immaterieller Schäden vorschreibe, da sie diesen nicht ausdrücklich anordne.[848] Wer hingegen die eigene nationale Regelung

---

[845] Siehe auch die Kritik von Niedermeier/Schröcker, RDV 2002, 217 (223).
[846] Simitis, NJW 1997, 281 (283).
[847] Vgl. § 253 Abs. 2 BGB.
[848] Ehmann/Sutschet, RDV 1997, 3 (13); Ehmann/Helfrich, Datenschutzrichtlinie, 1999, Art. 23 Rn. 27; Schneider, CR 1993, 35; ders., Handbuch, 2003, S. 235; Born, Schadensersatz, 2001, S. 84. Aus der englischen Literatur Lloyd, in: Kilian (Hrsg.), Data Protection Directive, 1997, S. 80 (96f.) und wohl auch Kloepfer, Gutachten D zum 62. Deutschen Juristentag, 1998, S. 125f.

als ungenügend betrachtet oder sich am Harmonisierungsziel der europäischen Gesetzgebung orientiert, spricht sich für einen umfassenden Schadensbegriff aus.[849] Gemeinsam ist all diesen Stellungnahmen, dass sich in ihnen eine detaillierte Auslegung des Art. 23 Abs. 1 nicht finden lässt.[850] Diese ist aber angesichts der fehlenden ausdrücklichen Bestimmung des Schadensbegriffes notwendig, es sei, denn die Konkretisierung des Schadensbegriffes obliegt nicht dem Europäischen Gerichtshof, sondern den Mitgliedstaaten.

1) Die Auslegung unbestimmter Rechtsbegriffe durch den EuGH

Bevor also im Einzelnen die Auslegung des Schadensbegriffes vorgenommen wird, stellt sich zunächst die Frage nach der Befugnis zur Auslegung dieses unbestimmten Rechtsbegriffes. Diese könnte nämlich den Mitgliedstaaten obliegen, die diesen Begriff sodann nach ihren nationalen Vorgaben ausfüllen dürften. Eine autonome Auslegung des Schadensbegriffs aus dem Gemeinschaftsrecht heraus würde sich dann erübrigen. Anlass für diese Vermutung ist die Tatsache, dass der Terminus Schaden als unbestimmter Rechtsbegriff stets einer Konkretisierung des tatsächlich zu ersetzenden Schadens bedarf, welche von der Richtlinie ausdrücklich jedoch nicht vorgenommen wird.

Nach der ständigen Rechtsprechung des EuGH erfordert der Grundsatz der einheitlichen Anwendung und Wirksamkeit des Gemeinschaftsrechts eine autonome Auslegung von Begriffen des Gemeinschaftsrechts, es sei denn, es wird ausdrücklich zur näheren Erläuterung auf das nationale Recht der Mitgliedstaaten verwiesen.[851] Da es in der Datenschutzrichtlinie an einer ausdrücklichen Verweisung auf das Recht der Mitgliedstaaten hinsichtlich des Schadensbegriffes fehlt, wäre danach also die Befugnis des EuGH zur Auslegung des Schadensbegriffes zu bejahen. Der EuGH hat allerdings auch einer stillschweigenden Verweisung auf das nationale Recht keine Absage erteilt: In einer Reihe von Entscheidungen nahm der EuGH eine stillschweigende Verweisung auf das nationale Recht und damit eine Konkretisierung durch die Mitgliedstaaten an, wenn dem Gemeinschaftsgesetzgeber die bestehenden nationalen Unterschiede bekannt waren und sich aus dem betreffenden Gemeinschaftsrechtsakt keine Hinweise darauf ergaben, dass diese Unterschiede harmonisiert werden sollten.[852]

---

849 Kopp, RDV 1993, 1(8); Lütkemeier, DuD 1995, 597(600); Wuermeling, DB 1997, 663 (670); Simitis, DuD 2000, 714 (722); *Dammann*/Simitis, EU-Datenschutzrichtlinie, 1997, Art. 23 Rn. 5; wohl auch Brühann/Zerdick, CR 1996, 429 (434f.); Niedermeier/Schröcker, RDV 2002, 217 (224); unklar Brühann, in: GH-III, 2003, A30, Art. 23 Rn. 6, der auf die in den Mitgliedstaaten geltende Rechtspraxis verweist.

850 Lediglich bei Brühann/Zerdick,aaO und Wuermeling, a.a.O. finden sich Ansätze einer Auslegung; eingehender hingegen Niedermeier/Schröcker, RDV 2002, 217 (223f.). Eine ausführliche Interpretation des Art. 23 nach den klassischen Auslegungsregeln fand sich nur bei Grimalt-Servera, Cahiers-Lamy droit de l'informatique et des réseaux 1999, 12ff., wenn auch nicht zum Schadensbegriff.

851 Franzen, Privatrechtsangleichung, 1999, S. 476 m.w.N.

852 EuGH vom 18.01.1984, Rs. 327/82, *Ekro*, Slg. 1984, 107, Rn. 13 u. 14; EuG vom 18.12.1992, Rs. T-43/90, *Garcia gegen Parlament*, Slg. 1992, II – 2619 (2620) 2. Ls.; EuG vom 18.12.1992, Rs. T-85/91, *Khouri gegen Kommission*, Slg. 1992, II-2637, Rn. 32ff.

a) Unbestimmte Rechtsbegriffe in Richtlinien

Diese Grundsätze sind hinsichtlich ihrer Geltung im Rahmen des unmittelbar geltenden primären Gemeinschaftsrechts sowie bei Verordnungen unumstritten.[853] Anders ist es jedoch – wie hier – im Falle der Auslegung von Richtlinien, die gem. Art. 249 Abs. 3 EG nur hinsichtlich ihres Zieles für die Mitgliedstaaten verbindlich sind, also kein Einheitsrecht schaffen, sondern lediglich angepasstes bzw. harmonisiertes Recht, das den Mitgliedstaaten Handlungsspielräume überlässt. Diese – so die Kritik der Literatur – würden gerade bei der Verwendung von Generalklauseln, die ein Einfallstor für die Rechtsfortbildung im Wege der Konkretisierung dieser Klauseln bilden, deutlich.[854] Gleiches könne auch von unbestimmten Rechtsbegriffen gesagt werden. Die Verwendung dieser auslegungs- bzw. konkretisierungsbedürftigen Begriffe sei daher geradezu ein Indiz dafür, dass der Gemeinschaftsgesetzgeber für den betreffenden Bereich lediglich Leitlinien formulieren wollte, deren inhaltliche Konkretisierung grundsätzlich – unabhängig von einer Verweisung – den Mitgliedstaaten überlassen werde.[855] Hier die Konkretisierungsbefugnis dem EuGH zu überlassen, hieße die Richtlinie der Verordnung gleichstellen[856] und den Europäischen Gerichtshof zu einer Art Superrevisionsinstanz zu machen.[857] Dies zeige sich im Umkehrschluss auch daran, dass der Gemeinschaftsgesetzgeber, wenn er dies wolle, sehr wohl auch in Richtlinien detaillierte Regelungen anordne. Bedenken gegenüber dem EuGH als Superrevisionsinstanz ist indes mit einer klaren Trennung zwischen der Auslegung des Rechts und seiner Anwendung auf den Einzelfall zu begegnen.[858] Letztere ist eindeutig Aufgabe des nationalen Gerichts und nur dort, wo der EuGH sich so eine Rechtsanwendung im Einzelfall anmaßt,[859] sind Befürchtungen über superrevisionistische Tendenzen des Gerichtshof gerechtfertigt. Sie eignen sich jedoch nicht, um dem EuGH grundsätzlich die Konkretisierungsbefugnis für Generalklauseln und unbestimmte Rechtsbegriffe zu verwehren.[860]

---

[853] Franzen, Privatrechtsangleichung, 1999, S. 477; Roth; in Festschrift Drobnig, 1998, S.135 (140f.); Anweiler, Auslegungsmethoden, 1997, S. 60, der die Konkretisierungsbefugnis allerdings nicht ausdrücklich auf bestimmte Rechtsakte des Gemeinschaftsrechts beschränkt.

[854] Roth, in: Festschrift Drobnig, 1998, S. 135 (140).

[855] Roth, in: Festschrift Drobnig, 1998, S. 135 (141).

[856] Roth, in: Festschrift Drobnig, 1998, S. 135 (142).

[857] So die Befürchtung von Canaris, EuZW 1994, 417, der eine Begrenzung der materiellen Prüfungskompetenz z.B. in Anlehnung an das Maß und die Art, in der die europäische Rechtseinheit durch divergierende nationale Gerichtsentscheidungen bedroht wäre, fordert.

[858] Anweiler, Aulegungsmethoden, 1997, S. 69. Ebenso Nassall, JZ 1995, 689 (690) für die Auslegung des Art. 3 Abs. 1 Klauselrichtlinie 93/13/EWG vom 05.04.1993; offengelassen bei Brandner, in: Schulze (Hrsg.), Auslegung europäischen Privatrechts, 1999, S. 131 (136f.). Vgl. auch Schmidt, RabelsZ 59 (1995), 569 (591ff.) zu den daraus notwendigen Konsequenzen für das Vorabentscheidungsverfahren. Diese wurden auch vom EuGH selbst anerkannt, Entscheidungen vom 27.03.1963, verb. Rs. 28-30/62 *Da Costa*, Slg. 1963, 68 (81) sowie EuGH vom 23.03.2000, Rs. C-373/97, *Diamantis*, Slg. 2000, I-1705, Rn. 35.

[859] Ein Beispiel für eine Überschreitung seiner auf die abstrakte Auslegung begrenzten Kompetenzen weist Schmidt, RabelsZ 59 (1995), 569 (596) nach. Für die Notwendigkeit eines einzelfallbezogenen Tätigwerdens des EuGH im Rahmen des Art. 177 EGV (Art. 234 EG), Hommelhoff, in: Schulze (Hrsg.), Auslegung europäischen Privatrechts, 1999, S. 29 (39).

[860] Zur Notwendigkeit nicht nur der Auslegung, sondern auch der Rechtsfortbildung durch den EuGH auf Grund der Besonderheit des Gemeinschaftsrechts als einer lückenhaften und unvollständigen Rechtsordnung, Anweiler, Auslegungsmethoden, 1997, S. 37f.

Nach Auffassung von *Roth* ist hinsichtlich der kritisch betrachteten Gleichstellung von Verordnung und Richtlinie bei der Auslegung von Generalklauseln und unbestimmten Rechtsbegriffen gleichwohl zu differenzieren: gehe es um die Auslegung eines Rechtsbegriffes, der den Anwendungsbereich der Richtlinie betreffe, liege die Konkretisierungsbefugnis ausschließlich beim Europäischen Gerichtshof, um nicht die Mitgliedstaaten darüber entscheiden zu lassen, wann und ob sie sich nach gemeinschaftsrechtlichen Regelungen zu richten haben.[861]

Gleiches gelte für den Fall, dass eine Richtlinie Begriffe verwende, die in einem Funktionszusammenhang mit dem gleichlautenden, in einer Verordnung verwendeten Begriff stünden.[862] Aber nicht nur die Verknüpfung der Richtlinie mit einer unmittelbar geltenden Verordnung, sondern auch diejenige mit unmittelbar geltendem primären Gemeinschaftsrecht führe zu einer Konkretisierungsbefugnis des Gerichtshofes der Gemeinschaften. Dies bringe die Bindung des Richtliniengesetzgebers an das unmittelbare Primärrecht mit sich.[863]

Überträgt man diese Grundsätze auf die hier in Frage stehende Auslegung des Schadensbegriffes, müsste diese in der Befugnis der Mitgliedstaaten liegen: Weder betrifft der Schadensbegriff die Bestimmung des Anwendungsbereiches der Richtlinie, noch steht dieser in einem Funktionszusammenhang mit dem Schadensbegriff einer Verordnung oder ist mit Normen des primären Gemeinschaftsrechts verknüpft.

b) Analyse des Gemeinschaftsrechts

Inwieweit die Konkretisierung von einer Richtlinie verwendeter unbestimmter Rechtsbegriffe und Generalklauseln dem Europäischen Gerichtshof oder der Legislative bzw. Judikative der Mitgliedstaaten überlassen ist, ist indes aus dem Gemeinschaftsrecht selbst heraus zu bestimmen, da es sich um eine Vorfrage zur Auslegung von Gemeinschaftsrecht handelt.[864]

(1) Verstoß gegen das Subsidiaritätsprinzip gem. Art. 5 EG

Zu denken wäre zunächst daran, dass die inhaltliche Bestimmung der Generalklauseln oder unbestimmten Rechtsbegriffe durch den EuGH im Falle von Richtlinien möglicherweise gegen das Subsidiaritätsprinzip gem. Art. 3b EGV (Art. 5 EG) verstößt.[865] Das Subsidiaritätsprinzip, das gemeinhin als Kompetenzausübungschranke für das Tätigwerden der Europäischen Gemeinschaft gilt,[866] habe – so wird argumentiert – nicht nur Auswirkungen auf die Wahl zwischen den zur Verfügung stehenden Handlungsformen der Gemeinschaft,[867] sondern auch auf das Ausmaß der dem Gemeinschaftsge-

---

861 Roth, in: Festschrift Drobnig, 1998, S. 135 (146).
862 Roth, in: Festschrift Drobnig, 1998, S. 135 (147).
863 Roth, in: Festschrift Drobnig, 1998, S. 135 (147) unter Verweis auf eine Entscheidung des EuGH zur Auslegung von Art. 7 Abs. 2 der Markenrichtlinie 89/104/EWG vom 11.7.1996, verb. Rs. C-427/93, C-429/93 und C-436/93 *Bristol-Myers Squibb u.a.*, Slg. 1996, I-3457 (3530), Rn. 40 u. 41.
864 Franzen, Privatrechtsangleichung, 1999, S. 475; Magnus, JZ 1990, 1100 (1103).
865 So Roth, in: Festschrift für Drobnig, 1998, S. 135 (143f.).
866 Schwarze-Lienbacher, Art. 5 EG, 2000, Rn. 12.
867 So Hirsch, in: Festschrift Odersky, 1996, S. 197 (207f.).

setzgeber zustehenden Konkretisierungsdichte hinsichtlich der zu erlassenen Normen: Gemessen an dem mit der Regelung verfolgten Ziel dürfe diese nur soweit inhaltlich konkretisiert werden, wie dies zur Erreichung des Zieles unter Berücksichtigung der Subsidiaritätskriterien auch erforderlich sei.[868]

Hieraus ließe sich folgendes für die Auslegung durch den EuGH schließen: Zum einen, dass sich eine Auslegung durch den EuGH prinzipiell dort verbiete, wo der Gemeinschaftsgesetzgeber ausfüllungsbedürftige Rechtsbegriffe gewählt hat, um dem Subsidiaritätsprinzip Rechnung zu tragen.[869] Zum anderen, dass eine Konkretisierung durch den EuGH immer dann und soweit ausgeschlossen sei, wie eine inhaltliche Ausfüllung gegen das Subsidiaritätsprinzip verstoße.[870] Im erstgenannten Fall würde das Subsidiaritätsprinzip nicht wie eine Begrenzung der Kompetenzausübung wirken, sondern wie eine Begrenzung der dem EuGH zustehenden Kompetenzen selbst, was bereits gegen diese Schlussfolgerung spricht.

Im zweiten Fall läge zwar eine Schranke der Kompetenzausübung in dem Sinne vor, dass eine Konkretisierung nur in dem durch die Kriterien des Subsidiaritätsprinzips[871] vorgegebenen Rahmen zulässig wäre. Dies würde jedoch voraussetzen, dass das Subsidiaritätsprinzip überhaupt auf die Tätigkeit des Europäischen Gerichtshofes anwendbar ist. So richtet sich das Subsidiaritätsprinzip an die Organe der Gemeinschaft, die zur Gesetzgebung ermächtigt sind.[872] Dies sind in erster Linie die Kommission, der Rat und das Parlament, nicht jedoch der Gerichtshof.

Allerdings kann auch der Gerichtshof rechtssetzend im Wege der Rechtsfortbildung[873] tätig werden, insbesondere durch die Ausfüllung von Generalklauseln. Zu bedenken ist jedoch, dass das Subsidiaritätsprinzip nur dann eingreift, wenn Tätigkeitsbereiche betroffen sind, die nicht in die ausschließliche Zuständigkeit der Gemeinschaft fallen. Die Aufgaben des Gerichtshofes sind diesem jedoch in „ausschließlicher" Wahrnehmung gem. Art. 164 EGV (jetzt Art. 220 EG) übertragen.[874] Aus dem Subsidiaritätsprinzip lässt sich daher weder der Ausschluss noch die Begrenzung der Befugnis des EuGH entnehmen, Generalklauseln und unbestimmte Rechtsbegriffe zu konkretisieren.

---

[868] Roth, in: Festschrift Drobnig, 1998, S. 135 (144). Ebenso auch Schmidt, RabelsZ 59 (1995), 569 (595).

[869] So wohl Roth, in: Festschrift Drobnig, 1998, S. 135 (143), der diese Argumentation zur Untermauerung seiner These von einer Konkretisierung der Generalklauseln durch die Mitgliedstaaten anführt.

[870] So Schmidt RabelsZ 59 (1995), 569 (595).

[871] Zu den Voraussetzungen der kumulativ zu erfüllenden Kriterien der Erforderlichkeit und der Effizienz eines gemeinschaftlichen Tätigwerdens gegenüber einem Handeln der Mitgliedstaaten, Schwarze-Lienbacher, Art. 5 EG, 2000, Rn. 18ff.; sowie Hirsch, in: Festschrift Odersky, 1996, S. 197 (202) einerseits; Bogdandy/Nettesheim, in: GH-I, Alt, Art. 3b EGV, 2002, Rn. 33ff. andererseits.

[872] Schwarze-Lienbacher, Art. 5 EG, 2000, Rn. 15.

[873] Zuleeg, JZ 1994, 1 (6); Everling, RabelsZ 50 (1986), 193 (206ff. und 228 ff.) m.w.N.; ebenso hat das BVerfG die Rechtsfortbildung durch den EuGH anerkannt, BVerfGE 75, 223 (243f.). Von Rechtsfortbildung wird gesprochen, wenn der durch das Gericht ermittelte Sinn einer Norm nicht mehr durch ihren „möglichen Wortsinn" gedeckt ist oder Entscheidungsnormen durch den Richter gebildet werden, die nicht dem Gesetz entnommen werden, Anweiler, Auslegungsmethoden, 1997, S. 29.

[874] Aus diesem Grund verneint auch Hirsch, in: Festschrift Odersky, 1996, 197 (200), eine Anwendung des Subsidiaritätsprinzips auf den Europäischen Gerichtshof. Lediglich die praktische Relevanz des Subsidiaritätsprinzips verneinen Schwarze-Lienbacher, Art. 5 EG, 2000, Rn. 15 und von Bogdandy/ Nettesheim, in: GH-I, Alt, 2002, Art. 3b EGV, Rn. 26.

(2) Die Rechtsprechung des EuGH zur mitgliedsstaatlichen Auslegung von Gemeinschaftsrecht

Eine Analyse der Rechtsprechung des EuGH zur Auslegung von in Richtlinien vorkommenden Generalklauseln und unbestimmten Rechtsbegriffen und deren Übertragung auf die Mitgliedstaaten, wie sie *Franzen* vornimmt, ergibt dabei folgendes Bild:

Ausdrückliche Verweisungen auf das innerstaatliche Recht bewirken stets eine Übertragung der Auslegung auf die Mitgliedstaaten.[875] Aber auch stillschweigende Verweisungen auf das Recht der Mitgliedstaaten sind nicht ausgeschlossen, wenn dies durch den Umfang der mit der Richtlinie bezweckten Harmonisierung des nationalen Rechts angezeigt ist,[876] oder es der Richtlinie an den nötigen Angaben zu einer autonomen Auslegung des fraglichen Begriffs fehlt.[877] In einem Urteil verzichtet der EuGH auf eine autonome Auslegung zu Gunsten eines entsprechenden Ermessensspielraums der Mitgliedstaaten mit der Begründung, dass mit der fraglichen Richtlinie nur eine teilweise Harmonisierung beabsichtigt sei, und es sich überdies nicht um eine unmittelbar anwendbare Vorschrift des Gemeinschaftsrechts handele, welche die Grundlagen der Gemeinschaft betreffe.[878] Letzteres Urteil bestätigt – neben der Bedeutung des Harmonisierungsumfangs für die Zuweisung der Auslegungshoheit – die Bejahung der Befugnis des EuGH zur Auslegung im Falle eines unmittelbar geltenden Gemeinschaftsrechtsaktes. Darüber hinaus gibt es aber auch der Tendenz Ausdruck, dann von einer Auslegungshoheit des Europäischen Gerichtshofes auszugehen, wenn es in der betreffenden Norm um die Grundlagen der Gemeinschaft, z.B. die Grundfreiheiten, geht.

Diese Analyse wird indes von jüngeren Entscheidungen des Europäischen Gerichtshofes überlagert, in denen dieser sich ausdrücklich die verbindliche Auslegungskompetenz für Generalklauseln und unbestimmte Rechtsbegriffe auch für rechtsangleichende Richtlinien mit Mindestharmonisierungscharakter einräumt:

So nahm der EuGH in der *Océano*-Entscheidung[879] eine Auslegung der Begriffs einer missbräuchlichen Klausel in Art. 3 Abs. 1 Klauselrichtlinie[880] vor, ohne seine Kompetenz hierzu in Zweifel zu ziehen, obwohl die Richtlinie lediglich eine Mindestharmo-

---

[875] Franzen, Privatrechtsangleichung, 1999, S. 478 unter Verweis auf eine Entscheidung des EuGH, in der die ausdrückliche Verweisung in der Richtlinie noch durch weitere Faktoren, wie z.B. die lediglich beabsichtigte Teilharmonisierung, untermauert wurde, Rs. 479/93 *Francovich,* Slg. 1995, I-3843 Rn. 18-20.

[876] Franzen, Privatrechtsangleichung, 1999, S. 479f. unter Verweis auf EuGH vom 15.7.1982, Rs. 270/81, *Rickmers-Linie,* Slg. 1982, 2771 (2784) Rn. 14. Ebenso EuGH vom 11.07.1985, Rs. 105/84, *Foreningen af Arbejdsledere i Danmark,* Slg. 1977, 2639 (2653). Für eine Orientierung der Konkretisierungsbefugnis auf Gemeinschaftsebene am Grad des mit der Richtlinie bezweckten Harmonisierungsumfanges ebenso Roth, in: Festschrift Drobnig, 1998, S. 135 (148); Canaris, Handelsrecht, 2000, § 17 Rn. 22; im Ergebnis wohl auch Dölle, EuZW 2003, 340 (341f.) sowie Nasall, JZ 1995, 689 (691) unter Berufung auf das Subsidiaritätsprinzip.

[877] EuGH vom 1.2.1977, Rs. 51/76, *Verbond van Nederlandse Ondernemingen,* Slg. 1977, 113 (125), Rn. 17.

[878] In der Entscheidung des EuGH ging es um die Auslegung des Arbeitnehmer-Begriffs der Betriebsübergangsrichtlinie 77/187/EWG, Rs. 105/84 vom 11.07.1985, *Foreningen af Arbeijdsledere i Danmark,* Slg. 1985, 2639 (2643 und 2653).

[879] EuGH vom 27. 6. 2000, verb. Rs. C-240/98 bis C-244/98 *Océano Grupo Editorial SA,* Slg. 2000, I-4549.

[880] ABl Nr. L95/ 29ff. vom 05.04.1993.

nisierung vorsieht.[881] Allerdings berief sich der EuGH in seiner Auslegung maßgeblich auf den Richtlinienanhang, in dem eine Liste von offensichtlich missbräuchlichen Klauseln aufgeführt ist.[882] Für ihn ergaben sich somit Hinweise für eine autonome Auslegung aus dem Richtlinientext, so dass sich die Entscheidung in die erläuterte Analyse der EuGH-Entscheidungen einfügt.[883]

In einem weiteren Urteil zu Art. 3 der Klauselrichtlinie verneinte der EuGH zwar seine Zuständigkeit zur Auslegung einer missbräuchlichen Klausel.[884] Hierin sah er jedoch keinen Widerspruch zu seiner Auffassung in *Océano*, da dort die Auslegung möglich gewesen sei, ohne auf die konkreten Umstände des Einzelfalles eingehen zu müssen.[885] In dieser Argumentation wird deutlich, dass der EuGH seine Auslegungshoheit wohl nur dann verneinen will, wenn er sich dadurch wie eine Superrevisionsinstanz verhält. Die Tatsache, dass es sich bei der betreffenden Richtlinie um eine solche mit Mindestharmonisierungscharakter handelt, ist augenscheinlich nicht von Relevanz.

Für diese Untersuchung besonders hervorzuheben ist die Entscheidung des EuGH zur Auslegung des Schadensbegriffs der Pauschalreiserichtlinie.[886] Hierbei handelt es sich um eine Richtlinie, die ebenfalls eine bloße Mindestharmonisierung vorsieht,[887] und in der es an einer ausdrücklichen Verweisung auf das nationale Recht für den Umfang des Schadensbegriffes fehlt.[888] In Frage stand also eine stillschweigende Verweisung der Konkretisierungsbefugnis auf die Mitgliedstaaten, die von einigen Mitgliedsstaaten in dem Verfahren befürwortet wurde. Sie argumentierten, es sei aus der Tatsache, dass der Schaden nicht ausdrücklich in der Richtlinie definiert sei und diese lediglich eine Mindestharmonisierung beabsichtige, zu folgern, dass der Umfang des Schadensbegriffes zwingend der Bestimmung durch die Mitgliedstaaten obliege.[889] Der EuGH hingegen entschied zum Umfang des Schadensbegriffes.

Die Gründe hierfür sind den Schlussanträgen des Generalanwalts zu entnehmen, dessen Argumentation sich der EuGH angesichts der Kürze der eigentlichen Entscheidungsgründe wohl angeschlossen hat.[890]

[881] Erwägungsgrund 11 der Klauselrichtlinie.

[882] Welche Bedeutung dieser Richtlinienanhang hat, ist allerdings umstritten, vgl. zum Meinungsstand Pfeiffer, in: GH-III, 2003, A5 Art.3 Rn. 78f. Der EuGH scheint wohl zu der Auffassung zu tendieren, in ihm Regelfälle missbräuchlicher Klauseln zu sehen, Leible, RIW 2001, 422 (426). Anders wohl Nassall, JZ 1995, 689 (691).

[883] A.A. Leible, RIW 2001, 422 (431), nach dem der Rekurs des EuGH auf den Richtlinienanhang es unmöglich macht, aus dieser Entscheidung Rückschlüsse auf die grundsätzliche Konkretisierungsbefugnis des EuGH zu ziehen.

[884] EuGH vom 01.04.2004, Rs. C-237/02, *Freiburger Kommunalbauten.*

[885] EuGH vom 01.04.2004, Rs. C-237/02, *Freiburger Kommunalbauten*, Rn. 23.

[886] EuGH vom 12.03.2002, Rs. C-168/00, *Simone Leitner*, Slg. 2002, I-2631ff.

[887] Erwägungsgrund 16 der Richtlinie, ABl. Nr. L158/59ff. vom 13.06.1990.

[888] Art. 5 Pauschalreiserichtlinie.

[889] Schlussanträge vom 20.09.2001 Slg. 2002, I-2631 Rn. 19.

[890] Für einen Rückgriff auf die Schlussanträge des Generalanwalts zur Erläuterungen der nur knappen Urteilsgründe, Tonner/Lindner, NJW 2002, 1475 sowie generell Hommelhoff, in: Schulze (Hrsg.), Auslegung europäischen Privatrechts, 1999, S. 29 (32). Kritisch zur Praxis des EuGH, die Urteilsgründe nicht ausführlich darzulegen, Doehner, EuZW 2002, 340 (342) sowie Leible, EuZW 438 (439).

Der Generalanwalt argumentierte,[891] dass eine Richtlinie, welche die Harmonisierung der nationalen Rechtsvorschriften anordne, dies unabhängig davon tue, ob sie sich auf ein Minimum an Normen beschränke oder nicht. So bedeute das Fehlen einer ausdrücklichen Regelung keinesfalls automatisch, dass die Richtlinie für diese Bereiche keine bindende, auf eine Rechtsangleichung gerichtete Wirkung entfalte und sie der Regelungsbefugnis der Mitgliedstaaten überlasse. Vielmehr sei zunächst der verbindliche Mindestgehalt zu ermitteln, bevor einer Konkretisierungsbefugnis der Mitgliedstaaten das Wort geredet werden könne.[892]

Damit wird der Annahme einer grundsätzlichen stillschweigenden Verweisung auf das nationale Recht im Falle von Mindestharmonisierungsrichtlinien eine Absage erteilt. Eine solche Verweisung ist vielmehr nach Auffassung des EuGH nur anzunehmen, wenn der im Wege der Auslegung durch den Gerichtshof zu ermittelnde Mindestregelungsgehalt der Richtlinie den in Frage stehenden unbestimmten Rechtsbegriff nicht erfasst. Der Harmonisierungsumfang scheint also auf den ersten Blick weiterhin für den EuGH eine wichtige Rolle zu spielen, denn nur soweit der betreffende Rechtsbegriff nicht von ihm erfasst wird, ist nach Auffassung des EuGH den Mitgliedstaaten die Konkretisierung überlassen.

Allerdings unterliegt die Bestimmung des Harmonisierungsumfangs ebenfalls der Auslegung durch den EuGH. Dies ist jedoch im Ergebnis nichts anderes als die Befugnis zur Konkretisierung des betreffenden Rechtsbegriffs. Nach Auffassung des EuGH kommt mithin eine mitgliedsstaatliche Ermächtigung zur Konkretisierung unbestimmter Rechtsbegriffe im Wege stillschweigender Verweisung stets nur subsidiär in Betracht, soweit nämlich die Auslegung durch den Europäischen Gerichtshof nicht zu einer näheren inhaltlichen Ausgestaltung des unbestimmten Rechtsbegriffs führt.[893] Dies wird letztlich auch vom *effet utile*-Grundsatz getragen, nachdem einer Norm des Gemeinschaftsrechts im Hinblick auf den mit ihr verfolgten Zweck stets zu größtmöglicher praktischer Wirksamkeit verholfen werden soll. Gebietet der Zweck einer Norm also ihre möglichst einheitliche Anwendung, muss die Kompetenz zu ihrer Konkretisierung beim Europäischen Gerichtshof liegen.[894]

Hinsichtlich des Schadensbegriffs in Art. 23 der Datenschutzrichtlinie bedeutet dies, dass ihre Ziele eines gleichwertigen und hohen Schutzniveaus bei gleichzeitigem unbeschränkten Datenverkehr eine einheitliche Auslegung des Schadensbegriffs auf Gemeinschaftsebene erfordern, dies umso mehr, als die Richtlinie nicht bloß eine umfassende Harmonisierung beabsichtigt. Die Konkretisierungsbefugnis für diesen unbe-

---

[891] Dies tut er zunächst unabhängig vom Inhalt der Richtlinie als solcher, dem sich zumindest Anhaltspunkte für eine gemeinschaftsrechtliche Auslegung des Schadensbegriffes in Art. 5 Abs. 2 entnehmen lassen. Dass er dies unabhängig davon tut, spricht gegen eine Einordnung dieser Entscheidung in die durch Franzen vorgenommene Analyse.

[892] Schlussanträge Slg. 2002, I-2631 Rn. 22 und 23.

[893] Die Auslegungsbefugnis des Europäischen Gerichtshofes auch bei Richtlinien mit Mindestharmonisierungscharakter befürwortet ebenfalls Basedow, in: Festschrift für Brandner, 1996, S. 651 (679).

[894] Basedow, in: Festschrift Brandner, 1996, 651 (675). Leible, RIW 2001, 422 (426) für die Auslegung des Begriffs der Missbräuchlichkeit in Art. 3 Abs.1 Klauselrichtlinie; ebenso Wolf, in: Festschrift Lange, 1992, S. 779 (787) für den Schadensbegriff in Art. 9 der Produkthaftungsrichtlinie. So auch Roth, in: Festschrift für Drobnig, 1998, S. 135 (148), der dieses Ergebnis allerdings von der „Konkretisierungstiefe“ des betreffenden Begriffs abhängig macht (S. 150).

stimmten Rechtsbegriff liegt also beim Europäischen Gerichtshof und nicht bei den Mitgliedstaaten.

2) Grammatikalische Auslegung

Der Wortlaut des Art. 23 Abs. 1 spricht pauschal von einem Schaden, welcher der anspruchstellenden Person entstanden sein muss. Nach dem gewöhnlichen Wortlaut meint dies „Verlust, Beeinträchtigung, Wertminderung oder Nachteil“.[895] Welcher Art dieser Nachteil sein muss, darüber gibt der Wortlaut keine Auskunft. Gemeint sein können daher ausschließlich materielle Nachteile, ausschließlich immaterielle Nachteile oder Nachteile beider Art.[896] Aber nicht nur über die Art der zu ersetzenden Nachteile gibt der Wortlaut keine Auskunft, auch hinsichtlich des weiteren Umfanges schweigt er. So wäre es nach dem Wortlaut zulässig, grundsätzlich jeden materiellen Nachteil, immaterielle Nachteile aber nur eingeschränkt zu ersetzen.[897]

Unterstrichen wird diese Analyse auch von der gebotenen Zusammenschau mit anderen Amtssprachen: in der französischen Fassung wird von „*dommage*“ gesprochen, in der englischen von „*damage*“.[898] Beide Begriffe sind offen für jede Art von Nachteil, schließen jedoch auch Einschränkungen hinsichtlich Art und Umfang der zu ersetzenden Nachteile nicht aus.[899]

Die mangelnde ausdrückliche Einbeziehung immaterieller Schäden ist hingegen – anders als einige Stimmen in der deutschen Literatur meinen[900] – ohne Belang. Die nationale Regelung des § 253 Abs. 1 BGB entfaltet nämlich im Gemeinschaftsrecht keinerlei Wirkung, da ein Rückgriff auf nationale Begriffsinhalte dem Grundsatz der einheitlichen Anwendung des Gemeinschaftsrechts widerspricht.[901] Der Wortlaut ist somit offen und bietet weder einen Anhaltspunkt für den Einbezug immaterieller Schäden noch gegen diesen, sowie keine Auskunft darüber, ob diese uneingeschränkt oder eingeschränkt zu ersetzen sind.

---

[895] Duden, Wörterbuch der deutschen Sprache, 2000.

[896] So auch Niedermeier/ Schröcker, RDV 2002, 217 (223).

[897] So wie im deutschen Recht der immaterielle Schaden gem. § 823 Abs. 1 BGB nur bei besonders schweren Persönlichkeitsverletzungen zu ersetzen ist, siehe Seite 100f.

[898] Simitis/Dammann/Körner, Datenschutz in der Europäischen Union, 2003, Bd. I.

[899] Im englischen Recht werden immaterielle Schäden häufig nur in Verbindung mit ebenfalls erlittenen materiellen Schäden ersetzt, es sei denn, es handelt sich um Freiheits- oder Ehrverletzungen, *Horton-Rogers*, in: Damages for non-pecuniary loss, 2001, S. 55; die französische Generalklausel des Art. 1382 Code Civil umfasst nach einhelliger Auffassung sowohl immaterielle als auch materielle Schäden, vgl. statt vieler Mazeaud/Tunc, Responsabilité civile Bd. 1, 1965 S. 409 m.w.N.

[900] Insbesondere Ehmann/Helfrich, Datenschutzrichtlinie, 1999, Art. 23 Rn.22 und 27 entgegen ihrer an früherer Stelle geäußerten Ansicht, anderssprachige Fassungen, insbesondere die französische und englische, seien bei der Auslegung zu berücksichtigen (vgl. Art. 2 Rn. 5); Schneider, CR 1993, 35.

[901] Aus diesem Grund hat der EuGH Begriffen, die im Gemeinschaftsrecht verwendet werden, häufig eine genuin gemeinschaftsrechtliche Bedeutung verliehen, EuGH vom 19.03.1974, Rs. 75/63, *Unger*, Slg. 1964, 379 (396); Rs. 49/71, *Hagen OHG* vom 01.2.1971, Slg. 1972, 23 (35); Rs. 69/79 vom 10.01.1980, *Jordens-Vosters*, Slg. 1980, 75 (84); Wuermeling, RDV 1996, 663 (670) spricht ebenfalls von einem „eigenen“ Schadensbegriff der Richtlinie.

3) Historische Auslegung

Im gesamten Erlassverfahren findet sich einzig im 1. Richtlinienvorschlag eine Erörterung der Kommission zum Schadensbegriff: Sie befand in der Begründung zum damaligen Haftungsartikel 21, dass der Schaden materielle ebenso wie immaterielle Nachteile umfassen solle.[902] Die Kommission war augenscheinlich der Auffassung – wohl angesichts des offenen Wortlautes des Art. 21[903] – dass diese nähere Erörterung notwendig sei. Im weiteren Verlauf lassen sich keine weiteren Hinweise mehr finden. Insbesondere das Parlament, das in seiner Stellungnahme zum Richtlinienvorschlag weitest gehende Änderungen am Haftungskonzept vorschlug, erklärte sich nicht zum Schadensbegriff. Aus der Tatsache, dass das Parlament die bereits im 1. Vorschlag enthaltene Haftungsbefreiung in Abs. 2 gar streichen wollte,[904] um Lücken im Schutzniveau der Mitgliedstaaten untereinander zu vermeiden,[905] lässt sich jedoch der Schluss ziehen, dass das Parlament mit dem umfassenden Schadensbegriff im Vorschlag einverstanden war.

Im zweiten Richtlinienvorschlag findet sich in der Begründung zum heutigen Art. 23, dass Schadensersatz für *jeden* Schaden einer Person zu leisten sei.[906] Diese Erläuterung lässt zwar ebenfalls den Schluss zu, dass der Schadensbegriff materielle und immaterielle Nachteile umfasst, sie ist aber nicht so eindeutig wie im 1. Vorschlag. Ob dies darauf zurückzuführen ist, dass aus Sicht der Kommission nach der dortigen Erläuterung eine erneute, ebenso detaillierte nicht mehr erforderlich sei, insbesondere, weil das Parlament diesbezüglich keine Änderungswünsche hatte, muss mangels weiterer Hinweise eine These bleiben. Hingegen spricht viel dafür, dass die Kommission bewusst eine offene Diskussion dieser Frage vermeiden wollte, da es Mitgliedstaaten gab – insbesondere Deutschland – die an einer Ausweitung ihrer bisherigen Regelung nicht interessiert waren. Angesichts der nicht geringen Anzahl von Streitpunkten in den Ratsberatungen wollte man wohl die Eröffnung eines weiteren Konfliktfeldes vermeiden.[907]

Es bleibt festzuhalten, dass die Kommission zwar die Einbeziehung der immateriellen Schäden in den Schadensbegriff beabsichtigte, im Verlauf der Beratungen jedoch auf eine Klarstellung verzichtete. Aus der Tatsache, dass über den Schadensbegriff im Weiteren geschwiegen wurde, lässt sich auch nicht eine stillschweigende Zustimmung zu der im 1. Vorschlag vertretenen Ansicht der Kommission entnehmen. Beruhte diese

---

[902] ABl. C277/3 vom 05.11.1990; im französischen Text heißt es demgemäß *„le préjudice matériel que moral*", in der englischen Fassung wird der Schaden als *„physical and non-physical"* bezeichnet, beide abgedruckt bei Simitis/Dammann/Körner, Datenschutz in der Europäischen Union, 2003 Bd. I, S. 39 der französischen Fassung, S. 37 der englischen Fassung.

[903] Am Wortlaut des eigentlichen Artikels änderte sich hinsichtlich des Schadensbegriffes vom Beginn bis zum Abschluss des Verfahrens nichts: Stets wurde vom „Schaden", der einer Person entsteht, gesprochen, siehe die beiden Richtlinienvorschläge ABl. Nr. C277/3 vom 05.11.1990; ABl. Nr. C311/30(54) vom 27.11.1992; Gemeinsamer Standpunkt vom Rat, ABl. Nr. C93/1 vom 13.04.1995; Entschließung des Parlamentes in zweiter Lesung, ABl. Nr. C166/105 vom 03.07.1995.

[904] Stellungnahme des Parlamentes, ABl. Nr. C94/172(192) vom 11.03.1992.

[905] So der Bericht des zuständigen Ausschusses für Recht und Bürgerrechte A3-0010/92 vom 15.10.1991, S.68 (iii).

[906] Begründung zum Geänderten Richtlinienvorschlag KOM (92) 422 endg. – SYN 287 vom 15.10.1992, S. 34.

[907] Siehe hierzu den kurzen Überblick über die Ratsberatungen bei Wuermeling, DSB 12/1994, 1 (2f.).

doch auf der politischen Notwendigkeit, einen verabschiedungsreifen Kompromiss zu finden, wenn nötig auch unter Auslassung der Regelung bestimmter Punkte, wie hier des Schadensbegriffes.

Der Entstehungsprozess der Richtlinie liefert also keine eindeutigen Schlüsse zur Klärung des offenen Wortlautes von Art. 23 Abs. 1.

4) Systematisch-teleologische Auslegung

a) Die Struktur des Art. 23

Wie bereits erläutert, sieht Art. 23 in seinem Abs. 2 eine teilweise oder vollständige Haftungsbefreiung des Verantwortlichen der Datenverarbeitung vor.[908] Eine teilweise Haftungsbefreiung wäre denkbar, indem beispielsweise die Haftung des Verarbeiters auf materielle Schäden begrenzt würde. Dies erscheint aber nur dann als eine sinnvolle Beschränkung, wenn der Verarbeiter nach Abs. 1 grundsätzlich für immaterielle Schäden aufzukommen hätte. Denkbar ist allerdings auch eine summenmäßige Begrenzung der Haftung,[909] für die jedoch nicht zwangsläufig der Schluss zu ziehen wäre, dass dann grundsätzlich für immaterielle Schäden gehaftet werden müsste. So hilft auch die Überlegung nicht weiter, dass eine Haftungsbefreiung, sei sie nun teilweise oder sogar vollständig, nur dann sinnvoll ist, wenn die Haftung an sich umfassend ausgestaltet ist. Das allgemeine Gebot einer umfassenden Haftung erfasst zwingend nicht nur den Schadensbegriff, sondern kann sich ebenso gut auch auf andere Tatbestandsmerkmale der Haftung beziehen. Die Struktur des Art. 23 lässt also keine zwangsläufigen Schlüsse auf den Schadensbegriff zu.

b) Die Struktur des Richtlinienabschnittes (Art. 22-24)

Der Richtlinienabschnitt (Art. 22-24), in dem Art. 23 steht, regelt ausweislich seiner Kapitelbezeichnung „Rechtsbehelfe, Haftung und Sanktionen". Art. 22 bestimmt, dass jede Person bei der Verletzung der ihr durch die nationalen Umsetzungsvorschriften garantierten Rechte, einen Rechtsbehelf einlegen kann. Dieser soll – neben der Schadensersatzpflicht – eine effektive Durchsetzung dieser Rechte ermöglichen.[910] Das im Rahmen von Art. 22 geltende Gebot der Effizienz lässt sich zwar auf die zur Rechtsbehelfsgarantie komplementäre Haftung übertragen, dient jedoch mehr als Beleg für die These einer weit ausgestalteten Haftung, weniger für die Klärung der Einzelheiten eines solchen Haftungskonzeptes, zu denen die Frage des Schadensbegriffes zu zählen ist.

Art. 24 verpflichtet die Mitgliedstaaten, für die effektive Anwendung der in der Richtlinie geregelten Rechte und Verpflichtungen Sorge zu tragen, in dem insbesondere Sanktionen bei Verstößen gegen die Umsetzungsvorschriften vorzusehen sind. Auch diese Verpflichtung ist als komplementär zu Art. 23 vorgesehen, insbesondere deshalb,

---

[908] Siehe Seite 151ff.

[909] *Damann*/Simitis, EU-Datenschutzrichtlinie, 1997, Art. 23 Rn. 7; Brühann, in: GH-III, 2003, A30, Art. 23 Rn. 10.

[910] Brühann, in: GH-III, 2003, A30, Art. 21 Rn. 9.

weil neben der zivilrechtlichen Haftung weitere Sanktionen zivilrechtlicher Art denkbar sind,[911] wie z.B. ein Unterlassungsanspruch.

Das Gebot der Effizienz ist hier jedoch rein ergebnisorientiert,[912] die Konzeption der durchzuführenden Maßnahmen den Mitgliedstaaten überlassen, mithin bietet auch diese Regelung keinen systematischen Anhaltspunkt für den Schadensbegriff. Dies muss auch für den die Haftung erläuternden Erwägungsgrund 55 gelten, der ebenso pauschal wie der Artikel 23 Abs. 1 von „Schäden" spricht. Die systematische Auslegung von Art. 23, des Richtlinienabschnittes sowie der gesamten Richtlinie, in der lediglich Erwägungsgrund 55 Bezug auf den Schadensersatz nimmt, ohne den zu ersetzenden Schaden weiter zu erläutern, bietet also keine eindeutige Antwort auf die Frage des Schadensbegriffs der Richtlinie. Bleibt der Vergleich mit anderen Richtlinien, die der Rechtsangleichung im Privatrecht dienen und in denen Schadensersatzansprüche geregelt sind.

c) Vergleich mit Art. 5 der Pauschalreiserichtlinie 90/314/EWG

Zwar ist der EuGH bislang noch nicht zur Auslegung des Art. 23 der Datenschutzrichtlinie angerufen worden, jedoch wurde bereits erwähnt, dass der Gerichtshof in jüngerer Zeit erstmals den Schadensbegriff einer anderen Richtlinie – der Pauschalreiserichtlinie 90/314/EWG – ausgelegt hat.[913] Im Gegensatz zur Datenschutzrichtlinie regelt die Pauschalreiserichtlinie ausschließlich einen vertraglichen Schadensersatzanspruch. Dies könnte Zweifel an der Zulässigkeit eines systematischen Vergleiches der beiden Regelungen wecken, da vertragliche und deliktische Schadensersatzansprüche traditionell voneinander getrennte Regelungsbereiche darstellen.[914]

(1) Trennung zwischen vertraglicher und deliktischer Haftung

Der prinzipiellen Trennung zwischen vertraglicher und deliktischer Haftung ist zwar zuzustimmen, jedoch nicht für den hier allein relevanten Bereich des zu ersetzenden Schadens. Zuzugeben ist zwar, dass es Bereiche gibt, in denen gerade zwischen Vertrag und Delikt unterschieden wird: so insbesondere im Falle des hier in Frage stehenden Ersatzes immaterieller Schäden.[915] Dass es sich hierbei jedoch nicht um eine unumstößliche Grundsatzregelung handelt, hat unlängst der deutsche Gesetzgeber bewiesen. Mit der Reform des Schadensrechts im Jahr 2002 wurde § 847 BGB, der ausschließlich für deliktische Ansprüche Ersatz für immaterielle Schäden zusprach, in § 253 Abs. 2 BGB verschoben, mit der Folge, dass immaterieller Schadensersatz auch bei einer vertraglichen Haftung geleistet werden muss.[916] Mit dieser Neuregelung soll-

---

[911] Die Richtlinie legt nicht fest, welcher Art – ob verwaltungs-, straf- oder zivilrechtlich – die Sanktionen sein müssen.

[912] Brühann, in: GH-III, 2003, A30, Art. 24 Rn. 6. Interessanterweise findet sich in der Literatur zur Richtlinie – mit Ausnahme der Kommentare – keine Erörterung zu diesem Artikel. Vielleicht ein Hinweis darauf, dass in diesem Fall die oft gewünschte Offenheit der Regelung zwecks Ausnutzung von Umsetzungsspielräumen zu großzügig gehandhabt wurde.

[913] Rs. C-168/00 vom 12.03.2002, *Simone Leitner*, Slg. 2002, I-2631ff.

[914] Doehner, EuZW 2002, 340 (341); wohl auch Tonner/Lindner, NJW 2002, 1475f.

[915] Stoll, Consequences of Liability, Int. Enc. Comp. L., Band IX Torts Teil 2, 1972, Kap. 8, S. 48.

[916] Palandt/Heinrichs, 65. Aufl., 2005, § 253 BGB, Rn. 1.

te den geänderten Wertvorstellungen Rechnung getragen werden, nach denen der Ausgleich immaterieller Nachteile unabhängig vom Haftungsgrund für angemessen erachtet wird.[917] Haftungsfolgen, zu denen auch der Umfang des zu ersetzenden Schadens zu zählen ist, werden überdies in einigen Rechtsordnungen sowohl für die vertragliche als auch die gesetzliche Haftung einheitlich geregelt.[918]

Einer Fruchtbarmachung der Auslegung des Art. 5 der Pauschalreiserichtlinie für Art. 23 der Datenschutzrichtlinie im Wege des Vergleichs steht also die grundsätzliche Trennung der Regelungsbereiche von Vertrag und Delikt nicht entgegen.

(2) Sektorspezifische Regelung des Art. 5 Pauschalreiserichtlinie

Neben dem grundsätzlichen Unterschied zwischen dem vertraglichen Schadensersatzanspruch des Art. 5 Pauschalreiserichtlinie und des deliktischen Schadensersatzanspruches in Art. 23 ist zu bedenken, dass die Pauschalreiserichtlinie einen spezifischen Vertragstypus regelt – den Reisevertrag. Einer Übertragung der Auslegungsergebnisse zu Art. 5 der Pauschalreiserichtlinie könnte es daher entgegenstehen, dass diese ausschließlich auf die Besonderheiten dieses spezifischen Vertragstypus zurückzuführen wären.[919] Hiergegen spricht jedoch die Tatsache, dass der Generalanwalt in seinen Schlussanträgen, auf die wegen der vergleichsweise kurz gefassten Urteilsgründe des EuGH zu deren näheren Analyse wiederum Rückgriff zu nehmen ist,[920] Erwägungen heranzieht, die über die spezifische Reisevertragssituation hinausgehen. Insbesondere stellt der Generalanwalt rechtsvergleichend die Situation zum Stand der Ersatzfähigkeit immaterieller Schäden in den Mitgliedstaaten dar und nimmt die dort zu erkennende grundsätzliche Tendenz zum Ersatz immaterieller Schäden in seine Argumentation mit auf.[921]

Von einer ausschließlich sektorspezifischen Auslegung kann also keine Rede sein.[922] Denn in dem betreffenden Urteil ging es um ein Vorabentscheidungsersuchen des österreichischen Landesgerichts Linz, das dem EuGH die Frage vorlegte, ob die Haftung des Reisevermittlers in Art. 5 der Richtlinie auch den Ersatz immaterieller Schäden umfasse. So fehlt im besagten Artikel eine ausdrückliche Bestimmung dessen, was der zu ersetzende Schaden umfassen sollte. Jedoch wird in Art. 5 Abs. 2 Unterabs. 4 die Zulässigkeit vertraglicher Beschränkungen des Ersatzes solcher Schäden bestimmt, „die nicht Körperschäden" sind. Der EuGH urteilte, dass nur der grundsätzliche Ersatz auch immaterieller Schäden beiden Zwecken der Richtlinie – der Beseitigung der

---

[917] Vgl. die Begründung des Gesetzentwurfes BT-Drs. 14/7752 S. 11.

[918] Stoll, Consequences of Liability, Int. Enc. Comp. L., Band IX Torts Teil 2, 1972, Kap. 8, S. 6 unter Verweis unter anderem auf die deutsche Regelung der §§ 249ff. BGB, die Art. 297-300 des griechischen Zivilgesetzbuches sowie auf die analoge Anwendung der das Deliktsrecht betreffenden Art. 1142ff. des französischen Code Civil auf vertragliche Ersatzansprüche.

[919] So Tonner/Lindner, NJW 2002, 1475 (1476); im Ergebnis wohl auch Doehner, EuZW 2002, 340 (341).

[920] Tonner/Lindner, NJW 2002, 1475.

[921] Schlussanträge vom 20.09.2001 Slg. 2002, I-2631 Rn. 40 und 43.

[922] So auch Tonner, ZEuP 2003, 623 (631). Die Europäische Kommission ist allerdings der Auffassung, der EuGH habe sich dieser systematischen Auslegung des Generalanwalts nicht angeschlossen, sondern in der Tat richtlinienspezifisch den Schadensbegriff ausgelegt, vgl. den Aktionsplan der Kommission zum Europäischen Vertragsrecht, KOM (2003) 68 endg. S. 10.

rechtlichen und praktischen Unterschiede zwischen den Mitgliedstaaten[923] und dem Schutz der Verbraucher[924] – gleichermaßen gerecht werden könne. Unter der Berücksichtigung dieser Zielsetzung müsse Art. 5 Abs. 2 Unterabs. 4 so ausgelegt werden, dass der dort zulässig zu beschränkende Schadensersatzanspruch für Nicht-Körperschäden auch den Ersatz immaterieller Schäden umfasse.[925]

Einen maßgeblichen Beitrag zu diesem Auslegungsergebnis des EuGH leistete also die teleologische Auslegung, welche auch die wesentliche Basis der hier vorgenommenen Auslegung zu Art. 23 Datenschutzrichtlinie bildet. Gestützt wird die Interpretation des EuGH allerdings durch die Regelung des Art. 5 Abs. 2 Unterabs. 4 Pauschalreiserichtlinie, in dessen Wortlaut durchaus auch der Ersatz immaterieller Schäden hineingelesen werden kann. An einem solchen textlichen Bezugspunkt fehlt es allerdings in der Datenschutzrichtlinie, so dass sich die Frage aufdrängt, ob es sich hierbei um einen solch fundamentalen Unterschied handelt, dass er hinsichtlich der Auslegung des Art. 23 zu einem anderen Ergebnis führen muss.

Gegen ein anderslautendes Ergebnis spricht, dass die Pauschalreiserichtlinie, ebenso wie die Datenschutzrichtlinie, in ihrer den eigentlichen Ersatzanspruch regelnden Bestimmung des Art. 1 umfassend von Schäden spricht, die ersetzt werden sollen. Eine solche umfassende Verwendung des Schadensbegriffs spricht für eine weite Auslegung, nach der alle nur denkbaren Schadensarten unter den Ersatzanspruch der Richtlinie fallen sollen. Ebenso hatten die Europäische Kommission und die belgische Regierung zu Art. 5 Pauschalreiserichtlinie argumentiert, dem sich der Generalanwalt in seinen Schlussanträgen ebenfalls anschloss.[926] Allerdings bestand für den Generalanwalt letztlich das wesentliche Argument für eine Einbeziehung immaterieller Schäden in den Schadensbegriff der Pauschalreiserichtlinie in der Regelung des Art. 5 Abs. 2 Unterabs. 4. Dort wird zwischen Körperschäden und „Nichtkörperschäden" unterschieden. Der Generalanwalt war der Auffassung, dass – bei aller Unterschiedlichkeit, die den Schadensbegriffen der einzelstaatlichen Rechtstraditionen inhärent ist – in dem Begriff der Körperschäden über das Schmerzensgeld stets ein immaterielles Element enthalten sei. Dies müsse dann erst recht für die Schäden gelten, die nicht Körperschäden sind.[927] Erkenne Art. 5 Abs. 2 Unterabs. 4 nun die Möglichkeit einer Einschränkung des Ersatzes dieser Schäden an, impliziere dies die grundsätzliche Anerkennung eines Ersatzanspruchs für immaterielle Schäden.[928] Auf dieses Argument nahm denn auch der EuGH in seiner Urteilsbegründung ausdrücklich Bezug.[929]

Dennoch spricht das Fehlen eines solchen konkreten textlichen Anknüpfungspunkts für den Ersatz immaterieller Schäden in der Datenschutzrichtlinie nicht gegen ihre Einbeziehung in den Schadensbegriff. Schließlich enthält die Richtlinie dem Wortlaut nach einen umfassenden Schadensbegriff, der auch nach Auffassung des EuGH zu Art. 1 der Pauschalreiserichtlinie als solcher zu verstehen ist und dem es lediglich an einer näheren Konkretisierung dieses Verständnisses im Text fehlt. Überdies legt die histori-

---

[923] Art. 1 der Richtlinie sowie die Erwägungsgründe 2 und 3.
[924] Ermächtigungsgrundlage für die Richtlinie war Art. 100a EGV (Art. 95 EG).
[925] Slg. 2002, I-2651.
[926] Schlussanträge vom 20.09.2001 Slg. 2002, I-2631 (2643) Rn. 29.
[927] Schlussanträge vom 20.09.2001 Slg. 2002, I-2631 (2643) Rn. 30.
[928] Schlussanträge vom 2.09.2001 Slg. 2002, I-2631 Rn. 32.
[929] Slg. 2002, I-2651 Rn. 23.

sche Auslegung des Art. 5 Pauschalreiserichtlinie, auf die weder vom EuGH noch vom Generalanwalt Bezug genommen wird, ein anderes Verständnis von Art. 5 Abs. 2 Unterabs. 4 nahe. So wurde nicht der Ausschluss immaterieller Schäden erwogen, sondern vielmehr, dass mit Art. 5 Abs. 2 Unterabs. 4 die Zulässigkeit vertraglicher Einschränkungen von reinen Sachschäden gegenüber den Körperschäden klargestellt werden sollte.[930]

Im Ergebnis überwiegen also auch hier, ebenso wie bei der Datenschutzrichtlinie, die teleologischen Gesichtspunkte der Auslegung, nach der die Ersatzfähigkeit immaterieller Schäden zu bejahen ist, so dass auch der systematische Vergleich mit dem Schadensbegriff der Pauschalreiserichtlinie die Zugrundelegung des umfassenden Schadensbegriffs in der Datenschutzrichtlinie rechtfertigt.

d) Vergleich mit Art. 9 Produkthaftungsrichtlinie 85/374/EWG[931]

Einen Schadensersatzanspruch – und zudem noch einen deliktischen – regelt ebenfalls Art. 1 Produkthaftungsrichtlinie, in dessen Art. 9 auch zum Schadensbegriff Stellung genommen wird. In dieser Norm werden die von dem Schadensersatzanspruch der Richtlinie umfassten Schäden aufgezählt; für die Einbeziehung der immateriellen Schäden in den Ersatzanspruch wird hingegen ausdrücklich auf die Rechtsvorschriften der Mitgliedstaaten verwiesen. Die Produkthaftungsrichtlinie ist die einzige Richtlinie, die den in ihrem Anwendungsbereich geltenden Schadensbegriff ausdrücklich bestimmt und dabei insbesondere auf die immateriellen Schäden als solche Bezug nimmt.

Hieraus lässt sich zweierlei auch im Hinblick auf den Schadensbegriff der Datenschutzrichtlinie schließen: zunächst einmal ist Art. 9 Produkthaftungsrichtlinie Beleg dafür, dass die Mitgliedstaaten trotz der bestehenden Unterschiede in ihren Rechtstraditionen hinsichtlich des Schadenbegriffes in der Lage sind, sich auf einen hinreichend bestimmten Schadensbegriff zu einigen.[932] Zum anderen beweist der ausdrückliche Verweis auf die Regelungsbefugnis der Mitgliedstaaten, dass dort, wo eine solche einzelstaatliche Regelung gewünscht wird, dies auch so bestimmt wird. Das Fehlen eines solchen ausdrücklichen Verweises auf die Regelungsbefugnis der Mitgliedstaaten und die Verwendung des pauschalen Schadensbegriffs in Art. 23 Datenschutzrichtlinie können daher nicht zufällig sein, insbesondere auch deshalb nicht, weil die Datenschutzrichtlinie der Produkthaftungsrichtlinie zeitlich nachfolgte und sich der Gemeinschaftsgesetzgeber also in Kenntnis der Produkthaftungsrichtlinie zu dieser weitergehenden Regelung in Art. 23 Datenschutzrichtlinie entschloss.[933]

---

930 Tonner/Lindner, NJW 2002, 1475.

931 ABL. Nr. L210/29 vom 25.07.1985.

932 Dies bestreiten Tonner/Lindner, NJW 2002, 1475 (1476).

933 Einen solchen Umkehrschluss zieht auch der Generalanwalt in seinen Schlussanträgen zur Rechtssache *Leitner* vom 20.09. zur Auslegung von Art. 5 der Pauschalreiserichtlinie Slg. 2002, I-2631 Rn. 34-35.

e) Zweck der Richtlinie

Die Richtlinie bezweckt ausweislich ihres Titels und ihres Art. 1 Abs. 1 den Schutz der Grundrechte und Grundfreiheiten, insbesondere jedoch den Schutz der Privatsphäre.[934] Dieser Schutzzweck kann im Hinblick auf die Schadensersatzpflicht jedoch nur effektiv sein, wenn diese auch immaterielle Schäden – und zwar uneingeschränkt – erfasst. Der Schutz der Privatsphäre ist jedoch nicht ausschließliches Ziel. Die Richtlinie dient gemäß Art. 1 Abs. 2 auch dem freien Datenverkehr und somit dem Interesse der Datenverarbeiter an einer reibungslosen Verarbeitungs- und Übermittlungspraxis. Für diese wäre eine Haftung, die auch immaterielle Schäden erfasst, hinderlich, würde sie doch das Verarbeitungsrisiko erheblich vergrößern.

Der freie Datenverkehr soll jedoch im Wege der Angleichung der nationalen Rechtsvorschriften gewährleistet werden, die laut Erwägungsgrund 10 nicht zu einer Verringerung des durch die nationalen Rechtsvorschriften bereits gewährten Schutzes führen darf. Mit anderen Worten: Soweit ein Mitgliedsstaat bereits eine Haftung für immaterielle Schäden vorsieht, weicht auch die Richtlinie nicht davon ab. Genauso ausreichend wäre danach aber auch ein bereits bestehender nationaler Schadensbegriff, der ausschließlich materielle Schäden erfasst. Es hierbei zu belassen, würde jedoch der grundsätzlichen Entscheidung des EuGH widersprechen, nach der zur Wahrung des Gebotes der Einheitlichkeit und der Effizienz des Gemeinschaftsrechts Begriffe des Gemeinschaftsrechts autonome Bedeutung haben und nicht auf das nationale Recht verweisen.[935]

Überdies führt das Fortbestehen unterschiedlicher nationaler Schadensbegriffe – so hat der EuGH im *Leitner*-Urteil entschieden – insbesondere dort zu nicht hinnehmbaren Wettbewerbsverzerrungen, wo immaterielle Schäden besonders häufig auftreten.[936] Dies kann ohne Abstriche auch für den Schadensbegriff der Datenschutzrichtlinie fruchtbar gemacht werden, denn auch im Bereich des Datenschutzes überwiegt der Eintritt immaterieller Schäden. Auch würde ein solches Auslegungsergebnis im Widerspruch zum Harmonisierungsziel stehen, für das die Richtlinie an anderer Stelle ein „gleichwertiges Schutzniveau hinsichtlich der Rechte und Freiheiten von Personen" für „unerlässlich" hält.[937] Zwar nimmt die Richtlinie Abweichungen der nationalen Regelungen in Kauf, jedoch nur, soweit sie diese ausdrücklich anordnet und dann auch stets mit dem Gebot, es nicht bei bloßen Minimalregelungen zu belassen.

Ziel der Angleichung ist es zudem, ein „hohes Schutzniveau herzustellen".[938] Die Harmonisierung soll also nicht auf Kosten des Privatsphärenschutzes erfolgen, sondern dessen Effizienz gerade gewährleisten.[939] Unterstrichen wird dies zudem mit dem

[934] Siehe Seite 155ff.
[935] Siehe Seite 168ff.
[936] EuGH vom 12.03.2002, Rs. C- 168/00, *Leitner*, Slg. 2002, I-2651 Rn. 22. Die Notwendigkeit einer einheitlichen Bestimmung des zu ersetzenden Schadens für die Herstellung gleicher Marktbedingungen hebt auch Wolf, Festschrift Lange, 1992, 779 (780) hervor.
[937] Erwägungsgrund 8.
[938] Erwägungsgrund 10.
[939] Insofern kann von einem Zielkonflikt zwischen Binnenmarktinteressen und Datenschutzrecht nicht gesprochen werden, so aber Kilian, *Tinnefeld*, Informationsgesellschaft, 1995, S.98 (102). Überzeugender Ehmann/Helfrich, Datenschutzrichtlinie, 1999, Einleitung Rn. 4 – „dualistische Zielsetzung der Richtlinie".

Hinweis, dass die Regelungen der Richtlinie diejenigen der Datenschutzkonvention des Europarates „konkretisieren und erweitern".[940] Das so beabsichtigte hohe Schutzniveau kann im Rahmen einer Schadensersatzpflicht für Verstöße beim Umgang mit personenbezogenen Daten aber nur durch den Ersatz auch des immateriellen Schadens sichergestellt werden. Mehr noch: Das Erfordernis eines *hohen* Niveaus ist nicht zwingende Voraussetzung für diesen Schluss, kann doch der Schutz der Privatsphäre beim Umgang mit personenbezogenen Daten nur durch die Einbeziehung immaterieller Schäden in die Ersatzpflicht tatsächlich erst sichergestellt werden[941]. Dementsprechend hat der EuGH im Leitner-Urteil entschieden, dass der immaterielle Schaden ersetzt werden muss, wenn es dem Zweck der Richtlinie besonders dient.[942]

Dem dualistischen Gegenstand der Richtlinie kann nur ein umfassender Schadensbegriff gerecht werden. Der generelle Ersatz nur materieller Schäden oder der bloß eingeschränkte Ersatz immaterieller Schäden würde zwar dem Ziel der Harmonisierung entsprechen, nicht jedoch dem eines angemessenen Schutzes der Privatsphäre.[943] Unterstützt wird dieses Ergebnis auch von dem Grundsatz des *effet utile*, denn die in Art. 23 geregelte Schadensersatzpflicht kann ihre Wirksamkeit nur entfalten, wenn sie das eigentliche Risiko – die Entstehung immaterieller Nachteile – vollständig abdeckt.

5) Rechtsvergleichende Auslegung

Auch für den Schadensbegriff soll auf eine rechtsvergleichende Auslegung nicht verzichtet werden.

a) Frankreich

In Frankreich wird seit dem Beginn des 19 Jahrhunderts aus der in Art. 1382 Code Civil statuierten Pflicht des Schädigers, den verschuldeten Schaden (*dommage*) zu ersetzen, geschlossen, dass für jede Art des Verlustes, ob materiell (*corporel*) oder immateriell (*moral*) Ersatz zu leisten ist, vorausgesetzt, er ist hinreichend bestimmt und rechtmäßig.[944] Ausgehend von diesem grundsätzlichen Konsens über die Ersatzfähigkeit immaterieller Schäden, gibt es einen stetigen Zuwachs an Ersatzansprüchen für Verluste immaterieller Art.[945] Dies gilt auch für Schäden infolge von Verletzungen der Privatsphäre: Art. 9 Code Civil, der dem *vie privée* gesetzlich anerkannten Schutz verleiht, sieht zwar als Rechtsmittel für eine solche Verletzung angemessene Maßnahmen

[940] Erwägungsgrund 11.

[941] Schneider, Handbuch, 2003, S. 235; Simitis, DuD 2000, 714 (722); im Ergebnis auch Niedermeier/Schröcker, RDV 2002, 217 (224).

[942] EuGH vom 12.03.2002, Rs. C-168/00, *Leitner* Slg. 2002, I-2651 Rn.22.

[943] Zu bedenken ist auch, dass der Schutz personenbezogener Daten in Art. 8 ausdrücklich Einzug in die Grundrechte-Charta der EU (ABl. C364/1 vom 18.12. 2000) genommen hat. Diese hat zwar (noch) keine bindende Wirkung, sie ist jedoch Ausdruck der zunehmenden Orientierung an Grundrechten auf EU-Ebene, die sich sicherlich auch in einer Entscheidung des EuGH zur Frage des Schadensbegriffes niederschlagen würde. Siehe zu Art. 8 der Grundrechte-Charta, Hilbrans, Datenschutz Nachrichten 2001, 11ff.

[944] Galand-Carval, in: Horton Rogers (Hrsg.), Damages for Non-Pecuniary Loss, 2001, S. 87. unter Verweis auf die Entscheidung der Cour de Cassation in *Lejars c. Consorts Templier*, chambre civile, 13.02.1923, [1923] D.C. (Dalloz périodique et critique), 1, 52.

[945] Galand-Carval, in: Horton Rogers (Hrsg.), Damages for Non-Pecuniary Loss, 2001, S. 88.

zu ihrer Verhinderung bzw. Beendigung vor, schließt aber die Geltendmachung von Schadensersatzansprüchen nicht aus.

So wird regelmäßig bei Verletzungen der Privatsphäre gem. Art. 1382 Code Civil Ersatz für den erlittenen *dommage moral* gewährt.[946] Dieser Ersatz wird mithin auch bei Verstößen gegen das französische Datenschutzgesetz zugesprochen, das nach seinem Art. 1 dem Schutz des *vie privée* dient.[947]

b) England

Auch in England werden prinzipiell alle Schäden ausgeglichen, materielle (*pecuniary losses*) wie immaterielle (*non-pecuniary losses*).[948] Allerdings wird ihre Ersatzfähigkeit eng mit dem zugrundeliegenden Haftungstatbestand und dem mit ihm geschützten Interesse verknüpft. Ersatz für erlittene Schmerzen werden im Falle einer körperlichen Beeinträchtigung bedingungslos ersetzt. Sonstige, nicht mit einer körperlichen Beeinträchtigung einhergehenden Beeinträchtigungen, wie z. B. Angst, Sorge, Kummer oder sonstige Verletzungen der Gefühle und der Ehre, werden als alleinige Beeinträchtigung nur dann ersetzt, wenn die Voraussetzungen eines Torts vorliegen, der immaterielle Interessen schützt. Überdies gewähren auch einige gesetzliche Schadensersatzansprüche, wie z.B. der *Sexual Harassement Act* 1997, Ersatz für immaterielle Schäden. Ersatz für Persönlichkeitsrechtsverletzungen werden nur punktuell gewährt, so sie denn von einem der Haftungstatbestände des Common Law oder durch ein Gesetz erfasst werden.

c) Deutschland

Das deutsche Recht kennt ebenfalls den Ersatz immaterieller Schäden, allerdings nur dort, wo das Gesetz dies ausdrücklich so vorsieht, § 253 Abs. 1 BGB. Einzige Ausnahme hierzu bildet der Ersatz für immaterielle Schäden infolge von Persönlichkeitsrechtsverletzungen, deren Ersatz zwar nicht ausdrücklich gesetzlich bestimmt ist, jedoch nach ständiger Rechtsprechung aufgrund des verfassungsrechtlichen Schutzes des Persönlichkeitsrechts gemäß Art 2 Abs. 1 i.V.m. Art. 1 Abs. 1 GG aus diesem grundgesetzlichen Schutzauftrag hergeleitet wird.[949] Mit der Beschränkung allerdings, dass nur im Falle von schwerwiegenden Persönlichkeitsrechtsverletzungen, denen nicht anderweitig z.B. durch Beseitigung oder Unterlassen abgeholfen werden kann, Ersatz geleistet wird.[950] Eine wesentliche Erweiterung des Ersatzes immaterieller Schäden vollzog sich durch die bereits angesprochene Reform des Schadensrechtes 2002.[951] Seither wird nicht nur bei deliktischen Ansprüchen, sondern auch bei Ansprü-

---

[946] Nach Auffassung von Galand-Carval hat erst der Schadensersatzanspruch gem. Art. 1382 Code Civil für immaterielle Schäden zu der heutigen Bedeutung der Persönlichkeitsrechte (*droits de la personnalité*) in Frankreich geführt, in: Horton-Roger (Hrsg.), Damages for Non-Pecuniary Loss, 2001, S. 89.

[947] Loi No. 78-17 relative à l'informatique, aux fichiers et aux libertés, abgedr. bei Simitis/Dammann/Körner, Datenschutz in der Europäischen Union, 2003, Band II.

[948] Siehe hierzu die Erläuterungen auf Seite 68ff.

[949] Statt vieler siehe die erste dahingehende Entscheidung des BGH, NJW 1958, 827 – „Herrenreiter".

[950] Funkel, Schutz der Persönlichkeit, 2001, S. 116f.

[951] Siehe Seite 174.

chen aus Vertrag oder Gefährdungshaftung ein Anspruch auf den Ersatz immaterieller Schäden im Falle von Verletzungen der in § 253 Abs. 2 BGB aufgeführten Rechtsgüter gewährt.

Zusammenfassend lässt sich also feststellen, dass der Ersatz immaterieller Schäden in den drei genannten Rechtsordnungen eine feste Institution darstellt, wenn auch Frankreich die großzügigste bzw. umfassendste Ersatzfähigkeit anerkennt, Deutschland und England hingegen nur eingeschränkt Ersatz gewähren. Die generelle Ersatzfähigkeit immaterieller Schäden nach Art. 23 der Datenschutzrichtlinie ist also für die betreffenden Rechtsordnungen ebenfalls kein Novum, das nur mit durchgreifenden Systembrüchen in die nationalen Rechtssysteme zu implementieren wäre. Hierfür spricht überdies der in Frankreich zu beobachtende kontinuierliche Trend zu einer Erweiterung der Ersatzansprüche für immaterielle Schäden, für die auch die deutsche Rechtsordnung angesichts ihrer Schadensrechtsreform im Jahr 2002 ein Bedürfnis sieht.

6) Ergebnis der Auslegung

Der Schadensbegriff der Datenschutzrichtlinie umfasst den uneingeschränkten Ersatz immaterieller Schäden. Allein ein solchermaßen ausgestalteter Schadensbegriff wird beiden Zielen der Richtlinie – Schutz der Privatsphäre und Angleichung der Rechtsvorschriften zur Gewährleistung eines freien Datenverkehrs – gerecht. Dies entspricht auch der Rechtsnatur der Richtlinie, die gem. Art. 249 Abs. 3 EG hinsichtlich des zu erreichenden Zieles verbindlich ist. Zwar sind die Mitgliedstaaten hinsichtlich der Wahl der Mittel und der Form frei, jedoch nur insoweit die Erreichung des verbindlichen Zieles gewährleistet ist. Rechtsangleichung bei gleichzeitigem Schutz der Privatsphäre zu gewährleisten ist nur bei einem umfassenden Schadensbegriff möglich, Gestaltungsspielräume der Mitgliedstaaten verbleiben daher nicht.

IV) Kausalität

Auch wenn ein Verschulden für die Haftung des Datenverarbeiters nicht erforderlich ist, muss die unzulässige Verarbeitung dennoch kausal für den eingetretenen Schaden gewesen sein. Dies ergibt sich aus dem Wortlaut des Art. 23 Ab. 1, in dem es heißt, dass jeder Person, „der wegen einer rechtswidrigen Verarbeitung ein Schaden entsteht“ Ersatz zu leisten ist.[952] Welche Anforderungen an das Vorliegen der Kausalität zu stellen sind, darüber enthält die Richtlinie keine Angaben.

Auch in den Entstehungsmaterialien finden sich keinerlei Angaben zur Ausgestaltung der Kausalität.[953]

---

[952] Entsprechend heißt es in der französischen Fassung „*.toute personne ayant subi un dommage du fait d'un traitement illicite*" und in der englischen Fassung *"any person who has suffered damage as a result of an unlawful processing"*, jeweils abgedr. in Simitis/Dammann/Körner, Datenschutz in der Europäischen Union, 2003, Band I.

[953] Aus diesem Grund wird wohl auch in der Literatur meist nur pauschal auf das Kausalitätserfordernis zwischen rechtswidriger Verarbeitung und Schaden verwiesen, vgl. Ehmann/Helfrich, Datenschutzrichtlinie, 1999, Art. 23 Rn. 9; *Dammann*/Simitis, EU-Datenschutzrichtlinie, 1997, Art. 23 Rn. 6; Jay/Hamilton, Data Protection, 1999, S. 235.

Im Erwägungsgrund 55 finden sich allerdings Hinweise darauf, wann eine Haftung dem Datenverarbeiter gem. Art. 23 Abs. 2 nicht zur Last gelegt werden kann. Bei diesen handelt es sich durchweg um solche Erwägungen, die üblicherweise unter Kausalitäts- bzw. sonstigen Zurechnungsgesichtspunkten behandelt werden, wie Akte höherer Gewalt, das Verhalten des Geschädigten oder eines Dritten. In diesen Fällen hat daher nach den Vorgaben der Richtlinie in jedem Fall eine Zurechnung des Schadens zu unterbleiben. Über die Anforderungen an die Kausalität im einzelnen schweigt die Richtlinie jedoch. Es spricht daher viel dafür, von einer stillschweigenden Verweisung des Gemeinschaftsrechts auf die Rechte der Mitgliedstaaten auszugehen, denen damit die nähere Ausgestaltung der Kausalität durch die nationalen Rechtsgrundsätze vorbehalten ist.[954]

Dies entspricht auch der bereits erläuterten Rechtsprechung des Europäischen Gerichtshofes,[955] da die dem Gerichtshof primär obliegende Auslegungshoheit des Art. 23 hier zu keinem schlüssigen Ergebnis führen würde: Weder der Wortlaut, in dem das Vorliegen der Kausalität lediglich vorausgesetzt wird, noch die Historie oder die Systematik führen zu einem schlüssigen Ergebnis. Aus dem Sinn und Zweck des Art. 23 und der Richtlinie an sich lässt sich lediglich die Forderung herleiten, dass die Kausalität einen effektiven Schadensausgleich nicht verhindern, gleichzeitig aber auch den freien Datenverkehr nicht stören darf. Es ist zwar richtig, dass sich der Europäische Gerichtshof bei seiner Auslegung des Gemeinschaftsrechts insbesondere auf die teleologische Auslegung stützt, dies jedoch nie, ohne zuvor auch Erkenntnisse oder zumindest Anhaltspunkte durch Wortlaut, Historie oder Systematik der Norm gewonnen zu haben. Dies ist jedoch – abgesehen von den Erläuterungen im Erwägungsgrund 55 – hinsichtlich der Kausalität nicht möglich, so dass ihre Ausgestaltung den Mitgliedstaaten überlassen ist.

V) Der Haftungsauschluss gem. Art. 23 Abs. 2

Art. 23 Abs. 2 räumt den Mitgliedstaaten die Möglichkeit ein, den Datenverarbeiter ganz oder teilweise von seiner Haftung zu befreien, wenn dieser nachweist, dass ihm der schadensbegründende Umstand – der Verstoß gegen eine der Umsetzung dieser Richtlinie dienende Norm – nicht zur Last gelegt werden kann.

1) Ausgestaltung der Haftungsbefreiung

Wie diese Haftungsbefreiung – insbesondere die teilweise – ausgestaltet ist, dazu gibt die Richtlinie keine Hinweise. Denkbar ist eine summenmäßige Begrenzung, also die Einführung einer Haftungsobergrenze, aber auch die Begrenzung auf bestimmte Schadensarten, wie z.B. auf den unmittelbaren Schaden.[956] Diese kann auch durch den Ausschluss immaterieller Schäden erfolgen, allerdings nur insoweit, als gleichzeitig auch andere Schäden eingetreten sein müssten, die weiterhin zu ersetzen wären. Ansonsten würde es sich bei dem Ausschluss der immateriellen Schäden um eine verdeckte voll-

---

[954] So auch ohne nähere Begründung Brühann, in: GH-III, 2003, A30, Art. 23 Rn. 7.

[955] Siehe Seite 166ff.

[956] *Dammann*/Simitis, EU-Datenschutzrichtlinie, 1997, Art. 23 Rn. 7; Brühann, in: GH-III, 2003, A30, Art. 23 Rn. 10.

ständige Haftungsbefreiung handeln. Dies wäre allerdings unzulässig, da die Haftungsbefreiung für alle Konstellationen entweder teilweise oder vollständig zu regeln ist, nicht jedoch je nach zugrunde liegendem Fall teilweise oder vollständig ausfallen darf.[957]

Ebenfalls unzulässig wäre eine Beschränkung der Haftung auf bestimmte Verarbeitungsformen bzw. -organisationen, wie z.B. eine Haftung nur für den öffentlichen Bereich.[958] Haftungserleichternder Umstand ist ausschließlich die Tatsache, dass dem Datenverarbeiter die Entstehung des Schadens nicht zur Last gelegt werden kann. Hier zwischen Verarbeitungsformen bzw. -Organisationen zu differenzieren, hieße bestimmte Formen der Datenverarbeitung oder die Organisation ihrer Datenverarbeitung zu privilegieren, dies ist aber nicht Sinn und Zweck des Art. 23.

2) Voraussetzung der Haftungsbefreiung

Unter welchen Voraussetzungen dem Datenverarbeiter der schadensbegründende Umstand nicht zur Last gelegt werden kann, dazu gibt – wie bereits erläutert – der Erwägungsgrund 55 Hinweise.[959] Aber auch aus der verschuldensunabhängigen Haftung in Abs. 1 lassen sich Rückschlüsse ziehen.

Demnach kann der Datenverarbeiter von der Haftung befreit werden, wenn er nachweist, dass das schadensverursachende Ereignis nicht auf der besonderen Gefahr beruht, die mit dem Umgang von personenbezogenen Daten typischerweise verbunden ist. Gemeint sind Gefahren, die auf dem Einsatz der datenverarbeitenden Technik, der vielfältigen Verwendungsmöglichkeiten der Daten, ihrer praktisch unendlichen Speicherungsdauer oder des großen Kreises an Datenverwendern beruhen. Dies betrifft z.B. Schäden infolge technischer Fehlentwicklungen, unabhängig davon, dass dies für den Datenverarbeiter weder abwendbar noch vorsehbar war. Ebenso gilt dies für den unbefugten Zugriff Dritter auf die personenbezogenen Daten, denn auch die Verwirklichung genau dieser Gefahr wird von Art. 23 sanktioniert.

3) Rechtsvergleichende Analyse von Haftungsausschlüssen

Untermauert werden soll dieses strikte Verständnis von Art. 23 Abs. 2 durch einen Blick auf vergleichbare Regelungen der nationalen Rechtsordnungen Frankreichs, Englands und Deutschlands.

a) Frankreich

In Frankreich kommt die verschuldensunabhängige Haftung des *gardien* gem. Art. 1384 Abs. 1 Code Civil nicht zur Anwendung, wenn der Eintritt des Schadens auf einem Zufall (*cas fortuit*) oder auf höherer Gewalt (*force majeure*) beruht.[960] Diese bei-

---

[957] So die auf ausdrücklichem Verlangen des Parlaments in den zweiten Richtlinienvorschlag eingeführte Änderung des Art. 23 Abs. 2 vgl. die Begründung zum Geänderten Richtlinienvorschlag, KOM (92) 422 endg. – SYN 287 vom 15.10.1992, S. 34.

[958] So Brühann, in: GH-III, 2003, A30, Art. 23 Rn. 10.

[959] Siehe Seite 153ff.

[960] Zweigert/Kötz, Rechtsvergleichung, 1996, S. 669.

den synonym verwendeten Begriffe kennzeichnen ein Ereignis, das seine Ursache außerhalb der schadensbegründenden Sache hat sowie unvorhersehbar und in seinen Folgen unabwendbar ist.[961] Auch hier ist also zunächst erforderlich, dass es sich um einen Umstand handelt, der dem an die Haftung anknüpfenden Ereignis[962] fremd ist, weil er weder dem *gardien* noch der Sache selbst zugerechnet werden kann (*cause étrangère*).[963] Allerdings wird die Haftung dadurch verschärft, dass nur solche externen Ereignisse eine Haftung ausschließen, die für den *gardien* zusätzlich unvorhersehbar und in seinen Folgen unabwendbar waren. So stellen Naturereignisse nur dann einen Fall von *force majeure* dar, wenn sie mit unvorhersehbarer und unwiderstehlicher Wucht und Plötzlichkeit eingetreten sind, und die zur Schadensvermeidung erforderlichen Maßnahmen dem *gardien* nicht möglich oder zumutbar waren.[964]

Auch das schuldhafte Verhalten des Geschädigten kann eine Haftung nach Art. 1384 Abs. 1 Code Civil ausschließen, jedoch nur dann, wenn das Verschulden in seinem Ausmaß einer *force majeure* aus Sicht des Schädigers gleichkommt, es also für diesen unvorhersehbar und unabwendbar war.[965] Das Verschulden des Geschädigten wird mithin nicht grundsätzlich dem Vorliegen höherer Gewalt gleichgestellt, sondern nur dann, wenn es aufgrund seiner Schwere eine solche Gleichstellung rechtfertigt.

b) England

Das englische Recht kennt den mit dem Fall höherer Gewalt vergleichbaren *Act of God* als einen Ausschlussgrund für eine Haftung nach der Regel aus *Rylands v. Fletcher.* Unter diesem versteht man zwar grundsätzlich nur ein Naturereignis, jedoch können hierunter auch das unabhängige Verhalten eines Dritten oder ein Verhalten bzw. Verschulden des Geschädigten gefasst werden.[966]

Ein *Act of God* führt jedoch nur dann zu einem Ausschluss der Haftung, wenn das entsprechende Ereignis nach menschlichem Ermessen nicht vorhersehbar war und es überdies unmöglich gewesen wäre, geeignete Gegenmaßnahmen zu treffen.[967] Im Ergebnis wird dieser Ausschlussgrund aufgrund seiner strikten Anforderungen nur in den

---

[961] Civ. 2.7.1946. D. 1946, 392.

[962] Für die Haftung des *gardien* ist dies die Haltung bzw. Herrschaft über die Sache, die keineswegs eine besondere Gefährlichkeit aufweisen muss, dafür aber eine aktive Rolle (*fait de la chose*) beim Schadenseintritt gespielt haben muss, von Bar, Gemeineuropäisches Deliktsrecht, Band II, 1999, S. 344.

[963] Von Bar, Gemeineuropäisches Deliktsrecht, Band II, 1999, S. 348.

[964] Mazeaud/Tunc, Responsabilité civile, Band 2, 1970, S. 716ff.

[965] Zweigert/Kötz, Rechtsvergleichung, 1996, S. 670; von Bar, Gemeineuropäisches Deliktsrecht, Band II, 1999 S. 347 Fn. 92. Für das Verkehrsunfallrecht wurde mit dem Loi Badinter Nr. 85-677 in Art. 3 festgelegt, dass die Haftung des Schädigers nur dann ausgeschlossen ist, wenn das Verschulden des Geschädigten, soweit es sich um den Fahrer eines Fahrzeuges handelte, eine *faute inexcusable* darstellt und die einzige Unfallursache (*cause exclusive*) war, vgl. den Auszug des Gesetzes bei Van Gerven/Lever/Larouche, Tort Law, 2000, S. 588.

[966] Von Bar, Gemeineuropäisches Deliktsrecht, Band II, 1999, S. 350. Siehe aber auch Clerk&Lindsell, On Torts, 2000, S. 1051, die den *Act of God* als eigenständigen Ausschlussgrund neben dem Fehlverhalten des Geschädigten oder dem Eintreten des unabhängigen Verhaltens eines Dritten einstufen.

[967] Erforderlich ist der Ausschluss jeder nur erdenklichen Gegenmaßnahme und nicht nur der vernünftigerweise Gebotenen, Clerk&Lindsell, On Torts, 2000, S. 1051.

allerseltensten Fällen zur Verneinung einer Haftung führen.[968] Das Verhalten des Geschädigten führt demgegenüber zu einem Ausschluss der Haftung, wenn es die alleinige Ursache für den Schadenseintritt war.[969]

Das unabhängige Verhalten eines Dritten führt zu einem Ausschluss der Haftung des Beklagten, wenn dieses ebenfalls die alleinige Schadensursache bildete und der Schädiger keinerlei Kontrolle über den Dritten besaß.[970]

Ebenfalls wurde die Haftung auf Grund der Regel aus *Rylands v. Fletcher* verneint, wenn die eingetretenen Schäden von keinem vernünftigen Menschen hätten vorhergesehen werden können.[971] Dies wird man allerdings eher als einen Fall der die Kausalität ausschließenden *remoteness of damage* einstufen,[972] was letztlich einen Beleg dafür darstellt, dass die besonderen Ausschlussgründe der verschuldensunabhängigen Haftung ihren Ursprung unter anderem in einem Ausschluss der (normativen[973]) Kausalität haben bzw. eng mit dieser verbunden sind.

c) Deutschland

Einige verschuldensunabhängige Haftungstatbestände im deutschen Recht kennen ebenfalls den Ausschlussgrund der höheren Gewalt,[974] bei dem es sich laut BGH um ein außergewöhnliches Ereignis von elementarer Art handeln muss.[975] Das Reichsgericht hatte bereits geurteilt, es müsse sich um ein „von außen kommendes schadensverursachendes Ereignis handeln, das unvorhersehbar, auch bei Anwendung äußerster Sorgfalt ohne Gefährdung des ganzen Betriebes und des wirtschaftlichen Erfolges des Unternehmens nicht abzuwenden und wegen seiner Häufigkeit von dem Betriebsunternehmen nicht in Rechnung zu ziehen und mit in Kauf zu nehmen ist".[976] Die Kriterien der Vorhersehbarkeit und die Anwendung der äußersten Sorgfalt muten zwar eher wie Erfordernisse an, die an eine Haftung aus Verschulden erinnern, jedoch kommen sie infolge der hohen Anforderungen, die an sie gestellt werden („äußerste Sorgfalt"), ei-

---

[968] Clerk&Lindsell, a.a.O.; von Bar, Gemeineuropäisches Deliktsrecht, Band II, 1999, S. 350.

[969] Clerk&Lindsell, On Torts, 2000, S. 1052 unter Verweis auf *Dunn v. Birmingham Canal Co.* (1872) L.R. 7 QB 244 (246).

[970] *Perry v. Kendricks Transport Ltd.* [1956] 1 W.L.R. 85 (91 und 93) durch Jenkins und Parker L.J.J. sowie *Richards v. Lothian* [1913] A.C. 263 (282), in denen unter anderem auch darauf abgestellt wurde, dass der Beklagte das Verhalten des Dritten vernünftigerweise nicht vorhersehen und deshalb nicht verhindern konnte. Dies mutet eher wie eine Argumentation zu einer Haftung aus Fahrlässigkeit an und macht einmal mehr deutlich, dass das Merkmal der fremden Ursache für beide Haftungsformen gleichermaßen fruchtbar gemacht wird, siehe von Bar, Gemeineuropäisches Deliktsrecht, Band II, 1999, S. 349f.

[971] Kötz/Zweigert, Rechtsvergleichung, 1996, S. 674 unter Verweis auf *Cambridge Water Co. Ltd. v. Eastern Counties Leather Plc* [1994] 2 W.L.R. 53 (80) durch Lord Goff of Chieveley.

[972] So auch Clerk & Lindsell, On Torts, 2000, S. 1050.

[973] Gemeint ist die Zurechnung des Schadensereignis infolge weiterer, wertender Kategorien, wie z.B. durch die Adäquanz des Kausalverlaufes zwischen schädigendem Verhalten und Schaden.

[974] So in § 1 Abs. 2 Satz 1 HaftPflG für das Betreiben einer Eisenbahn oder in § 2 Abs. 3 Nr. 3 HaftpflG für bestimmte Schäden, die bei dem Betreiben einer Energieanlage durch Elektrizität, Gase, Dämpfe oder sonstige Flüssigkeiten entstehen.

[975] BGHZ 7, 338 (339) – um ein solches Ereignis handelt es sich nicht, wenn ein Drache statt an einem Bindfaden befestigt zu sein, an einem dünnen Draht befestigt ist und sich in einer Hochspannungsleitung verfängt. Vgl. auch Hentschel, Straßenverkehrsrecht, 37. Auflage, § 7 StVG, Rn. 32.

[976] RGZ 101, 94 (95).

nem verschuldensunabhängigen Haftungsmaßstab gleich.[977] Auf die angemessenen Sorgfaltsmaßnahmen kann nicht erfolgreich durch den Schädiger rekurriert werden, um einer Haftung zu entgehen. Das Verhalten des Geschädigten oder eines Dritten werden nicht als gesonderte Ausschlussgründe behandelt, sondern gelten entweder als höhere Gewalt, wenn sie die beschriebenen Anforderungen erfüllen, oder wirken als Mitverschulden (des Geschädigten) schadensersatzmindernd.[978]

Ein weiterer, wichtiger Ausschlussgrund im Rahmen der Gefährdungshaftung des Kraftfahrzeughalters war das unabwendbare Ereignis gem. § 7 Abs. 2 StVG a.F.. Auch hier war zunächst ein externes, nicht mit dem Betreiben der Gefahrenquelle verbundenes Ereignis erforderlich, für das beispielhaft das Verhalten des Verletzten, des Dritten oder – in Anbetracht der spezifischen Verkehrssituation – eines Tieres genannt wird. Zudem war erforderlich, dass sowohl Halter als auch Führer des Kraftfahrzeugs die nach den Umständen des Falles gebotene Sorgfalt beachtet haben, die nach der ständigen Rechtsprechung des BGH eine über die gewöhnliche Sorgfalt hinausgehende, besonders überlegene Aufmerksamkeit und Umsicht verlangte.[979]

Wesentliche Unterschiede gegenüber dem Ausschlusstatbestand der höheren Gewalt sind danach nicht mehr auszumachen,[980] was dazu geführt hat, den Begriff des unabwendbaren Ereignisses in § 7 Abs. 2 StVG im Rahmen der Schadensrechtsreform im Jahr 2002 durch den Begriff der höheren Gewalt zu ersetzen.[981] Hat ein Verschulden des Verletzten zum Schadenseintritt beigetragen, wird dieses auch hier im Wege des Mitverschuldens lediglich schadensersatzmindernd berücksichtigt, wenn der Schädiger nicht die gebotene Sorgfalt zur Abwendung des Schadens angewandt hat.

Resümierend lässt sich feststellen, das in allen drei Rechtsordnungen ein externes Ereignis, das nicht mit dem Haftungsgrund an sich verbunden ist, Ausgangspunkt für alle Überlegungen zu einer Haftungserleichterung bzw. einem Haftungsausschluss bildet. Ob dies nun höhere Gewalt, das Verhalten des Geschädigten oder eines Dritten ist, oder aber die beiden Letztgenannten lediglich als Ausprägungen der höheren Gewalt verstanden werden, ist im Ergebnis irrelevant.

Festzuhalten ist jedoch, dass alle drei Rechtsordnungen das Verhalten des Geschädigten oder eines Dritten als haftungsbefreiendes Ereignis anerkennen.

Überdies fordern alle untersuchten Rechtsordnungen die Einhaltung einer besonderen Sorgfalt oft verbunden mit der Unvorhersehbarkeit des externen Ereignisses, an die so hohe Anforderungen gestellt werden, dass sie in der Regel kaum erfüllbar sind, und

---

[977] Nach Ansicht von Blaschczok, Gefährdungshaftung, 1993, S.86, geht es nicht darum, Übermenschliches zu verlangen, sondern einen nicht von der besonderen Gefahr efassten Erfolg auszuschließen.
[978] Zweigert/Kötz, Rechtsvergleichung, 1996, S. 658.
[979] Vgl. nur die Entscheidung des BGH vom 28.11.1961 VI ZR 89/61, VersR 1962, 164.
[980] Von Bar, Gemeineuropäisches Deliktsrecht, Band II, 1999, S. 351f.
[981] Wagner, NJW 2002, 2049 (2061); Hentschel, Straßenverkehrsrecht, 37. Aufl., § 7 StVG, Rn. 30. Allerdings kann die Haftung des Fahrzeughaltes bei mehreren Beteiligten durch ein unabwendbares Ereignis gem. § 17 Abs. 3 StVG ausgeschlossen sein.

die sich mithin trotz der terminologischen und vielleicht auch konzeptionellen Nähe zur Fahrlässigkeitshaftung als die strikteren darstellen.[982]

Der Blick in die drei nationalen Rechtsordnungen unterstützt also das vorangestellte strikte Verständnis der von Art. 23 Abs. 2 eingeräumten Haftungsbefreiung, als dass grundsätzlich nur solche Umstände als haftungsbefreiend herangezogen werden, in denen sich nicht die besondere Gefahr, für deren Veranlassung gehaftet wird, verwirklicht hat.. Allerdings berücksichtigen alle Rechtsordnungen auch die Tatsache, dass das Ereignis nicht vorhersehbar war und honorieren die Einhaltung äußerster Sorgfalt zur – wenn auch erfolglosen – Schadensvermeidung, so dass ein solches Kriterium auch im Rahmen des Art. 23 Abs. 2 berücksichtigt werden kann. Dies führt im Ergebnis jedoch nicht zu einer Abschwächung der verschuldensunabhängigen Haftung in Abs. 1 aufgrund der besonders hohen Anforderungen, die an die erforderliche Sorgfalt gestellt werden. Eine teilweise Haftungsbefreiung wird nach den hier gefundenen Ergebnissen dann in Betracht kommen, wenn die externe Ursache nicht ausschließlich zum Schadenseintritt geführt hat, sondern lediglich mitursächlich war.

VI) Zusammenfassung

Gemäß Art. 23 haftet der Datenverarbeiter für jeden Schaden, der einer Person durch den Verstoß gegen die der Umsetzung der Richtlinie dienenden nationalen Norm, entstanden ist. Aus dem Schutzzweck der Richtlinie ist der Kreis der Anspruchsgegner dabei auf die Personen zu begrenzen, deren Privatsphäre oder sonstigen Grundrechte durch die Verarbeitung betroffen ist. Die Haftung ist dabei verschuldensunabhängig, d. h. weder muss ein Verschulden von dem Geschädigten nachgewiesen werden, noch kann sich der Datenverarbeiter durch den Nachweis seines fehlenden Verschuldens von der Haftung befreien. Der Schaden, der durch den Verstoß gegen die Datenschutznorm kausal entstanden ist, erfasst sowohl materielle als auch immaterielle Schäden. Diese sind vollumfänglich zu ersetzen.

Die Mitgliedstaaten haben zudem gem. Art. 23 Abs. 2 die Möglichkeit, eine teilweise oder vollständige Befreiung des Datenverarbeiters von der Haftung einzuführen, wenn dieser nachweisen kann, dass ihm der Umstand, durch den der Schaden eingetreten ist, nicht zur Last gelegt werden kann. Bei dem nachzuweisenden Umstand muss es sich um ein Ereignis handeln, in dem sich nicht die besondere Gefahr der Datenverarbeitung verwirklicht hat. Insbesondere ist hier an ein Verhalten des Geschädigten oder eines Dritten zu denken, aber auch sonstige Ereignisse, die plötzlich und unerwartet eintreten. Dabei kann auch die fehlende Vorhersehbarkeit eine entlastende Rolle spielen sowie der Nachweis, dass der Datenverarbeiter die größtmögliche, d.h. ideale Sorgfalt unter den gegebenen Umständen angewandt hat.

Eine teilweise Haftungsbefreiung kann insbesondere für den Fall vorgesehen werden, dass das Verhalten des Geschädigten oder des Dritten nicht alleinige Ursache war,

[982] Von Bar, Gemeineuropäisches Deliktsrecht, Band II, 1999, S. 353, der überdies richtigerweise darauf hinweist, dass die Zurechnungsgründe der verschuldensunabhängigen Haftung viel mit denen einer Fahrlässigkeitshaftung gemein haben, insbesondere den Ausschluss atypischer Schadensverläufe oder solcher, in denen sich nicht das mit der Haftung zu sanktionierende Risiko verwirklicht hat. Für eine deutliche Trennung aus rechtsethischen Gründen hingegen im deutschen Recht Larenz/Canaris, BT II/2, 1994, S. 611.

sondern lediglich mit zur Schadenverursachung beigetragen hat. Sie kann in Form einer Begrenzung der Haftungssumme oder durch eine Begrenzung auf bestimmte Schadensarten erfolgen. Zu beachten ist jedoch, dass die Befreiung für alle geregelten Konstellationen gleich ausfallen muss, d.h. es darf nicht von der zu Grunde liegenden Fallgestaltung abhängen, ob eine teilweise oder vollständige Haftungsbefreiung eintritt. Ein Ausschluss des Ersatzes immaterieller Schäden kann daher nur dann Betracht kommen, wenn tatsächlich auch andere – materielle – Schäden eingetreten sind, andernfalls würde unabhängig vom haftungsbefreienden Umstand, jedoch in Abhängigkeit vom eingetretenen Schaden eine teilweise oder die vollständige Haftungsbefreiung eintreten.

Steht nun fest, welchen Inhalt die Haftung des Datenverarbeiters nach Art.23 aufweisen soll, stellt sich die Frage, ob diese Vorgaben in Großbritannien und Deutschland richtlinienkonform umgesetzt wurden.

A) Prüfungsmaßstab

Dies erfordert zunächst die Festlegung der Maßstäbe, anhand derer die Vereinbarkeit der nationalen Regelungen mit der Richtlinie zu prüfen ist.

I) Ermittlung des Norminhalts nach nationalen Kriterien

Da die Richtlinie den Mitgliedsstaaten gem. Art. 249 Abs. 3 EG die Wahl der Mittel und Form zur Verwirklichung der bindenden Richtlinienziele überlässt, ist zunächst der Inhalt der zur Umsetzung erlassenen Regelungen festzustellen. Dies geschieht ausschließlich mit Hilfe nationaler Methoden zur Ermittlung von Norminhalten. Weicht der so ermittelte Inhalt der Umsetzungsnormen von den Anforderungen der Richtlinie ab, gibt es eine Reihe gemeinschaftsrechtlicher Instrumente, die diesen Widerspruch lösen bzw. sanktionieren.

II) Gemeinschaftsrechtliche Folgen richtlinienkonträrerNorminhalte

Da die Richtlinie mit ihrem Inkrafttreten keine unmittelbare Geltung in den nationalen Rechtsordnungen erlangt, ist sie zur Entfaltung effektiver Wirksamkeit darauf angewiesen, ordnungsgemäß umgesetzt zu werden.

So hat der EuGH Instrumente entwickelt, die dazu beitragen sollen, das infolge der nicht ordnungsgemäßen Umsetzung eingetretene Effektivitätsdefizit der Richtlinie auszugleichen. Hierzu zählen die vertikale Direktwirkung von Richtlinien, die Pflicht zur richtlinienkonformen Auslegung durch die nationalen Gerichte und die Haftung des Mitgliedsstaates für Schäden des Einzelnen infolge der Nicht- bzw. unzureichenden Umsetzung. Sollte also der Inhalt der nationalen Umsetzungsnormen nicht den Vorgaben des Art. 23 entsprechen, wird in einem weiteren Schritt zu prüfen sein, inwieweit der Richtlinie mit Hilfe dieser Institute des Gemeinschaftsrechts zur effektiven Wirksamkeit verholfen werden kann.

Hiervon zu unterscheiden ist die Frage, ob der Richtlinienverstoß von solcher Qualität ist, dass er eine Verletzung der Umsetzungspflicht gem. Art. 249 EG darstellt, die zur Einleitung eines Vertragsverletzungsverfahrens gem. Art. 226 EG gegen den Mitgliedsstaat führen könnte.

B) Die Umsetzung in Großbritannien

I) Entscheidung zugunsten einer Änderung des DPA 1984

Obwohl beide Länder den Weg wählten, ihr bisheriges Datenschutzgesetz zu reformieren, ist dies insbesondere im Fall von Großbritannien bemerkenswert, da dort üblicherweise Gemeinschaftsrechtsakte unter dem *European Communities Act* 1972 im Wege delegierter Gesetzgebung (*secondary legislation*) durch Verordnungen bzw. Ausführungsverordnungen (*statutory instruments*[983]) in das englische Recht eingeführt werden.[984] Hiervon sah man aber unter anderem deshalb ab, weil dies zwei, den Datenschutz betreffende Regelungssysteme zur Folge gehabt hätte. Eines, das ausschließlich den Datenschutz innerhalb des Anwendungsbereiches des Gemeinschaftsrechts geregelt hätte, und ein weiteres in Form des DPA 1984 für die sonstigen nationalen Anwendungsbereiche des Datenschutzes. Die Komplikationen in der Rechtsanwendung – je nach zugrunde liegender Datenverarbeitung wäre ein Datenverarbeiter mal dem Regime der Verordnung, mal dem Regime des DPA 1984 unterworfen gewesen[985] – hätten unabsehbare Folgen gehabt. Die vom Data Protection Registrar geäußerte Forderung, eine solche Reform zum Anlass einer grundsätzlichen Überprüfung der bisher geregelten Regelungsmechanismen zu nehmen, wurde von der damaligen konservativen Regierung nicht geteilt. Im Diskussionspapier (*Consultation Paper)* der konservativen Regierung zur Umsetzung der Datenschutzrichtlinie hieß es deutlich, man werde in der Umsetzung nicht weiter gehen als absolut notwendig, um den Anforderungen des Gemeinschaftsrechts gerecht zu werden. Über die Vorgaben der Richtlinie und der Datenschutzkonvention, die ja dem DPA 1984 zu Grunde lag, wolle man keinesfalls hinausgehen.[986]

Der Labour-Regierung verblieb es infolge des Regierungswechsels im Jahr 1997 die Richtlinie umzusetzen. Sie nahm hierbei insofern die Reformvorschläge des Data Protection Registrar auf, als dass sie eine Vereinfachung des Registrierungsverfahrens vorschlug, dass hilfreicher und nutzerfreundlicher sein sollte.[987] Dennoch schloss die Labour-Regierung sich insofern ihrer Vorgängerin an, als auch sie mehr als deutlich hervorhob, weitere Belastungen der geschäftlichen oder sonstigen Datennutzer durch

[983] Hierunter werden allgemein amtliche Anordnungen verstanden, die nach parlamentarischer Ermächtigung (hier gemäß Sec. 2 (2) *European Communities Act* 1972) als *order*, *rule* oder sonstige *regulation* durch den zuständigen Minister erlassen werden.

[984] Einen Überblick über die Einführung von Gemeinschaftsrecht in das englische Recht nach Maßgabe des *European Communities Act* 1972 bietet Halsbury's Statutes, Vol. 17, 2002, S. 292f.

[985] Vgl. The Government's Proposals, Juli 1997 in: Encyclopedia of Data Protection, Band 3 Teil 4A, Rn. 4A-440. Dies gab auch der *Data Protection Registrar* als einen der Gründe für seine Forderung nach einer Reform des DPA 1984 an; Questions to Answer, 1996, in: Encyclopedia of Data Protection, Band 3, Teil 4A, Rn. 4-1102. Ein weiterer Grund war nach Auffassung des *Data Protection Registrar* die durch die Umsetzung der Richtlinie notwendige Einführung eines auf den Datenschutz begrenzten Rechts auf Privatsphäre – eine solche Änderung des englischen Rechts hätte ebenfalls die Umsetzung in einem Parlamentsgesetz gerechtfertigt, *Data Protection Registrar*, a.a.O.

[986] Home Office Consultation Paper, 1996, in: Encyclopedia of Data Protection, Band 3, Teil 4A, Rn. 4A-249.

[987] The Government's Proposals, Juli 1997, in: Encyclopedia of Data Protection, Band 3, Teil 4A, Rn. 4A-440.

die Umsetzung weitest möglich zu vermeiden.[988] Anders als die konservative Regierung allerdings, die es peinlichst genau vermied, auf die Datenschutzrichtlinie als eine die Privatsphäre schützende Regelung hinzuweisen, brachte die Labour-Regierung ihr Bewusstsein zum Ausdruck, dass die Richtlinie dem Schutz des in Art. 8 EMRK verbürgten Rechts auf Privatsphäre diene. Gleichwohl kam ein ausdrücklicher Hinweis auf diesen Zweck im Gesetzestext für sie ebenfalls nicht in Betracht. Dieser sollte lediglich durch spezifischere Anforderungen an den Schutz der personenbezogenen Daten zum Ausdruck kommen.[989]

Auch wenn es nun an der direkten Bezugnahme auf den Schutz der Privatsphäre fehlt: der zur Umsetzung der Richtlinie erlassene Data Protection Act ist ein die Privatsphäre schützendes Gesetz. Wurde dies schon für den DPA 1984 vorsichtig bejaht,[990] muss dies erst recht für den neuen DPA 1998 gelten, bindet die Richtlinie, deren Umsetzung das Gesetz dient, doch die Mitgliedsstaaten hinsichtlich ihres Zieles, und dies ist u.a. laut ihrem Artikel 1 der Schutz der Privatsphäre.[991] Untermauert wird dies zudem durch die Einführung der EMRK in das britische Recht durch den Human Rights Act,[992] in dessen Sec. 3 (1) bestimmt wird, dass die Auslegung und Wirkungsweise eines jeden Gesetzes, ob nun Parlamentsgesetz oder (Ausführungs-) Verordnung, so zu erfolgen habe, dass dies mit den in der EMRK verbrieften Rechten vereinbar ist.[993] Die Vorschriften des DPA 1998 sind demnach so auszulegen, dass sie dem Schutz der Privatsphäre gem. Art. 8 EMRK[994] gerecht werden, allerdings auch unter Wahrung seiner zulässigen Einschränkung gem. Art. 8 Abs. 2 EMRK, wo der Ausgleich mit den Rechten anderer, hier insbesondere den Datenverarbeitern, bestimmt wird.[995]

Obwohl das Umsetzungsverfahren durch den Regierungswechsel eine gewisse Verzögerung erfuhr, schaffte es Großbritannien dennoch, die Richtlinie bis zum Ablauf der Umsetzungsfrist am 28.10.1998 in Teilen umzusetzen. Der Data Protection Act 1998 trat zwar am 16.07.1998 in Kraft,[996] dies jedoch nur teilweise. Ein Großteil der Vorschriften sollte nämlich nur in Verbindung mit Neuregelungen zum Umgang mit polizeilichen Daten, die im Police Act 1997 geregelt werden sollten, Gültigkeit entfal-

---

[988] The Government's Proposals, a.a.O. Die Registrierung wurde nunmehr durch ein bloßes Meldeverfahren (*notification*) ersetzt, das keinerlei Rolle für die Frage spielt, ob ein Datenverarbeiter die Anforderungen des DPA 1998 einhält, Aldhouse, Communications Law, Vol. 4 No. 1, 1999, 8 (9).

[989] The Government's Proposals, Juli 1997 in: Encyclopedia of Data Protection, Band 3 Teil 4A, Rn. 4A-440. Den fehlenden ausdrücklichen Bezug auf den Schutz der Privatsphäre kritisieren denn auch Jay/Hamilton, Data Protection, 1999, S. 8.

[990] *R v. Brown* [1996] 1 All ER 545 (554) durch Lord Griffiths und (556) durch Lord Hoffman.

[991] So auch Aldhouse, Tolley's Communications Law, Vol.4 No. 1, 1999, 8 (11).

[992] Den *royal assent* erhielt der Human Rights Act (HRA) bereits im November 1998. In Kraft trat er jedoch erst im Oktober 2000. Vgl. die Kommentierung zum HRA 1998 in Halsbury's Statutes, Band 7, 2002, S. 529.

[993] Jay/Hamilton, Data Protetction, 1999, S. 17f. So im Ergebnis auch Bainbridge, Data Protection, 2000, S. 6; die EMRK-gerechte Auslegung befürwortet auch Aldhouse, Tolley's Communications Law, Vol. 4, No. 1, 1999, 8 (15).

[994] Zu der Bedeutung des Art. 8 EMRK für den Schutz personenbezogener Daten, siehe Seite 53ff.

[995] Bainbridge spricht daher davon, die EMRK *„may be used as a shield or a sword"*, Data Protection, 2000, S. 141.

[996] Zu den Voraussetzungen des Inkrafttretens eines britischen Parlamentsgesetzes zählt insbesondere die Zustimmung des königlichen Staatsoberhauptes, der sog. *royal assent*, Halsbury's Laws of England, Band 44 (1), 1995, S. 737.

ten.[997] Dies betraf auch den die Haftung regelnden Sec. 13 DPA 1998. Vollständig in Kraft trat der Data Protection Act somit am 01.03.2000 durch den Erlass einer Commencement Order des Lord Chancellors in seiner Funktion als Justizminister.[998] Berücksichtigt man allerdings, dass Großbritannien die in Art. 32 Abs. 2 Unterabsatz 2 eingeräumte Übergangsfrist von bis zu 12 Jahren hinsichtlich der Anwendung der Richtlinienvorschriften auf zum Zeitpunkt der Umsetzung bereits verarbeitete manuelle Daten in Anspruch genommen hat, wird der DPA 1998 erst zum 23.10.2007 seine vollständige Wirkung entfalten.[999]

Das Gesetz gliedert sich in 75 Paragraphen (*Sections*) auf, an die sich 16 Anhänge (*Schedules*) anschließen[1000]. Anhänge sind operativer Bestandteil eines Parlamentsgesetzes, die zusammen mit den Paragraphen Träger des eigentlichen Regelungsgehaltes des Gesetzes sind.[1001] Sie zeichnen sich dabei durch umfassende und detailreiche Regelungen aus,[1002] auf die in den einzelnen Paragraphen immer wieder Bezug genommen wird, was der Übersichtlichkeit und Lesbarkeit des Gesetzes nicht förderlich ist.[1003] Dieser Eindruck verstärkt sich durch die Tatsache, dass in einer Vielzahl von Normen auf den Erlass einer Verordnung nach den Vorgaben des Sec. 67 DPA 1998 verwiesen wird, in der die weiteren Einzelheiten geregelt werden sollen.[1004] Der großzügige Rückgriff auf diese *statutory instruments* ermöglicht es zwar, notwendige Modifikationen und Anpassungen der bestehenden Regelungen leichter durchzuführen. Sie gehen aber auf Kosten der Rechtsklarheit, wenn nicht sogar auch auf Kosten der Rechtssicherheit, wenn sowohl für den Betroffenen als auch für den Datenverarbeiter nicht ohne weiteres erkennbar ist, welche Rechte ihm unter welchen Umständen zustehen oder welchen Pflichten er unterliegt.[1005]

---

[997] Vgl. Sec. 75 (2) und (4) DPA 1998.

[998] Commencement Order 2000 SI 2000/183. Vgl. die Kommentierung zu Sec. 75 (3) DPA 1998 in Halsbury's Statutes, Band 7, 2002, S. 490.

[999] Vgl. die Regelungen im Anhang 8 und 13 zu Sec. 39 und 72 DPA 1998. Auch die Übergangsfrist zur Anwendung der einzelstaatlichen Umsetzungsvorschriften auf Daten, die bereits im Zeitpunkt des Inkrafttretens automatisiert verarbeitet worden waren, wurde von Großbritannien ausgenutzt, vgl. die Regelungen im Anhang 14 zu Sec. 73 DPA 1998.

[1000] Inhalt der Anhänge sind unter anderem die Datenschutzprinzipien, Zusammensetzung und Verfahren beim Information Tribunal, Aufgaben und Organisation des *Information Commissioner* sowie Ausnahme- und Übergangsbestimmungen für bestimmte Datenarten. Das Amt des *Information Commissioner* ist mit dem Inkrafttreten des *Freedom of Information Act* (FoI) 2000 aus dem *Data Protection Registrar* hervorgegangen, vgl. Sec. 18 (1) FoI 2000 Halsbury's Statutes, Current Statutes Service, Band A, Abschnitt 7, S. 61ff.. Der FoI 2000 regelt den bislang in Großbritannien nur unzureichend gewährten Zugang zu Dokumenten bzw. Informationen öffentlicher Institutionen.

[1001] Halsbury's Laws of England, Band 44 (1), 1995, S. 747. Hiervon zu unterscheiden sind die rein deskriptiven Bestandteile eines Gesetzes, wie der offizielle Titel, der Kurzitel (hier DPA 1998) oder die Präambel, die grundsätzlich während des Gesetzgebungsverfahren geändert werden können, sowie solche deskriptiven Bestandteile, wie die einzelnen Kapitelnummern oder Überschriften, die unabänderbar sind, Halsbury's Laws of England, Band 44 (1), 1995, S. 749 und 755.

[1002] Dies ist allerdings charakteristisch für Anhänge, Halsbury's Laws of England, Band 44 (1), 1995, S. 747.

[1003] Der DPA 1984 hatte noch 43 Paragraphen und vier Anhänge, also eine wesentlich geringere Regelungsdichte, Lloyd, Guide, 1998, Rn. 1.18. Die Komplexität und den größeren Umfang des Gesetzes merkt auch Charlesworth, Government Information Quarterly, Vol. 16, No. 3, S. 203 (213) an.

[1004] Z. B. Sec. 10 (2) (b), 12 (5) (b), 22 (1), 30, 32 (3), 38 und Sec. 56 (8) DPA 1998. Bereits im Jahr 2000 gab es 19 verschiedene Verordnungen, Carey, Data Protection, 2000, S. 7.

[1005] Lloyd, Guide, 1998, Rn. 1.18.

Positiv hervorzuheben ist demgegenüber die große Anzahl von ausdrücklichen Begriffsbestimmungen im DPA 1998, zu deren leichterer Auffindbarkeit sich in Sec. 71 eine Auflistung derselben findet. Eine ausdrückliche Bestimmung des Schadensbegriffes findet sich darin allerdings nicht.

Im weiteren soll nun ein Überblick über die für die Haftung relevanten Verarbeitungsvorschriften sowie die Rechte des Betroffenen gegeben werden, um zu veranschaulichen, in welchen Situationen eine Haftung des Datenverarbeiters nach dem DPA 1998 in Betracht kommt.

1) Anwendungsbereich des DPA 1998[1006]

Der DPA 1998 richtet sich gem. Sec. 5 (1) DPA 1998 an jeden Datenverarbeiter (*data controller*), der im Vereinigten Königreich[1007] niedergelassen ist und im Zusammenhang mit der Niederlassung Daten verarbeitet. Dabei kann es sich entweder um eine natürliche Person handeln, die ihren ständigen Wohnsitz in Großbritannien hat, eine juristische Person oder jeden sonstigen gesetzmäßigen Zusammenschluss[1008] von Personen. Erfasst wird auch jede natürliche oder juristische Person, die ohne in Großbritannien niedergelassen zu sein, dort eine Filiale oder Niederlassung unterhält. Nach einer eindeutigen Bestimmung des sachlichen Anwendungsbereiches sucht man vergebens, vielmehr stellt der DPA 1998 dem persönlichen Anwendungsbereich in Sec. 5 DPA 1998 eine Reihe von Begriffsbestimmungen in Sec. 1 DPA 1998 voraus, mit denen letztlich auch der sachliche Anwendungsbereich des Gesetzes festgelegt wird.[1009]

So ist der Datenverarbeiter (*data controller*) gem. Sec. 1 (1) DPA 1998 jede natürliche oder juristische Person, die - ebenso wie in der Datenschutzrichtlinie - entweder allein oder gemeinsam mit anderen über die Zwecke der Datenverarbeitung und die Art und Weise, in der die Daten verarbeitet werden, entscheidet.[1010] Betroffener ist gem. Sec. 1 (1) DPA 1998 die Person, die Gegenstand der personenbezogenen Daten ist (*data subject*).

Anders jedoch als die Richtlinie unterscheidet der DPA 1998 zwischen Daten (*data*) und personenbezogenen Daten (*personal data*). Zu erklären ist dies nicht, insbesondere nicht unter Bezugnahme auf die Richtlinie, die eine solche Unterscheidung nicht vornimmt. So handelt es sich bei der Definition der Daten gleichzeitig auch um die bereits angesprochene Definition des sachlichen Anwendungsbereiches. Personenbezogene Daten sind nach der Definition des DPA 1998 Daten, die sich auf ein Individuum (*individual*[1011]) beziehen, dass durch diese Daten oder durch diese Daten und weitere An-

---

[1006] Das Gesetz ist im Internet veröffentlicht unter http://www.hmso.gov.uk/acts/acts1998/19980029.htm#aofs.

[1007] Der Begriff des United Kingdom meint nach Sec. 5 Anhang 1 des *Interpretation Act* 1978 Großbritannien und Nordirland. Im *Interpretation Act* 1978 sind eine Reihe von häufig in Gesetzen verwendeter Begriffe aufgeführt, ihre zusammenfassende Erläuterung in einem Gesetz dient der Vereinfachung und Verkürzung von Gesetzestexten, Halsbury's Law of England, Band 44 (1), 1995, S. 841.

[1008] Das Gesetz nennt beispielhaft in Sec. 5 (3) (c) die Partnerschaft (*partnership*).

[1009] So auch Jay/Hamilton, Data Protection 1999, S. 27.

[1010] Sec. 1 (4) DPA 1998 stellt diesem *data controller* denjenigen gleich, der aufgrund Gesetz zu einer Verarbeitung der Daten verpflichtet ist.

[1011] Daten, die sich auf juristische Personen beziehen, sind also nicht vom DPA 1998 geschützt, *Information Commnissioner*, Legal Guidance, 2000, S. 11.

gaben identifiziert werden kann, die sich im Besitz des Datenverarbeiters befinden oder von denen es wahrscheinlich ist, dass sie in dessen Besitz gelangen werden.[1012] Auch der DPA 1998 hält es also für ausreichend, dass der Einzelne lediglich identifizierbar ist. Anders jedoch als die Richtlinie schränkt er die Identifizierbarkeit insofern ein, als sie sich zwingend aus den betreffenden Daten an sich oder im Zusammenhang mit weiteren Daten, in deren Besitz der Datenverarbeiter gelangen kann, ergeben muss.[1013] Die Richtlinie hingegen geht vom Einsatz der Mittel zur Identifikation aus, der ein vernünftiges Maß nicht überschreiten darf. Überdies ist es für die Richtlinie unerheblich, ob die Mittel zur Identifikation vom Verarbeiter oder von einem Dritten aufgewendet werden. Die Bindung der Identifizierbarkeit an die als personenbezogen definierten Daten einschließlich weiterer Angaben, die sich ebenfalls nur im Besitz des Datenverarbeiters befinden dürfen, stellt demgegenüber eine deutliche Beschränkung dar.[1014]

Der Begriff der bloßen Daten erfasst zunächst jegliche Angaben (*information*[1015]), die mittels des Einsatzes von automatisierten Verfahren[1016] verarbeitet werden (lit. a) oder die zum Zwecke der späteren automatisierten Verarbeitung erfasst werden (lit. b). Aber auch Angaben, die entweder als Teil eines Aktensystems (*filing system*) oder zu dem Zwecke, dass sie später Teil dieses Aktensystems werden sollen (lit. c) sowie Daten, die zwar nicht in einer der bislang genannten Kategorien fallen, dafür aber Teil der sog. zugänglichen Angaben (*accessible records*) im Sinne des Sec. 68 DPA 1998 sind (lit. d), werden vom Datenbegriff umfasst. Diese zugegebenermaßen komplexe Definition beruht auf einer Zusammenführung bisheriger Definitionen aus dem DPA 1984 (lit. a) und den Begriffsbestimmungen der Richtlinie.[1017] Insbesondere die Definition der Daten in lit. c ist auf die Richtlinie zurückzuführen, betrifft sie doch die Anwendung des DPA 1998 für manuelle Daten, die unter dem DPA 1984 ausgeschlossen

[1012] Die Wahrscheinlichkeit, dass die Daten in den Besitz des Verantwortlichen der Datenverarbeitung gelangen, kann nur für den jeweiligen Einzelfall entschieden werden. Allerdings wurden bei einer Studie, welche die britische Regierung nach der Implementation der Richtlinie durchführte, von den Verantwortlichen Schwierigkeiten bei der Einschätzung, ob dieses Kriterium erfüllt ist, genannt, LCD, DPA 1998, Post Implementation Appraisal, 2001, Abschnitt A (a), http://www.dca.gov.uk/ccpd/dparev.htm

[1013] Nach Auffassung des *Information Commissioner* ist das Tatbestandsmerkmal des Besitzes (*possession*) der Daten sehr weit zu verstehen, d.h. die tatsächliche physische Besitznahme ist nicht erforderlich, sondern vielmehr die Ausübung der Kontrolle über die Verwendung der Daten, Legal Guidance, 2000, S. 13.

[1014] Jay/Hamilton, Data Protection, 1999, S. 29f.

[1015] Der Begriff *information* wird nicht durch den DPA 1998 definiert, er erfasst jedoch entsprechend seinem natürlichen Wortsinn und dem Ziel der Richtlinie im Erwägungsgrund 14 auch Bilddaten, Jay/Hamilton, Data Protection, 1999, S. 21.

[1016] Wenn auch wortgleich, ist der Begriff der automatisierten Verfahren im hier verwendeten Sinne nicht mit dem im BDSG 1990 verwendeten Begriff zu verwechseln. Gemeint ist hier die Verarbeitung von Daten mit Hilfe von Anlagen, die automatisch die der Verarbeitungen dienenden Anweisungen ausführen, Sec. 1 (1) (a) DPA 1998.

[1017] Jay/Hamilton, Data Protection, 1999, S. 32. Dies ist wohl auf einen Kompromiss zwischen den im Gesetzgebungsverfahren vertretenen Positionen zu verstehen, sich entweder auf die vertrauten Definitionen des DPA 1984 zu verlassen oder die Definitionen aus der Richtlinie zu übernehmen, Jay/Hamilton, Data Protection, 1999, S. 27.

war[1018]. Mit dem Begriff des *filing system* wollte man überdies von der in der Richtlinie gemachten Einschränkung der ausschließlichen Erfassung von manuellen Daten in einer Datei ausnehmend Gebrauch machen.[1019] Ein Aktensystem meint also nach der Definition in Sec. 1 (1) DPA 1998 eine Sammlung von sich auf Einzelne beziehende Daten, die – ohne einem automatisierten Verfahren zu unterliegen – so strukturiert ist, dass unter der Bezugnahme auf diese Einzelnen oder auf Kriterien, die diese Einzelnen betreffen, bestimmte Angaben griffbereit zugänglich werden.[1020] Im Unterschied zur Definition in der Richtlinie beschränkt die Einbeziehung manueller Daten sich auf solche Daten, die bereits Teil eines Aktensystems sind oder zum Zwecke der Aufnahme in ein solches Aktensystem erfasst werden.

Dies könnte dem eigentlichen Wortsinn nach so verstanden werden, dass manuelle Daten, die weder Teil eines Aktensystems sind, noch mit dem Zweck erfasst werden, Teil eines solchen Systems zu werden, nicht in den Anwendungsbereich des DPA 1998 fallen, wenn sie dann doch in eine strukturierte Datensammlung (Datei) aufgenommen werden.[1021] Dies begegnet jedoch unter dem Aspekt der Richtlinienkonformität erheblichen Bedenken, da die Richtlinie unterschiedslos alle Daten, die sich einer Datei befinden, erfassen will. Ebenfalls bedenklich erscheint die Beschränkung auf griffbereite Daten, deren Zugänglichmachung also keinen größeren Aufwand erfordert. Dies ist der Richtlinie ebenfalls nicht bekannt, sie stellt ausschließlich darauf ab, dass die Daten zugänglich sind.

Wie in der Richtlinie wird auch im DPA 1998 die Verarbeitung (*processing*) definiert. Im Gegensatz zur Richtlinie, die jeden Vorgang im Zusammenhang mit personenbezogenen Daten erfasst und die in Art. 2 lit. b) aufgelisteten Verarbeitungsvorgänge lediglich als nicht abschließende Beispiele betrachtet,[1022] werden im DPA 1998 in Sec. 1 (1) zunächst drei spezifische Verarbeitungsvorgänge definiert: der Erhalt, die Erfassung und die Aufbewahrung von Daten oder Angaben sowie die Ausführung jeglicher in Bezug auf die Daten oder Angaben[1023] vorgenommener Vorgänge. Näher erläutert werden überdies die hinsichtlich der Daten durchgeführten sonstigen Vorgänge: sie erfassen insbesondere das Auslesen, die Abfrage und Nutzung der Daten (lit. a), die Preisgabe der Daten durch Übertragung, Verbreitung oder sonstige Zugänglichmachung (lit. b) oder die Kombination, Verknüpfung, Sperrung, Löschung oder Sperrung

---

[1018] Die Einbeziehung der manuellen Daten in den Anwendungsbereich der Richtlinie stieß auf erbitterten Widerstand der Briten, die denn auch für den DPA 1998 fürchteten, dass die Einbeziehung manueller Daten für die Datenverarbeiter die zeit- und kostenintensivste Belastung darstellen, Carey, Data Protection, 2000, S. 10.

[1019] Art. 2 lit. c und Erwägungsgrund 27.

[1020] Nach Auffassung des *Information Commissioner* erfordert dies Zugänglichkeit der Daten während des gewöhnlichen Geschäftsablaufes im Rahmen der täglich anfallenden Vorgänge, Legal Guidance, 2000, S. 9.

[1021] Entsprechende Äußerungen des Regierungsvertreters in den Beratungen des Unterhauses am 12.05.1998 deuten auf ein solches Verständnis von Sec. 1 Subsec.1 lit. c, Jay/Hamilton, Data Protection, 1999, S. 21.

[1022] Siehe Seite 113.

[1023] Der DPA 1998 unterscheidet begrifflich zwischen Daten und Angaben, jedoch ist dieser Unterschied insofern rein theoretischer Natur, als der Verarbeitungsbegriff sowohl für Daten als auch für Angaben gilt. Dies wird in Sec. 1 (2) DPA 1998 auch für den Erhalt, die Erfassung und die Speicherung ausdrücklich bestimmt.

der Daten.[1024] Diese sehr weitgehende Aufzählung wird gemeinhin so verstanden, dass jede Art von Umgang bzw. Veränderung der Daten vom DPA 1998 erfasst wird,[1025] so dass trotz des unterschiedlichen Definitionsansatzes dem weiten Verarbeitungsbegriff der Richtlinie Rechnung getragen wird.

2) Die zulässige Datenverarbeitung

Wie im DPA 1984 hat der Datenverarbeiter sich bei der Verarbeitung personenbezogener Daten an bestimmte Datenschutzprinzipien[1026] zu halten, die den Kern des Regelungsinhaltes vom DPA 1998 darstellen. Die Parallelen sind jedoch nur von äußerlicher Natur. Anders als beim DPA 1984 kann die Einhaltung der Prinzipien nun vom Information Commissioner unabhängig von einer Registrierung des betreffenden Verarbeiters durchgesetzt werden.[1027] Dies entspricht den Vorgaben der Richtlinie, die ebenfalls ein Meldeverfahren vorsieht, das lediglich ein Mittel zur Kontrolle der Datenverarbeitung darstellt. Die Geltung der Vorschriften für eine zulässige Verarbeitung sind hiermit jedoch nicht verknüpft.[1028] Die folgende Darstellung ist exemplarisch begrenzt auf die Vorschriften, die zur Anwendung kommen, wenn personenbezogene Daten durch den Verarbeiter und nicht durch einen Dritten in seinem Auftrag im Inland verarbeitet werden.[1029]

3) Grundbedingungen einer zulässigen Datenverarbeitung – das Verbotsprinzip im DPA 1998

Ebenfalls der Richtlinie entstammt die Regelung, dass die Einhaltung der Datenschutzprinzipien nicht die einzige Zulässigkeitsvoraussetzung darstellt. Gemäß den Vorgaben des Art. 7 ist die Aufnahme einer Datenverarbeitung auch im DPA 1998 nur unter bestimmten Voraussetzungen zulässig.[1030] Diese Bedingungen werden allerdings als zusätzliche Anforderung an die Einhaltung des im ersten Datenschutzprinzip ver-

---

[1024] Im DPA 1984 war noch zwischen Verarbeitung und Preisgabe unterschieden worden. Ebenfalls werden mit dieser Definition auch solche Vorgänge erfasst, die unter dem DPA 1984 nach Auffassung des House of Lords in *R v. Brown*, [1996] 1 All ER 545 nicht zu einem Gebrauch im Sinne des Gesetzes zählten: das bloße Sichtbarmachen der Daten auf einem Bildschirm, ohne diese weiteren Verarbeitungsvorgängen zu unterziehen, Charlesworth, Government Information Quaterly, Vol. 16, No. 3, 203 (215); Jay/Hamilton, Data Protection, 1999, S. 326.

[1025] Jay/Hamilton, Data Protection, 1999, S. 31; Carey, Data Protection, 2000, S. 13; *Information Commissioner*, Legal Guidance, 2001, S. 15.

[1026] Vgl. Anhang 1 DPA 1998. Teil 2 des Anhangs enthält ausführliche Erläuterungen zur Auslegung der Datenschutzprinzipien, mit deren Hilfe ebenfalls die Konformität gegenüber der Richtlinie gesichert werden soll.

[1027] Mit Hilfe einer sog. *enforcement notice*, Sec. 40 (1) DPA 1998.

[1028] Vgl. Art. 18 der Richtlinie.

[1029] Es wird also kein Bezug genommen auf die Regelungen einer Datenverarbeitung im Auftrag gemäß Anhang 1 Teil 2 § 11 und § 12 DPA 1998 sowie diejenigen, die im Falle einer grenzüberschreitenden Datenverarbeitung gemäß Anhang 1 Teil 1 § 8 und Teil 2 §§ 13-15 DPA 1998 zu beachten sind.

[1030] Vgl. Anhang 2 DPA 1998. Diese auch als Vorbedingungen (*preconditions*) einer Datenverarbeitung zu erfüllenden Voraussetzungen müssen demgemäß also vor der Aufnahme einer Datenverarbeitung vorliegen. Die Datenschutzprinzipien hingegen betreffen die Durchführung der Datenverarbeitung an sich.

ankerten Grundsatzes einer rechtmäßigen und nach Treu und Glauben erfolgenden Datenverarbeitung verstanden.[1031] Dies ist wohl darauf zurückzuführen, dass das aus dem deutschen Datenschutzrecht stammende Verbotsprinzip des Art. 7 dem britischen Rechtsverständnis fremd ist. Inhaltlich nimmt Anhang 2 jedoch die Voraussetzungen in Art. 7 weitgehend auf. Lediglich bei der Datenverarbeitung zur Wahrnehmung öffentlicher Aufgaben geht der DPA 1998 mehr ins Detail. Dies ist ein Ausfluss der an die Mitgliedsstaaten gem. Art. 5 übertragenen Aufgabe, die nähere Ausgestaltung der Verarbeitungsanforderungen vorzunehmen.

Die Datenverarbeitung ist daher gem. Anhang 2 Teil 1 § 5 zulässig, wenn sie im Bereich der Rechtspflege, zur Wahrnehmung von durch bzw. im Gesetz übertragenen Aufgaben, zur Wahrnehmung von Aufgaben des Staates, eines Staatsministers oder einem Ministerium oder für die Wahrnehmung sonstiger öffentlicher Aufgaben notwendig ist.[1032]

Noch ein weiterer Unterschied ist zu der Richtlinienregelung auszumachen: zwar stellt auch der DPA 1998 an die erste Stelle einer zulässigen Datenverarbeitung die Einwilligung. Anders als die Richtlinie verzichtet sie jedoch auf die ausdrückliche Formulierung, dass diese ohne jeden Zweifel (*unambigious*) gegeben sein muss. Der Regierung schien bei der Ausarbeitung des Gesetzentwurfes ein solches explizites Erfordernis überflüssig zu sein. Eine zweideutige Einwilligung sei nun mal keine Einwilligung.[1033] Bis zu einer gerichtlichen Entscheidung ist also sowohl einer Auslegung, die eine ausdrückliche Einwilligung verlangt, als auch einer solchen, die ein Schweigen oder entsprechendes Verhalten als Einwilligung ausreichen lässt, Tür und Tor geöffnet[1034]. Allerdings ist auch hier auf die Regelung der Richtlinie als Interpretationshilfe zurückzugreifen, so dass ein Schweigen oder das Nichtausfüllen eines sog. opt out-Kästchens letztlich doch nicht dazu führen darf, eine Einwilligung des Betroffenen zu konstruieren.[1035]

4) Besondere Zulässigkeitsbedingungen für sensitive Daten

Entsprechend den Vorgaben aus der Richtlinie gibt es besondere Zulässigkeitsbedingungen für die Verarbeitung sensitiver Daten.[1036] Neben den bereits aus der Richtlinie stammenden Zulässigkeitstatbeständen,[1037] wurden noch eine Reihe weiterer, in Verordnungen geregelte Zulässigkeitstatbestände eingeführt. Sie beruhen auf der in Art. 8

[1031] Jede Datenverarbeitung muss daher die Bedingungen einer legitimen Datenverarbeitung gem. Anhang 2 erfüllen, sowie rechtmäßig und nach Treu und Glauben erfolgen, Jay/Hamilton, Data Protection, 1999, S. 76.

[1032] Die Wahrnehmung öffentlicher Aufgaben im öffentlichen Interesse wird allgemein als Auffangklausel verstanden, von der erwartet wird, dass sich an ihr die Kontroversen entwickeln werden, Cary, Data Protection, 2000, S. 41. Generell soll es sich hierbei um Aufgaben handeln, deren Wahrnehmung einer gerichtlichen Überprüfung zugänglich sind (*judicial review*). Zur Tendenz in der Rechtsprechung, die gerichtliche Überprüfung öffentlicher Tätigkeiten auszuweiten, vgl. Jay/Hamilton, Data Protection, 1999, S. 83f.

[1033] Carey, Data Protection, 2000, S. 39.

[1034] Vgl. Jay/Hamilton, Data Protection, 1999, S. 77; Carey, Data Protection, 2000, S. 39.

[1035] *Information Commissioner*, Legal Guidance, 2001, S. 29.

[1036] Die Aufzählung sensibler Daten in Sec. 2 DPA 1998 entspricht derjenigen in Art. 8 der Richtlinie.

[1037] Vgl. die Erläuterungen auf Seite 121ff.

Abs. 4 vorgesehenen Befugnis der Mitgliedsstaaten, aus Gründen eines öffentlichen Interesses weitere Ausnahmen vorzusehen. Zu diesen zählen unter anderem Daten, die der Überprüfung und Herstellung der Rassengleichheit dienen, der Gefahrenabwehr bzw. Verbrechensprävention und dem Schutz der Öffentlichkeit dienen.[1038] Für alle diese Daten gilt: Es müssen sowohl die Grundbedingungen der Zulässigkeit gem. Anhang 2 DPA 1998 als auch die besonderen Zulässigkeitsvoraussetzungen in Anhang 3 oder weiteren Verordnungen eingehalten werden.

5) Die Datenschutzprinzipien

Ist nun eine dieser Bedingungen der zulässigen Datenverarbeitung nach den *Anhängen* 2 und 3 des DPA 1998 erfüllt, hat der Verarbeiter zudem die Daten in Übereinstimmung mit den acht Datenschutzprinzipien (*Data Protection Principles*) zu verarbeiten. Diese beinhalten Anforderungen an die Datenerhebung, die Qualität der Daten, ihr zulässiger Umfang und die Beachtung der Rechte des Betroffenen.

a) The First Principle – gesetzmäßige und faire Verarbeitung

Gemäß dem ersten Datenschutzprinzip muss die Verarbeitung der personenbezogenen Daten sowohl rechtmäßig (*lawfully*) als auch nach Treu und Glauben (*fairfully*) erfolgen. Dem Wortlaut nach entspricht dies Art. 6 Abs. 1 lit. a, mit dem u.a. Bezug genommen werden soll auf die weiteren Bestimmungen der Richtlinie, die vom Datenverarbeiter einzuhalten sind.[1039] Folglich besagt auch das erste Datenschutzprinzip des DPA 1998, dass bei der Verarbeitung der Daten die relevanten Vorschriften des DPA einzuhalten sind.[1040] Aber auch jede weitere für den Datenverarbeitungsvorgang relevante rechtliche Vorschrift ist von dem Verantwortlichen einzuhalten, um die Rechtmäßigkeit der Datenverarbeitung zu gewährleisten.[1041] Praktisch bedeutsamer jedoch als die Einhaltung anderer gesetzlicher Vorschriften ist allerdings die Rechtmäßigkeit der Verarbeitung nach dem Common Law. Dies betrifft insbesondere die Wahrung der *ultra vires*-Doktrin oder die billigkeitsrechtliche Pflicht zur Vertraulichkeit (*law of confidence*).[1042]

Ein Verstoß der *ultra vires*-Doktrin liegt vor, wenn sich der Datenverarbeiter mit der in Frage stehenden Verarbeitung von Daten Befugnisse anmaßt, die außerhalb der ihm durch Gesetz oder Vertrag zugesprochenen Ermächtigung liegen.[1043] Die *ultra vires*-Doktrin betrifft dabei maßgeblich juristische Personen, denen das Gesetz oder der Gesellschaftsvertrag[1044] klar umrissene Befugnisse einräumt. Handelt die juristische Per-

[1038] Siehe die Aufzählung und nähere Erläuterung der Zulässigkeitsvoraussetzungen bei Carey, Data Protection, 2000, S. 47ff.
[1039] *Dammann*/Simitis, EU-Datenschutzrichtlinie, 1997, Art. 6, Rn. 2.
[1040] Carey, Data Protection Act, 2000, S. 38.
[1041] Rechtswidrig ist daher auch jene Verarbeitung, die gegen den *Computer Misuse Act* 1990 verstößt.
[1042] Jay/Hamilton, Data Protection, 1999, S. 49.
[1043] Information Commissioner, Legal Guidance, 2001, S. 28.
[1044] Grundsätzlich ist eine Datenverarbeitung auch dann rechtswidrig, wenn sie gegen die Bestimmungen eines die Preisgabe der Daten regelnden Vertrag verstößt, Information Commissioner, Legal Guidance, 2001, S. 27.

son außerhalb dieser Befugnisse, ist dies rechtswidrig und entfaltet keinerlei rechtliche Wirkung (*void*).[1045]

Dass diese Doktrin prinzipiell auch für den Begriff der Rechtswidrigkeit im DPA nutzbar ist, wurde bereits für den DPA 1984 vom damaligen *Data Protection Tribunal* anerkannt.[1046] Einer Übertragung dieser Grundsätze auf den DPA 1998 liegt also nahe, insbesondere auch aus Sicht der Richtlinie, die den Mitgliedsstaaten gem. Art. 5 Abs. 2 die nähere Ausgestaltung der Verarbeitungsanforderungen ausdrücklich überlässt.

Die in der Praxis weitaus häufiger relevante Verletzung der Pflicht zur Vertraulichkeit (*breach of confidence*) setzt voraus, dass die personenbezogenen Daten von vertraulichem Charakter waren. Überdies müssen die Umstände, unter denen die Daten mitgeteilt wurden, eine Pflicht zur Vertraulichkeit begründen und die Daten unbefugt zum Nachteil des Betroffenen verwendet werden.[1047] Eine solche Pflicht zur Vertraulichkeit kann nicht nur unter Privatpersonen entstehen, sie ist auch im Verhältnis zwischen Bürger und Behörde denkbar.[1048]

Informationen bzw. Angaben sind regelmäßig dann von vertraulichem Charakter, wenn sie nicht jedermann zugänglich sind.[1049] Umstände, die eine Pflicht zur Vertraulichkeit begründen, zeichnen sich in der Regel dadurch aus, dass die Information nur für einen eng umgrenzten Zweck mitgeteilt wird, aber auch die zwischen den Beteiligten bestehende Beziehung kann auf eine Pflicht zur Vertraulichkeit hindeuten. So hat die Rechtsprechung eine Reihe von Beziehungen grundsätzlich als zur Vertraulichkeit verpflichtend anerkannt: z. B. zwischen dem Arbeitgeber und Arbeitnehmer, zwischen zwei Unternehmen, die eine geschäftliche Beziehung zueinander unterhalten, oder auch die zwischen einem Journalisten und seinem Informanten.[1050]

Grundsätzlich scheidet ein *breach of confidence* aus, wenn der Betroffene seine Einwilligung zu der weiteren, nicht vom eigentlichen Zweck der Datenpreisgabe gedeckten Nutzung der Daten gibt. Hier ist allerdings zu beachten, dass die Anforderungen an eine wirksame Einwilligung nicht unter denen der Richtlinie bzw. des DPA 1998 liegen darf, um den durch diese gewährten Schutz nicht auszuhöhlen.[1051]

[1045] Halsbury's Laws of England, Band 7 (2), 1996, S. 1212. Die Befugnisse richten sich dabei nach dem Gesellschaftszweck.

[1046] *British Gas Trading Ltd. v Data Protection Registrar* (1998) unveröffentlicht, zit. nach Jay/Hamilton, Data Protection, 1999, S. 47. Das *Data Protection Tribunal* bestand gem. Sec 3 (3)-(5) DPA 1984 aus einem Vorsitzenden und stellvertretenden Vorsitzenden, die alle seit mindestens sieben Jahren als zugelassene Anwälte (auch *Solicitors*) tätig sein mussten, sowie aus sonstigen Mitgliedern, die die Interessen der Datenverarbeiter einerseits und die der Betroffenen andererseits vertraten.

[1047] Carey, Data Protection, 2000, S. 42. Der *breach of confidence* kann auch einen eigenständigen Schadensersatzsanpruch des Betroffenen begründen, der mit der Haftung aus dem DPA 1998 konkurriert, vgl. nur *Campbell v MGN Ltd.*, [2002] EMLR 30.

[1048] So entschieden für eine Gesundheitsbehörde hinsichtlich der von ihr gespeicherten medizinischen Daten, R *v Mid Glamorgan Family Health Service Authority, ex p. Martin*, [1995] 1 W.L.R. 110 (116f.) durch Nourse LJ.

[1049] Ein für den Betroffenen besonders sensibler Inhalt ist nicht erforderlich, Jay/Hamilton, Data Protection, 1999, S. 49.

[1050] Carey, Data Protection, 2000, S. 42f.

[1051] Im eigentlichen *law of confidence* reicht eine konkludente Einwilligung, die aus dem Verhalten des Betroffenen gefolgert werden kann, aus, *AG v Guardian Newspapers* (No. 2) [1988] 3 W.L.R. 776 (809f.) durch Lord Goff of Chieveley.

Zu den Anforderungen an eine Verarbeitung nach Treu und Glauben (*fairfully*) finden sich – im Gegensatz zum Begriff der rechtmäßigen Verarbeitung – ausführliche Interpretationsgrundsätze in Anhang 1 Teil 2. Diese sind letztlich eine Kombination aus Interpretationsgrundsätzen des alten DPA 1984 und neuen, aus der Richtlinie stammenden Anforderungen an eine Datenverarbeitung, die gesetzestechnisch als besondere Interpretation der fairen Datenverarbeitung formuliert wurden. So heißt es zunächst, dass für eine faire Datenverarbeitung insbesondere die Art und Weise der Datenerhebung zu berücksichtigen ist. So z. B., ob der Betroffene, von dem die Daten erhoben wurden, hinsichtlich der Verwendungszwecke betrogen oder irregeführt wurde.

Grundsätzlich gilt eine Datenerhebung jedoch als fair, wenn der die Daten Mitteilende dazu per Gesetz befugt oder verpflichtet war.[1052] Die Datenverarbeitung nach Treu und Glauben erfordert überdies, dass der Datenverarbeiter die Informationspflichten, wie sie in Art. 10 und 11 bestimmt sind, eingehalten hat.[1053]

Auch hier wird unterschieden zwischen einer Pflicht zur Information des Betroffenen, wenn die Daten bei ihm selber erhoben werden und einer Informationspflicht, wenn die Daten auf anderem Wege erhoben werden.[1054] Der Inhalt der Informationspflicht wurde weitgehend von der Richtlinie übernommen: zwingend ist nur die Information über den Verantwortlichen der Datenverarbeitung bzw. dessen Vertreter sowie über den Zweck der Datenverarbeitung. Weitergehende Angaben sind nur zu erteilen, wenn dies zur Wahrung einer Datenverarbeitung nach Treu und Glauben den Umständen nach erforderlich ist.[1055] Anders als die Richtlinie gibt der DPA 1998 keinen weiteren Hinweis, welchen Inhalt die weitergehend zu erteilenden Angaben haben sollen.[1056]

Die vom DPA 1998 selber vorgegebenen Interpretationsgrundsätze regeln nicht erschöpfend die Anforderungen an eine Datenverarbeitung nach Treu und Glauben. Auch die Pflicht gem. Sec. 3 (1) HRA 1998, Gesetze so auszulegen, dass sie sich im Einklang mit den in der EMRK verbürgten Rechten – hier insbesondere Art. 8 EMRK – befinden, kann in die Beurteilung, ob eine Datenverarbeitung nach Treu und Glauben durchgeführt wird, mit einfließen.[1057]

[1052] Anhang 1 Teil 2 § 1 (2). Nach Auffassung des *Information Commissioner* befreit die Pflicht des Betroffenen zur Mitteilung der Daten den Verantwortlichen nicht von seiner Pflicht zur Information, Legal Guidance, 2001, S. 31.

[1053] Anhang 1 Teil 2 § 2 (1) – anders als in der Richtlinie besteht diese Pflicht zur Information nur, soweit diese für den Datenverarbeiter praktikabel ist.

[1054] Anhang 1 Teil 2 § 2 (1) a) und b). Gemäß Art. 11 Abs. 2 der Richtlinie kann auch unter dem DPA 1998 der Verantwortliche der Datenverarbeitung von seiner Informationspflicht befreit werden, wenn die Erhebung der Daten nicht direkt beim Betroffenen erfolgt. Die Voraussetzungen dieser Befreiung sind in einer Verordnung (Order 2000 S.I. No. 185) geregelt. Die laut der Richtlinie zur Befreiung von dieser Pflicht erforderlichen Garantien für die Rechte des Betroffenen bestehen in einer dennoch zu erteilenden Information, wenn der Betroffene dies verlangt, einschließlich der Erläuterung der Gründe, wenn der Verantwortliche der Datenverarbeitung nicht nachweisen kann, ob er Daten der Betroffenen gespeichert hat.

[1055] Anhang 1 Teil 2 § 2 (3).

[1056] Nach Auffassung des *Information Commissioner* beurteilt sich das Bestehen und der Inhalt der Pflicht zu weiteren Angaben danach, ob der Betroffene nachvollziehen kann, zu welchen Zwecken die Daten verarbeitet werden sollen, Legal Guidance, 2001, S. 32. Zwar werden auch – wie in Art. 10 lit. c der Richtlinie – mögliche Empfänger der Daten als weitere Angaben genannt, aber z.B. die Aufklärung über die dem Betroffenen zustehenden Rechte wird nicht erwähnt.

[1057] Jay/Hamilton, Data Protection, 1999, S. 55.

b) The Second Principle – der Zweckbindungsgrundsatz

Im zweiten Datenschutzprinzip findet sich der Zweckbindungsgrundsatz der Richtlinie wieder. Dabei soll der Pflicht zur Datenerhebung zu ausschließlich rechtmäßigen und festgelegten Zwecken dadurch entsprochen werden, dass die Zwecke der Datenverarbeitung entweder dem Betroffenen mitgeteilt oder gegenüber dem Information Commissioner angemeldet werden. Überschneidungen gegenüber der Pflicht zur Information des Betroffenen im Sinne des ersten Datenschutzprinzips sind augenfällig, führen jedoch nicht zur Überflüssigkeit der Regelung, da die Datenverarbeiter von der Informationspflicht gem. Anhang 1 Teil 2 § 3 DPA 1998 ausgenommen sein können.[1058] Die Daten dürfen überdies auch nicht in einer mit den festgelegten Zwecken unvereinbaren Weise verarbeitet werden. Der Wortlaut (*incompatible*) spricht dafür, dass es noch keinen Verstoß gegen dieses Prinzip darstellt, wenn der neue Verarbeitungszweck vom ursprünglichen lediglich abweicht. Dies wird durch die entsprechende Richtlinienbestimmung in Art. 6 lit. b auch untermauert,[1059] so dass sich der Datenverarbeiter zunächst darauf berufen kann, dass der neue Verwendungszweck vom ursprünglichen zwar abweicht, jedoch nicht mit diesem unvereinbar ist. Eine größere Bedeutung wird der Zweckbindungsgrundsatz jedoch hinsichtlich der weiteren Verarbeitung der Daten durch Dritte haben, denen die Daten übermittelt werden. Auch deren Verwendungszwecke müssen mit dem ursprünglichen Verwendungszweck gemäß Anhang 1 Teil 2 § 6 übereinstimmen und zwingen somit den Verantwortlichen, entweder die erneute Zustimmung des Betroffenen zu der Datenübermittlung einzuholen oder ihre Verwendungszwecke gegenüber dem Dritten offen zu legen und diesen auf Kompatibilität zu verpflichten.[1060]

c) The Third Principle – die Verhältnismäßigkeit der Datenverarbeitung

Gemäß dem dritten Datenschutzprinzip, das bereits im DPA 1984 vorhanden war und der Regelung in Art. 6 lit. c entspricht, müssen die Daten den mit ihnen verfolgten Verwendungszwecken stets entsprechen, für diese erheblich sein und nicht darüber hinausgehen. In der Literatur finden sich überwiegend Erläuterungen, die sich an der Auslegung dieses Grundsatzes unter dem DPA 1984 orientieren.[1061] Diese können allerdings nur insoweit auch für den DPA 1998 herangezogen werden, als sie mit den Richtlinienvorgaben übereinstimmen. Unter dem DPA 1984 sollte danach der Verarbeiter nur so viele Daten verarbeiten, wie dies zur Erfüllung der mit der Verarbeitung verfolgten Zwecke unbedingt notwendig war.[1062] Insbesondere, wenn diese Zwecke die Verarbeitung der Daten nur einiger Personen erforderte, sollte diese auf jene beschränkt bleiben und nicht pauschal ausgeweitet werden.[1063] Überträgt man diese Anforderungen auf den DPA 1998, ist zusammenfassend festzuhalten, dass der zulässige Datenumfang stets im Hinblick auf den mit der Verarbeitung verfolgten Zweck zu ü-

---

[1058] Jay/Hamilton, Data Protection, 1999, S. 61.
[1059] Vgl. *Damann*/Simitis, EU-Datenschutzrichtlinie, 1997, Art. 6 Rn. 8.
[1060] Jay/Hamilton, Data Protection, 1999, S. 61.
[1061] Vgl. Carey, Data Protection, 2000, S. 30f.; Jay/Hamilton, Data Protection, 1999, S. 61f.; Information Commissioner, Legal Guidance, 2001, S. 36.
[1062] Information Commissioner, Legal Guidance, 2001, S. 36.
[1063] Jay/Hamilton, Data Protection, 1999, S. 62.

berprüfen ist und sich an diesem messen lassen muss. Dies entspricht auch der Regelung im Art. 6 Abs. 1 lit. c.[1064]

d) The Fourth Principle – die Pflicht zur Richtigkeit und Aktualisierung der Daten

Gemäß dem vierten Datenschutzprinzip müssen die Daten stets richtig und, soweit erforderlich, auf dem neuesten Stand sein. Auch dieses Prinzip fand sich wortgleich im DPA 1984 und entspricht dem Art. 6 Abs. 1 lit. d 1. Halbsatz. Überschneidungen ergeben sich insoweit mit dem dritten Datenschutzprinzip, als dass Daten, die nicht mehr aktuell sind, dies aber sein müssten, um dem mit ihrer Erhebung verfolgten Zweck gerecht zu werden, stets auch als nicht mehr dem Zweck entsprechend einzustufen sind.[1065]

Anders als beim dritten Datenschutzprinzip gibt es zu diesem Prinzip in Anhang 1 Teil 2 § 7 DPA 1998 eine Auslegung, die sich an den Vorgaben der Richtlinie messen lassen muss. Selbiges gilt für die Definition, die der DPA 1998 für die Unrichtigkeit der Daten festgelegt hat. So sind die Daten gem. Sec. 70 (2) DPA 1998 unrichtig, wenn sie falsch oder irreführend in Bezug auf eine Tatsache sind.[1066] Hieraus folgt, dass Werturteile oder Meinungsäußerungen der Pflicht zur Richtigkeit nicht unterliegen.[1067] Diese Einschränkung, die es bereits im DPA 1984 gab, widerspricht jedoch nicht dem Schutzumfang der Richtlinie, die ebenfalls nur objektive, d.h. nachprüfbare Angaben über einzelne Aspekte einer Person schützen will.[1068] Werturteile und Meinungsäußerungen hingegen geben lediglich die subjektive Einschätzung von bestimmten objektiven Aspekten einer anderen Person wieder. Die Daten sind also unrichtig, wenn sie einen Ausschnitt aus der Lebenswirklichkeit des Betroffenen nicht zutreffend wiedergeben oder aber – z.B. durch den Kontext ihrer Verarbeitung – irreführend hinsichtlich des durch sie erfassten Aspektes des Betroffenen sind.

Die Auslegung des vierten Datenschutzprinzips in Anhang 1 Teil 2 Par. 7 DPA 1998 beinhaltet im Wesentlichen eine Einschränkung dieser absolut formulierten Pflicht zur Richtigkeit und Aktualität der Daten. Es handelt sich also um eine Vorbehaltsklausel (*proviso*), die so auszulegen ist, dass sie die vorhergehende Regelung, auf die Bezug genommen wird, qualifiziert, d.h. diese unter den Vorbehalt der in ihr enthaltenen Regelung stellt.[1069] So stellt es keinen Verstoß gegen die Pflicht zur Richtigkeit der Daten dar, wenn die Daten an sich zwar unrichtig sind, der Datenverarbeiter die Daten jedoch richtig beim Betroffenen oder Dritten erfasst und sowohl angemessene Schritte unternommen hat, die Richtigkeit der Daten sicherzustellen, als auch die Auffassung des Betroffenen hinsichtlich der Unrichtigkeit in die entsprechenden Daten eingefügt

[1064] *Dammann*/Simitis, EU-Datenschutzrichtlinie, 1997, Art. 6 Rn. 11.
[1065] Information Commissioner, Legal Guidance, 2001, S. 37.
[1066] Zur Bedeutung des Merkmals "irreführend" siehe die Erörterungen zum Sec. 22 DPA 1984, siehe Seite 63.
[1067] Jay/Hamilton, Data Protection, 1999, S. 63.
[1068] *Dammann*/Simitis, EU-Datenschutzrichtlinie, 1997, Art. 6 Rn. 2.
[1069] Halsbury's Laws of England, Band 44 (1), 1995, S. 854. Ursprünglich zeichnete sich ein *proviso* durch eine bestimmte Formulierung aus (sie begann stets mit „*Provided that*" oder beendete die einzuschränkende Passage der Norm mit „*so however that...*"). Die heutige Gesetzgebungstechnik – und so auch im DPA 1998 – formuliert *proviso* als eigenständige Regelung, in der auf die einzuschränkende Norm explizit oder implizit verwiesen wird, Halsybury's Laws of England, Band 44 (1), S. 748.

hat.[1070] Zu Letzterem ist der Datenverarbeiter nur dann verpflichtet, wenn der Betroffene eine solche Auffassung mitgeteilt hat.

Für den Fall, dass die Daten bereits unrichtig vom Betroffenen oder einem Dritten dem Datenverarbeiter zur Verfügung gestellt, von diesem jedoch „richtig", d.h. so wie mitgeteilt, erfasst wurden, gilt die Pflicht zur Gewährleistung der Richtigkeit der Daten als nicht verletzt, wenn angemessene Maßnahmen zur Gewährleistung der Richtigkeit der Daten getroffen wurden und die Daten, falls vorhanden, mit einem Hinweis auf die Auffassung des Betroffenen gekennzeichnet sind.[1071]

Diese Auslegung entspricht in weiten Teilen den Beschränkungen der Haftung des Datenverarbeiters für unrichtige Daten gem. Sec. 22 DPA 1984.[1072] Anders als beim *received status* des DPA 1984 ist es allerdings nicht allein ausreichend, alles im Zeitpunkt der Erhebung der Daten Angemessene zur Gewährleistung der Richtigkeit der Daten getan zu haben.[1073] Vielmehr muss gemessen an den Verwendungszwecken der Daten alles Erforderliche zur Gewährleistung der Richtigkeit getan worden sein.[1074]

Es stellt sich die Frage, ob diese Befreiung von der Pflicht zur Gewährleistung der Datenrichtigkeit mit den Vorgaben aus der Datenschutzrichtlinie vereinbar ist.

(1) Vereinbarkeit mit Art. 6 Abs. 1 lit. d der Richtlinie

Gemäß Art. 6 Abs. 1 lit. d 1. Halbsatz müssen die Daten sachlich richtig sein und, wenn nötig, auf den neuesten Stand gebracht werden. Auch nach der Richtlinie müssen also personenbezogene Daten den Realitätsausschnitt, auf den sie sich beziehen, zutreffend wiedergeben. Zudem besteht die Pflicht zur kontinuierlichen Aktualisierung der Daten, soweit dies für die Verwendungszwecke der Daten notwendig ist. Ein Entlastungsnachweis von dieser Pflicht, wie ihn der DPA 1998 vorsieht, ist der Regelung nicht zu entnehmen. Jedoch konkretisiert die Richtlinie diese Pflicht im 2. Halbsatz, in dem sie postuliert, dass „alle angemessenen Maßnahmen" zu treffen sind, um „im Hinblick auf die Zwecke, für die die Daten erhoben und verarbeitet werden", nichtzutreffende oder unvollständige Daten zu berichtigen oder zu löschen. Die Gewährleistung der Richtigkeit der Daten soll also durch Maßnahmen, die eine entsprechende Berichtigung oder Löschung der Daten ermöglichen, sichergestellt werden. Die Notwendigkeit einer Berichtigung etc. und damit auch das Ausmaß der zu ergreifenden Maßnahmen, um diese zu ermöglichen, wird dabei an den verfolgten Verwendungszwecken ausgerichtet. Der Verantwortliche einer Verarbeitung von Daten über das Einkaufsverhalten ist also nicht im selben Maße zu der Richtigkeit dienenden Maßnahmen verpflichtet wie jemand, der Daten über die Kreditwürdigkeit verarbeitet.[1075] Wenn nun Anhang 1 Teil 2 § 7 DPA 1998 bestimmt, dass die Pflicht zur Gewährleistung der Richtigkeit der Daten nicht verletzt ist, wenn im Hinblick auf die mit den Da-

---

[1070] Die Angemessenheit der Maßnahmen, um die Richtigkeit der Daten sicherzustellen, ist dabei an den Zwecken zu messen, zu denen die Daten erhoben wurden und verarbeitet werden sollen.
[1071] Jay/Hamilton, Data Protection, 1999, S. 6.
[1072] Siehe Seite 63ff.
[1073] Danach wäre es ausreichend, die Daten so wie vom Betroffenen oder Dritten angegeben, lediglich zu erfassen.
[1074] Information Commissioner, Legal Guidance, 2001, S. 38.
[1075] *Damann*/Simitis, EU-Datenschutzrichtlinie, 1997, Art. 6 Rn. 15.

ten verfolgten Verwendungszwecke angemessene Schritte zur ihrer Gewährleistung unternommen wurden, sagt dies nichts anderes aus als die Richtlinie selber.

Anders jedoch als die Richtlinie begrenzt der DPA 1998 diese Pflicht zur Richtigkeit auf Daten, die bereits unrichtig vom Betroffenen oder Dritten erhoben wurden. In allen anderen Fällen ist der Verantwortliche der Datenverarbeitung ohne Einschränkung der zu ergreifenden Maßnahmen im Hinblick auf die verfolgten Verwendungszwecke zu einer Prüfung der Daten auf ihre Richtigkeit und Aktualität hin verpflichtet. Der DPA 1998 geht also über die Anforderungen der Richtlinie noch hinaus. Dies auch insofern, als es nach den Beweisregeln des Common Law demjenigen, der sich auf die Einschränkung beruft, obliegt, die Voraussetzungen ihres Eingreifens nachzuweisen. Für Anhang 1 Teil 2 § 7 DPA 1998 trifft dies also den Datenverarbeiter. Nach dem Wortlaut der Richtlinie hingegen müsste der Betroffene, der eine Verletzung der Pflicht zur Gewährleistung der Richtigkeit geltend macht, nachweisen, dass nicht die angemessenen Maßnahmen getroffen wurden.

Die britische Regelung ist mithin mit Art. 6 Abs. 1 lit. d zu vereinbaren, da für dessen nähere Ausgestaltung die Richtlinie den Mitgliedsstaaten gem. Art. 5 Abs. 2 einen Spielraum einräumt, innerhalb dessen diese eine Verbesserung des bislang durch ihre nationalen Vorschriften gewährten Schutzes anstreben sollen.[1076] Dem ist der britische Gesetzgeber mit seiner Verschärfung der Anforderungen an einen fehlenden Verstoß gegen die Pflicht zur Gewährleistung der Richtigkeit der Daten hinreichend nachgekommen.

(2) Vereinbarkeit mit Art. 23 der Richtlinie

Die Vereinbarkeit mit Art. 23 könnte insofern angezweifelt werden, als diese eine Haftung für sämtliche Verstöße gegen die der Umsetzung dienenden nationalen Vorschriften anordnet.[1077] Die Auslegung des vierten Datenschutzprinzips eröffnet dem Datenverarbeiter jedoch die Möglichkeit, im Falle der Einhaltung bestimmter Maßnahmen von der Pflicht zur Gewährleistung der Richtigkeit der Daten befreit zu werden.

Hiergegen ließe sich zunächst vorbringen, dass es nach dem Regelungskonzept des DPA 1998 im Falle des Anhang 1 Teil 2 § 7 DPA 1998 bereits an einem die Haftung konstituierenden Verstoß gegen eine Umsetzungsvorschrift fehlt, da der Verarbeiter so gestellt wird, als habe er nicht gegen das vierte Datenschutzprinzip verstoßen.[1078] Weitaus gewichtiger jedoch ist der Inhalt der durch die Richtlinie normierten Pflicht selber, der - wie gesehen - von geringerem Umfang ist als im DPA 1998. Mit anderen Worten: selbst wenn die Voraussetzungen des Anhang 1 Teil 2 § 7 DPA 1998 erfüllt sind, hat der Datenverarbeiter dennoch die Pflicht zur Gewährleistung der Daten so erfüllt, wie es die Richtlinie vorschreibt. Von einer Unvereinbarkeit der Bestimmungen des DPA mit den Vorgaben aus Art. 23 der Richtlinie kann also keine Rede sein.

[1076] Erwägungsgrund 9 der Richtlinie.
[1077] Siehe Seite 140f.
[1078] Vgl. Anhang 1 Teil 2 § 7 DPA 1998: „*The fourth principle is not to be regarded as being contravened...*".

e) The Fifth Principle – die Pflicht zur Löschung der Daten

Ebenfalls eng mit dem dritten Datenschutzprinzip verbunden sowie nahezu wortgleich bereits im DPA 1984 vorhanden, ist die Pflicht Daten, die für bestimmte Zwecke verarbeitet werden, nicht länger aufzubewahren als es für diese Zwecke erforderlich ist.[1079] Daten, deren Verwendungszweck erfüllt wurde oder weggefallen ist, sind auch nicht mehr für diese erforderlich im Sinne des dritten Datenschutzprinzips. Letztlich ist die Verknüpfung der Speicherungsdauer mit den Verwendungszwecken der Daten auch Ausfluss des Zweckbindungsgrundsatzes wie ihn das zweite Datenschutzprinzip und die Richtlinie in Art. 6 Abs. 1 lit. b vorsehen. Anders als die Richtlinie jedoch ist aus dem Wortlaut der britischen Regelung zu entnehmen, dass mit dem Wegfall des Verwendungszweckes die Daten zu löschen sind.[1080] Die Richtlinie hingegen verlangt lediglich, dass die Daten nicht mehr die Identifizierung der Betroffenen ermöglichen soll. Sind also Anonymisierungsverfahren anwendbar, können diese einer vollständigen Löschung der Daten vorgezogen werden.[1081]

Auch hier geht der DPA 1998, so wie er von der Literatur bislang interpretiert wird,[1082] über den Regelungsinhalt der Richtlinie hinaus. Es ist allerdings nicht auszuschließen, dass die Rechtsprechung eine Interpretation im Sinne der Richtlinie entwickeln wird. Dies ist nicht nur auf Grund des Gebotes der gemeinschaftskonformen Auslegung wahrscheinlich,[1083] sondern auch weil dies der Wortlaut des Anhang 1 Teil 2 § 5 DPA 1998 zuließe.

Die Pflicht zu einer Löschung der Daten beim Wegfall des Verwendungszweckes bezieht sich lediglich auf personenbezogene Daten (*personal data*), um solche würde es sich aber nach einer erfolgten Anonymisierung nicht mehr handeln.[1084]

[1079] Anhang 1 Teil 1 § 5 DPA 1998.

[1080] Carey, Data Protection, 2000, S. 32; Information Commissioner, Legal Guidance, 2001, S. 39, der darauf hinweist, dass in bestimmten Fällen die weitere Aufbewahrung von Daten nach Beendigung z. B. einer Vertragsbeziehung dennoch zulässig sein kann.

[1081] *Dammann*/Simitis, EU-Datenschutzrichtlinie, 1997, Art. 6 Rn. 17; der *Information Commissioner* ist Anonymisierungsmaßnahmen gegenüber kritisch eingestellt, vgl. Legal Guidance, 2001, S. 13.

[1082] Eine Interpretationsvorgabe wie z. B. beim vierten Datenschutzprinzip beinhaltet der DPA 1998 für das fünfte Datenschutzprinzip nicht.

[1083] Die richtlinienkonforme Auslegung schließt allerdings eine weitergehende Umsetzung der Richtlinienregelung nicht aus.

[1084] Grundsätzlich ausgenommen vom fünften Datenschutzprinzip sind Daten, die zu Forschungszwecken, einschließlich historischer und statistischer Zwecke, verwendet werden, vorausgesetzt, die Daten werden nicht zur Unterstützung von Maßnahmen oder Entscheidungen, die den Einzelnen betreffen, verwendet und die Daten werden nicht in einer Art und Weise verarbeitet, die substantiellen materiellen Schaden oder erhebliches Leid wahrscheinlich oder tatsächlich beim Betroffenen verursacht, Sec. 33 DPA 1998. Auch dies entspricht den Vorgaben von Art. 6 Abs. 1 lit. e) der Richtlinie, die die weitere Aufbewahrung von personenbezogenen Daten zu historischen etc. Zwecken gestattet, wenn das nationale Recht geeignete Garantien zum Schutz des Betroffenen vorsieht. Dies sind im DPA 1998 das Gebot der Nichtverwendung der Daten zur Unterstützung individueller Maßnahmen und im Falle (wahrscheinlichen) Schadensverursachung.

f) The Sixth Principle – die Gewährleistung der Betroffenenrechte

Das sechste Datenschutzprinzip verpflichtet den Datenverarbeiter, die Daten in Übereinstimmung mit den Rechten des Betroffenen, die die Richtlinie gewährleistet, zu verarbeiten. Die zu diesem Datenschutzprinzip vorhandene Interpretationsvorgabe beschränkt sich darauf, die einzelnen Rechte, die der DPA 1998 gewährleistet, aufzuzählen und deren Verletzung auch als einen Verstoß gegen das Datenschutzprinzip darzustellen. Die Pflicht zur Gewährleistung der Betroffenenrechte gab es bereits im DPA 1984, jedoch beschränkt auf das damals noch alleinige Recht des Betroffenen, Zugang zu seinen Daten zu erhalten.[1085] Eine ausdrückliche Pflicht des Verarbeiters, die Rechte des Betroffenen zu gewährleisten, sieht die Richtlinie nicht vor, dies ergibt sich jedoch implizit aus der Tatsache, dass mit den jeweiligen Rechten des Betroffenen stets auch entsprechende Pflichten des Verantwortlichen korrespondieren.[1086] Die ausdrückliche Einbeziehung dieser mit den Rechten des Betroffenen korrespondierenden Pflichten des Verarbeiters in die Datenschutzprinzipien beruhte vielmehr auf der Notwendigkeit, die Einhaltung dieser Prinzipien – wie es auch von der Richtlinie in Art. 28 Abs.1 gefordert wird – durch den Information Commissioner zu gewährleisten. Hierfür hätte es auch andere gesetzestechnische Möglichkeiten gegeben.[1087] Der Gesetzgeber wollte sich jedoch so nah wie möglich an der vertrauten Konzeption des DPA 1984 halten, wogegen in diesem Fall auch nicht die Vorgaben der Richtlinie sprechen.

g) The Seventh Prinicple – die Pflicht zu Sicherungsmaßnahmen

Das siebte Datenschutzprinzip verlangt, dass geeignete technische und organisatorische Maßnahmen zum Schutz der Daten gegen jede unbefugte und unrechtmäßige Verarbeitung sowie gegen den zufälligen Verlust, die zufällige Zerstörung oder Beschädigung der Daten vom Datenverarbeiter zu ergreifen sind.[1088]

Auch dieses Prinzip war bereits im DPA 1984 vorhanden, wurde jedoch in der Umsetzung des entsprechenden Art. 17 modifiziert. Wörtlich wurde dieser Artikel jedoch nicht in den DPA 1998 übernommen. So sollen zwar auch nach der Richtlinie geeignete Maßnahmen gegen jede unrechtmäßige Verarbeitung, den zufälligen Verlust oder die ebensolche Zerstörung der Daten getroffen werden. Die Richtlinie nennt jedoch explizit zudem die unberechtigte Änderung, den unberechtigten Zugang sowie die unberechtigte Weitergabe, insbesondere, wenn diese innerhalb eines Netzwerkes übertragen werden. Deren fehlende Nennung im DPA 1998 kann jedoch grundsätzlich als unschädlich für eine richtliniengetreue Umsetzung des Art. 17 eingestuft werden, da Oberbegriff all dieser Ereignisse die unrechtmäßige Verarbeitung bildet, die auch vom DPA 1998 ebenso umfassend wie in der Richtlinie definiert wurde.

[1085] Anhang 1 Teil 1 § 7 DPA 1984,

[1086] So z.B. die entsprechende Auskunft gem. Art. 12 lit. a zu erteilen oder im Falle eines Widerspruches gem. Art. 14 Abs. 1 lit .a die Daten des Widersprechenden nicht mehr zu verarbeiten.

[1087] Z.B. durch eine ausdrückliche Einfügung dieser Kontrollbefugnis über die Einhaltung der Betroffenenrechte in Sec. 40 DPA 1998.

[1088] Anhang 1 Teil 1 § 7 DPA 1998.

Mithin sind auch unter dem DPA geeignete Schutzmaßnahmen gegen die unberechtigte Änderung, den unberechtigten Zugang und die unberechtigte Weitergabe zu treffen.[1089]

Ebenso wie die Richtlinie definiert der DPA 1998 in seiner Interpretationsvorgabe in Anhang 1 Teil 2 § 9 das Ausmaß der zu treffenden Schutzmaßnahmen. So ist unter Berücksichtigung des Standes der Technik sowie der mit den Maßnahmen verursachten Kosten ein Sicherheitsstandard einzuhalten, der einem möglichen Schaden (*harm*) infolge der unrechtmäßigen Verarbeitung etc. und dem Charakter der zu schützenden Daten angemessen ist. Der Wortlaut des die Sicherheitsmaßnahmen betreffenden Art. 17 Abs. 1 Unterabs. 2 hingegen spricht von einem zu gewährleistenden Schutzniveau, das den mit der Verarbeitung verbundenen *Risiken* und der Natur der Daten angemessen ist.

Der unterschiedliche Wortlaut wirft die Frage auf, ob die in der Richtlinie erwähnten Risiken der Verarbeitung ebenso wie im DPA 1998 nur die möglichen Schäden infolge einer unrechtmäßigen Verarbeitung erfassen oder darüber hinausgehen.[1090] Sinn und Zweck des Art. 17 Abs. 1 Unterabs. 1 ist es, den Betroffenen vor einer unrechtmäßigen Verarbeitung seiner Daten und den sonstigen dort aufgeführten Ereignissen zu schützen. Die Gewährleistung eines solchen Schutzes ist Inhalt des mit der Richtlinie bezweckten Schutzes der Rechte und Freiheiten des Betroffenen.[1091] Dieser wird unabhängig davon gewährt, ob durch die Ereignisse, vor denen der Betroffene geschützt werden soll, auch ein Schaden eintritt. Einzig die Gefahr einer unrechtmäßigen Verarbeitung etc. ist maßgeblich.[1092] Demzufolge umfassen die Risiken der Verarbeitung in Art. 17 Abs. 1 Unterabs. 2 jener einer unrechtmäßigen Verarbeitung etc. und nicht das Risiko eines Schadenseintritts infolge einer solchen Verarbeitung.[1093] Ob diese möglicherweise zu Schäden führt, ist mithin für das Ausmaß der nach der Richtlinie zu ergreifenden Maßnahmen unerheblich.

Der DPA 1998 hingegen schränkt also das erforderliche Schutzniveau ein, wenn er eine Orientierung an möglichen Schäden infolge der unrechtmäßigen Datenverarbeitung etc. verlangt. Dies setzt nämlich bereits begrifflich zweierlei voraus: die unrechtmäßige Verarbeitung etc. und die Möglichkeit eines Schadens durch diese, an der wie-

[1089] Zwar betont der DPA anders als die Richtlinie nicht die Notwendigkeit gerade bei der Datenübertragung in einem Netzwerk Schutzmaßnahmen zu treffen, dies ändert jedoch auch unter dem DPA 1998 nichts an der Pflicht des Verantwortlichen, auch für diesen Fall einer Datenverarbeitung Schutzmaßnahmen zu treffen. Zu bedauern ist allerdings, das mit dem Fehlen der ausdrücklichen Nennung dieses Sachverhaltes auch die besondere Appellwirkung der Norm gegenüber dem Verantwortlichen der Datenverarbeitung in Bezug auf das Ergreifen von Schutzmaßnahmen bei der Datenübertragung in Netzwerken entfällt.

[1090] So Jay/Hamilton, Data Protection, 1999, S. 66.

[1091] Erwägungsgrund 46.

[1092] Siehe auch die Begründung des Geänderten Richtlinienvorschlages zu Art. 17 EG KOM (92) 422 endg. - SYN 287 vom 15.10.1992, S. 30: „Gemäß Art. 17 haben die Mitgliedsstaaten den Verantwortlichen der Datenverarbeitung zu verpflichten, zum Schutz der Datenverarbeitung gegen die Gefahr des unzulässigen Zugriffs durch Dritte (...) und jede andere nicht genehmigte Verarbeitung geeignete technische und organisatorische Maßnahmen zu treffen."

[1093] So aber *Dammann*/Simitis, EU-Datenschutzrichtlinie, 1997, Art. 17 Rn. 6, die überdies die Höhe der einzutretenden Schäden als Bemessungskriterium gelten lassen wollen. Diese erschließt sich zwar in der Regel aus der Natur der verarbeiteten Daten, eine solche Schlussfolgerung ist aber nicht zwingend.

derum ausschließlich das notwendige Ausmaß der Schutzmaßnahmen zu messen ist.[1094] Mit anderen Worten, je unwahrscheinlicher der Eintritt eines Schadens ist, desto geringer ist der Umfang der nach dem DPA 1998 zu ergreifenden Sicherheitsmaßnahmen, es sei denn, es handelt sich auf Grund der Natur der Daten um besonders schützenswerte Daten. Keine Rolle würde es daher spielen, dass die Wahrscheinlichkeit einer unrechtmäßigen Verarbeitung etc. sehr hoch ist, obwohl genau deren Eintritt nach der Richtlinie verhindert bzw. das Risiko ihres Eintritts vermindert werden soll.

6) Die Rechte des Betroffenen unter dem DPA 1998

In Umsetzung der Richtlinie gewährt der DPA 1998 neben dem schon im DPA 1984 vorhandenen Recht auf Zugang zu den Daten in Sec. 7-9 DPA 1998 sowie der Berichtigung und der Löschung unrichtiger Daten gem. Sec. 14, 12A und 62 DPA 1998 eine Reihe weiterer Rechte. So das Recht zum Widerspruch gegen eine Datenverarbeitung, die Schäden beim Betroffenen verursachen könnte,[1095] das Recht einer Datenverarbeitung zum Zwecke des Direktmarketing zu widersprechen[1096] sowie das Recht, unter bestimmten Voraussetzungen nicht einer ausschließlich automatisierten Verarbeitung seiner Daten unterworfen zu werden.[1097] Häufig erwähnt als Betroffenenrecht wird der in Sec. 13 DPA 1998 geregelte Schadensersatzanspruch,[1098] richtigerweise handelt es sich hierbei jedoch um einen Rechtsbehelf, der erst zur Anwendung kommt, wenn unter anderem eines der den Betroffenen zustehenden Rechte verletzt wird.

a) Das Recht auf Datenzugang gem. Sec. 7-9 DPA 1998

Der Betroffene hat gem. Sec. 7 (1) DPA 1998 das Recht, auf seinen schriftlichen Antrag beim Verantwortlichen der Datenverarbeitung darüber informiert zu werden, ob und welche Daten durch diesen oder in dessen Auftrag verarbeitet werden. Der Inhalt der vom Verantwortlichen zu erteilenden Auskunft entspricht dabei den Vorgaben der Richtlinie.[1099] Es ist zum einen über die Art der gespeicherten Daten zu informieren, die Verwendungszwecke und die möglichen Empfänger der Daten, zum anderen sind dem Betroffenen in verständlicher Form der Inhalt der über ihn gespeicherten Daten und, soweit vorhanden, die Herkunftsquelle der Daten mitzuteilen.[1100] Anders als die Richtlinie, die dies nicht zwingend vorschreibt, aber für zulässig erklärt, ist die Aus-

---

[1094] Der *Information Commissioner* empfiehlt den Verantwortlichen der Datenverarbeitung, ein risikoorientiertes Sicherheitsmanagement einzuführen, das sich an den potentiellen Bedrohungen infolge der praktizierten Verarbeitungsmechanismen orientieren sollte, Legal Guidance, 2001, S. 40.

[1095] Sec. 11 DPA 1998. Die Regelung dient der Umsetzung des Widerspruchsrechts gem. Art. 14 Abs. 1 lit. a) der Richtlinie.

[1096] Sec. 12 DPA 1998. Die Regelung dient der Umsetzung des Widerspruchsrechts in Art. 14 Abs. 1 lit. b der Richtlinie.

[1097] Sec. 12 DPA 1998 Die Regelung dient der Umsetzung des Rechts nicht automatisierten Einzelentscheidungen unterworfen zu werden, Art. 15 der Richtlinie. Der *Information Commissioner* erwähnt ebenfalls das Recht, gem. Sec. 13 DPA 1998 Schadenersatz zu verlangen

[1098] *Information Commissioner*, Legal Guidance, 2001, S. 46; Charlesworth, Government Information Quarterly, Vol. 16 No. 3, 1999, 203 (291f); Carey, Data Protection, 2000, S. 25; Data Protection Registrar, Questions to Answer, Paper 6 in: Encyclopedia of Data Protection, Band 3, Teil 4, 2001, Rn. 4-1244ff.

[1099] Zur Richtlinie siehe Seite 130f.

[1100] Sec. 7 (1) (a)-(c) DPA 1998.

kunft grundsätzlich nur gegen Zahlung einer angemessenen Gebühr zu erteilen.[1101] Einschränkungen des Auskunftsrechts werden zu Gunsten Dritter gemacht, wenn der Auskunft nicht nachgekommen werden kann, ohne diese Dritte dabei zu identifizieren.[1102] In diesen Fällen wird nur dann Auskunft erteilt, wenn der Dritte eingewilligt hat oder es in Anbetracht der Umstände vernünftig ist, die Auskunft zu erteilen.[1103] Zur Erteilung der Auskunft ist der Verantwortliche innerhalb von 40 Tagen nach Antragstellung verpflichtet[1104]. Eine Frist zur Auskunftserteilung nennt die Richtlinie zwar nicht, es entspricht jedoch einem effektiven Schutz des Betroffenen, wenn er innerhalb einer überschaubaren Zeitspanne eine Reaktion des Verantwortlichen erwarten kann und im Falle eines erfolglosen Fristablaufes die gerichtliche Durchsetzung seines Auskunftsrechts gem. Sec. 7 (9) DPA 1998 anstreben kann. Eine solche Frist ermöglicht es auch dem Verantwortlichen, ohne wesentliche Störung des eigentlichen Geschäftsablaufes dem Auskunftsbegehren nachzukommen.

Ebenfalls aus der Richtlinie[1105] entstammt das Recht des Betroffenen gem. Sec. 7 (1) (d) DPA 1998, falls seine Daten einer automatischen Verarbeitung unterzogen werden, die die ausschließliche Grundlage für eine Bewertung seiner Person hinsichtlich seiner Arbeitsleistung o.ä. bildet, über die Logik, die hinter dieser Entscheidungsfindung steht, informiert zu werden.

Zu berücksichtigen ist, dass eine Vielzahl von Datenkategorien von dem Anwendungsbereich des Sec. 7 DPA 1998 ausgenommen sind. Insofern hat der britische Gesetzgeber die in Art. 13 vorgesehenen Ausnahme- und Einschränkungsmöglichkeiten hinsichtlich der Betroffenenrechte umfassend wahrgenommen.[1106]

[1101] Zu den derzeit angemessenen Gebühren siehe Information Commissioner, Legal Guidance, 2001, S. 47 sowie Walden, Tolley's Communications Law, Vol. 3, No. 6, 1998, 207 (210).

[1102] Sec. 7 (4) (a) und (b) DPA 1998. Diese Einschränkung ist gem. Art. 13 Abs. 1 lit. g) der Richtlinie zulässig.

[1103] Gem. Sec. 7 (6) DPA 1998 ist hierbei zu berücksichtigen, ob eine Pflicht zur Vertraulichkeit gegenüber dem Dritten besteht, welche Schritte unternommen wurden, um eine Einwilligung des Dritten einzuholen, ob der Dritte zu einer Einwilligung in der Lage ist und ob dieser in irgendeiner Weise die Einwilligung abgelehnt hat.

[1104] Sec. 7 (10) DPA 1998. Zu kürzeren Fristen siehe Information Commissioner, Legal Guidance, 2001, S. 47.

[1105] Art. 12 Abs. 1 lit. a 3. Spiegelstrich.

[1106] Vgl. die Übersicht in Halsbury's Statutes, Band 7, 2002, S. 424, Notes. Besondere Anforderungen an die Ausübung des Auskunftsrechtes bestehen darüber hinaus bei Daten aus dem Gesundheits-, dem Sozial- und dem Bildungssektor, Information Commissioner, Legal Guidance, 2001, S. 50f.

b) Das Recht auf Berichtigung und Löschung der Daten gem. Sec. 14, 12A[1107] und 62 DPA 1998

Auf Antrag des Betroffenen kann das Gericht die Berichtigung, Löschung, Sperrung oder Zerstörung unrichtiger (*inaccurate*) Daten[1108] durch den Verantwortlichen anordnen, Sec. 14 (1) DPA 1998. Ein solches Recht sieht auch die Richtlinie in Art. 12 Abs. 1 lit. b vor, ohne allerdings näher auszuführen, was unter einer Berichtigung, Löschung und Sperrung zu verstehen ist und wie diese durchzuführen ist.[1109] Sie lässt den Mitgliedsstaaten hier also einen großen Spielraum, der daher die Lösung des DPA 1998, zur Durchsetzung dieses Rechts stets ein Gericht anrufen zu müssen, nicht inkompatibel erscheinen lässt. Gleiches gilt auch für die Möglichkeit des Gerichts[1110] in Abweichung von einer Anordnung zur Berichtigung etc., lediglich eine Erklärung über die wahren Fakten den unrichtigen Daten beizufügen.[1111]

Der Wortlaut der Richtlinie macht allerdings deutlich, dass diese Rechte nicht nur im Falle von unrichtigen Daten geltend gemacht werden können. So garantieren die Mitgliedsstaaten den Betroffenen gem. Art. 12 Abs. 1 lit. b „je nach Fall" das Recht zur Berichtigung, Löschung oder Sperrung von Daten, „deren Verarbeitung nicht den Bestimmungen dieser Richtlinie entspricht, insbesondere, wenn diese Daten unvollständig oder unrichtig sind". Sie geht also nicht lediglich von einem einzigen Tatbestand aus, bei dessen Vorliegen die Rechte ausschließlich wahrgenommen werden dürfen. Die Richtlinie räumt allerdings den Mitgliedsstaaten den bereits erwähnten großen Spielraum auch dahingehend ein, dass sie es diesen überlässt, festzulegen, welcher Tatbestand Grundlage für die Ausübung welchen Rechts ist. So kann das Gericht auf Antrag des Betroffenen gem. Sec. 14 (4) DPA 1998 die Berichtigung, Löschung etc. anordnen, wenn die Daten unter Verstoß gegen eine beliebige Bestimmung des DPA 1998 verarbeitet wurden und der Betroffene unter Umständen einen Schaden erleidet, die gem. Sec. 13 DPA 1998 zum Ersatz des Schadens berechtigen würden. Der Verstoß gegen irgendeine Datenschutzvorschrift kann also ebenfalls zu einer Berichtigung etc. der Daten führen, wenn dieser Verstoß auch einen Schadensersatzanspruch begründet. Diesen braucht der Betroffene zwar nicht explizit geltend zu machen, um die Berichtigung etc. der Daten gem. Sec. 14 (4) DPA 1998 durchsetzen zu können, in der

---

1107 Sec. 12 A DPA 1998 regelt die Rechte des Betroffenen in Bezug auf manuelle Daten für den Zeitraum der Übergangsperiode bis Oktober 2007.

1108 Diese umfassen nicht nur Daten, die Tatsachen wiedergeben, sondern auch solche, die eine Meinungsäußerung darstellen, die auf den unrichtigen Daten basiert, Sec. 14 (1) DPA 1998. Zur Bestimmung der Unrichtigkeit von Daten siehe Seite 202.

1109 *Dammann*/Simitis, EU-Datenschutzrichtlinie, 1997, Art. 12 Rn. 14, die allerdings eine Beschränkung des Spielraumes der Mitgliedsstaaten durch die Tatsache annehmen, dass sich für die Rechte und deren Zuordnung zu einzelnen Tatbeständen durch die Datenschutzkonvention und die nationalen Datenschutzgesetze eine weitgehende Einheitlichkeit der Regelungen durchgesetzt hat.

1110 Sachlich zuständig ist gem. Sec. 15 (1) der High Court, der County Court oder in Schottland der Court of Session oder der Sheriff.

1111 Sec. 14 (2) DPA 1998. Dies ist aber nur dann möglich, wenn es sich um unrichtige Daten handelt, die mit diesem Inhalt vom Betroffenen oder einem Dritten dem Verantwortlichen mitgeteilt wurden und von diesem unter Einhaltung aller angemessenen Maßnahmen zur Gewährleistung der Richtigkeit der Daten so gespeichert wurden. Wird der Verantwortliche also hinsichtlich der Einhaltung des vierten Datenschutzprinzips in dieser Situation privilegiert (siehe Seite 202f.), muss dies folgerichtig auch für den Fall der Durchsetzung des Rechts auf Berichtigung etc. gelten.

Praxis wird es aber wohl doch der Regelfall sein.[1112] Ebenfalls in Umsetzung der Richtlinie[1113] ist es gem. Sec. 14 (3) und (5) DPA 1998 dem Gericht möglich, den Verarbeiter zu verpflichten, Dritte, denen die Daten übermittelt wurden, von der Berichtigung etc. in Kenntnis zu setzen.

c) Das Widerspruchsrecht gem. Sec. 10 und 11 DPA 1998

Das Recht des Betroffenen, einer rechtmäßigen Verarbeitung seiner Daten gem. Sec. 10 und 11 DPA 1998 zu widersprechen, wurde in Umsetzung des Art. 14 neu in den DPA eingeführt[1114].

So ist der Betroffene gem. Sec. 10 (1) DPA 1998 jederzeit berechtigt, vom Datenverarbeiter die Beendigung bzw. die Nichtaufnahme der Verarbeitung zu verlangen, wenn der Betroffene darlegt, dass diese Verarbeitung nicht nur unerheblichen Schaden oder Leid verursacht bzw. wahrscheinlich verursacht und dieser Schaden oder Kummer ungerechtfertigt (*unwarranted*) ist. Der Betroffene kann auch lediglich die Einstellung der Verarbeitung zu bestimmten Zwecken oder einer bestimmten Art und Weise der Verarbeitung verlangen. Die Anwendung dieses Rechts ist allerdings begrenzt auf Datenverarbeitungen, die gem. Anhang 2 §§ 5 und 6 DPA 1998 zulässig sind, womit der DPA 1998 den Mindestanforderungen aus Art. 14 Abs. 1 lit. a gerecht wird.[1115]

Ebenso eng umgrenzt sind die Gründe, die der Betroffene darlegen muss, um erfolgreich einer Verarbeitung widersprechen zu können: die Datenverarbeitung muss ihm oder einem anderen nicht nur unerheblichen (*substantial*) Schaden oder Leid (wahrscheinlich) zufügen und dieser Schaden darf nicht ungerechtfertigt sein. Für letzteres hat der Betroffene die Gründe anzugeben, die ihn zu der Annahme geführt haben, der Schaden sei ungerechtfertigt, um den Datenverarbeiter in die Lage zu versetzen, die für dieses Kriterium notwendige Abwägung zwischen den Gründen der Verarbeitung und den Auswirkungen auf den Betroffenen vorzunehmen.[1116] Auch hier ist der Datenverarbeiter verpflichtet innerhalb einer bestimmten Frist (21 Tage) auf den schriftlichen Einspruch des Betroffenen zu reagieren. Im Vergleich mit der Regelung der Richtlinie erscheint es problematisch, dass Sec. 10 DPA 1998 das Einspruchsrecht

---

1112 Jay/Hamilton, Data Protection, 1998, S. 236.

1113 Vgl. Art. 12 lit. c DPA 1998.

1114 Der DPA 1998 verwendet nicht den Ausdruck „Widerspruch“, sondern bezeichnet Sec. 11 DPA 1998 als das Recht, die Datenverarbeitung zu verhindern (*to prevent processing*) und nimmt damit ausschließlich Bezug auf die mit dem Widerspruch beabsichtigten Folgen der Einstellung der Verarbeitung.

1115 Es muss sich also entweder um Datenverarbeitungen in der Justizverwaltung, zur Wahrnehmung von Aufgaben des Staates und der Ministerien oder die Wahrnehmung sonstiger öffentlicher Aufgaben handeln, oder um Datenverarbeitungen aus berechtigtem Interesse des Datenverarbeiters, es sei denn, die Interessen und Rechte des Betroffenen überwiegen. Handelt es sich bei der Wahrnehmung der öffentlichen Aufgabe um die Erfüllung einer zwingenden gesetzlichen Pflicht, beruht die Zulässigkeit der Verarbeitung auf Anhang 2 § 3 DPA 1998 und kann vom Betroffenen nicht gem. Sec. 10 DPA 1998 verhindert werden. Das Widerspruchsrecht bezieht sich ausschließlich auf solche öffentlichen Aufgaben, deren Wahrnehmung im Ermessen des zuständigen Funktionsträgers liegt, Jay/Hamilton, Data Protection, 1999, S. 194f.

1116 Nach Auffassung des *Information Commissioner* ist die Geltendmachung einer Beeinträchtigung durch die Datenverarbeitung, die eine bloße Belästigung nicht übersteigt, unzureichend, Legal Guidance, 2001, S. 54.

einzig in Bezug auf die mögliche Schadensverursachung durch die Verarbeitung zulässt und dieses noch unter die zusätzliche Voraussetzung einer Interessenabwägung zwischen Betroffenem und Datenverarbeiter stellt.[1117] Allerdings sieht auch die Richtlinie vor, dass die schutzwürdigen Gründe des Betroffenen „überwiegend“[1118] sein müssen, eine Interessenabwägung ist also auch nach der Richtlinie nicht ausgeschlossen. Dennoch sollten an den Nachweis des nicht nur unerheblichen Schadens keine allzu hohen Anforderungen gestellt werden.[1119]

Gemäß Sec. 11 DPA 1998 hat der Betroffene das Recht, die Beendigung bzw. Nichtaufnahme einer Verwendung seiner Daten zu Direktmarketingzwecken zu verlangen. Die Ausübung dieses Rechts ist – anders als in Sec. 10, jedoch im Einklang mit Art. 14 lit. b 1. Alternative – an keine weiteren Voraussetzungen gebunden. Der Begriff des Direktmarketing erfasst gem. Sec. 11 (3) DPA 1998 sämtliche Formen direkt an bestimmte Personen gerichteter Werbung bzw. sonstiger Marketingmaterialien. Der Einspruch gegen die Verarbeitung zu Direktmarketingzwecken bedeutet dabei nicht allein, dass die Werbung nicht mehr dem Betroffenen kommuniziert wird, seine Daten dürfen auch zu allen sonstigen Verarbeitungen, die z.B. der Vorbereitung einer Direktmarketingmaßnahme dienen, nicht mehr verwendet werden.[1120] Es fehlt im DPA 1998 in Umsetzung von Art. 14 Abs. 2 eine ausdrückliche Regelung zur Sicherstellung, dass die Betroffenen von ihrem Widerspruchsrecht Kenntnis haben. Gemäß Sec. 51 (2) DPA 1998 ist es jedoch Aufgabe des Information Commissioner, die Öffentlichkeit über die Inhalt und Funktion des DPA 1998 zu informieren, hiervon ist auch die Aufklärung über das Widerspruchsrecht im Bereich des Direktmarketing erfasst.

d) Die Rechte im Falle einer automatisierten Einzelentscheidung gem. Sec. 12 DPA 1998

In Umsetzung von Art. 15 ist der Betroffene gem. Sec. 12 (1) DPA 1998 berechtigt, schriftlich vom Datenverarbeiter zu verlangen, dass dieser keine Entscheidung trifft, die ausschließlich auf automatisierten Mitteln beruht und für den Betroffenen erhebliche Auswirkungen zeigt. Dabei muss es sich um Daten handeln, die eine Bewertung des Betroffenen, z.B. seiner Arbeitsleistung oder Kreditwürdigkeit, zum Inhalt haben. Wie von der Richtlinie vorgeschrieben, ist die Wahrnehmung dieses Rechts im DPA 1998 in bestimmten Konstellationen ausgeschlossen.[1121] Anders als die Richtlinie verzichtet Sec. 12 DPA 1998 auf das zusätzliche Erfordernis, dass die Entscheidung für den Betroffenen rechtliche Folgen nach sich ziehen muss.[1122] Darüber hinaus ist der

[1117] So Jay/Hamilton, Data Protection, 1999, S. 207.
[1118] Die englische Fassung der Richtlinie verwendet den Ausdruck zwingend (*compelling)*.
[1119] Jay/Hamilton, Data Protection, 1999, S. 207 sowie Information Commissioner a.a.O. Es stellt sich überdies die Frage, in welchen Fällen eine tatsächlich rechtmäßige Datenverarbeitung einen ungerechtfertigten Schaden hervorruft.
[1120] Jay/Hamilton, Data Protection, 1999, S. 192.
[1121] So ist dieses Recht ausgeschlossen, wenn gem. Sec. 12 (5) und (6) DPA 1998 die Entscheidung im Zusammenhang mit dem Abschluss oder der Durchführung eines Vertrages gefällt wird oder durch Gesetz zugelassen ist, wenn mit der Entscheidung dem Anliegen des Betroffenen entsprochen wird oder diesem die Möglichkeit zur Wahrung seiner Rechte z.B. durch eine Stellungnahme eingeräumt wird, Sec. 12 (7) DPA 1998.
[1122] Jay/Hamilton, Data Protection, 1999, S. 210.

Datenverarbeiter gem. Sec. 11 (2) (a) DPA 1998 verpflichtet, im Falle einer automatisierten, den Betroffenen bewertenden Entscheidung diesen über diese Entscheidungsgrundlage zu informieren. Nach Eingang dieser Mitteilung kann der Betroffene gem. Sec. 11 (2) (b) DPA 1998 innerhalb von 21 Tagen von dem Datenverarbeiter schriftlich verlangen, die Entscheidung zu überdenken oder eine neue Entscheidung auf einer anderen Grundlage zu treffen. Diese gegenüber der Richtlinie erweiterte Rechtsstellung des Betroffenen im Falle einer automatisierten Einzelentscheidung konstituiert eine weitere Informationspflicht des Datenverarbeiters und stellt so sicher, dass derartige Entscheidungen nicht ohne Wissen des Betroffenen gefällt werden.

7) Zusammenfassung

Die Pflichten des Datenverarbeiters unter dem DPA 1998, die den Betroffenen schützen sollen, sind vielfältig und entsprechen im Wesentlichen den Vorgaben der Richtlinie. Sie verlangen eine permanente Kontrolle der Verarbeitung an den mit ihr verfolgten Zwecken, die erforderlichenfalls eine Löschung nicht mehr erforderlicher Daten oder deren Aktualisierung verlangt. Eine pauschale Datenerhebung insbesondere auf Vorrat gibt es nicht, jeder Verarbeitung geht die Festlegung spezifischer Verwendungszweck voraus. Der Betroffene ist überdies umfassend über eine Verarbeitung zu informieren, ihm stehen Widerspruchs- und Auskunftsrechte zu, unter bestimmten Umständen auch die Berichtigung und Löschung von Daten, über die allerdings ein Gericht entscheiden muss. Auch hinsichtlich technischer Sicherheitsmaßnahmen ist der Datenverarbeiter zu deren Einhaltung verpflichtet, die eine ständige Anpassung der Verfahren an den Stand der Technik erfordert. Inwieweit ein Verstoß gegen diese Pflichten zu einer Haftung des Datenverarbeiters führt, richtet sich nach Sec. 13 DPA 1998.

II) Die Haftung des Datenverarbeiters gem. Sec. 13 DPA 1998

Gemäß Sec. 13 (1) DPA 1998 ist jeder, der auf Grund eines Verstoßes des Datenverarbeiters gegen die Anforderungen dieses Gesetzes einen Schaden erleidet, zum Ausgleich dieses Schadens durch den Datenverarbeiter berechtigt. Anspruchsberechtigt ist also wie in Art. 23 nicht nur derjenige, der von einer Verarbeitung seiner Daten betroffen ist.[1123] Zum Ersatz verpflichtet ist hingegen ausschließlich der Datenverarbeiter, da nur seine Verstöße gegen die Bestimmungen des DPA 1998 mit einer Schadensersatzpflicht belegt werden. Auch wenn dies den Anforderungen des Art. 23 entspricht, hatte der damalige *Data Protection Registrar* in der britischen Umsetzungsdiskussion die Einführung eines Ersatzanspruches auch gegen weitere Personen gefordert, die gegen die Vorschriften des DPA 1998 verstoßen, um den Betroffenen in jedem Fall einen Ausgleich ihrer Schäden zu ermöglichen.[1124] Verursachen mehrere Datenverarbeiter einen Schaden, in dem sie z.B. auf einen gemeinsamen Datenpool zugreifen, sind sie dem Geschädigten im Verhältnis ihrer jeweiligen Verursachungsbeiträge zum Ersatz

[1123] Sec. 13 (1) DPA 1998 spricht ausdrücklich vom Einzelnen (*individual*), der Ersatz seiner Schäden verlangen kann und nicht vom Betroffenen einer Datenverarbeitung (dem *data subject* im DPA 1998)

[1124] Data Protection Registrar, Consultation Paper on the EC Directive 95/46/EC: Response of the Data Protection Registrar, abgedruckt in: Encyclopdia of Data Protection, 2001, Band 3, Teil 4A, Rn. 4A-434/16.

verpflichtet.[1125] Der Datenverarbeiter haftet überdies nach den Grundsätzen des Common Law für schadensverursachende Dritte (*vicarious liability*).[1126]

1) Haftungsauslösender Tatbestand

Haftungsauslösender Tatbestand ist – wie in Art. 23 vorgesehen – der Verstoß gegen eine Vorschrift des DPA 1998. Hält man sich die Vorgängerregelung in Sec. 22 und 23 DPA 1984 vor Augen, so ist dies eine deutliche Erweiterung der Haftung, war diese unter dem DPA 1984 doch nur auf bestimmte einzelne Verstöße bzw. Konstellationen beschränkt.[1127] Es ist daher wenig erstaunlich, dass immer wieder – ob von Seiten der britischen Regierung[1128] oder der juristischen Literatur[1129] – die Erweiterung der Ersatzansprüche des Betroffenen positiv hervorgehoben werden. So können also beispielsweise Verstöße gegen die Datenschutzprinzipien, die unberechtigte Weigerung, dem Betroffenen Zugang zu seinen Daten einzuräumen oder die Nichtbeachtung seines Widerspruchs gegen eine Verarbeitung seiner Daten gem. Sec. 10 und 11 DPA 1998 eine Haftung gem. Sec. 13 DPA 1998 auslösen. Denkbar ist überdies ein Verstoß gegen die hier nicht näher erläuterte Pflicht zur Meldung einer Datenverarbeitung (*notification*), dem die Datenverarbeiter gem. Sec. 18 DPA 1998 unterliegen. Zwar dient diese Regelung nicht unmittelbar dem Schutz des Betroffenen, Sec. 13 DPA 1998 verlangt jedoch lediglich den Verstoß gegen irgendeine – nicht zwingend drittschützende – Regelung des Gesetzes.[1130]

2) Verschulden

Aus dem Wortlaut des Sec. 13 (1) DPA 1998 geht nicht hervor, ob für eine Haftung des Datenverarbeiters dessen Verschulden erforderlich ist. Nach Sec. 13 (3) DPA 1998 kann sich der Datenverarbeiter[1131] gegen einen Ersatzanspruch jedoch erfolgreich verteidigen, wenn er nachweist, dass er jene Sorgfalt angewandt hat, die unter allen Umständen vernünftigerweise erforderlich war, um die Voraussetzung des DPA 1998, gegen die verstoßen wurde, einzuhalten. Der Betroffene muss also nicht einen Verstoß gegen die den Umständen angemessene Sorgfalt nachweisen. Der Datenverarbeiter kann sich aber entlasten, wenn ihm der Nachweis gelingt, dass er jene Sorgfalt angewandt hat. Ein Verschulden ist also doch erforderlich, wenn auch die Beweislastvertei-

---

[1125] Jay/Hamilton, Data Protection, 1999, S. 234.

[1126] Diese lassen sich im wesentlichen in zwei Voraussetzungen zusammenfassen: der Dritte, der den Schaden durch eine unerlaubte Handlung (*tort*) herbeigeführt hat, muss ein Gehilfe (*servant*) des in Anspruch Genommenen sein und der Schaden muss in Ausübung der ihm übertragenen Aufgabe (*in the course of his employment*) eingetreten sein, Zweigert/Kötz, Rechtsvergleichung, 1996, S. 642.

[1127] Seite 58.

[1128] Vgl. nur die Pressemitteilung des Lord Chancellor's Department zum Inkrafttreten des DPA 1998 am 01.03.2000.

[1129] Walden, Tolley's Communications Law, Vol. 3 No. 6, 1998, 207 (211); Bainbridge, Data Protection, 2000, S. 137; Rowe, Tolley's Data Protection Act, 2000, S. 92; Lloyd, Guide, 1998, S. 79.

[1130] Im Übrigen dient die Meldung doch mittelbar dem Betroffenenschutz, da durch sie die Kontrolle einer rechtmäßigen Datenverarbeitung durch den Information Commissioner gewährleistet wird.

[1131] Auch wenn der Wortlaut des Sec. 13 (3) DPA 1998 von *person* spricht, ist dies synonym mit dem *data controller* zu verwenden, da nur dieser als Anspruchsgegner überhaupt in Betracht kommt.

lung den Datenverarbeiter verpflichtet, für dessen Nichtvorliegen Beweis anzutreten und es nicht die Aufgabe des Betroffenen ist, das Vorliegen positiv nachzuweisen.

Welche Maßnahmen notwendig bzw. angemessen sind, richtet sich dabei nicht nach dem aufgrund des Verstoßes gegen den DPA 1998 vorhersehbaren Schaden, sondern danach, wie der betroffenen Datenschutzregelung des DPA 1998 durch den Datenverarbeiter hätte entsprochen werden können. Ausreichend ist es, wenn der Datenverarbeiter die aus der ex ante-Perspektive notwendigen Sicherheitsmaßnahmen ergriffen hat.[1132] Tritt trotz deren Einhaltung dennoch ein Schaden ein, hat er für diesen nicht einzustehen. Die Vorhersehbarkeit des Schadens als Beurteilungskriterium für die Frage, ob der Datenverarbeiter die erforderlichen Sicherheitsmaßnahmen eingehalten hat, bejahen *Jay/Hamilton* aufgrund der Regelung, dass die *unter allen Umständen* erforderliche Sorgfalt angewendet worden sein muss.[1133] Dies ist jedoch nach dem Wortlaut abzulehnen, soweit infolgedessen Maßnahmen notwendig wären, die über die Einhaltung der betroffenen Datenschutzregelung hinausgehen.

Diese Regelung ähnelt derjenigen im DPA 1984.[1134] Es ist auch naheliegend, dass der britische Gesetzgeber jene weitestgehend in den DPA 1998 überführen wollte, eingedenk der Tatsache, dass die Briten bereits beim Entstehungsprozess der Richtlinie auf einer Verschuldenshaftung mit Beweislastumkehr bestanden und diese daher nur allzu bereitwillig in den Art. 23 Abs. 2 hineinlasen, um zu dem von ihnen gewünschten Ergebnis zu gelangen.[1135] Demzufolge ist der einzuhaltende Sorgfaltsmaßstab ein höherer als bei einem gewöhnlichen *negligence*-Anspruch, da die Grenze der Praktikabilität der erforderlichen Maßnahmen zur Schadensabwehr unbeachtlich ist. Auch wird seine Einhaltung vollumfänglich aus der ex post-Perspektive vom Gericht geprüft.[1136]

Trotz dieses erhöhten Sorgfaltsmaßstabes steht diese Regelung eindeutig im Widerspruch zu der hier vertretenen Ansicht zum Inhalt der Haftungsbefreiung nach Art. 23 Abs. 2. Grundsätzlich hat der Datenverarbeiter für Schäden einzutreten, die sich durch eine unzulässige Datenverarbeitung ereignen. Denn er hat eine Gefahrenquelle mit der Verarbeitung geschaffen, zieht den Nutzen aus ihr und ist am ehesten in der Lage, das Gefahrenpotential abzuschätzen und dem gemäß auf ein Mindestmaß zu reduzieren. Eine Haftung entfällt nach Art. 23 Abs. 2 also nur dann, wenn die Schäden nicht auf dem Betreiben dieser Gefahrenquelle beruhen oder infolge höherer Gewalt verursacht wurden.[1137]

[1132] Vgl. die Ratschläge für die Praxis bei Oppenheim/Davies/Warwood, Guide to the Practical Implementation, 2000, S. 72.

[1133] Data Protection, 1999, S. 235.

[1134] Bainbridge, Data Protection, 2000, S. 137. Zum Haftungsausschluss im DPA 1984 vgl. Seite 63ff.

[1135] Die Haltung der britischen Labour-Regierung wird insbesondere in ihren ersten Vorschlägen zur Umsetzung der Richtlinie deutlich: so wurde bereits hervorgehoben, dass gegen die Geltendmachung von Schadensersatzansprüchen Einwendungen (*defences*) vergleichbar mit denen im gegenwärtigen DPA 1984 verfügbar sein werden, mögliche Divergenzen zur Richtlinie wurden nicht erwähnt, Home Office, Data Protection, The Government's Proposals, Juli 1997, in: Encyclopedia of Data Protection, Band 3, Teil 4A, Rn. 4A-445.

[1136] Zum Sorgfaltsmaßstab bei *negligence* siehe Seite 65.

[1137] Siehe Seite 187f.

3) Schaden

Auch beim zu ersetzenden Schaden tun sich Widersprüche zu den Vorgaben der Richtlinie auf. So heißt es zunächst in Sec. 13 (1) DPA 1998, dass jeder Schaden (*damage*) zu ersetzen sei, wie es auch die Richtlinie vorsieht.[1138] Aus den Aussagen des Regierungsvertreters in den Beratungen des House of Lords zum DPA 1998 ist zu entnehmen, dass man Sec. 13 (1) DPA 1998 einen umfassenden Begriff des Schadens zugrunde legen wollte. Man wolle beim Begriff *damage* des Sec. 13 (1) DPA 1998 die Regelung des DPA 1984 übernehmen, die sowohl finanzielle Schäden als auch sonstige Schäden umfasste. Dies wurde dahingehend präzisiert, dass der Begriff weit genug sei, um neben finanziellen Verlusten auch „Verletzungen des Eigentums und der Person" zu umfassen.[1139] Anders als beim DPA 1984 und der damaligen Diskussion, ob nun auf die Grundsätze des Tort Law zurückgegriffen werden soll oder die Rechtsprechung eigene Kriterien zu der Ersatzfähigkeit der erlittenen Schäden entwickelt,[1140] gibt es überdies Anzeichen in der Rechtsprechung zum Sec. 13 DPA 1998, die ersteres befürworten. So spricht der Court of Appeal in *Douglas v. Hello! (No.2)* vom *breach of statutory duty* unter dem DPA 1998.[1141]

Es ist daher davon auszugehen, dass die Gerichte bei der Haftung gem. Sec. 13 DPA 1998 tatsächlich, so wie hier vertreten, die Grundsätze des Tort Law anwenden werden. Ersatzfähig gem. Sec. 13 (1) DPA 1998 sind also wie auch schon im DPA 1984 Sach- und Personenschäden sowie Vermögensschäden.[1142] Erlittene Ehrverletzungen oder Schmerzen werden ebenfalls von Sec. 13 (1) DPA 1998 erfasst.[1143]

In Sec. 13 (2) (a) und (b) DPA 1998 erfährt diese zunächst umfassend erscheinende Regelung der ersatzfähigen Schäden also eine Einschränkung. Verletzte Gefühle, Kummer, Ängste und Demütigungen sind nur zu ersetzen, wenn der Betroffene weiteren Schaden erlitten hat oder wenn sich der Verstoß bei der Verarbeitung personenbezogener Daten für literarische, künstlerische oder journalistische Zwecke ereignet.

Der eingeschränkte Ersatz von *distress* gem. Sec. 13 (2) (a) DPA 1998 ist bereits aus dem DPA 1984 bekannt. Lediglich der uneingeschränkte Ersatz von *distress* gem. Sec. 13 (2) (b) DPA 1998 im Falle der Verarbeitung zu literarischen, künstlerischen und journalistischen Zwecken (*processing for special purposes*) stellt eine Neuerung gegenüber dem DPA 1984 dar. Dieser auf den ersten Blick gegenüber Sec. 13 (2) (a) DPA 1998 erweitert erscheinende Anspruch ist jedoch im Zusammenhang mit den großzügigen Ausnahmeregelungen in Sec. 32 DPA 1998 für die Datenverarbeitung zu besonderen Zwecken zu beurteilen. Wird die Verarbeitung demnach mit dem Ziel einer Veröffentlichung vorgenommen, von der der Datenverarbeiter vernünftigerweise annehmen musste, dass sie im öffentlichen Interesse sei und durfte er vernünftigerweise glauben, dass die Einhaltung der jeweils relevanten Datenschutzvorschriften mit

[1138] Siehe Seite 181.
[1139] Vgl. die Aussagen von George Howarth in den Parliamentary Debates, House of Commons Official Report, Standing Committee Session 1997 – 1998, Vol. 3, S. 126.
[1140] Siehe Seite 61f.
[1141] [2003] EMLR 28 Rn. 47 obiter dictum.
[1142] Insofern kann also uneingeschränkt auf die entsprechenden Erläuterungen zum DPA 1984 verwiesen werden, siehe Seite 69ff.
[1143] Jay/Hamilton, Data Protection, 1999, S. 234.

dem jeweiligen journalistischen, künstlerischen oder literarischen Zweck unvereinbar sei, ist der Verarbeiter von der Einhaltung sämtlicher Datenschutzprinzipien und der Gewährung der meisten Betroffenenrechte befreit.[1144]

Kann der Datenverarbeiter sich also erfolgreich auf die Voraussetzungen des Sec. 32 DPA 1998 berufen, führt auch ein faktischer Verstoß gegen die Datenschutzprinzipien nicht zu einem Verstoß im Sinne des Sec. 13 DPA, kommt eine Haftung mithin nicht in Betracht. Die Datenverarbeiter zu besonderen Zwecken müssen also prinzipiell im größeren Umfang einen eingetretenen Schaden ersetzen als sonstige Datenverarbeiter, ihnen steht aber ein zusätzliches Verteidigungsmittel, die Berufung auf Sec. 32 DPA 1998, zur Verfügung.

Im Hinblick auf Vereinbarkeit dieser Regelung mit Art. 23 der Richtlinie ist zu bedenken, dass diese in der Umsetzung der von der Richtlinie zur Wahrung des Rechts auf freie Meinungsäußerung in Art. 9 vorgesehenen Einschränkungen der Datenschutzregelungen erfolgte. Soweit diese Umsetzung richtlinienkonform ist, müssen somit die Auswirkungen auf die Haftungsregelung in Kauf genommen werden. Ob Sec. 32 DPA 1998 Art. 9 der Richtlinie konform umsetzt, soll an dieser Stelle dahingestellt bleiben, da dies nicht Gegenstand dieser Untersuchung ist. Soviel sei jedoch angemerkt: Sec. 32 DPA 1998 wird in der Literatur als eine überaus großzügige Interpretation der Vorgaben in Art. 9 der Richtlinie erachtet, deren eigentliches Ausmaß zu einem Großteil von der Auslegung der Gerichte abhängt, ob die Einhaltung der Datenschutzvorschriften mit den besonderen Verarbeitungszwecken unvereinbar sei.[1145]

Ungeachtet des bislang Gesagten, sollte es mit dieser Regelung erleichtert werden, im Falle einer die Verhaltensrichtlinien der *Press Complaint Commission* verletzenden Berichterstattung Ersatz des erlittenen *distress* zu erlangen.[1146] Passenderweise lag denn auch dem ersten Urteil zum Sec.13 DPA 1998 im April 2002 ein Fall des Sec. 13 (2) (b) zu Grunde: geklagt hatte das Model Naomi Campbell gegen die Tageszeitung *The Mirror* auf Ersatz des von ihr erlittenen *distress* infolge von Veröffentlichungen über ihre Besuche einer Selbsthilfegruppe von Drogenabhängigen.[1147]

1144 So muss u.a. kein Recht auf Zugang gem. Sec. 7 DPA 1998 gewährt werden, der Betroffene kann der Verarbeitung nicht gem. Sec. 10 DPA 1998 widersprechen und sich auch nicht gegen eine ausschließlich automatisierte Einzelentscheidung gem. Sec. 12 DPA 1998 wenden.

1145 Jay/Hamilton, Data Protection, 1999, S. 265. In den bislang entschiedenen Fällen ging es allerdings maßgeblich um die Frage, ob Sec. 32 DPA 1998 sich nur auf die Datenverarbeitung vor der Veröffentlichung bezieht, so Morland J in *Campbell v Mirror Group Newspapers* [2002] EMLR 30 Rn. 45, oder auch jene nach einer Veröffentlichung erfasst, so die Entscheidung des Court of Appeal in der Berufung des genannten Verfahrens, *Campbell v MGN Ltd.* [2003] QB 633 (676). Der Court of Appeal hielt es im weiteren dann für zulässig, dass sich die Beklagte auf Sec. 32 DPA berief und bejahte die Voraussetzung der Unvereinbarkeit der Veröffentlichung mit der Einhaltung der Datenschutzvorschriften lapidar mit dem Ausspruch, eine Beachtung der Vorschriften wäre „vernünftigerweise nicht praktikabel" gewesen, a.a.O. S. 677. Kritisch zu der letztgenannten Entscheidung, Phillipson (2003) 66 MLR 726 (734f.).

1146 Vgl. die Beratungen im Standing Comittee, House of Commons Official Report, Session 1997-1998, Vol. 3, S. 127.

1147 *Campbell v Mirror Group Newspapers* [2002] EMLR 30. Zwischenzeitlich hat das House of Lords höchstrichterlich im Sinne von Naomi Campbell entschieden, allerdings nicht aufgrund eines Anspruches aus Sec. 13 DPA 1998 (siehe Lord Birkenhead, *Campbell v MGN Newspapers*, 2004 WL 852411 Rn.32), sondern ausschließlich aufgrund eines Anspruches aus *breach of confidence*.

Die Entscheidung überrascht dennoch in anderer Hinsicht: Aus der Zeit des DPA 1984 ist lediglich ein Urteil bekannt, in dem über Schadensersatzansprüche gem. Sec. 22, 23 DPA 1984 entschieden wurde.[1148] Es ist daher bemerkenswert, dass vergleichsweise kurze Zeit nach Inkrafttreten des DPA 1998 bereits ein Urteil zum Sec. 13 DPA 1998 gefällt wurde. Auch 2003 wurde in einem weiteren, prominenten Fall auf Schadensersatz gem. Sec. 13 DPA 1998 geklagt: das Schauspielerpaar Michael Douglas und Catherine Zeta-Jones, von deren Hochzeit ungenehmigt Fotoaufnahmen gemacht und anschließend von einer Illustrierten veröffentlicht wurden, machten ebenfalls Schadensersatz infolge eines Verstoßes gegen den DPA 1998 geltend.[1149] Ein Grund für die Klagen aus Sec. 13 DPA 1998 dürfte die nach wie vor fehlende Anerkennung eines *right of privacy* im Common Law gewesen sein, bei dessen Verletzung der Betroffene Ersatz des immateriellen Schadens verlangen könnte, ohne auch einen materiellen Schaden erlitten zu haben.[1150] Statt die spezifischen Vorraussetzungen z.B. einer Ehrverletzung nachweisen zu müssen,[1151] bietet Sec. 13 DPA 1998 nun die Möglichkeit,

---

[1148] *Swinney and Another v Chief Constable of Northumbria (No. 2)*, QBD, The Times, 25.05.1999. White, E.H.R.L.R. 2003, 25 (35) berichtet von einem weiteren, nicht veröffentlichten Urteil in *Ogle v Chief Constable of Thames Valley*. In einer Reihe von Lehrbüchern findet sich daher auch die Anmerkung, über Fälle, in denen Schadensersatz geltend gemacht wurde, sei nichts bekannt, Bainbridge, Data Protection, 2000, S. 137; Singleton, Tolley's Data Protection, 2001, S. 37; Lloyd, A guide, 1998, S. 79.

[1149] Das Gericht verneinte allerdings den Anspruch, da davon auszugehen sei, dass die Illustrierte auch oder gerade bei einer Einwilligung in die Veröffentlichung – ihr Fehlen stellte den Verstoß gegen den DPA 1998 dar – die Aufnahmen veröffentlicht hätten. Der durch die Veröffentlichung entstandene (immaterielle) Schaden wäre mithin auch bei einem rechtmäßigen Verhalten der Beklagten entstanden, *Douglas v Hello! (No.5)*, [2003] 31 EMLR 641 (724f.).

[1150] Neben dem Tort *dafamation*, dass klassischerweise als Deliktstatbestand für den Ersatz immaterieller Schäden bei Persönlichkeitsverletzungen in Betracht kommt, wird in der englischen Literatur zunehmend befürwortet, auch bei *breach of confidence* Ersatz der typischerweise bei einem Vertrauensbruch verursachten verletzten Gefühle anzuerkennen, da dieser letztlich auch vor Persönlichkeitsverletzungen schütze, vgl. Phillipson/Fenwick, (2000) 63 MLR 660 (691) sowie die Hinweise bei Witzleb, Geldansprüche, 2002, S. 377, Fn. 66. Mittlerweile hat auch die Rechtsprechung ausschließlichen Ersatz für verletzte Gefühle gewährt, *Cornelius v De Taranto* [2001] EMLR 329 (344) sowie in *Jaqueline A v The London Borough of Newham* (2001) WL 1612596. Auch in der ersten erstinstanzlichen Entscheidung zu *Naomi Campbell v Mirror Group Newspapers* sprach Morland J – neben einem Anspruch aus Sec. 13 (2) (b) DPA 1998 – Ersatz für die verletzten Gefühle aus *breach of confidence* zu, [2002] EMLR 30 Rn. 75. Einen Anspruch auf Schadenersatz aus *breach of confidence* wurde ebenso in der Hauptsacheentscheidung in dem Verfahren *Douglas v. Hello* [2003] 31 EMLR 641 (647) anerkannt. Dies erfolgte unter der ausdrücklichen Anerkennung einer Pflicht der britischen Gerichte, nach dem Inkrafttreten der EMRK in Großbritannien gem. Sec. 6 (1) HRA 1998 die in ihr verbürgten Rechte im Falle einer richterlichen Entscheidung über das Vorliegen eines *breach of confidence* abzuwägen. In diesem Verfahren wurde nochmals darauf hingewiesen, dass das englische Recht zwar eine Lücke hinsichtlich eines Schutzes der Privatsphäre aufweise, diese aber vorliegend durch die entsprechende Anwendung eines *breach of confidence* geschlossen werden könne. Für die Anerkennung eines *right of privacy* durch Rechtsfortbildung der Gerichte sei also kein Raum, a.a.O., S. 721. Im Übrigen sei es zunächst die Aufgabe des Parlamentes, diese Lücke zu schließen. Auch wenn dies der vertraute Ruf nach dem Gesetzgeber darstellt, ist er nicht mehr ganz so kategorisch wie in früheren Entscheidungen. Das Gericht macht hier deutlich, dass es sich sehr wohl zu einer Anerkennung eines *right of privacy* durchringen werde, wenn es ihm – anders als im vorliegenden Fall – nicht möglich sei, die Lücke durch den Rückgriff auf andere Rechtsinstitute zu schließen. Vgl. auch zur Entwicklung der Rechtsprechung zu *breach of confidence* die Analyse von Phillipson, (2003) 66 MLR 726ff.

[1151] *Defamation* ist einer der wenigen Deliktstatbestände, der als *actionable per se* den Ersatz des immateriellen Schadens ohne dessen Nachweis gewährt.

unter erleichterten Voraussetzungen Schadensersatz für emotionale Beeinträchtigungen zu erhalten.[1152]

Dies ändert jedoch nichts daran, dass aus der Sicht der Umsetzung der Datenschutzrichtlinie Sec. 13 DPA 1998 für eine bestimmte Schadenskategorie – *distress* – einen Ersatz nur unter eingeschränkten Bedingungen vorsieht, während die Richtlinie einen uneingeschränkten Ersatz aller Schäden postuliert.

4) Kausalität

Der Schaden muss durch den Verstoß gegen eine Regelung des DPA 1998 kausal verursacht worden sein. Ohne näher auf die Anforderungen an ihr Vorliegen einzugehen, wird dies in den Kommentierungen zum Sec. 13 DPA 1998 vorausgesetzt.[1153] Gegenüber der Regelung im DPA 1984 hat sich hier also nichts geändert, dies entspricht aber auch der Richtlinie, die die Ausgestaltung der Kausalität den Mitgliedsstaaten überlässt. Der Datenschutzverstoß muss also zunächst nach dem *but for*-Test notwendige Bedingung für den Schadenseintritt gewesen sein und auch nach wertenden Gesichtspunkten keine so entfernte Ursache darstellen, dass die Zurechnung des Schadens dem Datenverarbeiter gegenüber unbillig erscheint.[1154]

5) Mitverschulden und Beweislast

Angesichts fehlender abweichender Regelungen ist auch für Sec. 13 DPA 1998 anzunehmen, dass ein Mitverschulden des Betroffenen den Schadensersatzanspruch kürzen kann.[1155] Im Widerspruch zur Richtlinie steht dies nicht, da der Betroffene, der zu einer Beeinträchtigung seiner Privatsphäre und den daraus resultierenden Schäden beiträgt, auch nach der Richtlinie nicht schutzwürdig ist. Schließlich kann sich gerade nach Art. 23 Abs. 2 der Anspruch mindern, wenn der Betroffene sich falsch verhalten hat.[1156]

Dem Betroffenen obliegt auf der Basis einer hinreichenden Wahrscheinlichkeit der Nachweis, dass ein Verstoß gegen den DPA 1998 vorliegt und hierdurch ein Schaden verursacht wurde. Dem Datenverarbeiter obliegt der Nachweis, mit hinreichender Wahrscheinlichkeit die angemessene Sorgfalt angewendet zu haben. Im Falle einer verschuldensunabhängigen Haftung, wie sie die Richtlinie vorschreibt, wäre ein solcher Entlastungsnachweis nicht möglich. Allenfalls der Nachweis, der Schaden beruhe z. B. ausschließlich auf einem Fehlverhalten des Betroffenen oder auf höherer Gewalt, ist nach der Richtlinie zulässig.

[1152] In der Literatur wird deshalb auch die Einschätzung vertreten, Sec. 13 DPA 1998 werde zunehmend attraktiver als Auffangtatbestand für die Haftung von Verletzungen der Privatsphäre, White, E.H.R.L.R. 2003, 25 (36).

[1153] Vgl. nur Jay/Hamilton, Data Protection 1999, S. 235 ; Carey, Blackstone's Guide to Data Protection, 1998, S. 19; Oppenheim/Davies/Warwood, Guide to the Practical Implementation 2000, S. 72; Bainbridge, Data Protection 2000, S. 137; Singleton, Tolley's Data Protection 2001, S. 37.

[1154] Zur Kausalität im Einzelnen vgl. die Ausführungen zum DPA 1984 auf Seite 74ff.

[1155] Zur *contributory negligence* vgl. Seite 81.

[1156] Erwägungsgrund 55.

6) Zusammenfassung

Zusammenfassend ist also festzuhalten, dass Sec. 13 DPA 1998 in zwei Punkten von den Vorgaben der Richtlinie abweicht: Anstelle einer Gefährdungshaftung enthält die Regelung eine Verschuldenshaftung mit Beweislastumkehr, des weiteren schränkt sie den Umfang des zu ersetzenden Schadens dahingehend ein, dass für verletzte Gefühle nur dann Ersatz zu leisten ist, wenn ein weiterer materieller Schaden entstanden ist, es sei denn, es handelt sich um eine Datenverarbeitung zu journalistischen, künstlerischen oder literarischen Zwecken. Da diese Datenverarbeitung unter bestimmten Voraussetzungen von der Einhaltung einer Reihe von Datenschutzvorschriften befreit ist, ist dieser prinzipiell uneingeschränkte Ersatz für verletzte Gefühle nur in Ausnahmefällen möglich.

Ob eine solche Ausnahme vorliegt, wird im Wesentlichen die Auslegung und Anwendung der Befreiungsvorschriften für die Datenverarbeitung für besondere Zwecke durch die Rechtsprechung entscheiden. Sec. 32 DPA 1998 enthält wesentliche Beurteilungsspielräume, z.B. bei der Frage, ob der Datenverarbeiter vernünftigerweise davon ausgehen durfte, dass die Verarbeitung im öffentlichen Interesse lag, oder ob die Einhaltung der Datenschutzvorschriften mit der Wahrung der besonderen Zwecke unvereinbar war. Je großzügiger die Rechtsprechung sich gegenüber der Erfüllung dieser Voraussetzungen zeigt, desto geringer sind die Chancen für Betroffene, ihren ausschließlichen Gefühlsschaden ersetzt zu bekommen.

Für den überwiegenden Teil der Datenverarbeitungen wurde also die Regelung der Sec. 22 und 23 DPA 1984 hinsichtlich des Umfanges der zu ersetzenden Schäden beibehalten. Die damit verbundenen Hindernisse für den Betroffenen, einen Ausgleich seiner erlittenen Schäden zu erhalten, bestehen also weiterhin. Positiv hervorzuheben gegenüber der Regelung des DPA 1984 ist allerdings die Ausweitung der Haftung auf jede Verletzung der datenschutzrechtlichen Vorschriften.

C) Die Umsetzung in Deutschland

I) Die Reform des BDSG

Wenn nun die deutsche Umsetzung der Datenschutzrichtlinie beleuchtet werden soll, so fällt zunächst der Zeitfaktor ins Auge: so zügig und pünktlich wie die Briten die Richtlinie umsetzten, so zögerlich waren die Deutschen. Mit beinahe dreijähriger Verspätung trat am 23.05.2001 das neue Bundesdatenschutzgesetz (BDSG 2001) in Kraft, nachdem die Europäische Kommission mehrfach die Umsetzung angemahnt und im Januar 2000 ein Vertragsverletzungsverfahrens eingeleitet hatte.[1157] Ursache für die Verspätung war dabei wohl weniger der Regierungswechsel 1998, da bereits die vorherige Regierung der CDU/FDP-Koalition es nicht geschafft hatte, sich im Kabinett auf einen Gesetzesentwurf zu einigen. Der Umsetzungsprozess gestaltete sich vielmehr schon deshalb problematisch, weil der Datenschutz als Querschnittsmaterie Auswirkungen in vielerlei Bereichen zeigt, die im Falle einer Änderung des allgemeinen BDSG 1990 genau abgestimmt werden mussten.[1158]

So war es nun das Pflichtprogramm der neuen Regierung von SPD und Bündnis 90/Die Grünen, die Richtlinie in das deutsche Recht zu implementieren. Unter dem Druck der drohenden Verurteilung durch den EuGH und nach zahlreichen Änderungen auf Wunsch der datenverarbeitenden Wirtschaft einerseits sowie der Datenschutzbeauftragen andererseits legte die Bundesregierung dann im August 2000 einen Gesetzesentwurf zur Verabschiedung vor.[1159] In diesem brachte sie ihre Absicht zum Ausdruck, mit dieser Novelle zunächst der zwingenden Umsetzung der Datenschutzrichtlinie nachzukommen, um sodann in einer zweiten Novelle weitere Neuerungen des deutschen Datenschutzrechts vorzunehmen.[1160] Mit dieser Lösung wollte man dem Dilemma entkommen, einer Verurteilung durch den EuGH auf Kosten der notwendigen Reform des Datenschutzrechtes zu entgehen.[1161]

Diese zweite Novellierung sollte das Datenschutzrecht unter anderem entbürokratisieren, vereinfachen und lesbarer machen, nachdem die zunehmende Zahl an bereichsspezifischen Regelungen zu einer auch für Experten beinahe undurchschaubaren Zersplitterung der im Einzelfall anwendbaren Regelungen geführt hatte.[1162] Überdies wurde lange Zeit nach dem „Prinzip des Hinzufügens" verfahren: Dem Stand der Technik nicht mehr entsprechende Regelungen wurden lediglich durch zeitgemäßere Bestimmungen, meist in bereichsspezifischen Gesetzen wie z. B. im Telekommunikationsbereich, ergänzt und überschnitten sich so mit den allgemeinen Bestimmungen

---

1157 Jacob, DuD 2000, 5; Rs. C-443/00, *Kommission der Europäischen Gemeinschaften / Bundesrepublik Deutschland.*

1158 Jacob, DuD 2000, 5.

1159 BT-Drs. 14/4329. Insgesamt wurden mehr als 60 Änderungen vom ersten Vorentwurf bis zum letztlich eingebrachten Entwurf vorgenommen, Jacob, DuD 2000, 5.

1160 BT-Drs. 14/4329 S.30f. Zu den in der zweiten Novelle anzugehenden Problembereichen, vgl. Jacob, DuD 2000, 5 (8ff.); Gerhold/Heil, DuD 2001, 377 (380ff.). Mittlerweile gibt es ein Gutachten zur Modernisierung des Datenschutzes in Deutschland, das als wesentliche (Diskussions-)Grundlage für die notwendigen Reformen dient, Roßnagel/Pfitzmann/Garstka, Modernisierung, 2001. Vgl. hierzu Gola/Klug, NJW 2003, 2420 (2428) m.w.N.

1161 Simitis/*Simitis*, BDSG, 2003, Einleitung Rn. 97.

1162 Tinnefeld, NJW 2001, 3078 (3079); Franzen, DB 2001, 1867.

des BDSG 1990.[1163] Ohne im Einzelnen darauf einzugehen, ist festzuhalten, dass die Umsetzung der Datenschutzrichtlinie diese Probleme noch einmal verstärkt und die Notwendigkeit einer grundlegenden Reform umso dringender gemacht hat. Diese lässt jedoch bis heute auf sich warten.[1164]

Mitursächlich für die gestiegene Komplexität des BDSG 2001 ist der entgegen vieler Forderungen beibehaltene Aufbau des BDSG 1990:[1165] Das Gesetz unterscheidet zwischen privater und öffentlicher Datenverarbeitung, sodass es notwendig wurde, jeweils gesonderte Bestimmungen für die beiden Bereiche zu verfassen.[1166] Hierdurch stiegen nochmals Regelungsdichte und –umfang. Der Bundesrat hingegen hatte in der Trennung zwischen öffentlichem und privatem Bereich ausdrücklich einen Beitrag zur Transparenz und Normenklarheit gesehen.[1167] Dieser Aufbau steht Im Übrigen im Widerspruch zur Richtlinie, die gerade nicht mehr zwischen öffentlicher und privater Datenverarbeitung unterscheidet.[1168]

Die Trennung zwischen öffentlicher und privater Datenverarbeitung bestimmt denn auch den gesamten Aufbau des BDSG 2001. So teilt sich das Gesetz in fünf Abschnitte auf, von denen im Rahmen der vorliegenden Untersuchung insbesondere die ersten drei von Bedeutung sind: im ersten Abschnitt finden sich allgemeine und gemeinsame Bestimmungen für beide Arten der Datenverarbeitung, im zweiten Abschnitt ist die öffentliche Datenverarbeitung, im dritten Abschnitt jene im privaten Bereich im Einzelnen geregelt. Allerdings gibt es bereits im ersten Abschnitt Vorschriften, die nur für öffentliche bzw. nicht-öffentliche Datenverarbeiter gelten.[1169]. Überdies gelten für öffentlich-rechtliche Wettbewerbsunternehmen im Sinne des § 12 BDSG 2001 die Vorschriften für nicht-öffentliche Stellen gleichermaßen.[1170]

Anders als in der Richtlinie unterscheidet das BDSG 2001 zwischen der Erhebung, der Verarbeitung und der Nutzung der Daten und bestimmt deren Zulässigkeit jeweils in gesonderten Vorschriften. Überdies differenziert das BDSG 2001 zwischen einzelnen Verarbeitungsphasen, wie der Speicherung, Veränderung, Übermittlung, Sperrung und der Löschung der Daten.[1171] Auffallend ist, dass die Nutzung nach dem BDSG 2001 gerade nicht zur Verarbeitung zählt, sondern vielmehr jede Verwendung meint, die nicht unter eine der vom Gesetz bestimmten Verarbeitungsphasen fällt.[1172] Folglich sind Vorschriften des BDSG 2001, die sich auf die Verarbeitung beziehen, nicht auf

---

[1163] Tinnefeld, NJW 2001, 3078 (3079).

[1164] Vgl. die Entschließung „Forderungen der Konferenz der Datenschutzbeauftragten des Bundes und der Länder an Bundesgesetzgeber und Bundesregierung“ auf der Konferenz der Datenschutzbeauftragten vom 27./28.03.03, www.bundesdatenschutzbeauftragter.de.

[1165] Tinnefeld, NJW 2001, 3078 (3080); Runge, DuD 1996, 261 (265); Simitis, NJW 1997, 281 (287); Lavranos, DuD 1996, 400 (402); wohl auch Gounalakis/Mand, CR 1997, 431 (434)).

[1166] Z.B. bei den Ausnahmebestimmungen vom grundsätzlichen Verarbeitungsverbot sensitiver Daten, Christians, DANA 4/2000, 14 (15).

[1167] Stellungnahme des Bundesrates zum Gesetzesentwurf BT-Drs. 14/4329 S. 54.

[1168] Siehe Kapitel 4 A II.

[1169] Z.B. die Haftung gem. §§ 7 und 8 BDSG 2001.

[1170] Die Anwendung gilt jedoch nur eingeschränkt, vgl. Simitis/*Dammann*, BDSG, 2003, § 12 Rn. 9.

[1171] Vgl. auch die Definitionen der einzelnen Phasen in § 3 Abs. 4 BDSG 2001.

[1172] Vgl. § 3 Abs. 5 BDSG 2001. Hiermit wollte man jeden Umgang mit Daten, der nicht unter die Definition einer der Verarbeitungsphasen fällt, erfassen und so insbesondere den Zweckbindungsgrundsatz sicherstellen, Simitis/*Dammann*, BDSG, 2003, § 3 Rn. 194, 195.

die bloße Nutzung der Daten anwendbar und umgekehrt. Ebenso ist darauf zu achten, welche der einzelnen Verarbeitungsphasen von der jeweiligen Vorschrift erfasst werden.[1173]

Die folgende Darstellung richtet wie bisher das Augenmerk vorwiegend auf die Regelungen, die für die hier relevante Haftung maßgeblich sind.

1) Anwendungsbereich und Begriffsbestimmungen des BDSG 2001[1174]

Auch der deutsche Gesetzgeber wollte ebenso wie der britische eine einheitliche Regelung für den Datenumgang mit und ohne Gemeinschaftsbezug schaffen und unterscheidet daher nicht zwischen diesen[1175]. Gemäß § 1 Abs. 2 BDSG 2001 gilt dieses Gesetz daher für die Erhebung, Verarbeitung und Nutzung personenbezogener Daten sowohl durch öffentliche als auch durch nicht-öffentliche Stellen.[1176]

Im Falle von nicht-öffentlichen Stellen müssen die Daten unter Einsatz von Datenverarbeitungsanlagen oder in bzw. aus nicht automatisierten Dateien erhoben, verarbeitet oder genutzt werden und nicht ausschließlich persönlichen oder familiären Tätigkeiten dienen. Anders als im BDSG 1990 müssen die Daten durch nicht-öffentliche Stellen also nicht mehr geschäftsmäßig, d.h. auf eine gewisse Dauer hin angelegt,[1177] verarbeitet werden, um unter das BDSG 2001 zu fallen. Zudem gibt es keine Ausnahme für sog. Zwischendateien und nicht automatisierte Dateien, die nicht zur Übermittlung an Dritte bestimmt sind. Dies stellt eine erhebliche Ausweitung des Anwendungsbereiches des BDSG 2001 für die nicht-öffentliche Datenverarbeitung dar, die jedoch den Vorgaben der Richtlinie entspricht.[1178] Die Richtlinie verlangte auch die ausdrückliche Einbeziehung der Datenerhebung durch nicht-öffentliche Stellen in den Anwendungsbereich des BDSG 2001.[1179]

Soweit für die private Datenverarbeitung das BDSG 2001 den Einsatz von Datenverarbeitungsanlagen voraussetzt, wird diese Einschränkung dadurch abgemildert, dass

---

[1173] So erfasst § 14 BDSG 2001 die Speicherung, Veränderung und Nutzung des Daten, § 15 BDSG 2001 die Übermittlung von Daten durch öffentliche Stellen.

[1174] Das Gesetz ist im Internet unter anderem auf der Webseite des Bundesbeauftragten für den Datenschutz veröffentlicht, www.bundesdatenschutzbeauftragter.de.

[1175] BT-Drs. 14/4329, S.1.

[1176] Vgl. insoweit die ausführliche Begriffsbestimmung der öffentlichen und nicht-öffentlichen Stellen in § 2 BDSG 2001. Zum für den privaten Bereich problematischen Begriff der Stelle und der Notwendigkeit der Enumeration nicht-öffentlicher Stellen aufgrund des Zweckes des BDSG 2001, jede Verarbeitung zu erfassen, vgl. Simitis/*Simitis*, BDSG, 2003, § 2, Rn. 112ff.

[1177] Petri, DuD 2002, 726 (727) Fn. 15.

[1178] Über diese Tatsache kann auch nicht der Wortlaut des § 1 Abs. 2 BDSG 2001 hinwegtäuschen, wenn er davon spricht, dass nur nicht automatisierte **Dateien** vom Anwendungsbereich erfasst sind. Nach der Begriffsbestimmung der Richtlinie wird nämlich bereits eine einfach strukturierte Akte hiervon erfasst, Simitis/*Simitis*, BDSG, 2003, § 1 Rn. 74; ähnlich Duhr/Naujok/Peter/Seiffert, DuD 2001, 5 (9).

[1179] Vgl. die gesonderte Begriffsbestimmung der Erhebung in § 3 Abs. 3 BDSG 2001 einerseits und die der Verarbeitung in § 3 Abs. 4 BDSG 2001 andererseits.

die Daten lediglich offensichtlich aus einer automatisierten Verarbeitung entnommen sein müssen, um unter das Gesetz zu fallen.[1180]

Die Umsetzung des umfassenden Verarbeitungsbegriffes der Richtlinie hat auch dazu geführt, den Normadressaten der „speichernden Stelle" durch die „verantwortliche Stelle" gem. § 3 Abs. 7 BDSG 2001 zu ersetzen. Damit werden – anders als im bisherigen BDSG 1990 – auch solche Stellen oder Personen erfasst, die Daten zwar nicht speichern, jedoch in sonstiger Weise nutzen.[1181]

2) Grundlagen der zulässigen Datenverarbeitung

Die Datenerhebung, -verarbeitung und -nutzung ist nur zulässig, wenn das Gesetz dies vorsieht oder der Betroffene einwilligt, § 4 Abs. 1 BDSG 2001. Wichtig und im Rahmen der Umsetzung notwendig war die Erweiterung des Grundsatzes des Erlaubnisvorbehaltes auf die Erhebung von Daten durch private Datenverarbeiter.[1182] Dieser im alten BDSG 1990 nur für die öffentlichen Stellen geltende Grundsatz war infolge der Gleichstellung von öffentlichem und privatem Bereich in der Richtlinie auf alle Erhebungs- und Verarbeitungsvorgänge auszudehnen.

a) Die Einwilligung des Betroffenen, § 4a BDSG 2001

Entsprechend der großen Bedeutung der Einwilligung des Betroffenen in der Richtlinie, sieht § 4a BDSG 2001 eine ausführliche Definition der Einwilligung vor. So soll die Einwilligung auf der „freien Entscheidung" des Betroffenen beruhen. Dies erfordert – ebenso wie in Art. 2 lit. h – eine Willensäußerung ohne Zwang, für den konkreten Fall und in Kenntnis der Sachlage.[1183]

Diese sog. informierte Einwilligung setzt die Aufklärung des Betroffenen über den Zweck der Datenverwendung bzw. –nutzung voraus sowie, falls im Einzelfall erforderlich oder verlangt, einen Hinweis auf die möglichen Folgen einer Verweigerung der Einwilligung. Letzteres ist ebenfalls in Umsetzung von Art. 2 lit. h aufgenommen worden. In der Praxis ist zu erwarten, dass es zu Auslegungsschwierigkeiten darüber kommen wird, unter welchen Umständen ein Hinweis entbehrlich ist und wann nicht.

[1180] Dies führt allerdings zu Diskrepanzen beim Umgang mit Arbeitnehmerdaten: Daten von Arbeitnehmern des öffentlichen Dienstes fallen bereits im Falle ihrer bloßen Verwendung unter das BDSG 2001, Tinnefeld, NJW 2001, 3078 (3081).

[1181] Dies ist insbesondere im Adressenhandel relevant, wo die Kunden lediglich auf die Adressdatenbanken der Händler zugreifen, ohne diese bei sich abzuspeichern, Duhr/Naujok/Peter/Seiffert, DuD 2001, 5 (10).

[1182] Anders als bei § 1 Abs. 2 BDSG 2001 fehlt in § 4 Abs. 1 BDSG 2001 der Bezug auf die automatisierte Datenverarbeitung bzw. die Verarbeitung in oder aus Dateien, soweit es sich um private Stellen handelt. Es spricht einiges dafür, dass es sich hierbei um einen redaktionellen Fehler handelt, und für die private Datenerhebung stets der Bezug auf die weitere automatisierte Datenverarbeitung bzw. solche in Dateien zu fordern ist, vgl. Duhr/Naujok/Peter/Seiffert, DuD 2001, 5 (12); Franzen, DB 2001, 1867 (1871).

[1183] Die hier vorzunehmende Abwägung zwischen dem Ausmaß des möglicherweise bestehenden sozialen Zwanges zur Einwilligung und der Einschränkung der Entscheidungsfreiheit war bereits unter dem BDSG 1990 für die Aufsichtsbehörden üblich, Duhr/Naujoks/Peter/Seiffert, DuD 2001, 5 (13).

Handelt es sich um besondere Arten personenbezogener Daten im Sinne des § 3 Abs. 9 BDSG 2001 muss sich die Einwilligung gem. § 4a Abs. 3 BDSG 2001 ausdrücklich auf diese Daten beziehen. Hierbei handelt es sich um die in Art. 8 als sensitiv bezeichneten Daten, die in ihrem Umfang wörtlich von der Richtlinie übernommen wurden und nur in Ausnahmefällen verarbeitet werden dürfen.[1184]

Anders als der britische DPA 1998 verlangt das BDSG 2001 überdies generell die schriftliche Einwilligung und macht damit deutlich, dass eine konkludente Einwilligung nur in Ausnahmefällen zulässig ist, § 4a Satz 3 BDSG 2001.[1185] Die Anforderungen an die Schriftform sind in Anlehnung an die Formerfordernisse des BGB zu bestimmen, so dass auch die elektronische Form gem. § 126a BGB zulässig ist.[1186] Für die Verarbeitung der sensitiven Daten ist eine konkludente Einwilligung jedoch unter keinen Umständen vorstellbar, da diese im Widerspruch zum notwendigen ausdrücklichen Bezug der Einwilligung auf diese Daten stünde.[1187]

b) Gemeinsame Regelungen zur Zulässigkeit der Datenverarbeitung

Gesetzliche Zulässigkeitsregelungen finden sich in §§ 13-16 BDSG 2001 für öffentliche Stellen und in §§ 28-29 BDSG 2001 für nicht-öffentliche Stellen. Fehlt es also an einer Einwilligung des Betroffenen und gibt es keine bereichsspezifischen Regelungen für die jeweilige Datenverarbeitung, so ist diese nur zulässig, wenn diese Vorschriften des BDSG 2001 eingehalten werden. Die ausschließlich für öffentliche oder nicht-öffentliche Stellen geltenden Anforderungen sind jedoch durch für beide gleichermaßen geltende Zulässigkeitsvoraussetzungen zu ergänzen.

So bestimmt § 4 Abs. 2 und 3 BDSG 2001, das die Erhebung der Daten stets beim Betroffenen selbst zu erfolgen hat. Die Erhebung der Daten bei einem Dritten oder einer öffentlichen Stelle ist nur in den Ausnahmefällen des § 4 Abs. 3 BDSG 2001 zulässig. Dieser Vorrang der Direkterhebung findet sich in der Richtlinie nicht[1188].

§ 4 BDSG 2001 enthält des Weiteren die Umsetzung der Informations- und Unterrichtspflichten der verantwortlichen Stelle gegenüber dem Betroffenen gem. Art. 10. der Richtlinie. So ist der Betroffene gem. § 4 Abs. 2 Satz 1 Nr. 1-3 BDSG 2001 über die Identität der verantwortlichen Stelle, den Zweck der Erhebung bzw. Verarbeitung

---

1184 Die von der Richtlinie vorgesehenen Ausnahmen hat man im BDSG 2001 weitestgehend ausgeschöpft, um bisher zulässige und wohl auch notwendige Datenverarbeitungen nicht untersagen zu müssen, Christians, DANA, 2000, 14 (16). Es wird daher auf die Ausführungen zu Art. 8 verwiesen.

1185 So Schaffland/Wiltfang, BDSG, 2004, § 4a Rn. 4f. A.A. Simitis/*Simitis*, BDSG, 2003, § 4a Rn. 45 und 46, der lediglich eine mündliche Erklärung zulassen will. Allerdings sind die Voraussetzungen, unter denen die Schriftform entbehrlich ist, denkbar unklar formuliert, vgl. § 4a Satz 3 a.E. BDSG 2001. Letztlich ist immer auf die Umstände des Einzelfalles und das daraus resultierende Schutzbedürfnis des Betroffenen abzustellen, vgl. die Beispiele bei Simitis/*Simitis*, BDSG, 2003, § 4a Rn. 47ff.

1186 Im Zeitpunkt des Inkrafttreten des BDSG 2001 war das Signaturgesetz noch nicht in Kraft getreten, jedoch wurde bereits damals die entsprechende Anwendbarkeit auf die Einwilligung des BDSG 2001 befürwortet, Duhr/Naujok/Peter/Seiffert, DuD 2001, 5 (13). Siehe auch Simitis/*Simitis*, BDSG, 2003, § 4a Rn. 38f. für die derzeitige Situation.

1187 Klug, RDV 2001, 266 (272f).

1188 Siehe Seite 119f.

der Daten und über die Kategorien möglicher Empfänger der Daten zu unterrichten.[1189] Die Unterrichtung über den Verarbeitungszweck soll die Zweckbindung sicherstellen und den Betroffenen in die Lage versetzen, die Einhaltung der Zweckbindung durch die verantwortliche Stelle zu überprüfen.[1190] Des weiteren besteht eine Hinweispflicht der verantwortlichen Stelle hinsichtlich der jeweiligen Rechtsvorschrift, die den Betroffenen zur Auskunft verpflichtet, ob sie freiwillig erfolgt, sowie darüber, ob die Auskunft die Voraussetzung für die Gewährung von Rechtsvorteilen bildet. Diese bereits im alten BDSG 1990 bestehende Vorschrift wurde lediglich in das neue BDSG 2001 übernommen, da auch Art. 10 eine solche Aufklärung des Betroffenen vorsieht.[1191]

Soweit Art. 11 Informations- und Hinweispflichten für den Fall der Datenerhebung bei einem Dritten statuiert, ist dies im BDSG 2001 für die öffentlichen und privaten Stellen gesondert geregelt. So bestimmt § 19a BDSG 2001, dass die öffentliche Stelle den Betroffenen im Zeitpunkt der Speicherung der erhobenen Daten zu unterrichten hat. Die Ausnahmetatbestände von dieser Unterrichtungspflicht gem. Abs. 2 entsprechen jenen des Art. 11 Abs. 2.

Für die privaten Stellen bestimmt § 33 Abs. 1 Satz 1 BDSG 2001 ebenfalls, dass der Betroffene mit der Speicherung seiner Daten entsprechend zu benachrichtigen ist. Dient die Speicherung der geschäftsmäßigen Übermittlung der Daten, ist der Betroffene mit der ersten Übermittlung zu unterrichten, § 33 Abs. 1 Satz 2 BDSG 2001.

Auch hier sind in § 33 Abs.2 BDSG 2001 Ausnahmetatbestände von der Benachrichtigungspflicht genannt, die um zwei in praktischer Hinsicht nicht unbedeutende Konstellationen gegenüber der Richtlinie erweitert wurden. So entfällt die Benachrichtigung gem. § 33 Abs. 2 Nr. 7 lit. a BDSG 2001, wenn die Daten aus allgemein zugänglichen Quellen (z.B. dem Handelsregister oder aus Telefonverzeichnissen[1192]) entnommen sind und eine Benachrichtigung wegen der Vielzahl der Fälle unverhältnismäßig wäre. Das gleiche gilt für Daten, die zur geschäftsmäßigen Übermittlung gespeichert werden und entweder aus allgemein zugänglichen Quellen entnommen wurden oder listenmäßig zusammengefasst wurden, § 33 Abs. 2 Nr. 8 BDSG 2001.[1193]

[1189] Die Unterrichtung über die Empfängerkategorien setzt voraus, dass der Betroffene nach den Umständen des Einzelfalls nicht mit einer Übermittlung an diese Empfänger rechnen muss. Dies entspricht insofern den Vorgaben der Richtlinie, als Art. 10 eine derartige Unterrichtung auch nur insoweit verlangt, als dies zur Gewährleistung einer Verarbeitung nach Treu und Glauben notwendig ist.

[1190] Dies erfordert eine vollständige Unterrichtung über alle Zwecke und entspricht auch dem Sinn und Zweck des Art. 10 der Richtlinie, der ebenfalls dem Grundsatz einer transparenten Datenverarbeitung folgt, Simitis/*Sokol*, BDSG, 2003, § 4 Rn. 39 Gola/Schomerus, BDSG, 2002, § 4 Rn. 31.

[1191] Die verantwortliche Stelle ist jedoch nicht verpflichtet, z.B. den Inhalt der betreffenden Rechtsvorschrift mitzuteilen. Eine solche weitergehende Aufklärung besteht gem. § 4 Abs. 3 Satz 3 BDSG 2001 nur, wenn der Betroffene dies verlangt oder es den Umständen nach erkennbar ist, dass ein pauschaler Hinweis nicht ausreicht, um den Betroffenen in die Lage zu versetzen, eine informierte Entscheidung über die Mitteilung seiner Daten zu treffen, Simitis/*Sokol*, BDSG, 2003, § 4 Rn. 52.

[1192] Register, in die nur bei Vorliegen eines berechtigten Interesses Einsicht genommen werden darf, sind nicht allgemein zugänglich, so z.B. beim Grundbuch gem. § 12 GBO, Simitis/*Mallmann*, BDSG, 2003, § 29 Rn. 67.

[1193] Bei den listenmäßig zusammengefassten Daten muss es sich zunächst um Daten von Angehörigen einer Personengruppe handeln, d.h. ein gemeinsames Merkmal im Sinne des § 28 Abs. 2 Nr. 1a BDSG 2001 aufweisen. Zudem darf die Übermittlung nur für Zwecke der Markt- und Meinungsforschung erfolgen, Simitis/*Mallmann*, BDSG, 2003, § 33 Rn. 107.

c) Der Datenumgang durch öffentliche Stellen

Die §§ 13-16 BDSG 2001 bestimmen die Voraussetzungen, unter denen die Erhebung, die Speicherung, die Veränderung und die Nutzung personenbezogener Daten durch öffentliche Stellen zulässig ist.

(1) Die Datenerhebung, § 13 BDSG 2001

§ 13 BDSG regelt die Besonderheiten der Erhebung personenbezogener Daten durch öffentliche Stellen. Das Erheben ist in § 3 Abs. 3 BDSG 2001 definiert als das Beschaffen von Daten über eine Person und verlangt eine Aktivität seitens der verantwortlichen Stelle, durch welche die Daten in ihren Herrschaftsbereich gelangen.[1194]

Wie bereits erläutert, bestimmen § 4 Abs. 2 und 3 BDSG 2001 zunächst allgemein, dass die Datenerhebung zuvorderst beim Betroffenen vorzunehmen und dieser entsprechend zu informieren ist. Zusätzlich muss die Datenerhebung durch die öffentliche Stelle gem. § 13 BDSG 2001 zur Erfüllung ihrer Aufgaben erforderlich sein. Dies setzt zunächst voraus, dass die erhebende Stelle örtlich, sachlich und verbandsmäßig für die jeweilige Aufgabe zuständig ist, die zudem rechtmäßig sein muss.[1195]

Der Erforderlichkeitsgrundsatz findet sich im Art. 6 lit. c als Ausprägung des Übermaßverbotes und gewährleistet darüber hinaus die Einhaltung der Zweckbindung gem. Art. 6 lit. b. Denn nur Daten, die dem festgelegten Zweck dienen, sind auch erforderlich.[1196] Die Erforderlichkeit begrenzt ebenso die Datenerhebung in zeitlicher Hinsicht, da Daten nur insoweit erforderlich sind, als dies die aktuelle Aufgabenerfüllung der öffentlichen Stelle verlangt.[1197] Ob die Erhebung der Daten für die Aufgabenerfüllung erforderlich ist, muss stets im Einzelfall konkretisiert werden. Hierbei ist jedoch ein strenger Maßstab anzulegen, da mit dem Argument einer (angeblichen) Erforderlichkeit der Daten nicht der datenschutzrechtliche Grundsatz des Verbots mit Erlaubnisvorbehalt unterlaufen werden soll.[1198]

In Umsetzung der Datenschutzrichtlinie regelt § 13 Abs. 2 BDSG 2001 zudem die Zulässigkeit der Erhebung besonderer personenbezogener Daten gem. § 3 Abs. 9 BDSG 2001, bei denen es sich um die sensitiven Daten im Sinne der Richtlinie handelt. Es wurden denn auch die von der Richtlinie in Art. 8 Abs. 2-4 eingeräumten zulässigen Verarbeitungstatbestände[1199] weitestgehend übernommen und ergänzt durch insbesondere aus dem Bereich der öffentlichen Sicherheit, der Wahrung des Gemeinwohls und der Verteidigung stammende Konstellationen.[1200] Soweit spezialgesetzliche Regelun-

---

[1194] Die unverlangte Zusendung von Daten ist daher kein Erheben im Sinne des BDSG 2001, Simitis/*Dammann*, BDSG, 2003, § 3 Rn. 110.

[1195] Simitis/*Sokol*, BDSG, 2003, § 13 Rn. 16 ff.

[1196] Simitis/*Sokol*, BDSG, 2003, § 13 Rn. 26.

[1197] Simitis/*Sokol*, BDSG, 2003, § 13 Rn. 26.

[1198] Simitis/*Sokol*, BDSG, 2003, § 13 Rn. 25. Faustregel könnte hier sein, dass die Datenerhebung conditio sine qua non für die Aufgabenerfüllung ist, so Simitis/*Sokol*, BDSG, 2003, § 13 Rn. 26.

[1199] § 13 Abs. 2 Nr. 2, 3, 4, 6 und 7 BDSG 2001.

[1200] So in § 13 Abs. 2 Nr. 5, 6 und 9 BDSG 2001. Diese Bereiche liegen außerhalb des Gemeinschaftsrechts.

gen die Erhebung von sensitiven Daten regeln, gehen diese allerdings dem BDSG gem. § 13 Abs. 2 Nr. 1 BDSG 2001 vor.[1201]

Davon abgesehen ist die Erhebung sensitiver Daten unter anderem zulässig, wenn der Betroffene gem. § 13 Abs. 2 Nr. 1 BDSG 2001 nach Maßgabe des § 4a BDSG 2001 eingewilligt hat, die Erhebung gem. § 13 Abs. 2 Nr. 3 BDSG 2001 zum Schutz lebenswichtiger Interessen des Betroffenen oder einer dritten Person erforderlich ist und der Betroffene außerstande ist, seine Einwilligung zu erteilen[1202] oder der Betroffene die Daten selbst offenkundig öffentlich gemacht hat.[1203] Auch im Gesundheitsbereich ist die Erhebung sensitiver Daten zur Gewährleistung einer notwendigen Versorgung und Vorsorge einschließlich der dafür notwendigen Verwaltungsmaßnahmen ebenso zulässig wie im Forschungsbereich, wenn das wissenschaftliche Interesse überwiegt und der Forschungszweck auf andere Weise nicht erfüllt werden kann.

(2) Das Speichern, Verändern und Nutzen von Daten

Auch das Speichern, Verändern und Nutzen personenbezogener Daten durch öffentliche Stellen steht gem. § 14 Abs. 1 Satz 1 BDSG 2001 unter dem Vorbehalt, dass es für die Erfüllung der rechtmäßigen Aufgaben der Stelle erforderlich ist.[1204] Auch darf die Speicherung gemäß dem Grundsatz der Zweckbindung nur für die Zwecke erfolgen, zu denen die Daten erhoben wurden.[1205] Dies gilt ebenso für die Veränderung und Nutzung gespeicherter, jedoch nicht im Sinne des § 3 Abs. 4 BDSG 2001 erhobener Daten.[1206]

Diese zentrale Norm des BDSG 2001 für die Datenverarbeitung durch öffentliche Stellen wurde vom BDSG 1990 übernommen. Sie bedurfte insoweit auch keiner besonderen Änderung aufgrund der Datenschutzrichtlinie, da nach dieser die weitere Verarbeitung lediglich mit dem Primärzweck nicht unvereinbar sein darf, Art. 6 Abs. 1 lit. b. Mit dieser eher großzügigen Regelung der Richtlinie befindet sich die in § 14 Abs. 3 BDSG 2001 vorgenommene Gleichstellung des Primärzweckes mit bestimmten anderen Zwecken wie z.B. Aufsichts- und Kontrollbefugnissen ebenfalls im Einklang, da

[1201] So z.B. das BZRG für die Verarbeitung von Daten über strafrechtliche Verurteilungen und sonstige Maßnahmen der Besserung und Sicherung. Das BDSG ist grundsätzlich nur subsidiär gegenüber bestehenden bereichsspezifischen Regelungen anzuwenden, § 1 Abs. 3 BDSG 2001. Es ist daher stets darauf zu achten, ob und inwieweit speziellere Vorschriften gelten.

[1202] Dies ist beinahe wörtlich Art. 8 der Richtlinie entnommen.

[1203] Dies ist mit angemessener Zurückhaltung anzuwenden, da zu berücksichtigen ist, dass der Betroffene die Daten zwar zugänglich gemacht hat, anders als bei der Einwilligung jedoch meist nicht weiß, dass die Daten auch einer öffentlichen Stelle zur Kenntnis gelangen, Simitis/*Sokol*, BDSG, 2003, § 13 Rn. 38.

[1204] Das Speichern, Verändern und die Nutzung von Daten sind ebenfalls in § 3 BDSG 2001 definiert.

[1205] Der Zweck wird dabei regelmäßig in der gesetzlichen Grundlage für die Erhebung, in der Einwilligung des Betroffenen oder im konkreten Handlungszweck der Behörde zu finden sein, der sich nur im Rahmen der jeweils zu erfüllenden Aufgabe bewegen kann, Simitis/*Sokol*, BDSG, 2003, § 12 Rn. 40ff.

[1206] Hierbei kann es sich um Daten handeln, die unverlangt der Stelle zugegangen sind oder durch eine weitere Ausarbeitung gewonnen wurden. Der Anwendungsbereich dieser Vorschrift wird jedoch gering sein, da zumindest hinsichtlich der im letzteren Fall gespeicherten Daten eine Bindung an den Zweck bezüglich der Ausgangsdaten besteht, Simitis/*Sokol*, BDSG, 2003, § 14 Rn. 50.

diese bloße Neben- oder Begleitzwecke im Rahmen der mit der Speicherung, Veränderung oder Nutzung verfolgten Aufgabenerfüllung darstellen.[1207]

Allerdings lässt § 14 Abs. 2 BDSG 2001 die Speicherung, Veränderung und Nutzung der Daten in Ausnahmefällen auch zu gänzlich anderen Zwecken zu. So ist die Zweckänderung unter anderem zulässig, wenn der Betroffene eingewilligt hat oder die Änderung in seinem Interesse liegt (Nr. 2 und 3). Sie ist aber auch möglich, wenn tatsächliche Anhaltspunkte für die Unrichtigkeit der gemachten Angaben bestehen, und der Betroffene daher nicht schutzwürdig ist (Nr. 4). Das überwiegende öffentliche Interesse lässt in den Fällen der Gefahrenabwehr, der Strafverfolgung und der Durchführung wissenschaftlicher Forschung ebenfalls eine Zweckänderung zu (Nr. 6 und 7), und schließlich erlaubt auch die Abwehr einer schwerwiegenden Beeinträchtigung der Rechte Dritter eine Änderung (Nr.8).

Sind die Daten allgemein zugänglich oder dürfte die verantwortliche Stelle sie veröffentlichen,[1208] ist die Verwendung zu anderen Zwecken zulässig, wenn das schutzwürdige Interesse des Betroffenen offensichtlich nicht überwiegt (Nr. 5).[1209] Diese Ausnahmen von der Zweckbindung sind jedoch angesichts den Vorgaben der Richtlinie sehr eng auszulegen: So muss ein anderer als der Primärzweck entweder mit diesem gem. Art. 6 Abs. 1 lit. b vereinbar sein,[1210] oder es muss sich um eine zulässige Einschränkung der Zweckbindung im Sinne des Art. 13 handeln.

Einzige Neuerung in § 14 BDSG 2001 im Zuge der Umsetzung ist auch hier eine Sonderregelung für die Zweckänderung bei der Speicherung, Veränderung und Nutzung sensitiver Daten im Sinne des § 3 Abs. 9 BDSG 2001.[1211] Diese erschließt sich jedoch in Folge einer weitgehenden Verweisung auf einzelne Regelungen der zulässigen Erhebung sensitiver Daten gem. § 13 BDSG 2001 erst auf den zweiten Blick. So darf die Verarbeitung der Daten zunächst nur erfolgen, wenn auch die Voraussetzungen ihrer Erhebung nach § 13 Abs. 2 Nr. 1-6 oder 9 BDSG 2001 vorliegen. Hieraus folgt, dass zulässig erhobene sensitive Daten stets auch zu anderen Zwecken verarbeitet werden können, es sei denn, die Umstände zum Zeitpunkt der jetzigen Speicherung, Veränderung oder Nutzung entsprechen nicht mehr jenen, die der Erhebung zu Grunde lagen.

Besonders hohe Anforderungen hat eine Zweckänderung im Falle der wissenschaftlichen Forschung erfüllen, wenn gem. § 14 Abs. 2 Nr. 9 BDSG 2001 das öffentliche Interesse und nicht – wie in § 13 Abs. 2 Nr. 9 BDSG 2001 – das wissenschaftliche Interesse überwiegen muss.[1212] Allerdings bestimmt § 14 Abs. 2 Nr. 9 BDSG 2001 darüber hinaus, dass im Rahmen des öffentlichen Interesses das wissenschaftliche Interesse besonders zu berücksichtigen ist. In der Praxis sind daher kaum Unterschiede zwi-

[1207] Simitis/*Sokol*, BDSG, 2003, § 14 Rn. 47.

[1208] Die Regelung entspricht jener in § 28 Abs. 1 Nr. 3 BDSG 2001 für nicht-öffentliche Stellen vgl. Seite 230f.

[1209] Die vorrangigen und schutzwürdigen Interessen des Betroffenen müssen sich also mehr oder weniger bereits von selbst ergeben, Gola/Schomerus, BDSG, 2002, § 28 Rn. 47; Tinnefeld/Ehmann, Datenschutzrecht, 1998, S. 365 zum BDSG 1990.

[1210] Simitis/*Sokol*, BDSG, 2003, § 14 Rn. 37.

[1211] Es fehlt eine Regelung zur generellen Zulässigkeit der Speicherung, Veränderung und Nutzung von sensitiven Daten.

[1212] Zur Unterscheidung zwischen öffentlichem Interesse und wissenschaftlichem Interesse siehe Simitis/*Sokol*, BDSG, 2003, § 14 Rn. 120.

schen der zulässigen Erhebung sensitiver Daten für die Forschung und einer zulässigen Änderung ihres Verarbeitungszweckes denkbar.[1213]

(3) Die Übermittlung von Daten, §§ 15,16 BDSG 2001

Die §§ 15 und 16 BDSG 2001 regeln die Zulässigkeit der Datenübermittlung durch öffentliche Stellen. Übermitteln ist jede Bekanntgabe von Daten an einen Dritten durch die Weitergabe, das Einsehen oder den Abruf der Daten.[1214] Handelt es sich bei dem Empfänger gleichfalls um eine öffentliche Stelle, muss gem. § 15 BDSG 2001 die Kenntnis der zu übermittelnden Daten entweder zur Erfüllung der Aufgaben der übermittelnden Stelle oder derjenigen der empfangenden Stelle erforderlich und die Zweckbindung gem. § 14 BDSG 2001 gewährleistet sein.[1215] Datenübermittlungen an öffentlich-rechtliche Religionsgesellschaften werden der Übermittlung an öffentliche Stellen gleichgestellt.[1216]

Die Übermittlung von Daten an eine nicht-öffentliche Stelle ist gem. § 16 Abs. 1 BDSG 2001 aus zweierlei Gründen zulässig. Zunächst, wenn sie gem. § 16 Abs. 1 Nr. 1 BDSG 2001 zur Erfüllung der in der Zuständigkeit der übermittelnden Stelle liegenden Aufgaben erforderlich ist und „die Voraussetzungen vorliegen, die nach § 14 BDSG 2001 eine Nutzung zulassen würden".[1217] Liegt eine derartige Übermittlung im Interesse der übermittelnden Stelle, ist sie aber auch zulässig, wenn der Empfänger gem. § 16 Abs. 1 Nr. 2 BDSG 2001 ein berechtigtes Interesse an den Daten glaubhaft dargelegt hat und der Betroffene im Verhältnis zum berechtigten Interesse des Empfängers kein schutzwürdiges Interesse an einem Ausschluss der Übermittlung hat. Ein berechtigtes Interesse kann jedes wirtschaftliche oder ideelle Interesse sein,[1218] das sich gegenüber den Interessen des Betroffenen an einem Ausschluss der Übermittlung durchsetzen muss.[1219] Das berechtigte Interesse hat der Empfänger glaubhaft darzulegen, d.h. die übermittelnde Stelle muss von seinem Bestehen mit hinreichender Wahrscheinlichkeit überzeugt sein.[1220] Die Bewertung liegt also ausschließlich in der Kompetenz der übermittelnden Stelle.

Wird eine Übermittlung unter diesen Voraussetzungen durchgeführt, ist der Betroffene über diese gem. § 16 Abs. 3 BDSG 2001 zu benachrichtigen. Auch die Richtlinie kennt gem. Art. 7 lit. f eine Übermittlung aufgrund eines überwiegenden berechtigten

---

[1213] So wohl auch Simitis/*Sokol*, BDSG, 2003, § 13 Rn. 42.

[1214] Vgl. § 3 Abs. 4 Nr. 3 BDSG 2001.

[1215] Die Weiterverarbeitung durch die empfangende Stelle darf sich ebenfalls nur im Rahmen der Zweckbindung nach § 14 BDSG 2001 bewegen, § 15 Abs. 3 BDSG 2001.

[1216] Vgl. § 15 Abs.4 BDSG 2001. Die Gleichstellung mit dem Datentransfer zwischen öffentlichen Stellen ist nicht unproblematisch, da öffentlich-rechtliche Religionsgemeinschaften unter anderem nicht in vollem Umfang vom BDSG 2001 und seinen Vorschriften erfasst werden, Simitis/*Dammann*, BDSG, 2003, § 2 Rn. 106. Aus diesem Grund verlangt § 15 Abs. 4 BDSG 2001 zusätzlich, dass beim Empfänger ausreichende Datenschutzmaßnahmen vorhanden sind.

[1217] Dies entspricht weitestgehend der Regelung in § 15 Abs. 1 BDSG 2001 für die Übermittlung an öffentliche Stellen.

[1218] BGH, NJW 1984, 1886 (1887).; VGH Mannheim, NJW 1984, (1911) 1912 für das berechtigte Interesse gem. § 26 Abs. 5 StVZO.

[1219] Für einen Übermittlungsausschluss sind die Bedeutung und die Folgen der Übermittlung für die Privatsphäre des Betroffenen zu berücksichtigen, Simitis/*Dammann*, BDSG, 2003, § 16 Rn. 19.

[1220] Hierzu kann sich der Empfänger aller Beweismittel im Sinne des § 294 ZPO bedienen.

Interesses des Dritten. Sie verlangt die Benachrichtigung im Falle der Übermittlung jedoch grundsätzlich nur, wenn die Daten nicht zuvor beim Betroffenen erhoben wurden, Art. 11 Abs. 1.

Sind die zu übermittelnden Daten sensitive Daten gem. § 3 Abs. 9 BDSG 2001, so ist ihre Übermittlung zulässig, falls ihre Nutzung entweder nach § 14 Abs. 5 und 6 BDSG 2001 zulässig wäre oder zur „Geltendmachung, Ausübung oder Verteidigung rechtlicher Ansprüche" der übermittelnden Stelle erforderlich ist. [1221] Diese Ausnahme vom Verarbeitungsverbot sensitiver Daten entspricht Art. 8 Abs. 1 lit. e. Die Übermittlung sensitiver Daten zur Verfolgung der Rechte des Empfängers sieht der Wortlaut der Bestimmung nicht vor.

Wie in § 15 BDSG 2001 darf der Empfänger die Daten nur zu dem Zweck verarbeiten, zu dem ihm die Daten übermittelt wurden, § 16 Abs. 4 BDSG 2001. Hierauf hat ihn die übermittelnde Stelle hinzuweisen. Will der Empfänger die Daten zu anderen Zwecken verarbeiten oder nutzen, muss die übermittelnde Stelle zustimmen.[1222]

d) Der Datenumgang durch nicht-öffentliche Stellen, §§ 28-30 BDSG 2001[1223]

Anders als bei den öffentlichen Stellen richtet sich die Regelungssystematik der §§ 28-30 BDSG 2001 nicht nach den jeweiligen Verarbeitungsphasen, sondern nach den der Datenverarbeitung zu Grunde liegenden Zielen. So betrifft § 28 BDSG 2001 die Erhebung, Verarbeitung und Nutzung für eigene Zwecke,[1224] § 29 BDSG 2001 hingegen die geschäftsmäßige Datenerhebung und –speicherung zum Zweck der Übermittlung an Dritte. Hiervon erfasst sind gewerbliche Auskunftsdienste, aber auch brancheninterne Informations- bzw. Warndienste, wie z. B. die SCHUFA.

[1221] Allerdings fehlt für letzteres eine entsprechende Regelung im Rahmen des § 14 BDSG 2001. Daher wird die analoge Anwendung des § 16 Abs. 1 Nr. 2 Satz 2 BDSG 2001 für die Speicherung, Veränderung und Nutzung gem. § 14 BDSG 2001 bejaht, Simitis/*Dammann*, BDSG, 2003, § 14 Rn. 121.

[1222] Zwar bestimmt § 16 Abs. 4 Satz 3 BDSG 2001, dass die Zweckänderung nur zulässig ist, wenn eine Übermittlung nach Abs. 1 zulässig wäre. Diese Verweisung stellt jedoch nur klar, was die übermittelnde Stelle prüfen muss, bevor sie der Zweckänderung zustimmt. Abzustellen ist dabei auf den Zeitpunkt der Zweckänderung. Ist zu diesem Zeitpunkt eine (erneute) Übermittlung unzulässig, hat die übermittelnde Stelle die Zustimmung zu versagen, Simitis/*Dammann*, BDSG, 2003, § 16 Rn. 44.

[1223] Den Anwendungsbereich der nun folgenden Vorschriften bestimmt § 27 BDSG 2001. Danach gelten sie nicht nur für die nicht-öffentlichen Stellen im Sinne des § 2 BDSG 2001, sondern auch für die öffentlichen Wettbewerbsunternehmen des Bundes und der Länder, soweit sie Bundesrecht ausführen.

[1224] Bei den eigenen Zwecken muss es sich entgegen dem Wortlaut des § 28 Abs. 1 Satz 1 BDSG 2001 nicht um Geschäftszwecke handeln. Darüber hinaus ist die verantwortliche Stelle in der Bestimmung des Verwendungszweckes frei, solang dieser der Erfüllung anderer Zwecke dient, Simitis/*Simitis*, BDSG, 2003, § 28 Rn. 22.

(1) Die Erhebung, Verarbeitung und Nutzung für eigene Zwecke

Die Erhebung durch nicht-öffentliche Stellen muss unter einen der in § 28 Abs. 1 Satz 1 BDSG 2001 genannten Erlaubnistatbestände fallen, um zulässig zu sein, wenn es an einer Einwilligung gem. §§ 4 Abs.1, 4a BDSG 2001 fehlt.[1225] Die Erhebung, Verarbeitung und Nutzung ist daher zulässig, wenn sie gem. § 28 Abs. 1 Satz 1 Nr. 1 BDSG 2001 der „Zweckbestimmung eines Vertragsverhältnisses oder vertragsähnlichen Vertrauensverhältnisses dient"; sie nach § 28 Abs. 1 Satz 1 Nr. 2 BDSG 2001 zur Wahrung der berechtigten Interessen der verantwortlichen Stelle erforderlich ist und das schutzwürdige Interesse des Betroffenen an einem Ausschluss der Verarbeitung nicht entgegensteht oder gem. § 28 Abs. 1 Satz 1 Nr. 3 BDSG 2001 die Daten allgemein zugänglich sind bzw. die verantwortliche Stelle sie veröffentlichen dürfte und das schutzwürdige Interesse des Betroffenen nicht offensichtlich überwiegt. Aufgrund des umfassenden Verarbeitungsbegriffes der Richtlinie, war auch die Erhebung der Daten in den Anwendungsbereich des § 28 BDSG 2001 aufzunehmen und die Zweckbindung entsprechend zu erweitern: So sind bereits im Zeitpunkt der Erhebung die Verarbeitungs- und Nutzungszwecke konkret festzulegen.[1226]

Im BDSG 1990 war die Verarbeitung zu Vertragszwecken noch großzügiger gestaltet, da sie sich lediglich „im Rahmen der vertraglichen Zweckbestimmung" halten sollte.[1227] Die nun engere Bindung an den Vertragszweck entspricht der Vorgabe der Richtlinie, nach der die Verarbeitung nur „der Erfüllung des Vertrages" dienen darf.[1228] Hinsichtlich des vertragsähnlichen Vertrauensverhältnisses bleibt § 28 Abs. 1 Satz 1 Nr. 1 BDSG 2001 jedoch hinter den Vorgaben der Richtlinie zurück: Danach ist die Verarbeitung nur zur Durchführung von vorvertraglichen Maßnahmen zulässig, die „auf Antrag der betroffenen Person" erfolgen. Überdies ist ein vertragsähnliches Vertrauensverhältnis im Sinne des BDSG 2001 nicht nur im vorvertraglichen Bereich möglich, sondern auch nach Beendigung des Vertrages oder wenn ein nichtiges Dauerschuldverhältnis vorliegt.[1229]

Die Zulässigkeit der Erhebung, Verarbeitung und Nutzung gem. § 28 Abs. 1 Satz 1 Nr. 2 und 3 BDSG 2001 hat lediglich eine Komplementärfunktion zu Nr. 1 und soll jenen Umgang mit Daten erfassen, der gerade nicht im Rahmen eines typischen Vertragsverhältnisses anfällt.[1230] Hinsichtlich den Anforderungen an die Zulässigkeit lässt sich zwischen Nr. 2 und Nr. 3 ein „Schutzgefälle" erkennen: So verlangt Nr. 2, dass die

---

[1225] Eul, DSB 2002/7+8, 18; Christians, DANA 2000, 14 (20); Franzen, DB 2001, 1867 (1871). Fehlen der Einwilligung bedeutet allerdings nicht, dass die Verweigerung einer Einwilligung durch § 28 BDSG umgegangen werden kann. Wird der Betroffene um seine Einwilligung gebeten, so hat sich die verantwortliche Stelle daran zu halten, wenn diese verweigert wird, Simitis/*Simitis*, BDSG 2003, § 28 Rn.20.

[1226] Dies erschließt sich bereits aus der Pflicht der verantwortlichen Stelle, den Betroffenen bei der Erhebung über den Verarbeitungszweck zu informieren, § 4 Abs. 3 BDSG 2001. Soweit die Daten nicht beim Betroffenen erhoben werden, hat § 28 Abs. 1 Satz 2 BDSG 2001 in jedem Fall einen eigenständigen Regelungsgehalt.

[1227] Eul, DSB 2002/7+8, 18. Die privaten Datenverarbeiter legen die Vorschrift dennoch sehr großzügig aus, insbesondere wenn es um Kundenbindungssysteme geht, vgl. Petri, DuD 2002, 726f.

[1228] Art. 7 lit. b).

[1229] Gola/Schomerus, BDSG, 2002, § 28 Rn. 26.

[1230] Gola/Schomerus, BDSG, 2002, § 28 Rn. 9; Breinlinger, RDV 1997, 247 (251).

Verarbeitung zur Verfolgung der berechtigten Interessen erforderlich sein muss,[1231] und die Durchführung einer Interessenabwägung zu Gunsten der verantwortlichen Stelle ausfällt.[1232] Sind die Daten jedoch allgemein zugänglich oder dürften sie von der verantwortlichen Stelle veröffentlicht werden, schließt nach Nr. 3 nur das offensichtliche Überwiegen eines schutzwürdigen Interesses des Betroffenen die Verwendung der Daten aus.

Regelungstechnisch missglückt ist das Zusammenspiel von § 28 Abs. 2 und Abs. 3 BDSG 2001: § 28 Abs. 2 BDSG 2001 sollte nach dem Willen des Gesetzgebers die Zulässigkeit einer Änderung des Verwendungszweckes gem. Art. 6 lit. b für nichtöffentliche Stellen umsetzen.[1233] Anstatt dieses jedoch klar zu formulieren, spricht die Regelung von der Verwendung „zu anderen Zwecken", die ebenfalls den Anforderungen des § 28 Abs. 1 Satz 1 Nr. 2 und 3 BDSG 2001 entsprechen müssen.[1234] Der eigenständige Regelungsgehalt des Abs. 2 gegenüber Abs. 3, der ebenso die Zulässigkeit der Übermittlung und Nutzung zu anderen Zwecken regelt, erschließt sich daher zumindest nicht aus dem bloßen Lesen der Norm.[1235]

Unter Berücksichtigung der Regelungsabsicht des Gesetzgebers lässt sich § 28 Abs. 2 BDSG 2001 ein Regelungsinhalt dahingehend entnehmen, dass in ihm die Zulässigkeit einer Zweckänderung normiert wird, die sich noch im Rahmen der Zweckbindung von Art. 6 lit. b der Richtlinie befindet.[1236] Ob mit einer solchen Lesart des Abs. 2 allerdings die Anforderungen der Richtlinie an die Zweckbindung tatsächlich gewahrt sind, ist sehr fraglich.[1237]

In § 28 Abs. 3 BDSG 2001 wurde hingegen von der Möglichkeit des Art. 13 der Richtlinie Gebrauch gemacht, von dem Zweckbindungsgrundsatz gem. Art. 6 lit. b abzuweichen: So ist eine Verarbeitung zu anderen Zwecken unter anderem zulässig zur Wahrung der berechtigten Interessen eines Dritten, zur Gefahrenabwehr, zur Strafverfolgung und zur Durchführung wissenschaftlicher Forschungen, wenn der Schutz des Betroffenen nicht überwiegt und der Forschungszweck auf andere Weise nicht erreicht werden kann.[1238]

Besonderes Augenmerk verdient jedoch die Zulässigkeit der Nutzung und Übermittlung zum Zwecke der Werbung sowie der Markt- und Meinungsforschung. Zu diesen

---

[1231] Der Erforderlichkeitsgrundsatz ist bereits aus den §§ 13-16 BDSG 2001 her bekannt, siehe Seite 227.

[1232] Eine summarische Prüfung ist ausreichend, Schaffland/Wiltfang, BDSG, 2004, § 28 Rn. 89; Tinnefeld/Ehmann, Datenschutzrecht 1998, S. 361 zum BDSG 1990.

[1233] BT-Drs. 4329/43.

[1234] Auf einen Verweis auf die Nr. 1 wurde verzichtet, weil man sich eine Zweckänderung bei der Datenverwendung im Rahmen eines Vertragsverhältnisses nicht vorstellen konnte, BT- Drs. 4329/43.

[1235] Zum Teil wird die eigenständige Bedeutung des Abs. 2 denn auch grundsätzlich verneint, Simitis/*Simitis*, BDSG, 2003, § 28 Rn. 206.

[1236] Der Verweis auf § 28 Abs. 1 BDSG 2001 stellt sicher, dass die neuen Zwecke denselben Zulässigkeitsanforderungen unterworfen sind wie der ursprüngliche Zweck, so dass sie mit diesem daher gem. Art. 6 lit. b) der Richtlinie vereinbar sind.

[1237] Die Zweckbindung durch die Einhaltung der gleichen Zulässigkeitsanforderungen ausreichen zu lassen, gewährleistet nicht in jedem Fall, dass der Betroffene einen Überblick über die Verwendung seiner Daten behält. Dies erfordert die inhaltliche Vereinbarkeit der Zwecke und nicht bloß ihre formale.

[1238] § 28 Abs. 3 Nr. 1, 2 und 4 BDSG 2001.

Zwecken dürfen bestimmte Daten, wie z.B. der Name, Titel, Anschrift oder Geburtsjahr,[1239] über Angehörige einer Personengruppe, die listenmäßig oder in ähnlicher Weise zusammengefasst sind, verwendet werden, wenn dem kein schutzwürdiges Interesse des Betroffenen entgegensteht.[1240] Eine solche erleichterte Nutzung und Übermittlung von Daten, wenn auch nur zu Zwecken der Markt- und Meinungsforschung sieht die Richtlinie nicht vor.

In der Richtlinie ebenfalls enthalten ist jedoch das Recht des Betroffenen gem. § 28 Abs. 4 BDSG 2001 der Übermittlung und Nutzung seiner Daten zu diesen Zwecken zu widersprechen. Zur Gewährleistung dieses Rechts ist die für die Nutzung und Übermittlung der Daten verantwortliche Stelle verpflichtet, den Betroffenen bei der ersten Kontaktaufnahme zum Zwecke der Werbung über dieses Widerspruchsrecht zu informieren. Ist dem Nutzer der Daten zu Werbezwecken nicht bekannt, wer diese speichert, ist der Betroffenen zumindest soweit zu informieren, dass er in der Lage ist, die Herkunft der Daten zu ermitteln.[1241] Anders als die Richtlinie postuliert § 28 Abs. 4 BDSG 2001 nicht die Kostenfreiheit des Widerspruchs, die Norm ist jedoch im Lichte der Richtlinie so auszulegen.[1242]

Zu guter Letzt regelt § 28 BDSG 2001 die Erhebung, Verarbeitung und Nutzung von sensitiven Daten für eigene Zwecke. Diese sind zulässig, soweit es sich nicht um Daten im medizinischen Sektor handelt, wenn der Betroffene gem. § 28 Abs. 6 BDSG 2001 eingewilligt hat oder die für eine Verwendung sprechenden Belange gegenüber den schutzwürdigen Interessen des Betroffenen überwiegen.[1243]

Hier finden sich Erlaubnistatbestände, die auch für die öffentlichen Stellen gelten.[1244] Besonderheiten gelten in Umsetzung von Art. 8 Abs. 2 lit. d überdies für ideelle Organisationen, die eine politische, philosophische, religiöse oder gewerkschaftliche Ausrichtung haben: sie dürfen sensitive Daten verwenden, soweit dies für ihre Tätigkeit erforderlich ist.[1245]

Die Verwendung von Gesundheitsdaten ist gem. § 28 Abs. 7 BDSG 2001 zulässig, wenn sie der medizinischen Versorgung dienen und von Personal durchgeführt wird, dass der ärztlichen oder einer vergleichbaren Schweigepflicht unterliegt bzw. diesem Personal gleichgestellt wird. Sind die Voraussetzungen des Abs. 6 und Abs. 7 erfüllt, dürfen die sensitiven Daten auch zu anderen als den Primärzwecken übermittelt und

[1239] Die Aufzählung in § 28 Abs. 3 Nr. 3 BDSG 2001 ist abschließend. Nicht erwähnt wird eine weitere Angabe, die bei der Übermittlung der Daten zwangsläufig anfällt: die Angabe dessen, der die Daten übermittelt, Schaffland/Wiltfang, BDSG, 2004, § 28 Rn. 148

[1240] Ein solches schutzwürdiges Interesse wird im Rahmen eines Vertragsverhältnisses vermutet, wenn sich die zu übermittelnden Daten auf strafbare Handlungen, Ordnungswidrigkeiten und im Falle des Arbeitsgebers als Übermittler auf arbeitsrechtliche Verhältnisse beziehen, § 28 Abs. 3 BDSG 2001 a.E.

[1241] Zur bislang nur unzureichenden Umsetzung der Hinweispflicht vgl. Petri, DuD 2002, 726 (729).

[1242] So auch Simitis/*Simitis*, BDSG, 2003, § 28 Rn. 292, wenn auch ohne Hinweis auf die Richtlinie.

[1243] Vgl. § 28 Abs. 6 Nr. 1-4 BDSG 2001.

[1244] Die Nr. 1, 2 und 4 finden sich auch in § 13 Abs. 2 Nr. 3, 4 und 8 BDSG 2001 für die Erhebung durch öffentliche Stellen. Nr. 4 entspricht den Anforderungen an eine zulässige Übermittlung sensibler Daten an nicht-öffentliche Stellen gem. § 16 Abs. 1 Nr. 2 Satz 2 BDSG 2001, siehe Seite 227f. und 231.

[1245] Vgl. § 28 Abs. 9 BDSG 2001.

genutzt werden.[1246] Auch hier wird die Zweckbindung durchbrochen: so dürfen sensitive Daten darüber hinaus auch zur Abwehr von erheblichen Gefahren für die öffentliche Sicherheit und zur Verfolgung von Straftaten von erheblicher Bedeutung übermittelt und genutzt werden, § 28 Abs. 8 Satz 2 BDSG 2001. Hier hat der deutsche Gesetzgeber sich die Ausnahme des „wichtigen öffentlichen Interesses" gem. Art. 8 Abs. 4 der Richtlinie zunutze gemacht und diese mit der ebenso generalklauselartigen Formulierung der erheblichen Gefahr bzw. Straftat umgesetzt.[1247]

(2) Die Erhebung und Speicherung zum Zweck der Übermittlung

Besondere, d.h. erleichterte, Zulässigkeitsanforderungen bestehen an die dauerhafte Erhebung und Speicherung von Daten, deren ausschließlicher Zweck es ist, insbesondere zur Werbung sowie im Rahmen einer Auskunftei, des Adresshandels sowie zur Markt- und Meinungsforschung an Dritte übermittelt zu werden.

So ist deren Erhebung, Speicherung und Veränderung zum einen bereits dann zulässig, wenn „kein Grund zu der Annahme besteht, dass der Betroffene ein schutzwürdiges Interesse an dem Ausschluss der Erhebung, Speicherung oder Veränderung hat".[1248] Die verantwortliche Stelle muss also prüfen, ob es Anhaltspunkte gibt, welche die Annahme eines schutzwürdigen Interesses des Betroffenen am Ausschluss der Verwendung rechtfertigen.[1249]

Obwohl der Richtlinie eine solche Spezialregelung für die geschäftsmäßige Speicherung und Veränderung von Daten zum Zwecke der Übermittlung unbekannt ist, wurde sie beinahe wörtlich vom BDSG 1990 ins BDSG 2001 übernommen. Einzige Konzession an die Richtlinie ist auch hier die Einbeziehung der Erhebung in die Zulässigkeitsvoraussetzungen des § 29 Abs. 1 BDSG 2001 sowie die Erweiterung der Zweckbindung dergestalt, dass die Verwendungszwecke bereits im Zeitpunkt der Erhebung konkret festgelegt sein müssen.[1250]

Die Übermittlung der Daten ist gem. § 29 Abs. 2 BDSG 2001 dann zulässig, wenn der Dritte entweder ein berechtigtes Interesse an der Kenntnis der Daten glaubhaft dargelegt hat oder die Daten zum Zweck der Werbung oder Markt- und Meinungsforschung übermittelt werden und listenmäßig oder in vergleichbarer Weise gem. § 28 Abs. 3 Nr. 3 BDSG 2001 zusammengefasst sind und ein schutzwürdiges Interesse des Betroffenen an einem Ausschluss der Übermittlung nicht besteht.[1251] Die glaubhafte Darlegung des berechtigten Interesses findet sich auch bei der Übermittlung gem. § 16 BDSG 2001, allerdings verlangt § 29 Abs. 2 Satz 3 BDSG 2001 darüber hinaus, dass die übermittelnde Stelle das Vorliegen des berechtigten Interesses und deren Glaubhaftma-

---

[1246] § 28 Abs. 8 Satz 1 BDSG 2001. Diese Regelung ist das Pendant zu § 28 Abs. 2 BDSG 2001.

[1247] Zu der hierdurch möglichen extensiven Interpretation des § 28 Abs. 8 Satz 2 BDSG und den daraus resultierenden Einschränkungen des Schutzes sensitiver Daten, Simitis/*Simitis*, BDSG, 2003, § 28 Rn. 349.

[1248] § 29 Abs. 1 Satz 1 Nr. 1 BDSG 2001.

[1249] Für allgemein zugängliche Daten ist die Verwendung nach § 29 BDSG 2001 zudem ebenfalls wie in § 28 Abs. 1 Nr. 3 BDSG 2001 zulässig.

[1250] § 29 Abs. 1 Satz 2 i.V.m. § 28 Abs. 1 Satz 2 BDSG 2001.

[1251] Für das Bestehen eines solchen schutzwürdigen Interesses im Rahmen eines Vertragsverhältnisses gilt ebenfalls die Vermutung des § 28 Abs. 3 Satz 2 BDSG 2001, soweit es sich um Daten handelt, die sich auf die dort erwähnten Sachverhalte beziehen.

chung entsprechend dokumentiert.[1252] Der Übermittlung von geschäftsmäßig erhobenen und gespeicherten Daten zum Zwecke der Werbung oder Markt- und Meinungsforschung kann der Betroffene entsprechend § 28 Abs. 4 BDSG 2001 widersprechen. Für die geschäftsmäßige Erhebung und Speicherung sensitiver Daten zum Zweck ihrer Übermittlung gilt § 28 Abs. 6 bis 9 BDSG 2001 entsprechend.

Eine Sonderregel für die geschäftsmäßig erhobenen und gespeicherten Daten zum Zwecke der Übermittlung in anonymisierter Form enthält § 30 BDSG 2001.[1253]

3) Die Rechte der Betroffenen

Auch bei den Betroffenenrechten unterscheidet das Gesetz zwischen den öffentlichen und nicht-öffentlichen Stellen. Gegenüber beiden hat der Betroffene jedoch das Recht auf Auskunft, Widerspruch, Berichtigung, Löschung und Sperrung der Daten.

Für beide gleichermaßen gilt indes in Umsetzung von Art. 15 der Richtlinie das Recht des Betroffenen gem. § 6a BDSG 2001 im Falle einer erheblich beeinträchtigenden[1254] oder rechtliche Folgen nach sich ziehenden Entscheidung nicht ausschließlich automatisierten Entscheidungsverfahren unterworfen zu sein.[1255] Um die Interessen des Betroffenen im Falle einer zulässigen rein automatisierten Entscheidungsfindung gemäß § 6a Abs. 2 Nr. 2 BDSG 2001 zu wahren, ist dem Betroffenen mitzuteilen, dass eine solche Entscheidung erfolgt ist. Die verantwortliche Stelle ist im Falle einer daraufhin ergehenden Stellungnahme des Betroffenen verpflichtet, die Entscheidung erneut zu prüfen.

a) Betroffenenrechte gegenüber öffentlichen Stellen

(1) Das Recht auf Auskunft, § 19 BDSG 2001

Dem Betroffenen ist gem. § 19 Abs. 1 BDSG 2001 Auskunft zu erteilen über die ihn betreffenden gespeicherten Daten, die Empfänger oder Kategorien von Empfängern dieser Daten sowie über den Zweck der Speicherung. Im Falle einer automatisierten Einzelentscheidung gem. § 6a BDSG 2001 ist dem Betroffenen zudem – entsprechend Art. 12 lit. a 3. Spiegelstrich – der logische Aufbau der betreffenden automatischen Datenverarbeitung mitzuteilen.[1256]

1252 Die Überprüfung des berechtigten Interesses und deren Dokumentation wird häufig als unnötige Formalie durch die Übermittler empfunden, Petri, DuD 2002, 726 (728).

1253 Dies betrifft überwiegend Markt- und Meinungsforschungsinstitute, die Daten z.B. über ein bestimmtes Marktverhalten erheben und diese anonymisiert an Abnehmer übermitteln, Tinnefeld/Ehmann, Datenschutzrecht, 1998, S. 382.

1254 Die Entscheidung muss eine nachhaltige Beeinträchtigung z.B. der wirtschaftlichen oder persönlichen Entfaltungsfreiheit des Betroffenen bewirken, Simitis/*Bizer*, BDSG, 2003, § 6a Rn. 22.

1255 Zu der insofern identischen Richtlinienbestimmung siehe Seite 136f.

1256 § 6a Abs. 3 BDSG 2001. Es wird vertreten, dass "der logische Aufbau" nur die tragenden Funktionsprinzipien der Anwendungsprogramme umfasst. Bei Standardprogrammen soll die genaue Bezeichnung ausreichen, Duhr/Naujok/Peter/Seiffert, DuD 2001, 5 (26) unter Berufung auf Christians, DANA 2000, 14 (20).

Die Auskunft ist nur auf Antrag des Betroffenen möglich. Dies setzt zwingend voraus, dass der Betroffene überhaupt Kenntnis von seinem Auskunftsrecht und der verantwortlichen Stelle hat. Letzteres wird durch die Informationspflicht gem. § 4 Abs. 3 BDSG 2001 sichergestellt, die sich allerdings nicht auf einen Hinweis auf das Auskunftsrecht erstreckt, obwohl die Informationspflichten in Art. 10 und 11 dies – wenn auch mit Einschränkungen – enthalten.[1257]

Der Antrag muss überdies einen bestimmten Mindestinhalt aufweisen: So sind zum einen die Daten, über die Auskunft erteilt werden soll, näher zu bezeichnen, zum anderen hat der Betroffene Angaben zu machen, die das Auffinden der Daten erleichtern, wenn die Daten weder automatisiert noch in nicht automatisierten Dateien gespeichert werden. Da die Form der Speicherung dem Betroffenen oft nicht bekannt sein wird, besteht für ihn die Gefahr, dass ihm die Auskunft verweigert wird, weil er nicht die notwendigen näheren Angaben in seinem Antrag gemacht hat. Macht er aber rein vorsorglich Angaben, besteht die Gefahr, dass es sich bei ihnen nicht um die erforderlichen handelt. Mit anderen Worten: Es fallen weitere Daten des Betroffenen bei der verantwortlichen Stelle an, ohne dass dies notwendig war.

Die Auskunft ist gem. § 19 Abs. 7 BDSG 2001 unentgeltlich und in dieser Hinsicht vorteilhafter ausgestaltet als in der Richtlinie, die in Art. 12 lit. a lediglich vorsieht, dass die Auskunft ohne übermäßige Kosten zu erhalten sein muss.

Von der Möglichkeit der Einschränkung des Auskunftsrechts gem. Art. 13 wurde - insbesondere aus Gründen der öffentlichen Sicherheit und des Schutzes der Interessen Dritter – umfassend Gebrauch gemacht.[1258] Nicht hiervon gedeckt ist jedoch der Ausschluss der Auskunft gem. § 19 Abs. 2 BDSG 2001, wenn diese einen unverhältnismäßigen Aufwand erfordern würde. Als Ausgleich für die Nichterteilung der Auskunft kann der Betroffene indes verlangen, dass diese dem Bundesbeauftragten für den Datenschutz erteilt wird.[1259]

(2) Das Recht auf Berichtigung, Löschung und Sperrung, § 20 BDSG 2001

Unrichtige Daten sind gem. § 20 Abs. 1 Satz 1 BDSG 2001 zu berichtigen. Ein Antrag seitens des Betroffenen ist nicht erforderlich, so dass die verantwortliche Stelle auch ohne ein Handeln des Betroffenen berichtigen muss. Handelt es sich bei den unrichtigen Daten um solche, die weder automatisiert verarbeitet, noch in nicht automatisierten Dateien gespeichert werden, ist ihre Unrichtigkeit lediglich in geeigneter Weise festzuhalten, § 20 Abs. 1 Satz 2 BDSG 2001. Dem Begriff der Unrichtigkeit liegt ein weiter Anwendungsbereich zu Grunde,[1260] der dem umfassenden Berichtigungsrecht der Richtlinie gem. Art. 12 lit. b gerecht wird.

Die Daten sind zu löschen, wenn ihre Speicherung unzulässig ist, § 20 Abs. 1 Satz 1 Nr. 1 BDSG 2001. Die Löschung bedeutet das Unkenntlichmachen der gespeicherten

[1257] Siehe Seite 129f.
[1258] Vgl. § 19 Abs. 3 und 4 BDSG 2001.
[1259] § 19 Abs. 6 BDSG 2001.
[1260] So sind auch unvollständige und veraltete Daten unrichtig, Simitis/*Mallmann*, BDSG, 2003, § 20 Rn. 11 und 12.

Daten[1261] und ist durchzuführen, wenn der Betroffene weder eingewilligt hat, noch § 14 BDSG 2001 oder eine andere Rechtsvorschrift die Speicherung zulassen. Wenn der Zweck ihrer Speicherung erfüllt wurde, sind die Daten ebenfalls zu löschen.

In bestimmten Fällen tritt an die Stelle der Löschung die Sperrung der Daten. Hierbei handelt es sich um Konstellationen, in denen gesetzliche oder vertragliche Regelungen, die Interessen des Betroffenen oder die technischen Umstände der Speicherung einer Löschung entgegenstehen.[1262] Die Sperrung ist gem. § 3 Abs. 4 Nr. 4 BDSG 2001 das Kennzeichnen gespeicherter Daten, um deren weitere Verarbeitung oder Nutzung einzuschränken. Gesperrte Daten dürfen daher auch nur mit der Einwilligung des Betroffenen oder unter den Voraussetzungen des § 20 Abs. 7 BDSG 2001 übermittelt oder genutzt werden. Art. 12 lit. c der Richtlinie entsprechend ist die verantwortliche Stelle gem. § 20 Abs. 8 BDSG 2001 verpflichtet, die Empfänger von Daten, die berichtigt, gelöscht oder gesperrt wurden, über diese Tatsache zu informieren.[1263]

(3) Das allgemeine Widerspruchsrecht, § 20 Abs. 5 BDSG 2001

Das Recht, einer zulässigen Datenverarbeitung gem. Art. 14 lit. a der Richtlinie zu widersprechen wurde in § 20 Abs. 5 BDSG 2001 umfassend, d.h. nicht nur auf die Verarbeitung gem. Art. 7 lit. e und f begrenzt, umgesetzt.[1264] Allerdings erfasst das Widerspruchsrecht nicht manuelle Daten, die außerhalb von Dateien verarbeitet wurden und damit nicht nach bestimmten Merkmalen zugänglich sind.

b) Die Rechte gegenüber nicht-öffentlichen Stellen

Auch gegenüber nicht-öffentlichen Stellen hat der Betroffene das Recht auf Auskunft, Berichtigung, Löschung, Sperrung und Widerspruch. Mit Ausnahme des identisch formulierten Widerspruchsrechts gem. § 35 Abs. 5 BDSG 2001 gibt es jedoch Unterschiede hinsichtlich ihrer jeweiligen Voraussetzungen und ihres Umfanges.

(1) Die Auskunft an den Betroffenen, § 34 BDSG 2001

Der Betroffene kann gem. § 34 Abs. 1 Satz 1 BDSG 2001 von den nicht-öffentlichen Stellen über die gleichen Gegenstände Auskunft verlangen wie von einer öffentlichen Stelle.[1265] Handelt es sich bei den Daten des Betroffenen um solche, die geschäftsmäßig zum Zwecke der Übermittlung gespeichert werden, steht die Auskunft über die Herkunft und den Empfänger der Daten gem. § 34 Abs. 1 Satz 3 BDSG 2001 unter dem Vorbehalt der überwiegenden Wahrung des Geschäftsgeheimnisses der verantwortlichen Stelle.

[1261] § 3 Abs. 4 Nr. 5 BDSG 2001.

[1262] § 20 Abs. 3, 4 und 6 BDSG 2001.

[1263] Diese Regelung gab es allerdings schon im BDSG 1990 und wurde lediglich an die Vorgaben der Richtlinie angepasst, Simitis/*Mallmann*, BDSG 2003, § 20 Rn. 92.

[1264] Zur Richtlinie siehe Seite 131f.

[1265] Siehe Seite 236f.

Dieser Vorbehalt wurde in Umsetzung von Art. 13 lit. g neu in das BDSG 2001 eingefügt.[1266]

Über den eigentlichen Anwendungsbereich des BDSG 2001 für nicht-öffentliche Stellen hinaus, kann der Betroffene gem. § 34 Abs. 2 BDSG 2001 von Auskunftsdiensten[1267] auch dann Auskunft über seine Daten erhalten, wenn diese manuell und nicht in einer Datei strukturiert gespeichert werden.

Die Auskunft wird nicht erteilt, wenn der Betroffene auch nicht über eine Speicherung oder Übermittlung seiner Daten gem. § 33 Abs. 2 Nr. 2, 3 und 5-7 BDSG 2001 zu benachrichtigen ist.[1268] Zu beachten ist, dass über Daten aus allgemein zugänglichen Quellen, oder solchen, die listenmäßig zusammengefasst sind, zwar gem. § 33 Abs. 2 Nr. 8 BDSG 2001 nicht zu informieren, indes Auskunft zu erteilen ist.

Grundsätzlich ist die Auskunft auch hier unentgeltlich, § 34 Abs. 5 Satz 1 BDSG 2001. Könnte die verantwortliche Stelle die Auskunft Dritten gegenüber entgeltlich erteilen, kann sie auch vom Betroffenen ein nur kostendeckendes Entgelt verlangen. Dies deckt sich mit Art. 12 lit. a der Richtlinie, nach dem die Auskunft „ohne übermäßige Kosten" erteilt werden muss. Soweit es jedoch die Umstände nahe legen, dass die Daten unrichtig sind oder die Auskunft solches ergibt, ist es unbillig, dem Betroffenen die Kosten der Wahrnehmung seiner Rechte aufzuerlegen.[1269]

(2) Das Recht auf Berichtigung, Sperrung und Löschung der Daten

Auch nicht-öffentliche Stellen haben unrichtige Daten zu löschen, § 35 Abs. 1 BDSG 2001. Ebenso wie bei § 20 BDSG 2001 sind die Daten zu löschen, wenn ihre Speicherung unzulässig ist oder sobald ihre Speicherung nicht mehr erforderlich ist.

Allerdings ist das Gesetz großzügig hinsichtlich des Löschungszeitpunktes von Daten, die zum Zweck der Übermittlung geschäftsmäßig gespeichert werden. Solche Daten sind gem. § 35 Abs. 2 Nr. 4 BDSG 2001 frühestens vier Jahre nach ihrer ersten Speicherung zu löschen, wenn eine zu diesem Zeitpunkt vorgenommene Prüfung ergibt, dass die weitere Speicherung nicht mehr erforderlich ist. Mit dieser Regelung wird unwiderlegbar fingiert, dass die geschäftsmäßige Speicherung von Daten zur Übermittlung stets mindestens vier Jahre erforderlich ist. Zu löschen sind zudem sensitive Daten, wenn ihre Richtigkeit von der verantwortlichen Stelle nicht nachgewiesen werden kann, § 35 Abs. 2 Nr. 2 BDSG 2001. Das gerade bei diesen Daten besondere Risi-

---

1266 Früher konnte der Betroffene in diesem Fall nur Auskunft verlangen, wenn er begründete Zweifel an der Richtigkeit der Daten dargelegt hatte, § 34 Abs. 1 Satz 3 BDSG 1990. Hier wird auch nach der neuen Rechtslage das Interesse der verantwortlichen Stelle an der Wahrung seiner Informationsquelle zurückstehen müssen, Simitis/*Mallmann*, BDSG, 2003, § 34 Rn. 23; weitergehend, Eul, DSB 5/2002, 12 (15). Ob es sich bei dem Geschäftsgeheimnis tatsächlich um ein Recht bzw. eine Freiheit im Sinne des Art. 13 lit. g der Richtlinie handelt, mag dahinstehen. Vieles spricht zumindest dafür, dass Art. 13 lit. g nur die Rechte und Freiheiten anderer *natürlicher* und nicht auch juristischer Personen meint, vgl. Erwägungsgrund 24 der Richtlinie.

1267 In der Praxis wird es sich wohl überwiegend um jene verantwortlichen Stellen handeln, die auch unter § 34 Abs. 1 Satz 3 fallen, Auernhammer, BDSG, 1993, § 34 Rn. 7 für das BDSG 1990.

1268 Der Ausnahmekatalog wurde im Laufe des Gesetzgebungsverfahrens wesentlich erweitert, vgl. Christians, DANA 2000, 14 (21).

1269 § 34 Abs. 5 Satz 4 BDSG 2001.

ko der Unrichtigkeit soll also nicht zu Lasten des Betroffenen gehen.[1270] Nicht nachzuvollziehen ist daher das Fehlen einer vergleichbaren Regelung für die öffentlichen Stellen.

Die Voraussetzung der Sperrung von Daten entspricht derjenigen in § 20 BDSG 2001.[1271] Den generellen Ausschluss für die Berichtigung, Löschung und Sperrung von geschäftsmäßig zum Zweck der Übermittlung gespeicherten Daten sieht Abs. 6 vor, wenn diese Daten aus allgemein zugänglichen Quellen entnommen und lediglich zu Dokumentationszwecken gespeichert sind.[1272] Der Betroffene kann jedoch verlangen, dass seine Gegendarstellung den gespeicherten Daten beigefügt und gegebenenfalls mitübermittelt wird.

4) Zusammenfassung

Die Anforderungen an eine zulässige Datenverarbeitung im BDSG 2001 entsprechend weitgehend den Vorgaben der Richtlinie. Allerdings wurde – entgegen den Vorgaben der Richtlinie – die Trennung zwischen öffentlicher und nicht-öffentlicher Datenverarbeitung beibehalten und insbesondere für die Verarbeitung allgemein zugänglicher Daten sowie solchen zur geschäftsmäßigen Übermittlung durch private Stellen erleichterte Zulässigkeitsvoraussetzungen vorgesehen (§ 29 BDSG 2001). Diese gab es bereits im BDSG 1990, womit deutlich wird, dass der Gesetzgeber nur zu wenigen Zugeständnissen im Rahmen der Umsetzung der Richtlinie bereit war. Hierzu zählen die Anwendung des BDSG 2001 auch auf die Erhebung der Daten durch private Stellen und die umfassenden Informationspflichten der Datenverarbeiter, die mitunter über das hinausgehen, was die Richtlinie vorschreibt. Wesentliche Neuerung, die dem deutschen Verständnis eines angemessenen Schutzes personenbezogener Daten widerspricht, ist zudem die Regelung des Umganges mit sensitiven Daten. Die Pflichten des Datenverarbeiters, ob öffentlich oder privat, sind vielfältig, insbesondere da an verschiedene Phasen der Verarbeitung unterschiedliche Zulässigkeitsanforderungen gestellt werden. Die Rechte des Betroffenen auf Auskunft, Berichtigung und Löschung der Daten gab es ebenfalls bereits im BDSG 1990 und wurden weitestgehend unverändert in das BDSG 2001 übernommen. Neu hinzugekommen sind der Anspruch auf Auskunft über die logische Verarbeitung der Daten sowie das Recht nicht einer ausschließlich automatisierten Entscheidung unterworfen zu werden.

[1270] § 35 Abs. 2 Nr. 2 BDSG 2001 bezieht sich nur auf zulässig erhobene sensitive Daten, Simitis/*Mallmann*, BDSG, 2003, § 35 Rn. 27.

[1271] Einschließlich der Bestimmung zur Übermittlung gesperrter Daten, vgl. § 35 Abs. 3, 4 und 8 BDSG 2001.

[1272] Hierbei handelt es sich im Wesentlichen um Archivdatenbanken der Presse, Gola/Schomerus, BDSG, 2002, § 35 Rn. 7.

II) Die Haftung des Datenverarbeiters gem. §§ 7 und 8 BDSG 2001

Wenn nun im Folgenden untersucht werden soll, ob und wie der Datenverarbeiter für einen Verstoß gegen die soeben dargelegten Pflichten zum Schutz der Daten haftet,[1273] ist auch hier zwischen öffentlicher und privater Datenverarbeitung zu unterscheiden.

§ 7 BDSG 2001 enthält zwar eine Schadensersatzregelung, die sowohl für den öffentlichen als auch für den nicht-öffentlichen Bereich gilt.[1274] § 8 BDSG 2001 ordnet daneben jedoch die verschuldensunabhängige Haftung für den öffentlichen Bereich an, die allerdings betragsmäßig begrenzt ist.[1275] Im BDSG 1990 hingegen hatte es nur eine Haftungsregelung für öffentliche Stellen gegeben, für private Datenverarbeiter galten die allgemeinen Vorschriften unter Berücksichtigung einer Beweislastregelung im BDSG 1990 zu Gunsten des Betroffenen.[1276]

Anspruchsberechtigt sowohl nach § 7 als auch nach § 8 BDSG 2001 ist der Betroffene, d.h. derjenige, über dessen persönliche oder sachliche Verhältnisse die verwendeten Daten Auskunft erteilen.[1277] Aufgrund der erleichterten Voraussetzungen für den Betroffenen soll zunächst die verschuldensunabhängige Haftung der öffentlichen Stellen gem. § 8 BDSG 2001 erörtert werden.

1) Die verschuldensunabhängige Haftung der öffentlichen Stellen

Die verschuldensunabhängige Haftung der öffentlichen Stellen gem. § 7 BDSG 1990 wurde weitestgehend in das BDSG 2001 übernommen.[1278] Zur Umsetzung des umfassenden Verarbeitungsbegriffes der Richtlinie löst allerdings nun auch die unzulässige Erhebung personenbezogener Daten neben einer ebensolchen Verarbeitung oder Nutzung die Haftung aus.

Verstößt die öffentliche Stelle also gegen eine der Bestimmungen in den §§ 13-16 BDSG 2001, hat sie den daraus entstandenen Schaden zu ersetzen.[1279] Die fehlende Unterrichtung des Betroffenen gem. § 4 Abs. 3 BDSG 2001 begründet demnach ebenso eine Haftung wie der Verstoß gegen die besonderen Zulässigkeitsvoraussetzungen für die Erhebung, Verarbeitung und Nutzung sensitiver Daten. Aber auch die fehlende Sperrung oder Löschung von Daten trotz Vorliegen der entsprechenden Voraussetzungen des § 20 BDSG 2001 löst einen Ersatzanspruch aus, da sowohl die Sperrung als

---

[1273] Direkte Ansprüche gegen den Mitarbeiter der verantwortlichen Stelle, den Auftragsdatenverarbeiter oder den Beauftragten für den Datenschutz enthalten die §§ 7 und 8 BDSG 2001 nicht. Dies entspricht jedoch den Anforderungen der Richtlinie, die ebenfalls nur die Haftung der Verantwortlichen für die Datenverarbeitung in Art. 23 regelt.

[1274] Duhr/Naujok/Peter/Seiffert, DuD 2002, 5 (31).

[1275] Der eigenständige Anwendungsbereich des § 7 BDSG 2001 für öffentliche Stellen ist daher eröffnet, wenn über die Begrenzung des § 7 BDSG hinausgehende Schadensersatzsummen gefordert werden.

[1276] Siehe Seite 95.

[1277] § 2 Abs. 1 BDSG 2001.

[1278] Soweit keine Änderungen vorgenommen wurden, wird daher auf die Erläuterungen zum § 8 BDSG 1990 verwiesen, siehe Seite 95ff.

[1279] Handelt es sich bei der öffentlichen Stelle um ein öffentlich-rechtliches Wettbewerbsunternehmen oder werden Arbeitnehmerdaten gem. § 12 Abs. 4 BDSG 2001 verarbeitet, sind die §§ 28ff. BDSG 2001 einzuhalten, Simitis/*Simitis*, BDSG, 2003, § 8 Rn. 4.

auch die Löschung von Daten unter den Verarbeitungsbegriff des BDSG gem. § 3 Abs. 4 BDSG 2001 fällt. Gleiches gilt für den Fall, dass Daten erhoben, verarbeitet oder genutzt werden, obwohl der Betroffene wirksam gem. § 20 Abs. 5 BDSG 2001 widersprochen hat.

a) Begrenzung der Haftung auf die unzulässige Verarbeitung der Daten

Keine Haftung begründet indes die fehlende Berichtigung unrichtiger Daten gem. § 20 Abs. 1 BDSG 2001, da diese nicht zur Verarbeitung im Sinne des § 3 Abs. 4 BDSG 2001 zählt. Bestreitet der Betroffene allerdings die Richtigkeit der Daten, was er in aller Regel tun wird, wenn die Berichtigung verweigert wird, besteht eine Pflicht zur Sperrung der Daten, § 20 Abs. 4 BDSG 2001. Die Sperrung wiederum unterfällt dem Verarbeitungsbegriff und damit auch der Haftung nach § 8 BDSG 2001, so dass insofern nicht von einem eingeschränkten Anwendungsbereich gesprochen werden kann.

Von der Haftung gem. § 8 BDSG 2001 ebenfalls nicht erfasst ist die unzulässige Verweigerung der Auskunft nach § 19 BDSG 2001 oder die unterlassene Benachrichtigung des Betroffenen gem. § 19a BDSG 2001 im Falle der Erhebung der Daten bei Dritten. Diese Regelungen dienen jedoch der Umsetzung der Richtlinie[1280] und dem Schutz des Betroffenen, so dass ihre Verletzung durch die verantwortliche öffentliche Stelle nach Art. 23 Abs. 1 ebenso einen Schadensersatzanspruch auslösen sollte. Denn dieser postuliert nicht nur für die Verarbeitung, sondern auch für jede sonstige mit den Umsetzungsvorschriften nicht zu vereinbarenden Handlung einen Schadensersatzanspruch.[1281]

b) Ausschluss der manuellen Verarbeitung

Die Ersatzpflicht nach § 8 BDSG 2001 ist darüber hinaus auf die schadensverursachende automatisierte Verarbeitung begrenzt. Dies führt jedoch nicht zu einem Widerspruch zu Art. 23, da die Betroffenen nach § 7 BDSG 2001 Ersatz für Schäden infolge manueller Verarbeitung verlangen können.[1282]

Überdies ist eine Verarbeitung häufig durch die Kombination von automatisierten und nicht-automatisierten Verarbeitungsabschnitten charakterisiert, die eine Aufspaltung in die jeweiligen Abschnitte konstruiert erscheinen lassen. In diesen Fällen sollte daher, unabhängig davon durch welchen Verarbeitungsabschnitt der Schaden letztlich eingetreten ist, die einheitliche automatisierte Verarbeitung Leitbild und Beurteilungsgrundlage für die Haftung sein.[1283]

[1280] Das Berichtigungsrecht des Betroffenen gab es schon im BDSG 1990, eine Änderung infolge der Umsetzung der Richtlinie war nicht notwendig, weil es den Anforderungen der Richtlinie bereits entsprach.

[1281] Siehe Seite 140. Ebenso Simitis/*Simitis*, BDSG, 2003, § 7 Rn. 4.

[1282] Entspricht die Haftung in § 7 BDSG 2001 selbst allerdings nicht den Anforderungen der Richtlinie, stellt dies sehr wohl einen Widerspruch dar.

[1283] Simitis/*Simitis*, BDSG, 2003, § 8 Rn. 10; enger Gola/Schomerus, BDSG, 2002, § 8 Rn. 9; ebenso Schaffland/Wiltfang, BDSG, 2004, § 8 Rn.10.

c) Verschuldensunabhängige Haftung, § 8 Abs. 1 BDSG 2001

Ob der Schaden durch die verantwortliche Stelle fahrlässig oder vorsätzlich verursacht wurde, spielt für die Haftung keine Rolle. Dies wird in § 8 Abs. 1 BDSG 2001 ausdrücklich klargestellt und entspricht den Anforderungen des Art. 23 der Richtlinie.

d) Ersatz des immateriellen Schadens, § 8 Abs. 2 BDSG 2001

Auch die bereits im BDSG 1990 vorhandene Regelung der Ersatzfähigkeit immaterieller Schäden im Rahmen der Gefährdungshaftung wurde in den § 8 BDSG 2001 übernommen.[1284] Dies ist insofern bedenklich, als in ihr der Ersatz immaterieller Schäden mit dem Vorliegen einer schweren Persönlichkeitsverletzung[1285] verknüpft und nicht – wie in der Richtlinie – uneingeschränkt gewährt wird.

Ausreichend ist jedoch – anders als beim Sec. 13 DPA 1998 – das Vorliegen eines ausschließlich immateriellen Schadens, wenn er denn auf einer schweren Persönlichkeitsrechtsverletzung beruht. Dieser Unterschied ist aber wohl eher theoretischer Natur. In der Praxis wird nämlich – wie auch schon in den früheren Bestimmungen[1286] – durch beide Regelungsmodelle die Ersatzmöglichkeit für immaterielle Schäden stark eingeschränkt. Die mit der Pflicht des Betroffenen verbundenen Schwierigkeiten, die Schwere seiner Persönlichkeitsrechtsverletzung nachzuweisen, bestehen mithin unverändert fort.[1287]

War diese Einschränkung schon vor der Umsetzung der Richtlinie aus rechtspolitischen[1288] wie auch aus rechtstatsächlichen[1289] Gründen bedenklich, steht sie nun in deutlichem Widerspruch zu den Richtlinienvorgaben.

[1284] Diese damals unübliche Regelung des immateriellen Schadensersatzes im Rahmen der Gefährdungshaftung ist zwischenzeitlich mit der Reform des Schadensrechtes und der Einfügung des § 253 Abs. 2 BGB zum gesetzlich vorgeschriebenen Standard geworden. Allerdings wird immaterieller Schadensersatz nur dann gewährt uneingeschränkt gewährt, wenn eine Verletzung des Körpers, der Gesundheit, der Freiheit oder der sexuellen Selbstbestimmung vorliegt. Das Allgemeine Persönlichkeitsrecht sollte von der Regelung ausdrücklich nicht erfasst sein, Wagner, NJW 2002, 2049 (2056).

[1285] Regelmäßig wird eine schwerwiegende Persönlichkeitsverletzung erst dann bejaht, wenn diese auf dem unzulässigen Eingriff in die Intimsphäre z. B. durch die unzulässige Verwendung sensibler Daten beruht. Vgl. die Entscheidung des AG Frankfurt am Main, RDV 2002, 86, in der Beklagte sich unzulässig Zugang zu Adressdaten verschafft hatte und dies dazu nutzte, bei den Inhabern dieser Adressdaten obszöne Anrufe zu tätigen. Die bloße Veröffentlichung einer Geheimnummer durch die deutsche Telekom hingegen stellt keine schwere Beeinträchtigung des Persönlichkeitsrechts dar, selbst wenn dies mehrfach geschieht und der Betroffene aus begründeter Angst vor Repressalien eine Geheimnummer wünscht, LG Hanau, NJW-RR 2003, 1410.

[1286] Siehe Seiten 69ff. und 100ff.

[1287] Eine klare Abgrenzung zwischen einer hinreichend schweren Persönlichkeitsrechtsverletzung und einer weniger schweren Beeinträchtigung fehlt bislang, so dass der Betroffene auch ein ungleich höheres Prozessrisiko trägt, da es an ihm ist, im Vorfeld einzuschätzen, ob eine schwere Beeinträchtigung vorliegt, Witzleb, Geldansprüche 2003, S. 106.

[1288] Die mit dem Schadensersatz für Persönlichkeitsrechtsverletzungen beabsichtigte Sicherstellung des ausreichenden Persönlichkeitsrechtsschutzes gilt für schwere und weniger schwere Beeinträchtigungen gleichermaßen, Witzleb, Geldansprüche 2003, S. 106.

[1289] Die mit der gerichtlichen Verfolgung der Ansprüche verbundene erneute Offenlegung seiner Daten stellt mindestens eine ebensolche Hürde für den Betroffenen dar wie die von vornherein vorgesehene Beschränkung der Ersatzpflicht, Witzleb, Geldansprüche 2003, S. 106.

e) Kausalität

Der Betroffene muss nachweisen, dass ihm durch die unzulässige Verwendung der Daten ein Schaden entstanden ist. Mit anderen Worten: Der Schaden muss adäquat kausal durch die unzulässige Verarbeitung entstanden sein und zudem in normativwertender Hinsicht, z.B. nach dem Schutzzweck der Norm, der verantwortlichen Stelle zurechenbar sein. Es gelten also auch hier, wie im DPA 1998, die allgemeinen zivilrechtlichen Grundsätze zur Kausalität.[1290]

An die Voraussetzungen des Nachweises der Kausalität durch den Betroffenen sind jedoch nicht allzu strenge Anforderungen zu stellen, da dem Betroffenen die Verarbeitungsschritte und die Organisationsstruktur der verantwortliche Stelle nicht bekannt und deren Kenntnisnahme auch meist nicht möglich sein wird. Der Umfang der vom Betroffenen tatsächlich nachzuweisenden Umstände ist jedoch umstritten: einerseits wird die bloße Tatsache der Verwendung der Daten als ausreichend angesehen,[1291] andererseits soll der Betroffene nachweisen, dass die Daten gesetzeswidrig verwendet wurden.[1292]

Denkbar ist aber auch eine Erleichterung der Darlegungslast für den Betroffenen dahingehend, dass die verantwortliche Stelle die behauptete Kausalität nicht einfach bestreiten darf, sondern im Einzelnen darlegen muss, warum die Behauptung der Kausalität durch den Betroffenen unrichtig ist, um so dem Betroffenen die Möglichkeit zu geben, den Beweis für das Vorliegen der Kausalität anzutreten.[1293]

f) Begrenzung der Haftungssumme, § 8 Abs. 3 BDSG 2001

Ebenfalls wie im BDSG 1990 ist die Haftung auf eine Höchstsumme beschränkt. Dies ist auch unter der Richtlinie gem. Art. 23 Abs. 2 prinzipiell zulässig. Allerdings knüpft Art. 23 Abs. 2 die Einschränkung der Haftung an ein bestimmtes Vorkommnis, der fehlenden objektiven Zurechenbarkeit des Schadens.[1294] Dies fehlt bei § 8 Abs. 3 BDSG 2001, da die Haftung in jedem Fall, ob zurechenbares schädigendes Ereignis oder nicht, auf eine Höchstsumme beschränkt ist.

Eine weitere Einschränkung erfährt die Haftung dadurch, dass die Höchstsumme sich auf das schädigende Ereignis bezieht und nicht auf den jeweiligen individuellen Schaden. Haben also mehrere Personen Schäden durch einen Datenschutzverstoß erlitten, deren Gesamtsumme die Höchstsumme von Euro 130.000 übersteigt, so sind diese verhältnismäßig aufzuteilen.[1295] Auch dies entspricht nicht dem Sinn und Zweck der Haftungsbegrenzung unter der Richtlinie, da hiermit das Risiko der verantwortlichen Stelle generell summenmäßig begrenzt wird, unabhängig davon, ob es – gemäß der Regelung in Art. 23 Abs. 2 – unbillig erscheint, den Schädiger infolge des Geschehensablaufes für den (gesamten) Schaden haften zu lassen oder nicht.

[1290] Vgl. dazu die Erörterungen auf Seite89f.

[1291] Simitis/*Simitis*, BDSG, 2003, § 8 Rn. 14.

[1292] Gola/Schomerus, BDSG, 2002, § 7 Rn. 7.

[1293] Diese sekundäre Behauptungslast des Datenverarbeiters beruht auf dem Grundsatz von Treu und Glauben, Thomas/Putzo, ZPO, 25. Aufl, 2003, Vorbem § 284 Rn. 18.

[1294] Siehe Seite 182ff.

[1295] § 8 Abs. 3 Satz 2 BDSG 2001.

§ 8 Abs. 5 BDSG 2001 ordnet die Geltung des § 254 BGB und damit die Berücksichtigung eines Mitverschuldens des Geschädigten an. Soweit dies zu einer Reduzierung der Ersatzsumme führt, ist dies aus Sicht des Art. 23 Abs. 2 nicht zu beanstanden. Die Haftungsbeschränkung aufgrund einer Mitverursachung durch den Geschädigten wird von der Richtlinie ausdrücklich erwähnt.[1296]

2) Die verschuldensabhängige Haftung öffentlicher und privater Stellen, § 7 BDSG 2001

In Umsetzung der Richtlinie wurde mit § 7 BDSG 2001 eine eigenständige Anspruchsgrundlage für die Haftung sowohl öffentlicher als auch nicht-öffentlicher Datenverarbeiter eingeführt.[1297]

a) Unzulässige oder unrichtige Erhebung, Verarbeitung oder Nutzung personenbezogener Daten

Haftungsauslösender Tatbestand ist wie in § 8 BDSG 2001 die unzulässige oder unrichtige Erhebung, Verarbeitung oder Nutzung personenbezogener Daten und nicht der Verstoß gegen jede, dem Schutz des Betroffenen dienende Norm des BDSG 2001.[1298] Anders als bei § 8 BDSG 2001 und in Übereinstimmung mit der Richtlinie erfasst dies jedoch auch die nicht-automatisierte Verarbeitung. Soweit diese manuelle Verarbeitung allerdings Daten betrifft, die sich nicht nach einem gemeinsamen Merkmal strukturieren lassen, haften nur die öffentlichen Stellen für deren unzulässige Verarbeitung, da eine solche manuelle Verarbeitung durch private Stellen nicht von den Verarbeitungsvorschriften des BDSG 2001 für private Datenverarbeiter erfasst wird.[1299]

b) Verschulden

Die unzulässige Verwendung der Daten muss auf einem Verschulden des Datenverarbeiters beruhen, dessen Vorliegen grundsätzlich vermutet wird.[1300] Der Datenverarbeiter hat also gem. § 7 Satz 2 BDSG 2001 zu beweisen, dass ihn kein Verschulden trifft und sein Verhalten nicht ursächlich für den Schaden war.[1301] Diese Beweislastregelung ändert jedoch nichts an der materiellrechtlichen Vorgabe, dass die Haftung – entgegen den Vorgaben der Richtlinie – verschuldensabhängig ist.[1302] Mehr noch: der Wortlaut des § 7 Satz 1 BDSG 2001 an sich enthält keinen ausdrücklichen Hinweis auf ein Ver-

---

[1296] Erwägungsgrund 55.

[1297] Schneider, Handbuch, 2003, S. 235; Niedermeier/Schröcker, RDV 2002, 217 (218); Franzen, DB 2001, 1867 (1872).

[1298] Der Verstoß gegen Normen anderer, spezialgesetzlicher Regelwerke, wie z.B. des Teledienstedatenschutzgesetzes oder der Telekommunikationsdatenschutzverordnung, kommt ebenso in Betracht.

[1299] Diese Einschränkung der Haftung, die aus dem Anwendungsbereich des BDSG 2001 für nicht-öffentliche Stellen resultiert, entspricht den Vorgaben der Richtlinie, deren Geltung ebenfalls auf die manuelle Verarbeitung von Daten, die in einer Datei enthalten sind, begrenzt ist, Art. 3 Absatz 2.

[1300] Duhr/Naujok/Peter/Seiffert, DuD 2002, 5 (32).

[1301] Gola/Wronka, Handbuch, 2004, S. 317.

[1302] Duhr/Naujok/Peter/Seiffert, DuD 2002, 5 (32).

schulden. Erst die Beweislastregelung macht dies deutlich, denn ohne ein materiellrechtliches Verschuldenselement wäre sie sinnlos.[1303]

Der Datenverarbeiter hat demnach gem. § 7 Satz 2 BDSG 2001 zu beweisen, dass er „die nach den Umständen des Falles gebotene Sorgfalt" beachtet hat. Entscheidend ist also zunächst die konkrete Situation, in der Daten erhoben oder verarbeitet wurden. Ob daran anschließend die subjektiven Verhaltensmöglichkeiten des Datenverarbeiters zu beurteilen sind, und nicht, wie im § 276 BGB, die objektiven Verhaltensmöglichkeiten gemessen an der „im Verkehr erforderlichen Sorgfalt", wird uneinheitlich beurteilt.[1304] Aus Sicht der Richtlinienvorgabe ist dies allerdings unerheblich, denn in beiden Fällen hat der Datenverarbeiter die Möglichkeit, sich aufgrund seines Verhaltens zu exkulpieren. Dies will die Richtlinie aber gerade nicht.

Lediglich die Pflicht zur Selbstentlastung ist als – wenn auch unzureichendes – Zugeständnis an die Vorgaben der Richtlinie zu betrachten: unternimmt der Datenverarbeiter nichts, haftet er.[1305] Dies reicht jedoch nicht, um den Widerspruch zwischen der Richtlinie und ihrer Umsetzung in § 7 BDSG 2001 zu beseitigen. Allerdings besteht dieser nur hinsichtlich der Haftung nicht-öffentlicher Datenverarbeiter. Die durch eine unzulässige Datenverwendung seitens öffentlicher Datenverarbeiter Betroffenen können daneben den verschuldensunabhängigen Ersatzanspruch aus § 8 BDSG 2001 geltend machen.

c) Kein Ersatz des immateriellen Schadens

§ 7 Abs. 1 BDSG 2001 verpflichtet den Datenverarbeiter, dem Betroffenen jeden eingetretenen Schaden zu ersetzen, soweit es sich bei diesem um einen Vermögensnachteil handelt.[1306] Mangels ausdrücklicher Regelung, die gem. § 253 Abs. 1 BGB erforderlich wäre, um auch den Ersatz des immateriellen Schadens zu gewähren, wird dieser von der Haftung des § 7 Abs. 1 BDSG 2001 jedoch nicht erfasst.[1307] Hieraus resultiert ein weiterer Widerspruch zu Art. 23 der Richtlinie, der – soweit es um die unzulässige Verarbeitung öffentlicher Datenverarbeiter geht – durch § 8 Abs.2 BDSG 2001 zwar nicht behoben, so jedoch abgemildert wird. Dennoch: Der Ersatz immaterieller Schäden nach § 8 Abs. 2 BDSG 2001 stellt ebenfalls keine ausreichende Umsetzung des Art. 23 dar.

1303 Simitis spricht denn auch von einer Verschuldenshaftung durch „die Hintertür", Simitis/*Simitis*, BDSG, 2003, § 7 Rn. 21.

1304 Einen subjektiven Maßstab befürworten Niedermeier/Schröcker, RDV 2002, 217 (219); a.A. Simitis/*Simitis*; BDSG, 2003, § 7 Rn. 24, der allein auf die spezifische Verwendungssituation abstellt und die daraus notwendigen Maßnahmen zur Einhaltung der erforderlichen Sorgfalt ableiten will. Nach Auffassung von Wedde in: Roßnagel (Hrsg.), Handbuch, 2003, S. 567 hat der Datenverarbeiter seine Sorgfaltspflicht bereits dann erfüllt, wenn lediglich das Mindestmaß an den erforderlichen Sicherheitsmaßnahmen eingehalten wurde.

1305 Simitis/*Simitis*, BDSG, 2003, § 7 Rn. 22.

1306 Gola/Schomerus, BDSG, 2002, § 7 Rn. 12; Duhr/Naujok/Peter/Seiffert, DuD 2002, 5 (32).

1307 Tinnefeld, NJW 2001, 3078 (3083); Gola/Schomerus, BDSG, 2002, § 7 Rn. 12; Duhr/Naujok/Peter/Seiffert, DuD 2002, 5 (32); Schneider, Handbuch, 2003, S. 235; wohl auch Schaffland/Wiltfang, BDSG, 2004, § 7 Rn. 5; Simitis/*Simitis*, BDSG, 2003, § 7 Rn. 32; Gola/Wronka, Handbuch, 2004, S. 318.

Für den Ersatz immaterieller Schäden infolge der unzulässigen Verarbeitung durch nicht-öffentliche Datenverarbeiter enthält das BDSG 2001 also keine Anspruchsgrundlage. Hier ist nur die Geltendmachung des allgemeinen deliktsrechtlichen Schadensersatzanspruches aus § 823 Abs. 1 BGB i. V. m. Art. 2 Abs. 1, Art. 1 Abs.1 GG wegen einer Verletzung des allgemeinen Persönlichkeitsrechts für den Betroffenen möglich.[1308] Dies entspricht der Rechtslage vor Erlass des BDSG 2001.[1309]

Ein solcher Rückgriff auf bereits im Zeitpunkt des Richtlinienerlasses bestehende Regelungen ist nicht unzulässig: Der nationale Gesetzgeber muss nicht zwingend tätig werden, um seiner gemeinschaftsrechtlichen Umsetzungspflicht gerecht zu werden. Die Beibehaltung bereits bestehender Normen reicht allerdings nur aus, wenn diese den Anforderungen der Richtlinie z.B. durch eine entsprechende Auslegung entsprechen.[1310] § 823 Abs. 1 BGB i.V.m. Art. 2 Abs.1, Art. 1 Abs. 2 GG verknüpft nach Auffassung der Rechtsprechung und des überwiegenden Schrifttums die Ersatzfähigkeit immaterieller Schäden indes mit dem Vorliegen einer schweren Verletzung des Persönlichkeitsrechts und verlangt überdies ein Verschulden des Datenverarbeiters.[1311]

Der Nachweis des Verschuldens obliegt dabei dem Betroffenen, da die Beweislastregelung des § 7 Satz 2 BDSG 2001 – anders als im § 8 BDSG 1990 – sich nur auf den Anspruch aus § 7 Abs. 1 BDSG 2001 erstreckt.[1312] Der Betroffene einer Datenverarbeitung durch nicht-öffentliche Stellen wird also in zweierlei Hinsicht schlechter gestellt: Der private Datenverarbeiter kann sich durch den Nachweis seines fehlenden Verschuldens von der Haftung befreien und für den Ersatz der im Umgang mit personenbezogenen Daten häufigsten Schäden bleibt nur der allgemeine deliktische Anspruch, für den der Betroffene jedoch neben der Schwere der Persönlichkeitsrechtsverletzung den Nachweis des Verschuldens des Datenverarbeiters aktiv führen muss. Diese Ungleichbehandlung ist weder durch die Richtlinie noch durch tatsächliche Unterschiede in den Gefährdungen durch die Datenverarbeitung öffentlicher und nichtöffentlicher Datenverarbeiter gedeckt.[1313]

d) Mitverschulden gem. § 254 BGB und Beweislast

Auch wenn § 7 BDSG 2001 es nicht ausdrücklich anordnet, ist auch hier ein Mitverschulden des Betroffenen anspruchsmindernd zu berücksichtigen.[1314] Dies erschließt sich aus der Tatsache, dass es sich bei § 7 BDSG 2001 um einen zivilrechtlichen An-

---

[1308] Zu beachten ist, dass hinsichtlich des Ersatzes materieller Schäden § 823 Abs. 2, § 824 und § 826 BGB von der spezielleren Regelung des § 7 Abs. 1 BDSG 2001 verdrängt werden, Simitis/*Simitis*, BDSG, 2003, § 7 Rn. 65; offengelassen bei Schneider, Handbuch, 2003, S. 236; a.A. Gola/Schomerus, BDSG, 2002, § 7 Rn. 16 und wohl auch Schaffland/Wiltfang, BDSG, 2004, § 7 Rn. 5. In der Praxis wird der Streit jedoch kaum Relevanz entfalten, da die Beweislastregelung hinsichtlich des Verschuldens nur im Rahmen des § 7 BDSG 2001 den Betroffenen begünstigt, für die allgemeinen deliktischen Ansprüche ist es jedoch an ihm, das Verschulden der verantwortlichen Stelle zu beweisen,

[1309] Vgl. daher die Erläuterungen auf Seite 98ff.

[1310] Leible, EuZW 2001, 438f.

[1311] Palandt/Sprau, 64. Aufl., 2005, § 823 Rn. 124 m.w.N.

[1312] Nach der Regelung in § 8 BDSG 1990 galt die Beweislastumkehr für sämtliche Schadensersatzansprüche, die vom Betroffenen geltend gemacht werden konnten, vgl. Seite 94.

[1313] Zu Letzterem vgl. Seite 30f.

[1314] Gola/Schomerus, BDSG, 2002, § 7 Rn. 20; Duhr/Naujok/Peter/Seiffert, DuD 2002, 5 (32).

spruch handelt. Der Verweis auf die Anwendung des § 254 BGB war, anders als bei § 8 BDSG 2001, mithin nicht notwendig.[1315]

Dem Betroffenen obliegt der Nachweis eines Schadens infolge einer unzulässigen Verwendung seiner Daten, die Anforderungen an den von ihm zu erbringenden Kausalitätsnachweis sind angesichts des regelmäßig fehlenden Einblickes in die Organisationsstruktur des Datenverarbeiters gering: ausreichend ist der Nachweis, dass Daten des Betroffenen verwendet wurden.[1316]

3) Zusammenfassung

Im Hinblick auf die durch die Richtlinie vorgegebenen Erfordernisse an die Haftung im Datenschutz ist zunächst festzuhalten, dass nur die öffentlichen Datenverarbeiter im deutschen Recht verschuldensunabhängig haften. Die nicht-öffentlichen Verarbeiter hingegen können sich durch den Nachweis fehlenden Verschuldens von ihrer Haftung befreien. Der grundsätzlich anwendbare Sorgfaltsmaßstab des § 276 BGB ist zwar ein objektiver, der sich an den Anforderungen der verkehrsüblichen Sorgalt orientiert, § 7 Satz 1 BDSG 2001 enthält einen solchen Hinweis auf diesen objektiven Maßstab des Verkehrs hingegen nicht.[1317]

Aber selbst wenn auch im Rahmen des § 7 BDSG 2001 nur die verkehrsübliche Sorgfalt genügt, ist dies schon rein begrifflich nicht mit der verschuldensunabhängigen Haftung gleichzusetzen. Ausgangspunkt für jede Inanspruchnahme im Rahmen des § 7 BDSG 2001 ist die fehlende Einhaltung der in der spezifischen Verwendungssituation[1318] einzuhaltenden Sicherheitsmaßnahmen und nicht – wie bei der verschuldensunabhängigen Haftung der Richtlinie – die Übernahme des stets mit einer Verwendung personenbezogener Daten verbundenen Risikos für den Betroffenen.

Zudem wird der Ersatz immaterieller Schäden nicht uneingeschränkt gewährt. Sowohl für die öffentlichen Datenverarbeiter als auch die nicht-öffentlichen steht das Bestehen dieses Anspruchs unter der Prämisse einer schweren Persönlichkeitsrechtsverletzung. Bei den nicht-öffentlichen Datenverarbeitern wurde auf eine ausdrückliche Regelung zum Ersatz immaterieller Schäden sogar verzichtet. Auch diese Limitierung kennt die Richtlinie nicht: der Schutz personenbezogener Daten ist Privatsphärenschutz, der an keine Bedingung geknüpft ist und aus diesem Grund uneingeschränkten Schadensersatz gewährt.

Die Begrenzung der Ersatzpflicht auf die unzulässige Erhebung, Verarbeitung und Nutzung von Daten stimmt ebenfalls nicht mit den Vorgaben der Richtlinie überein. Notwendig wäre eine Ausdehnung der Haftung auf Verstöße gegen sämtliche der Umsetzung und dem Betroffenenschutz dienenden Normen.

[1315] Vgl. auch die unter Hinweis auf die deliktische Natur des § 7 BDSG 2001 vorgeschlagene Änderung des Bundesrates BT-Drs. 4329/56.

[1316] Simitis/*Simitis*, BDSG, 2003, § 7 Rn. 23.

[1317] Niedermeier/Schröcker, RDV 2002, 217 (219).

[1318] Simitis/*Simitis*, BDSG, 2003, § 7 Rn. 24.

D) Konsequenzen aus der unzureichenden Umsetzung von Art. 23

Zu klären ist daher, welche Konsequenzen die unzureichende Umsetzung von Art. 23 hat.

I) Unmittelbare Wirkung von Art. 23

Grundsätzlich kann sich der Einzelne nicht unmittelbar auf eine Richtlinie zur Durchsetzung seiner Rechte berufen. Sie bindet lediglich die Mitgliedsstaaten an die Pflicht zu ihrer Umsetzung. Hiervon macht der EuGH eine Ausnahme, wenn der Mitgliedsstaat dieser Pflicht nicht ausreichend nachkommt. Diese besteht allerdings nur, soweit es um die Wirkung der Richtlinie zu Lasten des Staates geht.[1319] Diese Konsequenz ergibt sich bereits aus dem Verbot einer den Einzelnen bindenden Wirkung der Richtlinie. Der EuGH argumentiert jedoch auch mit dem Grundsatz von Treu und Glauben, demzufolge es unbillig sei, wenn der Mitgliedsstaat sich gegenüber seinen Bürgern auf seine eigene unzureichende Erfüllung der Umsetzungspflicht berufe.[1320] Die unmittelbare Wirkung gilt daher gegenüber allen innerstaatlichen Stellen, unabhängig von ihrer Rechtsform und davon, ob der Stelle lediglich Aufgaben im öffentlichen Interesse übertragen wurden. Auch privatrechtlich verfasste Einrichtungen, die aber aufgrund der Eigentumsverhältnisse als staatliche Einrichtungen anzusehen sind, werden von der unmittelbaren Wirkung erfasst.[1321]

Danach ist es dem Einzelnen möglich, sich nach Ablauf der Umsetzungsfrist unmittelbar auf eine ihn begünstigende Richtlinienregelung vor einem nationalen Gericht zu berufen, wenn die Richtlinie noch nicht oder nur unzureichend umgesetzt wurde.[1322] Dies setzt zunächst voraus, dass die Regelung der Richtlinie inhaltlich unbedingt und hinreichend bestimmt ist. Der EuGH bedient sich hier der allgemeinen Maßstäbe für die unmittelbare Anwendung von Gemeinschaftsnormen.[1323] Eine Richtlinienbestimmung ist demnach dann unbedingt, wenn sie zum einen abschließend sowohl förmliche als auch sachliche Maßstäbe für den Kreis der Begünstigten und der Berechtigten

---

[1319] EuGH vom 26.02.1986, Rs. 152/84, *Marshall*, Slg. 1986, 723 (748ff.) sowie Rs. C-91/92 vom 14.07.1994, *Faccini Dori*, Slg. 1994, I-3325 (3347), Rn. 22f.

[1320] Rs. 148/78 vom 05.04.1979, *Ratti*, Slg. 1979, 1629. Kritisch hierzu Curtin, (1990) 27 CMLRev 709 (722f.); Bach, JZ 1990, 1108 (1115).; Müller-Graff, NJW 1993, 13 (20f.). Soweit der EuGH kürzlich entschieden hat, dass der Verstoß gegen unmittelbar geltendes europäisches Wettbewerbsrecht durch Privatpersonen ebenfalls eine Schadensersatzpflicht begründe, ist dies auf Richtlinienverstöße daher nicht anzuwenden, EuGH vom 29.09.2001, Rs. C-453/99, *Courage/Crehan*, Slg. 2001, I-6297; siehe auch Van Gerven, CMLRev 2004, 505 (520).

[1321] Nettesheim, in: GH-III, 2003, Art. 249 EGV, Rn. 168; Haslach, DuD 1998, 693 (695). Der EuGH ist sehr großzügig in der Annahme des Handelns einer öffentlichen Stelle – hierzu zählen auch Privatpersonen, die als Beliehene mit Hoheitsrechten ausgestattet sind, und öffentliche Stellen als Arbeitgeber unabhängig davon, dass der Hoheitsträger dies auch in privater Rechtsform ausüben kann, EuGH vom 12.07.1990, Rs. C-188/89, *Foster*, Slg. 1990, I-3313 ff., Rn. 20. Zu den Problemen der englischen Rechtsprechung bei der Bestimmung einer öffentlichen Stelle vgl. Doran, ICCLR 1993, 4 (5), 174 (175f).

[1322] Ständige Rechtsprechung seit EuGH vom 19.01.1982, Rs. 8/81, *Becker*, Slg. 1982, 53 (79ff). Vgl. auch Haag, in: Beutler/Bieber/Pipkorn/Streil, Europäische Union, 2001, S. 241 m.w.N.

[1323] Maßgebliche Entscheidung ist hier EuGH vom 05.02.1979, Rs. 26/62, *Van Gend en Loos*, Slg. 1963, 1 (25f.).

enthält sowie den Inhalt der Begünstigung festlegt.[1324] Darüber hinaus darf den Mitgliedsstaaten kein Ermessen bzw. Beurteilungsspielraum hinsichtlich des Vorliegens ihrer Voraussetzungen eingeräumt sein.[1325]

Nach diesen Grundsätzen wäre also die direkte Berufung des Betroffenen auf Art. 23 nur gegenüber einer Verarbeitung seiner Daten durch staatliche Datenverarbeiter möglich. Dies setzt voraus, dass Art. 23 inhaltlich unbedingt und hinreichend bestimmt ist. Davon ist auszugehen, wenn die Richtlinienbestimmung so unzweideutig ist, dass ein Einzelner sich auf sie berufen und ein Gericht sie anwenden kann, mithin klar erkennbar ist, welche Rechtsstellung sie einräumt.[1326] Bei dieser Beurteilung ist auch die Entstehungsgeschichte, Systematik sowie der Sinn und Zweck der Bestimmung zu berücksichtigen.[1327] Art. 23 Abs. 1 benennt erschöpfend die Voraussetzungen einer Ersatzpflicht des Verantwortlichen der Datenverarbeitung gegenüber dem Betroffenen. Dies geschieht auch hinreichend genau hinsichtlich des zu ersetzenden Schadensumfanges und des fehlenden Verschuldens, die sich insbesondere unter Berücksichtigung von Systematik und Telos der Norm unschwer ermitteln lassen.

Art. 23 räumt den Mitgliedsstaaten zudem nicht die Möglichkeit ein, eigene Regelungen hinsichtlich des Eintritts einer Haftung festzulegen. Diese Einschätzung wird auch nicht durch die Möglichkeit der Mitgliedsstaaten beeinflusst, die Haftung gem. Art. 23 Abs. 2 einzuschränken oder auszuschließen. Hierdurch wird den Mitgliedsstaaten zwar ein Handlungsspielraum eingeräumt, dies jedoch nur für eng begrenzte Ausnahmesituationen. Ein solches Umsetzungsermessen steht der unmittelbaren Geltung von Art. 23 jedoch nicht entgegen.[1328] Keineswegs befreit Art. 23 Abs. 2 daher davon, für alle nicht von ihr erfassten Schäden eine Ersatzpflicht nach Maßgabe des Art. 23 Abs. 1 in ihr nationales Recht einzuführen.[1329] Mithin ist Art. 23 Abs. 1 unmittelbar anwendbar.

Die unmittelbare Wirkung ist von Amts wegen zu berücksichtigen,[1330] folglich hat jedes nationale Gericht im Falle einer Geltendmachung eines Ersatzanspruches durch einen Betroffenen gegenüber einem staatlichen Datenverarbeiter Art. 23 Abs. 1 als Anspruchsgrundlage zu berücksichtigen. Die nationalen Umsetzungsnormen des Sec. 13 DPA 1998 und § 8 BDSG 2001 kommen insoweit nicht zur Anwendung. Dies ist betrifft allerdings nur die Anwendung des Art. 23 im konkreten Konfliktfall,[1331] eine

---

[1324] Scherzberg, Jura 1993, 225 (226).

[1325] Haslach, DuD 1998, 693 (694); Doran, ICCLR 1993 4(5), 174 (176).

[1326] EuGH vom 04.12.1986, Rs. 71/85, *Niederlande*, Slg. 1986, 3855 (3875).

[1327] Nettesheim, in: GH-II, 2003, Art. 249 EGV Rn. 163.

[1328] EuGH vom 12.06.1980, Rs. 88/79 *Grunert*, Slg. 1980, 1827 (1837) sowie EuGH vom 09.04.2004, verb. Rs. C-397/01 bis C-403/01 *Pfeiffer*, Rn. 105; Scherzberg, Jura 1993, 225 (226); Curtin, (1990) 27 CMLRev 709 (720f.).

[1329] Ebenso ausreichend wäre es, die bereits vorhandene Haftungsregelung entsprechend den Vorgaben der Richtlinie zu ändern. Die inhaltliche Unbedingtheit für den in der Struktur her ähnlichen Art. 8 der Richtlinie bejaht Haslach, DuD 1998, 693 (696f.).

[1330] Scherzberg, Jura 1993, 225 (226); Haslach, DuD 1998, 693 (696); Nettesheim, in: GH-II, 2003, Art. 249 EGV Rn.164.

[1331] Z.B. bei der Geltendmachung von immateriellen Schäden, die nicht gem. § 8 Abs. 2 BDSG 2001 auf einer schweren Persönlichkeitsrechtsverletzung beruhen.

generelle Verdrängung der nationalen Haftungsregelungen durch die Richtlinienbestimmung besteht nicht.[1332]

II) Richtlinienkonforme Auslegung

Fehlt es an der vertikalen Direktwirkung, kann dem von der Richtlinie Begünstigten möglicherweise durch die richtlinienkonforme Auslegung der nationalen Umsetzungsnorm zu seinem Recht verholfen werden.

Die vom EuGH entwickelte Pflicht zur richtlinienkonformen Auslegung gilt für all jene nationalen Normen, die in den Anwendungsbereich der betreffenden Richtlinie fallen, unabhängig davon, ob sie zum Zwecke der Umsetzung in das nationale Recht eingefügt wurden oder bereits vor dem Ablauf der Umsetzungsfrist vorhanden waren.[1333] Sie verpflichtet ein nationales Gericht, bei der Anwendung des nationalen Rechts dieses so am Wortlaut und Zweck der jeweiligen Richtlinie auszulegen, dass das mit der Richtlinie verfolgte Ziel erreicht wird.[1334] Der EuGH begründete die Auslegungspflicht der nationalen Gerichte zunächst mit der aus Art. 5 EWGV (Art. 10 EG) folgenden Pflicht der Mitgliedsstaaten zur Gemeinschaftstreue. Laut EuGH erfordere diese, „dass die Mitgliedsstaaten im Rahmen ihrer nationalen Rechtsordnung alle erforderlichen Maßnahmen ergreifen, um die vollständige Wirksamkeit einer Richtlinie entsprechend ihres Zieles zu gewährleisten".[1335] In weiteren Entscheidungen berief sich der EuGH jedoch auf Art. 189 Abs. 3 EWGV (Art. 249 Abs. 3 EG).[1336]

Nun könnte man meinen, Art. 23 Abs. 2 unterliege nicht dieser Auslegungspflicht, weil dieser den Mitgliedsstaaten lediglich die Möglichkeit einräumt, von einer Haftungsbeschränkung Gebrauch zu machen. Eine fakultative Richtlinienregelung nimmt jedoch an der Pflicht zur richtlinienkonformen Auslegung nicht teil.[1337] Fakultativ ist die Regelung in Art. 23 Abs. 2 indes nur hinsichtlich der Frage, ob und in welcher

[1332] Die Richtlinie genießt also nur Anwendungsvorrang im Einzelfall und nicht abstrakten Geltungsvorrang, Scherzberg, Jura 1993, 225 (229); BVErfGE 73, 339 (375), EuGH vom 7.2.1991, Rs. C-184/89, *Nimz*, Slg. 1991, I-297 Rn. 19.

[1333] Ständige Rechtsprechung seit EuGH vom 10.04.1984 Rs. 14/83, *Von Colson u. Kammann*, Slg. 1984, 1891ff.; ebenso EuGH, vom 10.04.1984, Rs. 79/83 *Harz*, Slg. 1984, 1921ff. Vgl. in neuerer Zeit EuGH vom 16.12.1993, Rs. 334/92, *Wagner Miret*, Slg. 1993, I-6911 sowie EuGH vom 26.07.2000, verb. Rs. C-240/98 bis C-244/98, *Océano Grupo Editorial SA u.a*, Slg. 2000, I-4549. Die Ausdehnung der richtlinienkonformen Auslegung auf sämtliches nationale Recht im Anwendungsbereich der Richtlinie erfolgte in Rs. 106/89 vom 13.11.1990, *Marleasing*, Slg. 1990, I-4135 (4159).

[1334] EuGH vom 09.03.2004, verb. Rs. C-397/01 bis C-403/01, *Pfeiffer*, Rn. 113.

[1335] Rs. 14/83 vom 10.04.1984, *Von Colson u. Kammann*, Slg. 1984, 1891 (1901 und 1909). In den Schlussanträgen des Generalanwalts zum *Marleasing*-Urteil wurde die umfassende Pflicht zur richtlinienkonformen Auslegung auch auf den Vorrang des Gemeinschaftsrechts gestützt, vgl. Brechmann, Richtlinienkonforme Auslegung, 1994, S. 71.

[1336] In der Literatur ist man sich über den Geltungsgrund der Pflicht zur richtlinienkonformen Auslegung uneinig. Art. 10 EG als Geltungsgrund bejahen Zuleeg in: Schulze (Hrsg.), Auslegung europäischen Privatrechts, 1999, S.165f., Piekenbrock/Schulze, WM 2002, 521 (523); Möllers, EuR 1998, 20 (45); Habersack/Mayer, WM 2002, 253 (256) Fn. 41. Art. 249 Abs. 3 EG befürworten Brechmann, Richtlinienkonforme Auslegung, 1994, S. 257; Grundmann, ZEuP 1996, 399 (407); Grabitz, in: GH-II, Alt, 1999, Art. 189 EGV Rn.57; von Bogdandy, in: GH-I, Alt, 2002, Art. 5 EGV Rn.41; Franzen, Privatrechtsangleichung, 1999, S.297; Canaris, Festschrift Bydlinski, 2002, S. 62.

[1337] So in entsprechender Anwendung der für die unmittelbare Anwendung der Richtlinie entwickelten Grundsätze, Canaris, Festschrift für Bydlinski, 2002, S. 77; Rüffler, ÖJZ 1997, 121 (124).

Weise von der Haftungsbeschränkung Gebrauch gemacht wird. Die Vorraussetzung, unter denen die Haftungsbeschränkung eintritt – der Entlastungsbeweis –, ist jedoch bindend geregelt. Ein Gestaltungsspielraum der Mitgliedsstaaten besteht nicht.

Der richtlinienkonformen Auslegung sind allerdings Grenzen gesetzt. Ihre Anwendung setzt nach Auffassung des EuGH voraus, dass das nationale Recht dem Gericht einen Beurteilungsspielraum hinsichtlich der Auslegung und Anwendung der nationalen Normen überhaupt einräumt.[1338] Mit anderen Worten: Die richtlinienkonforme Auslegung ist nur dann eröffnet, wenn die auszulegende Norm nach Maßgabe des nationalen Rechts auslegungsfähig ist und eine Interpretation zulässt, die den Vorgaben des Gemeinschaftsrechts entspricht.[1339] Von den möglichen Auslegungsvarianten darf dann nur jene gewählt werden, die dem Gemeinschaftsrecht entspricht[1340]. Aus diesem ausdrücklich ausgesprochenen Gebot des EuGH wird gefolgert, dass dies auch eine Interpretation nationalen Rechts *contra legem* zulasse.[1341] Ein solcher Schluss würde jedoch gegen die Kompetenzverteilung zwischen EuGH und nationalen Gerichten gem. Art. 234 EG verstoßen, da dem EuGH lediglich die Auslegung von Gemeinschaftsrecht obliegt. Es ist vielmehr davon auszugehen, dass der Gerichtshof mit dieser Formulierung die gemeinschaftsrechtliche Bindung der nationalen Gerichte an diese Auslegungspflicht unterstreichen wollte.[1342]

Es ist also den Mitgliedsstaaten überlassen, wie sie ihrer Pflicht zur richtlinienkonformen Auslegung nachkommen.[1343] Bevor nun der Versuch einer richtlinienkonformen Auslegung von Sec. 13 DPA 1998 und §§7, 8 BDSG 2001 unternommen wird, soll daher zunächst jeweils dargelegt werden, wie die englischen und deutschen Gerichte dieser Pflicht nachkommen.

1) Die richtlinienkonforme Auslegung in der englischen Rechtsprechung

Die englische Rechtsprechung ist bislang mit der ihr vom EuGH auferlegten Pflicht zur richtlinienkonformen Auslegung widersprüchlich umgegangen. Dies zeigt sich bereits an der uneinheitlichen Terminologie, mit der die Auslegung nationalen Rechts im Anwendungsbereich europäischer Richtlinien bezeichnet wird. Ausgehend von der Vorgehensweise wird teilweise von der Pflicht zur einheitlichen Auslegung (*uniform interpretation duty)* oder der Pflicht zur wohlmeinenden Auslegung (*duty of sympathetic interpretation)* gegenüber dem Gemeinschaftsrecht gesprochen.[1344] In Anlehnung

---

[1338] Rs. 14/83 vom 10.04.1984, *Von Colson u. Kammann*, Slg. 1984, 1891 (1901).

[1339] Brechmann, Richtlinienkonforme Auslegung, 1994, S. 50; Zuleeg, in: Schulze (Hrsg.), Auslegung europäischen Privatrechts, 1999, S.163 (171); Weatherill, EC Law, 1994, S. 99.

[1340] So der EuGH ausdrücklich in der *Marleasing*-Entscheidung, Rs. 106/89 vom 13.11.1990, Slg. 1990, I-4135 (4159). Kritisch zu diesem „Verbot" des EuGH – insbesondere im Hinblick auf die daraus resultierende faktische horizontale Drittwirkung der Richtlinie, Brechmann, Richtlinienkonforme Auslegung, 1994, S. 73. Vgl. auch Müller-Graff, NJW 1993, 13 (21); Götz, NJW 1992, 1849 (1854).

[1341] Stuyck/Wytinck, (1991) CMLRev 205.

[1342] Franzen, Privatrechtsangleichung, 1999, S.293; Grundmann, ZEuP 1996, 399 (414) Fn. 40; Müller-Graff, NJW 1993, 13 (21) wohl auch Nessler, RIW 1993, 206 (208).

[1343] Ein Beispiel für die Unterschiede hinsichtlich der methodischen und funktionalen Anforderungen der richtlinienkonformen Auslegung in den Mitgliedsstaaten bringt Franzen, Privatrechtsangleichung, 1999, S. 363f.

[1344] Boch, EC Law, 2000, S. 93.

an die faktischen Folgen der Anwendung dieser Methode hingegen wird die damit verbundene Problematik unter dem Begriff der mittelbaren horizontalen Wirkung von Richtlinien (*indirect horizontal effect of directives)* behandelt.[1345]

Die faktische mittelbare Drittwirkung einer Richtlinie unter Privaten ist unter anderem der Grund dafür, dass die englische Rechtsprechung[1346] der richtlinienkonformen Auslegung eher skeptisch gegenüber steht. Denn wenn die Richtlinie keine unmittelbare Wirkung unter privaten Parteien entfalte,[1347] dürfe sie dies – so die Schlussfolgerung – auch nicht auf mittelbare Art und Weise tun.[1348]

Mit dem Grundsatz der Parlamentssouveränität erschien es überdies zunächst ebenfalls unvereinbar, nationales Recht, das vor dem Erlass einer Richtlinie in deren Anwendungsbereich bereits bestand, richtlinienkonform auszulegen.[1349] Zwar gilt entsprechend der Auslegung bindender internationaler Verträge die Vermutung, das Parlament wolle seinen vertraglichen Pflichten nachkommen, diese kann jedoch nicht ernsthaft auch für die Auslegung von Vorrichtlinienrecht herangezogen werden.[1350]

Nach der *Marleasing*-Entscheidung des EuGH konnte es die britische Rechtsprechung jedoch nicht bei dieser Lesart belassen, ohne sich damit in offenen Widerspruch zur Rechtsprechung des EuGH zu setzen. So entschied das House of Lords in *Webb v EMO Air Cargo (UK) Ltd.*,[1351] dass jegliches nationale Recht im Anwendungsbereich einer Richtlinie stets so auszulegen sei, dass es sich im Einklang mit der durch den EuGH vorgenommenen Auslegung der betreffenden Richtlinie befinde.[1352] Voraussetzung sei allerdings, dass die nationale Norm einer richtlinienkonformen Auslegung zugänglich, d.h. ihr Wortlaut mehrdeutig sei.[1353] Sei der Wortlaut der nationalen Norm

---

[1345] Weatherill, EC Law, 1994, S. 83ff.; Szysczak, (1990) 15 ELRev 480 (484ff.).

[1346] Aufgrund der Bindung der unterinstanzlichen Gerichte an die Rechtsprechung des House of Lords *(binding precedent)*, wird im Folgenden, soweit nicht ausdrücklich anders erwähnt, ausschließlich auf Entscheidungen des House of Lords eingegangen.

[1347] So die ständige Rechtsprechung des EuGH seit der Entscheidung vom 26.02.1986, Rs. 152/84, *Marshall*,, Slg. 1986, 723 (749). Siehe auch EuGH vom 08.10.1987, Rs. 80/86, *Kolpinghuis Nijmegen*, Slg. 1987, 3969 Leitsatz; Rs. C-188/89 vom 12.07.1990, *Foster*, Slg. 1990, I-3313 (3348); Rs. C-91/92 vom 14.07.1990, *Faccini Dori*, Slg. 1994, I-3325 (3355).

[1348] Mit dieser Argumentation lehnte das House of Lords – unter anderem – die richtlinienkonforme Auslegung der nationalen Vorschrift in *Duke v Reliance Systems Ltd.* [1988] AC 618 (641) durch Lord Templeman ab. Vgl. auch Boch, EC Law, 2000, S. 154 sowie in neuerer Zeit *R v Secretary of State for Employment, ex parte Seymour Smith* [1997] 2 CLMR 904 (910).

[1349] *Duke v Reliance Systems Ltd.* [1988] AC 618 (641) durch Lord Templeman und *Finnegan v Clowney Youth Training Programme* [1990] 2 AC 407 (416) durch Lord Bridge of Harwich.

[1350] Boch, EC Law. 2000, S. 94.

[1351] [1993] 1 W.L.R. 49ff. In der Entscheidung ging es unter anderem um die Auslegung des Sec. 5 (3) des Sex Discrimination Act 1975, der in den Anwendungsbereich der zeitlich späteren Gleichbehandlungsrichtlinie 76/207/EWG fiel.

[1352] *Webb v EMO Air Cargo (UK) Ltd.* [1993] 1 W.L.R. 49 (59) durch Lord Keith of Kinkel.

[1353] Curtin, (1990) 15 ELRev 195 (222). Dies ist wohl auf eine Entwicklung von Auslegungsprinzipien in der Rechtsprechung zurückzuführen, die bereits vor der Von Colson-Entscheidung des EuGH begann und besagte, dass eine nationale Norm, wenn sie mehrdeutig sei, stets im Sinne der richtlinienkonformen Bedeutung auszulegen sei, vgl. *Garland v British Rail Engineering Ltd.* [1983] 2 AC 751 durch Lord Diplock; Steiner (1990) 106 LQR 144 (157). Dieser von der Rechtsprechung aus Sec. 2 (4) EC Act 1972 abgeleitete Interpretationsgrundsatz entspricht zudem einem anerkannten Auslegungsprinzip für nationale Normen, die in Erfüllung völkerrechtlicher Pflichten Großbritanniens erlassen werden De Burca, (1992) 55 MLR 215 (219f).

hingegen eindeutig, scheide eine weitere Auslegung auch dann aus, wenn dieser nicht mit dem Inhalt, den eine Auslegung nach Sinn und Zweck der betreffenden Richtlinie ergeben würde, übereinstimme.[1354] Die Beschränkung der richtlinienkonformen Auslegung durch den Wortlaut der Norm sei durch die vom EuGH selbst ausgesprochene Grenze der richtlinienkonformen Auslegung – „soweit sie möglich sei" – gerechtfertigt.[1355]

Diese zögerliche und offensichtlich mit Vorbehalten versehene Haltung des House of Lords[1356] gegenüber der richtlinienkonformen Auslegung scheint sich aber überwiegend auf die Auslegung nationalen Vorrichtlinienrechts zu beschränken.[1357] So zeigte sich das House of Lords weitaus aufgeschlossener gegenüber der Auslegung nationalen Rechts, das zur Umsetzung einer Richtlinie ergangen war[1358]. Die Richter waren sogar bereit, eine von dem eindeutigen Wortlaut einer Norm abweichende Auslegung heranzuziehen, wenn damit dem Zweck der Richtlinie entsprochen werden konnte.[1359] So gewährte der Wortlaut der britischen Umsetzungsnorm zur Richtlinie 77/187/EWG über die Wahrung von Arbeitnehmeransprüchen beim Unternehmensübergang den Arbeitnehmern nur dann Rechte, wenn diese unmittelbar vor dem Übergang beim alten Unternehmen beschäftigt waren. Die Kläger in der *Litster v. Forth Dry Dock Ltd*-Entscheidung[1360] waren eine Stunde vor dem Unternehmensübergang entlassen worden, woraufhin das neue Unternehmen gegenüber den Klägern geltend machte, dass sie nicht unmittelbar vor dem Übergang beschäftigt gewesen seien. Der EuGH hatte jedoch bereits zur Richtlinie entschieden, dass Arbeitnehmer weiterhin als beschäftigt gelten sollten, wenn der geplante Übergang der einzige Kündigungsgrund war.[1361] Die Richter lasen daher in den insofern eindeutigen Wortlaut der nationalen Norm einen Passus hinein, nachdem auch Personen, die auf Grund des Überganges unzulässigerweise entlassen worden seien, Ansprüche gegenüber dem neuen Unternehmen geltend machen könnten.[1362]

In der Entscheidung *Pickstone v Freemans plc*, in der noch der Court of Appeal sich nicht in der Lage sah, sich über den eindeutigen Wortlaut der betreffenden nationalen Norm hinwegzusetzen und dieser eine Bedeutung zuzuschreiben, die vom Wortlaut nicht mehr gedeckt sei,[1363] urteilte das House of Lords, dass es trotz des so erscheinenden Wortlauts nicht der Wille des parlamentarischen Gesetzgebers gewesen sein könnte, eine gemeinschaftsrechtswidrige Norm zu erlassen.[1364] Unter Berufung auf das nationale Gesetzgebungsverfahren entschied es daher, dass der betreffenden Norm eine

---

1354 *Webb v EMO Air Cargo (UK) Ltd.* [1993] 1 W.L.R. 49 (60) durch Lord Keith of Kinkel.

1355 *Webb v EMO Air Cargo Ltd. (UK)* [1993] 1 W.L.R. 49 (60) durch Lord Keith of Kinkel.

1356 So auch Rajani, Geltung und Anwendung des Gemeinschaftsrechts, 2000, S. 186.

1357 Rajani, Geltung und Anwendung des Gemeinschaftsrechts, 2000, S. 152; De Burca, (1992) 55 MLR 215 (234); Steiner (1990) 106 LQR 144 (157); Szysczak, (1990) 15 ELRev 480 (487).

1358 Craig, (1997) 22 ELRev 519 (527) unterscheidet noch eine weitere Kategorie von Vorrichtlinienrecht, dessen Wortlaut zumindest eine richtlinienkonforme Deutung zulässt.

1359 Brealey/Hoskins, Remedies, 1994, S. 48. Dies ist umso bemerkenswerter, als der eindeutige Wortlaut einer Norm grundsätzlich die Grenze der Auslegung darstellt, Halsbury's Statutes, Band 41, 2000, S. 444.

1360 [1989] 2 W.L.R. 634.

1361 Rs. 101/87 vom 15.06.1988, *P. Bork International A/S*, Slg. 1988, 3057.

1362 [1989] 2 W.L.R. 634 (658) durch Lord Oliver of Aylmerton.

1363 *Pickstone v Freemans plc. (CA)*, [1987] 3 W.L.R. 811 (821) durch Nicholls LJ.

1364 *Pickstone v Freemans plc (HL)* [1989] AC 66 (112) durch Lord Keith.

Bedeutung zuzuschreiben sei, die zwar nicht mehr vom Wortlaut gedeckt sei, aber dem Zweck der umzusetzenden Richtlinie entspreche.[1365]

Hier und in der *Litster*-Entscheidung wurde also – so scheint es – die richtlinienkonforme Auslegung durch den Rückgriff auf den Willen des historischen Gesetzgebers verwirklicht. Dies ist aus britischer Sicht einleuchtend, da hierdurch der in Großbritannien geltende verfassungsrechtliche Grundsatz der Parlamentssouveränität gewährleistet wird.[1366] Allerdings hätte man im Falle der dem *Litster*-Urteil zu Grunde liegenden Normen ihre Entstehungsgeschichte auch als Beleg dafür nehmen können, dass eine über den Wortlaut der Norm hinausgehende Bedeutung vom parlamentarischen Gesetzgeber gerade nicht gewollt war.[1367] Überdies wurde das EuGH-Urteil, das der richterlichen Auslegung in *Litster* zu Grunde gelegt wurde, einige Jahre nach Inkrafttreten der nationalen Umsetzungsnormen erlassen, so dass eine streng am Willen des historischen Gesetzgebers orientierte Auslegung gar nicht zum Ergebnis des House of Lords hätte führen können. Kern der Auslegung in der Litster-Entscheidung ist entgegen des äußeren Anscheins also nicht die historische Auslegung. Es ist vielmehr eine Auslegung, die sich ausschließlich an Inhalt und Zweck der umzusetzenden Richtlinie orientiert, so wie dieser im Zeitpunkt der durch das nationale Gericht vorzunehmenden Auslegung durch den Europäischen Gerichtshof vorgegeben wird.[1368]

a) Die richtlinienkonforme Auslegung des Sec. 13 DPA 1998

Wendet man die zuvor dargestellten Auslegungsgrundsätze des House of Lords auf die richtlinienkonforme Auslegung des Sec. 13 DPA 1998 an, ist zunächst festzuhalten, dass es sich bei Sec. 13 DPA 1998 um eine Norm handelt, die in Umsetzung der Richtlinie erlassen wurde. Sec. 13 DPA 1998 ist daher gemäß den Grundsätzen der britischen Rechtsprechung auch über einen möglichen eindeutigen Wortlaut hinaus im Lichte des Richtlinienzweckes richtlinienkonform auszulegen. Es wurde bereits festgestellt, dass Sec. 13 DPA 1998 hinsichtlich des Verschuldens und des zu ersetzenden Schadens Widersprüche zur Haftungsregelung der Datenschutzrichtlinie aufweist. Daher soll für jede dieser beiden Anspruchsmerkmale nun untersucht werden, ob diese sich nach den Grundsätzen der englischen Rechtsprechung richtlinienkonform auslegen lassen.

(1) Der Entlastungsnachweis in Sec. 13 (3) DPA 1998

Charakteristikum der verschuldensunabhängigen Haftung ist, dass der Schädiger faktisch stets haftet, eine Befreiung also nur unter ganz ungewöhnlichen Umständen einer Schadensverursachung in Betracht kommt. Diese ungewöhnlichen Umstände zeichnen

---

1365 *Pickstone v Freemans plc (HL)* [1989] AC 66 (112) durch Lord Keith.

1366 Der Grundsatz der parlamentarischen Souveränität ist eines der leitenden Verfassungsprinzipien des englischen Rechts, vgl. Rajani, Geltung und Anwendung des Gemeinschaftsrechts, 2000, S. 71ff.

1367 De Burca, (1992) 55 MLR 215 (225). Man stand der Umsetzung der Richtlinie zur Wahrung von Arbeitnehmeransprüchen beim Unternehmensübergang sehr widerwillig gegenüber.

1368 So im Ergebnis De Burca, (1992) 55 MLR 215 (226); Craig, (1997) 22 ELRev 519 (527) und Brealey/Hoskins, Remedies, 1994, S. 48. Da nach dieser Vorgehensweise der eindeutige Wortlaut nicht als Grenze der richtlinienkonformen Auslegung betrachtet wird, lässt sich diese auch als Rechtsfortbildung bezeichnen.

sich gerade dadurch aus, dass sie entweder außerhalb des nach der allgemeinen Lebenserfahrung zu erwartenden Geschehensverlaufes liegen oder sich in ihnen nicht die besonderen Gefahren der Datenverarbeitung verwirklicht haben.

Nach dem Wortlaut des Sec. 13 (3) DPA 1998 stellt es einen erfolgreichen Verteidigungseinwand des Beklagten dar, wenn er nachweist, dass er jene Sorgfalt (*care*) angewandt hat, die unter allen Umständen vernünftigerweise erforderlich (*reasonably required*) war, um der jeweiligen Anforderung des DPA 1998, gegen die verstoßen wurde, zu entsprechen. Die Verwendung des Begriffes der Sorgfalt an sich deutet bereits darauf hin, dass es für die Haftung im DPA 1998 auf die Einhaltung eines bestimmten Verhaltensmaßstabes durch den Datenverarbeiter angeht. Die Haftung kann also durch den Nachweis eines entsprechenden Verhaltens auf Seiten des Datenverarbeiters abgewiesen werden, d.h. es liegt in seinem Beherrschungsvermögen, die Haftung zu vermeiden. Dies will aber die verschuldensunabhängige Haftung gerade nicht. Hier spielt es für die Haftungsbefreiung keine Rolle, ob das schadensverursachende Ereignis außerhalb seines Beherrschungsvermögen lag.

Der Wortlaut des Sec. 13 (3) DPA 1998 geht jedoch noch weiter, in dem er die haftungsausschließenden Voraussetzungen an das Verhalten des Datenverarbeiters auf die auf die Ergreifung der notwendigen Maßnahmen begrenzt, die zur Gewährleistung der jeweils verletzten Anforderung (*requirement*) des DPA 1998 erforderlich sind. Es ist folglich nicht notwendig, alle im Einflussbereich des Datenverarbeiters möglichen Maßnahmen zur Schadensverursachung zu ergreifen, sondern nur jene, die die Einhaltung der jeweils verletzten Regelung zum Schutz der Daten gewährleistet.

Diese beiden im Wortlaut des Sec. 13 (3) DPA 1998 ausdrücklich enthaltenen Haftungseinschränkungen schließen es daher aus, dass der Datenverarbeiters verschuldensunabhängig haftet. Vielmehr ist erkennbar, dass der Datenverarbeiter die realistische und naheliegende Möglichkeit hat, einer Haftung zu entgehen. Der gewöhnliche Wortlaut ist also eindeutig auf eine Verschuldenshaftung mit Beweislastumkehr ausgerichtet.

Wie dargelegt bildet dieser nach Auffassung des House of Lords jedoch nicht die Grenze der richtlinienkonformen Auslegung. Vielmehr ist es zulässig, in einer am Zweck der umzusetzenden Richtlinienregelung orientierten Auslegung einen entsprechenden richtlinienkonformen Passus in die Umsetzungsnorm hineinzulesen. Gebietet also Art. 23 Abs. 2 die Einführung einer verschuldensunabhängigen Haftung, ist in die in Sec. 13 (3) DPA 1998 unter allen Umständen einzuhaltende erforderliche Sorgfalt so auszulegen, dass diese nur gewahrt ist, wenn das schadensverursachende Ereignis auch von einem mit idealer Sorgfalt handelnden Datenverarbeiter nicht zu vermeiden war.

Mit anderen Worten: Der Sorgfaltsmaßstab ist so hoch anzusetzen, dass dieser nur eingehalten wird, wenn – ähnlich wie bei der strikten Haftung – der Schadenseintritt auf höherer Gewalt beruht.[1369] Der Datenverarbeiter darf also nur solche Umstände nachweisen, die es als unbillig erscheinen lassen, ihm aufgrund seines faktischen Ur-

[1369] Einen solchen Fahrlässigkeitsmaßstab kennt das englische Recht bereits in der Haftung für Straßenfahrzeuge, von Bar, Gemeineuropäisches Deliktsrecht, Band II, 1999, S. 403.

sachenbeitrages für den eingetretenen Schaden haften zu lassen[1370]. Hierunter fallen auch Ereignisse, in denen sich nicht die besondere Gefahr der Datenverarbeitung realisiert hat. Eine solche Auslegung hat auch zur Folge, dass die Vornahme von Maßnahmen, die auf die Einhaltung der jeweils verletzten Datenschutzregelung begrenzt sind, eine Haftung nicht ausschließen können.

Sec. 13 (3) DPA 1998 ließe sich also nach der von den englischen Gerichten angewandten Methodik richtlinienkonform dahingehend auslegen, dass der Datenverarbeiter nur dann von der Haftung befreit wird, wenn er nachweist, dass der Schaden auf einem selbst für den idealen Datenverarbeiter, der alle denkbaren Maßnahmen zur Schadensabwehr ergriffen hat, unabwendbaren Ereignis beruht. Notwendige schadensabwehrende Maßnahmen sind dabei auch solche, durch die ungewöhnliche Schadensverläufe hätten verhindert werden können, soweit diese nicht vollständig außerhalb der allgemeinen Lebenserfahrung liegen. Entsprechend den Vorgaben der Richtlinie würde der Datenverarbeiter infolge des hohen Sorgfaltsmaßstabes nur in Ausnahmesituationen von einer Haftung befreit werden können.

(2) Der eingeschränkte Ersatz immaterieller Schäden

Zu prüfen bleibt, ob Sec. 13 (1) und (2) DPA 1998 hinsichtlich des zu ersetzenden Schadens einer richtlinienkonformen Auslegung offen sind. Würde man ausschließlich den Wortlaut des Sec. 13 (1) DPA 1998 berücksichtigen, wäre dies ohne weiteres zu bejahen. So spricht dieser pauschal nur von dem zu ersetzenden Schaden (*damage*) und umfasst mithin auch die Bedeutung, dass jeder durch den Datenschutzverstoß verursachte Schaden, gleich welcher Art, ersetzt wird. Sec. 13 (2) DPA 1998 schränkt dies jedoch für den Ersatz des erlittenen emotionalen Schadens (*distress*) ein, indem er dessen Ersatzfähigkeit an bestimmte Bedingungen knüpft. Der Wortlaut des Sec. 13 (2) DPA 1998 schließt es also aus, den Gefühlsschaden als von der bedingungslosen Ersatzpflicht des Sec. 13 (1) DPA 1998 mitumfasst zu erachten. Dies wäre nur dann möglich, wenn man die Regelung des Sec. 13 (2) DPA 1998 in ihrem Anwendungsbereich, soweit es sich um ausschließlich erlittene Gefühlsschäden handelt, nicht nur auf die Fälle einer Verarbeitung von Daten zu besonderen Zwecken begrenzt. Dann hätte die Norm jedoch gegenüber Sec. 13 (1) DPA 1998 keinen eigenständigen Anwendungsbereich mehr.

Es ist daher fraglich, ob eine solche Vorgehensweise tatsächlich vom House of Lords gebilligt werden würde.[1371] So war das House of Lords gegenüber dem Einsatz einer Richtlinie als ein Mittel zur Aufhebung von Beschränkungen subjektiver Rechte, die

[1370] Der bloße Nachweis von schadensverursachenden Umständen, von denen der Datenverarbeiter vernünftigerweise keine Kenntnis haben konnte, ist nicht ausreichend. Vgl. die Entscheidung *Henderson v H.E. Jenkins & Sons and Evans* [1970] AC 282 (291) durch Lord Reid, in welcher der Eigentümer eines LKW für das plötzliche Versagen der hydraulischen Bremsen haftete, obwohl er von dem Defekt keine Kenntnis haben konnte. Die Beklagten hatten nicht nachgewiesen, dass sie über die gewöhnliche Inspektion hinaus weitere Prüfungen der Bremsen – wie es erforderlich gewesen wäre – durchgeführt hatten.

[1371] Das durch die Unwägbarkeiten der richtlinienkonformen Auslegung durch die Rechtsprechung entstehende Prozessrisiko für den Einzelnen kritisiert Craig, (1997) 22 ELRev 1997 519 (531).

das nationale Recht an sich vorsieht, eher abgeneigt.[1372] Überdies wurde zwar festgestellt, dass die Berufung auf den gesetzgeberischen Willen, mit der die richtlinienkonforme Auslegung durch die Rechtsprechung gerechtfertigt wird, im Ergebnis nicht überzeugt, sie dient jedoch der Wahrung des verfassungsrechtlichen Grundsatzes der Parlamentssouveränität. Diese bleibt auch zumindest ansatzweise gewahrt, solange der Wille des Gesetzgebers bei der Auslegung über den Wortlaut einer Norm hinaus lediglich modifiziert bzw. ergänzt wird.

Eine Entstellung des eigentlichen Wortlauts hingegen wurde bislang auch im Rahmen der richtlinienkonformen Auslegung immer als unzulässig erachtet.[1373] Enthebt man Sec. 13 (2) DPA 1998 ihres eigenständigen Anwendungsbereiches, um entgegen ihres Regelungsgehaltes immaterielle Schäden uneingeschränkt zu ersetzen, verzerrt man zunächst den eigentlichen Wortlaut der Norm. Zum anderen negiert man den Willen des Gesetzgebers, dessen Bestehen zumindest hinsichtlich des Erlasses der Norm an sich nicht ernsthaft bestritten werden kann. Sonst wäre sie nicht erlassen worden. Dies korreliert denn auch mit der grundsätzlichen Annahme, der Gesetzgeber nehme nie Überflüssiges in die Norm auf, so dass jedes Wort eine Bedeutung haben müsse.[1374] Dies ist zwar nicht als interpretatorische Regel dahingehend zu verstehen, dass es niemals überflüssige Begriffe in einer Norm gebe, die vom auslegenden Gericht negiert werden dürften. Eine solche Vorgehensweise ist jedoch nur zulässig, um der Norm an sich ihre Bedeutung zu erhalten bzw. zu verleihen.[1375] Zu einem solchen Ergebnis würde die hier einzig mögliche richtlinienkonforme Interpretation von Sec. 13 (2) DPA aber gerade nicht führen, da mit ihr der gesamte Regelungsinhalt des Sec. 13 (2) DPA 1998 aufgehoben würde.

b) Ergebnis der Auslegung

Die Widersprüche zwischen der Haftungsregelung im DPA 1998 und in Art. 23 lassen sich durch eine richtlinienkonforme Auslegung nur insoweit auflösen, als in Sec. 13 (3) DPA 1998 eine verschuldensunabhängige Haftung hineingelesen werden kann.

Den Ersatz immaterieller Schäden einschränkungslos zu gewähren, vermag die Auslegung hingegen nicht zu leisten. Dem steht entgegen, dass dies nur durch ein Verständnis von Sec. 13 (2) DPA möglich wäre, dass diese Regelung faktisch überflüssig macht. Dies ist jedoch mit dem Grundsatz der Parlamentssouveränität nicht zu vereinbaren, da der gesetzgeberische Wille zum Erlass der Norm nicht nur modifiziert, sondern übergangen werden müsste.

Die Umsetzung des Art. 23 im britischen DPA 1998 verstößt somit gegen die Vorgaben der Richtlinie hinsichtlich der Beschränkung des Ersatzes von *distress*, die auch nicht durch eine richtlinienkonforme Auslegung „geheilt“ werden kann.

[1372] Boch, EC Law, 2000, S. 97 unter Berufung auf *R v Secretary of State for Employment, ex parte Seymour Smith* [1997] 2 CMLR 904.
[1373] Brealey/Hoskins, Remedies, 1994, S. 47.
[1374] Halsbury's Statutes, Band 41, 2000, S. 447.
[1375] Halsbury's Statutes, Band 41, 2000, S. 469.

2) Die richtlinienkonforme Auslegung im deutschen Recht[1376]

Wie auch für das englische Recht soll an dieser Stelle zunächst grundsätzlich, d.h. losgelöst von der konkreten Auslegung der §§ 7 und 8 BDSG 2001, dargelegt werden, welchen Grundsätzen die richtlinienkonforme Auslegung im deutschen Recht unterliegt und wo ihre Grenzen liegen.

Inhalt und Auswirkungen der vom EuGH entwickelten Pflicht zur richtlinienkonformen Auslegung wurden im deutschen Schrifttum – anders als in der englischen Literatur – recht ausführlich und auch kontrovers diskutiert. Wesentliche Streitpunkte waren zum einen die Frage nach einem möglichen Vorrang des Auslegungszieles der Richtlinienkonformität,[1377] zum anderen die Frage, ob die richtlinienkonforme Auslegung auch eine Auslegung über den Wortlaut hinaus zulasse.[1378]

Ausgangspunkt der Diskussion ist die Auslegung der betreffenden Norm nach dem nationalen Methodenkanon von Wortlaut, Historie, Systematik und Telos.[1379] Uneinigkeit herrscht allerdings darüber, ob und wie die richtlinienkonforme Auslegung den nationalen Methodenkanon beeinflusst.

a) Die richtlinienkonforme Auslegung als ranghöchstes Auslegungsprinzip

So wird teilweise befürwortet, die traditionellen Auslegungsmethoden der Richtlinienkonformität unterzuordnen bzw. sie an den Besonderheiten des gemeinschaftsrechtlichen Ursprungs der auszulegenden Norm zu orientieren.[1380]

Gemeinschaftsrecht und daher auch die Richtlinien einschließlich der mit ihnen verbundenen Pflicht zur richtlinienkonformen Auslegung genössen im innerstaatlichen Recht Vorrang vor den übrigen nationalen Normen.[1381] Im Ergebnis sei daher ein einstufiger Auslegungsvorgang vorzunehmen, in dem die nationalen Auslegungsmetho-

---

[1376] Der Begriff der richtlinienkonformen Auslegung ist streng zu unterscheiden von der gemeinschaftsrechtskonformen Auslegung, die die Vereinbarkeit einer nationalen Norm mit den Wertungen des gesamten EG-Rechts, insbesondere des primären Gemeinschaftsrechts, überprüft, Ehricke, RabelsZ 59 (1995), 598 (603).

[1377] Vgl. hierzu die umfassende Diskussion bei Brechmann, Richtlinienkonforme Auslegung, 1994, S. 131ff.

[1378] Dies befürworten Grundmann, ZEuP 1996, 399 (419ff.); Möllers, EuR 1998, 20 (44ff.); wohl auch Lutter, JZ 1992, 593 (607), offen bei Schmidt, RabelsZ 59 (1995), 569 (591).

[1379] Zuleeg, in: Schulze (Hrsg.), Auslegung europäischen Privatrechts, 1999, S.172; Jarass, EuR 1991, 211(217); Everling, ZGR 1992, 376 (381); Schmidt, RabelsZ 59 (1995), 569 (589).

[1380] Müller-Graff, NJW 1993, 13 (21); Spetzler, RIW 1991, 579 (580); Lutter, JZ 1992, 593 (604); wohl auch Hilf, EuR 1993, 1 (15).

[1381] Dieses Rangverhältnis wird – wenn es denn theoretisch untermauert wird – überwiegend mit der Verschmelzung von Gemeinschaftsrecht und nationalem Recht zu einer Gesamtrechtsordnung eines Mitgliedsstaates begründet, Grabitz, Gemeinschaftsrecht bricht nationales Recht, S.42f.; differenziert Beutler, in: Beutler/Bieber/Pipkorn/Streil, Europarecht, 2001, S. 119; im Ergebnis auch Klein, Festschrift für Everling, 1995, S. 646f.; ähnlich bereits Ipsen, Gemeinschaftsrecht, 1972, S. 69. Denn nur, wenn Gemeinschaftsrecht und nationales Recht Teile einer einheitlichen Rechtsordnung sind, stellt sich die Frage nach dem Rangverhältnis zwischen ihnen, das von den Vertretern dieser Theorie mit dem Vorrang der Richtlinie als Teil des Gemeinschaftsrechts beantwortet wird. Dieser monistische Ansatz im Schrifttum wurde von Brechmann, Richtlinienkonforme Auslegung, 1994, S. 133-142 erstmalig umfassend erläutert und herausgearbeitet, ohne ihm allerdings zu folgen.

den unter dem Einfluss der richtlinienkonformen Auslegung unterschiedlich gewichtet würden. Die richtlinienkonforme Auslegung stelle mithin eine „sämtliche nationale Auslegungsregeln modifizierende Interpretationsmaxime“ dar.[1382] So stehe stets die teleologische Auslegung an den Zielen der Gemeinschaft im Vordergrund, Entstehungsgeschichte und der Wille des nationalen Gesetzgebers hingegen träten in den Hintergrund.[1383] Auch die Systematik solle nach Auffassung einiger Autoren nicht berücksichtigt werden.[1384]

Dieses Verständnis von der richtlinienkonformen Auslegung steht im Widerspruch zu der in der deutschen Dogmatik vertretenen Auffassung von der Gleichrangigkeit und damit auch Gleichwertigkeit der Auslegungsmethoden.[1385] Ebenso in der Kritik steht das ihr zugrundeliegende monistische Verhältnis zwischen Gemeinschaftsrecht und nationalem Recht.[1386]

b) Die richtlinienkonforme Auslegung als interpretatorische Vorrangregel

Statt der richtlinienkonformen Auslegung prinzipiell gegenüber den anderen Auslegungsmethoden den höchsten Rang einzuräumen, wird vertreten, diese als bloße interpretatorische Vorrangregel zu behandeln.[1387] Hiernach sei zunächst eine Auslegung nach den üblichen Methoden vorzunehmen. Ergäben sich danach mehrere Auslegungsmöglichkeiten, so gebiete die Pflicht zur richtlinienkonformen Auslegung jene Variante zu wählen, die den Anforderungen der Richtlinie entspreche.[1388] Parallelen zur verfassungskonformen Auslegung liegen nahe und werden auch gezogen.[1389] Die Pflicht zur richtlinienkonformen Auslegung gehe zudem nur soweit, wie das deutsche Recht hierfür Interpretationsspielräume eröffne.[1390] Die Umsetzung in das nationale Recht könne daher nur unter der Vermeidung von Systembrüchen erfolgen[1391] und sei mithin erfolgreich, wenn das nationale Recht der Richtlinie bereits recht nahe komme.[1392]

Anders ausgedrückt: Nur soweit die nationalen Auslegungsmethoden bereits eine Interpretation im Sinne der Richtlinie zuließen, komme die richtlinienkonforme Auslegung zur Anwendung und müsse sie dies auch.[1393] Es wäre also eine zweistufige Prü-

---

1382 Schmidt, RabelsZ 59 (1995), 569 (591); ähnlich im Ergebnis Rörig, Direktwirkung, 2001, S. 99.
1383 Everling, ZGR 1992, 376 (381); ders., RabelsZ 50 (1986), 193 (225); Hilf, EuR 1993, 1 (15); ähnlich auch Ulmer, ZIP 2002, 1080 (1081).
1384 Bleckmann, DB 1984, 1574 (1576); mit Einschränkungen Zuleeg, RDA 1984, 325 (329f.); ders., in: Schulze (Hrsg.), Auslegung europäischen Privatrechts, 1999, S. 167.
1385 Ehricke, RabelsZ 59 (1995), 598 (609) m.w.N.; differenziert Bydlinski, Juristische Methodenlehre, 1991, S. 556ff, ähnlich Zippelius, Methodenlehre, 2003, S. 62f.
1386 DiFabio, NJW 1990, 947 (950).
1387 Zum Begriff vgl. Canaris, Festschrift für Bydlinski, 2002, S. 66. Ehricke, RabelsZ 59 (1995), 598 (612f) versteht den Begriff „Vorrangregel“ als derogatorisch.
1388 Zuleeg, in: Schulze (Hrsg.), Auslegung europäischen Privatrechts, 1999, S.172; Heß, JZ 1995, 151 (152); Dänzer-Vanotti, RIW 1991, 754 (755).
1389 Lutter, JZ 1992, 593 (604), der jedoch weitergehende Konsequenzen daraus zieht; Jarass, EuR 1991, 211 (215); Bach, JZ 1990, 1108 (1112); Canaris, Festschrift für Bydlinski, 2002, S. 79f.
1390 Scherzberg, Jura 1993, 225 (232).
1391 Heß, JZ 1995, 151.
1392 Jarass, EuR 1991, 211 (219).
1393 Jarass, EuR 1991, 211 (218).

fung vorzunehmen, in der die Vorrangregel der Richtlinienkonformität wie eine Ergebniskontrolle des ersten Prüfungsschrittes der Auslegung nach nationalen Auslegungskriterien wirken würde.

Der Richtlinienkonformität den Vorrang vor allen anderen Methoden einzuräumen, sei nur dann gerechtfertigt, wenn die Richtlinie bereits unmittelbar im nationalen Recht wirke.[1394] Denn nur dann verbleibe den Mitgliedsstaaten bzw. ihren staatlichen Organen nicht mehr der Spielraum, der ihnen grundsätzlich durch Art. 189 Abs. 3 EGV (Art. 249 EG) gegenüber dem sonstigen EG-Recht, wie den Verordnungen und dem Primärrecht, eingeräumt werde. Jedes anderslautende Verständnis von der Richtlinienkonformität führe zur Auflösung des prinzipiellen Unterschiedes zwischen jenen Normen und denen einer Richtlinie.[1395] Auch seien die zur Umsetzung erlassenen Normen nationales Recht, das zwar seine Wurzeln im Gemeinschaftsrecht habe, auf das aber die nationalen Auslegungsgrundsätze unverändert anwendbar seien.[1396]

Die Vertreter dieser Ansicht berufen sich dabei auch auf den EuGH selber, der bereits in seinem ersten Urteil zur richtlinienkonformen Auslegung diese unter die Bedingung eines vom nationalen Recht vorgegebenen Beurteilungsspielraum gestellt habe.[1397] Damit liegen auch die Grenzen einer so verstandenen richtlinienkonformen Auslegung auf der Hand: Der Wortlaut der auszulegenden Norm darf nicht überschritten werden und dieser kein gänzlich neuer Sinn verliehen werden.[1398] Insbesondere darf auch der ausdrückliche Wille des Gesetzgebers nicht übergangen werden: Spricht dieser sich für eine richtlinienwidrige Lösung aus, kann diese nicht durch den mutmaßlichen Willen des Gesetzgebers, richtlinienkonform zu handeln, ausgehebelt werden.[1399]

c) Die Haltung der Rechtsprechung

Die Rechtsprechung hat sich bislang keiner der beiden dargestellten Auffassungen angeschlossen, sondern einen Weg eingeschlagen, den auch die britische Rechtsprechung bis vor einiger Zeit vertreten hat.[1400]

So sei die Berücksichtigung der Richtlinieninhalte auf den vorrangigen Willen des nationalen Gesetzgebers zurückzuführen, seiner Umsetzungspflicht nachzukommen.[1401]

[1394] Brechmann, Richtlinienkonforme Auslegung, 1994, S. 194.; Scherzberg, Jura 1993, 225 (232). Im Ergebnis auch Di Fabio, NJW 1990, 947 (952) der sich auf Art. 24 Abs. 1 GG beruft, welcher seinem Verständnis zufolge lediglich die Wirksamkeit des zwischenstaatlichen Handelns sicherstellen wollte und daher nur unmittelbar wirkendes Gemeinschaftsrecht erfasst; im Ansatz ähnlich auch Jarass, EuR 1991, 211 (218).

[1395] Brechmann, Richtlinienkonforme Auslegung, 1994, S. 194.

[1396] Ehricke, RabelsZ 59 (1995), 598 (614).

[1397] Rs. 14/83 vom 10.04.1984, *Von Colson u. Kammann*, Slg. 1984, 1891ff., 3. Leitsatz.

[1398] Heß, JZ 1995, 151; Everling, ZGR 1992, 376 (381f.); Jarass, EuR 1991, 211 (218); Zuleeg, in: Schulze (Hrsg.), Auslegung europäischen Privatrechts, 1999, S. 172; Bleckmann, DB 1984, 1574 (1576); Langenfeld, Gleichbehandlung, 1990, S. 204.

[1399] Brechmann, Richtlinienkonforme Auslegung, 1994, S. 260 zur gemeinschaftsrechltichen Zulässigkeit eines bewusst gewählten anderslautenden Wortlaut der Umsetzungsnorm; Grundmann, ZEuP 1996, 399 (417), Dänzer-Vanotti, RIW 1991, 754.

[1400] Siehe Seite 254. Anders als in der britischen Rechtsprechung wird der völkerrechtliche Ursprung dieser Gesetzesinterpretation indes nicht betont. Vgl. allerdings Herber, EuZW 1991, 401 (403).

Maßgebliches Gewicht hat also die subjektiv-teleologische Interpretation,[1402] deren Ausgangspunkt die Vermutung ist, der Gesetzgeber habe sich richtlinienkonform verhalten wollen.[1403] Soweit ein solcher Wille tatsächlich der Entstehungsgeschichte zu entnehmen ist, wird denn auch auf diesen rekurriert.[1404] Probleme treten jedoch auf, wenn sich ein konkreter, der Richtlinie entgegenstehender Wille feststellen lässt. Die Rechtsprechung ist hier in der Annahme eines solchen gesetzgeberischen Willens großzügig: Sie lässt sich nicht von konkreten Hinweisen, die gegen eine richtlinienkonforme Umsetzung sprechen, beeindrucken, zumindest, soweit sich auch für das Gegenteil Belege finden lassen.[1405] Der Bundesfinanzhof ging sogar soweit, den Willen des Gesetzgebers nur insofern zu berücksichtigen, wie er mit dem Wortlaut und dem Ziel der betreffenden Richtlinie tatsächlich übereinstimmte.[1406]

Im Ergebnis lässt sich festhalten, dass auch die Rechtsprechung den nationalen Auslegungskanon zumindest im Ergebnis zugunsten der Richtlinienkonformität als Auslegungsziel modifiziert.[1407]

d) Stellungnahme

Die Haltung der Rechtsprechung verdient Zustimmung, soweit es sich um die Auslegung von Nachrichtlinienrecht handelt. Hier kann der Wille des Gesetzgebers, so er denn ausdrücklich bekundet, seiner Umsetzungspflicht nachkommen zu wollen, herangezogen werden, um die Inhalte der Richtlinie in die nationale Norm hineinzulesen.[1408]

Die Ausrichtung der Rechtsprechung auf den gesetzgeberischen Willen ist jedoch der gleichen Kritik ausgesetzt wie die frühere englische Rechsprechung: Sie ist nur praktikabel im Hinblick auf tatsächlich zur Umsetzung erlassene Normen, nicht jedoch auf Vorrichtlinienrecht, das im Anwendungsbereich einer Richtlinie ebenfalls richtlinienkonform ausgelegt werden muss. Hier den Willen des Gesetzgebers zu bemühen, würde bedeuten, der nationale Gesetzgeber habe sich gegenüber einer zukünftigen Richtlinie, deren Inhalt er nicht kennen konnte, konform verhalten wollen. Wenn es schon schwer vorstellbar ist, dem Gesetzgeber trotz augenscheinlich entgegenstehender Äußerungen im Gesetzgebungsverfahren den Willen zur Richtlinienkonformität zu unterstellen, kann ein solch geradezu prophetisches Verhalten nicht ernsthaft angenommen werden. Die Rechtsprechung selbst hat zu dieser Problematik der eigenen Vorge-

---

1401 Dies betrifft maßgeblich die Haltung des Bundesfinanzhofes und des Bundesgerichtshofes, vgl. nur BFHE 140, 393 (395f.) sowie BFHE 150, 196 (199); BGHZ 63, 261 (264). Vgl. zur deutschen Rechtsprechung insgesamt Brechmann, Richtlinienkonforme Auslegung, 1994, S. 77ff.

1402 Brechmann, Richtlinienkonforme Auslegung, 1994, S. 124.

1403 BGHZ 63, 261 (264f.). Jüngst auch wieder BGH, NJW 2002, 1881 (1883).

1404 Vgl. BGH, NJW 2002, 1881 (1883) zum Gesetzgebungsverfahren beim HWiG.

1405 Vgl. den Hinweis des BGH auf die Beratungen des für die Umsetzung des HWiG zuständigen Ausschusses in NJW 2002, 1881 (1883).

1406 BFHE 201, 359 (364f.); ähnlich auch BGH, NJW 2002, 1881 (1883) – dem Gesetzgeber könne nicht unterstellt werden, er habe „sehenden Auges einen Richtlinienverstoß in Kauf nehmen wollen".

1407 Ähnlich schon Brechmann, Richtlinienkonforme Auslegung 1994, S. 98.

1408 Diese partielle Bedeutung des Umsetzungswillens als Geltungsgrund der richtlinienkonformen Auslegung bejaht auch Canaris, Festschrift für Bydlinski, 2002, S. 51.

hensweise noch nicht Stellung genommen, weil sie bislang nur tatsächlich zur Umsetzung ergangene Normen richtlinienkonform auslegen musste.[1409]

Festzuhalten ist weiterhin, dass der Europäische Gerichtshof bislang an keiner Stelle ausdrücklich den Vorrang der Richtlinienkonformität postuliert, sondern vielmehr stets auf die Beurteilungsspielräume rekurriert hat, die durch das nationale Recht eröffnet werden.[1410] Die Pflicht zur richtlinienkonformen Auslegung soll vielmehr auch im Falle der Richtlinie, bei der das Gemeinschaftsrechts allenfalls mittelbaren Vorrang gegenüber dem nationalen Recht entfaltet, die effektive Durchsetzung des Gemeinschaftsrechts absichern. In welcher Weise der Richtlinienkonformität bei der Auslegung Geltung eingeräumt wird, ist den nationalen Gerichten und den von ihnen angewendeten Auslegungsmethoden überlassen.[1411]

Dennoch kann man nicht umhin, bei der Ausgestaltung dieser Auslegungspflicht ihre europarechtlichen Wurzeln zu berücksichtigen. So hat der EuGH mehrfach deutlich gemacht, dass er von den nationalen Gerichten die *weitest gehende* Ausschöpfung der ihnen bei der Auslegung zur Verfügung stehenden Spielräume erwartet.[1412] Dem wird man gerecht, indem die Anwendung und Wirkungsweise der richtlinienkonformen Auslegung nicht als eine Frage des Normenvorranges betrachtet wird, sondern als die eines Interpretationsvorranges.[1413]

Die jüngst ergangene *Pfeiffer*-Entscheidung des EuGH zur richtlinienkonformen Auslegung legt die Vermutung nahe, dass auch dieser die richtlinienkonforme Auslegung im Sinne einer interpretatorischen Vorrangregel begreift. In dieser Entscheidung vertrat der EuGH die Auffassung, dass – soweit die nationalen Auslegungsmethoden es ermöglichten, eine innerstaatliche Norm so auszulegen, dass eine Kollision mit einer anderen nationalen Norm vermieden werde – ein nationales Gericht verpflichtet sei, diese Methode auch anzuwenden, um das von der Richtlinie verfolgte Ziel zu erreichen.[1414]

Hier Parallelen zur verfassungskonformen Auslegung zu ziehen, erscheint auf den ersten Blick richtig, handelt es sich doch bei dieser ebenfalls um eine solche Vorrangregel. Jedoch ist der Vergleich insofern nicht haltbar, als mit ihm auch Parallelen zu deren Geltungsgrund gezogen werden könnten: dem Geltungsvorrang der Verfassungsnormen, den Richtlinien ja gerade nicht genießen – zumindest soweit sie nicht unmit-

[1409] Ob dies Zufall ist, soll hier dahingestellt bleiben. Die Pflicht der richtlinienkonformen Auslegung wird nicht selten von den nationalen Gerichten übersehen. Zu den Konsequenzen der Nichteinhaltung siehe Zuleeg in: Schulze (Hrsg.), Auslegung europäischen Privatrechts, 1999, S. 175f.

[1410] So auch Grundmann, ZEuP 1996, 399 (413). Dies widerspricht auch nicht der vom EuGH entwickelten unmittelbaren Geltung des Gemeinschaftsrechts (vgl. EuGH vom 09.03.1978, Rs. 106/77, *Administrazione delle Finanze dello Stato v Simmenthal SpA*, Slg. 1978, 629 (643f.)), welche zwar Voraussetzung für die Anwendbarkeit und damit die Auslegung einer Norm ist, diese aber nicht regelt. Die Gleichung Vorrang des Gemeinschaftsrechts=Vorrang der richtlinienkonformen Auslegung greift demnach zu kurz, Brechmann, Richtlinienkonforme Auslegung, 1994, S. 132, 140.

[1411] Ehricke, RabelsZ 59 (1995), 598 (615f.), der allerdings auch die Pflicht zur richtlinienkonformen Auslegung an sich dem nationalen Recht entnehmen will.

[1412] Grundmann, ZEuP 1996, 399 (413); Canaris, Festschrift Bydlinski, 2002, S. 58.

[1413] Canaris, Festschrift für Bydlinski, 2002, S.67f.; Ulmer, ZIP 2002, 1080 (1081). Diesen Umstand verkennt Klein, Festschrift für Everling, 1995, S. 646, der eine Normenkollision zwischen Richtlinie und nationalem Recht bejaht.

[1414] EuGH vom 09.03.2004, Rs. C-397/01 bis Rs. C-403/01, *Pfeiffer*, Rn. 116.

telbar anwendbar sind.[1415] Hierüber scheint sich der EuGH indes hinwegsetzen zu wollen, wenn er in *Pfeiffer* verlangt, die nationalen Gerichte sollten nationale Normen, soweit die nationalen Auslegungsmethoden dies zulassen, nur insoweit *anwenden*, als dies nicht zu einer Kollision mit der Richtlinie führe.[1416]

Dennoch lassen sich für die Ausgestaltung der richtlinienkonformen Auslegung als interpretatorische Vorrangregel vertretbare Gründe finden.[1417] Zum einen nimmt die Richtlinie generell am Vorrang des Gemeinschaftsrechts, wie er vom EuGH ohne Einschränkung in der Entscheidung *Costa/ENELl* hergeleitet wurde, teil.[1418] Zum anderen ist Art. 249 Abs. 3 EG, der die Pflicht zur Umsetzung und damit auch den eigentlichen Geltungsgrund für die richtlinienkonforme Auslegung darstellt,[1419] Bestandteil des unmittelbar anwendbaren Primärrechts der Gemeinschaften.[1420]

Die Richtlinienkonformität ist daher zumindest als vorrangiges objektiv-teleologisches Kriterium durch die Gerichte zu beachten.[1421] Mit einem solchen Verständnis von der Gewährleistung der Richtlinienkonformität im Auslegungsprozess kann auch Vorrichtlinienrecht einer richtlinienkonformen Auslegung zugänglich gemacht werden, ohne dass hierdurch methodische Brüche ausgelöst werden.[1422]

Schließlich gewährleistet einzig das Instrument der Vorrangregel die gemeinschaftsrechtlich geforderte besondere Stellung der richtlinienkonformen Auslegung. Sie lediglich als Teil des nationalen Auslegungskanons zu behandeln, der durch sie modifiziert würde, würde ihrem besonderen Stellenwert nicht gerecht, da die Richtlinienkonformität lediglich als ein Kriterium in die miteinander abzuwägenden Ergebnisse der anderen Auslegungsmethoden einfließen würde.[1423]

Es ist also festzuhalten, dass die betreffende Norm zunächst nach den üblichen Auslegungsmethoden interpretiert wird, um dann in einem zweiten Schritt die jeweilige richtlinienkonforme Auslegung unabhängig davon heranzuziehen, ob dieses bei einer Abwägung zwischen den Ergebnissen der einzelnen Auslegungsmethoden auch tatsächlich überwiegen würde.[1424] Mit anderen Worten: Dem richtlinienkonformen Er-

---

[1415] Ähnlich Piekenbrock/Schulze, WM 2002, 521 (523).

[1416] EuGH vom 09.03.2004, Rs. C-397/01 bis Rs. C-403/01, *Pfeiffer*, Rn. 116.

[1417] Vgl. zum Folgenden insbesondere Canaris, Festschrift für Bydlinski, 2002, S. 68f.

[1418] EuGH vom 15.07.1964, Rs 6/64, *Costa/ENEL*, Slg. 1964, 1251 (1269).

[1419] Brechmann, Richtlinienkonforme Auslegung, 1994, S. 256; Grundmann, ZEuP 1996, 399 (407); Ehricke, RabelsZ 59 (1995), 598 (614). Zum Teil wird die Pflicht zur richtlinienkonformen Auslegung auch aus Art. 10 EG (Art. 5 EGV) hergeleitet, Schmidt, RabelsZ 59 (1995), 569 (586); Habersack/Mayer, WM 2002, 253 (256) Fn. 41.

[1420] Klein, Festschrift für Everling, 1995, S. 643.

[1421] Canaris, Festschrift für Bydlinski, 2002, S. 69. Zur Abgrenzung der objektiv-teleologischen Zwecke gegenüber den subjektiven Zwecken vgl. Larenz/Canaris, Methodenlehre, 1995, S. 153 sowie grundsätzlich zur objektiven und subjektiven Theorie der Auslegung Engisch, Einführung in das juristische Denken, 1997, S. 110ff.

[1422] Für das nachträgliche Entstehen eines solchen Regelungszweckes vgl. auch Larenz/Canaris, Methodenlehre, 1995, S. 157f.

[1423] Zur Unterscheidung der einzelnen Auslegungsmethoden als Teil einer Gesamtabwägung oder als Basis einer Vorrangregel in einer bestimmten Konstellation, vgl. Bydlinski, Juristische Methodenlehre, 1991, S. 556.

[1424] Vgl. Canaris, Festschrift für Bydlinski, 2002, S. 72.

gebnis ist stets der Vorrang gegenüber den anderen Auslegungsergebnissen, wie z.B. dem historischen Willen des Gesetzgebers, einzuräumen.

e) Richtlinienkonforme Auslegung durch Rechtsfortbildung

Grenze einer jeden Normauslegung im deutschen Recht ist der Wortlaut.[1425] Zwar wird von *Grundmann* auch eine richtlinienkonforme Auslegung über den Wortlaut der nationalen Norm hinaus befürwortet,[1426] die jedoch nur dann zulässig, sei, wenn ein gesetzgeberischer Wille zur konformen Umsetzung festgestellt werden kann[1427]. Dass der gesetzgeberische Wille als Geltungsgrund für die richtlinienkonforme Auslegung indes nicht ausreichen kann, wurde indes bereits an anderer Stelle dargelegt. Überdies kann auch die Argumentation Grundmanns nicht überzeugen, der die Beachtung des gesetzgeberischen Willens aus dem Ziel der Richtlinie, die Souveränität der Mitgliedsstaaten zu wahren, herleitet.[1428] Denn auch hierzu wurde bereits festgestellt, dass die Ausgestaltung der richtlinienkonformen Auslegung nur dem nationalen Recht entstammen kann.

Allerdings ist in engen Grenzen auch die Ermittlung eines über den Wortlaut einer Norm hinausgehendes Normverständnis im Rahmen der sogenannten Rechtsfortbildung zulässig und angesichts der vom EuGH geforderten weitestgehenden Ausschöpfung der Beurteilungsspielräume auch zwingend zu berücksichtigen. Die Unterscheidung zwischen Auslegung und Rechtsfortbildung aufgrund der Wortlautgrenze ist also ein Spezifikum des deutschen Rechts. [1429]

Grundvoraussetzung für eine zulässige Rechtsfortbildung ist das Vorliegen einer „Lücke" im Gesetz bzw. einer „planwidrigen Unvollständigkeit".[1430] Unter Zugrundelegung eines „weiten Lückenbegriffes", der zur Lückenfeststellung nicht nur auf das Gesetz selbst, sondern auf die Gesamtrechtsordnung zurückgreift, liegt eine Lücke vor, wenn die Norm nach ihrem möglichen Wortlaut keine richtlinienkonforme Regelung enthält.[1431] Die Richtlinie kann allerdings nur dann als Mittel zur Feststellung einer solchen Lücke herangezogen werden, wenn sie als Bestandteil der Gesamtrechtsord-

---

[1425] Larenz/Canaris, Methodenlehre, 1995, S. 187. Schroeder bezeichnet diese Grenze als „willkürlich", JuS 2004, 180 (184).

[1426] Grundmann, ZEuP 1996, 399 (422f.).

[1427] Grundmann, a.a.O.; ähnlich Rörig, Direktwirkung, 2001, S. 114.

[1428] Grundmann, ZEuP 1996, 399 (420f.).

[1429] Zum Teil wird daher die Prüfung einer Rechtsfortbildung aus dem Auslegungsverständnis des EuGH gefolgert, der unter Auslegung auch die Rechtsfortbildung versteht und zwischen diesen beiden daher anders als im deutschen Recht nicht unterscheidet, Möllers, EuR 1998, 20 (44); ebenso wohl auch Canaris, Festschrift Bydlinski, 2002, S.81f; siehe auch Spetzler, RIW 1991, 579 (581f.); Dänzer-Vanotti, RIW 1991, 754 (755); Odersky, ZEuP 1998, (485) 486. Soweit im deutschen Schrifttum dem Wortlaut als Grenze einer richtlinienkonformen Auslegung das Wort geredet wird (vgl. Fn. 1398), ist hiermit wohl überwiegend die Auslegung im engeren Sinne gemeint. Hierfür spricht der häufige Vergleich mit der verfassungskonformen Auslegung, die ebenfalls am Wortlaut der Norm endet. Das weitergehende Auslegungsverständnis des EuGH wurde meist nicht in Betracht gezogen. Ausdrücklich anderer Ansicht jedoch Nettesheim, in: GH-II, 2003, Art. 249 EGV, Rn.153.

[1430] Bydlinski, Juristische Methodenlehre, 1991, S.473; Engisch, Einführung in das juristische Denken, 1997, S.180f.

[1431] Canaris, Festschrift Bydlinski 2002, S. 85; Franzen, Privatrechtsangleichung, 1999, S. 416; wohl auch Möllers, EuR 1998, 20 (45).

nung qualifiziert werden kann. Dies ist grundsätzlich zu bejahen, wenn der nationale Gesetzgeber mit dem Gesetz die Richtlinie vollständig und ordnungsgemäß umsetzen wollte.[1432]

Wollte der Gesetzgeber allerdings bewusst von einer Regelung in der Richtlinie abweichen, ist das Vorliegen einer Lücke zu verneinen, da andernfalls die in Art. 20 Abs. 3 GG geregelte Zuständigkeitsverteilung zwischen Judikative und Exekutive nicht mehr gewahrt wäre.[1433] Dass diese auch im Rahmen der richtlinienkonformen Rechtsfortbildung zu gewährleisten ist, beruht auf der nationalrechtlichen Ausgestaltung der Pflicht zur richtlinienkonformen Auslegung und der damit einhergehenden Beachtung der dort geltenden Grundsätze wie jener des Art.20 Abs. 3 GG.[1434]

Problematisch erscheint der Fall, wenn – wie hier – der Gesetzgeber zwar ausdrücklich bekundet hat, die Richtlinie umsetzen zu wollen, die konkrete Regelung aber nicht den Vorgaben der Richtlinie entspricht. Hier die Richtlinie nicht als Mittel zur Lückenfeststellung heranzuziehen und damit einer richtlinienkonformen Rechtsfortbildung die Grundlage zu entziehen, erscheint indes nicht sachgerecht. Zumindest, soweit die Abweichung in der Sachregelung darauf beruht, dass die Richtlinie dem nationalen Gesetzgeber Anlass zu der Annahme gab, die von ihm gewählte Regelung werde von den Vorgaben der Richtlinie gedeckt.[1435] Dies wird in aller Regel dann der Fall sein, wenn die Richtlinienregelung selbst erst ausgelegt werden muss, um ihren genauen Inhalt zu ermitteln. Bei einer solchen unbewussten Abweichung von der Richtlinie ist der grundsätzliche Wille des nationalen Gesetzgebers zur richtlinienkonformen Umsetzung ausreichend, um sie als Teil der Gesamtrechtsordnung anzusehen, soweit nicht ausgeschlossen werden kann, dass der Gesetzgeber, wenn er von der Abweichung gewusst hätte, die richtlinienkonforme Sachregelung normiert hätte. Die Grenzen zwischen unzulässiger Rechtsfindung und zulässiger Rechtsfortbildung bleiben so gewahrt. Überdies wird diese Betrachtungsweise auch der Forderung des EuGH gerecht, die nationalen Beurteilungsspielräume weitestgehend auszuschöpfen.

Ist hiernach eine solche Lücke festgestellt, ist sie entsprechend den Besonderheiten der Richtlinie zu füllen. In Betracht kommen hierfür die teleologische Reduktion und Extension, möglich ist aber auch der einfache Rückgriff auf die Regelung der Richtlinie selbst, die für das deutsche Recht angepasst oder unverändert übernommen wird.[1436]

[1432] Franzen, Privatrechtsangleichung, 1999, S. 416.

[1433] Canaris, Festschrift für Bydlinski, 2002, S. 85f.; Franzen, Privatrechtsangleichung, 1999, S. 417, der allerdings verlangt, dass dieser abweichende Wille im Wortsinn der Norm zum Ausdruck kommen muss. A.A. Möllers, EuR 1998, 20 (45), der den abweichenden Willen des Gesetzgebers gar nicht beachten will.

[1434] Franzen, Privatrechtsangleichung, 1999, S. 417.

[1435] Insofern weitergehend als Canaris, Festschrift für Bydlinski, 2002, S. 85., der bei einer bewussten Abweichung im Sinne einer ausdrücklichen Ablehnung der Übernahme der Richtlinienregelung die Lückenfeststellung verneinen will. Wenn jedoch die nationale Sachregelung und Richtlinienvorgabe so voneinander differieren, dass nicht ernsthaft von einer Übereinstimmung von Richtlinie und Sachregelung ausgegangen werden kann, erscheint es m.E. überflüssig, zusätzlich noch die Erklärung zu verlangen, man wolle von den Vorgaben abweichen. A.A. auch Rörig, Direktwirkung, 2001, S. 160, die hier einen fiktiven Umsetzungswillen des Gesetzgebers bejahen würde. Zu den Grenzen eines gegenüber der Richtlinie veränderten Wortlautes der Umsetzungsnorm, vgl. Grundmann, JZ 1996, 274 (286).

[1436] Canaris, Festschrift Bydlinski, 2002, S. 90; im Ergebnis wohl auch Möllers, EuR 1998, 20 (45).

Aber auch die richtlinienkonforme Rechtsfortbildung hat Grenzen: diese ergeben sich ebenfalls aus der Bindung der Richters gem. Art. 20 Abs. 3 GG an Recht und Gesetz. So darf die Rechtsfortbildung nicht sowohl gegen den mit der Auslegung ermittelten Wortlaut als auch gleichzeitig gegen den Zweck der Norm verstoßen.[1437] Ebenso kann eine Rechtsfortbildung, die lediglich gegen den Wortlaut der Norm verstößt, aber im Einklang mit dem Normzweck steht, unzulässig sein, wenn eine Analogie oder teleologische Reduktion verboten ist.[1438] Der Zulässigkeit einer richtlinienkonformen Rechtsfortbildung steht auch entgegen, wenn sie zur Folge hätte, dass die Norm faktisch ihren Anwendungsbereich verlieren oder eines ihrer Tatbestandsmerkmale negiert werden würde.[1439] Dies käme einer Derogationswirkung der Richtlinie gleich, welche diese gegenüber dem nationalen Recht grundsätzlich gerade nicht hat.

f) Die richtlinienkonforme Auslegung von § 8 BDSG 2001

Die richtlinienkonforme Auslegung von § 8 BDSG 2001 wäre eigentlich überflüssig, da dieser ausschließlich die Haftung öffentlicher Stellen regelt. Soweit § 8 BDSG 2001 aber von den Vorgaben der Richtlinie abweicht, kann der Betroffene sich unmittelbar auf Art. 23 der Richtlinie berufen, da dieser, wie bereits erläutert, insofern unmittelbare Wirkung entfaltet. Einer richtlinienkonformen Auslegung, bedarf es daher nicht, soweit es darum geht, dem Betroffenen im Einzelfall zu seinem Ersatzanspruch zu verhelfen.

Die Frage hingegen, ob Deutschland seiner Pflicht zur transparenten Umsetzung der Richtlinie nachgekommen ist, soll nicht ohne den Versuch einer richtlinienkonformen Auslegung von § 8 BDSG 2001 beantwortet werden.

(1) Der Anwendungsbereich des § 8 BDSG 2001

Wie bereits erläutert, erstreckt § 8 BDSG 2001 die Haftung nur auf die unzulässige Erhebung, Verarbeitung und Nutzung von Daten und nicht auch auf Verstöße gegen sonstige, den Betroffenen schützende Normen. Dies ergibt sich aus der Begriffsbestimmung in § 3 BDSG 2001, in der die Erhebung, Verarbeitung und Nutzung genau definiert werden. Der Wortlaut des § 8 BDSG 2001 könnte allenfalls durch ein großzügiges Verständnis vom Begriff der Nutzung weit genug sein, um auch sonstige Verstöße einer Haftung zuzuführen, da hiermit jede Verwendung von Daten erfasst wird, die nicht unter den Verarbeitungsbegriff fällt.

Der Ausdruck „Verwendung" macht jedoch deutlich, dass stets ein aktiver Umgang mit den Daten erforderlich sein muss, um die Haftung auszulösen. Verweigert die öffentliche Stelle zu Unrecht die Auskunft über die Daten oder unterlässt sie die Benachrichtigung gem. § 19a BDSG 2001, stellt dies gerade keine derartige Handlung dar,

[1437] Canaris, Festschrift für Bydlinski, 2002, S. 92; Bydlinski, in: Koller/Hager/Junker/Singer/Neuner (Hrsg.), Einheit und Folgerichtigkeit, 1998, S. 47.

[1438] Z.B. bei Strafnormen, Canaris, Festschrift Bydlinski, 2002, S. 94.

[1439] Canaris, Festschrift für Bydlinski, 2002, S. 94; a.A. Möllers, EuR 1998, 20 (45), der § 611a BGB richtlinienkonform dahingehend fortbildet, dass das Merkmal „Verschulden" nicht zu berücksichtigen ist.

sondern ein Unterlassen, dem ein Umgang mit den Daten zwar vorangegangen sein kann, aber nicht zwingend sein muss.

Gleiches gilt für den Ausschluss der manuellen Verarbeitung von der Haftung. Hier heißt es in § 8 BDSG 2001 eindeutig die „automatisierte" Erhebung, Verarbeitung oder Nutzung, für die § 3 Abs. 2 BDSG 2001 eine eindeutige Definition liefert, die von der bloß manuellen Verarbeitung gerade abgrenzen will.

Der Wortlaut ist also nicht auslegungsfähig, so dass bereits an dieser Stelle die eigentliche Auslegung hinsichtlich eines erweiterten Anwendungsbereiches scheitert.[1440]

Entsprechend dem Vorhergesagten ist daher zu prüfen, ob sich der Anwendungsbereich des § 8 BDSG 2001 nach den Grundsätzen der Rechtsfortbildung auf Verletzungen des Auskunftsrechtes und der Benachrichtigungspflicht sowie die nicht-automatisierte Verarbeitung erweitern lässt.

Ausführliche Erörterungen zur Regelung des § 8 BDSG 2001 finden sich im Gesetzgebungsverfahren nicht, in der Begründung des Entwurfs wird lediglich darauf hingewiesen, dass es sich bei diesem „im Wesentlichen um § 7 a.F." handele.[1441] Mit Ausnahme der Einbeziehung der Erhebung und Nutzung in den Haftungstatbestand sah man also keine Veranlassung, den Anwendungsbereich der Norm in Umsetzung der Richtlinie darüber hinaus zu erweitern. Fest steht jedoch, dass der Gesetzgeber die Richtlinie konform umsetzen wollte. Dennoch kann hier von einer unbewussten Abweichung des Gesetzgebers, welche die Feststellung einer Normlücke erlaubt, nicht mehr die Rede sein. Der Wortlaut der Richtlinie in Art. 23 ist in dieser Hinsicht eindeutig: er erfasst nicht nur die unzulässige Verarbeitung, sondern auch jeden sonstigen Verstoß gegen die Umsetzungsvorschriften. Der deutsche Gesetzgeber konnte also nicht mehr davon ausgehen, seine abweichende Regelung sei von den Vorgaben der Richtlinie gedeckt, so dass es an einer Aufnahme dieser Richtlinienregelung in die Gesamtrechtsordnung als Voraussetzung für die Feststellung einer Lücke fehlt.

(2) Der Ersatz immaterieller Schäden nach § 8 BDSG 2001

Es stellt sich nun die Frage, ob der Widerspruch hinsichtlich des Ersatzes immaterieller Schäden nach § 8 BDSG 2001 durch eine richtlinienkonforme Auslegung zu beheben ist. Absatz 2 spricht von einem Ersatz immaterieller Schäden, wenn eine „schwere Verletzung des Persönlichkeitsrechts" vorliegt. Damit verknüpft der Wortlaut der Norm den Ersatz zum einen mit einer Persönlichkeitsrechtsverletzung, zum anderen mit dem Erfordernis einer gewissen Schwere der Verletzung.

Da der Wortlaut nichts darüber besagt, was eine Persönlichkeitsrechtsverletzung darstellt, ist er in dieser Hinsicht auslegungsfähig. Er lässt es daher durchaus zu, eine Persönlichkeitsverletzung in jedem Verstoß gegen eine der zur Umsetzung der Richtlinie ergangenen Norm zu sehen. Anders ist es jedoch mit dem Begriff der „schweren" Verletzung. Er qualifiziert die Verletzung, in dem er höhere Anforderungen an sie stellt. Welche dies sind und wann sie erfüllt sind, kann dahingestellt bleiben, da der Begriff

[1440] Vgl. nur Piekenbrock/Schulze, WM 2002, 521 (524); Ulmer, ZIP 2002, 1080 (1081); Hochleitner/Wolf/Großerichter, WM 2002, 529 (532); Bleckmann, DB 1984, 1574 (1576); Heß, JZ 1995, 150 (151); Jarass, EuR 1991, 211 (218).
[1441] BT-Drs. 14/4329, S. 38.

der „Schwere“ seinen Sinn verliert, wenn man – wie die Richtlinie es fordert – keine weiteren Erfordernisse an die Persönlichkeitsrechtsverletzung knüpfen würde. Der Wortlaut des §8 BDSG 2001 ist also auch hier einer Auslegung nicht zugänglich.

Hinsichtlich der uneingeschränkten Ersatzpflicht immaterieller Schäden lässt sich eine Lücke im § 8 Abs. 2 BDSG 2001 mangels bewusster Abweichung von der Richtlinienvorgabe feststellen. So war es angesichts des nicht ausdrücklich geregelten Schadensbegriffes in der Richtlinie nicht von vornherein ausgeschlossen, dass diese nur den Ersatz materieller Schäden erfassen wollte, so dass der Gesetzgeber davon ausgehen konnte, sich mit der ausschließlich der deutschen Rechtslage folgenden Ersatzregelung immaterieller Schäden im Einklang mit der Richtlinie zu befinden.[1442]

In Betracht käme daher die analoge Anwendung des § 8 Abs. 1 BDSG 2001 auf immaterielle Schäden, da diese von der Richtlinie den materiellen Schäden gleichgestellt werden und somit im Lichte der Richtlinie betrachtet diesen vergleichbar sind. Dies hätte allerdings zu Folge, dass § 8 Abs. 2 BDSG 2001 faktisch seinen Anwendungsbereich verlöre, da ein Rückgriff auf diese Norm bei einer analogen Anwendung von § 8 Abs. 1 BDSG 2001 entbehrlich wäre. Die Rechtsfortbildung hätte also im Ergebnis die faktische Derogation des § 8 Abs. 2 BDSG 2001 zur Folge, die Grenzen einer zulässigen Rechtsfortbildung wären hiermit überschritten. Denkbar wäre daneben eine teleologische Extension des § 8 Abs. 2 BDSG 2001 auf die Ersatzpflicht immaterieller Schäden bei „einfachen“ Persönlichkeitsrechtsverletzungen. Eine solche Erweiterung würde indes dazu führen, dass das Tatbestandsmerkmal der „Schwere“ einer Persönlichkeitsrechtsverletzung faktisch negiert werden würde. Auch in dieser Konstellation ist eine zulässige Rechtsfortbildung also nicht möglich.

(3) Die Begrenzung der Haftungssumme

Die pauschale Begrenzung der Haftungssumme steht ebenfalls im Widerspruch zu Art. 23. Nun könnte man meinen, diese Regelung sei der Pflicht zur richtlinienkonformen Auslegung entzogen, weil Art. 23 Abs. 2 den Mitgliedsstaaten die Möglichkeit einräumt, von einer teilweisen oder vollständigen Haftungsbeschränkung Gebrauch zu machen. Die Vorraussetzungen, unter denen die Haftungsbeschränkung eintreten soll, sind jedoch bindend geregelt. Der Wortlaut des § 8 Abs. 3 BDSG 2001 hingegen knüpft die Haftungsbeschränkung an keine weiteren Voraussetzungen, sondern bestimmt lapidar: „die Ansprüche (...) sind begrenzt“.

Einschränkenden Bedingungen ist dieser Wortlaut nicht zugänglich, so dass auch hier eine Auslegung ausscheidet.

Die grundsätzliche Beschränkung der Haftung auf bestimmte Höchstsummen in § 8 Abs. 3 BDSG 2001 ist aber auch einer Rechtsfortbildung nicht zugänglich , da es insofern an einer für die Feststellung einer Normlücke erforderlichen unbewussten Abwei-

[1442] Der Unterschied zur vorherigen Ablehnung einer Normlücke besteht also darin, dass der Wortlaut der Richtlinie insofern eindeutig war und nicht – wie beim Schadensbegriff – auslegungsfähig. Dabei wird nicht verkannt, dass die Berufung auf den Wortlaut im Gemeinschaftsrecht grundsätzlich ein eher schwaches Argument ist. Entscheidend ist vielmehr die Tatsache, dass der betreffende Richtlinienbegriff eine gegenüber den nationalen Rechtsordnungen autonome Bedeutung innehat, die jedoch nicht ausdrücklich normiert wurde.

chung von der Richtlinie fehlt. Diese sieht eindeutig eine bedingte Haftungsbegrenzung in Verbindung mit dem Vorliegen eines Entlastungsnachweises durch den Datenverarbeiter vor. Der Gesetzgeber konnte also auch hier nicht mehr davon ausgehen, dass seine Regelung von den Vorgaben der Richtlinie gedeckt sei. Hierfür spricht zudem, dass ausdrücklich von der Umsetzung des Art. 23 Abs. 2 im Verfahren die Rede war, diese sich aber nur in der Regelung des § 7 Satz 2 BDSG 2001 niederschlagen sollte. Die beabsichtigte Übernahme des § 8 Abs. 3 BDSG 1990 war also auch nach den Erkenntnissen des Gesetzgebers nicht mehr von der Richtlinie erfasst. Soweit die Richtlinie in Art. 23 den Mitgliedsstaaten keinen weiteren Spielraum hinsichtlich einer Haftungsbeschränkung einräumt, ist dies nicht Bestandteil der Gesamtrechtsordnung geworden, so dass eine Lückenfeststellung ausscheidet.

g) Die richtlinienkonforme Auslegung von § 7 BDSG 2001

Es bleibt zu prüfen, ob § 7 BDSG 2001 richtlinienkonform ausgelegt werden kann damit und die Widersprüche gegenüber der Regelung in Art. 23 der Richtlinie behoben werden können.

(1) Der Anwendungsbereich von § 7 BDSG 2001

Soweit der Anwendungsbereich von § 7 BDSG 2001 auf die unzulässige Erhebung, Verarbeitung und Nutzung der Daten beschränkt ist, stimmt der Wortlaut mit dem des § 8 BDSG 2001 überein. Die eindeutige Formulierung, die eine Ausweitung der Haftung auf die Verletzung des Auskunfts- und Berichtigungsrechtes ausschließt, steht daher daher Auslegung entgegen. Dementsprechend steht auch hier einer Erweiterung des Anwendungsbereiches von § 7 Satz 1 BDSG 2001 im Wege der Rechtsfortbildung das Fehlen einer Normlücke entgegen.

(2) Die Verschuldenshaftung mit Beweislastumkehr

Da der Wortlaut von § 7 Satz 1 BDSG 2001 ausdrücklich kein Verschulden für eine Haftung voraussetzt, sondern lediglich davon spricht, dass die verantwortliche Stelle dem Betroffenen einen Schaden zufügt, ist der Wortlaut im Sinne der von der Richtlinien verlangten verschuldensunabhängigen Haftung auslegungsfähig.[1443]

Die Entstehungsgeschichte beweist jedoch das Gegenteil: So stand im ersten Gesetzesentwurf in § 7 Satz 1 BDSG 2001, dass der Schaden „schuldhaft" verursacht sein sollte.[1444] Dies wurde jedoch auf Vorschlag des Bundesrates gestrichen, der dies damit begründet hatte, dass, wenn nach Satz 2 die Haftung lediglich im Falle des Nachweises des fehlenden Verschuldens entfalle, das Wort „schuldhaft" dann zu streichen sei.[1445] Dass diesem Vorschlag nachgekommen wurde, belegt die Entscheidung des Gesetzgebers für eine Verschuldenshaftung.

[1443] Dies meint wohl auch Simitis/*Simitis*, BDSG, 2003, § 7 Rn. 21.
[1444] BT-Drs. 14/4329, S. 10.
[1445] BT-Drs. 14/4329, S. 56.

Auf der anderen Seite wurde im Gesetzgebungsverfahren mehrfach hervorgehoben, dass die Reform des BDSG vorwiegend der Umsetzung der Datenschutzrichtlinie diene.[1446] Es war daher auch der Willen des Gesetzgebers, sich richtlinienkonform zu verhalten. Dieser beschränkte sich allerdings hinsichtlich der konkreten Umsetzung des Art. 23 zunächst auf die Notwendigkeit, eine eigene Anspruchsgrundlage auch für die privaten Datenverarbeiter einzuführen, die sich auch auf die manuelle Verarbeitung erstrecken sollte. Dabei wurde ausdrücklich betont, dass es sich um eine Verschuldenshaftung handele.[1447]

Mit anderen Worten: der Gesetzgeber ist irrtümlich davon ausgegangen, mit der Einführung einer Verschuldenshaftung richtlinienkonform zu handeln, da er diese „in Umsetzung des Art. 23" regeln wollte.[1448] Der grundsätzliche Wille zur Richtlinienkonformität konkretisierte sich in einer richtlinienwidrigen Lösung der Sachfrage. Die historische Auslegung ergibt also ein widersprüchliches Bild: zum einen der Wille zur richtlinienkonformen Umsetzung des Art. 23, zum anderen der Wille zur richtlinienwidrigen Einführung der Verschuldenshaftung.

Die Ausgestaltung der Haftung als verschuldensabhängig unterstützt auch die Systematik, da die in § 7 Satz 2 BDSG 2001 geregelte Beweislastumkehr zu Lasten der verantwortlichen Stelle materiellrechtlich ein Verschulden voraussetzt. Dies ergibt sich aus dem Wortlaut von Satz 2, der von der Beachtung der „gebotenen Sorgfalt" spricht und damit ausdrücklich Bezug auf den Verschuldensmaßstab der Fahrlässigkeit nimmt. Ebenso für eine verschuldensabhängige Haftung spricht die systematische Stellung zu § 8 Abs. 1 BDSG 2001. Die Tatsache, dass § 8 Abs. 1 BDSG 2001 die Pflicht zum Schadensersatz „unabhängig von einem Verschulden" statuiert, spricht argumentum e contrario dafür, dass § 7 Satz 1 BDSG 2001, der solch einen Passus gerade nicht enthält, ein Verschulden voraussetzt.

Objektiver Zweck des § 7 Satz 1 BDSG 2001 ist die Notwendigkeit, für einen angemessenen Ausgleich erlittener Schäden des Betroffenen zu sorgen und damit den Schutz des Betroffenen nicht nur in präventiver Hinsicht durch die Einhaltung bestimmter Pflichten bei der Datenverarbeitung, sondern gerade auch in repressiver Hinsicht zu gewährleisten. Der Betroffene soll nicht befürchten, im Falle einer Schädigung ohne Ausgleich bzw. Ersatz zu bleiben. Dieses Ziel ist aber nur dann sichergestellt, wenn den Umständen, in denen die Datenverarbeitung und damit auch mögliche Schädigungen sich ereignen, angemessen Rechnung getragen wird.

Diese Umstände sind, wie an anderer Stelle dargelegt,[1449] von einer hohen Schadenswahrscheinlichkeit gekennzeichnet, die mit einer immer komplexer und umfangreicher werdenden Verarbeitungstechnik einhergeht, aus welcher der Datenverarbeiter einen zunehmenden Nutzen zieht. Den mit der Komplexität der Verarbeitungsvorgänge verbundenen Nachweisschwierigkeiten würde man zwar mit einer Beweislastumkehr entgehen, dem Problem der hohen Schadenswahrscheinlichkeit hingegen würde nicht ausreichend begegnet werden, da es dem Datenverarbeiter nicht selten möglich sein wird, sich zu entlasten. Der Betroffene würde ohne Ausgleich bleiben.

[1446] BT-Drs. 14/4329, S. 1 und 27.
[1447] BT-Drs. 14/4329, S. 38.
[1448] BT-Drs., 14/4329, S. 38.
[1449] Siehe Seite 157.

Dennoch müssen auch die Interessen der Datenverarbeiter ausreichend berücksichtigt werden, da eine Norm stets ausgewogen im Sinne eines optimalen Interessenausgleiches sein soll.[1450] Diese profitieren jedoch in vielfältiger Weise von der Datenverarbeitung, so dass es in Anwendung der für die Gefährdungshaftung geltenden Grundsätze legitim und nicht nachteilig erscheint, ihnen die Risiken ihres Tuns vollumfänglich aufzuerlegen. Zwar ist die Wahrscheinlichkeit eines Schadenseintrittes sehr hoch, die Höhe der zu befürchtenden Schäden stellt jedoch keine übermäßige Belastung dar. Dies aus zwei Gründen: materielle Schäden sind eher selten und in den einschlägigen Branchen, wie z.B. bei Kreditinstituten, kalkulierbar und damit auch versicherbar. Immaterielle Schäden sind häufig, werden aber überwiegend geringe Ersatzsummen nach sich ziehen.[1451] Dem objektiven Zweck eines angemessenen Schadensausgleiches kann daher nur die verschuldensunabhängige Haftung entsprechen.

Im Ergebnis lässt sich festhalten, dass der Wortlaut und der Zweck des § 7 Satz 1 BDSG 2001 klar für eine verschuldensunabhängige Haftung sprechen, die Entstehungsgeschichte einen Willen zur richtlinienkonformen Umsetzung klar erkennen lässt, die konkrete Lösung diesen aber nicht widerspiegelt. Eindeutig gegen eine verschuldensunabhängige Haftung spricht hingegen die Systematik.

Nach den oben dargelegten Grundsätzen ist nun grundsätzlich dem richtlinienkonformen Auslegungsergebnis zu folgen, unabhängig davon, dass die konkret beabsichtigte Lösung des Gesetzgebers dem widerspricht. Würde § 7 Satz 1 BDSG 2001 nun also eine verschuldensunabhängige Haftung enthalten, stellt sich die Frage nach dem Anwendungsbereich des § 7 Satz 2 gegenüber dem des § 8 BDSG 2001. Ließe sich beispielsweise § 7 Satz 2 BDSG 2001 nur als Pflicht zum Nachweis eines fehlenden Verschuldens verstehen, würde die Anpassung des § 7 BDSG 2001 an den Vorgaben der Richtlinie scheitern. Diese wäre nämlich nur möglich, in dem § 7 Satz 2 BDSG 2001 in der Rechtsanwendung nicht mehr berücksichtigt würde. Die Norm würde demzufolge ins Leere laufen, die Richtlinie hätte im Ergebnis unzulässigerweise derogatorischen Vorrang gegenüber der nationalen Regelung.[1452]

Gleiches gilt für § 8 BDSG 2001: welchen Anwendungsbereich sollte dieser haben, wenn bereits § 7 BDSG 2001 eine verschuldensunabhängige Haftung für den öffentlichen Bereich enthält? Eine Möglichkeit, § 8 BDSG 2001 einen eigenständigen Regelungsbereich zu verleihen, wäre, ihn im Falle der automatisierten Verarbeitung durch öffentliche Stellen als lex specialis gegenüber § 7 BDSG 2001 einzustufen.[1453] Hierfür spricht, dass § 8 BDSG 2001 ausschließlich die automatisierte Verarbeitung erfasst und ausweislich seiner amtlichen Überschrift nur für öffentliche Stellen gilt.

Der Versuch einer richtlinienkonformen Auslegung des § 7 Satz 2 BDSG 2001 hingegen scheitert am Wortlaut: der Begriff „Sorgfalt“ rekurriert im juristischen Sprachgebrauch auf eine fahrlässige Begehung, wie sie § 276 BGB definiert, und damit auf ein Verschulden der verantwortlichen Stelle. Zwar wollte man hiermit den Art. 23

[1450] Larenz/Canaris, Methodenlehre, 1995, S. 153.
[1451] So wurde sogar im Falle des unbefugten Zugriffs auf sensible personenbezogene Daten Schadensersatz in Höhe von lediglich DM 5000 gewährt, AG Frankfurt am Main, RDV 2002, 86 (87).
[1452] Canaris, Festschrift für Bydlinski, 2002, S. 99.
[1453] So wohl Simitis/*Simitis*, BDSG, 2003, § 7 Rn. 15.

Abs. 2 umsetzen, jedoch ist auch hier wieder festzustellen, dass der Wille zur richtlinienkonformen Umsetzung zu einer richtlinienwidrigen Lösung geführt hat.

Da der Gesetzgeber ausdrücklich mit § 7 Satz 2 BDSG 2001 Art. 23 Abs. 2 umsetzen wollte, ist das Vorliegen einer Normenlücke hinsichtlich der Voraussetzungen eines Haftungsausschlusses im Sinne der Richtlinie zu bejahen, da der insofern offene Wortlaut des Art. 23 Abs. 2 das Verständnis des deutschen Gesetzgebers von seinem Inhalt als Beweislastumkehr hinsichtlich des Verschuldens mitumfasste. Möglich ist also eine Rechtsfortbildung dahingehend, solche hohen Anforderungen an die einzuhaltende Sorgfalt zu stellen, dass diese nur dann eingehalten sind, wenn der schadensverursachende Vorgang – in Anlehnung an den Begriff der höheren Gewalt – auch von einem mit idealer Sorgfalt handelnden Datenverarbeiter nicht hätte vermieden werden können und auch nicht aufgrund seiner Häufigkeit in Rechnung zu stellen gewesen wäre.[1454] Auch der Nachweis einer fehlenden Verwirklichung der besonderen Gefahr einer Datenverarbeitung würde zum Haftungsausfall führen. Soweit hierdurch der Anwendungsbereich des § 7 Satz 1 BDSG 2001 erweitert wird, ist dies ein typischer Anwendungsfall der teleologischen Reduktion.[1455]

Ein solches Verständnis von der Norm widerspricht zwar ihrem Wortlaut, jedoch nicht auch ihrem Zweck, der in einer Erleichterung der Beweisschwierigkeiten des Betroffenen liegt. Dieser würde weiterhin erfüllt, denn es bliebe bei der Vermutung zugunsten des Betroffenen, dass der Datenverarbeiter nicht mit idealer Sorgfalt gehandelt hat. Die engeren Grenzen eines solchen Entlastungsnachweises stellen auch keine Regelung dar, die dem deutschen Recht unbekannt wäre: Auch die Gefährdungshaftung kann im Falle des Nachweises eines unabwendbaren Ereignisses bzw. höherer Gewalt ausgeschlossen sein.[1456]

Die teleologische Reduktion des § 7 Satz 2 BDSG 2001 ist also zulässig, einer richtlinienkonformen Auslegung des § 7 Satz 1 BDSG 2001 steht mithin auch nicht ihre derogatorische Wirkung hinsichtlich § 7 Satz 2 BDSG 2001 entgegen.

(3) Der Ausschluss immateriellen Schadensersatzes

Hinsichtlich des zu ersetzenden Schadens ist der Wortlaut des § 7 Satz 1 BDSG 2001 ebenfalls auslegungsfähig, da lediglich pauschal vom zugefügten „Schaden“ die Rede ist, der auch immaterielle Schäden umfassen kann. Ein entsprechender ausdrücklicher Wille des Gesetzgebers, darauf gerichtet, auch immaterielle Schäden zu erfassen, ist nicht ersichtlich.[1457] Ebenso wenig der Wille, diese nicht von der Ersatzpflicht umfassen zu wollen. Allerdings ist dies vor dem Hintergrund des geltenden Schadensrechtes zu sehen: hiernach waren und sind immaterielle Schäden gem. § 253 BGB a.F. (§ 253 Abs. 1 BGB n.F.) nur zu ersetzen, wenn das Gesetz dies ausdrücklich vorsieht. Aus dem Fehlen der Anordnung des Ersatzes immaterieller Schäden in § 7 Satz 1 BDSG

1454 Vgl. Seite 185.

1455 Vgl. Larenz/Canaris, Methodenlehre, 1995, S. 214.

1456 MüKo-Wagner, 4. Aufl., Vor § 823 Rn. 21.

1457 Vgl. die Begründung zu § 7 BDSG 2001 in BT-Drs. 14/4329, S. 38, die Stellungnahme des Bundesrates, BT-Drs. 14/4329, S. 56 und die Stellungnahme des Innenausschusses des Bundestages, BT-Drs. 14/5793, S. 64.

2001 könnte daher die Absicht des Gesetzgebers geschlossen werden, diesen auch tatsächlich nicht regeln zu wollen.[1458]

Ein solches „beredtes Schweigen“ kann jedoch nur für das alleinige Fehlen einer entsprechenden Regelung im Gesetzestext selber angenommen werden, und nicht bereits, wenn lediglich die historische Auslegung, wie hier, zu keinem Ergebnis kommt[1459].

Die Systematik spricht – wie schon angedeutet – ebenfalls gegen den Ersatz immaterieller Schäden. Zwar findet sich in § 8 Abs. 2 BDSG 2001 die ausdrückliche Anordnung des Ersatzes immaterieller Schäden, die deutlich macht, dass der Schadensbegriff in Absatz 1 jene gerade nicht erfasst. Das Fehlen einer entsprechenden Anordnung in § 7 BDSG 2001 könnte daher argumentum e contrario dafür sprechen, dass der Schadensbegriff im Sinne des § 7 Satz 1 BDSG 2001 bereits alle Schäden erfassen will. Die Regelung in § 8 Abs. 2 BDSG 2001 muss jedoch in Verbindung mit dem bereits angesprochenen § 253 Abs. 1 BGB betrachtet werden, womit deutlich wird, dass allein erst die positive Anordnung immaterielle Schäden diese für ersatzfähig erklärt. Das Fehlen einer § 8 Abs. 2 BDSG 2001 entsprechenden Regelung lässt daher in systematischer Hinsicht nur den Schluss zu, dass § 7 Satz 1 BDSG 2001 den Ersatz immaterieller Schäden nicht gewährt.

Hinsichtlich des mit § 7 Satz 1 BDSG 2001 verfolgten Zweckes kann weitestgehend auf die vorstehenden Erläuterungen verwiesen werden.[1460] Zu ergänzen ist allerdings, dass gerade die immateriellen Schäden jene sind, die typischerweise bei einer unzulässigen Datenverarbeitung eintreten.[1461] Sie angesichts der immer häufiger werdenden Datenverarbeitung durch nicht-öffentliche Verarbeiter unkompensiert zu lassen, steht im diametralen Gegensatz zur Schaffung eines angemessenen Ausgleichs erlittener Schäden und des damit verfolgten Schutzes der Privatsphäre. Der objektive Zweck der Regelung gebietet also die Einbeziehung der immateriellen Schäden in die Ersatzpflicht.

Explizit gegen eine Einbeziehung der immateriellen Schäden in den Schadensbegriff des § 7 Satz 1 BDSG 2001 spricht also lediglich die systematische Auslegung. Hierzu ist allerdings anzumerken, dass sich die deutsche Rechtsprechung über die hier entgegenstehende Regelung des § 253 Abs. 1 BGB für eine bedeutende Fallgruppe hinweggesetzt hat: Der Ersatz immaterieller Schäden bei Verletzungen des Persönlichkeitsrechts wird zugesprochen, obwohl § 253 Abs. 2 BGB (§ 847 BGB a.F.) dies nicht vorsieht.[1462] Datenschutz dient aber gerade dem Schutz des Persönlichkeitsrechtes vor

---

[1458] Vgl. hierzu Bydlinski in: Koller/Hager/Junker/Singer/Neuner (Hrsg.), Einheit und Folgerichtigkeit 1998, S. 68, der allerdings einräumt, dass die Bindung an eine solche nur negativ in Erscheinung getretene Regelungsabsicht des Gesetzgebers schwächer sein muss als die an eine ausdrückliche Regelung, S. 51.

[1459] Vgl. auch das Beispiel bei Canaris, Festschrift Bydlinski, 2002, S. 86, in dem der deutsche Gesetzgeber im Entstehungsverfahren deutlich gemacht hatte, eine bestimmte Sachregelung gerade nicht treffen zu wollen. An einer solchen Äußerung fehlt es hier jedoch.

[1460] Siehe Seite 271.

[1461] Simitis/*Simitis*, BDSG, 2003, § 7 Rn. 32.

[1462] Ständige Rechtsprechung seit BGHZ 26, 349 (356f.) – „Herrenreiter“. Diese Rechtsprechung wurde zwar in der Reform des Schadensersatzrechtes nicht gesetzlich normiert, vom Gesetzgeber aber ausdrücklich gebilligt, Niedermeier/Schröcker, RDV 2002, 217 (221).

Beeinträchtigungen,[1463] so dass das entgegenstehende systematische Argument aus § 253 BGB bereits aus nationalrechtlicher Perspektive nicht so schwer wiegt wie zunächst angenommen.

Dennoch könnte die Ersatzfähigkeit immaterieller Schäden nur bei schweren Persönlichkeitsrechtsverletzungen bzw. Datenschutzverstößen zulässig sein, wie die ständige Rechtsprechung und auch § 8 Abs. 2 BDSG 2001 es verlangen. Ein nationaler Beurteilungsspielraum, der die Berücksichtigung der Richtlinienkonformität als interpretatorische Vorrangregel erst ermöglicht, wäre dann nur in diesem Rahmen eröffnet.[1464]

Dies wäre zu bejahen, wenn die Gründe, die für einen Ersatz nur im Falle schwerer Persönlichkeitsrechtsverletzungen sprechen, auf die Situation des unzulässigen Datenumganges und den damit verbundenen Beeinträchtigungen des Persönlichkeitsrechts übertragbar sind. Gegen eine Vergleichbarkeit spricht zunächst, dass das Allgemeine Persönlichkeitsrecht vom BDSG 2001 in seiner besonderen Ausprägung des informationellen Selbstbestimmungsrechtes geschützt wird, das im Gegensatz zu ersterem eine nach der Intensität des gewährten Schutzes vorgenommene Unterscheidung nach Individual-, Privat- und Intimsphäre nicht kennt.[1465] Allerdings genießt auch das informationelle Selbstbestimmungsrecht keinen absoluten Schutz, sondern muss Einschränkungen im „überwiegenden Allgemeininteresse", die auf einer gesetzlichen Grundlage beruhen, hinnehmen.[1466]

Diese zulässigen Einschränkungen sind im BDSG 2001 normiert, die weitere Abwägung mit anderen Individual- und Freiheitsrechten ist daher nicht erforderlich, um bei einem Verstoß gegen die Verarbeitungsvorschriften des BDSG 2001 eine Persönlichkeitsrechtsverletzung zu bejahen.[1467] Soweit der BGH im Rahmen der Ersatzpflicht für immaterielle Schäden bei Persönlichkeitsrechtsverletzungen daher argumentiert, angesichts dieser Interessenabwägung sei es oft schwierig, die Grenze des Erlaubten zu erkennen und daher unbillig, den Verletzer auch für leichtere Persönlichkeitsrechtsverletzungen haften zu lassen,[1468] kann dies mithin nicht auf den Umgang mit personenbezogenen Daten übertragen werden: Dem Verarbeiter ist es sehr wohl möglich, zu ermitteln, ob sein Verhalten persönlichkeitsrechtsverletzend ist. Hierfür genügt lediglich die Kenntnis der Anforderungen an eine zulässige Verarbeitung im Sinne des BDSG 2001.

Soweit überdies mit dem Erfordernis einer schweren Persönlichkeitsrechtsverletzung der Anspruchsmissbrauch bei nur geringfügigen Verletzungen ausgeschlossen werden soll,[1469] kann dem genauso gut auf der Ebene der Bemessung der Ersatzsumme begegnet werden. Geringfügige Beeinträchtigungen berechtigen eben nur zu einem verhältnismäßig geringen Schadensersatz, entheben den Betroffenen aber von dem – nicht

---

[1463] Vgl. § 1 Abs. 1 BDSG 2001.

[1464] Canaris, Festschrift Bydlinski, 2002, S. 97.

[1465] Vgl. hierzu Witzleb, Geldansprüche, 2002, S.16 und Larenz/Canaris, BT II/2 1994, S. 502. Die unterschiedliche Dogmatik von Allgemeinem Persönlichkeitsrechts und informationellem Selbstbestimmungsrecht hebt auch Schneider, Handbuch, 2003, S. 237 hervor.

[1466] BVerfGE 65, 1 (43f.).

[1467] So auch Schneider, Handbuch, 2003, S. 237.

[1468] BGHZ 35, 363 (368) – „Ginseng".

[1469] Vgl. nur BGHZ 35, 363 (368) – „Ginseng" und NJW 1971, 698 (670).

geringen – Risiko, einen Prozess zu verlieren, weil die erlittene Beeinträchtigung seitens des Gericht für nicht schwerwiegend eingestuft wird.[1470]

Im Übrigen trifft die Argumentation des BGH für die Gewährung eines Ersatzanspruches über die Grenze des § 253 BGB hinweg insbesondere auf jene Persönlichkeitsrechtsverletzungen beim Umgang mit personenbezogenen Daten zu. Der BGH hatte argumentiert, ohne einen Schadensersatzanspruch würden Persönlichkeitsrechtsverletzungen oft sanktionslos bleiben und damit den Persönlichkeitsrechtsschutz erheblich herabsetzen.[1471] Genau dies ist aber bei einer Begrenzung des immateriellen Schadensersatzes im Falle von Datenschutzverstößen der Fall. Diese finden überwiegend gerade nicht im Intimbereich statt, bei deren Beeinträchtigung eine schwere Persönlichkeitsrechtsverletzung regelmäßig bejaht wird, und dennoch hat der Gesetzgeber auf der Grundlage der Rechtsprechung des Bundesverfassungsgerichtes jedes Datum für schützenswert anerkannt. Einem angemessenen Persönlichkeitsrechtsschutz kann demnach nur eine vorbehaltlose Sanktionierung aller durch Datenschutzverstöße verursachten Persönlichkeitsrechtsverletzungen gerecht werden.[1472] Für eine Übertragung der lediglich auf schwere Persönlichkeitsrechtsverletzungen begrenzten Haftung für immaterielle Schäden auf die Ersatzpflicht gem. § 7 Satz 1 BDSG 2001 besteht mithin kein zwingender Anlass, der den für eine richtlinienkonforme Auslegung eröffneten Beurteilungsspielraum entsprechend begrenzen würde.

Im Ergebnis ist daher § 7 Satz 1 BDSG 2001 richtlinienkonform dahingehend auszulegen, dass dieser auch uneingeschränkten Ersatz für immaterielle Schäden gewährt.

h) Ergebnis der richtlinienkonformen Auslegung

Die Widersprüche des § 8 BDSG 2001 zu den Vorgaben der Datenschutzrichtlinie lassen sich weder durch eine richtlinienkonforme Auslegung noch im Wege einer Rechtsfortbildung aufheben.

§ 7 Satz 1 BDSG 2001 lässt sich richtlinienkonform dahingehend auslegen, dass der Datenverarbeiter verschuldensunabhängig und uneingeschränkt für alle materiellen und immateriellen Schäden haftet. Für diese Auslegung ist § 7 Satz 2 BDSG 2001 teleologisch dahingehend zu reduzieren, dass die verantwortliche Stelle nur dann von der Haftung befreit werden kann, wenn sie nachweist, dass der Schaden auf einem unabwendbarenEreignis beruht, dass auch von einem mit idealer Sorgfalt handelnden Datenverarbeiter nicht hätte vermieden werden können.

III) Gemeinschaftsrechtlicher Staatshaftungsanspruch nach Francovich

Fehlt es an einer vertikalen Direktwirkung und lässt sich die nationale Umsetzungsnorm nicht richtlinienkonform auslegen, gibt es keine Möglichkeit, dem Begünstigten trotz fehlender Umsetzung zu den ihm von der Richtlinie verliehenen Rechten zu ver-

---

[1470] Witzleb, Geldansprüche, 2002, S. 106; ähnlich auch Born, Schadensersatz, 2001, S. 125.

[1471] BGH, NJW 1996, 985 – „Caroline I“.

[1472] Ebenso Simitis/*Simitis*, BDSG, 2003, § 7 Rn. 62; Schneider, Handbuch, 2003, S. 237; Born, Schadensersatz, 2001, S. 125, der jedoch im Gegenzug verlangt, dass nicht jeder Datenschutzverstoß als Persönlichkeitsrechtsverletzung zu qualifizieren ist und damit „durch die Hintertür“ eine Interessenabwägung einführt, die vorliegend abgelehnt wird.

helfen. Erleidet er jedoch infolge der unzureichenden Umsetzung einen Schaden, erscheint es unbillig, dem Betroffenen nicht zu einem Ausgleich zu verhelfen.

Der EuGH hat daher auch für diese Konstellation ein Rechtsinstitut entwickelt: den Staatshaftungsanspruch wegen gemeinschaftsrechtswidriger Umsetzung bzw. Nichtumsetzung.[1473] Eine solche Entschädigung sei unerlässlich und folge aus dem *effet utile*-Grundsatz des Gemeinschaftsrechts, wenn die Wirkung der Richtlinienbestimmung von einem Tätigwerden des Mitgliedsstaates abhänge und der Einzelne im Falle eines Untätigbleibens des Mitgliedsstaates seine Rechte nicht gerichtlich geltend machen könne.[1474] Obgleich der EuGH für die Durchsetzung dieses Schadensersatzanspruches auf die Rechtsordnung der Mitgliedsstaaten verweist, hat er für die materiellrechtlichen Voraussetzungen des Ersatzanspruches folgende Anforderungen definiert.[1475]

So muss die jeweilige Richtlinie dem Einzelnen Rechte verleihen und zwischen dem Richtlinienverstoß und dem eingetretenen Schaden ein Kausalzusammenhang bestehen.[1476] Schließlich verlangt der EuGH, dass der Verstoß gegen die Umsetzungspflicht hinreichend qualifiziert sein muss. Hiervon ist etwa auszugehen, wenn dem Mitgliedsstaat bei der Rechtssetzung ein weites Ermessen eingeräumt wurde und die Grenzen dieser Befugnis in Anlehnung an die Haftung der Gemeinschaft für Rechtssetzungsakte gem. Art. 215 EG offenkundig und in erheblichem Maße überschritten wurden.[1477] Zu den hierbei zu berücksichtigenden Gesichtspunkten gehört auch das Maß an Klarheit und Genauigkeit der verletzten Norm.[1478] Im Übrigen kann dieses Ermessen durch Ergebnis- und Verhaltenspflichten der Mitgliedsstaaten so weit eingeschränkt sein, dass es der weitergehenden Qualifizierung des Verstoßes nicht bedarf.[1479] Dies ist insbesondere dann der Fall, wenn den Mitgliedsstaaten keinen Gestaltungsspielraum bei

---

[1473] EuGH vom 19.11.1991, Rs. 6/90 und 9/90, *Francovich*, Slg. 1991, 5403, Rn. 33f.

[1474] EuGH a.a.O. Rn. 33, 34. Gelegentlich wird als Geltungsgrund der unmittelbaren Wirkung von Richtlinien auch der aus dem Common Law stammende Rechtsgedanke des *estoppel* genannt: Der Mitgliedsstaat darf sich aus Billigkeitsgründen nicht auf die fehlende oder unzureichende Umsetzung berufen, weil er diese selbst zu vertreten hat, Haag, in: Beutler/Bieber/Pipkorn/Streil, Europäische Union, 2001, S. 241; Götz, NJW 1992, 1849 (1855).

[1475] Im Übrigen richtet sich die Haftung also nach dem materiellen Haftungsrecht des Mitgliedsstaates. Die Voraussetzungen dürfen jedoch nicht so ausgestaltet sein, dass diese ungünstiger sind als vergleichbare nationale Ersatzansprüche und es für den Betroffenen praktisch und unmöglich ist, Entschädigung zu erlangen, EuGH vom 04.07.2000, Rs. C-424/97, *Haim*, Slg. 2000, (I)-5123 Rn. 33. Im deutschen Recht wird hierfür der Amtshaftungsanspruch gem. § 839 BGB i.V.m. Art. 34 GG herangezogen, Jarass, NJW 1994, 881f.; Giegerich, JuS 1997, (619) 625. Im englischen Recht kann der Schadensersatzanspruch auf den beiden Torts *breach of statutory duty* und *misfeasance in a public office* beruhen, Markesinis/Deakin, Tort Law, 2003, S. 405f.; Boch, EC Law, 2000, S. 148.

[1476] EuGH vom 5.3.1996, Rs. C-46, 48/93, *Brasserie du pêcheur und Factortame*, Slg. 1996, I-1029, Rn. 51; EuGH vom 26.03.1996, Rs. C-392/93, vom 26.03.1996, *Britisch Telecommunications* , Slg. 1996, I-1631, Rn. 38; Rs. C-178, 179, 188, 190/94 vom 08.10.1996, *Dillenkofer,* Slg. 1996, I-4845, Rn. 27; Rs. C-140/97 vom 15.06.1999, *Rechberger u.a.*, Slg. 1999, I-3499, Rn. 72.

[1477] EuGH vom 05.03.1996, Rs. C-46, 48/93, *Brasserie du pêcheur und Factortame*, Slg. 1996, I-1029, Rn. 45 und 47; EuGH vom 08.10.1996, Rs. 178, 179, 188, 190/94 *Dillenkofer u. a.*, Slg. 1996, I-4845, Rn. 25.

[1478] EuGH vom 26.03.1996, Rs. C-392/93, *British Telecommunications plc*, Slg. 1996, I-1631, Rn. 42.

[1479] Da insoweit nicht in den Ermessensspielraum des nationalen Gesetzgebers eingegriffen wird, vgl. EuGH vom 5.3.1996, Rs. C-46, 48/93, *Brasserie du pêcheur und Factortame*, Slg. 1996, I-1029, Rn. 46. Siehe auch EuGH vom 23.5.1996, Rs. C-5/94, *Hedley Lomas*, Slg. 1999, I-2553, Rn. 28 sowie Rs. C-140/97 vom 15.06.1999, *Rechberger u.a.*, Slg. 1999, I-3499, Rn. 50.

der Umsetzung eingeräumt wurde.[1480] Ein Verschulden des Mitgliedsstaates ist nicht erforderlich, soweit dies nach den nationalrechtlichen Anforderungen über das Erfordernis des hinreichend qualifizierten Verstoßes hinausgeht.[1481]

Erleidet nun ein Betroffener durch die Datenverarbeitung privater Stellen einen Schaden, der nicht von Sec. 13 DPA 1998 oder § 7 BDSG 2001 erfasst wird, kann dieser zunächst mangels unmittelbarer Wirkung des Art. 23 von der privaten Stelle keinen Ersatz verlangen.[1482] Soweit dem Betroffenen allerdings mit Hilfe der richtlinienkonformen Auslegung zu einem Ersatzanspruch verholfen werden kann, sind die mitgliedsstaatlichen Gerichte hierzu verpflichtet. Sie dürften daher nach der hier vertretenen Auslegung von Sec. 13 (3) DPA 1998 und §7 BDSG 2001 die Haftung des Datenverarbeiters nicht von dem Nachweis fehlenden Verschuldens abhängig machen.

Dieses Vorgehen findet jedoch dort seine Grenze, wo der Ersatzanspruch diejenigen Aspekte der nationalen Regelungen betrifft, die einer richtlinienkonformen Auslegung bzw. Rechtsfortbildung nicht zugänglich sind. So, wenn der Betroffene in Deutschland Schäden durch Vorgänge erleidet, die vom Anwendungsbereich des § 7 BDSG 2001 nicht erfasst sind,[1483] oder in England ein ausschließlich immateriellen Schaden verursacht wird, der gem. Sec. 13 (2) DPA 1998 nicht ersatzfähig ist.[1484]

Scheitert die richtlinienkonforme Auslegung, steht dem Betroffenen jedoch der gemeinschaftsrechtliche Staatshaftungsanspruch gegen den Mitgliedsstaat zu, wenn der Verstoß gegen Art. 23 hinreichend qualifiziert ist und zwischen dem Verstoß und dem eingetretenen Schaden des Betroffenen ein unmittelbarer Kausalzusammenhang besteht. Art. 23 Abs. 1 gibt den Mitgliedsstaaten sowohl von seinem Wortlaut wie auch von seinem Zweck her eindeutig nicht das Recht, den Ersatz immaterieller Schäden nur bedingt zu gewähren, wie das in Sec. 13 (2) DPA 1998 der Fall ist. Ein Ermessen stand den Mitgliedsstaaten also nicht zu, die anderslautende nationale Norm des britischen DPA 1998 stellt mithin einen hinreichend qualifizierten Verstoß dar. Das Gleiche gilt für die Beschränkung des Anwendungsbereiches der Haftung in § 7 Satz 1 BDSG 2001 auf die unzulässige Verarbeitung der Daten. Auch hier war den Mitgliedsstaaten kein Gestaltungsspielraum eingeräumt.

Ist der für den gemeinschaftsrechtlichen Staatshaftungsanspruch erforderliche Verstoß also sowohl für die britische als auch für die deutsche Regelung zu bejahen, setzt das Entstehen dieses Anspruchs auch noch einen vom Einzelfall abhängenden Kausalzusammenhang zwischen Verstoß und Schaden voraus. Der Schaden müsste also auf der unzureichenden Umsetzung des Art. 23 beruhen. Dies ist der Fall, da die Betroffenen bei ordnungsgemäßer Umsetzung einen Ersatzanspruch gegen die Datenverarbeiter hätten.

1480 EuGH vom 23.05.1996, Rs. C-5/94, Hedley Lomas, Slg. 1996, I-2553, Rn. 28.

1481 EuGH vom 05.03.1996, Rs. C-46, 48/93, *Brasserie du pêcheur und Factortame*, Slg. 1996, I-1029, Rn. 79 und 80.

1482 Die Lücke, die durch die auf staatliche Stellen begrenzte unmittelbare Wirkung der Richtlinie entsteht, wird somit durch den Haftungsanspruch gegen den Mitgliedsstaat geschlossen, Franzen, Privatrechtsangleichung, 1999, S.254f. Allerdings ist der Haftungsanspruch auch bei unmittelbar wirkenden Gemeinschaftsnormen anwendbar, EuGH vom 5.3.1996, verb. Rs. C-46/93 und 48/93 *Brasserie du pêcheur und Factortame*, Slg. 1996, I-1029 Rn. 23.

1483 Z.B. infolge einer Verletzung seines Auskunftsrechts gem. §34 BDSG 2001.

1484 Siehe Seite 257f.

Wurde eingangs darauf hingewiesen, dass der Staatshaftungsanspruch nicht greift, soweit dem Betroffenen durch eine richtlinienkonforme Auslegung der Haftungsnorm zu einem Ausgleich verholfen werden kann, impliziert dies, dass die nationalen Gerichte diese auch tatsächlich vornehmen bzw. zum richtigen Auslegungsergebnis kommen. Ist dies nicht der Fall, hat der Betroffene ebenfalls einen Anspruch auf Schadensersatz nach den hier dargestellten Grundsätzen wegen einer Verletzung des Gemeinschaftsrechts.[1485] Allerdings hat der EuGH an die hinreichende Qualifizierung des Verstoßes durch das nationale Gericht besonders hohe Anforderungen gestellt: So muss die Entscheidung „offenkundig" gegen das Gemeinschaftsrecht verstoßen. Dies beurteile sich unter anderem nach dem Maß der Klarheit und Präzision der verletzten Norm, der Vorsätzlichkeit des Verstoßes und der Verletzung der Vorlagepflicht gem. Art. 234 III EG.[1486]

Unter Beachtung dieser Kriterien ist jedoch ein entsprechender Verstoß durch das nationale Gericht im Falle des Art. 23 zu verneinen, soweit die in Sec. 13 (3) DPA 1998 und § 7 Satz 2 BDSG 2001 geregelte Verschuldenshaftung mit Beweislastumkehr nicht richtlinienkonform als verschuldensunabhängig ausgelegt werden sollten. Denn der Wortlaut des Art. 23 der Richtlinie lässt auch eine diese Regelung unterstützende Auslegung zu. Ein offenkundiger Verstoß des nationalen Gerichts, das Sec. 13 (3) DPA 1998 oder § 7 Satz 2 BDSG 2001 nicht im Sinne einer verschuldensunabhängigen Haftung auslegt, ist daher zu verneinen.[1487]

IV) Vertragsverletzungsverfahren gem. Art. 226 EG

Die bisher dargestellten Konsequenzen eines Richtlinienverstoßes dienen nicht nur dazu, der Richtlinie trotz fehlerhafter Umsetzung zu tatsächlicher Wirksamkeit zu verhelfen. Ihr Ziel ist es ebenso, Einzelfallgerechtigkeit herzustellen, da es andernfalls hieße, dem Einzelnen die ihm von der Richtlinie gewährten Rechte zu verwehren, allein deshalb, weil der Mitgliedsstaat die ordnungsgemäße Umsetzung versäumt hat. Folglich entbindet die Feststellung, dass sich der Richtlinienverstoß durch eines der genannten Instrumente der vertikalen Direktwirkung, der richtlinienkonformen Auslegung und des gemeinschaftsrechtlichen Staatshaftungsanspruches ausgleichen bzw. sanktionieren lässt, nicht von der Frage, ob sich der jeweilige Verstoß als Verletzung der Umsetzungspflicht gem. Art. 249 EG qualifizieren lässt. Ist dies der Fall, könnte dies zur Einleitung eines Vertragsverletzungsverfahrens gem. Art. 226 EG gegen den jeweiligen Mitgliedsstaat führen.

Eine Verletzung der Umsetzungspflicht ist stets zu bejahen, wenn der Mitgliedsstaat keinerlei oder verspätet Maßnahmen zur Umsetzung der Richtlinie ergriffen hat. Gleiches gilt, wenn die nationalen Normen nicht der richtlinienkonformen Auslegung zugänglich sind, um den zunächst gegebenen Widerspruch aufzulösen. Aber auch wenn die Normen richtlinienkonform ausgelegt werden können, reicht dies unter Umständen nicht aus, um der Umsetzungspflicht nachzukommen.

1485 EuGH vom 30.09.2003, Rs. C-224/01, *Köbler*, Slg. 2003, I-10239, Rn. 31 und 36. Obwexer, EuZW 2003, 726 (728); Wegener/Held, Jura 2004, 479 (482).

1486 EuGH vom 30.09.2003, Rs. C-224/01, *Köbler*, Slg. 2003, I-10239, Rn. 55.

1487 Mit ähnlicher Begründung lehnen auch Wegener/Held, Jura 2004, 479 (485) einen Verstoß des österreichischen Gerichts in *Köbler* ab.

So gebietet es die Rechtssicherheit als allgemeiner Rechtsgrundsatz des Gemeinschaftsrechts, die Umsetzung mit hinreichender Klarheit und Genauigkeit durchzuführen, so dass im Falle einer Ansprüche begründenden Richtlinie der Begünstigte in der Lage ist, von diesen Ansprüchen Kenntnis zu nehmen und diese notfalls gerichtlich geltend zu machen.[1488] Auf dieser Grundlage hielt der EuGH es häufig für nicht ausreichend, der Umsetzung einer Richtlinie ausschließlich dadurch nachzukommen, bereits bestehende Normen richtlinienkonform auszulegen.[1489] Dies gilt ganz besonders für Normen des Verbraucherschutzes und dann, wenn die Richtlinie darauf abzielt, auch Angehörigen anderer Mitgliedsstaaten Ansprüche zu verleihen.[1490]

Dies führt zu der Frage, wann genau eine richtlinienkonforme Auslegung den Anforderungen an die Umsetzungspflicht der Mitgliedsstaaten im Falle von anspruchsverleihenden Richtlinienregelungen nicht mehr genügt. Der EuGH hat die Richtung dieser Grenzziehung bereits vorgegeben. Die richtlinienkonforme Auslegung kann dann nicht mehr die Umsetzungspflicht erfüllen, wenn die durch sie geschaffene Rechtslage nicht so hinreichend klar und bestimmt ist, dass die Begünstigten der Richtlinie in der Lage sind, von ihren Rechten Kenntnis zu erlangen und diese gerichtlich durchzusetzen. Nach Auffassung des EuGH besteht dieses Risiko ganz besonders, wenn bereits bestehende nationale Normen lediglich richtlinienkonform ausgelegt werden.[1491] Mit anderen Worten: die bloße richtlinienkonforme Auslegung ist nicht immer taugliches Mittel zur Umsetzung.

In der vorliegenden Untersuchung geht es jedoch um die Auslegung von gerade zur Umsetzung der Datenschutzrichtlinie ergangener Normen. Dennoch kann dies unter dem Aspekt der Transparenz und Rechtssicherheit keinen Unterschied machen: auch einer speziellen Umsetzungsnorm kann man ebenso wie bereits existierenden nationalen Normen unter Umständen nicht „ansehen", welche Rechte sie dem Einzelnen verleiht. Beispielsweise, wenn diese dem Wortlaut nicht entnommen werden können. So ist es einerseits möglich, dass dem zwar mehrdeutigen Wortlaut eine Bedeutung im Sinne der Richtlinie nicht zugeordnet werden kann. Andererseits kann der eindeutige Wortlaut eine richtlinienwidrige Regelung enthalten. Zwar ist eine richtlinienkonforme Auslegung über den Wortlaut hinaus prinzipiell zulässig.[1492] Dies gilt jedoch nicht, wenn erst mit ihrer Hilfe individuelle Rechte bzw. Ansprüche der Richtlinie insbesondere im Verbraucherschutz konkretisiert werden, die auch Angehörigen anderer Mitgliedsstaaten zustehen. Es ist also durchaus möglich, dass sich eine Umsetzungsnorm

---

[1488] Vgl. nur EuGH vom 9.4.1987, Rs. 363/85, *Kommission gegen Italien*, Slg. 1987, 1733 (1742); EuGH vom 28.2.1991, Rs. C-131/88, *Kommission gegen Deutschland*, Slg. 1991, I-825 (868); EuGH vom 8.10.1996, verb. Rs. C-178, 179, 188-190/94, *Dillenkofer*, Slg. 1996, I-4845, 4884.

[1489] Der entsprechende Vortrag der Bundesregierung zur Umsetzung der Pauschalreiserichtlinie 90/314/EWG wurde denn auch vom EuGH zurückgewiesen, Rs. C-178, 179, 188-190/94 vom 08.10.1996, *Dillenkofer*, Slg. 1996, I-4845 (4887). Ebenso EuGH vom 10.05.2001, Rs. C-144/99, *Kommission gegen Niederlande*, Slg. 2001, I-3541.

[1490] EuGH vom 10.05.2001 Rs. C-144/99, *Kommission gegen Niederlande*, Slg. 2001, I-3541. In der Literatur finden sich bislang nur vereinzelt Stimmen, die ein solches Transparenzgebot bei der Richtlinienumsetzung befürworten, so insbesondere, Franzen, Privatrechtsangleichung, 1999, S.365f.; ders., JZ 2003, 321 (327); Nettesheim, in: GH-II, 2003, Art. 249 EGV Rn. 140; wohl auch Everling, ZGR 1992, 376 (383); offengelassen bei Canaris, Festschrift für Bydlinski, 2002, S. 91.

[1491] Vgl. dazu die Entscheidung des EuGH vom 10.5.1999 Rs. C-144/99 *Kommission gegen Niederlande*, Slg. 2001, I-3541.

[1492] Möllers, EuR 1998, 20 (44).

richtlinienkonform auslegen lässt, dies aber nicht genügt, um eine Vertragsverletzung des Mitgliedsstaates gem. Art. 226 EG zu verhindern[1493]. Diese kann nur durch ein Tätigwerden des nationalen Gesetzgebers verhindert werden[1494].

Um es deutlich zu machen: Der Einzelne muss bereits aus der Umsetzungsnorm selber seine Rechte erkennen können und nicht erst durch die wortlautüberschreitende Auslegung derselben.[1495] Dieses Mindestmaß an Transparenz ist auch bei der Umsetzung des Art. 23 zu berücksichtigen. Nicht zuletzt deshalb, weil Art. 23 dem Betroffenen einen Anspruch einräumt.[1496] Überdies ist Datenschutz zwar nicht Bestandteil des Verbraucherschutzes, für den der EuGH die richtlinienkonforme Auslegung durch den Grundsatz der Rechtssicherheit insbesondere begrenzt, es gibt jedoch Überschneidungen.[1497] Auch sind die Interessenlagen von Betroffenem und Verbraucher vergleichbar. Beide stellen in der Beziehung zum Unternehmer bzw. Datenverarbeiter den potentiell unterlegeneren Part dar. Der EuGH hat darüber hinaus die Notwendigkeit einer klaren und eindeutigen Rechtslage, die den Einzelnen in die Lage versetzt, von seinen Rechten Kenntnis zu erlangen, insbesondere für den Fall hervorgehoben, dass die Richtlinie Angehörige anderer Mitgliedsstaaten schützt.[1498] Dies tut die Datenschutzrichtlinie aber, in dem sie die Anwendung ihrer Vorschriften an den jeweiligen Ort der Niederlassung des Verantwortlichen für die Datenverarbeitung anknüpft. Dem Betroffenen stehen seine Rechte aus der Richtlinie also auch dann zu, wenn seine Daten in einem anderen Mitgliedsstaat verarbeitet werden.[1499]

Die maßgebliche Frage, ob das Vereinigte Königreich und Deutschland ihrer Umsetzungspflicht gem. Art. 249 Abs. 3 EG hinsichtlich des Art. 23 nachgekommen sind, ist daher mit einer möglichen richtlinienkonformen Auslegung keinesfalls beendet. Die Erfüllung der Umsetzungspflicht gebietet vielmehr die darüber hinausgehende Prüfung, ob die richtlinienkonforme Auslegung die notwendige Rechtssicherheit und Transparenz gewährleistet.

Bleibt zu prüfen, ob der englische und deutsche Gesetzgeber mit ihrer bisherigen Umsetzung ihren Vertragspflichten nachgekommen sind. Soweit die Verstöße nicht durch eine richtlinienkonforme Auslegung ausgeglichen werden können, ist dies ohne weiteres zu bejahen. Aber auch soweit die richtlinienkonforme Auslegung von Sec. 13 DPA 1998 und § 7 BDSG 2001 möglich ist, könnte die Erfüllung der Umsetzungspflicht an dem Gebot zu einer hinsichtlich der Betroffenenrechte transparenten und Rechtssicherheit gewährenden Umsetzung scheitern.

[1493] So auch schon Everling, ZGR 1992, 376 (383).

[1494] Ein Beispiel hierfür ist die richtlinienkonforme Auslegung des § 5 Abs. 2 HWiG durch den BGH in der „Heininger"-Entscheidung, NJW 2002, 1881 (1882). Unabhängig von dieser Auslegung hat der Gesetzgeber in Folge der EuGH-Entscheidung in dieser Sache (Rs. C-481/99, vom 13.12.2001, *Heininger*, Slg. 2001, I-9945) den Wortlaut der maßgeblichen Norm des § 355 III BGB geändert, BGBl. I S. 3102 .

[1495] Leible, EuZW 2001, 438 (439). Dass dies im Falle der richtlinienkonformen Auslegung nicht stets erfüllt ist, kritisiert auch Boch, EC Law, 2000, S. 95.

[1496] Vgl. Erwägungsgrund 18 und Art. 4 der Richtlinie.

[1497] So z.B. im E-Commerce, Brönneke/Bobrowski, in: Bäumler (Hrsg.), E-Privacy, 2000, S. 141 (144f).

[1498] EuGH vom 10.05.2001, Rs. C-144/99, *Kommission gegen Königreich der Niederlande*, Slg. 2001, I-3541, Rn. 18.

[1499] Vgl. Art. 4 und Erwägungsgrund 18 der Richtlinie.

1) Erfüllung der Umsetzungspflicht durch richtlinienkonforme Auslegung des Sec. 13 (3) DPA 1998

So lässt sich Sec. 13 (3) DPA 1998 richtlinienkonform auslegen, dies jedoch nur unter Missachtung des Wortlauts der Norm. Schließlich enthält dieser mit dem Begriff *care* einen Terminus, der typischerweise dazu verwendet wird, die verschuldensabhängige Haftung zu regeln. Die von der Richtlinie Begünstigten können daher nicht ohne weiteres die Voraussetzungen des ihnen zustehenden Schadensersatzanspruches aus Sec. 13 DPA 1998 entnehmen. Dies gilt insbesondere auch für betroffene Angehörige anderer Mitgliedsstaaten. Diese Vorgehensweise ist allerdings mit dem gemeinschaftsrechtlichen Grundsatz der Rechtssicherheit nicht zu vereinbaren, da Sec. 13 DPA 1998 nicht hinreichend bestimmt genug ist. Mithin kann die richtlinienkonforme Auslegung des Sec. 13 (3) DPA 1998 zwar in einem Gerichtsverfahren dem Betroffenen insoweit zu seinem Recht verhelfen, als der Entlastungsnachweis hinsichtlich eines fehlenden Verschuldens des Datenverarbeiters nicht zulässig wäre, die gemeinschaftsrechtlichen Vorgaben an die Umsetzungspflicht erfüllt sie jedoch nicht.

Die in Sec. 13 (2) DPA 1998 vorgesehenen Einschränkungen hinsichtlich des Ersatzes immaterieller Schäden hingegen lassen sich bereits nicht richtlinienkonform auslegen, der Widerspruch zu den Vorgaben des Art. 23 der Datenschutzrichtlinie ist mithin nicht einmal für den Einzelfall im Rahmen eines Verfahrens vor den nationalen Gerichten auflösen. Die Umsetzung des Art. 23 ist also auch diesbezüglich nicht ordnungsgemäß erfolgt.

Art. 23 ist demnach nicht in einer der Umsetzungspflicht aus Art. 249 Abs. 2 EG entsprechenden Weise in das englische Recht implementiert worden.

2) Erfüllung der Umsetzungspflicht durch die richtlinienkonforme Rechtsfortbildung des § 7 BDSG 2001

Die teleologische Reduktion des § 7 Satz 2 BDSG 2001 führt zu einem Ergebnis, das sich im Wortlaut der Norm nicht widerspiegelt. Der Betroffene erwartet vielmehr nach dem Wortlaut der Norm, die Haftung sei verschuldensabhängig, wenn ihm auch der Nachweis des Verschuldens nicht obläge. Dies kann aber für das Vorliegen einer hinreichend bestimmten Rechtslage, aus welcher der Betroffene seine Rechte klar und eindeutig erkennen kann, nicht ausreichen. Vielmehr wäre es der Überzeugung und Standhaftigkeit des Betroffenen in Verbindung mit der Einholung eines entsprechend lautenden juristischen Rates zu verdanken, wenn dieser seinen Ersatzanspruch tatsächlich auf der Basis einer verschuldensunabhängigen Haftung gerichtlich geltend machen würde.

Die Normsituation in § 7 Satz 2 BDSG 2001 entspricht dem in Sec. 13 (3) DPA 1998 – beide enthalten ausdrückliche Verweise auf ein Verschulden, über die sich nur die wortlautmissachtende Auslegung bzw. Rechtsfortbildung hinwegsetzen kann. Dies ist aber für die Umsetzung einer Richtliniennorm, die dem Betroffenen Rechte verleiht, nicht ausreichend. Ist jedoch die teleologische Reduktion des § 7 Satz 2 BDSG 2001 unter dem Gesichtspunkt einer ordnungsgemäßen Umsetzung des Art. 23 nicht zulässig, muss auch die richtlinienkonforme Auslegung des § 7 Satz 1 BDSG 2001 hinsichtlich der verschuldensunabhängigen Haftung scheitern. Denn ohne eine teleologische Reduktion würde eine solche richtlinienkonforme Interpretation § 7 Satz 2 BDSG 2001 seines Anwendungsbereiches entheben.

Im Einzelfall kann daher dem Betroffenen durch die richtlinienkonforme Auslegung zu seinem Recht verholfen werden. Die nationalen Gesetzgeber sind aber zu einer entsprechenden Klarstellung im Wortlaut aufgerufen, um einem Vertragsverletzungsverfahren zu entgehen.[1500]

[1500] Im Falle einer erfolgreichen Klage der Kommission ist der Mitgliedsstaat gem. Art. 228 Abs. 1 EG verpflichtet, die Vertragsverletzung unverzüglich zu heilen. Mittlerweile hat der Gerichtshof gem. Art. 228 Abs. 2 EG auch die Möglichkeit, empfindliche Zwangsgelder für den Fall, dass der Mitgliedsstaat seinen Pflichten aus der Entscheidung nicht nachkommt, vgl. EuGH vom 04.07.2000, Rs. C-387/97, *Kommission./.Griechenland*, Slg. 2000, I-5047 – 20.000 Euro pro Tag der Säumnis.

Kapitel 6: Schlussbetrachtungen

Zum Abschluss sollen zunächst die wesentlichen Ergebnisse der Prüfung dargelegt werden, um in einem weiteren Schritt näher auf die Ursachen für diese Befunde einzugehen. Dabei soll es jedoch nicht verbleiben: Die Datenschutzrichtlinie ist Bestandteil der gemeinschaftsrechtlichen Bestimmungen, deren gemeinsames Ziel die Harmonisierung der jeweiligen nationalen Regelungsansätze im Privatrecht bildet.[1501] Es sollen daher auch mögliche Alternativen und Lösungsansätze aufgezeigt werden, die dazu beitragen könnten, Entwicklungen wie im Falle der Umsetzung der Haftungsregelung des Art. 23 zu verhindern und diesen Angleichungsprozess effektiver zu gestalten.

Die vorliegende Untersuchung diente jedoch nicht nur als Beispiel für die im Rahmen der europäischen Rechtsangleichung auftretenden Prozesse und Probleme. Ausgangspunkt der Prüfung war vielmehr die Feststellung, dass angesichts der gegenwärtigen Gefährdungslage für personenbezogene Daten ein hohes Schadenspotential und damit auch das Bedürfnis nach einer Ersatzpflicht für verursachte Schäden besteht. Es stellt sich daher die Frage, ob und wie diesem Bedürfnis durch die Einführung und Umsetzung des Art. 23 Genüge getan wurde.

A) Die Ergebnisse der Untersuchung

I) Die Haftungsregelung in Art. 23

Die Haftungsregelung in Art. 23 der Datenschutzrichtlinie sieht vor, dass jeder, der durch den Verstoß gegen eine die Privatsphäre schützende Norm zur Umsetzung der Richtlinie einen materiellen oder immateriellen Schaden erleidet, vom Verantwortlichen der Datenverarbeitung Ersatz verlangen kann. Der Datenverarbeiter kann ganz oder teilweise von der Haftung befreit werden, wenn ihm das schadensverursachende Ereignis nicht zur Last gelegt werden kann. Dies ist der Fall, wenn der Schaden entweder auf einem Ereignis beruht, in dem sich nicht die besonderen Gefahren der Datenverarbeitung verwirklicht hat oder der Schadenseintritt auch von einem mit idealer Sorgfalt handelnden Datenverarbeiter nicht hätte verhindert werden können. Der Nachweis, die objektiv erforderliche Sorgfalt eingehalten zu haben, reicht für eine Befreiung von der Haftung nicht aus.

Grundlage für diese Regelung des Art. 23 ist eine umfassende Auslegung, die insbesondere hinsichtlich des unbestimmten Rechtsbegriffes des zu ersetzenden Schadens nicht den Mitgliedsstaaten überlassen ist, sondern ausschließlich in der Kompetenz des Europäischen Gerichtshofes liegt. Dabei wurde der Schwerpunkt auf eine an den Zielen der Richtlinie ausgerichtete Auslegung gelegt, ohne jedoch historische und systematische Gesichtspunkte außer Acht zu lassen. Das so gefundene Ergebnis wurde sodann durch eine rechtsvergleichende Untersuchung der Rechtslage in den Mitgliedstaaten England, Frankreich und Deutschland gestützt. Anlass zu Befürchtungen über

[1501] Vgl. die Mitteilung der Kommission zum Europäischen Vertragsrecht vom 11.7.2001 – KOM (2001) 398 endg. Anhang I, S. 43. Zur Bedeutung des sog. *acquis communautaire* siehe auch Schmidt-Kessel, RIW 2003, 481 (485).

einen Systembruch in den nationalen Rechtsordnungen durch die Umsetzung dieser Regelung kann es danach keinen geben.

Dennoch ist Art. 23 weder in Großbritannien, noch in Deutschland vollständig richtlinienkonform umgesetzt worden.

II) Die Umsetzung in Großbritannien

Mit der Einführung des Sec. 13 DPA 1998 wurde gegenüber der Rechtslage im DPA 1984 ein uneingeschränkter Ersatzanspruch für jeden Verstoß gegen eine Norm des DPA 1998 normiert. Dies entspricht den Vorgaben der Richtlinie und vergrößert gegenüber den eng umgrenzten Haftungstatbeständen des Sec. 22 und 23 DPA 1984 die Möglichkeiten des Betroffenen, einen Ausgleich für seine erlittenen Schäden zu erhalten.

Jedoch scheitert die richtlinienkonforme Umsetzung bereits an der eingeschränkten Ersatzfähigkeit des Gefühlsschadens (*distress*) gem. Sec. 13 (2) DPA 1998, einer im Falle von Datenschutzverstößen bedeutenden Kategorie von immateriellen Schäden. Diese werden nur bedingt ersetzt, wenn neben ihnen noch andere, insbesondere materielle, Schäden entstanden sind, oder die Daten zu journalistischen, künstlerischen oder literarischen Zwecken verarbeitet werden.

Sec. 13 (2) DPA 1998 lässt sich auch nicht richtlinienkonform auslegen. Zwar zeigt sich die britische Rechtsprechung gegenüber der Auslegung von zur Umsetzung von Richtlinien ergangenen nationalen Vorschriften insofern großzügig, als sie sich auch über einen eindeutigen Wortlaut hinwegsetzt, um Richtlinienkonformität herzustellen. Die Berufung auf den Willen des Gesetzgebers, dem maßgeblichen Auslegungskriterium im englischen Recht, lässt es jedoch nicht zu, dem vollständigen Absatz einer Norm, wie hier dem Sec. 13 (2) DPA 1998, den eigenständigen Regelungsgehalt zu nehmen, um auf diese Weise zu einer richtlinienkonformen Bestimmung zu gelangen. Soweit die Schäden von einem öffentlichen Datenverarbeiter verursacht wurden, kann der Betroffene sich jedoch unmittelbar auf Art. 23 der Richtlinie berufen, um vollständigen Ersatz zu erhalten. Im Falle von privaten Verarbeitern kann dem Betroffenen nur mit Hilfe des gemeinschaftsrechtlichen Staatshaftungsanspruchs zu einem Ersatz seiner immateriellen Schäden verholfen werden.

Ebenfalls nicht richtlinienkonform umgesetzt wurde der Entlastungsnachweis in Sec. 13 (3) DPA 1998, der nach seinem Wortlaut und entgegen der Richtlinie die Haftung bereits entfallen lässt, wenn nachgewiesen wird, dass den Datenverarbeiter kein Verschulden trifft, weil er die unter allen Umständen erforderliche Sorgfaltspflicht eingehalten hat. Soweit es sich um einen öffentlichen Datenverarbeiter handelt, kann sich der Betroffene auch hier unmittelbar auf Art. 23 berufen, um den Verschuldensnachweis zu verhindern. Im Übrigen lässt sich die Bestimmung richtlinienkonform dahingehend interpretieren, dass die Anforderungen an diese Sorgfaltspflicht nur eingehalten sind, wenn der Datenverarbeiter auch bei Anwendung äußerster Sorgfalt den Schaden nicht hätte vermeiden können, weil z.B. höhere Gewalt die Ursache war. Ebenso entfällt die Haftung, wenn sich die besondere Gefahr der Datenverarbeitung nicht in dem schadensverursachenden Ereignis verwirklicht hat.

Die richtlinienkonforme Auslegung gewährt jedoch nur im Einzelfall dem Betroffenen den von der Richtlinie beabsichtigten Rechtsschutz und setzt voraus, dass sie von den nationalen Gerichten auch tatsächlich angewandt wird. Soweit dies nicht der Fall ist, käme zwar grundsätzlich auch hier der Staatshaftungsanspruch in Betracht, jedoch wird dieser wohl an der notwendigen Offenkundigkeit des gerichtlichen Verstoßes scheitern. Es ist daher durchaus denkbar, dass bis zu einem klarstellenden Tätigwerden des Gesetzgebers Betroffene keinen Ausgleich für ihre Schäden erhalten.

Auch die gemeinschaftsrechtlichen Umsetzungspflicht wurde von England mit Sec. 13 DPA 1998 nicht erfüllt, da die Richtlinie dem Betroffenen Ansprüche gewährt und diese Ansprüche grenzüberschreitend, d.h. auch von Bürgern anderer EU-Staaten geltend gemacht werden können. In einem solchen Fall gebietet jedoch der gemeinschaftsrechtliche Grundsatz der Rechtssicherheit, dass die Betroffenen klar und eindeutig ihre Ansprüche der geltenden Rechtslage entnehmen können. Dies kann die richtlinienkonforme Auslegung des Sec. 13 (3) DPA 1998, die über den eindeutigen Wortlaut der Norm hinausgeht, aber gerade nicht leisten.

III) Die Umsetzung in Deutschland

In Deutschland ist zu unterscheiden zwischen der Umsetzung des Art. 23 hinsichtlich der Haftung öffentlicher Datenverarbeiter und derjenigen privater Verarbeiter. Bereits diese Differenzierung verdeutlicht, wie gering die Bereitschaft zu einer Anpassung der bisherigen Regelung in den §§ 7 und 8 BDSG 1990 an die Vorgaben der Richtlinie war. Die augenfälligste Neuerung war die Einführung einer eigenständigen Ersatzpflicht für die privaten Datenverarbeiter in § 7 BDSG 2001 anstelle der bisherigen Beweislastumkehr in § 8 BDSG 1990. § 7 BDSG 1990 hingegen wurde nur mit einer geringen und überdies unzureichenden Änderung in das BDSG 2001 übernommen.

So scheitert die Ersatzpflicht der öffentlichen Datenverarbeiter in § 8 BDSG 2001 ebenfalls wie im DPA 1998 an der eingeschränkten Ersatzfähigkeit immaterieller Schäden: diese werden nämlich gem. § 8 Abs. 2 BDSG 2001 nur im Falle einer schweren Verletzung des Persönlichkeitsrechts ersetzt. Einer richtlinienkonformen Auslegung steht also der eindeutige Wortlaut der Regelung entgegen. Aber auch die richtlinienkonforme Rechtsfortbildung führt mangels einer planwidrigen Regelungslücke zu keinem Ergebnis, da angesichts des insofern eindeutigen Wortlauts von Art. 23 der Gesetzgeber nicht ernsthaft davon ausgehen konnte, mit der von ihm erlassenen Regelung richtlinienkonform zu handeln. Die Annahme eines gesetzgeberischen Willens dahingehend, dass der uneingeschränkte Ersatz immaterieller Schäden gem. Art. 23 Bestandteil der nationalen Rechtsordnung geworden ist und somit zur Feststellung einer planwidrigen Regelungslücke herangezogen werden kann, ist daher ausgeschlossen. Für die generelle und damit richtlinienwidrige Begrenzung der Haftung auf eine Höchstsumme gem. § 8 Abs. 3 BDSG 2001 sowie der Beschränkung der Ersatzpflicht auf eine unzulässige bzw. unrichtige Datenverarbeitung in § 8 Abs. 1 BDSG 2001 fehlt es ebenfalls an einer solchen Normlücke. Zwar gilt § 8 BDSG 2001 nun auch für eine unzulässige Erhebung der Daten, jedoch nicht für alle Verstöße gegen eine Norm des BDSG 2001. Diese Defizite in der Umsetzung der Haftung von öffentlichen Datenverarbeitern kann jedoch auch hier durch die unmittelbare Anwendung von Art. 23 der Richtlinie überwunden werden.

Der offene Wortlaut des § 7 Satz 1 BDSG 2001 hingegen lässt sich richtlinienkonform dahingehend auslegen, dass für eine unzulässige Datenverarbeitung verschuldensunabhängig gehaftet wird. Dies ist jedoch nur durch eine teleologische Reduktion von § 7 Satz 2 BDSG 2001 möglich, nach welcher lediglich der Nachweis eines mit höherer Gewalt vergleichbaren Ereignisses zulässig ist. Ebenso reicht der Nachweis eines Ereignisses, in dem sich nicht die besondere Gefahr der Datenverarbeitung verwirklicht hat, aus. Diese richtlinienkonforme Rechtsfortbildung des § 7 Satz 2 BDSG 2001 kann jedoch nur im Einzelfall dem Betroffenen zu seinem Recht verhelfen. Soweit die deutschen Gerichte dem nicht nachkommen, scheitert aber auch hier ein Staatshaftungsanspruch an der fehlenden Offenkundigkeit des Verstoßes.

Die Erweiterung des Anwendungsbereiches der Haftung nach § 7 BDSG 2001 über die unzulässige Datenverarbeitung hinaus auf jeden Verstoß gegen eine Norm des BDSG 2001, kommt auch hier wie bei § 8 BDSG 2001 aufgrund einer fehlenden planwidrigen Regelungslücke nicht in Betracht. Hier steht dem Betroffenen der gemeinschaftsrechtliche Staatshaftungsanspruch zu.

der gemeinschaftsrechtlichen Umsetzungspflicht hingegen genügt es nicht. Denn auch hier ist es den Betroffenen, denen die Richtlinie grenzüberschreitende Ansprüche gegenüber privaten Datenverarbeitern verleiht, nicht möglich, ihr Recht auf einen verschuldensunabhängigen Ersatzanspruch klar und eindeutig aus der Norm heraus zu erkennen. Dem steht der eindeutige Wortlaut des § 7 Satz 2 BDSG 2001 entgegen.

B) Ursachen für die unzureichende Umsetzung

Die Ursachen für diese unzureichende Umsetzung sind dabei nicht erst in den Implementierungsverfahren auf nationaler Ebene zu suchen, sie sind bereits in der Richtlinie selbst verankert.

So fehlt es an einer ausdrücklichen Bestimmung des Schadensbegriffes in der Richtlinie, deren Vorhandensein es den Mitgliedsstaaten schwieriger, wenn nicht unmöglich gemacht hätte, abweichende bzw. einschränkende Regelungen zum Ersatz der immateriellen Schäden zu erlassen. Die Frage der Verschuldensabhängigkeit war zudem von Deutschland und Großbritannien vehement in den Beratungen zur Richtlinie befürwortet worden, so dass es am Ende nicht zuletzt aufgrund dessen zu der doch recht vagen Formulierung in Art. 23 Abs. 2 kam. Sie ermöglichte es wiederum den Mitgliedsstaaten, zumindest nicht sehenden Auges eine richtlinienwidrige Bestimmung in Form der Verschuldenshaftung einzuführen bzw. beizubehalten. Dieses „Versagen" auf Gemeinschaftsebene kann denn auch nicht zu Lasten der umsetzenden Mitgliedsstaaten gehen, die hinsichtlich dieses Teils der unzureichenden Umsetzung dem Betroffenen gegenüber auch nicht schadensersatzpflichtig sind.[1502]

Letztlich ist Art. 23 Abs. 2 ein klassisches Beispiel für die politischen Zwänge, unter denen Richtlinien verabschiedet werden: das große Ziel einer europäischen Datenschutzregelung wurde auf Kosten einer eindeutigen Regelung konkreter Sachfragen verwirklicht – und das Problem, das eigentlich durch die Richtlinie behoben werden sollte, nur verschoben:

[1502] Siehe Seite 279.

Denn Rechtsangleichung bzw. Harmonisierung im Datenschutzrecht wird nicht nur durch die bloße Existenz der Richtlinie als solche realisiert, sie hängt vielmehr maßgeblich von ihrer nationalen Umsetzung in den Mitgliedsstaaten ab. Richtig ist zwar, dass die Richtlinie nur hinsichtlich ihres Zieles verbindlich ist, die Mitgliedsstaaten in der Wahl der Mittel und der Form zu Erreichung dieses Zieles also frei sind. Dies gilt allerdings nur, soweit diese Wahl nicht die Gewährleistung des Richtlinienzieles beeinträchtigt. Zudem sind die Mitgliedsstaaten auch inhaltlich an die Richtlinie gebunden, wenn diese ihnen keinerlei Ermessensspielraum einräumt.[1503] Für die Frage des Verschuldens im Rahmen der Haftung des Datenverarbeiters gab es diesen Spielraum jedoch nicht.

Dies stand allerdings erst nach einer umfassenden Auslegung des Art. 23 fest, für die der Europäische Gerichtshof zuständig ist. Mit der bereits erwähnten Verschiebung der zu lösenden Sachprobleme in die Phase der Umsetzung entwickelt sich dieser damit zu einer Schlüsselfigur im europäischen Rechtsangleichungsprozess. Dies gilt ganz besonders auch für die Auslegung von unbestimmten Rechtsbegriffen, wie die Auslegung des Schadensbegriffes im Art. 23 Abs. 1 beweist. Ob dies nun gerne gesehen wird oder nicht – solange der EuGH sich dadurch nicht zu einer Superrevisionsinstanz aufschwingt, ist er zur Auslegung dieser Begriffe berechtigt und verpflichtet.[1504] Dennoch erscheint es im Hinblick auf die angestrebte Harmonisierung der nationalen Datenschutzgesetze nicht zufriedenstellend, dem EuGH eine derart tragende Rolle zuzusprechen. Schließlich kann dieser nur dann seiner Interpretationsbefugnis nachkommen, wenn er hierzu angerufen wird. Dies wird in aller Regel im Wege eines Vorabentscheidungsverfahrens gem. Art. 234 EG sein. Zur Vorlage verpflichtet sind indes nur die letztinstanzlichen nationalen Gerichte, so dass die mit diesem Verfahren zu sichernde Homogenität der Anwendung und Auslegung des Gemeinschaftsrechts letztlich von einer auf Vertrauen basierenden Zusammenarbeit zwischen nationalen Gerichten und EuGH abhängt.[1505] Überdies müssen die nationalen Gerichte den europäischen Ursprung der von ihnen anzuwendenden Norm auch erkennen, was zwar immer häufiger, aber oft genug doch nicht der Fall ist.[1506]

1503 Dies gilt insbesondere für das Ziel der Harmonisierung, Müller-Graff, NJW 1993, 13 (22).

1504 Siehe Seite 164ff.

1505 Epiney, in: Beutler/Bieber/Pipkorn/Streil, Europäische Union, 2001, S. 326, die allerdings darauf hinweist, dass die Vorabentscheidungsverfahren mehr als die Hälfte der Rechtsprechung des EuGH ausmachen. Die vorsätzliche Verletzung der Vorlagepflicht gem. Art. 234 EG ist mittlerweile anerkanntes Kriterium für einen hinreichenden und einen Schadensersatzanspruch auslösenden Verstoß gegen das Gemeinschaftsrecht durch ein nationales Gericht, vgl. EuGH vom 30.09.2003, Rs. C-224/01, *Köbler*, Slg. 2003, I-10239, Rn. 55.

1506 Zuleeg in: Schulze (Hrsg.), Auslegung europäischen Privatrechts, 1999, S. 175, der zudem darauf hinweist, dass es faktisch keine gemeinschaftsrechtliche Sanktion gegen das Unterlassen einer richtlinienkonformen Auslegung durch ein nationales Gericht gibt. Unter Berufung auf EuGH vom 09.12.2003, Rs. C-129/00, *Komission/Italien*, Slg. 2003, I-14637, wird aber auch die grundsätzliche Möglichkeit bejaht, im Falle von richterlichen Fehlentscheidungen ein Vertragsverletzungsverfahren gem. Art. 226 EG einzuleiten, Breuer, EuZW 2004, 199 (200f.). Auch die Kommission scheint zunehmend geneigter, gegen gemeinschaftsrechtswidrige Gerichtsurteile einzuschreiten, Meier, EuZW 2004, 335.

C) Möglichkeiten zur Gewährleistung einer hinreichenden Umsetzung

Überlegungen, wie eine den Vorgaben des Art.23 entsprechende Umsetzung gewährleistet werden könnte, sollen sich weniger an die einzelnen Mitgliedsstaaten richten, die Art. 23 nicht hinreichend umgesetzt haben. Hier käme natürlich ein Vertragsverletzungsverfahren gem. Art. 226 EG in Betracht. Ein solches Vorgehen sollte jedoch nur als ultima ratio in Betracht kommen, da es sich um ein kontradiktorisches Verfahren handelt, in dem letzterer öffentlich gleichsam „an den Pranger gestellt" wird. Dieser Auffassung ist wohl auch die Kommission, die in ihrem Evaluationsbericht über die Datenschutzrichtlinie deutlich gemacht hat, zunächst gemeinsam mit den Mitgliedsstaaten nach Lösungen für eine kohärentere Umsetzung der Richtlinie suchen zu wollen[1507]. Kooperation sollte Zwang vorgehen, wenn auch nicht zu verhehlen ist, dass die Möglichkeit, ein Vertragsverletzungsverfahren einzuleiten, Druck auf die Mitgliedsstaaten ausübt, gemeinsame und dauerhafte Lösungen auch tatsächlich zu finden.

I) Reform der Richtlinie

Statt die Auslegung des Art. 23 durch den Europäischen Gerichtshof abzuwarten, wäre es sinnvoller, bei der Richtlinie selbst anzusetzen und in diese eine ausdrückliche Bestimmung über den zu ersetzenden Schaden und die verschuldensunabhängige Haftung einzufügen.

Bestrebungen dazu gibt es keine, vielmehr wurde bei der im Jahr 2002 durchgeführten Evaluation der Datenschutzrichtlinie gem. Art. 33 eine Reformbedürftigkeit des Art. 23 nicht erwähnt, geschweige denn, dass überhaupt zu ihm Stellung bezogen wurde.[1508] Dennoch wurde darauf hingewiesen, dass der Umfang der Haftung sowohl hinsichtlich der zu ersetzenden Schäden als auch bezüglich der Anforderungen an eine Exkulpation des Datenverarbeiters unter den Mitgliedsstaaten sehr differiert.[1509] Dass dies die Kommission nicht zu der Einschätzung geführt hat, Art. 23 sei reformbedürftig, ist wohl darauf zurückzuführen, dass es nach ihrem Wissenstand bislang nur zu wenigen Schadensfällen gekommen ist.[1510] Dies ist jedoch ein Zirkelschluss: Die Tatsache, dass sich bislang nur wenige Haftungsfälle ereignet haben, ist – unter anderem – darauf zurückzuführen, dass die Umsetzung des Art. 23 eben nicht richtlinienkonform erfolgte. Deutschland und Großbritannien sind dafür geradezu beispielhaft anzuführen.

[1507] Erster Bericht über die Durchführung der Datenschutzrichtlinie, KOM (2003) 265 endgültig, S. 12. Zwischenzeitlich hat die Kommission jedoch in einem Brief an die britische Regierung die aus ihrer Sicht ungenügende Umsetzung der Richtlinie angemahnt und dies mit dem ausdrücklichen Hinweis verbunden, dies stelle den ersten Schritt für ein Verfahren vor dem EuGH dar, vgl. Chapham, European Voice vom 15.07.2004.

[1508] Erster Bericht über die Durchführung der Datenschutzrichtlinie, KOM (2003) 265 endgültig. Die Kommission kommt in diesem Bericht zu dem generellen Schluss, dass Änderungen der Richtlinie zum gegenwärtigen Zeitpunkt nicht erforderlich sind, einige Probleme bei der Durchführung vielmehr auf einer fehlerhaften Umsetzung der Richtlinie beruhen, die durch eine Änderung der nationalen Vorschriften gelöst werden können, S. 8f..

[1509] Vgl. den Technischen Anhang zum Evaluationsbericht der Kommission, S. 30, http://europa.eu.int/comm/internal_market/privacy/docs/lawreport/consultation/technicalannex_en.pdf.

[1510] Vgl. den Technischen Anhang, S. 30, http://europa.eu.int/comm/internal_market/privacy/docs/lawreport/consultation/technical-annex_en.pdf.

Beide belassen es bei einer verschuldensabhängigen Haftung, und beide beschränken den Ersatz immaterieller Schäden, in dem sie deren erfolgreiche Geltendmachung an enge Voraussetzungen knüpfen. Dass z.B. die deutschen Gerichte diese Hürden durch die hier vorgenommene richtlinienkonforme Auslegung des § 7 Satz 1 BDSG 2001 überwinden, ist nicht zu erwarten. Das Erfordernis einer schweren Persönlichkeitsrechtsverletzung ist trotz aller Kritik gefestigte Rechtsprechung seit vielen Jahren. Hier muss der Gesetzgeber tätig werden, der dies aber erst kürzlich ausdrücklich verweigert hat.[1511] Eine entsprechende ausdrückliche Regelung in Art. 23 könnte da zumindest für den Datenschutz Abhilfe schaffen.

Die Geltung eines speziellen Schadensbegriffes für die Datenschutzrichtlinie gewährleistet demnach die einheitliche Umsetzung der Richtlinie. Im Hinblick auf die wünschenswerte Kohärenz mit anderen Gemeinschaftsrechtsakten, die ebenfalls Einfluss auf das nationale Privatrecht der Mitgliedsstaaten haben, führt dies allerdings zu Verwerfungen. Diese wurden von der Europäischen Kommission insbesondere im Rahmen der Diskussion um ein europäisches Vertragsrecht hervorgehoben.[1512] Aber auch eine vom Europäischen Parlament im Jahr 1999 in Auftrag gegebene Studie zu den Möglichkeiten eines europäischen Zivilgesetzbuches stellte bereits fest, dass die der Rechtsangleichung dienenden Richtlinien hinsichtlich dieses Zieles schnell ihre Grenzen erreichten.[1513] Dies beruhe auf dem Fehlen einheitlicher Begriffsbestimmungen, die – unabhängig davon, in welcher Richtlinie sie eingesetzt werden – inhaltlich für dasselbe stünden.[1514]

Dem abstrakten Begriff des Schadens also einen jeweils von Richtlinie zu Richtlinie anderen Bedeutungsinhalt zu geben, führt in der Umsetzung zu Systembrüchen der nationalen Rechtsordnungen. Dies wird auch bei der Datenschutzrichtlinie deutlich: Erfasst werden sollen einschränkungslos alle Schäden, ob materiell oder immateriell. Der umsetzende Mitgliedsstaat, wie z.B. Großbritannien, dessen Schadensrecht den ausschließlichen Ersatz immaterieller Schäden bis auf wenige Deliktstatbestände nicht kennt, ist gezwungen, für die Umsetzung einen speziellen Schadensbegriff festzule-

---

[1511] So bei der Schadensrechtsreform vom August 2002, bei der ausdrücklich davon Abstand genommen wurde, den Ersatz immaterieller Schäden bei Persönlichkeitsrechtsverletzungen zu normieren. Dieses müsse, so die Begründung, mit einer umfassenden ausdrücklichen Regelung des zivilrechtlichen Schutzes des allgemeinen Persönlichkeitsrechts einhergehen, was den Rahmen dieses Reformvorhabens gesprengt hätte, BT- Drs. 14/7752, S. 25.

[1512] Vgl. die Mitteilung der Kommission vom 11.7.2001 – KOM (2001) 398 abgedr. in der Beilage zu EuZW 16/2001, S. 9 sowie den darauf folgenden Aktionsplan der Kommission vom 12.2.2003 – KOM (2003) 68 endg. S. 9f. Art. 23 regelt zwar die außervertragliche Haftung, jedoch äußerten sich sowohl der Rat als auch das Europäische Parlament in ihren Reaktionen zur Mitteilung der Kommission dahingehend, den Prozess auf ein europäisches Zivilrecht einschließlich des Rechts der außervertraglichen Haftung auszudehnen, vgl. 13017/01 COR 1 für den Rat und C140 E/ 538 (541) für das Parlament.

[1513] Von Bar, in: Europäisches Parlament (Hrsg.), Untersuchung der Privatrechtsordnungen der EU, PE 168.511 Juni 1999, S. 51ff. und 175ff.

[1514] Von Bar, in: Europäisches Parlament (Hrsg.), Untersuchung der Privatrechtsordnungen der EU, PE 168.511 Juni 1999, S. 178.

gen.[1515] Je häufiger also ausschließlich richtlinienspezifisch auf Gemeinschaftsebene verfahren wird, desto mehr sind Unübersichtlichkeiten und Ungereimtheiten in den nationalen Rechtsordnungen zu befürchten.[1516]

Aus diesem Blickwinkel betrachtet würde es also keinen Unterschied machen, ob eine spezifische Begriffsbestimmung ausdrücklich in Art. 23 eingeführt wird oder ob der Schadensbegriff – wie in dieser Untersuchung – autonom aus der Richtlinie heraus interpretiert wird. Allerdings wurden im Rahmen der Auslegung – anders als bislang vom EuGH praktiziert[1517] – systematische Vergleiche mit den Schadensbegriffen anderer Richtlinien nicht vermieden.[1518] Eine solche richtlinienübergreifende systematische Auslegung könnte daher dazu beitragen, unbestimmten Rechtsbegriffen, die – wie der Schaden – in einigen Richtlinien definiert sind, in anderen hingegen nicht, ein kohärentes Verständnis zu Grunde zu legen. Tendenzen hierzu gibt es bereits.[1519]

II) Entwicklung richtlinienübergreifender Regeln und Terminologien

Diese Vorgehensweise zur Gewährleistung einer einheitlichen Anwendung des Gemeinschaftsrechts wäre jedoch mit dem grundsätzlichen Problem im Zusammenhang mit der Interpretationshoheit des EuGH konfrontiert: Sie stünde unter dem Vorbehalt, dass die nationalen Gerichte den EuGH um eine Vorabentscheidung anrufen. Vorzugswürdiger erscheint daher die Entwicklung gemeinsamer Regeln und Terminologien, auf die sowohl bei der Entwicklung neuen Gemeinschaftsrechts als auch bei der Überarbeitung bereits bestehenden Gemeinschaftsrechts zurückgegriffen werden kann.[1520] Hierzu gibt es ebenfalls Bestrebungen: seit kurzem auf Gemeinschaftsebene, seit längerem unter den europäischen Rechtsgelehrten.

1) Der Gemeinsame Referenzrahmen zum Europäischen Vertragsrecht

So hat die Europäische Kommission in ihrem Aktionsplan zum Europäischen Vertragsrecht einen Gemeinsamen Referenzrahmen für Begrifflichkeiten und Terminologien vorgeschlagen. Dieser entstand auf der Grundlage des von der Kommission mit

---

[1515] Siehe Seite 69ff. Der Vollständigkeit halber ist allerdings zu erwähnen, dass der zu ersetzende Schaden im englischen Recht in der Regel eng mit dem geltend gemachten Deliktstatbestand bzw. der Vertragsverletzung verknüpft ist, es insofern also keinen allgemeingültigen Schadensbegriff gibt. Vgl. nur die Darstellung bei McGregor, Law of Damages, 2003, S. 671ff. sowie von Bar, Gemeineuropäisches Deliktsrecht, Band II, 1999, S. 14.

[1516] Beispielhaft zu nennen sind zudem die differierenden Widerrufsfristen im europäischen Verbrauchervertragsrecht oder die differierende Behandlung von Informationspflichten in den Richtlinien zu den Fernabsatzverträgen, vgl. Staudenmayer, EuZW 2003, 165 (167). Vgl. dazu auch die Zusammenfassung der Stellungnahmen zur Mitteilung der Europäischen Kommission zum Europäischen Vertragsrecht, S. 10ff. unter http://europa.eu.int/comm/consumers/cons_int/safe_shop/fair_bus_pract/cont_law/comments/summaries/sum_de.pdf.

[1517] Vgl. die Anmerkungen der Kommission in ihrem Aktionsplan zum Europäischen Vertragsrecht, KOM (2003) 68 endg. S. 10.

[1518] Siehe Seite 176ff.

[1519] So hatte der Generalanwalt in seinen Schlussanträgen zur *Leitner*-Entscheidung systematische Vergleiche zur Produkthaftungsrichtlinie gezogen, vgl. Schlussanträge vom 20.09.2001 Rs. C-168/00 Slg. 2002, I-2631 Rn. 35.

[1520] Den Nutzen vereinheitlichter Grundsätze im Deliktsrecht als Auslegungshilfe und zur Schließung von Lücken in Richtlinien heben auch Spier/Haazen, ZEuP 1999, 469 (482) hervor.

ihrer Mitteilung zum Europäischen Vertragsrecht angestoßenen öffentlichen Diskussionsprozesses um die Notwendigkeit, ein solches gemeineuropäisches Vertragsrecht einzuführen.[1521]

In diesem öffentlich zugänglichen Dokument sollen die besten Lösungen hinsichtlich grundlegender Konzepte und abstrakter Begriffe, wie z.B. dem Schaden, Eingang finden und gleichsam einen Pool an die Kohärenz fördernden Regelungen bilden.[1522] Es geht also um die Entwicklung eines allgemeinen, aber informellen Instruments, mit dem die Kohärenz des geltenden und zukünftigen Gemeinschaftsprivatrechts[1523] verbessert werden soll.

Basis hierfür sollen vorwiegend die jeweiligen Lösungen der nationalen Rechtsordnungen einschließlich deren höchstrichterlicher Rechtsprechung sein, dies garantiert einen praxisgerechten und gleichzeitig akzeptanzfördernden Ansatz. Die Europäische Kommission hat hierzu bereits Forschungen auf den Weg gebracht. Dabei hat sie sich angesichts der Forderung von Rat und Parlament, den Prozess auf das Sachenrecht und die außervertragliche Haftung auszudehnen, nicht nur auf den Bereich des Vertragsrechts beschränkt.[1524] Diese Entwicklung europäischer Begrifflichkeiten könnte also auch der Haftungsregelung in der Datenschutzrichtlinie zu Gute kommen. Hieran ist allerdings erst mittelfristig zu denken, da mit der Erstellung des Gemeinsamen Referenzrahmens nicht vor 2007 zu rechnen ist.[1525]

2) Die *European Principles of Tort Law*

Rechtsvergleichende Forschungen, wie jene, auf denen die Studie des Europäischen Parlamentes beruhte, gibt es aber nicht erst das Parlament – und jetzt auch die Kommission – dazu aufgerufen haben.

So ist speziell für die im Rahmen der vorliegenden Untersuchung maßgebliche Frage nach einem europäischen Haftungsrecht in erster Linie der Zusammenschluss der *European Group on Tort Law* (Tilburg Gruppe) hervorzuheben.[1526] Diese Gruppe von Rechtsgelehrten hat es sich zum Ziel gesetzt, gemeinsame europäische Haftungsgrundsätze zu entwickeln. Dabei war man sich bewusst, dass mit einem solchen Basiswerk das Ziel der Vereinheitlichung im europäischen Rechtsraum nur schwer verwirklicht werden kann, wenn es nur allgemeine, stets konkretisierungsbedürftige Generalklau-

---

[1521] Aktionsplan der Kommission vom 12.2.2003 – KOM (2003) 68 endg., S. 19ff. Vgl. auch Staudenmayer, EuZW 2003, 165. Die Notwendigkeit der Entwicklung von gemeineuropäischen Begrifflichkeiten für eine Rechtsangleichung im Haftungsrecht hat auch schon von Bar, in: Europäisches Parlament (Hrsg.), Privatrechtsordnungen der EU, PE 168.511 1999, S. 178, deutlich herausgestellt.

[1522] KOM (2003) 68 endg., S. 19; Staudenmayer, EuZW 2003, 165 (168f.).

[1523] Gemeint ist die Gesamtheit der auf Gemeinschaftsebene erlassenen Normen, die das Privatrecht berühren. Zum Ursprung dieses Begriffes siehe Schmidt-Kessel, RIW 2003, 481 (482).

[1524] Vgl. die Ausschreibung der Kommission zu einer Studie über das Sachenrecht und das außervertragliche Recht im Zusammenhang mit dem Vertragsrecht, Dokument 2002/S. 154ff. vom 9.8.2002.

[1525] Dies beruht auf den Auswahlverfahren, die ihm Rahmen des 6. Forschungsrahmenprogramms durchzuführen sind, Staudenmayer, EuZW 2003, 165 (169). Die Studie wurde zwischenzeitlich an die *Study Group on a European Civil Code* vergeben, die im Februar 2004 einen abschließenden Entwurf ihrer Forschungsergebnisse dem zuständigen Direktorat zukommen ließen, siehe unter www.sgecc.net.

[1526] Einen kurzen Überblick über die Arbeitsweise der Gruppe geben Spier/Haazen, ZEuP 1999, 469 (488f.) und Wurmnest, ZEuP 2003, 725ff.

seln enthielte. Denn in diesem Fall wäre es wieder die Aufgabe des Europäischen Gerichtshofes den nationalen Gerichtshöfen eine einheitliche Auslegung vorzugeben.[1527]

Als Basis für diese Prinzipien wurden daher in regelmäßigen Sitzungen die fundamentalen gemeinsamen Grundzüge deliktischer Haftung in Europa herausgearbeitet.[1528] Auf diesen aufbauend sollen Grundregeln einer europäischen Haftung entwickelt werden, die diese allgemeingültigen Wertungen widerspiegeln. Gleichzeitig wollte man die für ein Abweichen von diesen Grundsätzen entscheidenden Voraussetzungen festhalten und so die weitere Konkretisierung möglichst entbehrlich machen.[1529] Auch hier folgte man – wie die Kommission in ihrem Aktionsplan – der Erkenntnis, dass europaweit geltende Regeln sich nicht als völliges Novum präsentieren dürften. Vielmehr sollten sie eine (Weiter-)Entwicklung auf der Basis der bereits vorhandenen nationalen Lösungen darstellen.[1530] Im April 2004 wurde nun die Endfassung dieser *European Principles of Tort Law* verabschiedet und im Internet veröffentlicht.[1531]

Würde man nun für die Bestimmung des zu ersetzenden Schadens im Art. 23 sowie zu der Frage einer verschuldensunabhängigen Haftung auf die dort aufgestellten Grundsätze zurückgreifen, ergäbe sich folgendes Bild:

Gemäß Art. 2:101 löst jede Beeinträchtigung eines rechtlich geschützten Interesses, ob materiell oder immateriell, die Ersatzpflicht aus. Maßgeblich ist für die Ersatzpflicht des Art. 23 der Datenschutzrichtlinie wäre also zunächst allein die Frage, ob mit der schädigenden Handlung ein rechtlich geschütztes Interesse beeinträchtigt wurde. Die Datenschutzrichtlinie dient dem Schutz der Privatsphäre des Einzelnen im Umgang mit seinen personenbezogenen Daten. Dieses Interesse wird von allen europäischen Staaten zumindest durch die Anerkennung der EMRK, in dessen Art. 8 der Schutz der Privatsphäre gewährleistet wird, anerkannt. Damit steht allerdings noch nicht fest, wann im Einzelfall der Schutzbereich der Privatsphäre beeinträchtigt ist. Art. 2:102 nennt die entscheidenden Faktoren, die bei der Frage, ob der Schutzbereich eines solchen Interesses berührt ist, in der Regel berücksichtigt werden. Auf diese muss jedoch im Fall des Art. 23 nicht zurückgegriffen werden, da die Richtlinie bereits normiert, wann ein schädigendes Verhalten zur Schadensersatzpflicht führt: wenn entweder ein Verstoß gegen die Pflichten des Datenverarbeiters oder eine Verletzung der Betroffenenrechte vorliegt.

Der Verstoß gegen solche Schutzgesetze, die ein bestimmtes Verhalten vorschreiben, um die Verletzung der Privatsphäre als rechtlich geschütztes Interesse zu verhindern, wird von Art. 2:102 zwar nicht explizit erwähnt, jedoch als selbstverständlich voraus-

---

1527 Koziol, ZEuP 2004, 234 (235).

1528 Mittlerweile wurden vergleichende Länderberichte über die vier wesentlichen Grundprinzipien der Haftung – Verantwortlichkeit, Kausalität, Schaden und Gefährdungshaftung – sowie die Grundsätze der Haftung für Dritte und des Mitverschuldens veröffentlicht, vgl. die Liste unter http://civil.udg.es/tort/Publications.htm.

1529 Vgl. das Beispiel bei Koziol, ZEuP 2004, 234 (239f.) für den durchaus schwierigen Prozess, aus den zunächst als vielfältig erscheinenden Betrachtungsweisen der nationalen Rechtsordnungen gemeinsame Anschauungen zu entwickeln.

1530 Koziol, ZEuP 2004, 234 (235).

1531 Siehe unter http://civil.udg.es/tort/Principles/index.htm. Eine ausführliche schriftliche Kommentierung der *Principles* ist für den Beginn des Jahres 2005 geplant, Koziol, ZEuP 2004, 234 (235).

gesetzt.[1532] Folglich löst auch nach den *European Principles of Tort Law* im Rahmen des Art. 23 jede materielle oder immaterielle Beeinträchtigung eine Ersatzpflicht aus.

Auf die Frage, ob der Datenverarbeiter verschuldensunabhängig haftet, geben die *European Principles of Tort Law* hingegen keine klare Antwort. Ausgehend von dem Grundgedanken, dass zwischen Verschuldens- und Gefährdungshaftung ein fließender Übergang besteht,[1533] entschied man sich für eine Einteilung dieser Zurechnungsgründe nach dem Grad der Gefährlichkeit des schädigenden Verhaltens. Da es nach Auffassung der *European Group on Tort Law* Gefährdungstatbestände gibt, deren Ausmaß die Begründung einer verschuldensunabhängigen Haftung noch nicht rechtfertigen, wurde ein dritter Zurechnungsgrund geschaffen: die Haftung für vermutetes Verschulden.[1534] So kann der Nachweis des fehlenden Verschuldens gem. Art. 4:201 der *Principles* angesichts des Ausmaßes der Gefährdung durch die schädigende Tätigkeit beim Ersatzpflichtigen liegen. Kriterien für die Beurteilung einer solchen Gefährdung sind die Wahrscheinlichkeit eines Schadenseintritts und die Schwere des möglichen Schadens.

Hiervon abgesehen, haftet auch der Unternehmer gem. Art. 4:202 für das schädigende Verhalten seiner Hilfspersonen einschließlich der technischen Ausstattung aus vermutetem Verschulden. Dies beruhte unter anderem auf dem Gedanken, dass derjenige, der die Vorteile einer unternehmerischen Tätigkeit beansprucht, ebenso deren Risiken übernehmen kann. Aber auch die Möglichkeit, die Haftungskosten über die Preise auf die Kunden abzuwälzen, die mithin gemeinsam das Risiko der geschädigten Kunden tragen, spielte eine Rolle.[1535] Eine verschuldensunabhängige Haftung hingegen besteht gem. Art. 5:101 nur bei Tätigkeiten von außergewöhnlich hoher Gefahr. Eine solche liegt vor, wenn die Tätigkeit trotz Einhaltung aller erforderlichen Sorgfalt (*due care*) das vorhersehbare und sehr bedeutende Risiko eines Schadens schafft und keine Verkehrssitte (*common usage*) darstellt. Das bedeutende Schadensrisiko ist dabei ebenfalls anhand der Wahrscheinlichkeit eines Schadenseintrittes und der Schwere des möglichen Schadens zu beurteilen.

Für die Haftung des Datenverarbeiters aus Art. 23 bedeutet dies, dass die Frage, ob dieser verschuldensunabhängig haftet, im Einzelfall entschieden wird. So zeichnet sich der Umgang mit personenbezogenen Daten zwar stets durch die sehr hohe Wahrscheinlichkeit eines Schadenseintrittes aus. Diese wird auch durch die Einhaltung ausreichender Sicherheitsmaßnahmen angesichts der technischen Möglichkeiten und damit verbundener Fehleranfälligkeit nicht verhindert werden können. Schwere Schäden sind hingegen seltener zu erwarten, wenn auch angesichts des ubiquitären Einsatzes personenbezogener Daten nicht mehr so selten wie noch vor einigen Jahren. Scheitern wird die Gefährdungshaftung jedoch an der Tatsache, dass die Datenverarbeitung mittlerweile eine übliche Tätigkeit in vielen öffentlichen und privaten Bereichen darstellt. In den überwiegenden Fällen würde es also nach dem Konzept der *Principles of European Tort Law* zu einer Haftung für vermutetes Verschulden gem. Art. 4:201 kommen.

[1532] Koziol, ZEuP 2004, 234 (242).

[1533] Koziol, ZEuP 2004, 234 (238); Koch/Koziol, Comparative Conclusions, in: Dies. (Hrsg.), Unification of Tort Law, 2002, S. 295.

[1534] Koziol, ZEuP 2004, 234 (238) mit dem Hinweis, dass dieses Institut in vielen Rechtsordnungen bekannt ist.

[1535] Koziol, ZEuP 2004, 234 (250).

Unklar ist zudem das Verhältnis der Gefährdungshaftung gem. Art. 5:101 gegenüber der Haftung des Unternehmers aus vermutetem Verschulden. Viele Datenverarbeitungen sind Teil einer unternehmerischen Leistung, so dass im Ergebnis für die Fälle der Verarbeitungen im privaten Bereich stets nur eine Haftung für vermutetes Verschulden in Betracht käme, wenn man Art. 4:202 als lex specialis zu Art. 5:101 ansähe. Für diesen Schluss spricht, dass der Gruppe als Vorbild für die Unternehmerhaftung unter anderem die europäische Produkthaftungsrichtlinie diente, man sich jedoch gegen die Übernahme dort geregelte verschuldensunabhängigen Haftung entschied. Im Ergebnis soll der Unternehmer also abgesehen vom Bereich der Produkthaftung nur für vermutetes Verschulden haften.[1536]

Die Haftung für Datenschutzverstöße wäre demnach in dreierlei Ausprägungen denkbar: die Haftung des Unternehmers aus vermutetem Verschulden, die Haftung anderer Datenverarbeiter aus vermutetem Verschulden, weil es sich bei der schädigenden Verarbeitung um eine von verkehrsüblicher Ausprägung handelt oder nur unerheblicher Schaden zu befürchten ist und die verschuldensunabhängige Haftung für außergewöhnliche schadensverursachende Datenverarbeitung.

Dieses Resultat könnte indes umgangen werden, in dem man ausdrücklich gem. Art. 5:102 die verschuldensunabhängige Haftung des Datenverarbeiters in Art. 23 regelt.[1537] Damit wäre zwar die notwendige ausdrückliche Klärung des Haftungsmaßstabes in Art. 23 erfolgt, dem angestrebten Ziel der Kohärenz des Gemeinschaftsprivatrechts über einheitliche Begrifflichkeiten wäre man jedoch nicht näher gekommen. Dem sollte der Rückgriff auf die *Principles* aber gerade dienen. Nach dem derzeitigen Status quo trüge also der Verweis auf die *Principles* für die Bestimmung eines einheitlichen europäischen Haftungsmaßstabes nicht mehr bei, als wenn Art. 23 ausdrücklich die verschuldensunabhängige Haftung anordnen würde.

Die Regelung der Gefährdungshaftung in den *Principles* stellt denn auch durch ihren Verweis auf nationale Regelungen nach eigener Aussage „einen deutlichen Schwachpunkt" der Bestimmungen dar.[1538] Keineswegs ist schließlich mit der „kleinen Generalklausel" der Gefährdungshaftung für außergewöhnliche Gefahren in Art. 5:101 der Spielraum für die Regelung einer verschuldensunabhängigen Haftung auf europäischer Ebene erschöpft. Dies zeigen die weitergehenden Lösungen in einer Reihe von europäischen Ländern.[1539]

1536 Koziol, ZEuP 2004, 234 (251).

1537 Wörtlich sieht Art. 5:102 der *Principles* nur nationale Einzelregelungen vor. Einer analogen Anwendung auf die Europäischen Gemeinschaften dürfte jedoch angesichts des mit dieser Regelung verfolgten Zweckes der Rechtsvereinheitlichung nichts entgegenstehen.

1538 Koziol, ZEuP 2004, 234 (252), der anfängliche Vorschlag einer weitergehenden Generalklausel wurde von den niederländischen und englischen Mitgliedern der Gruppe abgelehnt.

1539 Dies ist zunächst Frankeich mit seiner *gardien*-Haftung, aber auch Deutschland zeigt Tendenzen einer Ausweitung der verschuldensunabhängigen Haftung, siehe Seite 163ff. Gleiches gilt für die Reform des Schweizerischen Haftungsrechts, vgl. Widmer/Wessner, Revision und Vereinheitlichung – Vorentwurf eines Bundesgesetzes, 1999, S. 137ff., http://www.ofj.admin.ch/themen/haftpflicht/vnber-d.pdf

3) Der Entwurf der *Study Group on a European Private Law* für ein europäisches Deliktsrecht

Die Verfasser der Studie des Europäischen Parlamentes aus dem Jahr 1999 sind Rechtswissenschaftler, die seit 1998 in der *Study Group of European Private Law* daran arbeiten, einen Entwurf zu einem Europäischen Vermögensrecht (*European Patrimonial Law*)zu entwickeln.[1540] Bestandteil dieses kodifizierten Europäischen Vermögensrechts sollen auch Bestimmungen über ein europäisches Deliktsrecht sein.[1541]

Die für diesen Bereich zuständige Arbeitsgruppe hat jüngst einen Entwurf für ein einheitliches europäisches Deliktsrecht vorgelegt.[1542] Dieser zeichnet sich im Gegensatz zu den *Principles* durch eine vergleichsweise hohe Regelungsdichte aus: So werden nicht nur grundlegende Prinzipien formuliert, an denen sich die Begründung einer Ersatzpflicht orientieren soll, sondern weitaus detailliertere Regelungen getroffen.[1543] So wird beispielsweise ausdrücklich bestimmt, dass der durch eine Verletzung des Rechts auf Privatsphäre entstandene Verlust (*loss*) zu ersetzen sei.[1544] Unerheblich ist jedoch auch hier, ob es sich bei dem eingetretenen Verlust um einen materiellen oder immateriellen handelt.

Die Schädiger ist für den eingetretenen Schaden verantwortlich, wenn er vorsätzlich oder fahrlässig gehandelt oder der Schaden ihm aus anderen Gründen zugerechnet wird (*accountability without intention or negligence*). Eine Haftung aus vermutetem Verschulden gibt es nicht. Im Rahmen der verschuldensunabhängigen Verantwortlichkeit wird auch hier die Haftung für eine gefährliche Aktivität bzw. das Ingangsetzen

---

[1540] Siehe hierzu Schmidt-Kessel, RIW 2003, 481 (483f.) sowie von Bar, in: Europäisches Parlament (Hrsg.), Untersuchung der Privatrechtsordnungen der EU, PE 168.511, Juni 1999, S. 143ff. Neben den hier erwähnten Gruppen von Wissenschaftlern gibt es noch eine Reihe weiterer Initiativen in der europäischen Rechtslehre, die sich mit den Fragen und Perspektiven eines europäischen Privatrechts auseinandersetzen. Zu nennen ist hier insbesondere die *Commission on European Contract Law (Lando-Commission)*, die mittlerweile umfassende Grundregeln für ein Europäisches Vertragsrecht (*Principles of European Contract Law*) entwickelt haben, vgl. deren Webseite unter http://web.cbs.dk/departments/law/staff/ol/commission_on_ecl/index.html. Zu den jeweiligen Forschungsgegenständen vgl. auch den Überblick bei Schmidt-Kessel, RIW 2003, 481 (483) sowie ausführlicher Wurmnest, ZEuP 2003, 714ff.

[1541] Einen Überblick über die Arbeitsweise der Gruppe findet sich bei Wurmnest, ZEuP 2003, 714 (732ff.), von Bar, ZEuP 2001, 515 (516f.) (speziell für den Bereich des Deliktsrechts) und auf der Webseite der Gruppe unter www.sgecc.net.

[1542] Gemäß dem Verfahren innerhalb der *Study Group* wurde der Entwurf der sog. *Coordinating Group*, einem Gremium aus 30 europäischen Rechtsgelehrten, das in bestimmten Abständen zusammenkommt, im Juni 2004 vorgelegt. Der Entwurf ist ebenfalls im Internet veröffentlicht unter http://www.sgecc.net/media/download/04_06tort.pdf. Zu einem Vorentwurf vgl. den Bericht von Wagner über die Tagung der Europäischen Rechtsakademie im November 2002, ZEuP 2003, 451ff.

[1543] Einen Überblick über den Deliktsrechtsentwurfes vom Stand Ende Juni 2001 gibt von Bar, ZEuP 2001, 515 (518ff.).

[1544] Art. 2:203. Kapitel 2 des Entwurfs enthält noch einige weitere ausdrückliche Bestimmungen eines ersatzfähigen Verlustes. Beide Entwürfe knüpfen damit an einen rechtlichen Schadensbegriff an, nach dem nur solche Schäden ersetzt werden, die durch die Beeinträchtigung eines rechtlich geschützten Interesses verursacht werden.

eines gefährlichen Prozesses bestimmt.[1545] Eine Aktivität gilt jedoch bereits dann als gefährlich, wenn das mit ihr verbundene Risiko gemessen am Stand der Technik einer angemessenen Kontrolle nicht zugänglich ist.[1546]

Für eine verschuldensunabhängige Haftung des Datenverarbeiters müsste also eine Entscheidung im Einzelfall danach erfolgen, ob bei der jeweiligen Verarbeitung das mit ihr verbundene Risiko hinreichend zu kontrollieren war. Dies wird insbesondere im Falle der Verarbeitung innerhalb von Netzwerken und bei der Übertragung im Internet häufig nur schwer nachvollziehbar sein. Bedenkt man, dass der Schwerpunkt der Datenverarbeitung dezentralisiert stattfindet und die Daten vorwiegend im Internet übertragen werden, würde demzufolge in der Mehrzahl der Fälle verschuldensunabhängig gehaftet.

Der Haftungsmaßstab des Datenverarbeiters würde sich nach dem Entwurf der *Study Group on a European Private Law* also nach einem Kriterium richten, für das es eine hinreichend konkretisierte Definition gibt.[1547] Ein Auseinanderfallen der Haftung danach, wer die Daten verarbeitet – ob durch einen Unternehmer oder nicht – oder ob es sich bei der Verarbeitung um eine verkehrsübliche Tätigkeit handelt, gäbe es nicht.

Mit dem Rückgriff auf das sich allerdings noch im Entwurf befindende Haftungsrecht des *European Patrimonial Law* wäre die einheitliche Haftung im europäischen Datenschutzrecht und die Kohärenz des Gemeinschaftsprivatrechts sowohl hinsichtlich des Schadensbegriffes als auch hinsichtlich der Frage nach dem Haftungsmaßstab ausreichend gewährleistet.[1548]

Es ist also festzuhalten, dass es zweierlei Möglichkeiten gibt, die angemessene Umsetzung des Art. 23 der Datenschutzrichtlinie sicherzustellen. Erstens durch eine Reform der Richtlinie, in der eine ausdrückliche Bestimmung über den Schaden und die verschuldensunabhängige Haftung des Datenverarbeiters in Art. 23 eingefügt wird. Zweitens durch den Rückgriff auf richtlinienübergreifende Terminologien und Bestimmungen eines europäischen Deliktsrechts, deren Geltung allerdings jedoch durch die Datenschutzrichtlinie angeordnet werden müsste.

Vorteil der letztgenannten Alternative wäre, dass Systembrüche in den nationalen Privatrechtsordnungen durch den Zwang zur Einführung z.B. eines speziellen, nur für die Haftung im Datenschutz geltenden Schadensbegriffes vermieden würden. Damit würde nicht nur die erwünschte Angleichung im Datenschutzrecht einen weiteren Schritt vorangebracht werden, sondern auch die Kohärenz des Gemeinschaftsprivatrechts gefördert. Bestrebungen zur Entwicklung solcher gemeinsamen Begriffsbestimmungen und Regeln stecken auf Gemeinschaftsebene zwar noch in den Kinderschuhen, sind aber schon mit ersten Forschungsvorhaben für den Gemeinsamen Referenzrahmen der

---

1545 Art. 3:208. Anders als bei den *Principles* wird in diesem Entwurf nicht das Prinzip einer Generalklausel verfolgt, sondern vielmehr einzelne Fallgruppen einer verschuldensunabhängigen Haftung festgelegt, wie z.B. die Haftung des Produzenten, im Straßenverkehr oder bei umweltgefährdenden Aktivitäten (vgl. Art. 3:201ff.).

1546 Art. 3:208 (2) (c).

1547 Zuzugeben ist allerdings, dass die im Rahmen des Art. 3:208 (2) (c) notwendige Risikofolgenabschätzung einen nicht unerheblichen Aufwand für die Gerichte darstellen kann.

1548 Allerdings ist es auch nach diesem Entwurf eines europäischen Deliktsrechts möglich, die verschuldensunabhängige Haftung des Datenverarbeiters ausdrücklich in der Richtlinie zu regeln, vgl. Art. 3:209.

Kommission auf den Weg gebracht worden. Wesentlich weiter fortgeschritten und darüber hinaus speziell für den Bereich der hier interessierenden außervertraglichen Haftung entwickelt, sind indes die Arbeiten an den *European Principles of Tort Law* und der Entwurf der *Study Group on a European Private Law*. Hier würde zumindest ein Rückgriff auf den – vorläufigen – Entwurf der *Study Group* den umfassenden Schadensbegriff und die verschuldensunabhängige Haftung in Art. 23 sicherstellen.

Gegenwärtig ist jedoch eine Reform des Art. 23 die naheliegendste Lösung, um die hinreichende Umsetzung zu gewährleisten, da diese sich vergleichsweise schnell realisieren lässt. Die Zukunft liegt jedoch woanders: bei einem europäischen Deliktsrecht oder zumindest bei einheitlichen deliktischen Terminologien. Hierfür müssen zwar noch einige Hürden überwunden werden, dies zeigt nicht zuletzt die Diskussion über die Gefährdungshaftung innerhalb der *European Group on Tort Law*. Der Weg dorthin ist jedoch schon ein gutes Stück beschritten.[1549]

D) Die Haftung im europäischen Datenschutzrecht als effektives Instrument zu Schadensausgleich und -vermeidung

Wurde eingangs festgestellt, dass angesichts der Vielzahl an Gefährdungen beim Umgang mit personenbezogenen Daten und dem daraus erwachsenden Schadenspotential ein Bedürfnis nach einer effektiven grenzüberschreitenden Haftung besteht, stellt sich die Frage, ob Art. 23 diesem in angemessener Weise nachgekommen ist. Indiz hierfür ist in erster Linie die gegenwärtige praktische Relevanz der Haftung des Datenverarbeiters, die sich zunächst in den hierzu ergangenen Gerichtsurteilen ablesen lässt.

I) Die praktische Relevanz der Haftung im Datenschutzrecht

Seit der Umsetzung der Datenschutzrichtlinie ist in Deutschland lediglich ein Urteil zur Schadensersatzpflicht des DAtenverarbeiters veröffentlicht worden.[1550]

In England hingegen finden sich zum Sec. 13 PDA 1998 bereits mehrere Entscheidungen.[1551] Diese Entwicklung ist darauf zurückzuführen, dass bislang im englischen Recht ein *right to privacy* bzw. *tort of privacy* nicht anerkannt wird. Sec. 13 DPA 1998 wird daher unter der Anwaltschaft zunehmend als Anspruchsgrundlage für Verletzungen der Privatsphäre durch die Massenmedien wahrgenommen. Die Entscheidungen zeichnen allerdings ein uneinheitliches Bild im Umgang mit dem Anspruch. So wurde beispielsweise in der ersten Instanz noch ausdrücklich ein Anspruch aus Sec. 13 DPA

[1549] Siehe aber Wurmnest, ZEuP 2003, 714 (743) der zutreffend darauf hinweist, dass mit der Osterweiterung der EU die in den bisherigen Forschungen unterrepräsentierten osteuropäischen Rechtsordnungen umfassend mit einbezogen werden müssten. Nur so kann ein gesamteuropäisches Privatrecht entwickelt werden, das diesen Namen auch verdient.

[1550] LG Hanau, NJW-RR 2003, 1410. In dem Verfahren wurde Ersatz für immaterielle Schäden gem. § 8 Abs. 2 BDSG 2001 geltend gemacht, jedoch mangels Fehlen einer schwerwiegenden Persönlichkeitsrechtsverletzung nicht gewährt.

[1551] *Campbell v Mirror Group Newspapers* [2002] EMLR 30, Court of Appeal [2003] QB 633ff., House of Lords, 2004 WL 852411; *Douglas v Hello! (No. 2)*, [2003] EMLR 28; *Douglas v Hello! (No.5)*, [2003] 31 EMLR 641 (724f.); *Douglas v Hello! (No. 6)*, [2004] EMLR 2.

1998 bejaht,[1552] während das House of Lords in letzter Instanz zu diesem Anspruch nur am Rande Stellung bezog.[1553] Ausführlich erörtert wurde hingegen der Anspruch der Klägerin aus *breach of confidence*.[1554] Es ist daher zu vermuten, dass die Geltendmachung eines Anspruches aus Sec. 13 DPA 1998 rückläufig sein wird, je mehr sich der Trend in der Rechtsprechung verfestigt, Schadensersatz für Verletzungen der Privatsphäre aus *breach of confidence* zu gewähren.

Zwar beschränkt sich dieser kurze Abriss auf die Situation in Deutschland und England, jedoch bestätigt dieser auch die Wahrnehmung der Europäischen Kommission hinsichtlich der europaweiten tatsächlichen Auswirkungen von Art. 23. Diese hat nämlich nach eigenen Angaben bisher kaum Informationen über die Geltendmachung von Schadensersatzansprüchen erhalten.[1555]

II) Mögliche Ursachen für die fehlende Präsenz von Schadensersatzklagen

Begibt man sich auf die Suche nach den Ursachen für diese fast schon als marginal zu bezeichnende Rechtsprechung ist zunächst festzuhalten, das zumindest in Deutschland und England in erheblichem Maße die unzureichenden Umsetzungen daran Anteil haben. Immaterielle Schäden werden nur unter besonderen, meist nicht erfüllten Umständen ersetzt und der Datenverarbeiter kann sich durch den Nachweis fehlenden Verschuldens exkulpieren.

Die Regelung des Art. 23 trägt zwar inhaltlich nicht zu den Schwierigkeiten einer erfolgreichen Geltendmachung von Schadensersatz bei, soweit sie eine verschuldensunabhängige Haftung bestimmt, nach der alle Schäden umfassend zu ersetzen sind. Die vergleichsweise geringe Anzahl datenschutzrechtlicher Schadensersatzfälle muss daher nicht zwangsläufig zu dem Schluss führen, es entbehre der Haftungsregelung der Sinn. Dennoch muss auch hier wieder auf die fehlende ausdrückliche Regelung eines umfassenden Schadensbegriffes und der verschuldensunabhängigen Haftung in Art. 23 verwiesen werden. Sie verleitet die Mitgliedsstaaten dazu, zu Lasten einer effektiven Haftung abweichende Bestimmungen zu erlassen.

Angesichts der Vielzahl möglicher Speicherungs- und Bearbeitungsvorgänge und deren kontinuierlicher Fortentwicklung erscheint es auch wenig wahrscheinlich, dass es tatsächlich zu keinerlei Schadensfällen kommt. Überdies schildert die Europäische

---

[1552] Judge Morland hatte der Klägerin in Campbell v Mirror Group Newspapers ausdrücklich Schadensersatz aufgrund eines *breach of confidence* und aus Sec. 13 DPA 1998 zuerkannt, [2002] EMLR 30 Rn. 141.

[1553] Lediglich Lord Birkenhead erwähnte Sec. 13 DPA 1998 mit dem Hinweis, dass nach Auffassung der Parteien, der Anspruch hieraus das Schicksal aller anderen geltend gemachten Ansprüche teile, *Campbell v Mirror Group Newspaper* 2004 WL 852411 Rn. 32.

[1554] *Campbell v Mirror Group Newspaper* 2004 WL 852411 Rn. 46ff durch Lord Hoffman sowie Rn. 92ff. durch Lord Hope of Craighead. Der Court of Appeal hatte den Anspruch aus Sec. 13 DPA 1998 verneint, weil nach seiner Auffassung sich die Beklagten als Presseunternehmen erfolgreich auf eine Verarbeitung zu besonderen Zwecken (*special purposes*) gem. Sec. 32 DPA 1998 berufen konnten, [2003] QB 633 (676f).

[1555] Vgl. den Technischen Anhang zum Bericht der Kommission über die Durchführung der Datenschutzrichtlinie,S. 30, http://europa.eu.int/comm/internal_market/privacy/docs/lawreport/consultation/technical-annex_en.pdf. Es ist allerdings auch zu berücksichtigen, dass in manchen Mitgliedsstaaten erst kürzlich die Richtlinie umgesetzt wurde (so z. B. 2002 in Belgien).

Kommission das Phänomen, dass die Datenverarbeiter nur widerwillig bereit sind, ihre Praxis den neuen Vorgaben der Richtlinie anzupassen,[1556] so dass Verstöße gegen die Umsetzungsvorschriften keine Seltenheit sein werden.

Im Übrigen besagen die fehlenden gerichtlichen Entscheidungen über eine Schadensersatzpflicht nichts über das Ausmaß außergerichtlicher Entschädigungen von Datenschutzverstößen, die Unternehmen aus Angst vor Rufschädigungen infolge eines Prozesses sicherlich als vorzugswürdig empfinden.[1557]

Die Kommission weist in ihrem Evaluationsbericht auf zwei weitere Umstände hin, die ebenfalls als mitursächlich für die geringe praktische Relevanz der Haftung im Datenschutzrecht gelten müssen: So ist zunächst die Gefahr für die Datenverarbeiter gering, bei einer unzulässigen Verarbeitung entdeckt zu werden. Dies korreliert mit dem Umstand, dass die Betroffenen in den wenigsten Fällen wissen, welche Rechte ihnen im Umgang mit ihren Daten zustehen.[1558]

Damit entfällt aber eine wesentliche Kontrollinstanz gegenüber den Datenverarbeitern, die nur selten befürchten müssen, Auskunft über Inhalt und Verbleib gespeicherter Daten erteilen zu müssen.[1559] Diese Tatsache erstaunt, da die Richtlinie mit den in ihr geregelten Informationspflichten seitens der Datenverarbeiter diesem Defizit gerade abhelfen wollte.[1560] Haben die Betroffenen aber bereits keine Kenntnis von ihren Rechten im Rahmen einer Verarbeitung ihrer Daten, wird ihnen auch nicht bewusst sein, dass ihnen ein Anspruch auf Ersatz ihrer erlittenen Schäden zusteht.[1561] Dieses Informationsdefizit ist mithin ebenfalls mitverantwortlich dafür, dass eine unzulässige

[1556] Erster Bericht über die Durchführung der Datenschutzrichtlinie, KOM (2003) 265 endg. S. 14.

[1557] Vgl. z.B. den im 14. Annual Report des damaligen *Data Protection Registrar*, auf S. 88 dargestellten Fall, in dem eine Kreditauskunftei wiederholt fälschlicherweise für einen Betroffenen nachteilige Daten gespeichert hatte, die dieses Verhalten nach Einschaltung des *Registrars* einstellten und eine beträchtliche außergerichtliche Entschädigungszahlung leisteten, zit. bei Lloyd, Guide, 1998, S. 79.

[1558] Erster Bericht über die Durchführung der Datenschutzrichtlinie, KOM (2003) 265 endg. S. 14. Dies wird unterstützt durch die Ergebnisse des jüngsten Eurobarometers: demnach hatten nur gut 30% der EU-Bürger in den damals 15 Mitgliedsstaaten Kenntnis von ihrem Recht auf Datenzugang und nur knapp 50% wussten von ihrem Recht auf Widerspruch gegenüber Direktmarketing-Maßnahmen. Nach den Angaben des *Information Commissioner* für das Jahr 200/2001 hatten 83% der großen britischen Datenverarbeiter Kenntnis von den Betroffenenrechten, bei den Betroffenen selber hingegen waren es nur 27%, für die Jahre 2001/2002 waren es immerhin 42% der Betroffenen, Annual Report 2002, S. 77. Vgl. auch Special Eurobarometer 196 Data Protection vom Dezember 2003, S. 10, http://europa.eu.int/comm/public_opinion/archives/ebs/ebs_196_exec_summ.pdf.

[1559] So gaben im Rahmen des Eurobarometers unter datenverarbeitenden Unternehmen in Europa knapp 50% der Befragten an, im Jahr 2002 weniger als zehn Anträge auf Auskunft seitens der Betroffenen erhalten zu haben, Eurobarometer 147 – Data Protection in the European Union, Dezember 2003, S. 48, http://europa.eu.int/comm/public_opinion/flash/fl147_data_protect.pdf.

[1560] Laut dem Ergebnis der Umfragen des Eurobarometers 147 informieren allerdings knapp 48% der Unternehmen die Betroffenen über ihr Auskunftsrecht, EB 147 – Data Protection in the European Union, S. 32 http://europa.eu.int/comm/public_opinion/flash/fl147_data_protect.pdf.

[1561] Laut der Europäischen Kommission stuften 81% der Betroffenen, die an einer offenen Onlinebefragung der Kommission im Juni 2002 teilgenommen hatten, ihren Informationsstand über den Datenschutz als unzureichend, schlecht oder sehr schlecht ein, vgl. Evaluierungsbericht der Kommission KOM (2003) 265 endg. S. 10. Zu berücksichtigen ist allerdings, dass es sich hierbei nicht um Ergebnisse aufgrund wissenschaftlich ausgewählter Stichproben handelt.

Datenverarbeitung häufig unentdeckt bleibt und die Betroffenen trotz eines erlittenen Schadens ihren Ersatzanspruch nicht geltend machen[1562].

Ein weiterer Grund für die geringe Zahl an Schadensersatzurteilen wird darin begründet sein, dass meist nur geringfügige Schadensersatzsummen zu erwarten sind. Dies ist insbesondere der Fall, wenn ausschließlich immaterielle Schäden eingetreten sind, und es sich nicht um die unzulässige Verarbeitung von Daten handelt, die einen besonders sensiblen Bereich der Persönlichkeit betreffen.[1563]

In einer Entscheidung des AG Kassel beispielsweise forderten die Kläger – erfolglos – für die mehrfache rechtswidrige Übermittlung ihrer Daten in die USA eine Entschädigung in Höhe von DM 500,- (€ 250,-).[1564] Für den unbefugten Zugriff auf gespeicherte Telefonnummern, die zu obszönen und beleidigenden Anrufen verwendet wurden, erhielt der Kläger jedoch DM 5.000 (€ 2.500).[1565]

Naomi Campbell erhielt für die unbefugte Veröffentlichung von Einzelheiten über ihre Besuche bei einer Selbsthilfegruppe für Drogensüchtige 2.500 britische Pfund (ca. € 3750,-).[1566] Dem Ehepaar Michael Douglas und Catherine Zeta-Jones hingegen wurde lediglich ein symbolischer Schadensersatz (*nominal damages*) in Höhe von 50 Pfund zugesprochen. Das Gericht argumentierte, die erlittenen emotionalen Beeinträchtigungen bei der Nachricht, dass ein Papparazzi in ihre Hochzeitsfeierlichkeiten eingedrungen war, seien nur geringfügig.[1567]

Zur Verdeutlichung: In der Mehrzahl der Schadensfälle ist es wenig attraktiv für einen Betroffenen, seinen Ersatzanspruch geltend zu machen.[1568] Dies setzt einen im Hinblick auf die Durchsetzung des Datenschutzrechts ebenso nachteiligen Prozess in Gang wie es der ungenügende Kenntnisstand der Betroffenen tut. Besteht nämlich kein Anreiz für Betroffene, zu klagen, haben auch die Datenverarbeiter keinen Anlass, entsprechende Vorkehrungen zum Schutz der Daten zu treffen. Mehr noch: Selbst wenn ein Schadensersatzanspruch geltend gemacht wird, ist angesichts der regelmäßig zu erwartenden geringen Ersatzsummen die Bildung hoher Rückstellungen nicht erforderlich.[1569] Das Haftungsrisiko reicht daher nicht aus, um zur Einhaltung der Datenschutz-

---

[1562] So auch Born, Schadensersatz, 2001, S. 136.

[1563] Koch, Handbuch des Datenschutzrechts, 2003, S. 238.

[1564] CR 1999, 749.

[1565] AG Frankfurt am Main, RDV 2002, 86 (87).

[1566] *Campbell v Mirror Group Newspaper,* [2002] EMLR 30 Rn. 141. Die vergleichsweise hohe Summe könnte darauf zurückzuführen sein, dass es sich bei der Veröffentlichung um Daten handelte, die ihren Gesundheitszustand betrafen. In der Entscheidung wurde allerdings nicht explizit die Sensibilität der Daten bejaht. Zusätzlich wurden der Klägerin noch 1000 britische Pfund an sog. *aggravated damages* zugesprochen aufgrund der besonders verletzenden und erniedrigenden Weise, in der die Artikel der Beklagten verfasst wurden, Rn. 164ff..

[1567] *Douglas v Hello! (No.5)* [2003] EMLR 31 Rn. 84. Für die erlittenen emotionalen Nachteile aufgrund der Veröffentlichung der ungenehmigten Fotoaufnahmen wurde jedem Ehegatten allerdings 3.750 britische Pfund zugesprochen, allerdings aus *breach of confidence* und nicht nach Sec. 13 DPA 1998, Douglas v Hello! (No. 6), [2004] EMLR 2 Rn. 57.

[1568] So auch Born, Schadensersatz, 2001, S. 123.

[1569] Dies gilt natürlich nicht für Bereiche, in denen sensible Daten verarbeitet werden, wie z.B. im Gesundheitssektor. Aber auch Datenverarbeitungen im Zusammenhang mit finanziellen Transaktionen sind mit einem wesentlich höheren Schadensrisiko behaftet.

regeln beizutragen. Die präventive Funktion der Haftung entfaltet mithin nicht ihre Wirkung.

III) Möglichkeiten einer Effizienzsteigerung der Haftungswirkung

Ein Weg, die Haftungswirkung im Datenschutzrecht zu steigern, liegt auf der Hand: die hinreichende Umsetzung der Haftungsregelung in Art. 23 der Datenschutzrichtlinie. Mit dieser wird die Möglichkeit des Datenverarbeiters, sich durch die Einhaltung angemessener Sorgfaltspflichten seiner Haftung zu entziehen, verhindert. Immaterielle Schäden, die den überwiegenden Anteil der potentiellen Schäden im Umgang mit personenbezogenen Daten darstellen, werden umfassend ersetzt.

Dies muss jedoch notwendigerweise durch eine konsequentere Aufklärung der Betroffenen über ihr Recht auf Auskunft ergänzt und von einer umfassenden Information über Verwendung, Inhalt und Verbleib ihrer Daten begleitet werden. Es ist indes auch keine Selbstverständlichkeit, dass die Betroffenen Kenntnis davon haben, dass ihnen ein Anspruch auf Ausgleich zusteht. Hier besteht ebenfalls Aufklärungsbedarf. Diese Aufgabe fällt allerdings nicht in den Zuständigkeitsbereich der Datenverarbeiter:[1570] Sie sollte daher von den öffentlichen Datenschutzinstitutionen oder Verbraucherschutzorganisationen übernommen bzw. konsequenter wahrgenommen werden.

Den oft nur geringen Ersatzsummen könnte durch eine stärkere Berücksichtigung der Präventivfunktion der Haftung bei der Bemessung der Schadensersatzsumme begegnet werden. Grundsätzlich dient die zu zahlende Entschädigung zwar dem Ausgleich der erlittenen Schäden.[1571] Die präventive Wirkung einer Schadensersatzpflicht wird jedoch ebenfalls als haftungsbegründendes Kriterium anerkannt.[1572] Die Vertreter der ökonomischen Analyse des Rechts sehen in der verhaltenssteuernden Wirkung einer Haftung zum Zwecke der Schadensvermeidung gar den primären Haftungszweck.[1573] Dies gilt insbesondere für den Ersatz der im Rahmen des Datenschutzes so bedeutendenden immateriellen Schäden[1574].

[1570] Die Richtlinie verpflichtet die Datenverarbeiter nur zur Information über die Rechte des Betroffenen auf Auskunft.

[1571] Schäfer/Ott, Ökonomische Analyse, 2000, S. 113; Canaris, Festschrift Deutsch, 1999, S. 85 (102); MüKo-Oetker, 4. Aufl., § 249 Rn. 8; Staudinger/*Schiemann*, 1998, Vorbem. zu §§ 249ff., Rn. 3; Mullis, in: Grubb (Hrsg.), Law of Tort, 2002, S. 187.

[1572] Deutsch, Haftungsrecht, 1996, S. 14f.; Bötticher AcP 158 (1958), 384ff.; Diederichsen, AcP 182 (1982), 101 (111).

[1573] Kötz, Festschrift für Steindorff, 1990, S. 643 (645); Bentert, Das pönale Element, 1996, S. 28, Schäfer/Ott, Ökonomische Analyse, 2000, S. 113; Adams, Ökonomische Analyse, 1985, S. 165. Für die präventive Wirkung einer Haftung im Datenschutz Simitis/*Simitis*, BDSG, 2003, § 7 Rn. 8 und Born, Schadensersatz, 2001, S. 113.

[1574] Faure, in: Magnus/Spier (Hrsg.), European Tort Law, 2000, 143 (148 und 155) soweit es sich um sog. unilaterale Schadensfälle handelt. Auch der BGH hob bereits in zwei frühen Entscheidungen zum immateriellen Schadensersatz bei Persönlichkeitsrechtsverletzungen den präventiven Zweck einer solchen Ersatzpflicht hervor, BGHZ 35, 363 (368) und BGHZ 26, 349 (356).

Hier stößt die Ausgleichsfunktion an ihre Grenzen, da sich immaterielle Schäden meist nur schwer exakt in Geld beziffern lassen.[1575]

Die Idee, die abschreckende Wirkung der Haftung auch im Rahmen der Bemessung der Ersatzsumme mit heranzuziehen, ist vergleichsweise neu[1576] und bedarf noch noch einer eingehenden Untersuchung.[1577] Dabei wird nicht verkannt, dass ein solches Vorgehen die Frage nach einer unzulässigen Überschneidung mit dem Strafrecht aufwirft.[1578]. Zudem sind auch diesem Weg zu einer effizienteren Haftungswirkung Grenzen gesetzt: minimale Beeinträchtigungen, wie z.B. im Falle der unbefugten Verwendung der Adresse zur Direktwerbung, werden auch mit einem Präventionszuschlag im Einzelfall nicht ein Ausmaß annehmen, das abschreckend wirkt.

Allerdings sind gerade im Fall des hier angesprochenen Adressenhandels zwar hohe Schadenssummen für den Einzelfall unwahrscheinlich, jedoch werden in der Regel ganze Adressdateien gehandelt, so dass in der Masse höhere Schadenssummen zu erwarten sind.[1579] Trotz allem erscheint scheint es eine konstruktive Möglichkeit zu sein, die geringen Ersatzsummen im Falle eines Datenschutzverstoßes durch einen der Prävention dienenden „Zuschlag" wirkungsvoller im Sinne einer Verhaltenssteuerung zu gestalten. Dies gilt insbesondere dann, wenn es sich bei den Datenschutzverstößen um wirtschaftlich motivierte Verhaltensweisen handelt, da diese sich am ehesten durch finanzielle Sanktionen begrenzen lassen.

1575 So kann das erlittene Leid so unermesslich sein, dass ein Ausgleich nicht mal annähernd möglich ist, Witzleb, Geldansprüche, 2002, S. 73; Körner, NJW 2000, 241 (242). Auch im englischen Recht ist es unbestritten, dass ein vollständiger Ausgleich immaterieller Schäden durch nahezu ausgeschlossen ist, vgl. hierzu nur *Wright v British Railway Board* [1983] 2 AC 773 (777) durch Lord Diplock. Das Versagen der Ausgleichsfunktion bei immateriellen Schäden aus Sicht der ökomischen Analyse des Rechts legt Faure in: Magnus/Spier (Hrsg.), European Tort Law, 2000, S. 143 (150f.) dar.

1576 Sie wurde erstmals vom BGH in den „Caroline von Monaco"-Entscheidungen in die Schadensbemessung eingeführt, vgl. BGH, NJW 1996, 984 (985) und 985 (987).

1577 Beispielsweise wie dieser Präventionszuschlag zu berechnen ist. Der BGH war der Auffassung, dass der mit der Rechtsverletzung erzielte Gewinn als Bemessungsfaktor heranzuziehen sei, NJW 1996, 984 (985).

1578 Canaris, Festschrift Deutsch, 1999, S. 85 (105ff.); Gounalakis, AfP 1998, 10 (11); Hoppe, Persönlichkeitsschutz, 2001, S. 135; Funke, Schutz der Persönlichkeit, 2000, S. 165; Siemes, AcP 201 (2001), 202 (212). Vgl. auch die überzeugende Abgrenzung dieser beiden Rechtsgebiete bei Witzleb, Geldansprüche, 2002, S. 90ff.

1579 Die größere Zahl von Betroffenen einer rechtswidrigen Datenverarbeitung betont auch Born, Schadensersatz, 2001, S. 99.

LITERATURVERZEICHNIS

Adams, Michael, Ökonomische Analyse der Gefährdungs- und Verschuldenshaftung, Heidelber 1985 (zit. als *Adams*, Ökonomische Analyse, 1985, S.)

Aldhouse, FGB, Data protection, privacy and the media, Tolley's Communications Law, Vol. 4, No. 1 1999, 8-15

Anweiler, Jochen, Die Auslegungsmethoden des Gerichtshofs der Europäischen Gemeinschaften, Frankfurt am Main, 1997 (zit. als *Anweiler*, Auslegungsmethoden, 1997, S.)

Auernhammer, Herbert, Die Europäische Datenschutzkonvention und ihre Auswirkungen auf den grenzüberschreitenden Datenverkehr, DuD 1985, 7-11

Ders., Bundesdatenschutzgesetz: Kommentar, 3. Auflage, Köln 1993 (zit. als *Auernhammer*, BDSG, 1993, § Rn.)

Bach, Albrecht, Direkte Wirkung von EG-Richtlinien, JZ 1990, 1108-1116

Bachmeier, Roland, EG-Datenschutzrichtlinie – Rechtliche Konsequenzen für die Datenschutzpraxis, RDV 1995, 49-52

Baeriswyl, Bruno, Data Mining und Data Warehousing: Kundendaten als Ware oder geschütztes Gut?, RDV 2000, 6-11

Bainbridge, David, Data Protection , 2. Auflage, Welwyn Garden City 2000 (zit. als *Bainbridge*, Data Protection, 2000, S.)

Ders., EC Data Protection Directive, London 1996 (zit. als *Bainbridge*, Data Protection Directive, 1996, S.)

Balser, Markus, Renaissance einer Hoffnung, Das Genom war erst der Anfang – Der nächste Meilenstein ist die Entschlüsselung der Eiweiße, Süddeutsche Zeitung vom 25.04.2003

Basedow, Jürgen, Der Bundesgerichtshof, seine Rechtsanwälte und die Verantwortung für das europäische Privatrecht, in: *Pfeiffer, Gerd/Kummer, Joachim/Scheuch, Silke* (Hrsg.), Festschrift für Hans Erich Brandner zum 70. Geburtstag, Köln 1996, S. 651-681

Baston-Vogt, Marion, Der sachliche Schutzbereich des zivilrechtlichen allgemeinen Persönlichkeitsrechts, Tübingen 1997 (zit. als *Baston-Vogt*, Sachlicher Schutzbereich, 1997, S.)

Bäumler, Helmut/Gundermann, Lukas/Probst, Thomas, Stand der nationalen und internationalen Diskussion zum Thema Datenschutz bei biometrischen Systemen, Kiel 2001 (zit. als *Bäumler/Gundermann/ Probst*, Stand der Diskussion, 2001, S.)

Bennion, Francis, Statutory Interpretation, 3.Auflage, London 1997 (zit. als *Bennion*, Statutory Interpretation, 1997, S.)

Bentert, Holger, Das pönale Element – ein Fremdkörper im deutschen Zivilrecht?- Zugleich ein Diskussionsbeitrag zur Frage der Anerkennung US-amerikanischer „punitive-damages"- Urteile, Berlin 1996 (zit. als *Bentert*, Pönale Element, 1996, S.)

Berkvens, Jan, Will the Data Protection Directive prevent a global information infrastructure?, Computer Law & Practice, Vol. 11, No. 2 1995, 38-44

Beutler/Bieber/Pipkorn/Streil, Die Europäische Union – Rechtsordnung und Politik, *Bieber, Roland / Epiney, Astrid / Haag, Marcel / Beutler, Bengt* (Hrsg.) 5. Auflage, Baden-Baden 2001 (zit. als: Bearb., in: *Beutler/Bieber/Pipkorn/Streil*, Europäische Union, 2001, S.)

Blaschczok, Andreas, Gefährdungshaftung und Risikozuweisung, Köln 1993 (zit. als *Blaschczok*, Gefährdungshaftung, 1993, S.)

Bleckmann, Albert, Zu den Auslegungsmethoden des Europäischen Gerichtshofes, NJW 1982, 1177-1182

Ders., Gleichbehandlung von Männern und Frauen hinsichtlich des Zugangs zur Beschäftigung – Anmerkung zum Urteil des Europäischen Gerichtshofes in der Rechtssache 14/83 vom 10.04.1984, DB 1984, 1574-1577

Boch, Christine, EC Law in the UK, Harlow 2000 (zit. als *Boch*, EC Law, 2000, S.)

Born, Christian, Schadensersatz bei Datenschutzverstößen – Ein ökonomisches Instrument des Datenschutzes und seine präventive Wirkung, Hamburg 2001 (zit. als *Born*, Schadensersatz, 2001, S.)

Boulanger, Marie-Hélène/de Terwangne, Cécil/Léonard, Thierry/Louveaux, Sophie/Moreau, Damien/Poullet, Yves, La Protection des données à caractère personnel en droit communautaire (3ème partie), J.T.D.E. 1999, 173-179

Brand, Peter-Andreas, Die Novellierung des Bundesdatenschutzgesetzes – Verschärfungen für den nicht-öffentlichen Bereich, CR 1988, 360-362

Brandner, Hans Erich, Beobachtungen und Lehren bei der Umsetzung von Verbraucherschutzrichtlinien in das deutsche Recht in : *Schulze, Reiner* (Hrsg.), Auslegung europäischen Privatrechts und angeglichenen Rechts, Baden-Baden 1999, S. 131-142

Brealey, Mark/Hoskins, Mark, Remedies in EC Law – Law and Practices in the English and EC Courts, London, 1994 (zit. als *Brealey/Hoskins*, Remedies, 1994, S.)

Brechmann, Winfried, Die richtlinienkonforme Auslegung – Zugleich ein Beitrag zur Dogmatik der EG-Richtlinie, München 1994 (zit. als *Brechmann*, Richtlinienkonforme Auslegung, 1994, S.)

Breinlinger, Astrid, Datenschutzrechtliche Probleme bei Kunden- und Verbraucherbefragungen zu Marketingzwecken, RDV 1997, 247-253

Breuer, Marten, Urteile mitgliedsstaatlicher Gerichte als möglicher Gegenstand eines Vertragsverletzungsverfahrens gem. Art. 226 EG?, EuZW 2004, 199-201

Brönneke, Tobias/Bobrowski, Michael, Datenschutz als Kernanliegen des Verbraucherschutzes im E-Commerce, in: *Bäumler, Helmut* (Hrsg.), E-Privacy, Datenschutz im Internet, Braunschweig 2000, S. 141-152

Brühann, Ulf, EU-Datenschutzrichtlinie – Umsetzung in einem vernetzen Europa, RDV 1996, 12-18

Ders./Zerdick, Thomas, Umsetzung der EG-Datenschutzrichtlinie, CR 1996, 429-436

Buckley, R.A., Liability in Tort for Breach of Statutory Duty, (1984) 100 LQR, 204-233

Büllesbach, Alfred, Datenschutz bei Data Warehouse und Data Mining, CR 2000,11-17

Ders., Telekommunikation und Recht, in: *Ders.* (Hrsg.), Datenschutz im Telekommunikationsrecht, Deregulierung und Datensicherheit in Europa, Köln 1997, S. 11-29

Ders./Höss-Löw, Petra, Vertragslösung, Safe Harbor oder Privacy Code of Conduct, DuD 2001, 135-138

Bundesministerium für Gesundheit und soziale Sicherung, Patienten im Mittelpunkt – Die Eckpunkte auf dem Weg zur Modernisierung des Gesundheitswesens, Berlin Februar 2003 (zit. *BMG*, Patienten im Mittelpunkt, 2003, S.)

Burkert, Herbert, Die Konvention des Europarates zum Datenschutz – Rückblick und Ausblick, CR 1988, 751-758

Bydlinski, Franz, Juristische Methodenlehre und Rechtsbegriff, Wien 1991 (zit. als *Bydlinski*, Juristische Methodenlehre, 1991, S.)

Ders., Über die Lex-lata-Grenze der Rechtsfindung in: *Koller, Ingo/Hager, Johannes/Junker, Michael/Singer, Reinhard/Neuner, Jörg,* Einheit und Folgerichtigkeit im Juristischen Denken – Symposion zu Ehren von Professor Dr. Dr. h.c. mult. Claus-Wilhelm Canaris, München 1998, S. 27-88

Canaris, Claus-Wilhelm, Gewinnabschöpfung bei Verletzung des allgemeinen Persönlichkeitsrechts, in: *Ahrens/von Bar/Fischer/Spickhoff/Taupitz*,(Hrsg.), Festschrift für Erwin Deutsch, Köln, 1999, S. 85-109

Ders., Der EuGH als zukünftige privatrechtliche Superrevisionsinstanz? EuZW 1994, 417

Ders., Die richtlinienkonforme Auslegung und Rechtsfortbildung im System der juristischen Methodenlehre, in: *Koziol, Helmut/Rummel, Peter* (Hrsg.), Im Dienste der Gerechtigkeit, Festschrift für Franz Bydlinski, Wien 2002, S. 47-103

Ders., Schlusswort: Aspekte der europäischen Rechtsangleichung mit Hilfe von Richtlinien, in: *Ders./Zaccaria, Alessio* (Hrsg.); Die Umsetzung von zivilrechtlichen Richtlinien der Europäischen Gemeinschaft in Italien und Deutschland, Berlin 2002, S. 129-138

Ders., Handelsrecht, 23. Auflage, München 2000 (zit. als *Canaris*, Handelsrecht, 2000, § Rn.)

Carey, Peter, Data Protection in the UK, London, 2000 (zit. als *Carey*, Data Protection, 2000, S.)

Ders., Blackstone's Guide to the Data Protection Act 1998, London 1998 (zit. als *Carey*, Blackstone's Guide to Data Protection 1998, S.)

Carlin, Fiona, The Data Protection Directive: the introduction of common privacy standards, (1996) 21 ELRev. 65-70

Charlesworth, Andrew, Implementing the European Union Data Protection Directive 1995 in UK Law: The Data Protection Act 1998, Government Information Quarterly, Volume 16, Number 3, 203-240

Chalton, Simon/Gaskill, Shelagh/Walden, Ian/Grant, Hazel/Inger, Luca, Encyclopedia of Data Protection, Band 1, London, Losebl. Stand Dezember 2001 (zit. als Encyclopedia of Data Protection, 2001, Band 1, Teil, Rn.)

Dies., Encyclopedia of Data Protection, Band 3, London, Losebl. Stand Dezember 2001 (zit. als Encyclopedia of Data Protection, 2001, Band 3, Teil, Rn.)

Craig, Paul P., Directives : Direct Effect, Indirect Effect and the Construction of National Legislation, (1997) 22 ELRev 519-538

Christians, Daniel, Das neue Bundesdatenschutzgesetz: die Änderungen im Überblick, Datenschutz Nachrichten 4/2000, 14-23

Clerk&Lindsell, On Torts, 18. Auflage, London 2000 (zit. als *Clerk&Lindsell*, On Torts, 2000 S.)

Coester-Waltjen, Dagmar, Beweiserleichterungen und Gefährdungshaftung, Jura 1996, 608-611

Curtin, Deirdre, The Province of Government: Delimiting the Direct Effect of Directives in the Common Law Context, (1990) 15 ELRev 195-223

Dies., Directives: The Effectiveness of Judicial Protection of Individual Rights, [1990] 27 CMLRev 709-739

Daig, Hans-Wolfram, Zu Rechtsvergleichung und Methodenlehre im Europäischen Gemeinschaftsrecht in: *Bernstein, Herbert/Drobnig, Ulrich/Kötz, Hein* (Hrsg.), Festschrift für Konrad Zweigert zum 70.Geburtstag, Tübingen 1981, S. 395-415

Dammann, Ulrich/Simitis, Spiros, EG-Datenschutzrichtlinie, Baden-Baden 1997 (zit. als *Dammann/Simitis*, EU-Datenschutzrichtlinie, 1997, Art. Rn.)

Dänzer-Vanotti, Wolfgang, Die richtlinienkonforme Auslegung deutschen Rechts hat keinen rechtlichen Vorrang – Zugleich eine Erwiderung auf den Beitrag von Spetzler, RIW 1991, 579-582

Däubler, Wolfgang/Klebe, Thomas/Wedde, Peter, Bundesdatenschutzgesetz, Basiskommentar mit der neuen EG-Datenschutzrichtlinie, Köln 1996 (zit. als *Däubler/Klebe/Wedde*, BDSG, 1996, Art. Rn.)

Daniels, Michael, Matching the damage to the distress – the law that usually leaves distress and inconvenience to go uncompensated, Law Society's Gazette 98 (2001) 44-46

Data Protection Registrar's Guidelines, Guideline 5 – The Individual Rights, Third Series, Wilmslow 1994

De Búrca, Gráinne, Giving Effect to European Community Directives, (1992) 55 MLR 215-240

Dennis, I.H., The Law of Evidence, 2. Auflage, London 2002 (zit. als *Dennis*, Evidence, 2002, S.)

Deutsch, Erwin, Allgemeines Haftungsrecht, 2. Auflage, München 1996 (zit. als *Deutsch*, Haftungsrecht, 1996, S.)

Ders., Das neue System der Gefährdungshaftungen: Gefährdungshaftung, erweiterte Gefährdungshaftung und Kausal-Vermutungshaftung, NJW 1992, 73-77

Ders., Schmerzensgeld für Vertragsverletzungen und bei Gefährdungshaftung, ZRP 2001, 351-354

Deutscher Juristentag (Hrsg.), Grundsätze für eine gesetzliche Regelung des Datenschutzes, Bericht der Datenschutzkommission des Deutschen Juristentages, München 1974 (zit. als *Deutscher Juristentag* (Hrsg.), Grundsätze für eine gesetzliche Regelung, 1974 S.)

Diederichsen, Uwe, Zur gesetzlichen Neuordnung des Schuldrechts, AcP 182 (1982), 101-125

Di Fabio, Udo, Richtlinienkonformität als ranghöchstes Normauslegungsprinzip? – Überlegungen zum Einfluss des indirekten Gemeinschaftsrechts auf die nationale Rechtsordnung, NJW 1990, 947-953

Doehner, Rupert, Anmerkung zum Urteil des EuGH vom 12.03.2003 Rs. C.168/00 (Simone Leitner / TUI Deutschland GmbH & Co. KG), EuZW 2002, 340-342

Dörner, Heinrich/Ebert, Ina/Eckert, Jörn/Hoeren, Thomas/Kemper, Rainer/Saenger, Ingo/Schulte-Nölke, Hans/Schulze, Reiner/Staudinger, Ansgar, Bürgerliches Gesetzbuch, Handkommentar, 2. Auflage, Baden-Baden 2002 (zit. als Hk-BGB/Bearb., 2002, § Rn.)

Dörr, Erwin/Schmidt, Dietmar, Neues Bundesdatenschutzgesetz: Handkommentar – die Arbeitshilfe für Wirtschaft und Verwaltung, 3. Auflage, Köln 1997 (zit. als Dörr/Schmidt, Neues BDSG, 1997, § Rn.)

Doran, Eamonn, Direct Effect: Need Lawyers Read EC Directives, ICCLR 4 (1993) 174-178

Dressel, Christian Oliver, Die gemeinschaftsrechtliche Harmonisierung des Europäischen Datenschutzrechts, München 1995 (zit. als *Dressel*, Gemeinschaftsrechtliche Harmonisierung, 1995, S.)

Duhr, Elisabeth/Naujok, Helg/Peter, Martina/Seiffert, Evelyn, Neues Datenschutzrecht für die Wirtschaft, Erläuterungen und praktische Hinweise zu §1-§11 BDSG, DuD 2002, 5-36

Ehmann, Eugen/Helfrich, Marcus, EG-Datenschutzrichtlinie, Kurzkommentar, Köln 1999 (zit. als *Ehmann/Helfrich*, Datenschutzrichtlinie, 1999, Art. Rn)

Ehmann, Eugen, Anmerkung zu dem Urteil des Amtsgerichtes Kassel vom 03.11.1998 – 424 C 1260 / 98, CR 1999, 751-752

Ders., „Vertragslösungen“ auf der Basis der EG-Datenschutzrichtlinie?, CR 1991, 234-236

Ehmann, Horst/Sutschet, Holger, EU-Datenschutzrichtlinie – Umsetzungsbedarf und Auswirkungen aus der Sicht des Arbeitsrechts, RDV 1997, 3-15

Ehmann, Horst, Prinzipien des deutschen Datenschutzrechts – unter Berücksichtigung der Datenschutzrichtlinie der EG vom 24.10.1995 – (1.Teil), RDV 1998, 235-243

Ehricke, Ulrich, Die richtlinienkonforme und die gemeinschaftskonforme Auslegung nationalen Rechts – Ein Beitrag zu ihren Grundlagen und zu ihrer Bedeutung für die Verwirklichung eines „europäischen Privatrechts“, RabelsZ 59 (1995), 598-644

Elbra, R.A., Implications of the Data Protection Act, Manchester 1985 (zit. als *Elbra*, Implications of the Data Protection Act, 1985, S.)

Ellger, Reinhard, Konvergenz oder Konflikt bei der Harmonisierung des Datenschutzes in Europa? EU-Datenschutzrichtlinie – Datenschutzkonvention des Europarates, CR 1994, 558-569

Ders., Der Datenschutz im grenzüberschreitenden Datenverkehr – Eine rechtsvergleichende und kollisionsrechtliche Untersuchung, Baden-Baden, 1990 (zit. als *Ellger*, Grenzüberschreitender Datenverkehr, 1990, S.)

Engisch, Karl, Einführung in das juristische Denken, 9. Auflage, Stuttgart 1997 (zit. als *Engisch*, Einführung in das juristische Denken, 1997, S.)

Eul, Harald, Die praktische Umsetzung des neuen Bundesdatenschutzgesetzes (Teil 4), DSB 2002/5, 12-16

Ders., Die praktische Umsetzung des neuen Bundesdatenschutzgesetzes (Teil 6), DSB 2002/7+8, 18-22

Evans, Alastair/Korn, Anthony, How to comply with the Data Protection Act, Policies, practice and procedure, Aldershot 1986 (zit. als *Evans/Korn*, How to comply with, 1986, S.)

Everling, Ulrich, Rechtsvereinheitlichung durch Richterrecht in der Europäischen Gemeinschaft, RabelsZ 50 (1986), 191-232

Ders., Zur Auslegung des durch EG-Richtlinien angeglichenen nationalen Rechts, ZGR 1992, 376-395

Faure, Michael G., Compensation of Non-Pecuniary Loss : An Economic Perspective in : *Magnus, Ulrich/Spier, Jaap* (Hrsg.), European Tort Law, Liber amicorum for Helmut Koziol, Frankfurt am Main 2000, S. 143-159

Ferid, Murad/Sonnenberger, Hans Jürgen, Das Französische Zivilrecht Band 1/1 Erster Teil: Allgemeine Lehren des Französischen Zivilrechts: Einführung und Allgemeiner Teil des Zivilrechts, 2. Auflage, Heidelberg 1994 (zit. als *Ferid/Sonnenberger*, Französisches Zivilrecht, Band 1/1, 1994, S.)

Dies., Das Französische Zivilrecht Band 2 Schuldrecht: Die einzelnen Schuldverhältnisse Sachenrecht, 2. Auflage, Heidelberg 1986 (zit. als *Ferid/Sonnenberger*, Französisches Zivilrecht, Band 2, 1986, S.)

Fox, Dirk, Der IMSI-Catcher, DuD 2002, 212-215

Franzen, Martin, Privatrechtsangleichung durch die Europäische Gemeinschaft, Berlin 1999 (zit. als *Franzen*, Privatrechtsangleichung, 1999, S.)

Ders., Die Novellierung des Bundesdatenschutzgesetzes und ihre Bedeutung für die Privatwirtschaft, DB 2001, 1867-1873

Ders., „Heininger" und die Folgen: ein Lehrstück zum Gemeinschaftsprivatrecht, JZ 2003, 321-332

Funkel, Thorsten, Schutz der Persönlichkeit durch Ersatz immaterieller Schäden in Geld – Eine rechtsvergleichende Untersuchung des zivilrechtlichen Persönlichkeitsschutzes unter besonderer Berücksichtigung des Geldersatzes für Nichtvermögensschäden in Deutschland und England, München 2001 (zit. als *Funkel*, Schutz der Persönlichkeit, 2000, S.)

Galand-Carval, Suzanne, France, in: *Koch, Bernhard A./Koziol, Helmut* (Hrsg.), Unification of Tort Law: Strict Liability, Den Haag 2002, S. 127-145

Geis, Ivo, Individualrechte in der sich verändernden europäischen Datenschutzlandschaft, CR 1995, 171-178

Ders., Haftungsrisiken im Datenschutzrecht für Unternehmen, CR 1993, 269-273

Gerhold, Diethelm/Heil, Helmut, Das neue Bundesdatenschutzgesetz 2001, DuD 2001, 377-382

Giegerich, Thomas, Europarecht und deutsches Recht – Wechselwirkungen in der Fallbearbeitung, JuS 1997, 619-625

Giliker, Paula, A "new" head of damages: damages for mental distress in the English law of torts, (2000) 20 Legal Studies 19-41

Götz, Volkmar, Europäische Gesetzgebung durch Richtlinien – Zusammenwirken von Gemeinschaft Staat, NJW 1992, 1849-1856

Gola, Peter/Schomerus, Rudolf, Bundesdatenschutzgesetz (BDSG), 6. Auflage, München 1997 (zit. als *Gola/Schomerus*, BDSG, 1997, § Rn.)

Gola, Peter/Klug, Christoph, Die Entwicklung des Datenschutzrechts in den Jahren 2002/2003, NJW 2003, 2420-2428

Dies., Die Entwicklung des Datenschutzrechts im Jahre 1995/96, NJW 1996, 3312-3320

Ders./Wronka, Georg, Handbuch zum Arbeitnehmerdatenschutz – Rechtsfragen und Handlungshilfen für die betriebliche Praxis, 3. Auflage, Frechen 2004 (zit. als *Gola/Wronka*, Handbuch, 2004, S.)

Golsong, Heribert/Karl, Wolfram/Miehlser, Herbert/Petzold, Herbert/Rogge, Kersten/Vogler, Theo/ Wildhaber, Luzius, Internationaler Kommentar zur Europäischen Menschenrechtskonvention Köln, Losebl. Stand Juni 2004 (zit. als: IntKommEMRK-Bearb., 2004, Art. Rn.)

Gounalakis, Georgios, Persönlichkeitsschutz und Geldersatz, AfP 1998, 10-25

Ders. /Rhode, Lars, Persönlichkeitsschutz im Internet, Grundlagen und Online-Spezifika, München 2002 (zit. als *Gounalakis/Rhode*, Persönlichkeitsschutz, 2002, S.)

Ders./Mand, Elmar, Die neue EG-Datenschutzrichtlinie – Grundlagen einer Umsetzung in nationales Recht (I), CR 1997, 431-438

Dies., Die neue EG-Datenschutzrichtlinie – Grundlagen einer Umsetzung in nationales Recht (II), CR 1997, 497-504

Grabitz, Eberhard, Gemeinschaftsrecht bricht nationales Recht, Hamburg 1966 (zit. als *Grabitz*, Gemeinschaftsrecht, S.)

Grabitz/Hilf (Hrsg.), Das Recht der Europäischen Union, Altband I, Art. 1-136a EGV (Maastrichter Fassung), München, Losebl. Stand Februar 2002 (zit. als Bearb. in: GH-I, Alt, 2002, Art. Rn.)

Dies. (Hrsg.), Das Recht der Europäischen Union, Altband II, Art. 137-248 EGV (Maastrichter Fassung), EWGV (Römische Fassung), München, Losebl., Stand Oktober 1999 (zit. als Bearb. in: GH-II, Alt, 1999, Art. Rn.)

Dies. (Hrsg.), Das Recht der Europäischen Union, Band II, EUV/EGV (Fortsetzung), München, Losebl. Stand August 2003 (zit. als Bearb. in: GH-II, 2003, Art. Rn.)

Grabitz/Hilf/Wolf (Hrsg.), Das Recht der Europäischen Union, Band III, Sekundärrecht, München Loseblatt Stand August 2003 (zit. als: Bearb. in: GH-III, 2003, Art. Rn.)

Greve, Kai, Grundfragen deliktischer Schadensersatzansprüche des Betroffenen bei der Verarbeitung personenbezogener Daten durch Dritte, Frankfurt am Main 1989 (zit. als *Greve*, Grundfragen, 1989, S.)

Gridl, Rudolf, Datenschutz in globalen Telekommunikationssystemen: Eine völkerrechtliche Analyse der vom internationalen Datenschutzrecht vorgebenenen Rahmenbedingungen, Dissertation, Ludwig-Maximilian Universität München 1998 (zit. als *Gridl*, Datenschutz in globalen Telekommunikationssystemen, 1998, S.)

Grimalt-Servera, Pedro, La responsabilité civile résultant d`un traitement de données à charactère personnel selon la directive n° 95/46/CE du Parlement et du Conseil, du 24 Octobre 1995 (1), Cahiers – Lamy droit de l`informatique et des réseaux, N° 118 – Octobre 1999, 2-18

Grundmann, Stefan, Richtlinienkonforme Auslegung im Bereich des Privatrechts – insbesondere : der Kanon der nationalen Auslegungsmethoden als Grenze ?, ZEuP 1996, 399-424

Ders., EG-Richtlinie und nationales Privatrecht – Umsetzung und Bedeutung der umgesetzten Richtlinie im nationalen Privatrecht, JZ 1996, 274-287

Grubb, Andrew (Hrsg.), The Law of Tort, London 2002 (zit. als Bearb. in: *Grubb* (Hrsg.), Law of Tort, 2002, S.)

Habersack, Mathias/Mayer, Christian, Der Widerruf von Haustürgeschäften nach der "Heininger"-Entscheidung des EuGH, WM 2002, 253-259

Halsbury's Laws of England, *Lord Hailsham of St. Marylebone* (Hrsg.), Band 7 (2), Companies, 4. Auflage, London 1996 (zit. als Halsbury's Laws of England, Band 7 (2), 1996, S.)

Halsbury's Laws of England, *Lord Hailsham of St. Marylebone* (Hrsg.), Band 44 (1), Solicitors to Statutes, 4. Auflage, London 1995 (zit. als Halsbury's Laws of England, Band 44 (1), 1995, S.

Harris, DJ/O'Boyle, M/Warbrick, C, Law of the European Convention of Human Rights, London 1995 (zit. als *Harris/O'Boyle/Warbrick*, Human Rights, 1995, S.)

Haslach, Christian, Unmittelbare Anwendung der Datenschutzrichtlinie, DuD 1998, 693-699

Hassemer, Winfried, Prognosen zum Datenschutz, in: *Simon, Dieter/Weiss, Manfred* (Hrsg.), Zur Autonomie des Individuums – Liber amicorum Spiros Simitis, Baden-Baden, 2000, S. 121-129

Heil, Helmut, Key Notes by the Federal Data Protection Commissioner, in: *Kilian, Wolfgang* (Hrsg.), EC Data Protection Directive, Interpretation, Application, Transposition, Working Conference, Darmstadt 1997, S. 39-53

Helle, Jürgen, Besondere Persönlichkeitsrechte im Privatrecht, Das Recht am eigenen Bild, das Recht am gesprochenen Wort und der Schutz des geschriebenen Wortes, Tübingen 1991 (zit. als *Helle*, Besondere Persönlichkeitsrechte, 1991, S.)

Hentschel, Peter, Straßenverkehrsrecht, Straßenverkehrsgesetz, Straßenverkehrs-Ordnung, Straßenverkehrs-Zulassungs-Oordnung, Fahrerlaubnis-Verordnung, Bußgeldkatalog, Gesetzesmaterialien, Verwaltungsvorschriften und einschlägige Bestimmungen des StGB und der StPO 37. Auflage, München 2003 (zit. als *Hentschel*, Straßenverkehrsrecht, 37. Auflage, § Rn.)

Herber, Rolf, Direktwirkung sogenannter horizontaler EG-Richtlinien? – Anmerkungen zum Urteil des OLG Celle, EuZW 1990, 550, EuZW 1990, 401-404

Heß, Burkhard, Anmerkung zum Urteil des EuGH vom 14.07.1994 in der Rechtssache C-91/92 Paola Faccini Dori / Recreb Srl., JZ 1995, 151-152

Hilbrans, Sönke, Die Datenschutzbestimmung der EU-Grundrechtscharta, Datenschutz-Nachrichten 2001, 11-16

Hilf, Meinhard, Die Richtlinie der EG – ohne Richtung, ohne Linie? Hans Peter Ipsen zum 85. Geburtstag, EuR 1993, 1-22

Himmelrath, Arnim, Geiz ist gefährlich, Rasterfahndung im BaföG-Amt, Spiegel-Online vom 14.05.2003 http://www.spiegel.de/unispiegel/geld/0,1518,248518,00.html

Hirsch, Günther, Das Subsidiaritätsprinzip, Architekturprinzip oder Sprengsatz für die Europäische Union? in: *Böttcher, Reinhard/Hueck, Götz/Jähnke, Burkhard* (Hrsg.), Festschrift für Walter Odersky zum 65. Geburtstag am 17. Juli 1996, Berlin 1996, S. 197-213

Hochleitner, Wolf-Dieter/Wolf, Manfred/Großerichter, Helge, Teleologische Reduktion auf Null? – Zur Unzulässigkeit einer richtlinienkonformen „Auslegung" des §5 Abs. 2 HwiG in der Folge der „Heininger"-Entscheidung des EuGH, WM 2002, 529-535

Hoey, Amanda, An ethical issue of the information age – computers and privacy, Computer Law & Practice, Vol. 11 No.5, 1995, 126-130

Hoffmann-Riem, Wolfgang, Weiter so im Datenschutzrecht?, DuD 1998, 684-689

Ders., Informationelle Selbstbestimmung als Grundrecht kommunikativer Entfaltung, in: *Bäumler, Helmut*, (Hrsg.), Der neue Datenschutz – Datenschutz in der Informationsgesellschaft von morgen, Neuwied 1998, S. 11-34

Hommelhoff, Peter, Die Auslegung angeglichenen Gesellschaftsrechts – eine Analyse der EuGH-Rechtsprechung, in: *Schulze, Reiner* (Hrsg.), Auslegung Europäischen Privatrechts und angeglichenen Rechts, Baden-Baden 1999, S. 29-46

Hoppe, Tilman, Persönlichkeitsschutz durch Haftungsrecht, Berlin 2001 (zit. als *Hoppe*, Persönlichkeitsschutz, 2001, S.)

Horton-Rogers, W.V., Tort and Insurance Law, Band 2, Damages for Non-pecuniary Loss in a Comparative Perspective, Wien 2001 (zit. als Bearb. in: *Horton-Rogers* (Hrsg.), Damages for non-pecuniary loss, 2001, S.)

Howarth, David, Textbook on Tort, London 1995 (zit. als *Howarth*, On Tort, 1995, S.)

Hülsmann, Franz Werner/Mörs, Sven/Schaar, Peter, Mobilkommunikation und Datenschutz, DuD 2001, 196-204

Ihde, Rainer, Cookies – Datenschutz als Rahmenbedingung der Internetökonomie, CR 2000, 413-423

Information Commissioner, Data Protection Act 1998, Legal Guidance, Wilmslow 2001 (zit. als *Information Commissioner*, Legal Guidance, 2001. S.)

Ipsen, Hans Peter, Europäisches Gemeinschaftsrecht, Tübingen 1972 (zit. als *Ipsen*, Gemeinschaftsrecht, S.)

Isensee, Josef/Kirchhof, Paul, Handbuch des Staatsrechts der Bundesrepublik Deutschland, Band VI Freiheitsrechte, Heidelberg 2001 (zit. als Bearb. in: *Isensee/Kirchhof*, Handbuch des Staatsrechts, 2001, Band VI, § Rn.)

Jacob, Joachim-W., Datenschutzrechtliche Entwicklungen im "Informationellen Großraum" Europa, in: *Tinnefeld, Marie-Theres* (Hrsg.), Informationsgesellschaft und Rechtskultur: Informationelle und politische Teilhabe in der Europäischen Union, Baden-Baden 1995, S. 93-97

Ders., Die EG-Datenschutzrichtlinie aus der Sicht des BfD, RDV 1993, 11-14

Ders., Perspektiven des neuen Datenschutzrechts – Zur Zukunft des Bundesdatenschutzgesetzes, DuD 2000, 5-11

Ders., Datenschutz in einer multimedialen Welt, RDV 1996, 1-4

Jarass, Hans D., Richtlinienkonforme bzw. EG-rechtskonforme Auslegung nationalen Rechts, EuR 1991, 211-223

Ders., Haftung für die Verletzung von EU-Recht durch nationale Organe und Amtsträger, NJW 1994, 881-886

Jay, Rosemary/Hamilton, Angus, Data Protection – Law and Practice, London 1999 (zit. als *Jay/Hamilton*, Data Protection, 1999, S.)

Kilian, Wolfgang, Europäisches Datenschutzrecht – Persönlichkeitsrecht und Binnenmarkt, in: *Tinnefeld, Marie-Theres* (Hrsg.), Informationsgesellschaft und Rechtskultur: Informationelle und politische Teilhabe in der Europäischen Union, Baden-Baden 1995, S. 98-109

Klein, Eckart, Objektive Wirkung von Richtlinien in: *Due, Ole/Lutter, Marcus/Schwarze, Jürgen* (Hrsg.), Festschrift für Ulrich Everling, Band I, Baden-Baden 1995, S. 641-650

Kloepfer, Michael, Geben moderne Technologien und die europäische Integration Anlass, Notwendigkeit und Grenzen des Schutzes personenbezogener Daten neu zu bestimmen? – Gutachten D für den 62. Deutschen Juristentag in: Verhandlungen des 62. Deutschen Juristentages Bremen 1998, Band I

Kloepfer, Michael/Kutzschbach, Gregor, Schufa und Datenschutzrecht, MMR 1998, 650-59

Klug, Christoph, Beispiele richtlinienkonformer Auslegung des BDSG, RDV 2001, 266-274

Köhntopp, Marit/Köhntopp, Kristian, Datenspuren im Internet, CR 2000, 248-257

Köhntopp, Marit/Fox, Dirk, Utopienah, DuD 1999, 126

Körner, Marita, Zur Aufgabe des Haftungsrechts – Bedeutungsgewinn präventiver und punitiver Elemente , NJW 2000, 241-246

Körner-Dammann, Marita, Der zweite Entwurf einer EG-Datenschutzrichtlinie, RDV 1993, 14-20

Kötz, Hein, Haftung für besondere Gefahr – Generalklausel für die Gefährdungshaftung, AcP 170 (1970), 1-41

Kopp, Ferdinand, Das EG-Richtlinienvorhaben zum Datenschutz – Geänderter Vorschlag der EG-Kommission für „eine Richtlinie des Rates zum Schutz natürlicher Personen bei der Verarbeitung personenbezogener Daten und zum freien Datenverkehr“, RDV 1993, 1-10

Kohl, Helmut, Der Schutz des Individuums im weltweiten Netz – Eine Skizze in: *Simon, Dieter/Weiss, Manfred* (Hrsg.), Zur Autonomie des Individuums – Liber Amicorum Spiros Simitis, Baden-Baden 2000, S. 151-162

Koziol, Helmut, Die „Principles on European Tort Law" der „European Group on Tort Law", ZEuP 2004, 234-259

Kuner, Christopher, Challenges for Review of the EU Data Protection Directive, DuD 2002, 553-555

Ders., European Data Privacy Law and Online Business, Oxford 2003 (zit. als *Kuner*, European Data Privacy Law, 2003, S.)

Laicher, Eberhard, EU-Richtlinie zum Datenschutz und BDSG, Gedanken zur Novellierung des BDSG, DuD 1996, 409-412

Der Landesbeauftragte für den Datenschutz Saarland, Anforderungen zur informationstechnischen Sicherheit bei Chipkarten, Ergebnis der Arbeitsgruppe „Chipkarten" des Arbeitskreises „Technik" der Konferenz der Datenschutzbeauftragten des Bundes und der Länder, Version vom 2.12.1996, http://www.lfd.saarland.de/dschutz/OHChip.htm (zit. *LfD Saarland*, Anforderungen zur informationstechnischen Sicherheit, 1996, Gliederungspunkt)

Langenfeld, Christine, Die Gleichbehandlung von Mann und Frau im Europäischen Gemeinschaftsrecht, Baden-Baden 1990 (zit. als *Langenfeld*, Gleichbehandlung, 1990, S.)

Larenz, Karl, Lehrbuch des Schuldrechts, Erster Band Allgemeiner Teil, 14. Auflage, München 1987 (zit. als *Larenz*, Schuldrecht Band I, 1987, S.)

Ders./Canaris, Claus-Wilhelm, Lehrbuch des Schuldrechts Zweiter Band Besonderer Teil, 2. Halbband, 13.Auflage, München 1994 (zit. als *Larenz/Canaris*, BT II/2 1994, S.)

Dies., Methodenlehre der Rechtswissenschaft, 3. Auflage, 1995 (zit. als *Larenz/Canaris*, Methodenlehre, 1995, S.)

Lavranos, Nikolaos, Datenschutz in Europa – Am Beispiel der Datenschutzrichtlinie, des Schengen Information System (SIS) und Europol, DuD 1996, 400-409

Law Commission, Consultation Paper No. 137, Common and Public Law, Liability for Psychiatric Illness, London 1995 (zit. als *LCCP*, No. 137, 1995, S.)

Leible, Stefan, Anmerkung zum Urteil des EuGH vom 10.05.2001 – Rs. C-144/99 (Kommission der EG / Königreich der Niederlande), EuZW 2001, 438-439

Ders., Gerichtsstandsklauseln und EG-Klauselrichtlinie, RIW 2001, 422-431

Lennartz, Hans Albert, Betrachtungen zum Referentenentwurf eines BDSG – So wird der Bund keine „Leitfunktion" beanspruchen können, CR 1988, 686-692

Le Tourneau, Philippe/Cadiet, Loic, Droit de la Responsabilité et des contrats – Responsabilité administrative et pénale, Responsabilité civile délictuelle et quasi délictuelle, Formation et exécution des contrats, Défaillances contractuelles et professionnelles, Contrats civils et commerciaux, Régimes spéciaux d'indemnisation, Accidents de la circulation, Produits défecteux, Réparation, Actions récursoires, Paris 2000 (zit. als *Le Tourneau/Cadiet*, Droit de la Responsabilité, 2000, S.)

Lloyd, Ian, A Guide to the Data Protection 1998, London 1998 (zit. als *Lloyd*, Guide, 1998, Rn.)

Ders., Data Protection in the United Kingdom, in: *Kilian, Wolfgang* (Hrsg.), EC Data Protection Directive, Interpretation, Application, Transposition, Working Conference, Darmstadt 1997, S. 80-99

Lord Chancellor's Department, Data Protection Act 1998: Post-Implementation Appraisal, Summary of the Responses to September 2000 Consultation, Dezember 2001, http://www.lcd.gov.uk/ccpd/dparesp.htm (zit. als *LCD*, DPA 1998, Post-Implementation Appraisal, 2001, Abschnitt)

Lütkemeier, Sven, EU-Datenschutzrichtlinie – Umsetzung in nationales Recht, DuD 1995, 597-603

Lunney, Mark/Oliphant, Ken, Tort Law, Text and Materials, Oxford 2000 (zit. als *Lunney/Oliphant*, Tort Law, 2000, S.)

Lutter, Marcus, Die Auslegung angeglichenen Rechts, JZ 1992, 593-603

Magnus, Ulrich, Zweispurigkeit im Binnenmarkt – Probleme des neuen Produkthaftungsrechts, JZ 1990, 1100-1108

Malaurie, Philippe/Aynès, Laurent, Cours de Civil, Band II, Les personnes – les incapacités, 3. Auflage, Paris 1994 (zit. als *Malaurie/Aynès*, Droit Civil, Band II, 1994/1995, S.)

Dies., Cours de Droit Civil, Band VI, Les obligations, 7. Auflage, Paris 1997 (zit. als *Malaurie/Aynès*, Droit Civil, Band VI, 1997, S.)

Markesinis, Basil/Deakin, Simon/Johnston, Angus, Markesini's and Deakin's on Tort Law, 5. Auflage, Oxford, 2003 (zit. als *Markesinis/Deakin*, Tort Law, 2003, S.)

Mazeaud/Tunc, Traité théorique et pratique de la Responsabilité civile – Délictuelle et Contractuelle, Band 1, 6. Auflage, Paris 1965 (zit. als *Mazeaud/Tunc*, Responsabilité civile, Bd. 1, 1965, S.

Dies., Traité théorique et pratique de la Responsabilité civile – Délictuelle et Contractuelle, Band 2, 6. Auflage, Paris 1970 (zit. als *Mazeaud/Tunc*, Responsabilité civile, Bd. 2, 1970, S.)

Maunz/Dürig, Grundgesetz – Kommentar, München, Loseblatt Stand Februar 2003 (zit. als MD-Bearb., GG, 2003, Art. Rn.)

McGregor, Harvey, McGregor On Damages, 17. Auflage, London 2003 (zit. als *McGregor*, On Damages, 2003, S.

Medicus, Dieter, Gefährdungshaftung im Zivilrecht, Jura 1996, 561-566

Meier, Gert, Rechtsfolgen eines Verstoßes gegen Gemeinschaftsrecht durch nationale Gerichte, EuZW 2004, 335

Meister, Herbert, Entwicklungen im europäischen Datenrecht, RIW 1982, 481-489

Möllers, Thomas M.J., Doppelte Rechtsfortbildung contra legem? Zur Umgestaltung des Bürgerlichen Gesetzbuches durch den EuGH und nationale Gerichte, EuR 1998, 20-46

Mullany, Nicholas J/Handford, Peter R, Tort Liability for Psychiatric Damage, The Law of „Nervous Shock", London 1993 (zit. als *Mullany/Handford*, Psychiatric Damage, 1993, S.)

Müller, Gerhard F./Wächter, Michael, Zur Aufnahme einer verschuldensunabhängigen Schadensersatzregelung in das BDSG, DuD 1989, 239-244

Dies., Der Datenschutzbeauftragte – Eine systematische Darstellung des Bundesdatenschutzgesetzes, 2. Auflage, München 1991 (zit. als *Müller/Wächter*, Der Datenschutzbeauftragte, 1991, S.)

Müller-Graff, Peter-Christian, Europäisches Gemeinschaftsrecht und Privatrecht – Das Privatrecht in der europäischen Integration, NJW 1993, 13-23

Münchener Kommentar zum Bürgerlichen Gesetzbuch, *Rebmann, Kurt, Säcker, Franz Jürgen, Rixecker, Roland* (Hrsg.), Band 2a, Schuldrecht Allgemeiner Teil, §§241-432, 4.Auflage, München 2003 (zit. als MüKo-Bearb., 4. Aufl., § Rn.)

Münchener Kommentar zum Bürgerlichen Gesetzbuch, *Dies.* (Hrsg.), Band 5, Schuldrecht Besonderer Teil, §§705-853, Partnerschaftsgesellschaftsgesetz, Produkthaftungsgesetz, 4. Auflage, München 2004 (zit. als MüKo-Bearb. 4.Aufl., § Rn.)

Mütsch, Burkhard, Der geänderte Datenschutzrichtlinien-Vorschlag und der Änderungsvorschlag der dänischen, deutschen, irischen und britischen Ratsgruppen-Delegation, RDV 1994, 67-71

Nassall, Wendt, Die Anwendung der EU-Richtlinie über missbräuchliche Klauseln in Verbraucherverträgen, JZ 1995, 689-694

Nessler, Volker, Richterrecht wandelt EG-Richtlinien – Die EuGH-Rechtsprechung zur unmittelbaren Wirkung von Richtlinien als Problem des europäischen Richterrechts, RIW 1993, 206-214

Niblett, Bryan, Data Protection Act 1984, London 1984 (zit. als *Niblett,* Data Protection Act, 1984, S.)

Niedermeier, Robert/Schröcker, Stefan, Ersatzfähigkeit immaterieller Schäden aufgrund rechtswidriger Datenverarbeitung, RDV 2002, 217-224

Nitsch, Peter, Datenschutz und Informationsgesellschaft, ZRP 1995, 361-365

Obwexer, Walter, Anmerkung zum Urteil des EuGH vom 30.09.2003 Rs. C-224/01 Gerhard Köbler./.Republik Österreich, EuZW 2003, 726-728

Odersky, Walter, Rechtsfragen zur Anwendung von Recht der Europäischen Union im Mitgliedsstaat, ZeuP 1998, 485 - 492

Oppenheim, Charles/Davies, Eric/Warwood, Alasdair, Data Protection – Guide to the Practical Implementation of the Data Protection Act 1998, 2. Auflage, London 2000 (zit. als *Oppenheim/Davies/Warwood,* Guide to the Practical Implementation, 2000, S.)

Palandt, Bürgerliches Gesetzbuch, 64. Auflage, München 2005 (zit. als *Palandt*/Bearbeiter, 64. Aufl., § Rn.)

Panagiotides, William A., Der Data Protection Act 1984, Zur Geschichte der Datenschutzgesetzgebung in Großbritannien, Baden-Baden 1998 (zit. als *Panagiotides,* Data Protection Act, 1998, S.)

Pausch, Manfred, Die Sicherheit von Magnetstreifenkarten im automatisierten Zahlungsverkehr, CR 1997, 174-180

Pearce, Graham/Patten, Nicholas, Achieving Personal Data Protection in the European Union, (1998) 36 Journal of Common Market Studies 529-547

Petri, Thomas Bernhard, Vollzugsdefizite bei der Umsetzung des BDSG, DuD 2002, 726-729

Ders., Das Scoringverfahren der SCHUFA, DuD 2001, 290-291

Phillipson, Gavin, Transforming Breach of Confidence? Towards a Common Law Right of Privacy under the Human Rights Act, (2003) 66 MLR 726-758

Ders./Fenwick, Helen, Breach of Confidence as a Privacy Remedy in the Human Rights Era, (2000) 63 MLR 660-693

Piekenbrock, Andreas/Schulze, Götz, Die Grenzen richtlinienkonformer Auslegung – autonomes Richterrecht oder horizontale Drittwirkung, WM 2002, 521-529

Poullet, Yves, The European Data Protection Directive relating to the protection of physical persons with regard to the processing of personal data and its free circulation –a state of relative harmony, in: *Kilian, Wolfgang* (Hrsg.), EC Data Protection Directive, Interpretation, Application, Transposition, Working Conference, Darmstadt 1997 S. 24-29

Rajani, Sona, Die Geltung und Anwendung des Gemeinschaftsrechts im Vereinigten Königreich von Großbritannien und Nordirland, Der Grundsatz der Parlamentssouveränität im wandel, Frankfurt am Main 2000 (zit. als *Rajani*, Geltung und Anwendung des Gemeinschaftsrechts, 2000, S.)

Resenhoeft, Thilo, Menschliches Erbgut zu 99,9% entschlüsselt, www.sueddeutsche.de vom 14.04.2003

Rörig, Ursula, Die Direktwirkung von Richtlinien in Privatrechtsverhältnissen – Eine Abgrenzung der richtlinienkonformen Auslegung vom Phänomen der Direktwirkung, Baden-Baden, 2001 (zit. als *Rörig*, Direktwirkung, 2001, S.)

Roßnagel, Alexander/Pfitzmann, Andreas/Garstka, Hansjürgen, Modernisierung des Datenschutzrechts, Gutachten im Auftrag des Bundesministeriums des Innern, Berlin 2001 (zit. als *Roßnagel/Pfitzmann/Garstka*, Modernisierung, 2001, S.)

Roßnagel, Alexander/Bizer, Johann, Multimediadienste und Datenschutz, DuD 1996, 209-217

Roßnagel, Alexander (Hrsg.), Handbuch Datenschutzrecht – Die neuen Grundlagen für Wirtschaft und Verwaltung, München 2003 (zit. als Bearb. in: *Roßnagel* (Hrsg.), Handbuch, 2003, S.)

Roth, Wulf-Henning, Europäisches Recht und nationales Recht, in: *Canaris, Claus-Wilhelm/Heldrich, Andreas/Hopt, Klaus J./Roxin, Claus/Schmidt, Karsten/Widmaier, Gunter* (Hrsg.), 50 Jahre Bundesgerichtshof, Festgabe aus der Wissenschaft, Band II, Handels- und Wirtschaftsrecht, Europäisches und Internationales Recht hrsg. von *Heldrich, Andreas/Hopt, Klaus J.*, München 2000, S. 847-888

Ders., Generalklauseln im Europäischen Privatrecht – Zur Rollenverteilung zwischen Gerichtshof und Mitgliedsstaaten bei ihrer Konkretisierung, in: *Basedow, Jürgen/Hopt, Klaus J./Kötz, Hein* (Hrsg.), Festschrift für Ulrich Drobnig zum siebzigsten Geburtstag, Tübingen 1998, S. 135-153

Rowe, Heather, Tolley's Data Protection Act 1998 - A Practical Guide, Croydon 2000 (zit. als *Rowe*, Data Protection, 1998, S.)

Rüffler, Friedrich, Richtlinienkonforme Auslegung nationalen Rechts, ÖJZ 1997, 121-131

Rüpke, Giselher, Aspekte zur Entwicklung eines EU-Datenschutzrechts, ZRP 1995, 185-190

Ders., Perspektiven für ein europäisches Datenschutzrecht – Eine Betrachtung aus deutscher Sicht, EuZW 1993, 149-156

Runge, Gerd, Datenschutz auf dem Prüfstand, DuD 1996, 261-266

Schaar, Peter, Datenschutz im Internet, Die Grundlagen, München 2002 (zit. *Schaar*, Datenschutz im Internet, 2002, S.)

Ders., Cookies: Unterrichtung und Einwilligung des Nutzers über die Verwendung, DuD 2000, 275-277

Ders., Datenschutzfreier Raum Internet?, CR 1996, 170-177

Schäfer, Hans-Bernd/Ott, Claus, Lehrbuch der ökonomischen Analyse des Zivilrechts, 3.Auflage, Berlin 2000 (zit. *Schäfer/Ott*, Ökonomische Analyse, 2000, S.)

Schaffland, Hans-Jürgen/Wiltfang, Noeme, Bundesdatenschutzgesetz, Ergänzbarer Kommentar nebst einschlägigen Rechtsvorschriften, Berlin, Loseblatt Stand Juni 2004 (zit. als *Schaffland/Wiltfang*, BDSG, 2004, §, Rn.)

Dies., Bundesdatenschutzgesetz, Ergänzbarer Kommentar nebst einschlägigen Rechtsvorschriften, Berlin, Loseblatt Stand Oktober 2001 (zit. als *Schaffland/Wiltfang*, BDSG, 2001, § Rn.)

Schardt, Andreas, Multimedia – Fakten und Rechtsfragen, GRUR 1996, 827-830

Scherpe, Jens M., Ausnahmen vom Erfordernis eines strikten Kausalitätsnachweises im englischen Deliktsrecht – Anmerkung zum Urteil des House of Lords vom 20. Juni 2002, EuZW 2004, 164-174

Scherzberg, Arno, Die innerstaatlichen Wirkungen von EG-Richtlinien, Jura 1993, 225-232

Schild, Hans-Hermann, Die EG-Datenschutzrichtlinie, EuZW 1996, 549-555

Schmidt, Günter, Wann haftet der Staat? – Vorschriftswidrige Datenverarbeitung und Schadensersatz, Neuwied 1989 (zit. als *Schmidt*, Wann haftet der Staat?, 1989, S.)

Schmidt, Marek, Privatrechtsangleichende EU-Richtlinien und nationale Auslegungsmethoden, RabelsZ 59 (1995), 569-597

Schmidt-Kessel, Martin, Auf dem Weg zu einem Europäischen Vertragsrecht – Zur Einordnung des Aktionsplans der Kommission, RIW 2003, 481-489

Schneider, Jochen, Die EG-Richtlinie zum Datenschutz – Verbotsprinzip, betrieblicher Datenschutzbeauftragter, Haftung, CR 1993, 35-39

Ders., Handbuch des EDV-Rechts; IT-Vertragsrecht, AGB-Vertragsgestaltung, Datenschutz, Rechtsschutz, 3. Auflage, Köln 2003 (zit. als *Schneider*, Handbuch, 2003, S.)

Schroeder, Werner, Die Auslegung des EU-Rechts, JuS 2004, 180-186

Schulze, Reiner, Auslegung Europäischen Privatrechts und angeglichenen Rechts – Einführung in: *Ders*. (Hrsg.), Auslegung europäischen Privatrechts und angeglichenen Rechts, Baden-Baden 1999, S. 9-25

Schwartz, John, „Web bugs“ are tracking use of internet, The New York Times on the Web, 14.08.2001, www.nytimes.com/2001/08/14/technology/ebusiness

Schwarze, Jürgen (Hrsg.), EU-Kommentar, Baden-Baden 2000 (zit. als *Schwarze*-Bearb., 2000, Art. Rn.)

Schweizer, Rainer, Europäisches Datenschutzrecht – Was zu tun bleibt, DuD 1989, 542-546

Siemes, Christiane, Gewinnabschöpfung bei Zwangskommerzialisierung der Persönlichkeit durch die Presse, AcP 201 (2001), 202-231

Simitis, Spiros, Die EU-Datenschutzrichtlinie – Stillstand oder Anreiz?, NJW 1997, 281-288

Ders., Auf dem Weg zu einem neuen Datenschutzkonzept – Die zweite Novellierungsstufe des BDSG, DuD 2000, 714-726

Ders., Die informationelle Selbstbestimmung – Grundbedingung einer verfassungskonformen Informationsordnung, NJW 1984, 398-405

Ders., Datenschutz und Europäische Gemeinschaft, RDV 1990, 3-23

Ders., Vom Markt zur Polis: Die EU-Richtlinie zum Datenschutz, in: *Tinneld, Marie-Theres* (Hrsg.), Informationsgesellschaft und Rechtskultur: Informationelle und politische Teilhabe in der Europäischen Union, Baden-Baden 1995, S. 51-70

Ders., Privatisierung und Datenschutz, DuD 1995, 648-652

Ders., Die Erosion des Datenschutzes – Von der Abstumpfung der alten Regelungen und den Schwierigkeiten, neue Instrumente zu entwickeln in: Landesbeauftragte für den Datenschutz NRW, *Bettina Sokol* (Hrsg.), Neue Instrumente im Datenschutz, Düsseldorf 1999, S. 5-40

Ders., Revisiting Sensitive Data – Review of the answers to the Questionnaires of the Consultative Committee of the Convention for the Protection of Individuals with regard to the Automatic Processing of Personal Data (ETS 108), Strasbourg, 24.-26. November 1999
http://www.coe.int/T/E/Legal_affairs/Legal_coperation/Data_protection/Documents/Reports/TopOfPage

Ders., Reviewing Privacy in an Information Society, U. Penn L.R. 135 (1986/1987), 707-746

Ders., Datenschutz – Rückschritt oder Neubeginn?, NJW 1998, 2473-2479

Ders., Die ungewisse Zukunft des Datenschutzes – Vorbemerkungen zu einer Prognose, in: *Bäumler, Helmut* (Hrsg.), E-Privacy, Datenschutz im Internet, Braunschweig 2000, S. 305-315

Ders./Dammann, Ulrich/Geiger, Hansjörg/Mallmann, Otto/Walz, Stefan, Kommentar zum Bundesdatenschutzgesetz, 4. Auflage, Baden-Baden, Loseblattsammlung Stand Juni 2001 (zit. als *Simitis/Dammann/Geiger/Mallmann/Walz*, BDSG, 2001, § Rn.)

Ders. (Hrsg.), Kommentar zum Bundesdatenschutzgesetz, 5.Auflage, Baden-Baden 2003 (zit. als *Simitis/Bearb.*, BDSG, 2003 §, Rn)

Ders./Dammann/Körner (Hrsg., bearbeitet von *Arendt, Anne*), Datenschutz in der Europäischen Union Gesetzessammlung, Band I und II, Baden-Baden, Loseblatt Stand Oktober 2003 (zit. als *Simitis/Dammann/Körner* (Hrsg.), Datenschutz in der Europäischen Union, 2003, Bd.)

Singleton, Susan, The Data Protection Directive, Computer Law & Practice, Vol. 11 No.5, 1995, S. 140-144

Sizer, Richard/ Newman, Philip, The Data Protection Act, A practical guide, Aldershot 1984 (zit. als *Sizer/Newman*, Data Protection Act, 1984, S.)

Skipper, Andrew, Perspektiven für ein europäisches Datenschutzrecht, A U.K. Perspective, EuZW 1993, 145-149

Sokol, Bettina, Der Fall „deCODE“: Das isländische Beispiel für den Einsatz genetischer Forschung, DuD 2001, 5-11

Spetzler, Eugen, Die richtlinienkonforme Auslegung als vorrangige Methode steuerjuristischer Hermeneutik, RIW 1991, 579-582

Spier, Jaap/Haazen, Olav A., The European Group on Tort Law („Tilburg Group“) and the European Principles of Tort Law, ZEuP 1999, 469-493

Stähler, Thomas P., Datenschutzrechtliche Aspekte der Weitergabe von Sozialdaten, Vor allem am Beispiel der gesetzlichen Rentenversicherung und verwandter Versicherungszweige sowie unter besonderer Berücksichtigung der Datenweitergabe an die Strafverfolgungs- und Gefahrenabwehrbehörden, Baden-Baden 2000 (zit. als *Stähler*, Aspekte, 2000, S.)

Steiner, J. Coming to terms with EEC Directives, (1990) 106 LQR 144-159

Steininger, Margit, Zur Interpretation des Gemeinschaftsrechts, ZÖR 53 (1998), 239-261

Sterling, J.A.L., The Data Protection Act 1984 – A Guide To The New Legislation, 2. Auflage, Bicester 1985 (zit. als *Sterling*, Data Protection, 1985, S.)

Stoll, Hans, Consequences of Liability: Remedies, in: *Tunc, André* (Hrsg.), International Encyclopedia of Comparative Law, Band XI, Torts, Tübingen 1986, S. 3-167

Street on Torts, *Brazier, Margaret/Murphy, John* (Hrsg.), 10. Auflage, London 1999 (zit. als *Street*, On Torts, 1999, S.)

Streitz, Matthias, Big Brother Inc., Die Gewinnmaschine, www.spiegel.de/wirtschaft/0,1518,247596,00.html vom 07.05.2003

Stuyck, J./Wytinck, P. Case C-106/89, Marleasing SA v La Comercial Internacional de Alimentacion SA, Judgment of 13 November 1990 (Sixth Chamber) not yet reported – Comments, (1991) 28 CMLRev 205-223

Szysczak, Erika Sovereignty: Crisis, Compliance, Confusion, Complacency?, (1990) 15 EL Rev 480-488

Teschner, Armin, Schadensersatzpflicht nach Verletzung datenschutzrechtlicher Vorschriften, SchlHA 1999, 65-69

Tinnefeld, Marie-Theres, Die Novellierung des BDSG im Zeichen des Gemeinschaftsrechts, NJW 2001, 3078-3083
Dies./Ehmann, Eugen, Einführung in das Datenschutzrecht, 3.Auflage, München 1998 (zit. als *Tinnefeld/Ehmann*, Datenschutzrecht, 1998, S.)

Putzo, Hans/Reichold, Klaus/Hüßtege, Rainer, Zivilprozessordnung, 25. Auflage, München 2003 (zit. als *Thomas/Putzo*, ZPO, 25.Aufl., § Rn.)

Tonner, Klaus, Der Umfang des Schadensersatzes nach der Pauschalreise-Richtlinie – Anmerkung zum Urteil des Europäischen Gerichteshofes vom 12.03.2002 Rs. 168/00 Simone Leitner/TUI Deutschland, ZEuP 2003, 623-634

Ders./Lindner, Beatrix, Immaterieller Schadensersatz und der EuGH, NJW 2002, 1475-1476

Ulmer, Peter, Anmerkung zum Urteil des BGH vom 09.0.4.2002 – XI ZR 91/99 (München), ZIP 2002, 1080-1083

Van Gerven, Walter, Harmonization of Private Law: Do we need it?, (2203) 41 CMLRev 505-532

Van Gerven, Walter/Lever, Jeremy/Larouche, Pierre, Tort Law, Oxford 2000 (zit. als *Van Gerven/Lerver/Larouche*, Tort Law, 2000, S.)

Villiger, Mark E., Handbuch der Europäischen Menschenrechtskonvention (EMRK) unter besonderer Berücksichtigung der schweizerischen Rechtslage, 2. Auflage, Zürich 1999 (zit. als *Villiger*, Handbuch EMRK, 1999, S.)

Vogelsänger, Jürgen, Wie der Amtsschimmel eine Spanierin ruinierte, in www.stern.de/politik/panorama vom 25.02.2003

Von Bar, Christian (Hrsg.), Deliktsrecht in Europa, Systematische Einführungen, Gesetzestexte, Übersetzungen, Köln 1994 (zit. als Bearb. in *v. Bar* (Hrsg.), Deliktsrecht in Europa, 1994, S.)

Ders., Gemeineuropäisches Deliktsrecht, Zweiter Band, Schaden und Schadensersatz, Haftung für und ohne eigenes Fehlverhalten, Kausalität und Verteidigungsgründe, München 1999 (zit. als *von Bar*, Gemeineuropäisches Deliktsrecht, Band II, 1999, S.)

Ders., Konturen des Deliktsrechtskonzeptes der Study Group on a European Civil Code – Ein Werkstattbericht, ZEuP 2001, 515-532

Von Staudinger, J., Kommentar zum Bürgerlichen Gesetzbuch mit Einführungsgesetz und Nebengesetzen, Zweites Buch Recht der Schuldverhältnisse §§249-254, 13. Bearbeitung, Berlin 1998 (zit. *Staudinger*/Bearb., 1998, § Rn.)

Wagner, Gerhard, Das Zweite Schadensrechtsänderungsgesetz, NJW 2002, 2049-2064

Ders., Drafting European Tort Law – Tagung vom 18./19. November 2002 in Trier, ZEuP 2003, 451-453

Walden, Ian, All Change for Europe? The Data Protection Act 1998, Tolley´s Communications Law, Vol. 3 No. 6, 1998, 207-216

Warren, Samuel/Brandeis, Louis D., The right to privacy, Harvard Law Review 1890-1891, No. 5, 193-220

Weatherill, Stephen, Cases and Materials on EC Law, 2. Auflage, London 1994 (zit. als *Weatherill*, EC Law, 1994, S.)

Weber, Martina, EG-Datenschutzrichtlinie Konsequenzen für die deutsche Gesetzgebung, CR 1995, 297-303

Weber, Martina, Der betriebliche Datenschutzbeauftragte im Lichte der EG-Datenschutzrichtlinie, DuD 698-702

Weichert, Thilo, Zur Ökonomisierung des Rechts auf informationelle Selbstbestimmung, in: *Bäumler, Helmut* (Hrsg.), E-Privacy, Datenschutz im Internet, Braunschweig 2000, S. 158-184

Weichert, Thilo, Der Schutz genetischer Informationen – Strukturen und Voraussetzungen des Gen-Datenschutzes in Forschung, Medizin, Arbeits- und Versicherungsrecht, DuD 2002, 133-145

Ders., Biometrie – Freund oder Feind des Datenschutzes?, CR 1997, 369-375

Wegener, Bernhard W./Held, Simeon, Die Haftung der Mitgliedstaaten für die Verletzung von EG-Recht durch nationale Gerichte, Jura 2004, 479-485

Wengert, Georg/Widmann, Andreas/Wengert, Katharina, Bankenfusionen und Datenschutz, NJW 2000, 1289-1295

White, Antony, Data Protection and the Media, E.H.R.L.R. 2003, 25-36

Widmer, Pierre/Wessner, Pierre, Revision und Vereinheitlichung des Haftungsrechts, Erläuternder Bericht, St. Gallen/Neuenburg 1999, http://www.ofj.admin.ch/themen/haftpflicht/vn-ber-d.pdf (zit. als *Widmer/Wessner*, Revision und Vereinheitlichung, 1999, S.)

Wilske, Stephan, Datenschutz in den USA, CR 1993, 297-307

Wind, Irene, Haftung bei der Verarbeitung personenbezogener Daten, RDV 1991, 16-24

Dies./Siegert, Michael, Datenschutzrichtlinie der EG – mögliche Auswirkungen auf das BDSG, RDV 1992, 118-121

Dies., Entwurf für eine EG-Richtlinie zum Datenschutz – Ein Überblick, CR 1993, 46-55

Winfield&Jolowicz, On Tort, W.V.H. Rogers (Hrsg.), London 1998 (zit. als *Winfield&Jolowicz*, On Tort, 1998, S.)

Wittig, Petra, Die datenschutzrechtliche Problematik der Anfertigung von Persönlichkeitsprofilen zu Marketingzwecken, RDV 2000, 59-62

Witzleb, Normann, Geldansprüche bei Persönlichkeitsverletzungen durch die Medien, Dissertation, Tübingen 2002 (zit. als *Witzleb*, Geldansprüche, 2002, S.)

Wohlgemuth, Hans H., Auswirkungen der EG-Datenschutzrichtlinie auf den Arbeitnehmer-Datenschutz, BB 1996, 690-695

Wolf, Manfred, Sachschäden im Bereich der EG-Produkthaftungsrichtlinie, in: *Medicus, Dieter/Mertens, Hans-Joachim/Nörr, Knut-Wolfgang/Zöllner, Wolfgang*, Festschrift für Hermann Lange zum 70. Geburtstag am 24.Januar 1992, Stuttgart 1992, S.779-794

Wronka, Georg, Auswirkungen der EU-Datenschutzrichtlinie auf die Werbung – Eine praxisbezogene Zusammenfassung, RDV 1995, 197-202

Wuermeling, Ulrich, EG-Datenschutz Stand des Verfahrens, DSB 11/1991, 1-4; DSB 12/94, 1; DSB 7+8/84, 15

Ders., Umsetzung der Europäischen Datenschutzrichtlinie – Konsequenzen für die Privatwirtschaft, DB 1996, 663-671

Ders., Handelshemmnis Datenschutz, Köln 2000 (zit. als *Wuermeling*, Handelshemmnis Datenschutz, 2000, S.)

Wurmnest, Wolfgang, Common Core, Grundregeln, Kodifikationsentwürfe, Acquis-Grundsätze – Ansätze internationaler Wissenschaftlergruppen zur Privatrechtsvereinheitlichung in Europa, ZEuP 2003, 714-744

Wurst, Matthias, Europa 1992: Auf dem Weg zu einem einheitlichen Datenschutzrecht in der europäischen Gemeinschaft, JuS 1991, 448-453

Zarzer, Brigitte, Name, Adresse und Spezialmenüs, Telepolis vom 22.02.03, www.heise.de/tp

Dies., Datensammler und Kundenjäger, Telepolis vom 18.06.2000, www.heise.de/tp

Zippelius, Reinhold, Juristische Methodenlehre, 8. Auflage, München 2003 (zit. als *Zippelius*, Methodenlehre, 2003, S.)

Zöllner, Wolfgang, Datenschutz in einer freiheitlichen marktwirtschaftlichen Ordnung, RDV 1991, 1-11

Zuleeg, Manfred, Die Rolle der rechtsprechenden Gewalt in der europäischen Integration, JZ 1994, 1-8

Ders., Die gemeinschaftskonforme Auslegung und Fortbildung mitgliedsstaatlichen Rechts, in: *Schulze, Reiner* (Hrsg.), Auslegung europäischen Privatrechts und angeglichenen Rechts, Baden-Baden 1999

Ders., Gleicher Zugang von Männern und Frauen zu beruflicher Tätigkeit – Anmerkung zu den Urteilen des Europäischen Gerichtshofes in den Rechtssachen 14 und 79/83, RdA 1984, 325-332

Zweigert, Konrad/Kötz, Hein, Einführung in die Rechtsvergleichung, 3. Auflage, Tübingen 1996 (zit. als *Zweigert/Kötz*, Rechtsvergleichung, 1996, S.)

MIX
Papier | Fördert gute Waldnutzung
FSC® C083411

Kolibri 360 GmbH
Ferdinand-Jühlke-Straße 7
99095 Erfurt, Deutschland
produktsicherheit@kolibri360.de

Druck:
CPI Druckdienstleistungen GmbH
im Auftrag der
Kolibri 360 GmbH
Ferdinand-Jühlke-Str. 7
99095 Erfurt